Management-Reihe Corporate Social Responsibility

Herausgegeben von
René Schmidpeter
Dr. Jürgen Meyer Stiftungsprofessur für
Internationale Wirtschaftsethik und CSR
Cologne Business School (CBS)
Köln, Deutschland

Das Thema der gesellschaftlichen Verantwortung gewinnt in der Wirtschaft und Wissenschaft gleichermaßen an Bedeutung. Die Management-Reihe Corporate Social Responsibility geht davon aus, dass die Wettbewerbsfähigkeit eines jeden Unternehmens davon abhängen wird, wie es den gegenwärtigen ökonomischen, sozialen und ökologischen Herausforderungen in allen Geschäftsfeldern begegnet. Unternehmer und Manager sind im eigenen Interesse dazu aufgerufen, ihre Produkte und Märkte weiter zu entwickeln, die Wertschöpfung ihres Unternehmens den neuen Herausforderungen anzupassen sowie ihr Unternehmen strategisch in den neuen Themenfeldern CSR und Nachhaltigkeit zu positionieren. Dazu ist es notwendig, generelles Managementwissen zum Thema CSR mit einzelnen betriebswirtschaftlichen Spezialdisziplinen (z.B. Finanz, HR, PR, Marketing etc.) zu verknüpfen. Die CSR-Reihe möchte genau hier ansetzen und Unternehmenslenker, Manager der verschiedenen Bereiche sowie zukünftige Fach- und Führungskräfte dabei unterstützen, ihr Wissen und ihre Kompetenz im immer wichtiger werdenden Themenfeld CSR zu erweitern. Denn nur, wenn Unternehmen in ihrem gesamten Handeln und allen Bereichen gesellschaftlichen Mehrwert generieren, können sie auch in Zukunft erfolgreich Geschäfte machen. Die Verknüpfung dieser aktuellen Managementdiskussion mit dem breiten Managementwissen der Betriebswirtschaftslehre ist Ziel dieser Reihe. Die Reihe hat somit den Anspruch, die bestehenden Managementansätze durch neue Ideen und Konzepte zu ergänzen, um so durch das Paradigma eines nachhaltigen Managements einen neuen Standard in der Managementliteratur zu setzen.

Weitere Bände in dieser Reihe
http://www.springer.com/series/11764

Patrick Bungard · René Schmidpeter
(Hrsg.)

CSR in Nordrhein-Westfalen

Nachhaltigkeits-Transformation in der Wirtschaft, Zivilgesellschaft und Politik

Herausgeber
Patrick Bungard
Center for Advanced Sustainable Management
Cologne Business School
Köln, Deutschland

René Schmidpeter
Dr. Jürgen Meyer Stiftungslehrstuhl, Internationale Wirtschaftsethik und CSR
Cologne Business School
Köln, Deutschland

ISSN 2197-4322 ISSN 2197-4330 (electronic)
Management-Reihe Corporate Social Responsibility
ISBN 978-3-662-54189-0 ISBN 978-3-662-54190-6 (eBook)
DOI 10.1007/978-3-662-54190-6

Die Deutsche Nationalbibliothek verzeichnet diese Publikation in der Deutschen Nationalbibliografie; detaillierte bibliografische Daten sind im Internet über http://dnb.d-nb.de abrufbar.

Springer Gabler
© Springer-Verlag GmbH Deutschland 2017
Das Werk einschließlich aller seiner Teile ist urheberrechtlich geschützt. Jede Verwertung, die nicht ausdrücklich vom Urheberrechtsgesetz zugelassen ist, bedarf der vorherigen Zustimmung des Verlags. Das gilt insbesondere für Vervielfältigungen, Bearbeitungen, Übersetzungen, Mikroverfilmungen und die Einspeicherung und Verarbeitung in elektronischen Systemen.
Die Wiedergabe von Gebrauchsnamen, Handelsnamen, Warenbezeichnungen usw. in diesem Werk berechtigt auch ohne besondere Kennzeichnung nicht zu der Annahme, dass solche Namen im Sinne der Warenzeichen- und Markenschutz-Gesetzgebung als frei zu betrachten wären und daher von jedermann benutzt werden dürften.
Der Verlag, die Autoren und die Herausgeber gehen davon aus, dass die Angaben und Informationen in diesem Werk zum Zeitpunkt der Veröffentlichung vollständig und korrekt sind. Weder der Verlag noch die Autoren oder die Herausgeber übernehmen, ausdrücklich oder implizit, Gewähr für den Inhalt des Werkes, etwaige Fehler oder Äußerungen. Der Verlag bleibt im Hinblick auf geografische Zuordnungen und Gebietsbezeichnungen in veröffentlichten Karten und Institutionsadressen neutral.

Einbandabbildung: Michael Bursik

Gedruckt auf säurefreiem und chlorfrei gebleichtem Papier

Springer ist Teil von Springer Nature
Die eingetragene Gesellschaft ist Springer-Verlag GmbH Deutschland
Die Anschrift der Gesellschaft ist: Heidelberger Platz 3, 14197 Berlin, Germany

Vorwort des Reihenherausgebers: Unternehmen als Partner einer nachhaltigen Entwicklung der deutschen Regionen

Entscheidungsträger in der Wirtschaft haben erkannt, dass ihre Unternehmen in Zukunft nur dann erfolgreich sein werden, wenn sie den wirtschaftlichen, sozialen und ökologischen Wandel in ihrem Umfeld aktiv mitgestalten. Der herausragende Erfolg der Managementreihe Corporate Social Responsibility (CSR) im Springer Gabler Verlag zeigt, dass Unternehmen nicht länger als Teil des Problems, sondern als Teil der Lösung für drängende gesellschaftliche Herausforderungen gesehen werden müssen. So werden Unternehmen im gegenwärtigen Nachhaltigkeitsdiskurs immer mehr zu wichtigen Verbündeten der Akteure aus Zivilgesellschaft, Verwaltung und Wissenschaft. Gemeinsam arbeiten sie mit ihren jeweiligen Kompetenzen daran, unsere Gesellschaft als Ganzes zukunftsfit zu machen.

In der aktuellen öffentlichen Debatte um die gesellschaftliche Verantwortung von Unternehmen werden Unternehmen immer öfter auch im Kontext ihres jeweiligen Standortes gesehen. Denn insbesondere die Unternehmen sind darauf angewiesen, dass die vorhandenen Standortfaktoren entlang nachhaltiger Ziele entwickelt werden. Hierzu bedarf es eines engen Austausches zwischen Politik, Wirtschaft, Zivilgesellschaft und Wissenschaft sowie eines gemeinsamen Nachhaltigkeits- bzw. CSR-Verständnisses entlang der regionalen Besonderheiten. Mit der Formulierung der weltweiten Sustainable Development Goals (SDGs) gibt es nun erstmalig einen für alle Akteure gleichermaßen gültigen weltweiten Referenzrahmen, um sich gemeinsam aktiv in die nachhaltige Entwicklung unserer Gesellschaft einzubringen. Zudem hat die Bundesregierung mit ihrer CSR-Strategie sowie dem Rat für nachhaltige Entwicklung eine nationale Plattform geschaffen, um CSR und nachhaltiges Management in Deutschland zu befördern. CSR und Nachhaltigkeit werden so als Teil von „Made in Germany" zum Qualitätsmerkmal und Wettbewerbsfaktor deutscher Produkte und Dienstleistungen.

Da aber insbesondere kleine und mittlere Unternehmen eng mit ihrem jeweiligen regionalen Unternehmensstandort verbunden sind, ist es neben den internationalen und nationalen Bemühungen notwendig, auch die Rahmenbedingungen in den Bundesländern bzw. deutschen Regionen konsequent im Sinne der Nachhaltigkeit weiterzuentwickeln. In Anbetracht der zahlreichen Wechselwirkungen zwischen Unternehmen und ihren jeweiligen Standorten erscheint es nur logisch und konsequent, die Potenziale, Motive, Strategien und Projekte von Unternehmen als „Partner der Gesellschaft" im Rahmen der gesellschaftlichen Entwicklungen ganzer Regionen bzw. Bundesländer zu sehen. Denn regionale Standorte können in Sachen Nachhaltigkeit nur so gut sein, wie es ihre Unternehmen sind. Und umgekehrt gilt es, dass Unternehmen nur dann nachhaltige Geschäftsmodelle erfolgreich umsetzen können, wenn die dazu notwendigen Rahmenbedingungen vorhanden sind.

Die vorliegende Publikation ist der erstmalige Versuch, diesen Nexus zwischen der gesellschaftlichen Verantwortung von Unternehmen (Mikroebene), den regionalen Strukturen (Mesoebene) sowie den kollektiven Rahmenbedingungen (Makroebene) in einem Bundesland aufzuzeigen. Damit gewinnt die CSR-Diskussion einen weiteren Differenzierungsgrad. Neben der Ausdifferenzierung entlang der betriebswirtschaftlichen Disziplinen (Personal, PR, Finance etc.) in den jeweiligen Branchen (Lebensmittel-, Energie-, Textilwirtschaft etc.) gewinnt auch die geografische Verortung von CSR an Bedeutung. Entscheidungsträger in den Regionen haben erkannt, dass Nachhaltigkeit eine innovative Klammer für die gemeinsame Entwicklung sein kann, welche zugleich die Wettbewerbsfähigkeit als auch die Lebensqualität erhöht. Es geht bei CSR damit nicht um die Abschaffung der Marktwirtschaft, sondern um die Neuorientierung der unternehmerischen Potenziale auf die Frage, wie soziale, ökologische, aber auch wirtschaftliche Nachhaltigkeitskriterien für den gesellschaftlichen Wandel genutzt werden können. Nordrhein-Westfalen scheint für diese neue regionale Sichtweise auf CSR ein guter Startpunkt. Zum einen engagiert sich hier die Politik sehr intensiv dafür, optimale Bedingungen für CSR-orientierte Unternehmen zu schaffen. Zum anderen gibt es viele Unternehmen, NGOs und Hochschulen, die aktiv die deutsche CSR-Debatte vorantreiben. Aufgrund der zahlreichen gesellschaftlichen Herausforderungen im Bezug zur kontinuierlichen Transformation NRWs von der Schwerindustrie hin zu einem führenden Wissens- und Innovationsstandort sind eine hohe Offenheit sowie großes Engagement aller Beteiligten für das neue Paradigma des nachhaltigen Managements zu erkennen. Damit nimmt NRW eine führende Rolle in Deutschland in der Entwicklung von CSR – Made in Germany ein.

In der Managementreihe Corporate Social Responsibility (CSR) macht die nun vorliegende Publikation „CSR in Nordrhein-Westfalen" deutlich, dass neue Kooperationen zwischen Wirtschaft, Politik und Zivilgesellschaft, um nachhaltiges Unternehmertum zu fördern, immer wichtiger werden, um die Problemlösungskompetenz und Innovationsfähigkeit unseres Wirtschaftsstandorts zu erhöhen. Das Buch stellt damit die dringend benötigte Brücke zwischen den Forschungs- und Handlungsfeldern der gesellschaftlichen, politischen und wirtschaftlichen CSR-Diskussion da.

Alle Leser sind nunmehr herzlich eingeladen, die in der Publikation dargelegten Gedanken aufzugreifen und für die eigenen beruflichen Herausforderungen zu nutzen und gemeinsam den Standort NRW weiterzuentwickeln bzw. die Ideen auch in anderen Bundesländern zu nutzen. Ich möchte mich nun sehr herzlich bei meinem Mitherausgeber Patrick Bungard für sein großes Engagement, bei Janina Tschech und Eva-Maria Kretschmer vom Springer Gabler Verlag für die gute Zusammenarbeit sowie beim Wirtschaftsministerium in NRW bedanken, welches diese Publikation durch sein breites Netzwerk und seine aktive Unterstützung erst ermöglicht hat. Last, but not least gilt mein Dank den vielen

CSR-Protagonisten in diesem außergewöhnlichen Bundesland, die mit unermüdlichem Einsatz und hoher Kreativität daran arbeiten, dass Wirtschaft und Gesellschaft nicht als Gegensatz, sondern als eine Seite der gleichen Medaille gesehen werden. Nun wünsche ich Ihnen, werte Leserinnen und Leser, eine interessante Lektüre.

Prof. Dr. René Schmidpeter

Vorwort der Herausgeber: Neues Managementparadigma für den zukunftsorientierten Wandel des Wirtschaftsstandortes Nordrhein-Westfalen

Wirtschaftliche, soziale und ökologische Herausforderungen bestimmen derzeit die Diskussionen in Politik, Verwaltung, medialer Öffentlichkeit und Wissenschaft. Unsere Gesellschaft wandelt sich aufgrund der Digitalisierung derzeit in rasender Geschwindigkeit. Internet der Dinge, Big Data, Roboter und Industrie 4.0 werden immer mehr zur Realität. Hinzu kommen eine erhöhte ökologische Sensibilität aufgrund des Klimawandels und der Ressourcenknappheit sowie soziale Herausforderungen im Zuge des demografischen Wandels und der verstärkten globalen Migration und Arbeitsteilung. Man kann daher zu Recht sagen, dass sich die Wirtschaftswelt gegenwärtig in einem der weitreichendsten Transformationsprozesse der Geschichte befindet. Und auch die Frage: „Werden diese Veränderungen auch zum Wohle der Menschen sein?", ist durchaus berechtigt. Im Zuge dieser Diskussion entsteht derzeit ein neues Managementparadigma, welches sich durch eine ökonomische Vernunft auszeichnet, die soziale, ökologische und wirtschaftliche Wirkungen gleichermaßen in den Managemententscheidungen berücksichtigt.

Dieses neue Primat des „nachhaltigen Managements" wird, auch in Anbetracht der drängenden globalen Herausforderungen, immer notwendiger. Die Finanzkrise zeigte eindrücklich auf, dass Gewinne in einer zunehmend globalisierten Wirtschaft auf Dauer nicht zulasten der Menschen bzw. der Umwelt gemacht werden können. Banken und Finanzdienstleister erfuhren dies besonders nachdrücklich. Aber auch die Energiebranche steht vor nicht minder großen Herausforderungen. So muss sie derzeit dringend Antworten auf die Dezentralisierung der Energiegewinnung und Demokratisierung des Energiemarktes finden. Und der wohl wichtigste deutsche Industriezweig, die Automobilbranche, wird sich ebenfalls stark wandeln müssen. Sowohl die fortschreitende Digitalisierung als auch die gesellschaftlichen Diskussionen um den Klimawandel, Abgaswerte und Urbanisierung werden die Einführung emissionsfreier Antriebe weiter forcieren und so die Geschichte der Mobilität neu schreiben.

Denkt man in diesem wirtschaftlichen Kontext Nachhaltigkeit aus einer konsequent unternehmerischen Perspektive, so geht diese über die klassisch mit Nachhaltigkeit verbundene Vermeidungslogik weit hinaus. Für den unternehmerischen Erfolg wird es jedoch immer wichtiger, alle sozialen, wirtschaftlichen und ökologischen Auswirkungen im Betrieb bewusst zu managen und den eigenen positiven gesellschaftlichen Impact kontinuierlich zu steigern. Bei dieser progressiven Sichtweise von Corporate Social Responsibility

(CSR) geht es nicht mehr zentral darum, den Schaden unternehmerischen Handelns zu minimieren, sondern die gesamte Wertschöpfung des Unternehmens für die Gesellschaft konsequent zu erhöhen. Anstelle der reinen Schadensvermeidung fokussiert dieses neue Nachhaltigkeitsparadigma auf die für alle gleichermaßen „positive" Wertschöpfung in der Wirtschaft.

Dabei steht nicht das moralische Motiv des altruistischen Gebens im Vordergrund, sondern die ökonomische und gesellschaftliche Sinnhaftigkeit. Es geht bei diesem neu gedachten CSR-Ansatz nicht um das Durchbrechen der Wettbewerbslogik, wie von Sozialromantikern gerne dargestellt. Im Gegenteil: Er weitet die Marktmöglichkeiten. Dies schafft sowohl Mehrwert für die Gesellschaft als auch neue Geschäftsmöglichkeiten für die Unternehmen.

Die offene Gesellschaft und die soziale Marktwirtschaft sollen dabei gerade nicht durch antiökonomische Ansätze ersetzt werden. Stattdessen sollen die verfügbaren Potenziale des Unternehmertums in diesem Paradigmenwechsel effizient und effektiv dazu genutzt werden, die drängenden gesellschaftlichen Herausforderungen auch unternehmerisch zu lösen. Davon profitieren sowohl unsere Gesellschaft als auch die Unternehmen. Die Regionen, die diese Sichtweise konsequent fördern und so neue und zukunftsfähige Kooperationen zwischen Wirtschaft, Politik und Zivilgesellschaft ermöglichen, werden aus den gegenwärtigen Transformationsprozessen als Gewinner hervorgehen. NRW ist in diesem Prozess – wie die Beispiele im Buch zeigen – ganz vorne mit dabei. In NRW erkennen immer mehr Entscheidungsträger, dass mit unternehmerischer Verantwortung nicht nur der defensive compliance-orientierte Ansatz, sondern immer öfter auch ein proaktiver, an den menschlichen Bedürfnissen orientierter Managementansatz gemeint ist. CSR bedeutet somit nicht nur, „füge keinen Schaden zu", sondern, „generiere Mehrwert für dein Umfeld". Das heißt auch, „gestalte das Unternehmensmodell so, dass alle davon profitieren!"

Zahlreiche Akteure aus Wirtschaft, Politik und Zivilgesellschaft haben in diesem Sinne in NRW dieses neue CSR-Verständnis geprägt und sektorübergreifende Kooperationen für ein nachhaltiges Wirtschaften initiiert. So wurden gemeinsam neue Anregungen und Vorschläge für die künftige Ausrichtung und Weiterentwicklung des Wirtschaftsstandorts NRW gegeben. Das Ministerium für Wirtschaft, Energie, Industrie, Mittelstand und Handwerk des Landes Nordrhein-Westfalen hat diesen Weg durch zahlreiche Aktivitäten kontinuierlich befördert und auch diesen Sammelband durch seine Netzwerke und Unterstützung erst ermöglicht. Daher möchten wir an dieser Stelle den Verantwortlichen im Ministerium ganz herzlich danken, ohne deren Unterstützung dieses Werk nicht möglich gewesen wäre: Herrn Wirtschaftsminister Garrelt Duin und Herrn Staatssekretär Dr. Günther Horzetzky, der das Thema des verantwortlichen Wirtschaftens in NRW persönlich begleitet und weiterentwickelt hat. Aber auch den zahlreichen Autoren, die nicht nur durch ihren Artikel, sondern insbesondere durch ihr tägliches Handeln und Wirken das Thema CSR in NRW und darüber hinaus vorantreiben, sei an dieser Stelle herzlichst gedankt. Zu guter Letzt möchten wir auch unseren Kollegen an der Cologne Business School (CBS), unserer Präsidentin, Frau Prof. Dr. Elisabeth Fröhlich sowie den beteiligten Mitarbeitern des Springer Verlages herzlich danken.

Wir wünschen nun allen Lesern eine anregende Lektüre und viele neue Ideen, wie CSR als neues Managementparadigma die Wirtschaft erfolgreicher und das Land noch lebenswerter machen kann.

Patrick Bungard und René Schmidpeter
Direktoren des Center for Advanced Sustainable Management (CASM)
Cologne Business School (CBS)
Köln

Vorwort

Corporate Social Responsibility (CSR) und verantwortungsvolle Unternehmensführung bestimmen die Wettbewerbsfähigkeit unserer Wirtschaft. Waren Image und Reputation die wesentlichen Treiber für nachhaltiges Handeln, wird CSR heute vielmehr zum strategischen Erfolgsfaktor: CSR ist Teil der unternehmerischen Tätigkeit und leitet das Handeln aller unternehmerischen Funktionsbereiche. Als Business School kommt uns die Aufgabe zu, die Manager der Zukunft in diesem Sinne auszubilden. Eine vollumfängliche Integration nachhaltiger Lehrinhalte in alle Veranstaltungen unserer Studiengänge war ein erster zentraler Schritt auf diesem Weg.

Wirtschaftsvertreter aus NRW sind sich ihrer gesellschaftlichen Verantwortung bewusst. Verantwortung, Nachhaltigkeit, Transparenz und Chancengleichheit gehören in vielen Betrieben zur alltäglichen Unternehmenspraxis. NRW zeichnet insbesondere die große Anzahl kleiner und mittelständischer Unternehmen aus, die nicht nur die treibende Kraft für den Wirtschaftsstandort NRW darstellen, sondern einen wesentlichen Beitrag zum sozialen Zusammenhalt der Gesellschaft leisten. Durch effektiven und effizienten Einsatz von Ressourcen, fortwährender Innovationskraft und neuen Unternehmensmodellen schaffen sie Wachstum. Unternehmen, die sich den gesellschaftlichen Herausforderungen des 21. Jahrhunderts stellen, leisten nicht nur einen unentbehrlichen Beitrag für Umwelt und Gesellschaft, sondern minimieren Risiken, stärken das Vertrauen und die Motivation ihrer Mitarbeiter und können durch ihr beispielhaftes Verhalten Wettbewerbsvorteile generieren. Gerade im Zeitalter der digitalen Transformation und disruptiver Veränderung wird es immer wichtiger, dass Unternehmen auf Basis solider Werte wirtschaften und handeln. Die in diesem Sammelband diskutierten Unternehmensbeispiele sollen als Beispiel und Anreiz zugleich dienen, die eigene Unternehmenspraxis zu überdenken.

Um den Wettbewerb zu befördern, kommt der Politik eine zentrale Rolle zu. Sie schafft Anreize, die zu einem nachhaltigen Wirtschaften aufrufen, ohne jedoch Unternehmen unter Druck zu setzen. Rahmenbedingungen, die nachhaltiges Wirtschaften unterstützen und somit wiederum einen positiven Einfluss auf die Gesellschaft haben, sind nicht nur Bestandteil der Landespolitik, sondern werden von dieser mit einer hohen Priorität angegangen. Es gilt nicht Fehlverhalten zu bestrafen, sondern die Potenziale des Wirtschaftsstandortes NRW zu heben, den gesellschaftlichen Herausforderungen unserer Zeit zu trotzen.

Um diesen globalen Herausforderungen zu begegnen, bedarf es zudem Akteure aus der Zivilgesellschaft, die einen konstruktiven Beitrag zur Lösung gesellschaftlicher Probleme leisten. Zu nennen sind hier stellvertretend die Industrie- und Handelskammern, die sich aus regional organisierten, branchenübergreifenden Verbänden zusammensetzen. Neben Unterstützung, Beratung und umfassendem Service bieten sie unter anderem Fort- und Weiterbildungen an und informieren Unternehmen in der Region über Möglichkeiten, gesellschaftliche Verantwortung zu übernehmen.

Aber auch die Wissenschaft leistet ihren Beitrag, um die gesellschaftlichen Probleme unserer Zeit zu adressieren. So sind es die Vordenker und Wirtschaftslenker, die die Zeichen der Zeit erkennen und die theoretische Grundlage für neue, gesellschaftliche Lösungen legen. Die Beiträge in diesem Buch machen deutlich, dass die aktuellen globalen Herausforderungen nur zu bewältigen sind, wenn die unterschiedlichen Akteure aus Wirtschaft, Politik, Nichtregierungsorganisationen und Wissenschaft an einem Strang ziehen und Unternehmen nicht als „Teil des Problems begriffen werden", sondern als Motoren zur Problemlösung.

Prof. Dr. Elisabeth Fröhlich, Präsidentin der Cologne Business School

Die Herausgeber

Patrick Bungard ist Director des Center for Advanced Sustainable Management (CASM) der Cologne Business School und Geschäftsführer der M3TRIX GmbH. Er ist an unterschiedlichen Universitäten und Fachhochschulen (u. a. Cologne Business School, Donau Universität Krems) Dozent für Wirtschaftsethik, nachhaltige Geschäftsmodelle, Sustainable Management, Corporate Social Responsibility und Social Entrepreneurship. Er hat langjähre Erfahrung in der Leitung, Konzeption und Umsetzung von Beratungsprojekten im Bereich der Corporate Social Responsibilty sowie im Nonprofit-Sektor.

Prof. Dr. René Schmidpeter hat den Dr. Jürgen Meyer Stiftungslehrstuhl „Internationale Wirtschaftsethik und CSR" an der Cologne Business School (CBS) inne. Er forscht und lehrt insbesondere zum Thema „CSR als innovativer Managementansatz", „CSR in der Betriebswirtschaftslehre" und „Internationale Perspektiven auf CSR". Er ist Herausgeber der Managementreihe „Corporate Social Responsibility" im Springer Gabler Verlag sowie der internationalen Publikationsserie „CSR, Sustainability, Ethics and Governance" bei Springer. Neben seinen umfangreichen Publikations- und Vortragstätigkeiten berät er als CSR-Stratege nationale und internationale CSR-Initiativen, Wirtschaftsorganisationen und Unternehmen bei der strategischen Implementierung von nachhaltigen Managementansätzen. Er ist zudem ständiger Gastprofessor an Hochschulen in China, Australien und Großbritannien sowie Mitglied in renommierten Expertenjurys, wissenschaftlichen Beiräten und internationalen Forschungsprojekten.

Inhaltsverzeichnis

CSR in Nordrhein-Westfalen: Einführung in die Thematik und Beschreibung des Buchaufbaus 1
Patrick Bungard und René Schmidpeter

Impulse aus der Wissenschaft

Innovation durch CSR in NRW?! 21
Thomas Krickhahn

Integres Wirtschaften lernen 45
Dominik H. Enste und Julia Wildner

Corporate Responsibility (CR) in Nordrhein-Westfalen – Eine Bestandsaufnahme des CR-Managements nordrhein-westfälischer Unternehmen 57
Anne Fries, Birgit Riess und Lena Lassak

CSR in der Kapitalmarktkommunikation: Für und Wider einer verpflichtenden Berichterstattung 75
Barbara E. Weißenberger und Madeleine Feder

CSR-Dynamik steigern durch Branchenorientierung 87
Christian Geßner und Axel Kölle

CSR in Lehre und Forschung an Hochschulen für Angewandte Wissenschaften – das Beispiel des Kompetenzzentrums EthNa 97
Monika Eigenstetter, Rudolf Voller und Martin Wenke

Social Entrepreneurship in NRW – Herausforderungen im deutschen Kontext . 113
Anika Lotter

Impulse aus der Unternehmenspraxis

Bedeutung von Nachhaltigkeit im globalen diversifizierten Industriekonzern thyssenkrupp – Ein Praxisbericht 135
Thomas Fußhöller und Hans-Jörn Weddige

Nicht von der Stange – das strategische Nachhaltigkeitsmanagement der Vaillant Group 147
Jens Wichtermann

CSR in NRW – CSR in der Textilwirtschaft 161
Ralf Hellmann und Gerhard Becker

Verantwortlich handeln – Corporate Responsibility Management bei ALDI 171
Julia Adou und Christina Emmermann

Globale Megatrends und lokale unternehmerische Verantwortung: Integration von Geflüchteten 193
Hannes Hofmann und Susanne Dunschen

In Zukunft bitte nachhaltig 207
Kai Battenberg

Aufbau und Implementierung eines CSR-Programms im globalen B2B-Chemiehandel – Case Study Brenntag 221
Dirk Eckert

CSR-Berichterstattung, der Nachweis guter Unternehmensführung 235
Joachim Ganse

Energiewende 4.0 – Made in NRW 247
Mirko-Alexander Kahre

Kommunikation von CSR-Unternehmen erreichen und begeistern 257
Marcus Eichhorn und Riccardo Wagner

„Nice to have" oder „must"? CSR bei Start-ups 267
Ute Günther und Roland Kirchhof

Impulse von Verbänden

Gesellschaftliche Verantwortung und unternehmerischer Erfolg sind keine Gegensätze – Impulse der IHK Köln zum nachhaltigen Wirtschaften 279
Ulrich S. Soénius

**Gesellschaftliche Verantwortung in kleinen und mittelständischen Unternehmen
– ein Erfahrungsbericht** 285
Michael Pieck

CSR – Pflicht oder Kür? Eine Einschätzung der IHK zu Essen 291
Guido Zakrzewski und Sandra Schmitz

Handwerk mit Verantwortung 301
Timothy C. Vincent

Private Banken bekennen sich zur Nachhaltigkeit 317
Steffen Pörner

Mit CSR kleine und mittelständische Unternehmen begeistern 331
Thorsten Brinkmann, Simon Gröger und Wolfgang Keck

CSR: Mehrwert und Kompetenz im Rhein-Kreis Neuss 343
Robert Abts, Sylvia Becker und Thomas Corrinth

Impulse aus der Zivilgesellschaft und Politik

CSR-Politik in Nordrhein-Westfalen 357
Günther Horzetzky

**Nordrhein-Westfalen als Keimzelle nachhaltigen Wirtschaftens?
Ein Rückblick auf den Deutschen Nachhaltigkeitspreis von 2008 bis 2015** 367
Stefan Schulze-Hausmann, Otto Schulz, Gabriela Baum-D'Ambra und Saskia God

Wider Greenwashing: Wie integre CSR-Akteure sich absichern können 381
Frank Maaß und Annette Icks

**Arbeitsrechte global – der Beitrag SÜDWINDs zur Umsetzung
menschenrechtlicher Sorgfaltspflichten von Unternehmen** 395
Sabine Ferenschild

**CSR in Mode: Ein kritischer Blick auf die Bekleidungsindustrie
und FEMNETs Einsatz für bessere Arbeitsbedingungen** 407
Gisela Burckhardt

**Köln als Pionier innovativen Unternehmensengagements für
Nachhaltige Entwicklung und Klimaschutz: Erfolgreiche Kooperationen
mit kommunalen, institutionellen und zivilgesellschaftlichen Akteuren** 423
Brigitte Jantz

AutorInnenverzeichnis

Robert Abts Wirtschaftsförderung Rhein-Kreis Neuss, Neuss, Deutschland

Julia Adou ALDI SÜD Dienstleistungs-GmbH & Co. oHG, Unternehmensgruppe ALDI SÜD, Mülheim an der Ruhr, Deutschland

Kai Battenberg toom Baumarkt GmbH, Köln, Deutschland

Gabriela Baum-D'Ambra A.T. Kearney, Berlin, Deutschland

Gerhard Becker Vereinigung MaxTex, Frankfurt am Main, Deutschland

Sylvia Becker Wirtschaftsförderung Rhein-Kreis Neuss, Neuss, Deutschland

Thorsten Brinkmann GILDE Gewerbe- und Innovations-Zentrum Lippe-Detmold GmbH, Detmold, Deutschland

Patrick Bungard Center for Advanced Sustainable Management, Cologne Business School, Köln, Deutschland

Gisela Burckhardt FEMNET e.V., Bonn, Deutschland

Thomas Corrinth Redaktion.PR.Konzeption., Essen, Deutschland

Susanne Dunschen TÜV Rheinland AG, Köln, Deutschland

Dirk Eckert Brenntag AG, Mülheim an der Ruhr, Deutschland

Marcus Eichhorn Better Relations, Brühl, Deutschland

Monika Eigenstetter Hochschule Niederrhein, Krefeld, Deutschland

Christina Emmermann ALDI Einkauf GmbH & Co. oHG, Unternehmensgruppe ALDI Nord, Essen, Deutschland

Dominik H. Enste Institut der deutschen Wirtschaft Köln e.V., Köln, Deutschland

Madeleine Feder Heinrich-Heine-Universität Düsseldorf, Düsseldorf, Deutschland

Sabine Ferenschild SÜDWIND e.V. Institut für Ökonomie und Ökumene, Bonn, Deutschland

Anne Fries concern GmbH, Köln, Deutschland

Thomas Fußhöller thyssenkrupp AG, Essen, Deutschland

Joachim Ganse KPMG Cert Umweltgutachter GmbH, Köln, Deutschland

Christian Geßner ZNU-Zentrum für Nachhaltige Unternehmensführung / Universität Witten/Herdecke, Witten, Deutschland

Saskia God A.T. Kearney, Berlin, Deutschland

Simon Gröger GILDE Gewerbe- und Innovations-Zentrum Lippe-Detmold GmbH, Detmold, Deutschland

Ute Günther Business Angels Netzwerk Deutschland e.V. (BAND), Essen, Deutschland

Ralf Hellmann Dibella GmbH, Bocholt, Deutschland

Hannes Hofmann TÜV Rheinland AG, Köln, Deutschland

Günther Horzetzky Ministerium für Wirtschaft, Energie, Industrie, Mittelstand und Handwerk des Landes Nordrhein-Westfalen, Düsseldorf, Deutschland

Annette Icks Institut für Mittelstandsforschung Bonn, Bonn, Deutschland

Brigitte Jantz Netzwerk e.V. – Soziale Dienste und Ökologische Bildung, Köln, Deutschland

Mirko-Alexander Kahre ista International GmbH, Essen, Deutschland

Wolfgang Keck GILDE Gewerbe- und Innovations-Zentrum Lippe-Detmold GmbH, Detmold, Deutschland

Roland Kirchhof Business Angels Netzwerk Deutschland e.V. (BAND), Essen, Deutschland

Axel Kölle ZNU-Zentrum für Nachhaltige Unternehmensführung / Universität Witten/Herdecke, Witten, Deutschland

Thomas Krickhahn Hochschule Bonn-Rhein-Sieg; Department of Business Administration, Rheinbach, Deutschland

Lena Lassak concern GmbH, Köln, Deutschland

Anika Lotter Center for Advanced Sustainable Management (CASM); Cologne Business School, Köln, Deutschland

Frank Maaß Institut für Mittelstandsforschung Bonn, Bonn, Deutschland

Michael Pieck IHK Bonn/Rhein-Sieg, Bonn, Deutschland

Steffen Pörner Bankenverband Nordrhein-Westfalen e.V., Düsseldorf, Deutschland

Birgit Riess Bertelsmann Stiftung, Gütersloh, Deutschland

René Schmidpeter Dr. Jürgen Meyer Stiftungslehrstuhl, Internationale Wirtschaftsethik und CSR, Cologne Business School, Köln, Deutschland

Sandra Schmitz IHK zu Essen, Essen, Deutschland

Otto Schulz A.T. Kearney, Berlin, Deutschland

Stefan Schulze-Hausmann Stiftung Deutscher Nachhaltigkeitspreis e.V. German Sustainability Award Foundation, Düsseldorf, Deutschland

Ulrich S. Soénius Industrie- und Handelskammer zu Köln, Köln, Deutschland

Timothy C. Vincent Steinbildhauerei Vincent, Wetter, Deutschland

Rudolf Voller Hochschule Niederrhein, Mönchengladbach, Deutschland

Riccardo Wagner Better Relations, Brühl, Deutschland

Hans-Jörn Weddige thyssenkrupp AG, Essen, Deutschland

Barbara E. Weißenberger Heinrich-Heine-Universität Düsseldorf, Düsseldorf, Deutschland

Martin Wenke Hochschule Niederrhein, Mönchengladbach, Deutschland

Jens Wichtermann Vaillant Group, Remscheid, Deutschland

Julia Wildner Institut der deutschen Wirtschaft Köln e.V., Köln, Deutschland

Guido Zakrzewski IHK zu Essen, Essen, Deutschland

CSR in Nordrhein-Westfalen: Einführung in die Thematik und Beschreibung des Buchaufbaus

Patrick Bungard und René Schmidpeter

1 Einleitung

Corporate Social Responsibility (CSR) hat über die letzten Jahre hinweg stetig an Bedeutung gewonnen. Spätestens seit der Finanzkrise 2008 wird in Theorie und Praxis konstatiert, dass Unternehmen ihre gesellschaftliche Verantwortung, so die weitverbreitete deutsche Übersetzung von CSR, nicht ausgegliedert von ihren Geschäftstätigkeiten betrachten können. Zum einen, um die gesellschaftliche Akzeptanz, in der Fachsprache auch als „licence to operate" bezeichnet, zu erhalten, zum anderen, weil mit CSR große Potenziale einhergehen, unternehmerischen Mehrwert zu schaffen. Diese Potenziale gehen weit über die häufig erstrebten Reputationsgewinne hinaus. Vielmehr bietet CSR umfangreiche Möglichkeiten, direkt auf die Wirtschaftlichkeit des Unternehmens einzuwirken. Das systematische Erzeugen von Kosteneinsparungen entlang der Wertschöpfungsketten, die Steigerung der Arbeitgeberattraktivität, die Stärkung der Identifikation der Mitarbeiter mit dem Unternehmen oder die Erschließung neuer Märkte sind nur einige Beispiele dafür, wie CSR zum Unternehmenserfolg beitragen kann (vgl. Blumberg und Lin-Hi 2015). In der unternehmerischen Praxis werden für CSR unterschiedliche Begrifflichkeiten eingesetzt: angefangen von Nachhaltigkeit über Shared Value bis hin zu Sustainable Management. In den letzten Jahren haben sich vielfach differente Prägungen für den Begriff CSR entwickelt. Unabhängig aber von den variierenden Bezeichnungen basiert das

---

P. Bungard (✉)
Center for Advanced Sustainable Management, Cologne Business School
Hardefuststr. 1, 50677 Köln, Deutschland
E-Mail: p.bungard@cbs.de

R. Schmidpeter
Dr. Jürgen Meyer Stiftungslehrstuhl, Internationale Wirtschaftsethik und CSR, Cologne Business School
Hardefuststr. 1, 50677 Köln, Deutschland
E-Mail: r.schmidpeter@cbs.de

Management von CSR zunehmend auf strategischen Überlegungen (vgl. Du et al. 2015). Während CSR früher eher willkürlich und unsystematisch betrieben wurde, ist in der Wirtschaft heute verstärkt zu beobachten, dass CSR in bestehende Geschäftsmodelle integriert wird bzw. dass Geschäftsmodelle neu gedacht und „nachhaltiger" ausgerichtet werden (vgl. Schaltegger et al. 2016). Immer mehr Interessengruppen der Unternehmen, wie beispielsweise Konsumenten, Mitarbeiter oder B2B-Partner, interessieren sich im weiteren Sinne für das Thema Nachhaltigkeit und im engeren Sinne beispielsweise dafür, unter welchen Bedingungen ein Produkt hergestellt wird, das Einhalten der sozialen Standards während des Produktionsprozesses und welche Umweltbelastungen dabei entstanden sind.

Auch wenn CSR mittlerweile zunehmend als wichtige Managementaufgabe wahrgenommen wird und die Potenziale weitestgehend als relevant für den Unternehmenserfolg eingestuft werden, ist es wichtig, in diesem Zusammenhang festzuhalten, dass CSR kein universell einsetzbares Konzept ist (vgl. Berthon und van't Noordende 2016). Jedes Unternehmen bedarf einer individuellen Umsetzung. Die Gestaltungsmöglichkeiten und Potenziale von CSR sind abhängig von den jeweiligen Voraussetzungen, die ein Unternehmen mit sich bringt. Branchenzugehörigkeit, Unternehmensgröße und -kultur sowie regionale Merkmale spielen dabei eine wichtige Rolle und sind Faktoren für eine kontextbezogene und unternehmensspezifische Ausrichtung des individuellen CSR-Konzepts.

Der vorliegende Sammelband fokussiert die Besonderheiten des Bundeslandes Nordrhein-Westfalen (NRW) und durchleuchtet das Thema CSR aus unterschiedlichen Blickwinkeln. Zahlreiche Akteure aus Wirtschaft, Politik und Zivilgesellschaft haben in NRW in den letzten Jahren CSR inhaltlich geprägt, sektorübergreifende Kooperationen initiiert und Strukturen für effektives CSR-Management geschaffen. Dieses Buch soll dazu beitragen, das vielseitige CSR-Wissen zu bündeln. Es bietet komprimiertes Fachwissen und Erfahrungsberichte von namhaften Akteuren des Bundeslandes. Ebenso geben die Autoren einige praktische Anregungen für die künftige Ausrichtung und Weiterentwicklung von CSR in NRW und diskutieren Vorschläge für notwendige Strukturen.

2 Nordrhein-Westfalen: Herausforderungen und Chancen in Zeiten des strukturellen Wandels

NRW ist eine viel beachtete Wirtschaftsregion in Deutschland und gleichzeitig ein industrielles Kernland in Europa. Es verfügt mit seiner exzellent aufgestellten Wirtschafts- und Forschungslandschaft über hervorragende Voraussetzungen, um einen sozialen, wirtschaftlichen und ökologischen Wandel für die Menschen in dieser Region zu erzeugen. NRW hat darüber hinaus das Potenzial, als Vorreiter weltweit relevante Lösungen zur Bewältigung der großen gesellschaftlichen Herausforderungen unserer Zeit zu entwickeln. Mit rund 18 Mio. Einwohnern ist NRW das bevölkerungsreichste und flächenbezogen mit rund 34.100 km^2 das viertgrößte Bundesland in Deutschland. Mehr als ein Drittel der deutschen Großstädte liegen in diesem stark urbanisierten Gebiet. Allein die Metropolregion Rhein-Ruhr umfasst rund zehn Millionen Einwohner und gehört zu den 30 größten Ballungsgebieten weltweit. Im Umkreis von 500 km der Landeshauptstadt Düsseldorf und der einwohnerreichsten Stadt Köln leben ca. 140 Mio. Menschen, ca. 30 % der Verbraucher der Europäischen Union (vgl. Statistische Ämter des Bundes und der Länder 2016).

NRW gehört zu den wirtschaftsstärksten Metropolregionen in Europa und kann beeindruckende Gegebenheiten vorweisen. Das Land ist beispielsweise der wichtigste Energiestandort Deutschlands, bundesweit führend bei der Medien- und Kommunikationswirtschaft und Chemiestandort Nummer eins. Im Jahr 2015 erzielte NRW ein Bruttoinlandsprodukt von über 645 Mrd. €. Das sind rund 22 % des deutschen Bruttoinlandsprodukts. NRW ist somit das Land mit der höchsten Wirtschaftsleistung der Bundesrepublik (vgl. Statistische Ämter des Bundes und der Länder 2016). Weltbekannte, große Konzerne sind hier zu Hause. Zu den umsatzstärksten Unternehmen gehören E.ON (Versorger), Metro (Einzelhandel), Deutsche Telekom (Telekommunikation), Aldi Nord und Aldi Süd (Einzelhandel), Rewe (Einzelhandel), RWE (Versorger), Deutsche Post AG (Logistik und Transport), thyssenkrupp (Maschinen- und Anlagenbau) und die Bayer AG (Pharma und Chemie). Auch auf internationaler Ebene nimmt NRW in vielen Bereichen eine Vorzeigerolle ein. So ist das Bundesland die bedeutendste Energieregion Europas und eines der führenden Messestandorte.

Als eigenständiger Staat würde NRW zu den stärksten Exportnationen und zu den 20 größten Wirtschaftsnationen der Welt gehören. Deutschlandweit kann NRW mit rund 135 Mrd. € die höchsten ausländischen Direktinvestitionen aller deutschen Länder verbuchen. Eine wesentliche wirtschaftliche Basis Nordrhein-Westfalens ist die historische Verankerung als Industrieland. Mehr als ein Viertel der wirtschaftlichen Wertschöpfung ist auf das produzierende Gewerbe zurückzuführen. Die Industrie ist die Basis und Antriebskraft für Forschung, Wachstum und Wohlstand. Neben den angesiedelten Großunternehmen und der starken Industrie dürfen die kleinen und mittelständischen Unternehmen (KMU) nicht außer Acht gelassen werden. KMU sind das Rückgrat der nordrhein-westfälischen Wirtschaft. Von insgesamt ca. 750.000 Unternehmen in NRW sind mehr als 99 % KMU. Das bedeutet, dass in NRW mehr als 70 % der Arbeitnehmer und mehr als 80 % der Auszubildenden zum Mittelstand gehören. Von den 1,3 Bio. € Umsatz aller Unternehmen im Jahr 2012 entfielen gut 34 %, beinahe 500 Mrd., auf die KMU des Landes. Der Mittelstand ist somit die tragende Säule der nordrhein-westfälischen Wirtschaft (Günterberg und Institut für Mittelstandsforschung Bonn 2013).

Neben der großen Wirtschaftlichkeit verfügt NRW über weitere bedeutende Faktoren, die zum Erfolg des Standorts beitragen. Dazu gehören die geografisch günstige Lage, die gute Infrastruktur, qualifizierte Arbeitskräfte und hochwertige Gewerbeflächen. NRW ist eine Wissensregion mit der höchsten Dichte an Hochschulen und Forschungseinrichtungen in Europa und Standort vieler politischer und zivilgesellschaftlicher Einrichtungen.

Trotz der Attraktivität als Wirtschaftsstandort steht NRW vor großen Herausforderungen und inmitten eines strukturellen Wandels. Auf der einen Seite wirken die beträchtlichen und komplexen globalen Herausforderungen des 21. Jahrhunderts unmittelbar auf die Unternehmen in der Region ein: seien es die Folgen des Klimawandels, die Frage nach einer umweltverträglichen und bezahlbaren Energieversorgung und Mobilität, der Umgang mit einer wachsenden Ressourcenverknappung, die Auswirkungen des demografischen Wandels, der Verlust von Biodiversität oder die stetig voranschreitende Urbanisierung. Keines dieser Themen macht halt vor NRW. Im Gegenteil. Aufgrund der internationalen Ausrichtung und Lieferketten vieler Unternehmen ist das Bundesland teils direkt mit diesen Entwicklungen verflochten. Auf der anderen Seite wird NRW mit landesspezifischen Herausforderungen konfrontiert und blickt auf eine bewegte Wirtschaftsgeschichte mit grundlegenden Strukturänderungen zurück. Der Wandel einer von Bergbau und Schwerindustrie geprägten Wirtschaft hin zu einem vielfältig aufgestellten Wirtschaftsstandort ist noch längst nicht abgeschlossen. Die Landesregierung hat in ihrem Strategiepapier „Auf dem Weg zu einer Nachhaltigkeitsstrategie für Nordrhein-Westfalen" folgende Herausforderungen für die Zukunft von NRW identifiziert (vgl. Landesregierung NRW 2014):

- Klimaschutz, Ressourceneffizienz und Rohstoffe,
- sichere, saubere, effiziente und wirtschaftliche Energieversorgung,
- Versorgung mit gesunden Nahrungsmitteln aus nachhaltiger Produktion,
- Erhaltung der biologischen Vielfalt und nachhaltige Waldwirtschaft,
- leistungsfähige, umweltschonende, energieeffiziente und sichere Mobilität,
- Gesundheit und Wohlergehen im demografischen Wandel,
- Sicherheit, Teilhabe, Geschlechtergerechtigkeit und sozialer Zusammenhalt im gesellschaftlichen Wandel,
- Bereitstellung der besten Bildung für alle sowie tragfähige öffentliche Finanzen.

Eine weitere strukturelle Veränderung geht mit den Auswirkungen der sogenannten Industrie 4.0, also der Digitalisierung, einher. So wie in anderen Bundesländern soll auch in NRW die industrielle Produktion mit moderner Informations- und Kommunikationstechnik verzahnt werden. Weitere Herausforderungen lassen sich durch einen Blick auf Zahlen und Fakten offenlegen. So werden in NRW beispielsweise die Beschäftigungspotenziale bei Weitem nicht ausgeschöpft. Die Arbeitslosenquote beträgt 7,4 % (November 2016). Ein Wert über der bundesdeutschen und deutlich über der westdeutschen Arbeitslosenquote. Hinzu kommt, dass ein Fünftel der nordrhein-westfälischen Beschäftigten unter prekären Bedingungen arbeitet und lediglich einen Niedriglohn bezieht (vgl. Statistische Ämter des Bundes und der Länder 2016). Der demografische Wandel und der zu erwartende starke Anstieg des Fach- und Führungskräftemangels sind weitere zusätzliche Herausforderungen, für die Lösungsansätze entwickelt werden müssen.

Trotz dieser komplexen und vielseitigen Herausforderungen, mit denen sich NRW auseinandersetzen muss, verfügt das Land über hervorragende Voraussetzungen, diese Herausforderungen als Chancen zu begreifen. Ein möglicher Ansatz hierzu verbirgt sich in dem Konzept der CSR. Wenn Akteure aus Politik, Wirtschaft und Zivilgesellschaft mit Ideen und Investitionen geschlossen vorangehen und die Strukturen für soziales und ökologisches Wirtschaften ausbauen, kann dieses Konzept zweifelsfrei einen wesentlichen Beitrag zu einer nachhaltigen Entwicklung leisten.

3 CSR: Eine Kurzeinführung

Im Zuge der aktuell umfangreich diskutierten globalen Krisen, gesamtgesellschaftlichen Veränderungen und globalen Herausforderungen findet auch in der Betriebswirtschaft ein wesentlicher Wandel statt. Wie zahlreiche Beispiele aufzeigen, ist das ausschließlich auf Gewinnmaximierung ausgerichtete Wirtschaften in der heutigen Zeit nicht mehr tragbar. Den Unternehmenserfolg auf rein monetäre Faktoren zu reduzieren und lediglich in Kosten und Renditen zu denken, bereitet Unternehmen zunehmend Probleme (vgl. Vlachos et al. 2013). So sind kritische Verbraucher, umweltbewusste Kunden, sinnsuchende Arbeitnehmer oder sich rasch verändernde Märkte nur einige Beispiele, mit denen sich Unternehmen immer mehr auseinandersetzen müssen, um erfolgreich am Markt agieren zu können. Zahlreiche Experten aus Wissenschaft und Praxis sind sich einig, dass der Unternehmenserfolg zunehmend davon abhängen wird, inwieweit die Manager in der Lage sind, das Zusammenwirken der sozialen, ökologischen und ökonomischen Dimensionen im Rahmen der Geschäftsmodelle zu verstehen und miteinander in Einklang zu bringen (vgl. Schaltegger et al. 2016; Schneider und Schmidpeter 2015). Die praktische Wahrnehmung dieses Managementparadigmas hat zahlreiche Begriffe hervorgebracht. Dabei hat sich die Bezeichnung der Corporate Social Responsibility (CSR) auf internationaler Ebene weitestgehend durchgesetzt. Dennoch ist die Bedeutung von CSR bis heute unpräzise, was zu verzerrten Erwartungen und häufig zu Enttäuschungen bei Unternehmen, der Zivilgesellschaft und in der Politik führt. Die Unschärfe des CSR-Begriffes erzeugt nicht nur unterschiedliche Wahrnehmungen, die einander teilweise stark widersprechen, sondern auch falsche Erwartungshaltungen, die zu Akzeptanzproblemen bei der Konzeption und Implementierung von CSR führen.

Trägt man nun die zahlreichen Begriffsprägungen und Definitionen zusammen, bilden sich dennoch Leitplanken heraus, um ein einheitliches Grundverständnis von CSR zu skizzieren. So sind sich Fachleute aus Wissenschaft und Praxis einig, dass es bei CSR nicht darum geht, ein vom Kerngeschäft des Unternehmens losgelöstes soziales Engagement zu betreiben, vereinzelte Umweltmaßnahmen durchzuführen oder lokalem Sponsoring nachzugehen. Solche Aktivitäten sind zwar sicherlich vorbildlich, aber eher als Philanthropie zu bezeichnen. Auch sollte CSR nicht als reines Marketinginstrument verstanden werden, das soziale und ökologische Maßnahmen als Imagepolitur missbraucht. Ein solcher Ansatz wird im allgemeinen Sprachgebrauch als „Greenwashing" bezeichnet und birgt große Risiken, die Glaubwürdigkeit des Unternehmens aufs Spiel zu setzen. Vielmehr hat sich CSR zu einer Managementaufgabe entwickelt, die darauf abzielt, die für das Unternehmen und seine Stakeholder wesentlichen sozialen und ökologischen Themen zu identifizieren und systematisch in die Wertschöpfungskette zu integrieren. Dabei gilt es, sowohl negative Einflüsse auf die Gesellschaft zu verringern als auch gesellschaftliche Wertschöpfung zu erzeugen. Mit diesem Ansatz bietet CSR umfangreiche unternehmerische Potenziale, die weit über Reputationsgewinne hinausgehen. Das Erzielen von Kosteneinsparungen entlang der Wertschöpfungsketten, die Steigerung der Arbeitgeberattraktivität, die Stärkung der Identifikation der Mitarbeiter mit dem Unternehmen, Umsatzsteigerungen oder die Verbesserung von Beziehungen innerhalb und außerhalb des Unternehmens sind nur einige Beispiele dafür, wie CSR konkreten unternehmerischen Mehrwert erzeugen kann (vgl. Martinuzzi und Krumay 2013).

Auch wenn die Potenziale unstrittig sind und viele Unternehmen CSR als wichtige Managementaufgabe wahrnehmen, ist es wichtig festzuhalten, dass CSR kein universell einsetzbares Konzept ist. Zwar ist die Grundidee, CSR zu implementieren, in ihrer Komplexität in der Regel verständlich und der Mehrwert für das Unternehmen nachvollziehbar, doch die Gestaltungsmöglichkeiten von CSR sind maßgeblich von unternehmensspezifischen Voraussetzungen abhängig. CSR-Ansätze unterscheiden sich abhängig von der Branchenzugehörigkeit des Unternehmens, der Größe und der Kultur oder anhand von regionalen Merkmalen am Standort (vgl. Berthon und van't Noordende 2016). Die zentrale Herausforderung besteht darin, die unternehmensspezifischen Rahmenbedingungen, Möglichkeiten und Potenziale zu verstehen und als Basis für das CSR-Management zu verwenden. Unternehmen sollten dabei nicht isoliert, sondern im Dialog und in Abstimmung mit ihren Stakeholdern agieren. Dazu bedarf es Strukturen, Unterstützungsnetzwerken und sektorübergreifenden Kooperationen. Die Bedeutung, Unternehmen bei der Umsetzung von CSR zu unterstützen, wird von Politik und Zivilgesellschaft weitestgehend mitgetragen. Es ist zu beobachten, dass bundesweit CSR-Strukturen und -Netzwerke entstehen. So haben bis auf zwei Bundesländer alle anderen eigene, auf ihren Standort bezogene CSR- oder Nachhaltigkeitsstrategien entwickelt. NRW ist ein Vorzeigeland für sektorübergreifendes CSR. Sowohl in der praktischen Umsetzung von Unternehmen, im politischen Sektor als auch von der Zivilgesellschaft wird es in NRW zunehmend als wichtiger Standortvorteil des Landes verstanden, CSR zu institutionalisieren und auszubauen.

4 CSR in NRW: Zukunftsorientiertes Management für eine nachhaltige Entwicklung

Das Potenzial von CSR ist in NRW besonders groß. Internationale Großkonzerne, innovative KMU, hochwertige Gewerbeflächen, gute Infrastruktur, qualifizierte Arbeitskräfte und eine hohe Hochschuldichte: Das alles sind bedeutende Standortvorteile für ein effektives CSR-Management. Vor diesem Hintergrund ist es wenig verwunderlich, dass CSR in NRW zunehmend an Bedeutung gewinnt. Zahlreiche Experten aus Wissenschaft, Wirtschaft und Politik leisten bedeutende Beiträge bei der inhaltlichen Weiterentwicklung, dabei geeignete Rahmenbedingungen zu schaffen und CSR effektiv in der Praxis umzusetzen. Die international führende Nachhaltigkeitsratingagentur „oekom research" hat Nordrhein-Westfalen sogar als bestes Bundesland im Bereich „Nachhaltigkeit" bewertet. Bei dem Rating wurden unter anderem die Leistungen der deutschen Länder anhand von Indikatoren in den Bereichen „Humanressourcen", „Umwelt", „Beschaffung und Dienstleistungen", „Regierungsführung", „regionale und soziale Entwicklung" und „Menschenrechte" bewertet (vgl. Landesregierung NRW 2015).

Die Politik in NRW hat das Thema CSR in den letzten fünf Jahren besonders hoch priorisiert und auf Landesebene Strategien entwickelt, um Unternehmen bei der Implementierung ihres CSR-Managements zu begleiten. Es wurden konkrete Ziele konzipiert, ein strukturierter Stakeholder-Dialog durchgeführt und Strukturen für eine kontinuierliche Weiterentwicklung der Strategie geschaffen (vgl. Ministerium für Wirtschaft, Energie, Industrie, Mittelstand und Handwerk des Landes Nordrhein-Westfalen 2016). Zusätzlich fördert die Landesregierung fünf CSR-Kompetenzzentren (weitere sind 2017 in Planung), um Unternehmen bei der Umsetzung von CSR zu unterstützen. Weitere Angebote im Bereich CSR gibt es in Form von regelmäßig ausgerichteten CSR-Veranstaltungen, wie z. B. bei den Ständehausgesprächen oder in der Förderung von kontinuierlichen Vernetzungsaktivitäten im Bereich Forschung und Lehre. Die Landesregierung knüpft in der Förderung von CSR an die von der EU-Kommission und der Bundesregierung formulierten Ziele und Strategien an. Sie will verantwortlich wirtschaftende Unternehmen in ihrer Vorbildrolle stärken, Wege zu einer Kultur der Verantwortlichkeit aufzeigen, die Umsetzung von CSR in Branchen und Regionen unterstützen, CSR-Kooperationen zwischen Unternehmen und Hochschulen voranbringen und CSR in internationalen Geschäftsbeziehungen fördern. Veranstaltungen und Foren sollen die Aufmerksamkeit von Unternehmen auf ihre gesellschaftliche Verantwortung lenken und das Thema in die Breite tragen. Bürger sollen ebenso dafür sensibilisiert werden, dass sie in ihrer Rolle als Konsumenten erheblichen Einfluss auf das Produktangebot, das Verhalten und die gesellschaftliche Verantwortung von Unternehmen haben.

Teil der Strategie ist es auch, Netzwerke zwischen Unternehmen und Hochschulen im Aufgabenfeld CSR zu knüpfen. Die Hochschulen sollen dafür gewonnen werden, das Thema stärker in Forschung und Lehre zu verankern, Grundlagenwissen über das Innovationspotenzial und den Business Case von CSR zur Verfügung zu stellen und die Studierenden entsprechend zu qualifizieren. Inhaltliche Ansatzpunkte sind beispielsweise die Integration von CSR ins Management, die Unternehmensorganisation, die Produktionsverfahren, die Gestaltung von Produkten und Dienstleistungen, die Wertschöpfungskette sowie die Zusammenarbeit zwischen Unternehmen und ihren Stakeholdern. Auch im internationalen Rahmen soll CSR mehr Gewicht erhalten. Internationale Leitlinien und Standards, wie die OECD-Leitsätze für multinationale Unternehmen, sollen bekannter gemacht werden. Mit fortschreitender Globalisierung der Wirtschaft gewinnt die gesellschaftliche Verantwortung der Unternehmen im internationalen Markt eine hohe Bedeutung. International tätige Unternehmen können vor allem in Entwicklungs- und Schwellenländern einen großen Beitrag zur Bekämpfung von Armut, zum Schutz der Umwelt, zur Vermeidung von Korruption und zur Sicherung der Menschenrechte leisten.

Das Rückgrat der nordrhein-westfälischen Wirtschaft sind die zahlreichen kleinen und mittelständischen Unternehmen. Sie sind die treibende Kraft des Wirtschaftsstandortes und leisten einen wesentlichen Beitrag zum sozialen Zusammenhalt der Gesellschaft. KMU sind sich ihrer Bedeutung für NRW bewusst und werden auch zukünftig ihre Rolle für die Gestaltung der Gesellschaft und Wirtschaftlichkeit am Standort wahrnehmen. CSR spielt daher auch in den Aktivitäten der Industrie- und Handelskammern eine zunehmend große Rolle und viele Geschäftsführer und Firmeninhaber erkennen in CSR ein nützliches Managementkonzept, um ihre soziale Verantwortung weiter zu professionalisieren. Auch in der unternehmerischen Praxis von Großunternehmen ist CSR branchenübergreifend fest verankert. Eine große Anzahl der bedeutenden Großunternehmen des Bundeslandes verfügt über CSR-Abteilungen, integriert CSR ins Kerngeschäft und veröffentlicht regelmäßig CSR- bzw. Nachhaltigkeitsberichte. NRW hat eine Vielzahl an CSR-Leuchtturmunternehmen vorzuweisen, die den Standort aufwerten und weit über die Grenzen des Bundeslandes Wirkung entfalten.

Neben Politik und Wirtschaft tragen eine Vielzahl unterschiedlicher Akteure aus der Zivilgesellschaft maßgeblich zu der Weiterentwicklung von CSR in NRW bei. Verbände, Stiftungen, Vereine oder private Akteure haben Netzwerkstrukturen, Unterstützungsangebote oder Kommunikationsplattformen geschaffen. Außerdem setzt die Zivilgesellschaft wichtige Anreizimpulse für Unternehmen, sich mit unterschiedlichen Themen der CSR auseinanderzusetzen. Dies geschieht sowohl über positive Anreize, wie beispielsweise die Auszeichnung von CSR-Leuchtturmunternehmen im Rahmen von CSR-Preisen, als auch über die kritische Auseinandersetzung mit unternehmerischem Fehlverhalten und das Aufzeigen von Verbesserungspotenzialen. Auch die Wissenschaft leistet einen wesentlichen Beitrag und legt die theoretische Grundlage für ein neues Paradigma in der Betriebswirtschaftslehre. Durch die Beiträge wird zunehmend deutlich, dass die aktuellen globalen Herausforderungen nur bewältigt werden können, wenn Unternehmen nicht als Teil des Problems begriffen werden, wie dies viele Kritiker des Wirtschaftssystems tun, sondern als Teil der Lösung.

Zusammenfassend lässt sich NRW als proaktive Region beschreiben, in der CSR gemeinsam von Wirtschaft, Politik und Zivilgesellschaft umgesetzt und kontinuierlich professionalisiert wird. NRW zeichnet sich durch viele Vorzeigeinitiativen und Best Practices aus und kann umfangreiche und dynamische CSR-Strukturen vorweisen. Woran es in NRW fehlt, sind ein systematischer Überblick zum Status quo der CSR-Landschaft sowie eine Bündelung des umfangreichen Fach-, Praxis-, und Kontextwissens. An genau dieser Stelle soll der vorliegende Sammelband ansetzen.

5 Über den vorliegenden Sammelband

Dieses Buch soll dazu beitragen, zusätzliche Transparenz und Orientierung zu schaffen, wie und von wem CSR in NRW vorangetrieben wird. Es bündelt die Erfahrungen und das Fachwissen von Beitragsautoren aus der Wirtschaft, Wissenschaft, Zivilgesellschaft und der Politik in einem Band. Es zeigt umfassende Gestaltungsmöglichkeiten für CSR in NRW und vermittelt aufschlussreiche Erfahrungsberichte von namhaften Akteuren des Bundeslandes. Die Autoren geben praktische Anregungen für die zukünftige Ausrichtung und Weiterentwicklung von CSR in NRW.

Das Buch gliedert sich in vier Teile (vgl. Abb. 1). Im ersten Teil geben Autoren aus der Wissenschaft Einblicke in ihre Forschungsergebnisse und schildern ihre Erkenntnisse aus

Abb. 1 Übersicht der Buchstruktur

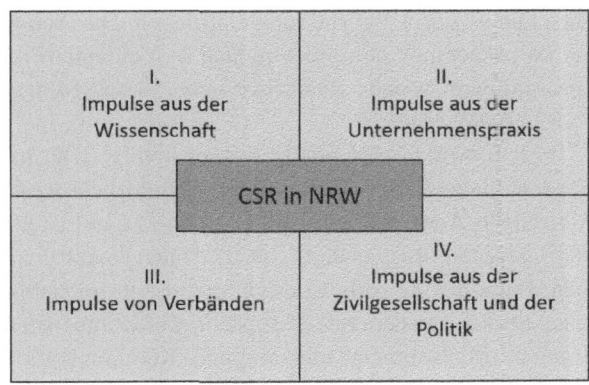

der Lehre und Projektarbeit. Im zweiten Teil berichten Unternehmensvertreter und CSR-Praktiker von ihren Erfahrungen hinsichtlich der Umsetzung von CSR. Im dritten Teil des Buches bringen Vertreter von Verbänden ihre Perspektive auf das Thema CSR ein und beschreiben ihre Projektansätze und Vorhaben, das Thema CSR in NRW weiterzuentwickeln. Im vierten Teil sind Artikel von Akteuren der Zivilgesellschaft und Politik aufgeführt.

Die in diesem Sammelband aufgeführten Artikel stammen von CSR-Experten und -Vorreitern, die ihren Standort schwerpunktmäßig in NRW haben, ihre Aktivitäten in NRW umsetzen oder sich mit dem Thema CSR in NRW befassen. Die Autorenschaft stellt einen repräsentativen Querschnitt der CSR-Akteure des Landes dar und besteht aus Praktikern, Wissenschaftlern und NRW-Experten. Aufgrund der vielen CSR-Akteure in NRW ist zu beachten, dass dieses Buch exemplarisch unterschiedliche Themen aufgreift, es aber den Rahmen dieses Sammelbandes sprengen würde, alle CSR-Akteure und -Vorreiter in diesem Band aufzuführen. Im Folgenden werden die Inhalte und Autoren vorgestellt.

5.1 Impulse aus der Wissenschaft

Dieser erste Teil enthält Beiträge von Autoren aus der Wissenschaft. Dabei werden spezifische CSR-Themen behandelt, wie u. a. die Verbindung von CSR und Innovation oder CSR in der Kapitalmarktkommunikation. Zusätzlich werden Ansätze behandelt, wie CSR in NRW dynamisiert werden kann und wie Psychologie, Ökonomie und Ethik integrativ in Forschungsprojekten zusammengebracht werden. Abschließend wird das Thema Social Entrepreneurship in NRW analytisch durchleuchtet.

Der erste Beitrag beschäftigt sich mit dem Thema Innovation und CSR als Antwort auf den gesellschaftlich ökonomischen Wandel. Herr Thomas Krickhahn diskutiert die Bedeutung von CSR für die gesellschaftlichen Herausforderungen Nordrhein-Westfalens und betont dabei das Innovationspotenzial von CSR.

Frau Julia Wildner und Herr Dominik Enste beschreiben in ihrem Beitrag die Erfahrungen der IW Akademie, in der Professoren verschiedener Fachrichtungen ihre langjährige

Forschungs- und Lehrerfahrung einbringen. Die Autoren schildern das CSR-Verständnis der IW Akademie, präsentieren das IW-Akademie-Konzept für integriertes Wirtschaften und schildern, welche Potenziale oder Verbesserungsmöglichkeiten sie für das Thema CSR in NRW sehen.

In dem Artikel „Corporate Responsibility (CR) in Nordrhein-Westfalen – Eine Bestandsaufnahme des CR-Managements nordrhein-westfälischer Unternehmen" geben die Autorinnen Anne Fries, Birgit Riess und Lena Lassak einen Überblick zum Status quo von Corporate-Responsibility-(CR-)Management in nordrhein-westfälischen Unternehmen. Basis des Artikels ist der Corporate-Responsibility-Index (CRI) 2015 der Bertelsmann Stiftung, in dem relevante Managementdimensionen, wie z. B. CR-Strategie, -Organisation, -Maßnahmen, -Messung und -Kommunikation, untersucht wurden.

Der Artikel von Frau Barbara Weißenberger und Madeleine Feder befasst sich mit dem Thema CSR in der Kapitalmarktkommunikation und diskutiert das Für und Wider einer verpflichtenden Berichterstattung. Die Autorinnen schildern, dass sich gerade die KMU in NRW mit den aus der CSR-Berichterstattung resultierenden Anforderungen ausführlich auseinandersetzen müssen. KMU sind über Beteiligungsverhältnisse, Lieferbeziehungen oder Kooperationen direkt mit Unternehmen verbunden, die unmittelbar von der Finanzberichterstattungspflicht betroffen sind.

Wie kann es gelingen, dass Nachhaltigkeitsthemen spezifisch in die betriebliche Realität integriert werden und die Dynamik von CSR in NRW messbar gesteigert wird? Um diese Frage zu beantworten, diskutieren die Autoren Christian Geßner und Axel Kölle Vor- und Nachteile von bestehenden CSR-Rahmenwerken und Zertifizierungen im Allgemeinen, bevor sie konkret auf den freiwilligen Standard des Zentrums für Nachhaltige Unternehmensführung (ZNU) eingehen.

Monika Eigenstetter, Rudolf Voller und Martin Wenke beschreiben in ihrem Beitrag die Aktivitäten des CSR-Kompetenzzentrums EthNa. Dabei gehen sie besonders auf die Wichtigkeit der Verbindung von Forschung und Lehre im Bereich von CSR ein.

Das Thema Social Entrepreneurship ist deutschlandweit auf dem Vormarsch und wird von vielen KMU und Großunternehmen als Innovationsquelle für ihr CSR-Management wahrgenommen. Anika Lotter, Mitarbeiterin des Centrums für Advanced Sustainable Management (CASM) der Cologne Business School, setzt sich mit Potenzialen von Social Entrepreneurship in NRW auseinander und findet Antworten auf Fragen, z. B. welche Rechtsform für Sozialunternehmer am sinnvollsten ist, was Gemeinnützigkeit bedeutet und welche Förder- bzw. Finanzierungsmöglichkeiten es gibt.

5.2 Impulse aus der Unternehmenspraxis

Im zweiten Teil des Buches schildern CSR-Praktiker ihre Erfahrungen in der Konzeption und Umsetzung von CSR. Zu Beginn finden sich fünf Praxisimpulse von den nordrhein-westfälischen Unternehmen thyssenkrupp, der Vaillant Group, Aldi, Toom Baumarkt und Brenntag. Auch beinhaltet dieser Part Fachbeiträge zu den Themen Energiewende in NRW und Entwicklung der Textilindustrie in NRW sowie einen Artikel mit Handlungsempfehlungen zum Thema Integration von Flüchtlingen. Zwei weitere Praxisbeiträge in diesem Kapitel beschäftigen sich mit der Bedeutung und Umsetzung von Kommunikation und Berichterstattung im Themenfeld CSR. Abgeschlossen wird der zweite Buchteil mit einem Artikel zum Thema CSR im Kontext von Firmengründungen und Start-ups.

Basierend auf Praxiserfahrungen im Bereich der Einführung und Umsetzung von „Nachhaltigkeit" in Unternehmen schildern Thomas Fußhöller und Hans-Jörn Weddige im ersten Praxisbericht dieses Teils die Bedeutung von Nachhaltigkeit im globalen diversifizierten Industriekonzern thyssenkrupp. Die Autoren veranschaulichen, wie ein aktives Umsetzen und Einbringen von Ideen, Konzepten und Systemen im Unternehmen möglich ist, welche Herausforderungen sich dabei stellen und welche Herangehensweisen aus ihrer Sicht besonders vielversprechend sind. Der Beitrag gibt Anregung für die tägliche betriebliche CSR-Praxis und schafft Verständnis für diese Thematik im Unternehmensumfeld.

In einem zweiten Praxisimpuls mit dem Titel „Nicht von der Stange – das strategische Nachhaltigkeitsmanagement der Vaillant Group" beschreibt Jens Wichtermann seine Erfahrungen als Nachhaltigkeitsmanager anhand des strategischen Managementprogramms S.E.E.D.S. Der Beitrag beleuchtet die Entwicklung des Programms – von grundsätzlichen Zielsetzungen, Fragen nach der Messbarkeit der Nachhaltigkeitsperformance bis hin zur Implementierung von Maßnahmen und der Erfolgskontrolle.

Mit dem Thema CSR in der Textilwirtschaft setzen sich die Autoren Ralf Hellmann und Gerhard Becker auseinander. Sie skizzieren die Entwicklung in der Textilindustrie in NRW ab den 1970er-Jahren und erklären die sozialen und ökologischen Auswirkungen. Die Autoren gehen auf die aktuelle Situation ein und zeigen Lösungen auf, wie diese ihrer Ansicht nach verbessert werden kann.

Der Praxisbericht von Julia Adou und Christina Emmermann schildert das CR-Management der beiden Unternehmensgruppen von Aldi und widmet sich den Fragen, wie die Unternehmensgruppen zu einem verantwortlichen Handel beitragen, wie Unternehmensverantwortung in der Praxis umgesetzt wird und wie eine Balance zwischen Preissensibilität, Qualität und Nachhaltigkeit im Discountbereich hergestellt werden kann.

Ein weiterer Praxisbeitrag beschäftigt sich mit den Besonderheiten der Baumarktbranche. Kai Battenberg beschreibt in seinem Artikel mit dem Titel „In Zukunft bitte nachhaltig" die vielseitigen Ansatzpunkte, die es für Unternehmen der Baumarktbranche im Spannungsfeld der verschiedenen Anspruchsgruppen gibt, um selbst einen Beitrag für eine nachhaltigere Entwicklung zu leisten.

Über den Aufbau und die Implementierung eines CSR-Programms im globalen B2B-Chemiehandel präsentiert Dirk Eckert die Fallstudie des Unternehmens Brenntag. Das Unternehmen ist Weltmarktführer im B2B-Chemiehandel und hat sich das Ziel gesetzt, auch beim Thema CSR führend in seiner Branche zu sein. Der Artikel analysiert die Hintergründe dieser Entscheidung und geht auf die organisatorische Art der Umsetzung ein. Der Autor stellt die verschiedenen Entwicklungsphasen des CSR-Programms bei Brenntag heraus und geht insbesondere auf die aktuelle Ausgestaltung der CSR-Ziele, Initiativen und Reportingansätze ein. Basierend auf seinen Erfahrungen stellt der Autor abschließend die wesentlichen Hindernisse bei der Implementierung und Weiterentwicklung von CSR bei Brenntag dar.

„Energiewende 4.0 – Made in NRW": In diesem Beitrag geht Mirko-Alexander Kahre auf den Energiestandort NRW ein und fordert eine vollumfangreiche Standortbestimmung dafür, wie die Energiewende in ihrem weiteren Verlauf wirklich nachhaltig gestaltet werden kann. Hannes Hofmann und Susanne Dunschen beschreiben die Herausforderungen für Unternehmen in dem häufig zu bewältigenden Spagat zwischen regionalem CSR-Engagement und globalem Bezug. Am Beispiel des Programms des TÜV Rheinland zur Integration von Geflüchteten illustriert der Artikel „Globale Megatrends und lokale unternehmerische Verantwortung: Integration von Flüchtlingen", wie durch unternehmerische Verantwortung im regionalen Kontext globale, gesellschaftsrelevante Herausforderungen bewältigt werden.

Ein weiterer Schwerpunkt in diesem Buchteil liegt auf den Themen CSR-Kommunikation und Berichterstattung. Zwei Artikel gehen auf die Bedeutung und die Gestaltungsmöglichkeiten für Unternehmen ein, ihre CSR-Aktivitäten effektiv zu kommunizieren. Joachim Ganse diskutiert dabei die Beweggründe und Argumente, warum Unternehmen über die eigene unternehmerische Verantwortung berichten sollten. Besonderer Fokus liegt auf der Diskussion der Vorteile und den Herausforderungen der CSR-Berichterstattung. In dem zweiten Beitrag zum Thema Kommunikation schildern Marcus Eichhorn und Riccardo Wagner auf Basis ihrer langjährigen Beratungserfahrung und der Erkenntnisse aus dem ESF-geförderten Projekt CSR Initiative Rheinland der IHK Bonn/Rhein-Sieg alternative Ansätze und Kommunikationsstrategien, die die Möglichkeiten der emotionalen Kommunikation im Netz durch Storytelling und Contentmarketing für die Verbreitung des CSR-Ansatzes nutzbar machen.

Das letzte Kapitel dieses Buchteils befasst sich mit dem Thema CSR und Start-ups. Ute Günther und Roland Kirchhof diskutieren die Frage nach der Relevanz von CSR im Rahmen von Firmengründungen.

5.3 Impulse von Verbänden

Wesentliche Treiber der Konzeption, Umsetzung und stetigen Weiterentwicklung von CSR in NRW sind die zahlreichen Verbände. In diesem dritten Teil werden die Perspektiven von einigen der zentralen Verbandsakteure vorgestellt. Zu Beginn stellen stellvertretend für die zahlreichen nordrhein-westfälischen Industrie und Handelskammern (IHK), die unterschiedliche Projekte und Formate im Bereich der CSR fördern und veranstalten, die IHK Köln und IHK Essen jeweils ihren Blickwinkel auf das Thema CSR dar. Anschließend erläutern der Handwerks- und Bankenverband aus NRW jeweils in einem Beitrag die branchenspezifischen Auseinandersetzungen zu den Potenzialen und Gestaltungsmöglichkeiten von CSR.

Ulrich Soénius erläutert Impulse aus der IHK Köln und argumentiert, dass gesellschaftliche Verantwortung und unternehmerischer Erfolg keine Gegensätze sind. Aus der IHK Essen stammt der Beitrag „CSR – Pflicht oder Kür". Die Autoren Guido Zakrzewski und Sandra Schmitz setzen sich dafür ein, CSR bei Unternehmen und Institutionen in der Region als Orientierung für das wirtschaftliche Handeln zu etablieren. Herr Pieck von der IHK Bonn/Rhein-Sieg beschreibt in seinem Beitrag, wie die IHK ihre Unternehmen durch Informationen und Veranstaltungsformate im Bereich CSR unterstützt.

In dem Artikel „Handwerk mit Verantwortung – Ein Arbeitsprinzip mit Zukunft" erläutert der Autor Timothy Vincent, welchen Beitrag das Handwerk zu der Lösung zukünftiger wirtschaftlicher, gesellschaftlicher und sozialer Probleme leisten kann. Aus der Finanzbranche stammt die Perspektive des Bankenverbandes NRW. Steffen Pörner zeigt Chancen und Herausforderungen von CSR für Banken in NRW auf.

Auf die Bedeutung von kleinen und mittelständischen Unternehmen für NRW gehen Thorsten Brinkmann, Simon Gröger, Wolfgang Keck in ihrem Beitrag ein. Dabei liegt der Fokus darauf, wie KMU für CSR begeistert werden können.

Abschließend in diesem Buchteil erläutern Robert Abts, Sylvia Becker und Thomas Corrinth den Mehrwert und die CSR-Kompetenzen im Rhein-Kreis Neuss. Schon seit einigen Jahren engagiert sich die Wirtschaftsförderungsgesellschaft Rhein-Kreis Neuss intensiv beim Thema CSR und gehört hier zu den Vorreitern in ganz Nordrhein-Westfalen.

5.4 Impulse aus der Zivilgesellschaft und der Politik

Im vierten Teil werden Perspektiven aus der Zivilgesellschaft und der Politik aufgeführt. In dem ersten Beitrag dieses Buchteils, verfasst von Staatssekretär Dr. Günther Horzetzky, werden die Ziele und Instrumente der nordrhein-westfälischen CSR-Politik dargestellt. Dazu skizziert er zunächst das politische Verständnis von CSR und die CSR-Strategie des Ministeriums für Wirtschaft, Energie, Industrie, Mittelstand und Handwerk des Landes Nordrhein-Westfalen. In einem weiteren Schritt werden die wichtigsten Maßnahmen und Initiativen vorgestellt, mit denen die Unternehmen bei ihrer Verantwortungsübernahme unterstützt werden. Der Beitrag endet mit einem kurzen Ausblick auf die Weiterentwicklung der CSR-Strategie NRW.

Nordrhein-Westfalen als Keimzelle nachhaltigen Wirtschaftens? Anhand eines Rückblicks auf den Deutschen Nachhaltigkeitspreis von 2008 bis 2015 beschreiben die Autoren, wie sich der Preis im Laufe der Jahre entwickelt hat. Im Fokus der Autoren Stefan Schulze-Hausmann, Otto Schulz, Gabriela Baum-D'Ambra und Saskia God stehen die Bewerber und vor allem auch die für ihr Nachhaltigkeitsengagement nominierten und prämierten Unternehmen aus Nordrhein-Westfalen:

- Wie hat sich der Anteil an den Bewerbungen entwickelt?
- Welche Unternehmen bewerben sich? Welche gehen als Sieger hervor?
- Wodurch zeichnen sich die Preisträger der unterschiedlichen Jahre aus?

- Wie hat sich die Qualität der Nachhaltigkeitsbemühungen der Unternehmen über die Jahre geändert?

Um das Thema Greenwashing geht es in dem Beitrag von Annette Icks und Frank Maaß: „Wider Greenwashing: Wie integre CSR-Akteure sich absichern können". CSR ist nicht nur eine chancenreiche, sondern auch eine mit Risiken behaftete Managementstrategie. So kann beispielsweise Opportunismus den Erfolg einer von Unternehmen betriebenen CSR-bezogenen Politik ernsthaft gefährden. Die bekannteste Form hierbei stellt Greenwashing (Grünfärberei) dar. Dies kann in zweierlei Weise für Unternehmen zur Gefahr werden: CSR-Unternehmen können durch das Greenwashing anderer Unternehmen in Mitleidenschaft gezogen oder gar fälschlicherweise selbst des Greenwashings bezichtigt werden. Hintergrund ist in beiden Fällen Informationsasymmetrie. Gelingt es nicht, Greenwashing zu unterbinden, drohen Wettbewerbsverzerrungen. Leidtragende sind die redlichen CSR-Akteure und deren Kunden. Anhand zweier Vergleichsunternehmen aus Nordrhein-Westfalen, die sich in ihrer Größe deutlich unterscheiden, zeigt der Beitrag, welche Instrumente sich eignen, um die Risiken, die mit Greenwashing verbunden sind, zu minimieren. Als zielführend erweisen sich eine testierte Berichterstattung, der sozialkapitalgetragene Kundendialog, Signaling und eine Compliance-Kooperation, Maßnahmen also, die prinzipiell von Unternehmen jedweder Größe praktiziert werden können.

„Arbeitsrechte global": Der Beitrag von Sabine Ferenschild von SÜDWIND beschäftigt sich mit der Umsetzung menschenrechtlicher Sorgfaltspflichten von Unternehmen. Das Institut SÜDWIND/Bonn beschäftigt sich seit seiner Gründung mit der Durchsetzung von Arbeitsrechten in der globalen Wertschöpfungskette von Textilien.

„CSR in Mode: Ein kritischer Blick auf die Bekleidungsindustrie und FEMNETs Einsatz für bessere Arbeitsbedingungen": Die Autorin Gisela Burckhardt weist unter anderem auf die oft irreführende Verwendung des Begriffs CSR und auf die Gefahr der Schönfärberei durch CSR hin. Sie erläutert dabei die Arbeit von FEMNET, die im Bildungssektor ihren Schwerpunkt in NRW hat.

„Köln als Pionier innovativen Unternehmensengagements für nachhaltige Entwicklung und Klimaschutz: Erfolgreiche Kooperationen mit kommunalen, institutionellen und zivilgesellschaftlichen Akteuren": Dies ist der Titel des letzten Beitrags dieses Buchteils, verfasst von Brigitte Jantz. Die Rhein-Metropole Köln zeichnet sich aufgrund ihres ausgeprägten stadtgemeinschaftlichen Engagements durch eine Vielzahl innovativer CSR-Strukturen und -Netzwerke ganz unterschiedlicher Entstehungsmuster und Zielrichtungen aus.

Insbesondere die erfolgreiche Zusammenarbeit der drei Akteursebenen Unternehmerschaft, Rat/Stadtverwaltung und institutionelle/zivilgesellschaftliche Gruppierungen ermöglichte die Entwicklung völlig neuer Projekte und Maßnahmenrealisierungen für nachhaltige Entwicklung, Klimaschutz und Umweltgerechtigkeit. Am Beispiel der Kooperationsprojekte des Kölner Trägervereins *Netzwerk e. V.* (Institut *Natur & Kultur* sowie *Sozialraumkoordination Köln-Bilderstöckchen*) mit dem kommunalen Unternehmen *RheinEnergie AG*, der *Kölner REWE Group*, dem *Kölner Netzwerk Bürgerengagement* sowie dem *Kompetenzteam KlimaBildung Köln* wird die Vielfalt des Unternehmensengagements im

Sinne der CSR verdeutlicht. Zentrale Impulsgeber der innovativen CSR-Aktivitäten der beteiligten Unternehmen waren dabei unternehmenseigene (Förder-)Programme, direkte Kooperationsanfragen externer Partner oder auch Anregungen zum „veedelsorientierten" Handeln aus Netzwerken bürgerschaftlichen Engagements.

Die vorliegenden Perspektiven geben eine Zusammenschau der vielfältigen CSR-Aktivitäten. NRW zeichnet sich auch im Bereich nachhaltiges Management durch Vielfalt und Facettenreichtum aus. Das jeweilige CSR-Verständnis ist dabei vom jeweiligen Kontext (Branche, Größe und Erfahrungen) abhängig. Wichtig ist jedoch, dass ein kontinuierlicher gesellschaftlicher Diskurs das Thema stetig weiterentwickelt. Insbesondere die aktuellen gesellschaftlichen Herausforderungen bedürfen eines offenen und lösungsorientierten Diskurses, um gemeinsam neue Wege zu finden, um wirtschaftlichen und gesellschaftlichen Mehrwert gleichermaßen zu generieren. Dabei haben alle Akteure eine für sich genommen einzigartige Rolle. Unternehmen schaffen durch Innovation und den Aufbau neuer Wertschöpfungsketten unmittelbaren Mehrwert für Kunden, Mitarbeiter, Investoren und den Standort. Die Zivilgesellschaft bringt ihr Wissen und ihre Erfahrung in der Gestaltung ökologischer und sozialer Räume sowie das Engagement der Bürger aktiv ein. Wissenschaft und Bildung flankiert diese Entwicklung, indem neue Managementmodelle sowie technische Lösungen entwickelt und gelehrt werden. Die Politik schafft den Rahmen, der Freiheit und Anreize für alle Akteure gibt, sich in ihrer jeweiligen Kompetenz aktiv in die Lösung der gegenwärtigen Herausforderungen einzubringen. Umso mehr alle gesellschaftlichen Bereiche sich als komplementär für eine nachhaltige Entwicklung begreifen, sich wechselseitig unterstützen und gemeinsam neue Lösungen verfolgen, desto erfolgreicher wird NRW als Wirtschaftsstandort und desto lebenswerter als Heimatort. Die dargelegte Übersicht kann und soll als Basis der weiteren Zusammenarbeit aller Akteure dienen und auch anderen Regionen aufzeigen, wie eine gelebte CSR aussehen kann.

Literatur

Berthon B, van't Noordende S (2016) The UN Global Compact-Accenture CEO Study on Sustainability 2013. Accenture 2013

Blumberg I, Lin-Hi N (2015) Business case-driven management of CSR. Bus Fre Ethics J 33(4):321–350

Du S, Bhattacharya CB, Sen S (2015) Corporate social responsibility, multi-faceted job-products, and employee outcomes. J Bus Ethics 131(2):319–335

Günterberg G, Institut für Mittelstandsforschung Bonn (2013) Unternehmensgrößenstatistik – Unternehmen, Umsatz und sozialversicherungspflichtig Beschäftigte 2004 bis 2009 in Deutschland, Ergebnisse des Unternehmensregisters (URS 95). Institut für Mittelstandsforschung, Bonn

Landesregierung NRW (2014) Strategiepapier „Auf dem Weg zu einer Nachhaltigkeitsstrategie für Nordrhein-Westfalen." Beschluss der Staatssekretärskonferenz. https://www.umwelt.nrw.de/fileadmin/redaktion/PDFs/strategiepapier_nachhaltigkeitstrategie_nrw_2014.pdf (Erstellt: 23. Juni 2014). Zugegriffen: 02. Jan. 2017

Landesregierung NRW (2015) Nordrhein-Westfalen bestes Bundesland bei Nachhaltigkeitsrating. Pressemitteilung. https://land.nrw/nl/node/13400. Zugegriffen: 11. Jan. 2017

Martinuzzi A, Krumay B (2013) The good, the bad, and the successful – how corporate social responsibility leads to competitive advantage and organizational transformation. J Chang Manag 13(4):424–443

Ministerium für Wirtschaft, Energie, Industrie, Mittelstand und Handwerk des Landes Nordrhein-Westfalen (2016) Pressemitteilung – 19.09.2016: Fünf Jahre erfolgreiche CSR-Politik in Nordrhein-Westfalen. http://www.wirtschaft.nrw.de/wirtschaft/_marginalienObjekte/CSR-Strategie_Bericht/Bericht_zurKV_CSR.pdf. Zugegriffen: 13. Jan. 2017

Schaltegger S, Lüdeke-Freund F, Hansen EG (2016) Business models for sustainability: A co-evolutionary analysis of sustainable entrepreneurship, innovation, and transformation. Organ Environ 29(3):264–289

Schneider A, Schmidpeter R (2015) Corporate Social Responsibility. Verantwortungsvolle Unternehmensführung in Theorie und Praxis. Springer, Berlin, Heidelberg

Statistische Ämter des Bundes und der Länder (2016) Volkswirtschaftliche Gesamtrechnungen der Länder VGRdL – Bruttoinlandsprodukt, Bruttowertschöpfung in den Ländern der Bundesrepublik Deutschland Revision 2014, Reihe 1, Band 1. http://www.vgrdl.de/VGRdL/tbls/?lang=de-DE. Zugegriffen: 13. Jan. 2017

Vlachos PA, Panagopoulos NG, Rapp AA (2013) Feeling good by doing good: Employee CSR-induced attributions, job satisfaction, and the role of charismatic leadership. J Bus Ethics. doi:10.1007/s10551-012-1590-1

Patrick Bungard ist Direktor des Center for Advanced Sustainable Management (CASM) der Cologne Business School und Geschäftsführer der M3TRIX GmbH. Er ist an unterschiedlichen Universitäten und Fachhochschulen (u. a. Cologne Business School, Donau Universität Krems) Dozent für Wirtschaftsethik, nachhaltige Geschäftsmodelle, Sustainable Management, Corporate Social Responsibility und Social Entrepreneurship. Er hat langjährige Erfahrung in der Leitung, Konzeption und Umsetzung von Beratungsprojekten im Bereich der Corporate Social Responsibility sowie im Non-Profit-Sektor.

Prof. Dr. René Schmidpeter hat den Dr. Jürgen Meyer Stiftungslehrstuhl „Internationale Wirtschaftsethik und CSR" an der Cologne Business School (CBS) inne. Er forscht und lehrt insbesondere zum Thema „CSR als innovativer Managementansatz", „CSR in der Betriebswirtschaftslehre" und „Internationale Perspektiven auf CSR". Er ist Herausgeber der Managementreihe „Corporate Social Responsibility" im Springer Gabler Verlag sowie der internationalen Publikationsserie „CSR, Sustainability, Ethics and Governance" bei Springer. Neben seinen umfangreichen Publikations- und Vortragstätigkeiten berät er als CSR-Stratege nationale und internationale CSR-Initiativen, Wirtschaftsorganisationen und Unternehmen bei der strategischen Implementierung von nachhaltigen Managementansätzen. Er ist zudem ständiger Gastprofessor an Hochschulen in China, Australien und Großbritannien sowie Mitglied in renommierten Expertenjurys, wissenschaftlichen Beiräten und internationalen Forschungsprojekten.

Impulse aus der Wissenschaft

Innovation durch CSR in NRW?!

Thomas Krickhahn

1 Innovation und CSR als Antwort auf den gesellschaftlich-ökonomischen Wandel

> Wenn der Wind der Veränderung weht, bauen die einen Windmühlen und die anderen Mauern (chinesisches Sprichwort).

Es ist sicher keine Neuigkeit: Auch das Land Nordrhein-Westfalen (NRW) ist von den tief greifenden Prozessen des Wandels in der Wirtschaft und Gesellschaft, die heute weltweit stattfinden, betroffen. Aktuelle Stichworte dieses Wandels sind der demografische Wandel und weltweit besonders die Bevölkerungsexplosion, der Klimawandel, die Ressourcenverknappung, Migrationsprozesse ebenso die Internationalisierung der Märkte und die Globalisierung im Zuge des technologischen Wandels sowie insbesondere die Digitalisierung, die Entwicklung des Internets und das Konzept Industrie 4.0. Über den bisherigen ökonomischen, technischen und sozialen Strukturwandel hinaus sind für das Land NRW vor allem die Aspekte Flüchtlinge und deren Integration[1], die Energiewende und der weitere Strukturwandel in das Informations- und Dienstleistungszeitalter von prägender Bedeutung. Die Veränderungsprozesse bedingen und beschleunigen sich dabei gegenseitig und werden begleitet durch einen weitreichenden Wertewandel mit Auswirkung auf die Einstellungen, Haltungen und Erwartungen in der Bevölkerung. Die Qualität und Inhalte sowie die Dynamik dieses Veränderungsprozesses konfrontieren Institutionen, Organisationen und die handelnden menschlichen Individuen und fordern ein ausgeprägtes Verantwortungsbewusstsein und innovative Lösungsansätze für die jeweils neuartig ent-

---

[1] Damit zusammenhängend die Problematik der Erosionsprozesse in der politischen Parteienlandschaft durch das Aufkommen der neuen rechten Parteien und ihrer Wählerschaften.

T. Krickhahn (✉)
Hochschule Bonn-Rhein-Sieg; Department of Business Administration
von-Liebig-Straße 20, 53359 Rheinbach, Deutschland
E-Mail: thomas.krickhahn@h-brs.de

standenen Problemsituationen.[2] Mit diesem Wandel gehen zudem grundlegende moralisch relevante Konflikte auch in der Wirtschaft einher. Kennzeichnend dafür sind wiederholt auftretende Skandale durch Unternehmen (z. B. Korruption bei Siemens, Enron und die Finanzmarktkrise, Dieselgate und VW, Nike und die Jugendarbeit, Deep Water Horizon), die immer wieder Anlass für eine darauf ausgerichtete florierende Presse geben. Neuartige ökologische, sozial und wirtschaftlich relevante Problemlagen aufgrund dynamisch sich verändernder Strukturen und Verhältnisse bedingen, so die hier verfolgte These, sozusagen die gesellschaftliche Verantwortung von Unternehmen und neuartige Problemlösungen für die Herausforderungen der Zukunft.

Im betriebswirtschaftlichen Bereich sind es vor allem die technologisch-wissenschaftlichen Fortschritte, die zunehmende „Globalisierung" und der Trend in die „Informationsgesellschaft", aber ebenso der kulturelle und gesellschaftliche (Werte-)Wandel, welche die Innovationen evozieren. Unternehmen müssen die für sie relevanten Veränderungen und Anforderungen möglichst frühzeitig erkennen und erforderliche Maßnahmen rechtzeitig ergreifen und evtl. neue Problemlösungen finden und realisieren. Angesichts dieser Wettbewerbs- und Rahmenbedingungen wird die „Zukunftsfähigkeit" der Bundesrepublik Deutschland abhängig davon gesehen, inwiefern es gelingt, die „Innovationskraft" von Wissenschaft, Gesellschaft und Wirtschaft in Deutschland zu stärken. Nicht zuletzt darin spiegelt sich gleichermaßen die Dimension gesellschaftlicher Verantwortung unternehmerischen Handelns. Das ist nicht erst seit heute so, schon Roman Herzog stellte in seiner berühmten „Ruckrede" gegen Ende des letzten Jahrtausends fest:

> Die Fähigkeit zur Innovation entscheidet über unser Schicksal (Herzog 1997).

CSR steht für die gesellschaftliche Verantwortung von (vor allem, aber nicht nur wirtschaftlichen) Organisationen und adressiert sowohl die ethisch begründende wie auch die moralische Handlungsdimension und gilt gleichsam als innovatives Konzept für Problemlösungen im Bereich der auf die Ökologie bezogenen Nachhaltigkeit und der humanistisch ausgerichteten sozialen Gerechtigkeit in der Wirtschaft und Gesellschaft. Die Berücksichtigung von CSR in den Unternehmen kann somit schon für sich genommen als eine Innovation betrachtet werden. Sie kann gleichfalls als ein wichtiger Faktor, der zu innovativen Lösungen führt, fungieren.[3] Es ist das Ziel dieses Beitrags, diesen Zusammenhang zwischen Innovationen und dem CSR-Ansatz einer Analyse zuzuführen und mit einem Blick auf die Situation für das Land Nordrhein-Westfalen zu verbinden. Hierfür wird im nächsten Abschnitt das, was unter Innovationen verstanden werden kann, etwas näher betrachtet und eine Systematik zu deren Bedingungen und Erfassung vorgestellt. Auf dieser Grundlage wird im Folgenden dann versucht, Ansatzpunkte für den innovativen Rückgriff auf CSR zu verorten. Abschließend gilt es, das Potenzial des innovationsbezogenen

---

[2] Siehe zur Beschleunigung dieses Wandels und den daraus resultierenden Konsequenzen für Gesellschaft, Organisationen und Individuen allgemein und aktuell vor allem Rosa (2016).
[3] In Bezug auf Innovationen kann CSR somit theoretisch-methodologisch als abhängige wie auch als unabhängige, bedingende Variable gleichermaßen angesehen werden.

Einsatzes von CSR im Land NRW zu thematisieren und insbesondere mögliche Förderansätze durch die Landespolitik zu diskutieren. Im Vordergrund steht jedoch nicht die systematische Erfassung und Präsentation schon durch CSR bewirkter Innovationen in NRW, sondern es geht um die Bereitstellung einer dem möglichen Ausloten potenzieller Innovationsbereiche dienenden Systematik und der Diskussion möglicher innovativer Potenziale in Verbindung mit der Förderung und Realisierung gesellschaftlicher Verantwortung von Unternehmen am Beispiel der CSR-Kompetenzzentren in NRW.

2 Konzeptionelle Grundlagen: Innovationen als Ausdruck und Bezugspunkt von (gesellschaftlicher) Verantwortung – CSR

Wenngleich Innovationen wie auch die Übernahme von (gesellschaftlicher) Verantwortung als zentrale Faktoren und Ansatzpunkte zur Lösung sowohl von betriebswirtschaftlichen als auch von gesellschaftlichen Problemen angesehen werden, so ist doch in beiden Fällen bis zum heutigen Tag festzustellen, dass die darauf bezogenen Begriffe keineswegs mit einem eindeutigen Bedeutungsgehalt belegt und einheitlich verwendet werden, was sowohl für den fachlich-praktischen Handlungskontext als auch für den Forschungszusammenhang zutreffend ist. Je nach Situation und praktischem Problemzusammenhang und je nach Forschungsfrage, Wissenschaftsverständnis und philosophisch-ethischer Grundpositionen variieren die zugrunde gelegten Begriffsvorstellungen. Damit können dann aber auch die für das Realisieren von Verantwortung und von Innovationen und die für den Zusammenhang zwischen beiden erforderlichen theoretischen und praktischen Erklärungs- und Umsetzungskonzepte unterschiedlich ausfallen. Im gesellschaftlichen außerwissenschaftlichen praxisbezogenen Kontext wird von Innovationen sogar oft gänzlich unbedarft gesprochen und vorausgesetzt, dass immer schon verstanden wird, was darunter gemeint ist.

Lässt sich die Frage, was Innovationen von Unternehmen sind, allgemeingültig und „objektiv" beantworten? Um die hier eingenommene Position vorwegzunehmen: Nein, eine „objektiv wahre" begriffliche Bestimmung von Innovationen (oder auch von gesellschaftlicher Verantwortung) kann es nicht geben.[4] Allerdings ist es für die Kommunikati-

---

[4] Ganz allgemein können Begriffe (und so auch der Innovationsbegriff) als sprachliche Konventionen zur Vermittlung von Aussagen über reale Verhältnisse, Objekte und Vorgänge aufgefasst werden. Sie dienen der sprachlich-gedanklichen Ordnung und Abgrenzung, mithin der Klassifizierung, Spezifizierung und Präzisierung des Gegenstandsbereichs unserer theoretischen Betrachtungen durch darauf bezogene Definitionen. Definitionen stellen demnach wesentlich sprachliche Instrumente der Kommunikation und Information über reale Phänomene dar. Sie bewegen sich als kommunikative Ausdrucksformen dabei immer auf einer von den betrachteten Phänomenen abstrahierten, eben sprachlichen Ebene. In diesem Sinn können Begriffe, als sprachliche Konventionen verstanden, ganz allgemein nicht wahr oder falsch, stattdessen aber mehr oder weniger nützlich für die realitätsbezogenen Aussagen, in denen sie fungieren, sein. Es ist daher kein Wunder, dass vor diesem Hintergrund die Frage nach dem, was Innovationen wesentlich oder eigentlich sind, kaum zu einer allseitig akzeptierten einheitlichen Beantwortung führen kann.

on nützlich, wenn Begriffsbestimmungen sich möglichst weitgehend an übliche Konventionen halten.

Wird somit von den diversen begrifflichen und konzeptionellen Unterschieden im Detail abgesehen, kann man gleichwohl ein doch sehr allgemein gehaltenes Grundverständnis für die beiden Phänomene der Innovation und CSR formulieren. Während, wie erwähnt, CSR die Übernahme gesellschaftlicher Verantwortung durch Organisationen und hier spezieller von Unternehmen meint, kann unter Innovationen ganz allgemein die erfolgreiche Realisierung neuartiger Problemlösungen verstanden werden.[5]

Gemeinsam sind beiden Begrifflichkeiten, dass sie auf die menschliche Handlungspraxis ausgerichtet sind.[6] Verantwortung ist wesentlich auf das Verhalten, das Handeln und das dieses motivierende Entscheiden und soziale Rechtfertigen im Sinne ethisch reflektierter Begründung von Moral bezogen. Innovationen zeichnen sich hingegen dadurch aus, dass sie realisierte Neuerungen in einer bestimmten Situation oder einem bestimmten Handlungskontext darstellen. Wobei Innovationen durchaus schon auf bereits vorhandene Lösungsansätze rekurrieren können, die jedoch noch nicht auf die je gegebene Problematik respektive Situation angewendet und lediglich übertragen worden sind.[7]

Es kommt im Hinblick auf betriebliche Innovationen insofern auf die neuartige Anwendung und erfolgreiche Umsetzung z. B. einer Erfindung oder Erkenntnis in einer (betrieblichen) Handlungssituation an.[8] Neu ist demnach eine betriebliche Problemlösung dann, wenn sie aus Sicht der in einer Situation involvierten Beteiligten und Betroffenen als neu gilt.[9] Je nach Fragestellung, Problemstellung, Interesse oder Betrachtungsweise werden dann darauf aufbauend verschiedene Aspekte inhaltlich hervorgehoben. Im

---

[5] Sinngemäß zusammengefasst nach den gängigen lexikalischen Begriffsbestimmungen. Frei übertragen aus dem lateinischen Ausdruck „innovatio" ist im ursprünglichen Wortsinn die Einführung einer Neuheit gemeint. Insofern eine Neuerung aber nicht erfolgreich ist, wird in der Regel nicht von Innovation gesprochen, denn dann ist sie als solche ja auch gar nicht bzw. nur fehlerhaft implementiert worden und der Vorgang als Lösung zu interpretieren.

[6] Das lässt sich auch auf technische Innovationen übertragen, denn diese dienen regelmäßig als Mittel zum Zweck in sozialen Handlungskontexten der Unternehmenspraxis.

[7] Innovationen sind insofern nur neuartige Lösungen für bestimmte Probleme, Situationen. Anders sind z. B. Erfindungen, die neue Problemlösungen vorwiegend in Form von technischen Geräten und Werkzeugen, aber auch die Entdeckung von geistigen Entwicklungen (gesichert durch das Patentrecht) bedeuten können, ohne dass diese auch zur Anwendung kommen müssen. Ähnliches trifft auch im Hinblick auf die Gewinnung von Erkenntnissen im Wissenschaftsbetrieb zu, denn die dort gefundenen Einsichten in die realen Verhältnisse und Zusammenhänge haben (durch geistiges Eigentum geschützten) Neuartigkeitscharakter, müssen aber ebenfalls nicht unbedingt ihre praktische Anwendung und Berücksichtigung in konkreten Problemlösungen finden und zu Innovationen führen, was zunächst regelmäßig für die Grundlagenforschung vermutet werden kann.

[8] Nicht die Erfindung selbst ist somit maßgeblich für eine Innovation. Es ist ihre neuartige Umsetzung in einer bestimmten Situation. Mit der Erfindung oder einer neuen wissenschaftlichen Erkenntnis wird sozusagen erst die Möglichkeit einer Innovation geschaffen.

[9] Was offensichtlich eine Tautologie und somit inhaltslose Aussage bedeutet. Auch daran kann die Relationalität bei der Begriffsbestimmung von Innovationen auf eine spezifische Situation noch einmal verdeutlicht werden.

Rahmen der Betriebswirtschaftslehre (BWL) werden Innovationen so beispielsweise als Denkhaltungen, Sozialtechnologien, strategische Konzepte oder analytische Merkmale begrifflich vorgestellt und unterschiedlich interpretiert. Insofern Innovationen dabei auf Problemstellungen, verschiedene Gegenstände oder auf Prozesse (sogenannte Produkt- oder Prozessinnovationen) bezogen sind, können sie nahezu alle betriebswirtschaftlichen, organisationalen Funktionen, Aspekte und hierarchischen Ebenen betreffen und mithin das gesamte Sozialsystem Unternehmung einbeziehen. Indem Innovationen als praktische erfolgswirksame Handlungen sämtliche betriebliche Prozesse und Strukturen betreffen können und Verantwortung mehr oder weniger mit allen sozial relevanten Handlungen einhergeht[10], können Innovationen immer auch Ausdruck und Bezugspunkt von (gesellschaftlicher) Verantwortung sein. Nur wenn es gelingt, Innovationen verantwortlich zu gestalten, dann ist es möglich, dass unternehmerisches Handeln nicht Teil der moralisch-gesellschaftlichen Problematik ist, sondern Teil einer verantwortungsvollen Lösung. Im Folgenden geht es darum, einen solchen Bezugsrahmen für Innovationen für verantwortliches (gesellschaftliches) Handelns vorzustellen.[11]

3 Bedingungen und Einflussfaktoren für Innovationen: Ein Bezugsrahmen für innovatives verantwortliches unternehmerisches Gestalten

Sind die begrifflich-konzeptionellen Aspekte von Innovationen bestimmt, kann der damit abgesteckte Realitätsbereich hinsichtlich der interessierenden Fragestellungen und Zusammenhänge einer Analyse zugeführt werden. Die Analyse kann sich u. a. mit der Beschreibung, Interpretation, Vorhersage oder Erklärung von innovativen Phänomenen beschäftigen. Die Ausprägungen der Beziehungen der betrachteten Merkmale, Aspekte oder Dimensionen hinsichtlich ihrer Ursachen und Wirkungszusammenhänge sind für diesbezügliche Analysen von wesentlicher Bedeutung. Empirische Untersuchungen, in denen diese Zusammenhänge untersucht und begründet werden können, setzen entsprechende konzeptionelle und theoretische Vorarbeiten voraus. Fraglich ist bei der theoretischen Fundierung grundsätzlich, welche Faktoren und Bedingungen Innovationen fördern oder behindern (können). Die für Innovationen relevanten Ursachen und Randbedingungen lassen sich wiederum auf ganz unterschiedlichen Ebenen vermuten. Der folgende Überblick von Faktoren und Bedingungen, die als Ansatzpunkte zur Identifizierung von potenziellen Innovationsmöglichkeiten fungieren können, bezieht sich hinsichtlich der berücksichtig-

---

[10] Der Innovationsaspekt liegt ebenso wie der Verantwortungsaspekt damit sozusagen quer zu sämtlichen betrieblichen Funktionen, Strukturen und Prozessen.
[11] Es sei noch einmal hier abschließend erwähnt, dass für den Begriff Verantwortung eine entsprechende Problematik bei der konzeptionellen begrifflichen Abgrenzung wie für den Innovationsbegriff gilt, die hier jedoch nicht weiterverfolgt werden soll, weil sie an anderer Stelle in diesem Band thematisiert wird und weil es hier vordergründig um Innovationen im Kontext verantwortlichen Handelns geht.

ten Ebenen sowohl auf inner- als auch außerorganisatorische Strukturen und Prozesse, die auf der individuellen Mikro- wie auch der organisatorischen Meso- oder der gesellschaftlichen Makroebene des Handelns verortet werden können.[12] In diese Perspektive zur Generierung von Innovationen gehen systemisch gesehen des Weiteren strukturelle und funktionale Bezugspunkte aus verschiedenen Komponenten des gesamten Sozialsystems ein.[13] Auf dieser Basis können dann theoretisch begründende Systematiken und Erklärungen für die Entstehung, Initiierung oder Entwicklung von Innovationen gefunden werden. Die daraus resultierenden Erkenntnisse können wiederum als Ansatzpunkt ethischer Reflexionen und der Entwicklung moralischer Handlungsoptionen dienen. Ziel dieser Überlegungen sind mithin das Ausloten eines von Verantwortung getragenen Innovationspotenzials in und von Unternehmen in ihrem Aktionsumfeld und die Identifikation von Fördermöglichkeiten durch die CSR-Kompetenzzentren in NRW in Bezug auf das Innovationspotenzial im Zusammenhang mit dem CSR-Ansatz.

Die folgende Darstellung zeigt die Systematik der Bezugsebenen innovationsrelevanter Ansatzpunkte und Bedingungsfaktoren von Unternehmen, auf die sich die daran anschließende Präsentation bezieht.

Innerorganisatorische Strukturen	Innerorganisatorische Prozesse
Außerorganisatorische Strukturen	Außerorganisatorische Prozesse

Innerorganisatorische Strukturen für Innovationen

- **Kompetenzen** der Unternehmensangehörigen. Beispielthese: Je höher und unterschiedlicher die Qualifikation, der Bildungsstand, die Berufsausbildung, die Fertigkeiten, Fähigkeiten und/oder die Berufserfahrung der Unternehmensangehörigen sind, desto größer ist das Innovationspotenzial im Unternehmen.
- **Einstellungen, Motivation, Ziele, Werte, Neigungen** und **Interessen** der Unternehmensangehörigen. Beispielthese: Je offener Mitarbeiter, Eigentümer und Führungskräfte in ihren persönlichen Haltungen gegenüber Veränderungen und Neuerungen sind (wie z. B. die Risikobereitschaft für Innovationen der Inhaber oder das Sicherheitsbedürfnis oder die Neugier der Mitarbeiter), desto größer ist das Innovationspotenzial.
- **Organisationskultur** des Unternehmens. Beispielthese: Je offener und toleranter die Kultur des Unternehmens gegenüber abweichenden Haltungen, Werten und Einstellungen ist (d. h. u. a. auch gegenüber den gelebten, praktizierten Werte, Mythen und Riten), desto größer ist das Innovationspotenzial.
- **Demografische Personalstruktur** im Unternehmen. Beispielthese: Je unterschiedlicher bzw. diverser die Zusammensetzung des Personals ist (z. B. nach demografischen

---

[12] Weitere Einteilungen wären möglich, z. B. nach Human-Resource-Faktoren bzw. Soft Facts und technisch-materialistischen Hard Facts.
[13] So spielen neben den Aspekten im Zusammenhang mit dem ökonomischen System Aspekte aus dem politischen System und dem kulturellen System wie etwa dem Bildungsbereich eine Rolle.

Merkmalen wie Alter, Geschlecht, Nationalität), desto größer ist das Innovationspotenzial.
- **Ausstattung und Stand der Technik** im Unternehmen. Beispielthese: Je moderner die Arbeitsgeräte, Produktionsanlagen, Maschinen, Kommunikations- und Informationstechnik etc. sind, desto größer ist das Innovationspotenzial.
- **Spezielle organisatorische Innovationseinheiten** im Unternehmen. Beispielthese: Vorhandene auf Innovationen ausgerichtete Organisationseinheiten, wie z. B. „Innovationsteams", „Thinktanks", bzw. entsprechende Innovationspromotoren oder interdisziplinäre Arbeitsgruppen erhöhen das Innovationspotenzial.
- **Informelle Netzwerke** im Unternehmen. Beispielthese: Informelle Arbeitsgruppen, Kommunikationsnetzwerke, Freundschaftsbeziehungen und Unterstützungsnetzwerke erhöhen das Innovationspotenzial.
- **Alter des Unternehmens**, Beispielthese: Je jünger das Unternehmen ist, desto größer ist die Innovationsbereitschaft im Unternehmen.
- **Aufbauorganisation** des Unternehmens (formelles Stellengefüge, Aufgabenanforderungsprofile, Grad und Art der Arbeitsteilung, formales Hierarchie-, Führungs- und Machtgefüge, formale Kommunikationskanäle). Beispielthese: Je weniger hierarchische Ebenen es im Unternehmen gibt, desto größer ist das Innovationspotenzial.
- **Innovationsfördernde Leistungsanreizstrukturen** (z. B. Lohn- und Gehaltsanreize, Innovationswettbewerbe) für die Unternehmensangehörigen. Beispielthese: Je ausgeprägter Leistungsanreize und Gratifikationen an Innovationsaktivitäten gekoppelt sind, desto größer ist das Innovationspotenzial.
- **Informationsstand** der Organisationsmitglieder. Beispielthese: Je besser Unternehmensangehörige über zu lösende Problemstellungen im Unternehmen informiert sind, desto größer ist das Innovationspotenzial.
- **Das formelle organisatorische Zweck- bzw. Zielsystem** im Unternehmen. Beispielthese: Insofern Innovationen auch formell im Zielsystem angestrebt werden, erhöht das die Innovationsbereitschaft im Unternehmen.
- **Vorhandene Controllingstrukturen**, Beispielthese: Die Aufnahme von Kennzahlen, die die Innovationsaktivitäten im Unternehmen dokumentieren, in das Berichts- und Informationssystem des Controllings, erhöht das Innovationspotenzial.
- **Innovationsbezogene Qualitätsmanagementinstrumente und Kommunikationskanäle**, Beispielthese: Das Vorhalten von beispielsweise Beschwerdekästen, Reklamationsforen oder eines Best-Practice-Pools erhöht das Innovationspotenzial.
- **Kapital- und Finanzstrukturen** für Innovationen. Beispielthese: Je mehr finanzielle Mittel speziell zur Förderung von Innovationen bereitgestellt werden, desto größer ist das Innovationspotenzial. (Anmerkung: Allerdings kann möglicherweise auch durch gezieltes Verknappen von Ressourcen innovatives Lösungspotenzial erzeugt werden.)
- **Die mit Innovationen verbundenen Kosten und Nutzen**, Beispielthese: Je geringer die Investitions- oder Transaktionskosten zur Einführung von Innovationen sind und je größer der daraus erwartete Nutzen ist, desto größer ist das Innovationspotenzial.

Innerorganisatorische Prozesse für Innovationen

- **Forschungs- und Entwicklungsmaßnahmen**, Beispielthese: Je ausgeprägter die Aktivitäten von Forschungs- und Entwicklungsarbeiten im Hinblick auf Produkte, Dienstleistungen, Leistungsbereitstellungsprozesse, Kunden, Mitarbeiter usw. sind und je größer der Anteil für Forschung und Entwicklung an den Investitionen des Unternehmens ist, desto größer ist das Innovationspotenzial.
- Formen, Ausprägung und Intensität des **praktizierten Kommunikations- und Informationsaustauschs**, Beispielthese: Insbesondere das Ausleben einer Kultur rationaler Kritik (z. B. eine ausgeprägte Diskussionskultur, der konstruktive Umgang mit Verbesserungsvorschlägen, kritischen Beiträgen oder mit unkonventionellen Ansätzen und abweichenden Meinungen) erhöht das Innovationspotenzial.
- Art und Intensität der **Kooperationen**, Beispielthese: Eine ausgeprägte interdisziplinäre und abteilungsübergreifende organisationsinterne Zusammenarbeit (z. B. Teamwork in gemeinsamen fach- bzw. funktionenübergreifenden Projekten) erhöht das Innovationspotenzial.
- **Führungsstil** im Unternehmen, Beispielthese: Je kooperativer, partizipativer und mitbestimmter die Führung im Unternehmen ist, desto größer ist das Innovationspotenzial.
- Das gelebte **Führungsvorbild**, Beispielthese: Je authentischer die Führungskräfte sich Neuerungen gegenüber verhalten und den Wandel selbst mittragen und umsetzen, desto größer ist das Innovationspotenzial.
- **Ablauforganisation** im Unternehmen. Beispielthese: Durch Berücksichtigung von Austausch- bzw. Kommunikationsmöglichkeiten (z. B. durch die formale Gestaltung der Leistungsprozesse mittels Regelung von Schnittstellen in den Abläufen) oder ein auf Innovationen ausgerichtetes Qualitätsmanagement etwa in Form eines kontinuierlichen Verbesserungsprozesses (KVP) in den betrieblichen Abläufen kann das Innovationspotenzial erhöht werden.
- **Personalpolitik**, Beispielthese: Durch gezielte innovationsausgerichtete Auswahl, Weiterbildung und Qualifizierung des Personals kann das Innovationspotenzial erhöht werden.
- **Konfliktlösungsprozesse**, Beispielthese: Art, Ausmaß und Form von Konflikten und Problemen und, wie diese Konflikte ausgetragen werden, beeinflussen das Innovationspotenzial (z. B. durch das Ausmaß der Kompromissbereitschaft und/oder, ob es diesbezügliche mediatisierte Konfliktaustragungsmöglichkeiten gibt).
- **Informationsverhalten** des Unternehmens. Beispielthese: Die Realisierung eines „Benchmarkings", einer Stärken-Schwächen-Gelegenheiten-Risiken-Analyse (SWOT) oder die Orientierung an Best-Practice-Fällen erhöhen das Innovationspotenzial.
- **Kommunikations- und Interaktionsprozesse des Unternehmens mit der Umwelt**, Beispielthese: Je ausgeprägter und umfassender die Kommunikation mit den Stakeholdern des Unternehmens ist, desto größer ist das Innovationspotenzial des Unternehmens.

Außerorganisatorische Strukturen

- **Allgemeine politische Strukturen und gesellschaftliche Rahmenbedingungen**, Beispielthese: Ein demokratisches Umfeld (u. a. Möglichkeiten, sich frei und kritisch zu äußern, Grad der Toleranz gegenüber Außenseitern, Mitbestimmungsrechte) bedingt ein höheres Innovationspotenzial auch für Unternehmen.
- **Das wirtschaftspolitische System**, Beispielthese: Je ausgeprägter die marktwirtschaftlichen Verhältnisse sind (Möglichkeit des freien Wettbewerbs, des freien Angebots und Konsums), desto höher ist das Innovationspotenzial.
- **Rechtliche Rahmenbedingungen**, Beispielthese: Normative Regelungen (z. B. Patentschutz, Verbraucherschutzrecht, Wettbewerbsrecht, Arbeitsrecht) haben einen Einfluss auf das Innovationspotenzial.
- **Gesellschaftliche Werte und Ansprüche**, Beispielthese: Je anspruchsvoller die Werte, Einstellungen, Motive, Interessen und Ziele der unternehmensexternen gesellschaftlichen Akteure (z. B. der Kunden, Lieferanten, Zwischenhändler, Konkurrenten u. a. Stakeholder, wie z. B. Umweltschützer, Anwohner) in Bezug auf die Unternehmensaktivitäten sind, desto größer ist deren Einfluss auf das Innovationspotenzial.
- **Die Wettbewerbsstrukturen**, Beispielthese: Je stärker der Wettbewerb ist und je offener und internationaler die Märkte sind, desto größer ist das Innovationspotenzial.
- **Allgemeiner Stand von Forschung, Technik und Wissenschaft**, Beispielthese: Je größer der Anteil von Forschung, Technik und Wissenschaft am Bruttosozialprodukt ist, desto größer ist das gesellschaftliche und gesamte unternehmerische Innovationspotenzial.
- **Modernisierungsgrad der Gesellschaft**, Beispielthese: Je fortgeschrittener die Digitalisierung in den gesellschaftlichen und wirtschaftlichen Sektoren ist, desto größer ist das Innovationspotenzial.
- **Öffentliche und privatwirtschaftliche Infrastruktur**, Beispielthese: Je moderner die öffentliche Infrastruktur ist (u. a. öffentliche Verkehrsnetze bzw. die Verkehrsanbindung, öffentliche Kommunikations- und Ausbildungseinrichtungen, Hochschulen, Forschungseinrichtungen), desto größer ist das öffentliche und gesellschaftliche Innovationspotenzial.
- **Demografische Strukturen in der Bevölkerung**, Beispielthese: Je besser die Bevölkerung gebildet und ausgebildet ist, je größer der Anteil der Postmaterialisten in der Bevölkerung ist, je höher der Anteil von Frauen unter den Beschäftigten ist, je diverser die Bevölkerung sich hinsichtlich Alter, Ethnien und Religion zusammensetzt, desto größer ist das gesellschaftliche Innovationspotenzial.
- **Spezifische regional-geografische Bedingungen**, Beispielthese: Je zentraler der Standort im internationalen Handel geografisch gelegen ist, desto günstiger ist das für das Innovationspotenzial.
- **Allgemeiner Wohlstand der Gesellschaft**, Beispielthese: Je höher das Bruttoinlandsprodukt ist, je größer das Handelsbilanzsaldo insbesondere bei technologischen Produkten und je höher der Anteil von Technik und Forschungsprodukten an der gesamten

Wertschöpfung ist, desto größer ist das gesellschaftliche, ökonomische Innovationspotenzial.
- **Bildungssystem**, Beispielthese: Je besser das Abschneiden in den MINT-Fächern (d. h. in Mathematik, Informatik, Naturwissenschaften und Technik) ist und je besser die Ergebnisse beispielsweise bei PISA sind, desto innovationsfreundlicher sind die außerorganisatorischen betrieblichen Bedingungen.

Außerorganisatorische Prozesse

- **Die allgemeine Dynamik der gesellschaftlichen Modernisierung**, Beispielthese: Je höher der Modernisierungsgrad der Gesellschaft ist (z. B. die Verbreitung des Internets bzw. die Diffusion von technischen oder technologisch induzierten und sozialen Neuerungen), in der ein Unternehmen agiert, desto größer ist auch das Innovationspotenzial des Unternehmens.
- **Der technisch-wissenschaftliche Fortschritt**, Beispielthese: Je ausgeprägter die Digitalisierung und die Entwicklung auf dem Weg zu einer Industrie-4.0-Ökonomie sowie in die Dienstleistungs- und Wissenschaftsgesellschaft ist und je mehr Erfindungen und Patentanmeldungen es gibt, desto größer ist das wirtschaftliche und gesellschaftliche Innovationspotenzial.
- **Internationalisierung der Wirtschaft und Globalisierung der Gesellschaft**, Beispielthese: Je stärker die Internationalisierung der Märkte ist und je stärker die Gesellschaft, in der Unternehmen agieren, dem Prozess der Globalisierung und Migrationsprozessen ausgesetzt ist, desto größer ist das Innovationspotenzial.
- **Konjunkturelle Entwicklung**, Beispielthese: Die wirtschaftliche Entwicklung und damit zusammenhängende Grade des Problem- oder Wettbewerbsdrucks bzw. der Intensität des Wettbewerbs haben einen Einfluss auf das Innovationspotenzial von Unternehmen.
- **Wandel der Arbeitswelt**, Beispielthese: Grundlegende Veränderungen in der Arbeitswelt (neue Berufe, veränderte Arbeitsplatzanforderungen hinsichtlich technischer und sozialer Kompetenzen etc.) haben einen Einfluss auf das Innovationspotenzial von Unternehmen.
- **Wirtschaftspolitik**, Beispielthese: Wirtschaftspolitische Maßnahmen und Prozesse (steuerpolitische Initiativen und das Ausmaß allgemeiner wirtschaftspolitischer Regulierungen sowie gezielte Fördermaßnahmen für Innovationen) haben einen Einfluss auf das Innovationspotenzial in Unternehmen.
- **Allgemeiner Strukturwandel**, Beispielthese: Allgemeine gesellschaftliche, politische und ökonomische Umbrüche, Krisen und Konflikte (wie z. B. der derzeit stattfindende Strukturwandel in NRW hin zum Dienstleistungssektor, von dem bestimmte Wirtschaftszweige – etwa das verarbeitende Gewerbe und dort die Kohleförderung oder Stahlunternehmen – oder Berufszweige besonders betroffen sind) haben einen Einfluss auf das Innovationspotenzial der Unternehmen.

- **Wandel der Präferenzen**, Beispielthese: Die Dynamik bei den Veränderungen der Qualitätsanforderungen an die Produkte und Dienstleistungen von den Stakeholdern der Organisationen sowie der allgemeine gesellschaftliche Wandel hin zu postmaterialistischen Werten haben einen positiven Einfluss auf das Innovationspotenzial der Unternehmen.

Diese Zusammenstellung von inner- und außerorganisatorischen Prozessen und Strukturen, die als beeinflussende Faktoren für Innovation wirksam sein können, ist sicherlich noch nicht vollständig. Sie sollte aber die Vielfalt der wirksamen Aspekte, die für Innovationen bedeutsam sein können, deutlich erkennbar werden lassen. Nicht alle dieser Faktoren werden bezüglich der jeweils betrachteten Innovationen in ihrer Situationsspezifik gleichsam und/oder gleichzeitig wirksam sein. Hinzu kommt, dass diese Faktoren, nicht jeweils für sich, sondern in einem komplexen Wechselwirkungsverhältnis stehend, das beeinflussen oder hervorrufen, was als innovativ bezeichnet wird. Auch schließen sich die genannten Faktoren nicht immer gegenseitig aus bzw. können sich zudem teilweise überlappen.[14]

Dem aufmerksamen Leser wird an der o. a. Zusammenstellung der Innovationsbedingungen aufgefallen sein, dass der Aspekt der (gesellschaftlichen) Verantwortung (CSR) als Bedingungsfaktor für Innovationen hier außen vor gelassen und nicht explizit aufgeführt worden ist. Nun wird aber gerade in diesem Zusammenhang von CSR angenommen, dass sie innovativ wirksam ist bzw. einen innovativen Charakter aufweist.[15] Bei näherem Blick zeigen sich allerdings erhebliche Überlappungen mit einigen der schon aufgeführten Faktoren, wie z. B. in Bezug auf die Unternehmenskultur, die Einstellungen und Werte der Unternehmensangehörigen, das Führungsverhalten.

Vielmehr ergibt sich, wie schon erwähnt, dass der Innovationsaspekt ebenso wie der Verantwortungsaspekt sozusagen quer zu sämtlichen betrieblichen Funktionen, Strukturen und Prozessen liegt, d. h., dass die Aspekte der Innovation und der Verantwortung praktisch in jedem unternehmerischen Handlungskontext relevant sein bzw. damit verknüpft sein können. Mit anderen Worten: Betrieblichen Entscheidungs- und Innovationsprozessen können (und sollten) immer moralische Maßstäbe angelegt und diese unter ethischen

---

[14] Ein Versuch, solche Überlappungen auszuschalten, wurde beispielsweise in dem *Innovationsindikator* unternommen, indem von ursprünglich 100 Einzelindikatoren anhand statistisch signifikanter Einflussbeziehungen auf inhaltlich den Innovationen nachgelagerten Erfolgsfaktoren (Outputvariablen) auf 38 Einzelindikatoren reduziert werden konnte. Der Innovationsindikator dient allerdings der Erfassung des Innovationspotenzials ganzer Volkswirtschaften und setzt an den Teilsystemen Gesellschaft, Staat, Bildung, Wissenschaft und Wirtschaft an (Deutsche Akademie der Technikwissenschaften – acatech und Bundesverband der Deutschen Industrie – BDI 2015). Die 38 Einzelindikatoren sind zu finden unter: http://www.innovationsindikator.de/fileadmin/2015/PDF/Liste_Einzelindikatoren_Druck.pdf. Zur Erklärung von Innovationen und zur Konzentration auf die wichtigsten Ansatzpunkte in der praktischen Ausrichtung auf Innovationen ist eine solche Itemreduktion empfehlenswert. Der Nachteil ist, dass damit die Vielfalt der möglichen Ansatzpunkte, Innovationsbedingungen zu gestalten, jedoch auch reduziert wird.

[15] Siehe z. B. Braun et al. (2009).

Gesichtspunkten reflektiert werden und somit entsprechend motiviert sein. Es geht mithin darum, dass Innovationen immer moralisch/ethisch fundiert sind und Verantwortlichkeit auch in allen betrieblichen Innovationsprozessen zum Tragen kommt.[16] Mit der unternehmensexternen Perspektive wird jedoch gleichsam klar, dass Verantwortlichkeit nicht nur im Unternehmen und dort auf sämtlichen Ebenen zu verorten ist, sondern auch bei den unternehmensexternen Akteuren, Stakeholdern und gesellschaftlichen Institutionen. Die Verantwortung für das Innovationsgeschehen liegt bei sämtlichen Beteiligten und Betroffenen, die einen Einfluss auf das unternehmerische Handeln haben. So können z. B. die vom Staat und seinen Institutionen gesetzten Rahmenbedingungen für Innovationen von erheblicher Bedeutung sein, und zwar sowohl hinsichtlich der Wirkmächtigkeit wie auch von der Verantwortlichkeit her.

Zur Feststellung des potenziellen Beitrags von CSR aus der innerorganisatorischen Perspektive zu Innovationen werden in der Forschung und der auf die Praxis gerichteten betriebswirtschaftlichen Fachliteratur gleichwohl bestimmte Ansätze, Ausprägungen und Folgen von CSR besonders hervorgehoben und behandelt. Beispielsweise ist der „Sustainability Sweet Spot" (Savitz und Weber 2006), d. h. der Bereich, in dem sich die Interessen der Unternehmen mit den Interessen ihrer Stakeholder (Mitarbeiter, Kunden, Zulieferer, Wettbewerber, interessierte Öffentlichkeit, Politik etc.) hinsichtlich der Vorstellungen über Nachhaltigkeit und Verantwortlichkeit überlappen, sozusagen ein Hotspot für Innovationen zur Schaffung neuer Produkte und Dienstleistungen, neuartiger betrieblicher Produktionsprozesse, neuer Märkte und Geschäftsmodelle usw. Mit dem „cradle to cradle"-Ansatz (Braungart und McDonough 2009) geraten die gesamte Wertschöpfungskette und der gesamte Lebenszyklus eines Produktes von der Geschäftspolitik, dem Produktdesign über die Art und Weise der Produktion oder der Gestaltung der Dienstleistungen und der Verpackung, den Vertrieb und die Logistik bis hin zum Gebrauch oder zur Indienstnahme beim Kunden und schließlich zu der Wiederverwendung und dem Recycling in das Visier wirtschaftsethischer auf Nachhaltigkeit zielender Reflexionen im Rahmen des CSR-Konzeptes. Die daraus hervorgehenden Innovationsformen sind dementsprechend auf die Geschäftspolitik und -strategie, die Ideenentwicklung, das Design, die Produkte, die Service- und Dienstleistungen, den Produktionsprozess und die Bereitstellungsprozesse, das Management, den Absatz und das Marketing, den Kundendienst, die Öffentlichkeitsarbeit und den Recyclingprozess bezogen.[17]

Das erreichte Innovationsniveau von CSR könnte im Ergebnis an dem jeweils erreichten Reifegrad in der CSR-Pyramide nach Andreas Schneider (2015) bemessen werden. Der Zusammenhang von CSR und Innovationspotenzial lässt sich demnach in folgen-

---

[16] Verantwortlichkeit kann dabei verschiedene Bedeutungen annehmen: a) im objektiven Sinne von für etwas verantwortlich sein, b) sich dafür verantwortlich fühlen bzw. mit Verantwortungsbewusstsein erfüllt sein, c) im Sinne von zur Verantwortung gezogen werden und d) im Sinne von eigenständiges Eintreten für das eigene Handeln bzw. dafür geradestehen.
[17] Es gibt weitere solcher Konzepte, wie z. B. das Model der *Open Innovation* (s. Chesbrough 2003), das insbesondere auch auf dem durch den CSR-Ansatz inspirierten Dialog mit den Stakeholdern beruht, welcher das Innovationspotenzial der Unternehmen fördert.

der Arbeitsthese zusammenfassen: Je höher der erreichte CSR-Reifegrad ist, desto größer ist das damit erzielte CSR-Innovationspotenzial. Dabei sind die möglichen Grade (vgl. Schneider 2015, S. 32 ff.):

1. CSR 0.0: ökonomische und gesetzliche Verantwortlichkeit sowie nicht explizit zielgerichtetes gesellschaftliches Engagement,
2. CSR 1.0: philanthropische Aktionen, soziales Sponsoring, bürgerschaftliches Engagement, unsystematische CSR-Maßnahmen außerhalb der betrieblichen Kernprozesse,
3. CSR 2.0: aktive, reflektierte und strategische Ausrichtung von CSR in den Kernprozessen des Unternehmens mit dem Ziel, gesellschaftlichen Mehrwert in Bezug auf Ökonomie, Umwelt und Gesellschaft zu schaffen,
4. CSR 3.0: Aufbauend auf CSR 2.0 sollen Unternehmen als proaktive politische Gestalter wirksam sein, d. h., es gilt, antizipativ wirtschaftliche, umweltpolitische und gesellschaftliche sowie soziale Herausforderungen zu adressieren und dabei die lokalen wie die globalen Rahmenbedingungen zu berücksichtigen.

Wird das CSR-Reifegradpyramide-Modell des Weiteren mit dem moralischen Stufenmodell von Lawrence Kohlberg verknüpft, kann man zu der These gelangen, dass mit einem höheren erreichten moralischen Entwicklungsstand auch ein höheres Innovationspotenzial von CSR einhergeht. Folgende der drei moralischen Entwicklungsstufen sind demnach grob zusammengefasst möglich (vgl. Althof und Kohlberg 1996):

1. präkonventionale Ebene: Orientierung des Handelns ist vornehmlich an Strafen und Belohnungen und den eigenen Bedürfnissen ausgerichtet, Aspekte wie etwa Fairness werden vorwiegend instrumentell für die eigenen Bedürfnisse verstanden, z. B. nach dem Motto: wie du mir, so ich dir,
2. konventionale Ebene: Orientierung des Handelns ist an Erwartungen, Regeln und Normen des sozialen Umfeldes ausgerichtet, d. h., dass das, was Mitmenschen erwarten oder was Gesetze vorschreiben, als maßgeblich für das eigene Verhalten betrachtet wird,
3. postkonventionale Ebene: Orientierung des Handelns findet anhand grundsätzlich formulierten und autonom gesetzten allgemeingültigen Maximen und Prinzipien statt, gesellschaftlich geltende Normen und Regeln werden kritisch reflektiert.

CSR 0.0 würde sich demnach den ersten beiden moralischen Entwicklungsstufen und CSR 3.0 der dritten Stufe und damit zugleich dem größten Innovationspotenzial zuordnen lassen. In der betrieblichen Praxis wirkt CSR mithin auf Innovationen, indem sie den Druck und die Anreize aus dem gesellschaftlichen, politischen und ökonomischen Umfeld aufgreift und Ziele für darauf bezogene innovative Problemlösungen anbietet. Insofern CSR als allgemeiner zentraler Erfolgsfaktor insbesondere von der Unternehmensführung angesehen und praktiziert wird, hat sie außerdem eine gute Chance, indirekt auch in das betriebliche Innovationsgeschehen einzugehen. Oft wird ein CSR-Bezug bei realisierten

Innovationen jedoch erst nachträglich entdeckt, diese können dann unter Maßgabe von CSR-Kriterien gezielt weiter mitgestaltet werden. Auf diese Weise wirkt CSR gleichermaßen als Korrektiv in Innovationsprozessen und dient gleichsam als Verkaufsargument der so bereitgestellten innovativen Produkte und Dienstleistungen.[18]

Die Generierung von verantwortungsvollen Innovationen führt mithilfe der hier thematisierten Zusammenhänge, den dabei aufgeführten Innovationsfaktoren und den daraus ableitbaren CSR-Strategien im Idealfall zu einer sogenannten mehrfachen Win-win-Situation für die Beteiligten und Betroffenen, und zwar moralisch, ökologisch, sozial und gesellschaftlich (vgl. Hansen und Schaltegger 2013). Mit Blick auf die Forschungssituation und den Erkenntnisstand ist jedoch einschränkend zu konzedieren, dass eine evidenzbasierte theoretisch-empirische Fundierung der aufgestellten o. a. Thesen nur in Teilen und überwiegend bereichsspezifisch, d. h. jeweils für die Themen Innovation und CSR getrennt, vorliegt.[19] Die thematische Kombination von Innovationen und CSR sind in der theoretisch-empirisch fundierten Forschung demgegenüber immer noch eine Seltenheit bzw. kaum vorfindlich.[20]

Zusammenfassend ergibt sich, dass das Erkennen von Innovationschancen aus der CSR-Perspektive in der Praxis speziell von KMUs noch wenig bis gar nicht verbreitet ist (vgl. Altenburger 2015, S. 596–597). Das Erkennen von Innovationschancen verlangt selbst die Kenntnis der Faktoren, die zu Innovationen führen. Die systematische empirische Fundierung dieser Faktoren und der darauf beruhenden wissenschaftlich abgesicherten Aussagen ist jedoch ebenfalls nicht umfassend, sondern nur in Teilen gewährleistet.[21] Wenngleich der bisherige Erkenntnisstand über die Bedingungen der Realisierung von verantwortlichen Innovationen in KMU theoretisch und empirisch wenig fundiert und überprüft erscheint, lassen sich doch eingedenk dieser Ausgangslage im folgenden abschließenden Abschnitt Reflexionen darüber anstellen, wie am praktischen Beispiel der öffentlichen Förderung von CSR in KMU durch das Wirtschaftsministerium

---

[18] Vgl. hierzu mit Bezug auf den Zusammenhang von Nachhaltigkeit und Innovationen Fichter et al. (2007).

[19] Wobei die Innovationsforschung insgesamt schon sehr umfangreich ist. Siehe z. B. überblickshaft zur Innovationsforschung Hagen Hof und Ulrich Wengenroth (2007) sowie Birgit Blättel-Mink und Raphael Menez (2015) und speziell z. B. das Zentrum für Europäische Wirtschaftsforschung (ZEW) (2016). Weniger umfangreich fällt dagegen die CSR-Forschung aus. Für eine Übersicht über Forschungsfragen und Themen im Bereich CSR siehe z. B.: das UPJ-Unternehmensnetzwerk unter: http://www.upj.de/Forschung.38.0.html?&tx_ttnews[pointer]=1&cHash=b378532 fc0, Institute for Sustainability (2016): http://www.4sustainability.de/corporateresponsibility/publikationen.html, englischsprachig siehe z. B. die Europäische Union (2016) unter: https://ec.europa.eu/growth/industry/corporate-social-responsibility/research-projects en, siehe auch unter dem Network for Business Sustainability (2016): http://nbs.net/publications/research-insights/.

[20] Die Arbeiten von z. B. Thomas Loew et al. (2009) sind eine solche Ausnahme.

[21] Umfassend werden diese Probleme auch im Zusammenhang mit dem Mannheimer Innovationspanel auf betrieblicher Ebene diskutiert (s. Zentrum für Europäische Wirtschaftsforschung (ZEW) 2016). Siehe beispielhaft zu den methodischen Grenzen der Messung von Innovationen auf nationaler Ebene aktuell Janger et al. (2017, S. 30 ff.).

der Landesregierung in NRW im Zusammenhang mit dem aktuell in Angriff genommenen Projekt des Aufbaus von regionalen CSR-Kompetenzzentren verantwortliche Innovationen in den Unternehmen initiiert werden können.

4 Das Förderungspotenzial von verantwortlichen Innovationen in den KMU im Land NRW am Beispiel der CSR-Kompetenzzentren in NRW

Neben den unternehmensinternen Bedingungen für verantwortliche Innovationen, so wurde hier argumentiert, tragen auch organisationsexterne Faktoren und Bedingungen dazu nicht unwesentlich bei. Es ist insbesondere der Problemdruck, der sich aus den technologischen Entwicklungsprozessen vor allem basierend auf der Digitalisierung und den Informations- und Kommunikationstechniken sowie aus der marktwirtschaftlichen und der wettbewerblichen Dynamik im Kontext der Internationalisierung der Märkte und der Globalisierung der Gesellschaft ergibt, der für Innovationen auch in NRW sorgt. Hinzu kommt der schon seit geraumer Zeit in NRW anhaltende Strukturwandel von dem Industrie- in den Dienstleistungssektor hinein, welcher einen erheblichen Innovationsdruck und Innovationssog (nicht nur) auf die Unternehmen ausübt. Darüber hinaus hat sich ein gesellschaftlicher Druck in NRW aufgebaut, der mit den zahlreichen ökologischen und sozialen Skandalen einhergeht und innovative Strategien und Verhaltensweisen einfordert. Nicht zuletzt sind es auch der Staat bzw. das Land NRW z. B. mit ihrer Flüchtlingspolitik, ihren Infrastrukturmaßnahmen, aber auch mit ihrer Förderpolitik, welche die Rahmenbedingungen für das unternehmerische Innovationsverhalten abgeben. Es sind aktuell nicht weniger als zehn verschiedene öffentliche Förderprogramme, die auf die Innovationsaktivitäten von KMU in NRW gerichtet sind (Industrie- und Handelskammer zu Köln 2016), aber es gibt kein spezielles Programm, welches die Förderung von Innovationen durch CSR oder umgekehrt von CSR durch Innovationen zum Gegenstand hat.

Richtet sich der Blick auf die öffentliche Förderung von CSR in den Unternehmen in NRW durch die Landesregierung, so fallen die Aktivitäten im Wirtschaftsministerium auf. Seit 2012 ist CSR hier Gegenstand einer Auseinandersetzung zwischen Wirtschaft, Wissenschaft, Zivilgesellschaft und Politik. Dem Austausch und der Förderung von CSR vor allem in und durch KMU sollen nunmehr prominent die CSR-Kompetenzzentren in den Regionen von NRW dienen. „Mit ihrer CSR-Strategie will die Landesregierung verantwortlich wirtschaftende Unternehmen in ihrer Vorbildrolle stärken, Wege zu einer Kultur der Verantwortlichkeit aufzeigen, die Umsetzung von CSR in Branchen und Regionen unterstützen, CSR-Kooperationen zwischen Unternehmen und Hochschulen voran bringen und CSR in internationalen Geschäftsbeziehungen fördern" (Ministerium für Wirtschaft, Energie, Industrie, Mittelstand und Handwerk des Landes Nordrhein-Westfalen – MWEIMH 2016a).

Die vornehmste Aufgabe der jetzt installierten und sich im Aufbau befindenden ersten fünf CSR-Kompetenzzentren ist es, kleine und mittlere Unternehmen über die Handlungsfelder von CSR zu informieren und sie hinsichtlich der damit verbundenen wirtschaftlichen, ökonomischen, sozialen und gemeinnützigen Chancen zu sensibilisieren. Wesentliches Anliegen ist es dabei auch, die Unternehmen und andere Organisationen und Institutionen in NRW aus Wirtschaft, Forschung, Bildung, Politik und Kultur miteinander über die Thematik zu vernetzen und den Austausch zwischen diesen zu fördern. Des Weiteren soll vor allem der Austausch zwischen Unternehmen und Hochschulen zum Thema überhaupt erst einmal initiiert und sodann intensiviert werden, wobei es gilt, die Hochschulen selbst dafür zu gewinnen und CSR „stärker in Forschung und Lehre zu verankern, Grundlagenwissen über das Innovationspotenzial und den Business Case von CSR zur Verfügung zu stellen und die Studierenden entsprechend zu qualifizieren" (Ministerium für Wirtschaft, Energie, Industrie, Mittelstand und Handwerk des Landes Nordrhein-Westfalen – MWEIMH 2016b).

Wie soeben gezeigt, geht es hier auch um das Innovationspotenzial von CSR, jedoch ganz vorwiegend unter dem Leitmotiv des sogenannten Business Case, d. h., die innovative Ausrichtung von CSR wird wesentlich unter dem Gesichtspunkt der wirtschaftlichen Verwertbarkeit betrachtet. CSR soll befördert werden, um unternehmerische Innovationen hervorzubringen, die letztlich dem betrieblichen Erfolg und der Gewinnerzielung dienen. Als innovationsförderlich können die CSR-Kompetenzzentren sich bereits aufgrund des Netzwerkansatzes erweisen. Die Kompetenzzentren schaffen mit ihren verschiedenen Formaten Orte und Gelegenheiten der Begegnung, des Informationsaustausches und der Kooperationsmöglichkeiten oder deren Anbahnung, was jeweils, wie gezeigt, einen positiven Beitrag für die Ausbildung eines Innovationspotenzials leisten kann. Es sind innerhalb der Hochschulen auch die Kommunikation und Kooperation sowie der interdisziplinäre und fachbereichsübergreifende Austausch zum Querschnittsthema CSR, die für das Innovationspotenzial in Forschung und Lehre sorgen, was letztlich indirekt über die Netzwerke und Kommunikationskanäle des Projekts in die Unternehmen hinein innovationsanregend wirksam sein kann. So hat die Landesregierung mittels einer vom Volumen her monetär relativ geringfügigen Förderung der CSR-Kompetenzzentren die Möglichkeit, multiplikativ auf an Verantwortlichkeit und Nachhaltigkeit ausgerichteten Innovationsaktivitäten der Unternehmen in NRW hinzuwirken.

Doch gibt es von dem Umstand, dass nicht alles Gold ist, was glänzt, hier keine Ausnahme. Abgesehen von der rein verwaltungstechnisch und wettbewerblich begründeten Beihilfeproblematik, die im Zuge dieses EFRE-Förderprogramms (vgl. Ministerium für Wirtschaft, Energie, Industrie, Mittelstand und Handwerk des Landes Nordrhein-Westfalen – MWEIMH 2016c)[22] zum Tragen kommt und nach der als Konsequenz daraus Unternehmen durch die geförderten CSR-Kompetenzzentren nur informiert und sensibilisiert und keineswegs beraten werden dürfen,[23] stellt sich die Frage, ob eine derartige

---

[22] Genauer handelt es sich um das operationelle Programm Nordrhein-Westfalens für die Förderung von Investitionen in Wachstum und Beschäftigung aus dem Europäischen Fonds für regionale Entwicklung (EFRE).
[23] Was die absurde Folge einer ggf. erheblichen Nutzenminderung gerade für die Zielgruppe der KMU hat und eine Teilnahme an dem Projekt für diese nicht gerade attraktiv erscheinen lässt. Zu-

Instrumentalisierung von Verantwortlichkeit und damit von Moral für betriebliche Zwecke im Sinne des CSR-Konzeptes ist. Gesellschaftliche Verantwortlichkeit im Schwange unternehmerischen Handelns wäre so gesehen eher ein Nebenprodukt bzw. externer Effekt eines hauptsächlich der Gewinnerzielung verpflichteten betriebswirtschaftlichen Konzepts. Gerade auch bei der Gewinnung von KMU für das CSR-Thema wird die sogenannte Win-win-win-Situation in Bezug auf die potenziellen ökonomischen, sozialen und ökologischen Vorteile allenthalben in den Vordergrund gerückt. Besonders hingewiesen wird dabei regelmäßig z. B. auf die Attraktivität einer CSR-Strategie, bei der die Gewinnung und Bindung von Führungs- und Fachkräften, die Kosteneinsparungen aufgrund eines geringeren Ressourcenverbrauchs oder die bessere Reputation bei den Kunden, die Schaffung neuer Absatzmärkte und damit verbunden neue und höhere Umsatzmöglichkeiten sowie eine bessere Stellung im Wettbewerb gleichsam hervorgehoben wird. Die im Zuge der CSR-Strategie bewirkten Innovationen sollen sich in erster Linie wirtschaftlich rechnen.

Aus der ethischen und moralisch-praktischen Perspektive ist eine solche Positionierung von CSR als Innovationstreiber aber durchaus zweifelhaft. Nicht das ökonomisch-betriebswirtschaftliche Motiv, sondern eine ethisch begründete Moral sollte nach dem Motto: „zuerst die Moral, dann das Geschäft", handlungsleitend sein. Es gilt vielmehr, verantwortungsvoll begründete innovative Lösungen zu finden, die sich auf potenzielle Probleme in Unternehmen beziehen, wie beispielsweise (s. Krickhahn 2012, S. 143):

- Profitgier, Maßlosigkeit,
- Unwahrhaftigkeit, Unehrlichkeit, Lügen,
- Mobbing, Rachsucht und Niedertracht,
- Betrug und Täuschung,
- Bestechung bzw. Korruption,
- Diskriminierung, Ungerechtigkeit, Unfairness,
- sexuelle Belästigung und missbrauchendes Verhalten am Arbeitsplatz,
- Gesetzlosigkeit bzw. unrechtmäßiges Verhalten,
- Respektlosigkeit und Würdelosigkeit,
- Raub geistigen Eigentums, Plagiatpiraterie, Spionage, Datenmissbrauch,
- Verrat und Untreue,
- Umweltprobleme, Erzeugung negativer externer Effekte, Rücksichtslosigkeit und Ignoranz gegenüber den Mitgeschöpfen und der Nachwelt,
- Insiderhandel und Manipulation,
- Verschwendung und Raubbau an natürlichen Ressourcen,
- Machtmissbrauch, Erpressungen und einschüchternde Drohungen, Feindseligkeit sowie Ausbeutung von Menschen,

---

mal nicht automatisch davon auszugehen ist, dass sich durch die Realisierung von CSR immer auch ein Wettbewerbsvorteil ergibt. CSR ernsthaft betrieben bedeutet vielmehr die Adressierung der im Folgenden stehenden Probleme, was auch sehr kostenintensiv sein und zu erheblichen Wettbewerbsnachteilen führen kann.

- soziale Verantwortungslosigkeit, Erbarmungslosigkeit, Geiz, Hartherzigkeit sowie Rücksichtslosigkeit,
- Intoleranz, Engstirnigkeit usw.

Aus diesen Verhaltensweisen und Haltungen in den Unternehmen resultieren nämlich die ökologischen und sozialen, aber auch ökonomischen Probleme, die mit dem CSR-Konzept adressiert werden. Das auf betriebswirtschaftliche funktionale Aspekte und letztlich auf Gewinnerzielung angelegte CSR-Konzept erscheint vor diesem Hintergrund nahezu kontraproduktiv, denn es geht ja beispielsweise gerade darum, die Profitgier und die damit einhergehenden negativen Folgen für Mitmenschen und Umwelt zu vermeiden.

Diese Argumentationsfronten finden sich in der wirtschaftsethischen Auseinandersetzung mit der Problematik wieder. Im deutschsprachigen Raum kommt dieser Gegensatz deutlich zwischen den Polen der Arbeiten von Peter Ulrich mit seiner „integrativen Wirtschaftsethik", nach der die Gewinnerzielung gegenüber anderen moralischen Maximen im Zweifel nachrangig ist (vgl. Ulrich 2008), auf der einen Seite und auf der anderen Seite in dem „ordnungsethischen" Ansatz von Karl Homann, nach dem, grob zusammengefasst, die Gewinnerzielung im Zweifel vorrangig ist, zum Ausdruck (vgl. Homann 2014).[24]

Auf welchem ethischen Reflexionsniveau auch immer haben bereits die in den CSR-Kompetenzzentren von NRW engagierten und involvierten Unternehmen, die dort als Botschafter für den CSR-Ansatz fungieren, ganz pragmatisch vielfältige und teilweise sehr kleinteilige, für sich jeweils neuartige Lösungen bzw. Innovationen für diverse Probleme im Hinblick auf die *Tripple Bottom Line* von Ökologie, sozialer Gerechtigkeit und Wirtschaftlichkeit für sich gefunden. Als Botschafter dieses Programms stellen sie damit gleichermaßen für andere Unternehmen Vorbilder dar und können so als sogenannte Benchmarks und Multiplikatoren im Sinne des CSR-Ansatzes dienen, was für sich genommen auch schon eine Innovation auf Landesebene und darüber hinaus bedeuten kann.[25]

---

[24] Die moralphilosophische Position, die hinter dem Ansatz von Homann steht, ist jene des Utilitarismus, welche selbst auch die moralische Basis des Homo oeconomicus bildet und einem konsequenzialistischen Ansatz entspricht. Es trifft hier sozusagen im klassischen Sinn eine kantsche Pflichtenethik (s. Kant 2000 [1788]) auf eine von Max Weber geprägte an den Konsequenzen des Handelns geknüpfte Verantwortungsethik (s. Weber 2016 [1921]). Die ethisch relevanten Konsequenzen von auf den Gewinn zielenden Innovationen sind u. a., dass durch den Gewinn der Bestand des Unternehmens gesichert wird und damit Arbeitsplätze geschaffen werden, Einkommen erwirtschaftet wird, Güter und Dienstleistungen für die Menschen erbracht werden sowie die Basis für Steuereinnahmen und damit auch für staatliche Leistungen und Infrastrukturmaßnahmen geschaffen wird (s. Krickhahn 2014, Fn 29, S. 200). Auf den Punkt hat diese Position Milton Friedman im angelsächsischen Bereich auf die Formel gebracht: „The Social Responsibility of Business is to increase its Profits" (Friedman 1970).

[25] Vgl. zu den Botschafterunternehmen und den Kompetenzzentren: https://csr.nrw.de/startseite/. Für innovative CSR-bezogene Aktivitäten in den Hochschulen siehe Gerholz und Heinemann (2013).

5 Fazit

Ist das Ziel, durch Verantwortung getragene Innovationen in KMU im Spannungsfeld von Wirtschaft, Gesellschaft und Umwelt im Kontext des CSR-Konzeptes in NRW zu realisieren, dann sind dafür Erkenntnisse und pragmatisches Anwendungswissen ebenso vonnöten wie Motivation, Verantwortungsbewusstsein und vor allem Verantwortungsbereitschaft. Mit anderen Worten: Der für die Anwendung von CSR benötigte Sachverstand ist genauso gefragt, wie moralische Haltung.

Mithilfe der vorgestellten Arbeitsthesen, die die Erkenntnisse aus diversen Studien zu den Bedingungsfaktoren für Innovationen zusammenfassen[26], sollten sich praktische Ansatzpunkte für Innovationen finden lassen. Mit der vorgestellten Systematik der Innovationsbedingungen wird auch klar, dass Innovationen multifaktoriell bedingt sind und dass diese Bedingungen nicht nur in und aus den Unternehmen heraus gestaltet werden können, sondern wesentlich durch Strukturen und Prozesse aus dem externen Unternehmensumfeld mitgestaltet sind. Unternehmensintern sind als Innovationstreiber hauptsächlich die Intensität von Forschung und Entwicklung, die Investitionsentscheidungen, die Kommunikationsformen und Informationsstrukturen und vor allem die Diversität, Qualifikation und Haltung der Mitarbeiter sowie eine innovationsfreundliche Unternehmenskultur und Führung zu nennen. Unternehmensextern sind es die spezifischen technologischen, ökonomischen, sozialen, soziodemografischen, kulturellen und politischen Rahmenbedingungen in NRW, wie z. B. die Wissenschafts- und Innovationsförderpolitik der Landesregierung. Auch CSR wurde als Innovationstreiber genannt und thematisiert, weil damit aktuelle und zukünftige Probleme adressiert werden, für die es neue bzw. innovative Lösungen zu finden gilt und die sämtlich mit Nachhaltigkeit und Verantwortlichkeit unternehmerischen Handelns zu tun haben.

Soll CSR jedoch nicht nur als innovatives sozialtechnologisches betriebswirtschaftliches Gestaltungsinstrument oder als sozialökologische Innovation fungieren und ausschließlich an der Nützlichkeit für den ökonomischen Beitrag zur Gewinnerzielung bemessen werden, sondern im Zweifel auf einer breiteren moralischen Grundlage entschieden werden, dann erscheinen weitergehende ethische Reflexionen und moralische Wertentscheidungen bei der Findung und Implementierung innovativer Konzepte und Lösungen nötig.[27] Richtet sich der Blick in die diversen Verkündigungen und Verlautbarungen zum Thema CSR aus Unternehmenssicht, aus Regierungssicht wie auch aus der Sicht der Forschung und Lehre (nicht nur) in NRW, so erscheint doch die Gefahr nicht ausgeschlossen, dass diesem Konzept eine deutliche Schieflage in Richtung Gewinnerzielung,

---

[26] Die theoretisch fundierte empirische Evidenz der Befunde zu diesen Faktoren ist, wie erwähnt, jedoch nur in Teilen befriedigend gegeben.

[27] Neben rational begründeten ethischen Maximen (siehe z. B. klassisch schon die Pflichtenethik nach Immanuel Kant (2000 [1788]) oder die durch den Konsequenzialismus geprägte Verantwortungsethik nach Max Weber (2016 [1921]) gibt es weitere Grundlagen der Moral (wie z. B. klassisch bereits die moralischen Empfindungen nach Adam Smith (2010 [1759]) oder das Mitleid nach Arthur Schopenhauer (2014 [1841]).

instrumentaler Verwertung und sozialtechnischen Know-hows für betriebliche Zwecke zugewiesen wird. Dementsprechend sind es beispielsweise die Gewinnung und Bindung von Fach- und Führungskräften, die Reputation bei den Kunden und in der breiteren Öffentlichkeit, das Kostenreduktionspotenzial durch reduzierten Ressourcenverbrauch, der Respekt der Wettbewerber, Wettbewerbsvorteile, mithin die sogenannte Lizenz zum Geschäft und nicht zuletzt das Innovationspotenzial, das überwiegend mit dem CSR-Konzept in Verbindung gebracht wird, und nicht etwa die Charakterbildung oder die moralische Urteilskompetenz von Unternehmensangehörigen.

Gerade diese einseitige Vorherrschaft des die Marktwirtschaft prägenden ethischen Begründungsmodells des Utilitarismus in Verbindung mit dem Handlungsmodell des Homo oeconomicus sorgt doch teilweise mit für die Probleme, die mit dem CSR-Konzept adressiert und gelöst werden sollten. Bedenklich ist in diesem Kontext auch die kritische Perspektive auf die Beschleunigungsproblematik, zu der betriebliche und allgemein soziale Innovationen grundsätzlich im Hinblick auf die Menschen und ihre Lebensbedingungen beitragen können.[28] So bleibt zu hoffen, dass in NRW Verantwortlichkeit auch bei der öffentlichen Förderung, Initiierung und Umsetzung von Innovationen und nicht nur bei der privatwirtschaftlichen Konkretisierung von CSR in den KMU, sondern aufseiten aller Beteiligten eine noch größere Wertschätzung und Berücksichtigung findet. Andernfalls dürfte das Ziel, verantwortungsvolle Innovationen auf einem höheren CSR-Reifegrad zu initiieren und die mit CSR anvisierten Probleme wirksam zu adressieren, verfehlt werden und ein Verbleib auf den unteren Etagen des moralischen Stufenmodells von Kohlberg die Folge sein.[29]

Literatur

Verwendete Literatur

Altenburger R (2015) Nachhaltiges Innovationsmanagement. In: Schneider A, Schmidpeter R (Hrsg) Corporate Social Responsibility – Verantwortungsvolle Unternehmensführung in Theorie und Praxis, 2. Aufl. Springer, Berlin, Heidelberg, S 595–605

Althof W, Kohlberg L (1996) Die Psychologie der Moralentwicklung. Suhrkamp, Frankfurt am Main

Blättel-Mink B, Menez R (2015) Kompendium der Innovationsforschung, 2. Aufl. Springer, Wiesbaden

Braun S, Loew T, Clausen J (2009) Innovation durch CSR – Die Zukunft nachhaltig gestalten. Bundesministerium für Umwelt, Naturschutz und Reaktorsicherheit (BMU), Berlin

---

[28] Adressiert werden dabei u. a. Entfremdungserscheinungen, Zeitdruck, Komplexitätssteigerung, Resonanzverlust (s. hierzu Rosa 2016).

[29] Ein markantes Beispiel dafür liefert der Fall Volkswagen-Konzern, denn noch 2012 wurde er als beispielgebend für ein ideales CSR-geführtes Unternehmen gehalten (vgl. insbesondere Prätorius und Richter 2013). „Mit dem im vorhergehenden vorgestellten integrierten Ansatz eines CSR Managements hat der Volkswagen Konzern ein zukunftsfähiges Konzept entwickelt" (Prätorius und Richter 2013, S. 129), das wesentliche Impulse für eine innovative Wettbewerbsorientierung biete.

Braungart M, McDonough W (2009) Cradle to Cradle. Vintage, London

Chesbrough HW (2003) Open Innovation: The New Imperative for Creating and Profiting from Technology. Harvard Business Review Press, Boston

Friedman M (1970) The Social Responsibility of Business is to increase its Profits. In: White TI (Hrsg) Business Ethics. Prentice Hall, New Jersey

Gerholz K-H, Heinemann S (2013) CSR-Atlas edition Hochschulen NRW 2012, 2. Aufl. Verlag MA Akademie, Essen

Hansen E, Schaltegger S (2013) Unternehmerische Nachhaltigkeitsinnovationen durch nachhaltiges Unternehmertum. In: Altenburger R, Schmidpeter R (Hrsg) CSR und Innovationsmanagement. Gesellschaftliche Verantwortung als Innovationstreiber und Wettbewerbsvorteil. Springer/Gabler, Berlin, Heidelberg, S 19–30

Hof H, Wengenroth U (2007) Innovationsforschung. Ansätze, Methoden, Grenzen und Perspektiven. LIT Verlag, Hamburg

Homann K (2014) Sollen und Können. Grenzen und Bedingungen der Individualmoral. Ibera Verlag/European University Press, Wien

Janger J, Schubert T, Andries P et al (2017) The EU 2020 innovation indicator: A step forward in measuring innovation outputs and outcomes? Res Policy 46:30–42

Kant I (Hrsg) (2000) Kritik der praktischen Vernunft. Grundlegung zur Metaphysik der Sitten, 22. Aufl. Werkausgabe in 12 Bänden, Bd. VII (Hrsg. W. Weischädel). Suhrkamp, Frankfurt a.M.

Krickhahn T (2014) Reflexionen zur Theorie und Praxis von CSR. In: Dobersalske K, Seeger N, Willing H (Hrsg) Verantwortliches Wirtschaften. Nachhaltigkeit in der Betriebswirtschaftslehre. Nomos, Baden-Baden

Krickhahn T (2012) Zur Erfassung von Werten und Werthaltungen bei angehenden Führungskräften im betriebswirtschaftlichen Studium. In: Ihne H, Krickhahn T (Hrsg) Werthaltungen angehender Führungskräfte. Nomos, Baden-Baden, S 129–160

Prätorius G, Richter K (2013) CSR Management als Wettbewerbsvorteil. Ein integrierter Ansatz im Volkswagen Konzern. In: Altenburger R (Hrsg) CSR und Innovationsmanagement. Gesellschaftliche Verantwortung als Innovationstreiber und Wettbewerbsvorteil. Springer/Gabler, Berlin, Heidelberg

Rosa H (2016) Resonanz. Eine Soziologie der Weltbeziehung. Suhrkamp, Berlin

Savitz A, Weber K (2006) The Triple Bottom Line: Ho How Today's Best-Run Companies Are Achieving Economic, Social and Environmental Success – and How You Can Too. Jossey-Bass, San Francisco

Schneider A (2015) Reifegradmodell CSR – eine Begriffsklärung und -abgrenzung. In: Schneider A, Schmidpeter R (Hrsg) Corporate Social Responsibility – Verantwortungsvolle Unternehmensführung in Theorie und Praxis, 2. Aufl. Springer, Berlin, Heidelberg, S 21–42

Schopenhauer A (2014) Über die Freiheit des menschlichen Willens. Über die Grundlagen der Moral. Marix, Wiesbaden

Smith A (2010) The Theory of Moral Sentiments. Penguin Classics, London

Ulrich P (2008) Integrative Wirtschaftsethik. Grundlagen einer lebensdienlichen Ökonomie, 4. Aufl. Haupt Verlag, St. Gallen

Weber M (2016) Politik als Beruf. CreateSpace Independent Publishing Platform, 4. Aufl. Edition Holzinger. Berliner Reihe, Berlin

Internetquellen

Bundesministerium für Arbeit und Soziales (Hrsg) (2012) Verbreitung, Entwicklung und Erfolgsfaktoren von Corporate Social Responsibility (CSR) – eine Expertenbefragung. Berlin. https://www.zu-daily.de/daily-wAssets/pdf/Expertenumfrage_CSR.pdf. Zugegriffen: 01. März 2017

Clausen J, Loew T (2009) Literaturstudie und Befragung. http://www.4sustainability.de/fileadmin/redakteur/bilder/Publikationen/Clausen-Loew_CSR-und-Innovation-LiteraturstudieundBefragung.pdf. Zugegriffen: 29. Nov. 2016

Deutsche Akademie der Technikwissenschaften – acatech, Bundesverband der Deutschen Industrie – BDI (2015) Innovationsindikator. http://www.innovationsindikator.de/2015/home/#!/Home. Zugegriffen: 28. Nov. 2016

Europäische Union (2016) Research projects on corporate social responsibility. https://ec.europa.eu/growth/industry/corporate-social-responsibility/research-projects. Zugegriffen: 29. Nov. 2016

Fichter K, Beucker S, Noack T, Springer S (2007) Entstehungspfade von Nachhaltigkeitsinnovationen. Fallstudien und Szenarien zu Einflussfaktoren, Schlüsselakteuren und Internetunterstützung. Stuttgart. https://www.borderstep.de/wp-content/uploads/2014/07/Fichter-Beucker-Noack-Springer-Entstehungspfade_von_Nachhaltigkeitsinnovationen-2007.pdf. Zugegriffen: 29. Nov. 2016

Herzog R (1997) Aufbruch ins 21. Jahrhundert. Berliner Rede 1997 von Bundespräsident Roman Herzog. Bundespräsidialamt. http://www.bundespraesident.de/SharedDocs/Reden/DE/Roman-Herzog/Reden/1997/04/19970426_Rede.html. Zugegriffen: 28. Nov. 2016

Industrie- und Handelskammer zu Köln (IHK) (2016) Übersicht der Innovationsförderung. Förderprogramme für kleine und mittelständische Unternehmen. https://www.ihk-koeln.de/Uebersicht_der_Innovationsfoerderung.AxCMS. Zugegriffen: 05. Dez. 2016

Institute for Sustainability (2016) Publikationen zu Nachhaltigkeitsmanagement / CSR / CR. http://www.4sustainability.de/corporateresponsibility/publikationen.html. Zugegriffen: 29. Nov. 2016

Loew T, Clausen J, Hall M, Loft L, Braun S (2009) Fallstudien zu CSR und Innovation. Praxisbeispiele aus Deutschland und den USA. Institute 4 Sustainability. Berlin. http://www.4sustainability.de/fileadmin/redakteur/bilder/Publikationen/Loew-Clausen-etal_Fallstudien-zu-CSR-und-Innovation.pdf. Zugegriffen: 29. Nov. 2016

Ministerium für Wirtschaft, Energie, Industrie, Mittelstand und Handwerk des Landes Nordrhein-Westfalen – MWEIMH (2016a) CSR in NRW. https://csr.nrw.de/politik/land/. Zugegriffen: 05. Dez. 2016

Ministerium für Wirtschaft, Energie, Industrie, Mittelstand und Handwerk des Landes Nordrhein-Westfalen – MWEIMH (2016b) CSR Strategie des Wirtschaftsministeriums NRW. http://www.wirtschaft.nrw.de/wirtschaft/verantwortung_csr/strategie/index.php. Zugegriffen: 05. Dez. 2016

Ministerium für Wirtschaft, Energie, Industrie, Mittelstand und Handwerk des Landes Nordrhein-Westfalen – MWEIMH (2016c) Kompetenzzentren für verantwortungsvolle Unternehmensführung. https://www.efre.nrw.de/wege-zur-foerderung/projektaufrufe/kompetenzzentren-fuer-verantwortungsvolle-unternehmensfuehrung/. Zugegriffen: 05. Dez. 2016

Network for Business Sustainability (2016) Publications: Research Insights. http://nbs.net/publications/research-insights/. Zugegriffen: 29. Nov. 2016

Nordic Innovation Center (2010) CSR-driven innovation – combining design and business in a profitable and sustainable way. Oslo. http://nordicinnovation.org/Global/_Publications/Reports/2010/CSR-DRIVEN%20INNOVATION%20-%20Combining%20design%20and%20business%20in%20a%20profitable%20and%20sustainable%20way.pdf. Zugegriffen: 29. Nov. 2016

Zentrum für Europäische Wirtschaftsforschung (ZEW) (2016) Mannheimer Innovationspanel: Innovationsaktivitäten der deutschen Wirtschaft. http://www.zew.de/forschung/mannheimer-innovationspanel-innovationsaktivitaeten-der-deutschen-wirtschaft/. Zugegriffen: 30. Nov. 2016

Weiterführende Literatur

Altenburger R (Hrsg) (2013) CSR und Innovationsmanagement. Gesellschaftliche Verantwortung als Innovationstreiber und Wettbewerbsvorteil. Springer/Gabler, Berlin, Heidelberg

Bundesministerium für Umwelt, Naturschutz und Reaktorsicherheit (2009) Innovation durch CSR. Die Zukunft nachhaltig gestalten. Blueprint AG Holzkirchen, Berlin

Crane A, McWilliams A, Matten D et al (Hrsg) (2008) The Oxford Handbook of Corporate Social Responsibility. University Press, Oxford

Grieshuber E (2015) CSR als Hebel für ganzheitliche Innovation. In: Schneider A, Schmidpeter R (Hrsg) Corporate Social Responsibility, 2. Aufl. Springer, Berlin, Heidelberg, S 581–594

Hiß S (2009) Corporate Social Responsibility – Innovation oder Tradition. Zeitschrift für Wirtschafts- Unternehmensethik zfwu 10(3):287–303

Hockerts K, Morsing M, Eder-Hansen J et al (2008) CSR-Driven Innovation. Towards the Social Purpose Business. Center for Corporate Social Responsibility, Center for Corporate Social Responsibility. CBS, Frederiksberg

Ihne H, Krickhahn T (2012) Werthaltungen angehender Führungskräfte. Nomos, Baden-Baden

Janssen M, Stoopendaal AMV, Putters K (2015) Situated novelty: Introducing a process perspective on the study of innovation. Res Policy 44(10):1974–1984

Kohlberg L (1996) Die Psychologie der Moralentwicklung. Suhrkamp, Frankfurt am Main

Lang C, Sauer D (Hrsg) (1999) Paradoxien der Innovation. Perspektiven sozialwissenschaftlicher Innovationsforschung. Campus, Frankfurt a.M., New York

Piller FT, Servatius H-G (Hrsg) (2014) Der Innovationsmanager. Wertsteigerung durch ein ganzheitliches Innovationsmanagement. Symposion Publishing, Düsseldorf

Schneider A, Schmidpeter R (Hrsg) (2015) Corporate Social Responsibility, 2. Aufl. Springer, Berlin, Heidelberg

Schumpeter JA (1934) The Theory of Economic Development. Harvard University Press, Cambridge Mass.

Thomas Krickhahn hat Wirtschafts- und Sozialwissenschaften studiert und an der philosophischen Fakultät der Martin-Luther-Universität in Halle-Wittenberg promoviert (1995). Er hat eine mehrjährige Erfahrung im Bereich der empirischen Wirtschaftsforschung als Forschungsassistent und wissenschaftlicher Gutachter. Auch als Dozent ist er unter anderem in den Bereichen Wirtschaftsethik, Volkswirtschaftslehre, quantitative Methoden und Betriebswirtschaftslehre (an Weiterbildungseinrichtungen, Fachhochschulen und Universitäten) langjährig tätig. Er ist Autor mehrerer Publikationen im Bereich der wirtschafts- und sozialwissenschaftlichen Forschung und Lehre. Zurzeit ist er in wissenschaftlichen Projekten und als Dozent an der Hochschule Bonn-Rhein-Sieg und für die Bonner Akademie (Gesellschaft für DV- und Management-Training, Bildung und Beratung mbH) engagiert.

Integres Wirtschaften lernen

Die IW Akademie

Dominik H. Enste und Julia Wildner

1 IW Akademie, IW Köln und ihre Kooperationspartner

Was bedeutet werteorientiertes und integres Wirtschaften? Wie lassen sich gesellschaftliche Verantwortung und ökonomische Interessen vereinbaren? Wie gelingt mitverantwortliche Unternehmensführung in der Praxis?

Diesen und vielen anderen Fragen gehen die Kooperationspartner der IW Akademie GmbH gemeinsam nach. Die IW Akademie basiert auf einer Kooperation des Instituts der deutschen Wirtschaft Köln (IW Köln) mit der Technischen Hochschule Köln. Mit der IW Akademie führt das IW Köln seine 25-jährigen Forschungen und Analysen zu wirtschaftsethischen und -psychologischen Fragen fort und ergänzt die wissenschaftliche Arbeit um interdisziplinäre Seminarangebote. Das IW Köln ist ein privates, nicht kommerzielles Forschungsinstitut in der Rechtsform des eingetragenen Vereins. Es wird getragen von Arbeitgeberverbänden, Wirtschaftsverbänden und Unternehmen. Auf wissenschaftlicher Grundlage erarbeitet es Analysen und Stellungnahmen zu allen Fragen der Wirtschafts- und Sozialpolitik, des Bildungs- und Ausbildungssystems sowie des Arbeitsmarktes. Das Kompetenzfeld „Verhaltensökonomik und Wirtschaftsethik" des IW Köln widmet sich sowohl analytisch als auch empirisch den Entwicklungen in den Bereichen Corporate Social Responsibility (CSR), Wirtschaftsethik und angrenzenden Gebieten.

In der IW Akademie bündeln Kooperationspartner ihre interdisziplinäre Forschung an den Schnittstellen von Psychologie, Ökonomik und Ethik. Gemeinsam wird der Einfluss von Werten, Normen, Regeln und Gesetzen auf Staat, Gesellschaft, Wirtschaft, Unter-

D. H. Enste (✉) · J. Wildner
Institut der deutschen Wirtschaft Köln e.V.
Konrad-Adenauer-Ufer 21, 50668 Köln, Deutschland
E-Mail: enste@iwkoeln.de

J. Wildner
E-Mail: wildner@iwkoeln.de

© Springer-Verlag GmbH Deutschland 2017
P. Bungard und R. Schmidpeter (Hrsg.), *CSR in Nordrhein-Westfalen*,
Management-Reihe Corporate Social Responsibility, DOI 10.1007/978-3-662-54190-6_3

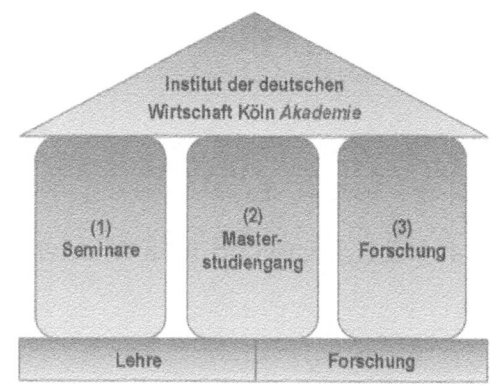

Abb. 1 Säulen der IW Akademie

nehmen und Individuen untersucht. Die gemeinsame Forschungsexpertise nutzt die IW Akademie für Seminare zur werteorientierten Führung sowie den Masterstudiengang „Behavioral Ethics, Economics and Psychology". Aus diesen Tätigkeitsbereichen ergeben sich die drei Säulen der IW Akademie (Abb. 1).

2 Angebote der IW Akademie rund um das Thema CSR und Integrität

2.1 Seminarangebote

Die inhaltliche Konzeption der Seminare basiert auf dem CSR-Dreiklang „Ökonomie, Ökologie und Soziales" und zeigt Wege auf, wie die drei Zielgrößen in der Praxis erfolgreich kombiniert werden können. An den Führungskräfteseminaren „Werteorientiert Führen – Psychologie und Verhaltensökonomik im Management" nehmen Führungskräfte und Manager verschiedenster Managementebenen vor allem aus Großunternehmen teil. Die Seminare zeichnen sich durch die systematische Verknüpfung psychologischer, ökonomischer und ethischer Inhalte aus. Dabei legen die Dozenten einen besonderen Fokus auf die Übertragung der theoretischen Kenntnisse in die Praxis. Durch Fallstudien, aber auch durch psychologische Liveexperimente mit den Teilnehmern gelingt es den Dozenten, wissenschaftliches Fachwissen auf anschauliche Weise zu präsentieren und erlebbar zu machen.

2.2 Masterstudiengang

Der akkreditierte, berufsbegleitende Masterstudiengang „Behavioral Ethics, Economics and Psychology" richtet sich an Absolventen aller Fachrichtungen, die sich zu einer verantwortungsvollen und integren Führungskraft oder einer Fachkraft mit übergeordneten Spezialkenntnissen zum werteorientierten Wirtschaften entwickeln möchten. Er bietet

Nachwuchskräften die Möglichkeit, sich innerhalb von zwei Jahren zentrale Erkenntnisse aus Ökonomik, Psychologie und Ethik für erfolgreiches, integres Wirtschaften systematisch, praxisorientiert und effizient anzueignen. Der Titel Master of Arts wird von der staatlichen TH Köln verliehen, die institutioneller Träger des Studiengangs ist. Der Studiengang vermittelt ein modernes Verständnis verantwortungsvollen Wirtschaftens, das Gewinn und Moral nicht als Gegensätze versteht. Die Studierenden erwerben interdisziplinäre Kenntnisse, um wirtschaftliche, soziale und gesellschaftliche Zusammenhänge besser zu verstehen und in der betrieblichen Praxis professionell zu berücksichtigen. Der Masterstudiengang wird zusammen mit den Professoren der Kooperationspartner gestaltet und ermöglicht den fachübergreifenden Austausch.

2.3 Forschungsschwerpunkte

Die IW Akademie forscht zu den drei Themenschwerpunkten „Integrität und Verantwortung", „Vertrauen und Sozialkapital" und „Glück und Lebenszufriedenheit". Grundlage für erfolgreiches Wirtschaften sind aus unserer Sicht Verlässlichkeit und Integrität. Nur so kann sich Vertrauen bilden und ein gelingendes (glückliches) Leben geführt werden. Ein Schwerpunkt der Forschung liegt daher in der Analyse wirtschafts- und unternehmensethischer Zusammenhänge auf der Makro-, Meso- und Mikroebene zum integren Wirtschaften und der Bedeutung von CSR in diesem Kontext. Denn Menschen sind in ihrem Tun ebenso von individuellen Moralvorstellungen geleitet wie von den Regeln, den Gesetzen und Normen der Gesellschaft. Beide Sphären gilt es zu berücksichtigen, wenn man sich die Frage stellt, warum es so schwer ist, ein guter Mensch zu sein, oder was Unternehmen tun können, um den Mitarbeitenden, den Konsumenten und den übrigen Stakeholdern integres Wirtschaften zu erleichtern.

3 Zielgruppen der IW Akademie

Die Nachfrage für die innovativen, integritäts- und CSR-orientierten Angebote der IW Akademie wurde vor der Gründung im Jahr 2012 durch verschiedene, zielgruppenspezifische Umfragen ermittelt. Diese zeigten eine Lücke im Bereich Corporate Social Responsibility auf dem Seminar- und Studienmarkt.

3.1 Zielgruppe: Studierende und Nachwuchsführungskräfte

Im Jahr 2009 hat das studentische Netzwerk für Wirtschafts- und Unternehmensethik *sneep* („student network for ethics in economics and practice") in einer Onlineumfrage unter 3395 Studierenden in Deutschland ermittelt, dass sich 66 % der Studierenden Unternehmensethik als Pflichtfach wünschen (Sneep 2009). Masterstudierende halten zu 68 %

ein Umdenken in der Managementausbildung für notwendig und fordern mehr Veranstaltungen zur sozialen Verantwortung, Ethik und Nachhaltigkeit. Dies zeigt eine MBA-Studie aus dem Jahr 2010, in der 74 % der Befragten Corporate Social Responsibility und 67 % Lehrinhalte zu ethischen und nachhaltigen Perspektiven des Wirtschaftens als notwendige Studieninhalte als wichtig erachten. Die MBA-Studie zeigt darüber hinaus, dass sich die Nachwuchsführungskräfte solche Inhalte für ihr Masterstudium wünschen (Quelle: SWOP 2010; Mehrfachnennung möglich):

Soziale Verantwortung, Corporate Social Responsibility	74 %
Neue Lehrinhalte, die ethische und nachhaltige Perspektiven einschließen	67 %
Unternehmenskultur und Change-Management	64 %
Work-Life-Balance	62 %
Materielle und immaterielle Anreizsysteme	43 %
Neues Leitbild in der Managementlehre: Orientierung an angelsächsischen Managementmethoden aufgeben	31 %
Einführung eines verpflichtenden Managereides zu verantwortlichem Handeln	25 %

3.2 Zielgruppe: Führungskräfte und Manager

Eine Unternehmensbefragung aus dem Jahr 2011 von 2353 Unternehmen ergab, dass 90 % ein Pflichtfach „Wirtschafts- und Unternehmensethik" für ihre Manager fordern (Bundesregierung 2012, S. 400). Das verwundert nicht angesichts neuer Megatrends wie dem demografischen Wandel, der Globalisierung und der zunehmenden Individualisierung, die die Ansprüche an Führungskräfte steigern, sich dennoch integer zu verhalten. Auch die Wünsche der Mitarbeiter ändern sich. Befragungen zeigen: Lohnsteigerungen reichen vielfach nicht mehr aus, um die Mitarbeiter zu motivieren. Fragt man die Arbeitnehmer nach ihren Ansprüchen an die Arbeit, nennen regelmäßig mehr als 80 % die Bedeutung der im Unternehmen gelebten Werte und die Stärkung der intrinsischen Motivation. Insbesondere der Führungsstil und die Vorbildfunktion der Führungskraft spielen hier eine besondere Rolle. Laut der GLOBE-Befragung von rund 18.000 Geschäftsführern, Vorständen und Managern des mittleren Managements ist vor allem die transformationale Führung erfolgreich (Dorfman et al. 2012). Gemeint ist hier eine beziehungsorientierte Führung, die ethischen Werten folgt, transparent und kooperativ ist.

Viele Führungskräfte sind sich ihrer Vorbildfunktion bewusst und versuchen die Ideale des Unternehmens überzeugend vorzuleben. Denn Umfrageergebnisse zeigen: Eine gelungene Umsetzung dieses Führungsstils wirkt sich positiv auf die Arbeitszufriedenheit aus. Der Anteil der sehr zufriedenen Mitarbeiter verdoppelt sich der Umfrage zufolge auf mehr als 90 %, wenn die Führungskraft einen respektvollen und wertschätzenden Führungsstil pflegt. Damit hat Führung – zumindest in Deutschland – häufig sogar einen größeren Einfluss auf die Arbeitszufriedenheit als Gehaltssteigerungen. Zudem wechseln zufriedene Mitarbeiter seltener den Arbeitgeber und empfehlen das Unternehmen häufiger weiter. Auch wenn die positive Wirkung des oben beschriebenen transformationalen Führungsstils bekannt ist, hapert es vielfach noch an der konkreten Umsetzung: Laut dem Personalpanel des Instituts der deutschen Wirtschaft Köln erleben nur 19 % der Beschäftigten eine vorbildlich umgesetzte Vision in ihrem Unternehmen. Nur 2 % meinen, es gäbe ein ausgeprägtes gemeinsames Werteverständnis (IW Köln 2014).

4 Unser Verständnis von CSR

Der Begriff der gesellschaftlichen Verantwortung von Unternehmen ist inzwischen weitverbreitet und in der Forschungslandschaft fest etabliert. Basis der CSR-Debatte ist die Einsicht, dass Unternehmen neben ihrer sogenannten Gewinnverantwortung weitere Verantwortungsdimensionen haben, die nicht nur ökonomische, sondern auch soziale und ökologische Belange adressieren. Dabei stellen die Förderung des Unternehmens- und des Gesellschaftsinteresses nicht unbedingt einen Gegensatz dar. Vielmehr kann CSR als eine Unternehmensstrategie verstanden werden, die durch die Berücksichtigung ökonomischer, ökologischer und sozialer Interessen Wettbewerbsvorteile für Unternehmen generiert. Bundespräsident Joachim Gauck forderte in seiner Rede vom November 2012 einen erweiterten Verantwortungsbegriff:

> Ich sehe Führungskräfte in einer dreifachen Verantwortung: nach innen, nach außen und für ein kooperatives Miteinander in unserer Gesellschaft. Ich kann es auch so ausdrücken: Es geht um die Verantwortung für den Erfolg des Unternehmens am Markt. Es geht um die Verantwortung für die Akzeptanz des Unternehmens in der Gesellschaft. Und es geht um die Verantwortung für die Regeln, die gelten sollten im Zusammenleben (Gauck 2012).

Damit stellte Gauck die erweiterte Verantwortung der Führungskräfte und Manager für die Anliegen der Stakeholder von Unternehmen in den Fokus und machte darauf aufmerksam, dass es im Interesse der Unternehmen liegt, berechtigte Forderungen der Gesellschaft, der Mitarbeiter, der Kunden, anderer Unternehmen und Organisationen zu berücksichtigen. Nicht nur der wirtschaftliche Erfolg ist entscheidend, sondern auch die Frage, wie verantwortlich die Unternehmen handeln und wie sie gesellschaftlichen und sozialen Forderungen gerecht werden.

Die Wirtschafts- und Finanz- sowie die Staatsschuldenkrise und der daraus resultierende gesellschaftliche Vertrauensverlust haben zu einer intensiveren Auseinandersetzung mit der Corporate Social Responsibility der Unternehmen geführt. Die zunehmende Globalisierung der Märkte und die damit verbundenen sozialen und ökologischen Folgen stellen Unternehmen vor neue Herausforderungen und erweitern den Verantwortungshorizont. Vor diesem Hintergrund thematisiert die CSR-Debatte u. a. folgende Fragen: Wie können Unternehmen den nicht zwingenden, aber möglichen Konflikt zwischen Gewinn und Gewissen überwinden? Welche Lösungsansätze bietet die Unternehmensethik? Welche Strategien sind Erfolg versprechend und wie viel Mitverantwortung können Unternehmen sich leisten? Welche Ansprüche der Gesellschaft sind legitim? Lohnt sich nachhaltiges Wirtschaften für die Unternehmen? Und wie kann glaubwürdiges CSR in der Praxis gelingen?

Für die meisten großen Konzerne ist CSR mittlerweile ein fester Bestandteil der Unternehmensstrategie geworden. Für den Erfolg und die Glaubwürdigkeit von CSR-Initiativen ist eine Verknüpfung von gesellschaftlichem Engagement mit dem Kerngeschäft notwendig. Dennoch ist ein wesentliches Merkmal von CSR die Freiwilligkeit. Nicht eine staatliche Verordnung, sondern die freiwillige Entscheidung der Unternehmen soll die gesellschaftliche und ökologische Situation – über die Einhaltung gesetzlicher Vorschriften hinaus – verbessern. Dadurch stellen Unternehmen eine klassische Win-win-Situation von gesellschaftlichen Anliegen und Unternehmensinteressen her. Die Unternehmen selbst sind die Experten ihrer Wertschöpfungsketten und kennen die Stellschrauben für Verbesserungen.

Viele große Unternehmen beschäftigen sich schon lange mit CSR und halten sich freiwillig an Standards wie den Deutschen Nachhaltigkeitskodex, den United Nations Global Compact und an die OECD-Leitsätze für multinationale Unternehmen. Zwei Drittel der 30 Unternehmen aus dem deutschen Aktienindex erstellen ohne Verpflichtung umfangreiche Berichte über ihre Nachhaltigkeitsaktivitäten. Über 90 % der Großunternehmen engagieren sich freiwillig (Bundesregierung 2012). Neben der Freiwilligkeit hat das EU-Parlament die neue Pflicht zur Berichterstattung manifestiert. Seit 2016 sind alle Unternehmen, die von öffentlichem Interesse sind und mehr als 500 Mitarbeiter beschäftigen, zur Dokumentation ihrer Nachhaltigkeitsaktivitäten in Form eines jährlichen CSR-Lageberichtes verpflichtet. Kleine und mittelständische Unternehmen (KMU) sind von der neuen Transparenzpflicht bislang nur indirekt betroffen. Die EU fordert die KMUs aber dazu auf, sich an die Standards für die Großen anzupassen. Dadurch entsteht die Notwendigkeit, kleine und mittelständische Unternehmen mit dem CSR-Ansatz vertraut zu machen und über die Sensibilisierung hinaus konkrete Wege zur Umsetzung aufzuzeigen. Gesellschaftliche Verantwortung beinhaltet nicht in erster Linie groß angelegte Marketingkampagnen, sondern betrifft vielmehr die gesamte Wertschöpfungskette und kann sich durch kleine, nach außen kaum sichtbare Veränderungen ausdrücken. Es bedarf deshalb einer intensiven und individuellen Beratung der Unternehmen, denn Pauschallösungen wird es nicht geben können.

Neben den von der EU angestrebten Lösungen auf der ordnungspolitischen Ebene durch neue Richtlinien und Verordnungen können auch die Unternehmen selbst ihre Strukturen anpassen und durch eigene Standards interne Verbesserungen vornehmen. Wichtig ist ein ganzheitliches Vorgehen, das ordnungspolitische Lösungen in Betracht zieht, aber auch Unternehmensstrukturen hinterfragt und die individuelle Verantwortung des Einzelnen berücksichtigt. Lösungsmöglichkeiten für Konflikte zwischen Gewinn und Gewissen ergeben sich auf allen drei Ebenen. Deshalb reflektiert die IW Akademie systematisch nach dem Drei-Ebenen-Modell (Ordnungs-, Unternehmens- und Individualebene) und leitet Handlungsempfehlungen auf der Ebene ab, die am meisten zielführend ist und unnötige Transaktionskosten vermeidet (Enste und Wildner 2015, S. 27).

5 Das IW-Akademie-Konzept für integres Wirtschaften

Die Arbeit der IW Akademie basiert auf dem eigens entwickelten und aus der aktuellen Forschung abgeleiteten Verständnis integren Wirtschaftens.

Der Ansatz des integren Wirtschaftens nach Enste und Wildner (2014, S. 11 f.) basiert auf vier Schritten:

- **Schritt 1 – Ordnungsebene.** Es liegt die Annahme zugrunde, dass die Marktwirtschaft einen ordnungspolitischen Rahmen – in Form von Verfassungen, Gesetzen, Wirtschafts- und Wettbewerbsordnungen – braucht, der verbindliche Regeln für die wirtschaftlichen Akteure definiert (Ordnungsethik).
- **Schritt 2 – Unternehmensebene.** Die Regeln der Ordnungsebene legen den Handlungsspielraum fest, führen aber nicht automatisch zu moralisch einwandfreiem Verhalten. Spieltheoretisch gesprochen, verdeutlicht sich dies an der Unterscheidung von Spielzügen (Handlungen) und Spielregeln (Rahmenordnung). Die Spielregeln definieren den Raum, in dem die Spieler (Marktakteure) ihre Spielzüge ausführen dürfen. Um zu verhindern, dass sich einzelne Spieler nicht an die Regeln halten, bedarf es zusätzlicher Kontroll- und Sanktionsmöglichkeiten (Schiedsrichter), damit wechselseitig Verlässlichkeit entsteht (Homann und Blome-Drees 1992, S. 23 ff.). Durch die Ausgestaltung von Unternehmensstrukturen können Unternehmen ihre Wertebasis ausdifferenzieren und stärken (Governance-Ethik). Deshalb sind Unternehmen und Organisationen gefordert, für ihren Teilbereich selbst Regeln festzulegen und den Mitarbeitern normative Orientierung als Leitfaden für integres Wirtschaften zu bieten.
- **Schritt 3 – Individualebene.** Die eben beschriebenen zwei Regelebenen zielen jedoch nicht auf ein reines Funktionieren nach den Regeln. Integres Wirtschaften und verantwortliches Handeln erfordern auch die kritische Reflexion und individuelle Moralität des Einzelnen. Deshalb bedarf es ergänzend immer auch der Vermittlung von Tugenden auf der individuellen Ebene (Individualethik). Helmuth Plessner (2002, S. 29) formulierte dies sehr anschaulich: Man gibt den Menschen kein gutes Gewissen, wenn man ihnen sagt, dass sie gar keines zu haben brauchen.
- **Schritt 4 – Bindeglied zwischen den Ebenen.** Da Unternehmen als Teil der Gesellschaft eine (Mit-)Verantwortung für diese tragen, sollten sie einen Diskurs mit verschiedenen Stakeholdern führen (Diskursethik). Berechtigte Forderungen der Gesellschaft oder zum Beispiel der Nichtregierungsorganisationen (NGOs) müssen geprüft und bei Unternehmensentscheidungen berücksichtigt werden. So können die Unternehmen eine Kultur der Mitverantwortung pflegen und für ein gemeinsames Spielverständnis werben. Schon Hume (1739/1740) betonte, dass eine Gesellschaft einen gemeinsamen Sinn für ein gemeinsames Interesse benötigt.

Systematisch betrachtet ergibt sich somit für die CSR-Debatte die Notwendigkeit, bei der Reflexion unternehmerischen Handelns die Handlungsbedingungen, welche durch die Rahmenordnung festgelegt werden, zu berücksichtigen. Die eigene Unternehmenskultur und die Anreizsysteme sind ergänzend auf das integre Wirtschaften auszurichten, sodass Einzelne die Regelkonformität anderer nicht systematisch ausnutzen können. Über die Weiterbildung der Mitarbeiter kann das Unternehmen moralisches Verhalten auf der Individualebene stärken.

6 Ziele und Erfolge der IW Akademie: integer und glücklich

Die IW Akademie versteht sich als die wissenschafts- und wirtschaftsnahe Akademie für erfolgreiches integres Wirtschaften in Deutschland. Wir födern Integrität, indem wir Führungskräften und Führungsnachwuchs Wege des integren Wirtschaftens aufzeigen, und bilden Studierende umfassend aus. Am Anfang steht die Sensibilisierung für moralische Risiken, die viele Menschen systematisch unterschätzen (Enste und Wildner 2015, S. 14 ff.). Ist die Wahrnehmung geschärft, kann die Wissensvermittlung und Ableitung von Handlungsempfehlungen gelingen. Das interdiziplinäre Konzept der IW Akademie, das Psychologie, Ökonomik und Ethik vereint, hat nicht nur die FIBAA (Foundation for International Business Administration Accreditation) bei der Akkreditierung des Masterstudiengangs überzeugt. Seit der Gründung der IW Akademie im Jahr 2012 wurden rund 80 Seminare mit über 800 Führungskräften aus der deutschen Wirtschaft bzw. 150 Stipendiaten der Stiftung der deutschen Wirtschaft durchgeführt. Der große Erfolg der Seminare drückt sich in der Bewertung der Teilnehmer aus. Die Führungskräfte bewerten die Seminare zu 94 % mit „sehr gut" und „gut". Gleiches zeigt sich bei den Stipendiaten, die zu 86 % eine „sehr gute" und „gute" Bewertung abgeben. Unser Masterstudiengang „Behavioral Ethics, Economics and Psychology" ist direkt nach seiner erfolgreichen Akkreditierung durch die FIBAA im WS 2014/2015 gestartet und geht im WS 2017/2018 in den vierten Jahrgang. Alle Studierenden bewerten den Master mit „sehr gut" und „gut" und würden den Studiengang weiterempfehlen. Die Vielzahl von wissenschaftlichen Publikationen und Drittmittelprojekten belegt, dass die Verbindung von Psychologie, Ökonomik und Ethik auch dort wertgeschätzt wird. Politik und Wirtschaft begrüßen die Angebote der IW Akademie ebenfalls ausdrücklich, wie die Statements hochrangiger Unternehmensvertreter und Politiker zur IW Akademie belegen (www.iwakademie.de).

Auch in Zukunft möchten wir die Debatte zur gesellschaftlichen Verantwortung der Unternehmen weiter vorantreiben und Unternehmen dafür gewinnen, ihre Strukturen kritisch zu durchleuchten und Mitarbeiter hinsichtlich moralischer Risiken zu schulen. Die großen Herausforderungen, denen Unternehmen heute gegenüberstehen, können mit Pauschalantworten aus der Toolbox nicht gelöst werden. Wir brauchen ein Umdenken in den Köpfen der Menschen, das die Gefahr moralischer Risiken bewusst wahrnimmt und einen Kulturwandel hin zu mehr Mitverantwortung möglich macht. Dabei ist es wichtig, neben strukturellen Innovationen an die moralische Verantwortung des Einzelnen zu appellieren und Führungskräfte zu ermutigen, mit gutem Beispiel voranzugehen. Hierzu bieten die Seminare der IW Akademie eine ideale Möglichkeit, Mitarbeiter für CSR zu begeistern und Ideen zur praktischen Umsetzung in Unternehmen und am eigenen Arbeitsplatz zu entwickeln. Dabei ist unser zentrales Motto: Integer Wirtschaften macht nicht nur ein gutes Gewissen, sondern auch Spaß!

7 Potenziale in NRW

Nordrhein-Westfalen ist ein Vorreiter in der CSR-Debatte. Das Wirtschaftsministerium hat schon lange vor Einführung der neuen EU-weiten Pflicht zur CSR-Berichterstattung begonnen, systematisch relevante Vertreter aus Politik, Wissenschaft und Unternehmen zusammenzubringen und den Austausch wie Kooperationen zu fördern. Erfolge wurden insbesondere in den Hochschulen erzielt, die inzwischen Wirtschafts- und Unternehmensethik in vielen Studiengängen anbieten und in den Curricula verankert haben. Das bietet eine gute Basis für die Verbreitung von CSR in der Zukunft. Zudem gibt es viele spezialisierte Initiativen rund um CSR in NRW.

Im nächsten Schritt empfiehlt es sich, die Vernetzung der oft kleinen CSR-Initiativen zu fördern und Synergien durch Kooperationen zu erzeugen. Für alle Initiativen besteht nach wie vor eine große Hürde darin, Unternehmen für die Umsetzung konkreter Projekte zu gewinnen. Der angeregte politische und wissenschaftliche Diskurs muss sich zukünftig in die Unternehmen verlagern. Dafür braucht es Plattformen zur Begegnung von Experten und Unternehmensvertretern – auch um Vorbehalte abzubauen. CSR ist zwar in aller Munde, aber die Motivation, das Thema mithilfe von Experten in den Unternehmen zu bearbeiten, ist gering. Wir beobachten hier einen sog. Mind-Behavior-Gap – eine Lücke zwischen dem Denken und Handeln. Diese Lücke muss überwunden werden, denn der Erfolg von CSR wird sich am Handeln und nicht alleine an Bekenntnissen messen lassen. Ehrenamt und Engagement sind für das Image von Unternehmen attraktiv. Weniger ansprechend erscheint die Unterstützung durch CSR-Berater oder die professionelle Schulung durch Ethikseminare. Das Image dieser Angebote ist ambivalent und wird in Deutschland schnell mit dem „moralischen Zeigefinger" in Verbindung gebracht. Wer ein Ethikseminar besucht, darf nicht unter den Verdacht gestellt werden Nachhilfe in Sachen Ethik zu benötigen. Wir müssen eine positive Rhetorik finden, die CSR-starke Unternehmen als Vorreiter und Wegweiser versteht und in der medialen Berichterstattung entsprechend präsentiert. Das würde es den Unternehmen erleichtern, sich Beratern gegenüber zu öffnen und mit Leuchtturmprojekten voranzugehen.

Literatur

Bundesregierung (2012) Erster Engagementbericht – Für eine Kultur der Mitverantwortung. Bericht der Sachverständigenkommission und Stellungnahme der Bundesregierung, Unterrichtung durch die Bundesregierung, Deutscher Bundestag, 17. Wahlperiode, Drucksache 17/10580. Bundesanzeiger, Berlin

Dorfman P, Javidan M, Hanges P, Dastmalchian A, House R (2012) GLOBE. A twenty year journey into the intriguing world of culture and leadership. J World Bus 47(4):504–518

Enste DH, Wildner J (2014) Mitverantwortung und Moral. Eine unternehmensethische Reflexion. IW-Positionen, Bd. 63. IW Medien, Köln

Enste DH, Wildner J (2015) Mensch und Moral. Eine individualethische Reflexion. IW-Positionen, Bd. 70. IW Medien, Köln

Gauck J (2012) „Führungstreffen Wirtschaft 2012" der Süddeutschen Zeitung. http://www.bundespraesident.de/SharedDocs/Reden/DE/Joachim-Gauck/Reden/2012/11/121115-Fuehrungstreffen-Wirtschaft.html. Zugegriffen: 28. Febr. 2017

Homann K, Blome-Drees F (1992) Wirtschafts- und Unternehmensethik. Vandenhoeck und Ruprecht, Göttingen

Hume D (1739/1740) A treatise of human nature: being an attempt to introduce the experimental method of reasoning into moral subjects. Printed for John Noon, London

IW Köln (2014) IW-Personalpanel. http://www.iwconsult.de/leistungen-themen/empirie-befragungen/iw-personalpanel/. Zugegriffen: 16. Dez. 2014

Plessner H (2002) Grenzen der Gemeinschaft. Eine Kritik des sozialen Radikalismus (1924). Suhrkamp, Frankfurt a. M.

Sneep (2009) Ethik für Wirtschaftswissenschaftler – Moral auf dem Stundenplan. http://www.sueddeutsche.de/bildung/ethik-fuer-wirtschaftswissenschaftler-moral-auf-dem-stundenplan-1.1496892. Zugegriffen: 23. Sept. 2016

SWOP (2010) MBA Studie 2010 – Trendbarometer Executive Education. https://www.bertelsmann-stiftung.de/fileadmin/files/BSt/Presse/imported/downloads/xcms_bst_dms_32251_32252_2.pdf. Zugegriffen: 22. Sept. 2016

Prof. Dr. Dominik H. Enste, geb. 1967, ist Professor für Wirtschaftsethik an der TH Köln, Geschäftsführer der IW Akademie GmbH und Kompetenzfeldleiter im Institut der deutschen Wirtschaft Köln. Herr Enste hat über 25 Bücher und mehr als 100 Artikel zu wirtschaftsethischen und -psychologischen Themen verfasst. Er hat rund 500 Vorträge bei Unternehmen, Verbänden, Stiftungen und Kirchen gehalten und war Gast bei vielen Rundfunk- und Fernsehsendungen. Seine Forschungsschwerpunkte sind Führung, Vertrauen, Integrität und Lebenszufriedenheit. Nach seiner Ausbildung zum Bankkaufmann studierte er an der Universität zu Köln und am Trinity College in Dublin. Anschließend promovierte er an der Universität zu Köln und war Visiting Scholar an der George Mason University in Fairfax. Nach Tätigkeiten bei Sparkassen, Unternehmensberatungen und Versicherungen wechselte er 2003 als Wissenschaftler und Manager zum Institut der deutschen Wirtschaft Köln. Er lehrt seit 1996 an verschiedenen Hochschulen und ist Dozent an der Universität zu Köln. Seit 2012 ist er Geschäftsführer der IW Akademie für Integres Wirtschaften und hat dort in 100 Seminaren Führungskräfte aus DAX-30-Unternehmen geschult.

Julia Wildner, M. A., geboren 1986 in München, absolvierte von 2005 bis 2008 ihr Bachelorstudium der Wirtschaftspsychologie in Köln. Anschließend war sie von 2009 bis 2010 als Human Resources Specialist in einem Biotechunternehmen tätig. Im Oktober 2010 nahm sie ihr Masterstudium der Angewandten Ethik an der Universität Jena auf. Seit 2012 ist sie als Researcher mit dem Fachgebiet Wirtschafts- und Unternehmensethik in der IW Akademie tätig. Dort umfasst ihr Aufgabengebiet neben der wissenschaftlichen Arbeit das Studiengangsmanagement für den Master in Behavioral Ethics, Economics and Psychology, in dem sie als Dozentin Angewandte Ethik unterrichtet. Frau Wildner ist Lehrbeauftragte für Wirtschaftsethik an der Rheinischen Fachhochschule Köln und der Hochschule Emden-Leer.

Ihre Forschungsschwerpunkte liegen in der Wirtschafts-, Unternehmens- und Führungsethik.

Corporate Responsibility (CR) in Nordrhein-Westfalen – Eine Bestandsaufnahme des CR-Managements nordrhein-westfälischer Unternehmen

Anne Fries, Birgit Riess und Lena Lassak

1 Einleitung

Corporate Responsibility (CR) steht für verantwortliches unternehmerisches Handeln in den operativen und strategischen Kernprozessen des Unternehmens, d. h. in der gesamten Wertschöpfungskette. Sowohl auf Bundesebene als auch auf Länderebene arbeitet die Politik an Strategien, um Unternehmen bei der Wahrnehmung ihrer gesellschaftlichen Verantwortung zu unterstützen. Bis auf das Saarland und die Stadtstaaten Berlin und Hamburg verfügen alle Bundesländer über eine CSR- oder Nachhaltigkeitsstrategie (vgl. Bertelsmann Stiftung 2014b, S. 11). Nordrhein-Westfalen (NRW) als Bundesland mit dem größten Anteil am Bruttosozialprodukt hat das Thema CR in den letzten fünf Jahren hoch priorisiert (vgl. Ministerium für Wirtschaft, Energie, Industrie, Mittelstand und Handwerk des Landes Nordrhein-Westfalen 2016). Es wurde für NRW eine CSR-Strategie mit quantitativen und terminierten Zielen konzipiert und ein standardisierter Stakeholder-Dialog durchgeführt. Die CSR-Strategie wird durch den CSR-Beirat begleitet und weiterentwickelt. Zusätzlich hat die Landesregierung fünf CSR-Kompetenzzentren in NRW eingerichtet, um hiesige Unternehmen dabei zu unterstützen, ihre gesellschaftliche Verantwortung wahrzunehmen. Weiteres Engagement im Bereich CSR gibt es in Form von regelmäßig stattfindenden Ständehausgesprächen, Vernetzung im Bereich Forschung und

---

A. Fries (✉) · L. Lassak
concern GmbH
Berrenrather Strasse 188c, 50937 Köln, Deutschland
E-Mail: anne.fries@concern.de

L. Lassak
E-Mail: lena.lassak@concern.de

B. Riess
Bertelsmann Stiftung
Carl-Bertelsmann-Straße 256, 33311 Gütersloh, Deutschland
E-Mail: birgit.riess@bertelsmann-stiftung.de

© Springer-Verlag GmbH Deutschland 2017
P. Bungard und R. Schmidpeter (Hrsg.), *CSR in Nordrhein-Westfalen*,
Management-Reihe Corporate Social Responsibility, DOI 10.1007/978-3-662-54190-6_4

Lehre und Teilnahme an themenspezifischen Veranstaltungen. Bisher fehlt jedoch ein systematischer Überblick zum Status quo des CR-Managements in nordrhein-westfälischen Unternehmen. Dieses Kapitel soll hierzu beitragen. Grundlage ist der CRI (Corporate Responsibility Index) 2015 der Bertelsmann Stiftung (Bertelsmann Stiftung 2015), eine Erhebung zum CR-Management von Unternehmen in Deutschland.

Die Datenerhebung fand 2015 statt. Knapp 200 Unternehmen in Deutschland haben detaillierte Auskunft zu ihrem CR-Management gegeben, zu ihren CR-Strategien, zur Organisation von CR im Unternehmen, zu ihren Maßnahmen entlang der Wertschöpfungskette, zur Messung und zur Kommunikation von CR. Dieser Beitrag enthält die Ergebnisse der Auswertungen für die Unternehmen im CRI, die in Nordrhein-Westfalen ansässig sind. Der Beitrag zeigt, wie gut die Unternehmen aus NRW CR implementiert und umgesetzt haben und wie sie im Vergleich zu den Vorreiterunternehmen und den Unternehmen aus den übrigen Bundesländern aufgestellt sind.

2 Framework

Ein gängiger CR-Managementprozess wird nachfolgend als Rahmen verwendet, um die Bestandsaufnahme von CR bei nordrhein-westfälischen Unternehmen vorzunehmen. Dieser besteht aus den fünf Schritten CR-Strategie, -Organisation, -Maßnahmen, -Messung und -Kommunikation. Die einzelnen Schritte werden anhand von Erfolgsfaktoren erläutert.

Der erste Schritt beinhaltet die Entwicklung der CR-Strategie mit der Auswahl von CR-Handlungsfeldern und CR-Themen, die das Unternehmen bearbeiten möchte, und mit der Festlegung konkreter Ziele für die jeweiligen Handlungsfelder und Themen. Im zweiten Schritt muss das Unternehmen die Governance und Organisation von CR im Unternehmen festlegen. In einem dritten Schritt gilt es, CR-Maßnahmen für die Handlungsfelder festzulegen und umzusetzen. Nach der Umsetzung erfolgt in einem vierten Schritt die Wirkungsmessung, d. h. die Messung der ökonomischen, ökologischen und gesellschaftlichen Wirkungen der umgesetzten CR-Maßnahmen. Schritt fünf umfasst die Kommunikation der CR-Maßnahmen mit relevanten Stakeholdern.

Abb. 1 stellt neben den Prozessschritten zur Umsetzung von CR auch eine Übersicht von Erfolgsfaktoren je Prozessschritt dar. Im *ersten Schritt* geht es neben der Entwicklung einer CR-Strategie als Teil der Gesamtstrategie des Unternehmens darum, CR-Handlungsfelder und CR-Themen festzulegen. Dies geschieht idealerweise durch den Abgleich der unternehmensinternen und -externen Perspektive und unter Berücksichtigung der inhaltlichen Übereinstimmung der Handlungsfelder und Themen mit dem Kerngeschäft des Unternehmens. Zusätzlich zur Themenauswahl sollten Unternehmen festlegen, welche konkreten Ziele sie mit CR auf der Ebene der Handlungsfelder erreichen möchten. Der *zweite Schritt* beinhaltet die organisatorische Verankerung von CR im Unternehmen. Erfolgsfaktoren sind u. a. Durchgriffsrechte und CR-Budgets, die Einbettung von CR in Anreizsysteme, der Support durch die Geschäftsführung und die gelebte Wertekultur im

CR-Management-prozess	1. Strategieentwicklung und Ziele	2. Governance & Organisation	3. CR-Maßnahmen	4. Messung	5. CR-Kommunikation
Erfolgsfaktoren	- Integration von CR in die Gesamtstrategie des Unternehmens - Einbindung verschiedener Stakeholder-Gruppen - Identifikation relevanter CR-Handlungsfelder und -Themen - Definition messbarer Ziele	- Vorstandsunterstützung - Organisatorische Verankerung von CR im Unternehmen - Budget und Durchgriffsrechte - Vergütungsrelevanz von CR - Wertekultur und Verhaltenskodizes - Einsatz von CR-Management-Systemen	- Berücksichtigung von CR in der gesamten Wertschöpfungskette - Einsatz von CR-Instrumenten entlang der Wertschöpfungskette - Maßnahmen zur Förderung der Zufriedenheit von Mitarbeitern - Maßnahmen zum Umweltschutz	- CR-Ergebnismessung in allen drei Nachhaltigkeitsdimensionen (ökonomisch, ökologisch, gesellschaftlich) - Einbettung von CR-Kennzahlen in das eigene Controlling	- Maßnahmen zur externen CR-Kommunikation - Maßnahmen zur internen CR-Kommunikation

Abb. 1 Managementprozess und Erfolgsfaktoren von Corporate Responsibility. (Vgl. Bertelsmann Stiftung 2014a, S. 14)

Unternehmen. Darüber hinaus sollten Unternehmen entscheiden, an welchen CR-Leitfäden, -Richtlinien oder -Managementsystemen sie sich ggf. orientieren möchten.

In einem *dritten Schritt* sollten Unternehmen geeignete CR-Maßnahmen auswählen. Dabei kann es sich um CR-Maßnahmen entlang der Wertschöpfungskette handeln, um Maßnahmen zur Verbreitung von Werten im Unternehmen, um Angebote für Mitarbeiter, um Maßnahmen zur Umweltschonung und zum gesellschaftlichen Engagement des Unternehmens. Um den Erfolg der verschiedenen Maßnahmen zu erfassen, müssen in einem *vierten Schritt* Messmethoden im Unternehmen etabliert werden. Bei der Erfassung von CR-Ergebnissen handelt es sich überwiegend um nichtfinanzielle Kennzahlen, die üblicherweise neu entwickelt und in das bisherige Controlling integriert werden müssen. Im Bereich der Kommunikation, dem *fünften Schritt*, geht es um die Kommunikation mit internen und externen Stakeholdern zu ausgewählten CR-Themen.

Im Folgenden werden die hervorgehobenen Erfolgsfaktoren für nordrhein-westfälische Unternehmen betrachtet.

3 Methodik der Studie und Stichprobe

Die vorgestellten Daten stammen aus dem Corporate Responsibility Index (CRI) 2015 der Bertelsmann Stiftung, der aktuell größten Benchmarking-Studie zum Management unternehmerischer Verantwortung von Unternehmen in Deutschland. Der CRI der Bertelsmann Stiftung wurde gemeinsam mit der Universität Bayreuth und der concern GmbH entwickelt. Mithilfe eines Onlinefragebogens und Interviews gaben Unternehmensvertreter Auskunft über die verschiedenen Bereiche des CR-Managements. Insgesamt nahmen 187 Unternehmen am CRI 2015 teil, die die deutsche Unternehmenslandschaft mit kleinen

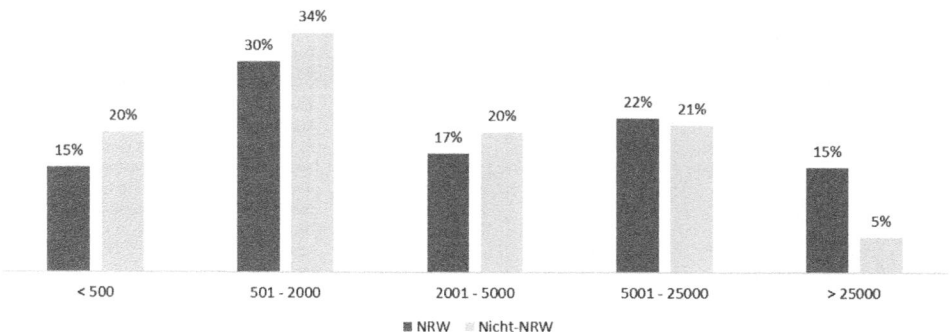

Abb. 2 Anzahl Mitarbeiter in Deutschland

und großen Unternehmen unterschiedlicher Branchen repräsentieren. Die 20 Unternehmen, die die höchsten Indexwerte erzielten, werden als CR-Champions bezeichnet, d. h. als Vorreiterunternehmen im Bereich CR.

Für den vorliegenden Beitrag wurden die teilnehmenden Unternehmen aus NRW identifiziert, 50 Unternehmen an der Zahl. Die Unternehmen aus NRW stellen 27 % der Gesamtstichprobe des CRI 2015 dar. NRW ist damit das Bundesland, das am stärksten im CRI vertreten ist. Weitere stark vertretene Bundesländer sind Bayern (19 %) und Baden-Württemberg (12 %). Der Anteil an teilnehmenden Unternehmen nach Bundesland am CRI 2015 ist mit dem Anteil der Länder am deutschen Bruttoinlandsprodukt vergleichbar. Den größten Anteil am Bruttoinlandsprodukt leisten die Bundesländer Nordrhein-Westfalen (21,3 %), Bayern (18,1 %) und Baden-Württemberg (15,2 %) (vgl. Statistische Ämter des Bundes und der Länder 2016).

Wie Abb. 2 und 3 zeigen, enthält die Stichprobe aus Nordrhein-Westfalen umsatzstarke Unternehmen mit vielen Mitarbeitern. 69 % der Unternehmen aus NRW erwirtschafteten 2014 einen Umsatz von mehr als einer Milliarde Euro, während weniger als 60 % der

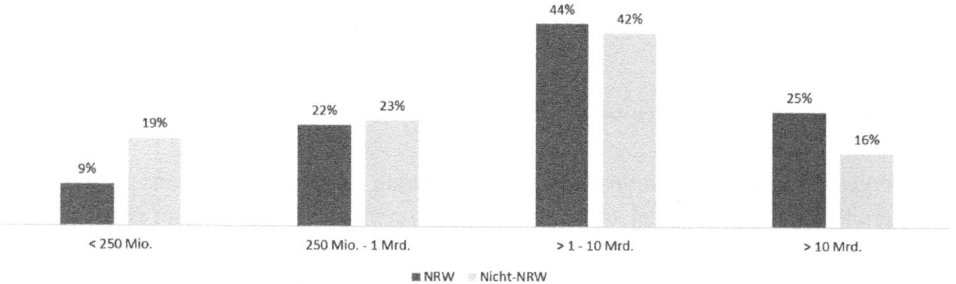

Abb. 3 Umsatz weltweit in Euro des Vorjahres

Teilnehmer, die ihren Sitz außerhalb von NRW haben, einen Umsatz in dieser Höhe verzeichneten.

Die Branchenverteilung der nordrhein-westfälischen Unternehmen, die am CRI 2015 teilgenommen haben, spiegelt ungefähr die Verteilung der Gesamtstichprobe wider. Die am stärksten vertretenen Branchen sind Finanzdienstleistungen, Handel und Maschinen- und Anlagenbau (Abb. 4).

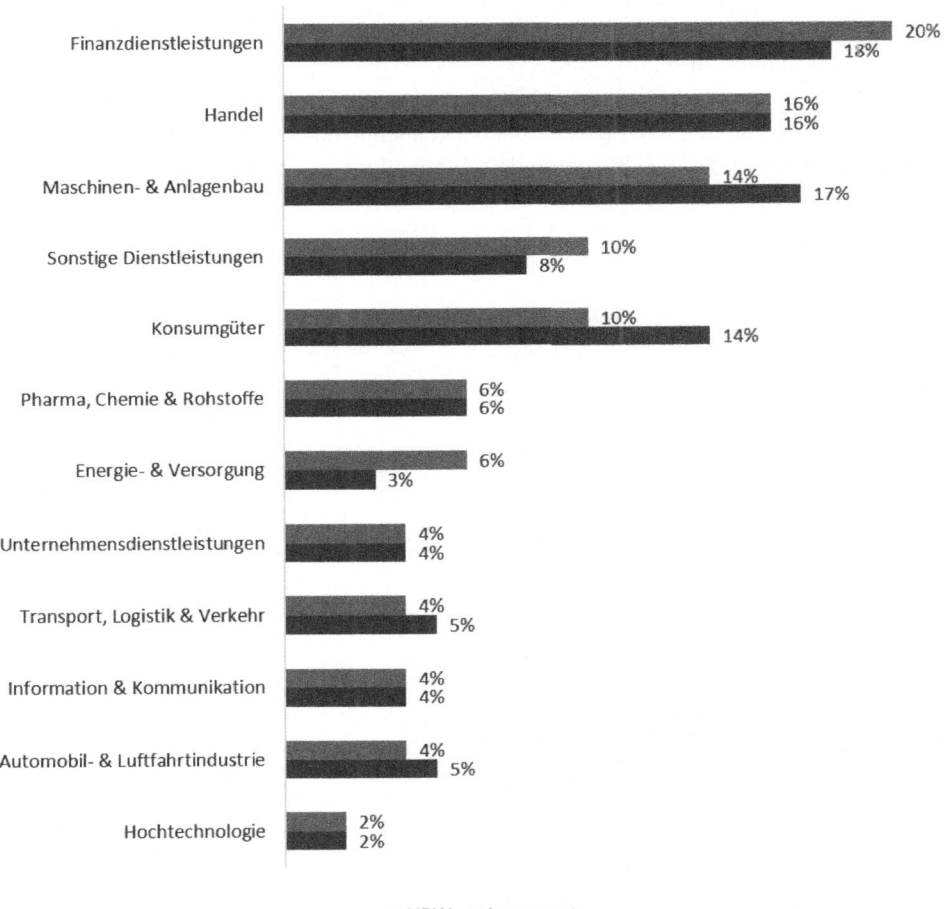

Abb. 4 Branchenverteilung der teilnehmenden Unternehmen in 2015

4 Bestandsaufnahme des CR-Managements nordrhein-westfälischer Unternehmen

Die Mehrheit der teilnehmenden Unternehmen misst dem Thema CR eine hohe bzw. eine sehr hohe Bedeutung hinsichtlich des Unternehmenserfolgs bei (Abb. 5). Während sich 100 % der CR-Champions über die hohe Bedeutung von CR einig sind, sind die nordrhein-westfälischen Unternehmen etwas verhaltener. 35 % der Unternehmen aus NRW messen dem Thema CR gar keine, eine geringe oder eine mittlere Bedeutung bei, 66 % sehen beim Thema CR jedoch analog zu den CR-Champions eine hohe bis sehr hohe Bedeutung für den Geschäftserfolg. Für die Mehrheit der nordrhein-westfälischen Unternehmen ist es also notwendig, sich mit dem CR-Management auseinanderzusetzen, um betriebswirtschaftlich erfolgreich zu sein.

Insgesamt unterscheiden sich die CR-Indexwerte 2015 der Unternehmen aus NRW nicht signifikant von den CR-Indexwerten der teilnehmenden Unternehmen aus anderen Bundesländern (Abb. 6). Wie bei den Indexwerten aller Unternehmen im CRI variiert die

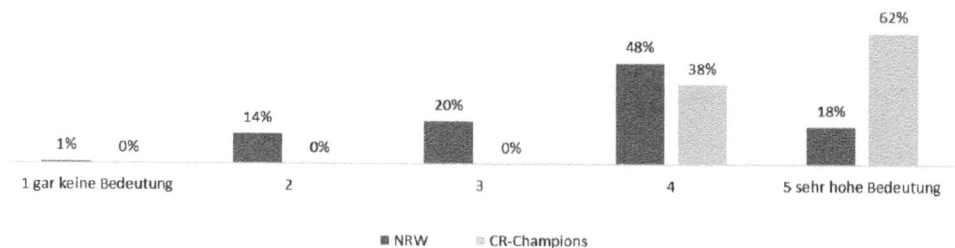

Abb. 5 Bedeutung von CR-Aktivitäten

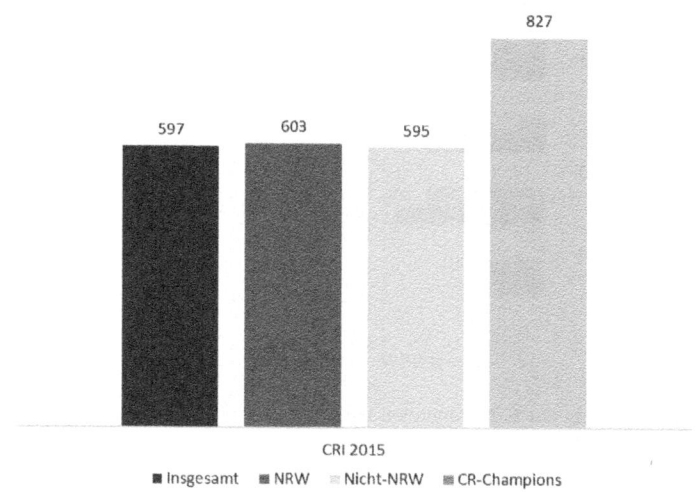

Abb. 6 Durchschnittliche CR-Indexwerte 2015

Qualität des CR-Managements bei den nordrhein-westfälischen Unternehmen sehr: Die Spanne der Indexwerte reicht von 269 Punkten für das schwächste bis 871 Punkte für das stärkste Unternehmen. In NRW gibt es also CR-Anfänger und -Vorreiterunternehmen. Vergleicht man die NRW-Unternehmen mit den CR-Champions, dann fallen sie gegenüber den Champions etwas zurück: Die CR-Champions weisen einen durchschnittlichen Indexwert von 827 Punkten auf, die nordrhein-westfälischen Unternehmen einen durchschnittlichen Wert von 603 Punkten. Es herrscht Verbesserungspotenzial. Unter den CR-Champions sind sechs Unternehmen aus NRW.

4.1 Strategie

Die Entwicklung einer CR-Strategie und deren Implementierung in die Gesamtstrategie des Unternehmens bilden die Grundlage für ein erfolgreiches CR-Management und damit für die erfolgreiche Umsetzung der CR-Aktivitäten im Unternehmen. Bei der Strategieentwicklung geht es darum, relevante CR-Themenbereiche für das Unternehmen zu identifizieren und diese in die operativen und strategischen Geschäftsprozesse zu integrieren.

Um zu gewährleisten, dass CR-Ziele systematisch im Unternehmen ausgearbeitet und umgesetzt werden, sollten Unternehmen eine CR-Strategie ausformulieren. Zum Erfolg kann diese Strategie nur führen, wenn sie eng mit dem Kerngeschäft des Unternehmens verknüpft ist. Daher ist es empfehlenswert, die CR-Strategie als Teil der Gesamtstrategie zu erstellen. Die Auswertung zeigt, dass 83 % der CR-Champions CR bereits in die Gesamtstrategie integrieren im Gegensatz zu nur 45 % der nordrhein-westfälischen Teilnehmer (Abb. 7). Zum Zeitpunkt der Befragung verfügten mehr als ein Drittel der nordrhein-westfälischen Teilnehmer über keine CR-Strategie. Analog zu den Indexwerten zeigen sich Verbesserungspotenziale für NRW-Unternehmen.

In der Gesamtstichprobe zeigt sich, dass Unternehmen Compliance, Werteorientierung sowie Sicherheit und Gesundheit von Mitarbeitern als die drei wichtigsten CR-Themenbe-

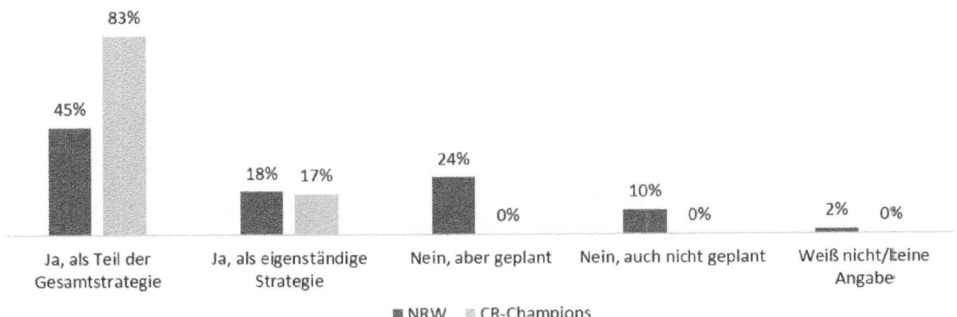

Abb. 7 Existenz einer ausformulierten CR-Strategie im Unternehmen

reiche identifizieren (Abb. 8). Bei den CR-Champions steht das Thema Werteorientierung auf Platz 2, Compliance und Sicherheit und Gesundheit von Mitarbeitern auf den Plätzen 3 und 5, Platz 1 belegt allerdings der Kunde mit den Aspekten Verbraucherschutz bzw. Produktverantwortung. Während dieses CR-Thema in der Gesamtstichprobe auf Rang 4 noch eine relativ hohe Bedeutung hat, wird es von den Unternehmen in NRW nur auf Rang 7 gesetzt. Unternehmen aus NRW sehen das Thema CR wohl bisher weniger als Differenzierungsmerkmal im Wettbewerb.

Im Bericht zur Umsetzung der CR-Strategie von NRW für Unternehmen wird die Förderung von CR im Bankensektor als Ziel formuliert. Genauer heißt es, dass „die Berücksichtigung ökonomischer, sozialer und ökologischer Aspekte in der unternehmerischen Strategie neue Geschäftspotenziale erschließen und Risiken für Unternehmen mindern kann" (Ministerium für Wirtschaft, Energie, Industrie, Mittelstand und Handwerk des Landes Nordrhein-Westfalen o.J.). Nur 60 % der teilnehmenden nordrhein-westfälischen Finanzdienstleister haben dieses Ziel im Rahmen einer ausformulierten CR-Strategie umgesetzt. Teilnehmende Finanzdienstleister aus anderen Bundesländern haben mit 65 % eine knapp höhere Quote. Es scheint, dass Finanzdienstleister den Mehrwert von CR für ihr Geschäft noch nicht hinreichend erkannt haben.

Thema	Gesamtstichprobe	Unternehmen NRW	CR-Champions
Compliance	1	1	3
Sicherheit und Gesundheit	2	3	5
Werteorientierung	3	2	2
Verbraucherschutz und Produktverantwortung	4	7	1
Ressourceneffizienz	5	5	4
Aus- und Weiterbildung	6	4	10
Nachhaltigkeit bei Kundenbeziehungen	7	6	7
Menschenrechte	8	8	8
Emissionen und Abfallmanagement	9	10	6
Diversity/Gleichberechtigung	10	9	13
Nachhaltigkeit bei unternehmenseigenen Aktivitäten	11	11	9
Community Involvement	12	13	12
Nachhaltigkeit in der Lieferkette	13	12	11

Abb. 8 Unternehmensinterne Themenpriorisierung für Gesamtstichprobe, NRW und CR-Champions

4.2 Organisation

Die erfolgreiche Umsetzung der CR-Strategie hängt von der Organisation und Governance im Unternehmen ab. Neben der Verankerung im Topmanagement geht es um die Integration von CR in die Organisationsstruktur des Unternehmens und die Unternehmenskultur.

Die organisatorische Verankerung von CR im Unternehmen ist ein wesentlicher Erfolgsfaktor für die erfolgreiche CR-Umsetzung. Die Organisationsformen der Stichprobe zeigen, dass erst wenige Unternehmen die höchste Evolutionsstufe einer vollständigen CR-Integration erreicht haben. Der idealtypische Evolutionsprozess geht von zuständigen Einzelpersonen (z. B. CR-Referenten) über eine eigenständige Organisationseinheit und/oder die Anbindung bei Vorstand/Geschäftsführung bis hin zur vollständigen Integration von CR in die Organisation eines Unternehmens.

In der CRI-Stichprobe für NRW ist CR überwiegend auf der höchsten Hierarchieebene der Unternehmen angesiedelt (Abb. 9). Dies erfolgt zu 36 % in Form einer Stabsstelle. 28 % der NRW-Unternehmen organisieren CR bereits dezentral, deutlich mehr als die CR-Champions. Die Unternehmen in NRW scheinen bei ihrer Organisation von CR im Unternehmen weit fortgeschritten zu sein.

Neben der organisatorischen Verankerung von CR im Unternehmen ist auch die Vergütungsrelevanz von CR ein Erfolgsfaktor für das zweite Element des CR-Managementprozesses. In dieser Dimension sind die Teilnehmer aus NRW nicht so weit fortgeschritten wie bei der organisatorischen Verankerung von CR. Nur 16 % bzw. 26 % der teilnehmenden Unternehmen aus NRW haben CR-Ziele als vergütungsrelevante Faktoren für den Vorstand/die Geschäftsführung bzw. für Führungskräfte im Unternehmen etabliert. Bei den CR-Champions sind es dagegen jeweils über 40 %, die die Gehälter des Vorstands/der Geschäftsführung bzw. der Führungskräfte an die CR-Zielerreichung knüpfen. Ein Blick in einzelne Branchen zeigt, dass das Thema CR im nordrhein-westfälischen Finanzdienstleistungssektor noch Nachholbedarf hat. Nur bei 10 % der teilnehmenden Finanzdienstleister aus NRW sind CR-Ziele für den Vorstand/die Geschäftsführung vergütungsrelevant. Im Gegensatz dazu setzt ein Drittel der teilnehmenden Finanzdienstleister aus anderen Bundesländern auf diesen monetären Anreiz zur Verfolgung von CR-Zielen. Da die Unterstützung des Vorstands für ein erfolgreiches CR-Management essenziell ist, müssen angemessene Organisations- und Vergütungsstrukturen geschaffen werden, damit das Ziel der CR-Strategie bezüglich des Bankensektors erreicht werden kann. Im Bereich des Maschinen- und Anlagenbaus zeigt sich ein umgekehrtes Bild. Auch hier ist CR wenig (16 %) in vergütungsrelevante Ziele für den Vorstand bzw. die Geschäftsführung integriert. Allerdings zählen diese teilnehmenden Maschinen- und Anlagenbauer aus NRW damit deutschlandweit in dieser Branche zu den Vorreitern. Denn alle anderen teilnehmenden Unternehmen aus dem Maschinen- und Anlagenbau haben nicht angegeben, dass CR-Ziele für die oberste Hierarchieebene vergütungsrelevant sind.

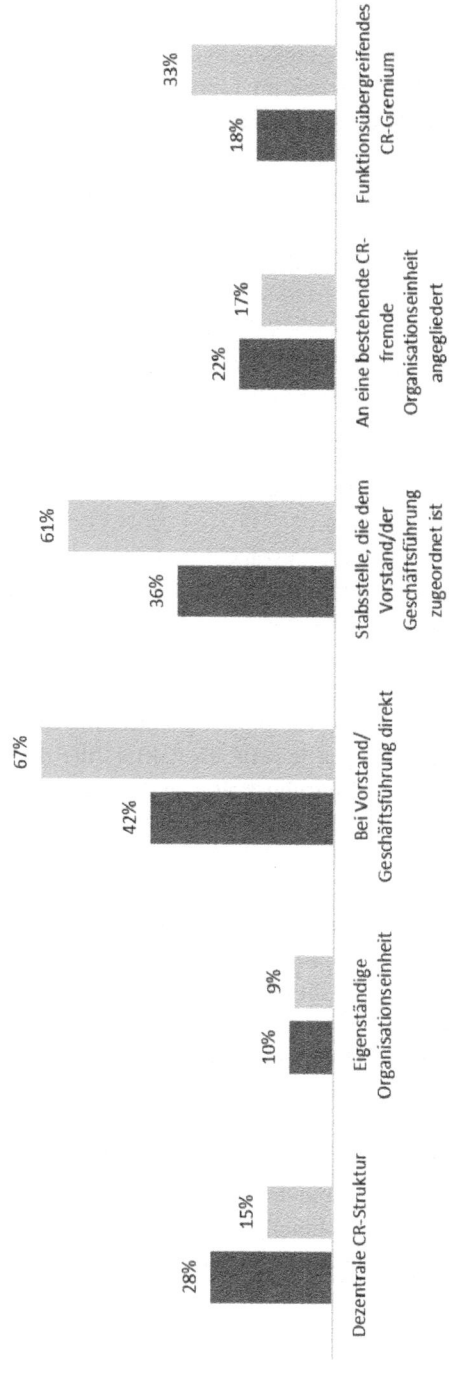

Abb. 9 CR-Organisation

4.3 Maßnahmen

Die Umsetzung von CR-Maßnahmen ist der dritte Schritt, um eine CR-Strategie erfolgreich zu implementieren. Unternehmen müssen geeignete und effektive Aktivitäten identifizieren und einsetzen. Im Folgenden werden die Ergebnisse der Studie hinsichtlich der konkreten Umsetzung von CR-Maßnahmen in den Bereichen der Wertschöpfung und Umwelt durch die Unternehmen analysiert.

Eine der zentralen Herausforderungen für Unternehmen im Bereich CR ist die Integration von CR-Maßnahmen entlang der gesamten Wertschöpfungskette. Dazu zählen die Bereiche: Forschung und Entwicklung, Beschaffung von Rohstoffen oder Arbeitsmaterialien, Logistik, Produktion, Marketing, Vertrieb und Kundenservice. Um zu überprüfen, wie die nordrhein-westfälischen Unternehmen CR in ihre Wertschöpfungsketten integrieren, bildet Abb. 10 den Einsatz von Instrumenten entlang der Wertschöpfungskette ab.

Bei den Instrumenten, die entlang der Wertschöpfungskette eingesetzt werden, sind Richtlinien am weitesten verbreitet. So geben mehr als 80 % der nordrhein-westfälischen Unternehmen und 100 % der CR-Champions an, Richtlinien zur Einhaltung von Arbeits-, Sozial- und Umweltstandards bereits vollständig oder zumindest zu weiten Teilen in ihren Wertschöpfungsketten implementiert zu haben (Abb. 10). Etwas mehr als die Hälfte der NRW-Unternehmen setzt zudem CR-Kriterien bei der Auswahl von Geschäftspartnern zu weiten Teilen ein. Rund 70 % der NRW-Unternehmen sanktionieren Regelverstöße der Geschäftspartner. Hier sind die nordrhein-westfälischen Unternehmen und die CR-Champions gleichauf, d. h. ähnlich konsequent mit ihren Sanktionen.

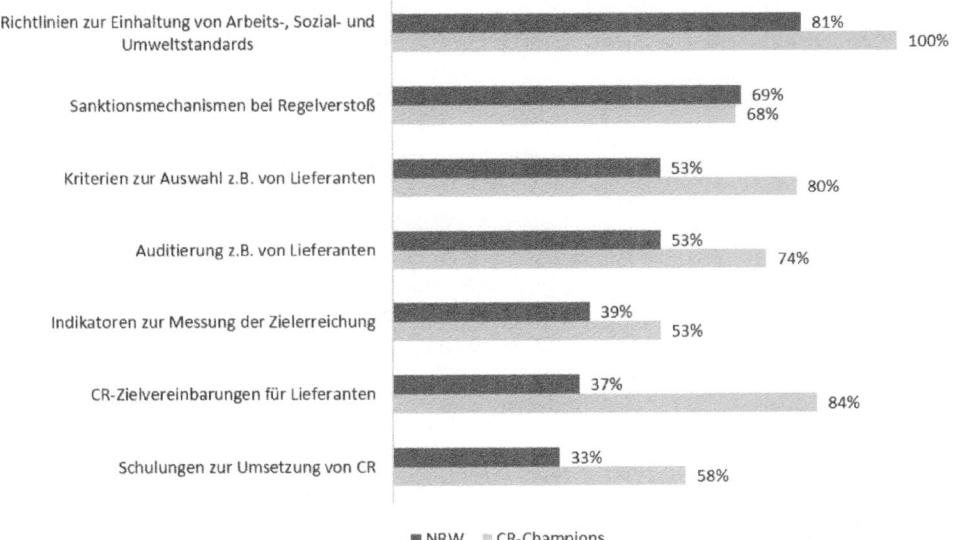

Abb. 10 Einsatz von CR-Instrumenten in der Wertschöpfungskette (Auswahl Antworten: „vollständig umgesetzt" und „zu weiten Teilen etabliert")

Indikatoren zur Messung der Zielerreichung werden von beiden Unternehmensgruppen bisher wenig eingesetzt. Nur knapp 40 % der nordrhein-westfälischen Unternehmen und rund die Hälfte der CR-Champions nutzen bereits zu weiten Teilen Indikatoren zur Messung. Die Messung von CR-Ergebnissen ist damit ein Thema, bei dem Unternehmen in Deutschland insgesamt noch besser werden müssen.

Bei der Integration von CR in die Wertschöpfungskette zeigt sich insgesamt, dass sich NRW-Unternehmen verbessern müssen. Nur die Hälfte der nordrhein-westfälischen Unternehmen nutzt Kriterien zur Auswahl von Lieferanten oder auditiert die Lieferanten. Nur etwas mehr als ein Drittel der NRW-Unternehmen vereinbaren mit ihren Lieferanten CR-Zielvereinbarungen. Im Bereich Beschaffung gibt es für viele Unternehmen Nachholbedarf.

Ein weiteres relevantes Themenfeld, in dem zahlreiche CR-Maßnahmen durchgeführt werden, ist der Umweltschutz. Abb. 11 zeigt, dass knapp zwei Drittel der nordrhein-westfälischen Unternehmen Maßnahmen zum Abfallmanagement und Umweltrichtlinien zu weiten Teilen etabliert haben. Die CR-Champions haben auch beim Umweltschutz die Nase vorn. Dies kann z. T. daran liegen, dass in der NRW-Stichprobe etwas weniger ressourcenintensive Geschäftsmodelle vorliegen. Die nordrhein-westfälischen Teilnehmer aus der Finanzbranche sind z. B. weniger weit mit der Umsetzung von Umweltmaßnahmen als andere nordrhein-westfälische Unternehmen. Fünf von zehn der teilnehmenden

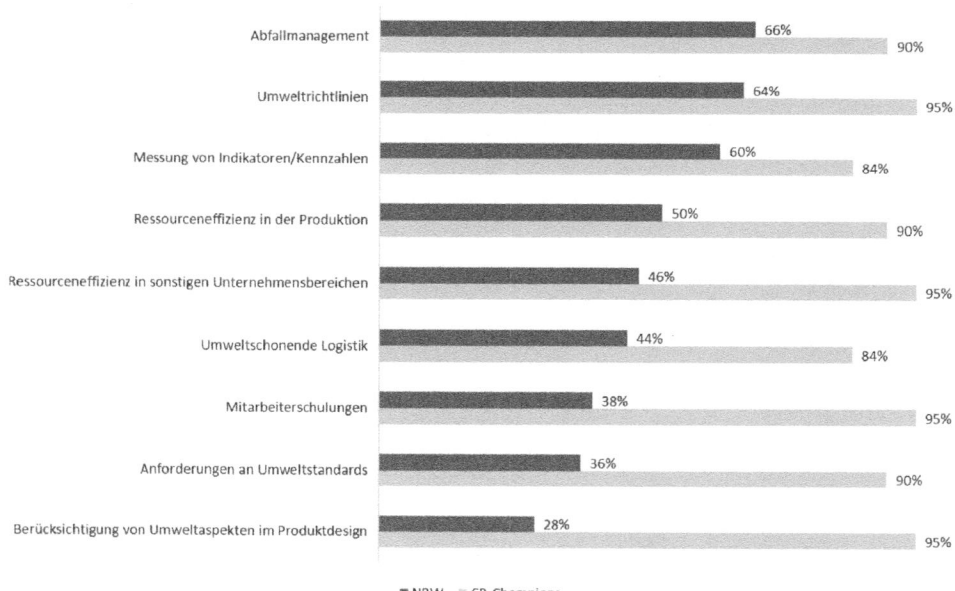

Abb. 11 CR-Maßnahmen im Bereich Umweltschutz (Auswahl Antworten: „vollständig umgesetzt" und „zu weiten Teilen etabliert")

Finanzdienstleister aus NRW geben an, dass sie Umweltaspekte im Produktdesign nicht berücksichtigen oder dies nicht auf sie zutrifft.

Insgesamt lässt sich feststellen, dass die Mehrheit der nordrhein-westfälischen Unternehmensteilnehmer bereits Maßnahmen in den Bereichen Ökologie, Ökonomie und Soziales zumindest zum Teil etabliert haben. Bei der Wirkungsmessung dieser Maßnahmen gibt es allerdings Verbesserungspotenzial.

4.4 Messung

Um ihre CR-Aktivitäten effektiv zu steuern, müssen sich Unternehmen konkrete Ziele setzen und diese auch messbar machen. Dadurch wird gewährleistet, dass die Maßnahmen auf die Zielvorgaben ausgerichtet sind und das Erreichen der Ziele regelmäßig überprüft werden kann.

Die Definition konkreter CR-Ziele sowie die Messung dieser Ziele sind eine der größten Herausforderungen für das CR-Management vieler nordrhein-westfälischer Unternehmen, aber auch vieler Unternehmen in ganz Deutschland. Wie in Abb. 12 dargestellt misst knapp ein Drittel der Unternehmen weder die ökonomische noch die ökologische oder gesellschaftliche Wirkung ihrer CR-Aktivitäten. Bei denjenigen Unternehmen, die CR messen, liegt die Messung der ökologischen Wirkungen vorn. 100 % der CR-Champions messen die ökologischen Wirkungen ihrer CR-Aktivitäten; bei den nordrhein-westfälischen Unternehmen sind es 66 %. Eine mögliche Erklärung ist, dass die Verfügbarkeit von Messinstrumenten in diesem Bereich höher ist und quantitative Daten, wie z. B. die Reduktion des Energieverbrauchs, entweder bereits vorliegen oder relativ einfach zu erheben sind. Im Bereich der gesellschaftlichen Wirkung fällt die Messung den Unternehmen am schwersten. Im Gegensatz zum ökologischen Bereich fehlt es hier vor allem an Methoden, die die komplexen Wirkungszusammenhänge nachweisen können. Insbesondere die quantitative Erfassung gesellschaftlicher Wirkungen ist schwierig zu leisten. Die iooi-Methode der Bertelsmann Stiftung (vgl. Bertelsmann Stiftung 2010) oder der Social Re-

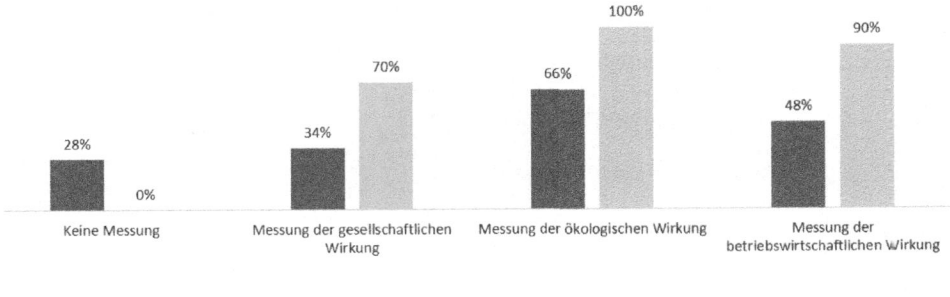

Abb. 12 Messung des CR-Managements

turn on Investment (SROI) stellen adäquate Herangehensweisen für die Wirkungsmessung des Corporate-Citizenship-Engagements von Unternehmen vor. Auch wenn die Anwendung dieser Methoden aufwendig ist, geben die Ergebnisse einen interessanten Einblick für Unternehmen hinsichtlich der Effektivität der Maßnahmen und des Einflusses auf die Region.

Die Ergebnisse in den Branchen Finanzdienstleistungen, Handel und Maschinen- und Anlagenbau sind für NRW ähnlich wie in der Gesamtstichprobe.

4.5 Kommunikation

Schlussendlich müssen Unternehmen ihre implementierten Maßnahmen auch adäquat intern sowie extern kommunizieren, um bei ihren Stakeholdern eine positive Wirkung mit ihren CR-Aktivitäten zu erreichen. Wie Abb. 13 zeigt, nutzen die teilnehmenden

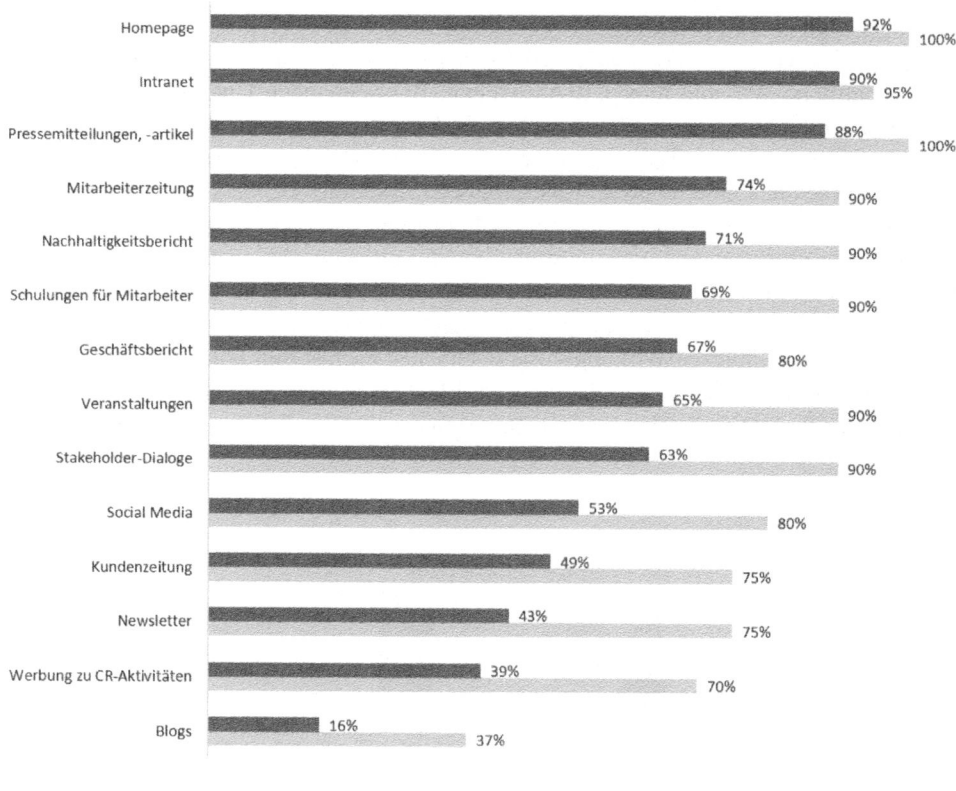

Abb. 13 Verwendung von Kommunikationsmitteln

Unternehmen dazu verschiedene Kommunikationsmittel. Die am häufigsten verwendeten Mittel von CR-Champions und auch den nordrhein-westfälischen Unternehmen sind Homepages, Intranet und Pressemitteilungen bzw. Presseartikel. Aufwendigere Kommunikationsformate wie formalisierte Stakeholder-Dialoge oder Veranstaltungen werden von den nordrhein-westfälischen Teilnehmern deutlich weniger durchgeführt als von den CR-Champions. Kostengründe oder das Fehlen von Standards in der CR-Kommunikation können hier eine mögliche Erklärung darstellen.

5 Implikationen

Auch wenn CR in den letzten fünf Jahren politisch in NRW stark vorangetrieben wurde, zeigen die Ergebnisse aus dem CRI 2015, dass einige nordrhein-westfälische Unternehmen ihre gesellschaftliche Verantwortung stärker wahrnehmen könnten. Aus der Ergebnissen des CRI 2015 lassen sich folgende Handlungsempfehlungen für Unternehmen in Nordrhein-Westfalen ableiten:

- CR sollte in die Gesamtstrategie integriert und in das Kerngeschäft eingebettet werden, um eine ganzheitliche Umsetzung im Unternehmen zu erreichen.
  Dabei ist es essenziell, die Geschäftsleitung von Beginn an einzubinden und Unterstützung einzufordern. Eine wichtige Rolle spielen hier ausreichende Durchgriffsrechte für die CR-Verantwortlichen, damit sie die Befugnisse haben, CR in alle Geschäftsprozesse zu implementieren.
- CR muss entlang der kompletten Wertschöpfung berücksichtigt und in alle Geschäftsprozesse integriert werden, um echte Veränderungen hin zu mehr Nachhaltigkeit und gesellschaftlicher Verantwortung im Unternehmen zu erreichen.
  Hierzu ist es wichtig, geeignete CR-Instrumente entlang der Wertschöpfungskette einzusetzen, und zwar von der Produktentwicklung bis hin zum Ende des Produktlebenszyklus. CR-Aspekte, wie z. B. Umweltschutz, müssen in der Konsequenz in allen Bereichen der Wertschöpfung berücksichtigt werden. Nur so werden die gewünschten Wirkungen erzielt.
- Die Erreichung der Wirkungen von CR-Aktivitäten muss regelmäßig gemessen und geprüft werden. Zu diesem Zweck müssen zu Beginn des CR-Strategieprozesses klar definierte, messbare Ziele festgesetzt werden. Zudem sollten Fortschritte während der Implementierung und Durchführung der CR-Maßnahmen regelmäßig überprüft werden, um ggf. gegenzusteuern oder Maßnahmen zu verstärken. Dazu sind weiterhin geeignete Indikatoren und Kennzahlen nötig.
- CR sollte professionell in der Kommunikation eingesetzt werden.
  Eine professionelle CR-Kommunikation umfasst eine Kommunikation mit allen relevanten Stakeholdern, intern wie extern. Standardisierte Kommunikationsverfahren, wie z. B. formalisierte, jährlich durchgeführte Stakeholder-Dialoge, helfen bei der Umsetzung. Auch die Kommunikation mit dem Kunden würde vielen Unternehmen bei der Integration von CR in ihr Kerngeschäft helfen.

Literatur

Bertelsmann Stiftung (2010) Corporate Citizenship planen und messen mit der iooi-Methode. https://www.bertelsmann-stiftung.de/fileadmin/files/Leitfaden_CCMessungl.pdf. Zugegriffen: 25. Okt. 2016

Bertelsmann Stiftung (2014a) CRI Corporate Responsibility Index 2013. http://www.cr-index.de/downloads/Gesamtbericht_CRI_2013.pdf. Zugegriffen: 25. Okt. 2016

Bertelsmann Stiftung (2014b) Nachhaltigkeitsstrategien erfolgreich entwickeln. https://www.bertelsmann-stiftung.de/fileadmin/files/BSt/Publikationen/GrauePublikationen/Studie_Nachhaltigkeitsstrategien_erfolgreich_entwickeln-de_NW.pdf. Zugegriffen: 25. Okt. 2016

Bertelsmann Stiftung (2015) CRI Corporate Responsibility Index 2015 – Corporate Responsibility-Management in Deutschland: Status quo und acht Maximen zum Corporate-Responsibility Erfolg. http://www.cr-index.de/downloads/Gesamtbericht_CRI_2015.pdf. Zugegriffen: 25. Okt. 2016

Ministerium für Wirtschaft, Energie, Industrie, Mittelstand und Handwerk des Landes Nordrhein-Westfalen, [o.J.] Bericht zur Umsetzung der NRW-Strategie zur Förderung der gesellschaftlichen Verantwortung von Unternehmen. http://www.wirtschaft.nrw.de/wirtschaft/_marginalienObjekte/CSR-Strategie_Bericht/Bericht_zurKV_CSR.pdf. Zugegriffen: 25. Okt. 2016.

Ministerium für Wirtschaft, Energie, Industrie, Mittelstand und Handwerk des Landes Nordrhein-Westfalen (2016) Pressemitteilung – 19.09.2016: Fünf Jahre erfolgreiche CSR-Politik in Nordrhein-Westfalen. http://www.wirtschaft.nrw.de/pressemitteilungen/fuenf-jahre-erfolgreiche-csr-politik-nordrhein-westfalen. Zugegriffen: 25. Okt. 2016

Statistische Ämter des Bundes und der Länder (2016) Volkswirtschaftliche Gesamtrechnungen der Länder VGRdL – Bruttoinlandsprodukt, Bruttowertschöpfung in den Ländern der Bundesrepublik Deutschland Revision 2014, Reihe 1, Band 1. http://www.vgrdl.de/VGRdL/tbls/?lang=de-DE. Zugegriffen: 25. Okt. 2016

Dr. Anne Fries ist geschäftsführende Partnerin bei concern. Vor ihrem Einstieg bei concern war sie in der Forschung tätig, mit Forschungsaufenthalten u. a. am INSEAD und an der Ross School of Business der University of Michigan. 2012 wurde sie mit dem Wissenschaftspreis des Deutschen Marketing Verbands ausgezeichnet. Anne Fries absolvierte Studium und Promotion der Betriebswirtschaftslehre an der Universität zu Köln und an der HEC in Paris. Sie ist Mitglied im CSR-Beirat des Landes Nordrhein-Westfalen.

Birgit Riess leitet seit 2004 das Programm „Unternehmen in der Gesellschaft" der Bertelsmann Stiftung. Sie arbeitet gemeinsam mit ihrem Team an den konzeptionellen Grundlagen von Corporate Social Responsibility (CSR) und an umsetzungsorientierten Maßnahmen zur Förderung von CSR in Politik, Unternehmen und Zivilgesellschaft. Sie ist Mitglied im CSR-Forum der Bundesregierung und im CSR-Beirat des Landes Nordrhein-Westfalen.

Lena Lassak ist Beraterin bei concern. Sie studierte internationale Volkswirtschaftslehre an der Eberhard Karls Universität Tübingen sowie Wirtschaftsethik und CSR-Management an der TU Dresden.

CSR in der Kapitalmarktkommunikation: Für und Wider einer verpflichtenden Berichterstattung

Barbara E. Weißenberger und Madeleine Feder

1 Corporate Social Responsibility als Handlungsfeld von Unternehmen

Es ist keine Selbstverständlichkeit, dass Unternehmen gegenüber ihren Stakeholdern Verantwortung übernehmen. Bis weit in die 1990er-Jahre hinein galt die Maxime von Milton Friedman: „the business of business is business" (Friedman 1970, S. 17), d. h. die Fokussierung auf die Anteilseigner (Shareholder) als zentrale Anspruchsgruppe des Unternehmens. Eng damit verbunden war die Vorstellung, dass Unternehmen ausschließlich auf finanzielle Ziele bzw. Wertmaximierung ausgerichtet sein sollten, da nur auf diese Weise auch die Ziele der anderen Anspruchsgruppen gleichermaßen erfüllbar seien (vgl. Jensen 2001) – nach der einfachen Formel: „Shareholder Value" ist gleich „Stakeholder Value".

Eine solche Überlegung ist jedoch nur in einer neoklassischen Welt, in der sämtliche Güter- bzw. Faktormärkte vollkommen und vollständig sind, tatsächlich anwendbar, d. h., es existieren keine Transaktionskosten und für alle nur denkbaren Güter und Faktoren gibt es Marktpreise, die aus der Interaktion vieler anonymer Anbieter und Nachfrager bestehen. Nur in diesem Fall kann nämlich die Interaktion von Unternehmen mit den verschiedenen Stakeholdern auf den Austausch von Geld und Gütern reduziert werden. Fallen die einschränkenden neoklassischen Annahmen dagegen weg, so verhindern in einer rein auf Shareholder fokussierten Sichtweise fehlende Eigentumsrechte und Transaktionskosten, dass externe Effekte zulasten Dritter durch ökonomische Marktmechanismen aufgefangen werden. Im Gegenteil: Weil (Finanz-)Kapital so flüchtig ist und gerade bei börsennotier-

B. E. Weißenberger (✉) · M. Feder
Heinrich-Heine-Universität Düsseldorf
Universitätsstr. 1, 40225 Düsseldorf, Deutschland
E-Mail: barbara.weissenberger@hhu.de

M. Feder
E-Mail: madeleine.feder@hhu.de

ten Unternehmen problemlos durch den Verkauf bzw. Kauf von Aktien übertragen werden kann, erfolgt eine Bevorzugung der Anspruchsgruppe Stakeholder – zulasten von anderen Anspruchsgruppen, wie beispielsweise den Mitarbeitern oder der Gesellschaft, die ihre Beziehung zum Unternehmen nicht so ohne Weiteres lösen können.

So erstaunt es wenig, dass bereits seit den 1930er-Jahren explizit die soziale Verantwortlichkeit von Unternehmen (vgl. Dodd 1932) bzw. die Orientierung an Zielen, Werten und Erwartungen der Gesellschaft insgesamt (vgl. Bowen 1953) gefordert wird. Unter Corporate Social Responsibility (CSR) versteht man heute die Integration von insbesondere ökologischen und sozialen Nachhaltigkeitszielen in den finanziellen Zielkatalog von Unternehmen (vgl. Bassen et al. 2005), verbunden mit dem Primat der Umsetzung auf allen Ebenen der Unternehmenssteuerung. CSR-Aktivitäten werden vor diesem Hintergrund in die verschiedenen Planungs- und Organisationsprozesse aufgenommen und sind konsequent auch Gegenstand des internen Berichtswesens, zum Beispiel im Rahmen von Kennzahlensystemen wie der Balanced Scorecard (vgl. Kaplan und Norton 1992).

Daneben verlangen aber auch externe Adressaten Informationen über Maßnahmen und Performance im CSR-Bereich von Unternehmen. Während sich für die traditionelle Finanzberichterstattung mit der Bilanz, der Gewinn- und Verlustrechnung und anderen Rechenwerken vergleichsweise gut strukturierte Präsentationsformen für die Abbildung der Vermögens-, Finanz- und Ertragslage schon früh herausgebildet haben, ist die Information über CSR-Aktivitäten bis heute deutlich weniger standardisiert.

Vor diesem Hintergrund haben sich verschiedene Berichtsformate entwickelt (vgl. Maniora 2015):

- die CSR-Kommunikation im Rahmen eines eigenständigen Nachhaltigkeitsberichtes, der häufig nach den Vorgaben der Global Reporting Initiative (GRI) gestaltet wird,
- die integrierte Darstellung der Zusammenhänge von nichtfinanziellen CSR-Informationen und Finanzinformationen (Integrated Reporting)
- sowie die Ergänzung des Lageberichts, beispielsweise im Rahmen des Wirtschaftsberichts, die ab 2017 gemäß den Vorgaben der EU-Richtlinie 2014/95 (CSR-Richtlinie) für große kapitalmarktorientierte Unternehmen mit mehr als 500 Mitarbeitern Pflicht werden soll.

Im Folgenden wird untersucht, unter welchen Bedingungen die verpflichtende Berichterstattung gegenüber einer freiwilligen Berichterstattung sinnvoll ist – denkbar ist nämlich, dass durch die verpflichtende CSR-Publizität im Gegensatz zu einer freiwilligen Publizität am Kapitalmarkt sogar Informationen verloren gehen.

2 Ausprägungen der Nachhaltigkeitsberichterstattung

2.1 Nachhaltigkeitsberichte nach den Leitlinien der Global Reporting Initiative

Eine Möglichkeit über CSR-relevante Themen zu berichten, ist ein eigenständiger Nachhaltigkeitsbericht, wie er beispielsweise aktuell beim Daimler-Konzern publiziert wird. Dort wird der traditionelle Geschäftsbericht mit Schwerpunkt auf der Finanzberichterstattung publiziert, ergänzt durch einen getrennten Nachhaltigkeitsbericht, der z. B. im Webauftritt nicht wie andere Finanzberichte unter dem Reiter „Investoren", sondern vielmehr in einer eigenen Rubrik „Nachhaltigkeit" zu finden ist.

Für die Struktur solcher Nachhaltigkeitsberichte gibt es bisher keine regulatorischen Vorgaben seitens des Gesetzgebers. Allerdings haben sich inzwischen durch verschiedene Initiativen Berichtsformate für alleinstehende Nachhaltigkeitsberichte herausgebildet. Eine der einflussreichsten Organisationen ist dabei die 2002 als unabhängige Non-Profit-Organisation gegründete GRI, deren aktuelle Richtlinie für die Bereitstellung von CSR-Informationen aus dem Jahr 2013 stammt und an der sich auch der Nachhaltigkeitsbericht von Daimler orientiert.

Die GRI fordert in einem Nachhaltigkeitsbericht umfassende Informationen hinsichtlich der ökologischen, sozialen und ökonomischen Performance sowie über die Governance-Strukturen des jeweiligen Unternehmens. Inhaltlich kann ein Nachhaltigkeitsbericht den GRI-Richtlinien folgend in zwei, frei wählbaren Alternativen erstellt werden. In der Basisalternative wird die Kommunikation der Leistung des Unternehmens in den Dimensionen Ökonomie, Ökologie, Soziales und Governance gefordert. In einer erweiterten Form wird darüber hinaus auch die Nachhaltigkeitsstrategie publiziert sowie deren ethische Dimensionen. Unabhängig von der gewählten Variante kommt der Identifikation und Kommunikation der wesentlichen Treiber für die Auswirkung der Unternehmensaktivitäten in den verschiedenen Nachhaltigkeitsdimensionen jedoch immer eine große Bedeutung zu. Diesbezüglich enthalten die GRI-Richtlinien eine Vielzahl von Vorschlägen und Kennzahlen, die allerdings branchenunabhängig ausgestaltet sind.

Allerdings wird die GRI dahingehend kritisiert, dass die nach ihren Leitlinien erstellten Nachhaltigkeitsberichte große Ausgestaltungsspielräume aufweisen und deshalb von Unternehmen sehr unterschiedlich ausgelegt und umgesetzt werden können. In der Konsequenz fehle somit die an sich notwendige Vergleichbarkeit zwischen CSR-Berichten (vgl. Moneva et al. 2006; Hahn und Kühnen 2013). Auch die Verifikation der Informationen, z. B. im Rahmen der Abschlussprüfung, wird seitens der GRI nicht zwingend gefordert und wird dementsprechend sehr unterschiedlich gehandhabt.

Neben den GRI-Richtlinien existiert eine Reihe weiterer konkurrierender Gestaltungsrahmen für die CSR-Berichterstattung im Rahmen von alleinstehenden Berichten, die jedoch bisher keine vergleichbare Bedeutung erlangt haben.

So haben beispielsweise die OECD sowie die UN Vorschläge zu möglichen CSR-Kennzahlen und -Berichtselementen gemacht. Das US-amerikanische Sustainability Accounting Standards Board (SASB) erlässt als private Non-Profit-Organisation branchenspezifische Leitlinien für die Nachhaltigkeitsberichterstattung. In Deutschland gibt es den Rat für Nachhaltige Entwicklung, der mit dem Deutschen Nachhaltigkeitskodex einen ebenfalls freiwilligen Standard formuliert hat, der die Themenfelder Strategie, Prozessmanagement, Umwelt und Gesellschaft umfasst.

2.2 Integrated Reporting: Verzahnung der finanziellen und nichtfinanziellen Berichterstattung

Während ein Nachhaltigkeitsbericht nach den Richtlinien der GRI oder vergleichbaren Richtlinien schon allein aufgrund seines Umfangs in aller Regel einen eigenständigen Bericht darstellt, der zusätzlich zur Jahresfinanzberichterstattung veröffentlicht wird, hat sich seit einigen Jahren mit dem Integrated Reporting eine weitere Form der Nachhaltigkeitsberichterstattung etabliert. Diese wird von dem im Jahr 2010 gegründeten International Integrated Reporting Council (IIRC), einem privatwirtschaftlichen Zusammenschluss von über 100 Unternehmen, Finanzinvestoren, Börsen, Wirtschaftsprüfern, politischen bzw. Non-Profit-Institutionen und Standardsetzern, vertreten, das im Dezember 2013 ein Rahmenkonzept zum Integrated Reporting verabschiedet hat.

Im Unterschied zur Nachhaltigkeitsberichterstattung nach den GRI-Richtlinien stellt das IIRC darauf ab, die nichtfinanzielle CSR-Berichterstattung explizit mit der Finanzberichterstattung zu verzahnen (zu „integrieren"). Damit soll eine ganzheitliche Abbildung der Wertschaffung ermöglicht werden, in der Einflussgrößen auf Ressourcen oder Kapitalien (im Original „capitals") berichtet werden. Diese umfassen „financial capital" (im Wesentlichen finanzielle Mittel), „manufactured capital" (z. B. Immobilien oder technische Anlagen), „intellectual capital" (neben Patenten und Lizenzen auch das organisationale Know-how), „human capital" (die Fähigkeitspotenziale der Mitarbeiter), „social and relationship capital" (Beziehungen zu den Stakeholdern, z. B. über gemeinsame Werte und Normen, aber auch über die Reputation des Unternehmens bzw. seiner Marken) sowie „natural capital" (Umweltressourcen wie Luft, Wasser und Boden, aber auch Aspekte wie Biodiversität). In einem Integrated Report wird so unter anderem gezeigt, wie beispielsweise betriebswirtschaftliche Maßnahmen die finanzielle, aber eben auch die nichtfinanzielle Performance beeinflussen.

Das Konzept der Integration von nichtfinanziellen Kennzahlen in die Finanzberichterstattung als solches ist allerdings bereits älter: So wird schon seit 2010 durch die Johannesburger Börse von den dort notierten Unternehmen ein integrierter Bericht gefordert bzw. eine Erklärung, sofern kein Integrated Report vorgelegt wird („comply or explain") (vgl. Maniora 2015).

Im Sinne eines Best-Practice-Reports sammelt das IIRC auf seiner Website beispielhaft Praktiken, wie in Unternehmensberichten einzelne dieser Elemente im Sinne des IIRC-Rahmenkonzepts bereits umgesetzt werden. Einer der Vorreiter für ein integriertes Reporting in Deutschland ist der Softwarekonzern SAP. Im Rahmen der von SAP als „integrierte Leistungsanalyse" bezeichneten Darstellung auf der Unternehmenswebsite findet sich eine grafische Analyse der wichtigsten finanziellen und nichtfinanziellen Leistungsdimensionen, der zwischen ihnen bestehenden Zusammenhänge und vielfach sogar eine quantitative Erläuterung der Wirkungsmechanismen. So zeigt beispielsweise SAP im integrierten Bericht des Geschäftsjahres 2015 nicht nur grafisch den Zusammenhang zwischen dem betrieblichen Gesundheitskulturindex, in dem Maßnahmen zur Mitarbeitergesundheit erfasst werden, und dem Umsatz auf, sondern kommentiert: „Eine Abweichung des betrieblichen Gesundheitskulturindex um einen Prozentpunkt würde sich mit 75–85 Mio. € auf das Betriebsergebnis der SAP auswirken" (http://go.sap.com/integrated-reports/2015/de/strategy/integrated-performance-analysis.html, heruntergeladen am 03.06.2016).

Allerdings stellt sich hier durchaus die Frage, inwieweit gerade die quantitativen Informationen tatsächlich belastbar sind oder lediglich grobe Schätzungen darstellen. Denn schon allein Wechselwirkungen zwischen den verschiedenen CSR-Leistungsdimensionen sind nicht berücksichtigt – genauso wenig wie die Frage, ob die unterstellten Zusammenhänge tatsächlich so linear oder auch zeitlich stabil sind, wie die Darstellung im integrierten Bericht der SAP vermuten lässt. Allerdings lässt sich dem entgegenhalten, dass es weniger um eine exakte Prognose einzelner Kennzahlen geht, sondern vielmehr um die grundlegenden Wirkungszusammenhänge. So verwundert es wenig, dass die detaillierte Quantifizierung im integrierten Bericht der SAP bisher eher eine Ausnahme darstellt.

2.3 Pflicht zur Nachhaltigkeitsberichterstattung: Neue Vorgabe der EU für kapitalmarktorientierte Unternehmen

Neben den grundsätzlich nur freiwillig zu befolgenden Regularien wird es für Deutschland bzw. Europa ab 2017 auch gesetzliche Vorschriften zur CSR-Berichterstattung geben. Seitens der EU wird ab 2017 eine nichtfinanzielle Erklärung im Lagebericht durch große kapitalmarktorientierte Unternehmen, d. h. Unternehmen, deren Eigen- oder Fremdkapital an einer Börse gehandelt wird oder die einen solchen Schritt vorbereiten, mit mehr als 500 Mitarbeitern, verlangt. Die EU-Richtlinie war zwar bis zum 06.12.2016 in deutsches Recht umzusetzen, eine Verabschiedung des Gesetzes wird allerdings voraussichtlich voraussichtlich erst in 2017 erfolgen.

Zwar sieht die EU-Richtlinie vorerst lediglich eine Berichtspflicht für große kapitalmarktorientierte Unternehmen vor, doch könnten zukünftig auch KMUs betroffen sein. Zwar sind KMUs oftmals gut in der Region vernetzt und nehmen dort eine aktive Rolle wahr, allerdings müssen sie dies auch an ihre Umwelt kommunizieren. Sind KMUs darüber hinaus Zulieferer für große kapitalmarktorientierte Unternehmen oder befinden sich mit diesen in einem Konzernverbund, können diese zukünftig ebenfalls die Bereitstellung von ökologischen und sozialen Informationen von KMUs einfordern.

Inzwischen liegt mit dem Regierungsentwurf für ein „Gesetz zur Stärkung der nichtfinanziellen Berichterstattung der Unternehmen in ihren Lage- und Konzernlageberichten (CSR-Richtlinie-Umsetzungsgesetz)" ein Vorschlag für einen neuen § 289b HGB vor. Sofern dieser Entwurf umgesetzt wird, müssen Unternehmen neben der Beschreibung des Geschäftsmodells mindestens folgende CSR-Aspekte erläutern (Regierungsentwurf CSR-Richtlinie-Umsetzungsgesetz, 21.09.2016, § 289c HGB-nF):

1. „Umweltbelange, wobei sich die Angaben beispielsweise auf Treibhausgasemissionen, den Wasserverbrauch, die Luftverschmutzung, die Nutzung von erneuerbaren und nicht erneuerbaren Energien oder den Schutz der biologischen Vielfalt beziehen können,
2. Arbeitnehmerbelange, wobei sich die Angaben beispielsweise auf die Maßnahmen, die zur Gewährleistung der Geschlechtergleichstellung ergriffen wurden, die Arbeitsbedingungen, die Umsetzung der grundlegenden Übereinkommen der Internationalen Arbeitsorganisation, die Achtung der Rechte der Arbeitnehmerinnen und Arbeitnehmer, informiert und konsultiert zu werden, den sozialen Dialog, die Achtung der Rechte der Gewerkschaften, den Gesundheitsschutz oder die Sicherheit am Arbeitsplatz beziehen können,
3. Sozialbelange, wobei sich die Angaben beispielsweise auf den Dialog auf kommunaler oder regionaler Ebene oder auf die zur Sicherstellung des Schutzes und der Entwicklung lokaler Gemeinschaften ergriffenen Maßnahmen beziehen können,
4. die Achtung der Menschenrechte, wobei sich die Angaben beispielsweise auf die Vermeidung von Menschenrechtsverletzungen beziehen können, und
5. die Bekämpfung von Korruption und Bestechung, wobei sich die Angaben beispielsweise auf die bestehenden Instrumente zur Bekämpfung von Korruption und Bestechung beziehen können."

Zu all diesen Aspekten sind die jeweils verfolgten CSR-Konzepte und deren Ergebnisse, die angewendeten Due-Diligence-Prozesse, Risiken aus der Geschäftstätigkeit und Geschäftsbeziehungen für das Erreichen von CSR-Zielen sowie deren Handhabung und wichtige Leistungsindikatoren zu berichten. Weiterhin enthält der geplante § 289c HGB-nF eine Comply-or-explain-Klausel, d. h., wenn zu einem der genannten Aspekte keine Konzepte vorhanden sind, ist dies „klar und begründet" zu erläutern. Darüber hinaus erlaubt ein § 289b HGB-nF Abs. 3 die Veröffentlichung des nichtfinanziellen Berichts in gesonderter Form, also beispielsweise als eigenständigen Nachhaltigkeitsbericht bzw. sogar auf der Internetseite der Kapitalgesellschaft, was ein Novum darstellt.

Während der Referentenentwurf vom März 2016 in seiner Detailliertheit noch weit über die Mindestvorgaben der EU-Richtlinie 2014/95 hinausging, ist der aktuelle Entwurf dahingehend abgemildert, sodass die Detailvorgaben zu einzelnen Berichtskategorien lediglich als Beispiele genannt sind.

Ob dieser Gesetzesentwurf in der vorliegenden Form tatsächlich verabschiedet wird oder ob sich der Gesetzgeber letztlich doch auf eine einfachere Umsetzung der CSR-Richtlinie im Sinne der Mindestvorgaben der CSR-Richtlinie beschränkt, bleibt offen. Zu vermuten ist jedoch, dass eine solche ausführliche Fassung eher gegen ein Integrated Reporting und damit für einen eigenständigen Nachhaltigkeitsbericht spricht, da ansonsten der Lagebericht, der ohnehin den größten Teil der Geschäftsberichte ausmacht, mit zu vielen Informationen noch weiter überfrachtet wird (vgl. Stein 2011). Ein Nachweis, dass ein Integrated Reporting einem eigenständigen Nachhaltigkeitsbericht überlegen ist, steht allerdings in jedem Fall bisher noch aus (vgl. Maniora 2015).

3 Die ökonomische Logik: Ist eine CSR-Pflichtberichterstattung sinnvoll?

Eine Vielzahl gerade größerer Unternehmen berichtet bereits umfangreich freiwillig über ihre CSR-Aktivitäten – aber eben nicht alle. Vor diesem Hintergrund sind die verschiedenen regulatorischen Initiativen wie eben die CSR-Richtlinie der EU zu sehen, die eine CSR-Berichterstattung verpflichtend macht – und zwar vor dem Hintergrund von grundsätzlichen kapitalmarkttheoretischen Überlegungen.

So begründen informationsökonomische Modelle eine breite Pflichtpublizität damit, dass der Kapitalmarkt ganz allgemein umso besser funktioniert, je mehr inhaltliche Informationen von Unternehmen, z. B. im CSR-Bericht, gegeben werden. Mit einer detailliert vorgegebenen Pflichtberichterstattung können Chancen und Risiken künftiger Erfolge durch Investoren grundsätzlich besser abgeschätzt werden (vgl. Barry und Brown 1985; Clarkson et al. 1996). Das reduziert die Handelsspanne zwischen Kauf- und Verkaufspreisen von Aktien, deren Größe ein Indikator für das mit einem Finanztitel verbundene Risiko ist.

Außerdem erhöhen umfassendere Informationen die Liquidität am Markt, d. h. das Angebot und die Nachfrage von Aktien. Schließlich erhalten Anleger die CSR-Informationen in einem zusammengefassten Bericht(steil) gebündelt und können sie auf diesem Wege besser aufnehmen (vgl. Easley und O'Hara 2004). Gleichzeitig werden durch die Bereitstellung von CSR-Informationen auch Analystenprognosen verbessert, sodass Investoren zielführender zukunftsgerichtete Anlageentscheidungen treffen können und sich die Zusammensetzung ihrer Portfolios verbessert (vgl. Baetge et al. 2010). Beiträge, wie z. B. Dhaliwal et al. (2011), zeigen basierend auf einem Sample US-amerikanischer Unternehmen, dass sich Firmen mit einer umfassenderen CSR-Berichterstattung günstiger am Kapitalmarkt finanzieren können.

Eine weitere interessante Überlegung für die Bedeutung einer Pflichtberichterstattung von CSR-relevanten Informationen lässt sich darüber hinaus aus dem Capital-Asset-Pricing-Modell herleiten, das als eine Determinante für Wertpapierpreise auch die durchschnittliche Marktrisikoprämie aller am Markt gehandelten Wertpapiere unterstellt; diese wird durch einen unternehmensindividuellen Betafaktor jeweils gewichtet. Es lässt sich allerdings zeigen, dass auch die Marktrisikoprämie durch umfassendere Informationen einzelner Firmen reduziert werden kann, und zwar, wenn deren zukünftige Cashflows mit denen anderer Unternehmen stochastisch zusammenhängen (vgl. Lambert et al. 2007). Gerade dies kann in einer globalisierten Wirtschaft in vielen Fällen unterstellt werden.

Mit anderen Worten: Von der breiteren Information eines Unternehmens profitieren auch alle anderen Firmen.

Allerdings gibt es im Gegenzug zu diesen Überlegungen auch gegenläufige und starke theoretische Argumente, die dafürsprechen, bestimmte Formen der Berichterstattung – und dazu könnte auch die CSR-Berichterstattung gehören – gerade nicht verpflichtend zu machen.

So besagt die Theorie der Selbstenthüllung („unraveling"), dass Unternehmen ohnehin freiwillig den Anreiz haben, CSR-Informationen zu berichten, wenn sie sich durch diese Information besser darstellen können als der Durchschnitt (vgl. Grossman 1981; Milgrom 1981). Nun kann man annehmen, dass in der verbleibenden Gruppe von Unternehmen, die zunächst nicht berichten, immer einige sind, die bessere CSR-Performance als der Durchschnitt dieser verbleibenden Gruppe aufweisen. Gerade diese Unternehmen hätten jetzt ebenfalls einen Anreiz zur CSR-Berichterstattung, um sich von den Unternehmen mit schlechter CSR-Performance abzugrenzen und damit ebenfalls einen Vorteil aus der CSR-Berichterstattung zu ziehen. Für die dann verbleibende Gruppe gilt das Gleiche. So wird der Anteil der Unternehmen, die nicht berichten, immer kleiner und verschwindet irgendwann ganz.

Dieses Phänomen kann auch an anderer Stelle, z. B. bei der Strategieberichterstattung im Lagebericht, beobachtet werden, die inzwischen viele Unternehmen auf freiwilliger Basis umsetzen und die tatsächlich für die berichtenden Unternehmen zu einer günstigeren Eigenkapitalbeschaffung führt. Vergleichbare Ergebnisse zeigt auch die bisher freiwillige CSR-Berichterstattung, was dafürspricht, deren Inhalte gerade nicht wie im vorliegenden Gesetzesentwurf detailliert zu regeln. Allerdings zeigt das Beispiel der Strategieberichterstattung auch die Grenzen des „unraveling", denn bis heute findet man Strategieberichte eben doch nicht bei allen Unternehmen. Grund hierfür sind die nicht unerheblichen Kosten zusätzlicher Berichtselemente für Datensammlung, -analyse und -prüfung, aber auch befürchtete Wettbewerbsnachteile (vgl. Sieber et al. 2014).

Ein weiteres, ganz anderes Argument für den Verzicht auf Pflichtpublizität liefert die Signaling-Theorie (vgl. Spence 1974). In dieser Sichtweise sind weniger die konkreten Inhalte der freiwilligen Berichterstattung von Interesse, sondern vor allem die Tatsache, dass ein Unternehmen überhaupt in der Lage ist, zu entsprechend niedrigen Kosten seine Berichterstattung durch komplexe freiwillige Elemente wie einen differenzierten CSR-Bericht zu ergänzen. Dies ist für die Investoren ein wichtiges Signal für die interne Effizienz der Managementprozesse und die nachhaltige Leistungsfähigkeit des Unternehmens im Vergleich zu solchen Unternehmen, die auf diese Berichtselemente verzichten. Dies wäre auch ein alternativer Erklärungsansatz für den von Dhaliwal et al. (2011) oben genannten Zusammenhang zwischen einer umfassenderen CSR-Berichterstattung und niedrigeren Eigenkapitalkosten.

Wird vor diesem Hintergrund ein freiwilliger Bericht gesetzlich vorgeschrieben, geht folglich als unerwünschter Nebeneffekt der Informationsgehalt dieses Signals verloren: Denn jetzt berichten alle Unternehmen – nicht nur die überlegen – über ihre CSR-Performance.

Ganz offensichtlich folgen Regulatoren wie die EU eher dem ersten Argumentationsstrang, der sich für eine Pflichtpublizität ausspricht. Die Frage, ob diese tatsächlich zu den gewünschten Kapitalmarkteffekten führt, ist allerdings offen. Denn dass eine neue Regelung die Informationslage am Kapitalmarkt tatsächlich verbessert, muss nicht zwingend so sein. So lässt sich beispielsweise im Zuge der Einführung von IFRS 8 als Nachfolgestandard von IAS 14 für die Segmentberichterstattung keine Verbesserung der entsprechenden Parameter, wie z. B. der Handelsspanne, beobachten (vgl. Franzen und Weißenberger 2015).

So ist zu erwarten, dass die Erstellung von Unternehmensberichten für alle Unternehmen deutlich komplexer wird. Denn in der Konsequenz müssen im Controlling Berichtslinien entwickelt werden, mit denen die zielgruppengerechte Erfassung, Steuerung und Kommunikation von CSR-Performance überhaupt erst möglich wird. Das betrifft nicht nur Unternehmen, die in der Außenkommunikation unmittelbar CSR-Informationen geben, sondern auch Unternehmen, mit denen diese Unternehmen über Beteiligungsverhältnisse, Lieferbeziehungen oder Kooperationen verbunden sind.

4 Was ist zu tun? Anpassung der Controlling-Regelprozesse

Vor dem Hintergrund, dass sich die CSR-Berichterstattung nicht nur immer weiter durchsetzt, sondern gerade für kapitalmarktorientierte Unternehmen zunehmend ein Pflichtelement der Jahresberichterstattung darstellt, sind auch die internen Steuerungsprozesse zu überdenken. Im Sinne eines „Management Approach" (vgl. Martin 1997), geht es darum, die CSR-Aktivitäten strukturiert nach außen zu kommunizieren und dabei vor allem den Eindruck zu vermeiden, dass es eher um ein „Greenwashing" (vgl. Reimsbach und Hahn 2015) als um tatsächlich intrinsisch motivierte Projekte für eine nachhaltige Ausrichtung des Unternehmens geht. Insbesondere für das Controlling bedeutet dies, dass bereits bei der Planung von CSR-Maßnahmen die spätere Berichterstattung mitbedacht werden muss, sodass CSR als weitere Dimension der Controlling-Regelprozesse (House of Controlling vgl. IGC und Weißenberger 2006) implementiert werden muss. Dabei sind folgende Aspekte bedeutsam:

(1) Die für die Unternehmenssteuerung relevanten CSR-Dimensionen müssen identifiziert und in den Zielkatalog übernommen werden. Dabei geht es nicht nur um die Festlegung grundsätzlicher Handlungsfelder, sondern auch um die Formulierung spezifischer, messbarer und mit einem konkreten Zeithorizont versehener Zielsetzungen.
(2) In den strategischen, taktischen und operativen Planungsprozessen müssen die CSR-Ziele explizit mit einzelnen Maßnahmen hinterlegt werden. Obwohl es zwar umfassende Belege dafür gibt, dass eine nachhaltigere Unternehmensausrichtung auf ökologische und soziale Ziele langfristig kongruent zu einer überlegenen ökonomischen Performance ist (vgl. Orlitzky et al. 2003), kann es kurzfristig sehr wohl zu Konflikten zwischen den verschiedenen Zielsetzungen und den daraus resultierenden

Entscheidungsdilemmata kommen. Dies macht sowohl die Erstellung von Plänen als auch die Abstimmung von Maßnahmen im Planungsprozess zunächst zeit- und kostenaufwendiger.

(3) Prozess- und Ergebniskennzahlen zu den CSR-Aktivitäten sind, z. B. über eine Balanced-Scorecard-Struktur, in das standardisierte Regelberichtswesen des Unternehmens aufzunehmen, um Ansatzpunkte für Steuerungsmaßnahmen zu liefern, aber auch, um die spätere Datengrundlage für eine CSR-Berichterstattung gegenüber außenstehenden Stakeholdern überhaupt erst zu schaffen. Dabei ist auch zu beachten, dass mit CSR-Maßnahmen vor allem zeitaufwendige interaktive Steuerungsprozesse verbunden sind („interactive controls"), während bei einer traditionellen finanzorientierten Steuerung eine Steuerung nur bei Abweichungen von einer vorgegebenen Zielgröße („diagnostic control") erfolgt (vgl. Simons 1994).

(4) Bei der Festlegung der Datenerhebung im Bereich CSR spielt auch die Zusammenarbeit mit dem Abschlussprüfer eine Rolle, und zwar immer dann, wenn ein freiwilliger Nachhaltigkeitsbericht bzw. integrierter Bericht zumindest einer prüferischen Durchsicht unterliegen soll bzw. wenn die CSR-Berichterstattung Teil der Pflichtberichterstattung im Lagebericht ist. Der Abschlussprüfer muss dann beispielsweise im Rahmen von Systemprüfungen nachvollziehen können, dass die Daten so gesammelt und ausgewertet wurden, dass sie ein den tatsächlichen Verhältnissen entsprechendes Bild der CSR-Aktivitäten und Ergebnisse wiedergeben.

(5) Schließlich müssen CSR-Maßnahmen auch in das Performancemanagement des Unternehmens integriert werden. Bei leistungsabhängigen Entlohnungssystemen hat beispielsweise eine konkrete Berücksichtigung von CSR-Maßnahmen im Rahmen der dahinterstehenden Zielvereinbarungen zu erfolgen. Auch dies kann – als Teil der unternehmensinternen Governance-Strukturen – zum Element der CSR-Berichterstattung werden.

Die Zukunft wird zeigen, inwieweit die verpflichtende Berichterstattung von CSR-Informationen positive Effekte mit sich bringt. In keinem Fall sollten Unternehmen dabei allerdings die Anpassung der Controlling-Prozesse unterschätzen. Zudem betreffen diese Änderungen eben nicht nur die Unternehmen, die durch die Vorschriften zur Pflichtberichterstattung unmittelbar betroffen sind, sondern eben auch jene Unternehmen, mit denen sie über Beteiligungsverhältnisse, Lieferbeziehungen oder Kooperationen verbunden sind. Vor diesem Hintergrund müssen sich gerade auch die KMU der Region NRW, die erfolgreich in die Netzwerke großer Unternehmen eingebunden sind, mit den Anforderungen aus der CSR-Berichterstattung ausführlich auseinandersetzen und die dargestellten Maßnahmen realisieren, um gegenüber ihren Markt- und Kooperationspartnern über CSR-relevante Sachverhalte jederzeit auskunftsfähig zu sein.

Danksagung
Die Autorinnen danken der Wirtschaftsförderung Rhein-Kreis Neuss für finanzielle Unterstützung bei der Entstehung dieses Beitrags.

Literatur

Baetge J, Glaum M, Grothe A, Oberdörster T (2010) Lohnt sich „gute Berichterstattung" am Kapitalmarkt? – Die Qualität der Konzernanhänge und -lageberichte deutscher Unternehmen und Gewinnschätzungen von Analysten. Zeitschrift für Betriebswirtschaft 80(3):65–104

Barry CB, Brown SJ (1985) Differential Information and Security Market Equilibrium. J Financial Quant Analysis 20(4):407–422

Bassen A, Jastram S, Meyer K (2005) Corporate Social Responsibility. Eine Begriffserläuterung. Zeitschrift für Wirtschafts- Unternehmensethik 6(2):231–236

Bowen H (1953) Social responsibilities of the businessman. Harper, New York

Clarkson P, Guedes J, Thompson R (1996) On the diversification, observability, and measurement of estimation risk. J Financial Quant Analysis 31(1):69–84

Dhaliwal DS, Li OZ, Tsang A, Yang GY (2011) Voluntary Nonfinancial Disclosure and the Cost of Equity Capital: The Initiation of Corporate Social Responsibility Reporting. Account Rev 86(1):59–100

Dodd E (1932) For Whom are Corporate Managers Trustees. Harv Law Rev 45(7):1145–1163

Easley D, O'Hara M (2004) Information and the Cost of Capital. J Finance 59(4):1553–1583

Franzen N, Weißenberger BE (2015) Capital Market Effects of Mandatory IFRS 8 Adoption: An Empirical Analysis of German Firm. Working Paper

Friedman M (1970) The social responsibility of business is to increase its profit. In: The New York Times Magazine, 13.09.1970, S 17

Grossman SJ (1981) The Informational Role of Warranties and Private Disclosure about Product Quality. J Law Econ 24(3):461–483

Hahn R, Kühnen M (2013) Determinants of sustainability reporting: a review of results, trends, theory, and opportunities in an expanding field of research. J Clean Prod 59:5–21

IGC, Weißenberger BE (2006) Controller und IFRS. Konsequenzen für die Controlleraufgaben durch die Finanzberichterstattung nach IFRS. Haufe, Freiburg i.Br.

Jensen MC (2001) Value Maximization, stakeholder theory, and the Corporate Objective Function. J Appl Corp Finance 14(3):8–21

Kaplan RS, Norton DP (1992) The Balanced Scorecard – Measures that Drive Performance. Harv Bus Rev 70(1):71–79

Lambert R, Leuz C, Verrecchia RE (2007) Accounting Information, Disclosure, and the Cost of Capital. J Account Res 45(2):385–420

Maniora J (2015) Is Integrated Reporting Really the Superior Mechanism for the Integration of Ethics into the Core Business Model? An Empirical Analysis. J Bus Ethics:1–32. doi:10.1007/s10551-015-2874-z

Martin P (1997) The management approach. CA Mag 1997(November):29–30

Milgrom PR (1981) Good News and Bad News: Representation Theorems and Applications. Bell J Econ 12(2):380–391

Moneva JM, Archel P, Correa C (2006) GRI and the camouflaging of corporate unsustainability. Account Forum 30(2):121–137

Orlitzky M, Schmidt FL, Rynes SL (2003) Corporate Social and Financial Performance: A Meta-Analysis. Organ Stud 24(3):403–441

Reimsbach D, Hahn R (2015) The Effects of Negative Incidents in Sustainability Reporting on Investors' Judgments-an Experimental Study of Third-party Versus Self-disclosure in the Realm of Sustainable Development. Bus Strategy Environ 24(4):217–235

Sieber T, Weißenberger BE, Oberdörster T, Baetge J (2014) Let's Talk Strategy: The Impact of Voluntary Strategy Disclosure on the Cost of Equity Capital. Bus Res 7(2):263–312

Simons R (1994) How New Top Managers Use Control Systems as Levers of Strategic Renewal. Strateg Manag J 15(3):169–189

Spence AM (1974) Market Signaling. Informational Transfer in Hiring and Screening Processes. Harvard University Press, Cambridge/Ma

Stein T (2011) Eine ökonomische Analyse der Entwicklung der Lageberichtsqualität. Ein Beitrag zur Diskussion um Regulierung und Deregulierung. Gabler, Wiesbaden

Prof. Dr. Barbara E. Weißenberger ist Inhaberin des Lehrstuhls für Accounting an der Heinrich-Heine-Universität in Düsseldorf sowie Affiliate Professor of Accounting an der Bucerius Law School Hamburg. Sie ist Autorin einer Vielzahl von Fachbeiträgen in ihren Schwerpunkten integrierte Rechnungslegung, verhaltensorientiertes Controlling, ganzheitliche Steuerung sowie Compliance, Business Ethics und Corporate Social Responsibility. Sie war außerdem bis 12/2016 Vorstandsvorsitzende des Verbands der Hochschullehrer für Betriebswirtschaft e. V. Weitere Informationen zu Prof. Weißenberger und ihrem Forschungs- und Lehrprogramm finden Sie unter www.accounting.hhu.de/.

Madeleine Feder ist wissenschaftliche Mitarbeiterin am Lehrstuhl für Accounting an der Heinrich-Heine-Universität Düsseldorf. Im Rahmen ihrer Forschung beschäftigt sie sich mit der Integration von CSR-Aspekten in die Management-Control-Systeme von Unternehmen sowie der Umsetzung von CSR-Maßnahmen in kleinen und mittelständischen Unternehmen. Den Master of Science (M. Sc.) in Betriebswirtschaftslehre absolvierte sie an der Justus-Liebig-Universität Gießen mit dem Schwerpunkt Business Analysis and Controlling. Zuvor war sie mehrere Jahre im Bereich Consulting für die PricewaterhouseCoopers AG WPG tätig. Ihr Schwerpunkt lag dabei im Bereich Rechnungswesen und Controlling.

CSR-Dynamik steigern durch Branchenorientierung

Christian Geßner und Axel Kölle

1 CSR-Rahmenwerke und Zertifizierung

Zahlreiche Rahmenwerke zur Messung und Evaluation von unternehmerischer Nachhaltigkeit wurden in den letzten Jahren entwickelt (vgl. Schoenheit et al. 2012; Maaß et al. 2014 und für einen aktuellen Überblick Grothe 2016). Mit der prozessorientierten ISO 26000 liegt seit Ende 2010 ein international anerkannter Standard vor, der die wesentlichen Elemente für nachhaltigeres Wirtschaften aus ganzheitlicher Perspektive vorgibt. Allerdings weist die ISO ausdrücklich darauf hin, dass sie keine Managementsystemnorm (wie z. B. ISO 9001 oder ISO 14001) ist und für Zertifizierungszwecke weder vorgesehen noch geeignet ist. Sie ist somit ein Normenwerk, das den Unternehmen lediglich einen Rahmen oder Leitfaden für ein Nachhaltigkeitsmanagementsystem geben kann. Außerdem berücksichtigt die ISO 26000 keine Branchenspezifika, verbleibt auf einem vergleichsweise abstrakten Niveau und ist zu zeit- und kostenintensiv für kleine und mittelständische Unternehmen (vgl. Hemphill 2013). Andere international anerkannte Initiativen wie die Global Reporting Initiative (GRI) sind stärker performanceorientiert und bieten den Unternehmen Richtlinien für die Erstellung von Nachhaltigkeitsberichten. Sie geben bei einem ganzheitlichen Ansatz eine Vielzahl an Indikatoren vor und senden von der Kommunikationsebene Impulse in das Management. Für die praktische Umsetzung von Nachhaltigkeit in kleinen und mittelständischen Unternehmen sind sie allerdings wenig geeignet. Zu weit scheint der von Großunternehmen getriebene angloamerikanische Ansatz noch von den tatsächlichen KMU-Bedürfnissen entfernt. Hier kann der Deut-

C. Geßner (✉) · A. Kölle
ZNU-Zentrum für Nachhaltige Unternehmensführung / Universität Witten/Herdecke
Alfred-Herrhausen-Straße 50, 58448 Witten, Deutschland
E-Mail: Christian.Gessner@uni-wh.de

A. Kölle
E-Mail: Axel.Koelle@uni-wh.de

© Springer-Verlag GmbH Deutschland 2017
P. Bungard und R. Schmidpeter (Hrsg.), *CSR in Nordrhein-Westfalen*,
Management-Reihe Corporate Social Responsibility, DOI 10.1007/978-3-662-54190-6_6

sche Nachhaltigkeitskodex (DNK), der Ende 2011 vom Rat für Nachhaltige Entwicklung (RNE) der Bundesregierung nach einem umfassenden Dialog mit Anspruchsgruppen erstmalig veröffentlicht wurde, als weiterer wichtiger Schritt für das Herunterbrechen global ausgehandelter Nachhaltigkeitsanforderungen auf die Bedarfe von Unternehmen hierzulande gesehen werden. Das freiwillige System ermöglicht es Unternehmen, ihre Nachhaltigkeitsaktivitäten strukturiert im Rahmen einer standardisierten Erklärung zu dokumentieren. In der entsprechenden Datenbank finden sich im Herbst 2016 mehr als 150 Unternehmen (vgl. DNK 2016).

Mit den im Herbst 2015 verabschiedeten UN Sustainable Development Goals, die das globale Paradigma der Nachhaltigkeit in 17 Ziele fassen, gilt es nun für alle Akteure, ihre Nachhaltigkeitsstrategien und -bewertungsverfahren mit den UN SDGs abzugleichen und kompatibel zu machen. Ein umfangreicher Indikatorenkatalog und ein Managementansatz zur Integration bieten hierfür Ansatzpunkte (vgl. GRI et al. 2016; UN 2016).

Es zeigt sich aber, dass noch umfangreiche Übersetzungsleistungen für die unternehmerische Praxis insbesondere in KMU zu erbringen sind – nicht zuletzt vor dem Hintergrund der zahlreichen bereits bestehenden CSR-Strategien auf globaler, EU, nationaler und regionaler Ebene. So ist vor allem die Einflussmöglichkeit von Unternehmen auf die SDGs noch genauer als bisher zu diskutieren, um daraufhin eine angemessene Kalibrierung bestehender unternehmerischer Nachhaltigkeitsstrategien durchführen zu können.

> Eine übermäßige Einbindung der Unternehmen in eine Verantwortung für das Ganze führt zur Stagnation (Carl Christian von Weizsäcker; vgl. Weizsäcker 2005).

Vor diesem Hintergrund ist auch die NRW-Strategie neu zu reflektieren. Eine Weiterentwicklung der Ziele, Strategien und Indikatoren des Landes wäre in dem Sinne wünschenswert, als dass ein klarer Bezug der Landesstrategie (über die nationale Nachhaltigkeitsstrategie) zu den SDGs für mehr Klarheit bezüglich des langfristigen Orientierungsrahmens für Unternehmen sorgen könnte und die Motivation aller Beteiligten, einen wirksamen Beitrag zu den globalen Zielen der Menschheit zu leisten, weiter gesteigert werden könnte.

Auf der Unternehmensebene geht es neben den verlässlichen Rahmenbedingungen um fundierte, verlässliche, transparente und praktikable Messverfahren, die die eigenen Fortschritte mit Blick auf die gesellschaftlichen Ziele sichtbar machen – nach innen und außen. Die Frage, inwiefern Messungen von externen Dritten durchzuführen sind oder ob eine Selbstbewertung (zunächst) wirkungsvoller ist, hängt insbesondere von den spezifischen Motivlagen einzelner Unternehmen und den jeweiligen Marktgegebenheiten ab.

Die dargestellten Rahmenwerke ISO 26000, DNK und UN SDGs sind nicht zur Zertifizierung durch externe Dritte angelegt. Grundsätzlich birgt die Zertifizierbarkeit eines Standards Chancen und Risiken. Vorteile einer Zertifizierung können sein, dass die Zusammenarbeit der Wertschöpfungspartner in der Kette vereinfacht wird, die eigene Nachhaltigkeitsleistung gegenüber nichtzertifizierten Mitbewerbern transparent dargestellt werden kann und dass eine Zertifizierung durch eine unabhängige Drittpartei die Notwendigkeit, sogenannte Second-Party-Audits durchzuführen, reduziert und damit Transaktionskosten senken kann (vgl. Hahn 2013, S. 393). Risiken einer Zertifizierung von Nachhaltigkeitsaspekten sind demgegenüber eine ungewisse Prüfqualität, eine zweifelhafte Unabhängigkeit der Zertifizierungsgesellschaft und des Unternehmens aufgrund fehlender Kontrollmechanismen und dass die Nutzung zertifizierbarer Standards unter Umständen nur zum Schein erfolgt und nicht zwingend eine Auseinandersetzung mit den Inhalten stattfindet (Hahn 2013, S. 393). Somit ist die Qualitätssicherung sowohl aufseiten eines Standardhalters als auch aufseiten einer Akkreditierungsstelle von entscheidender Bedeutung. Die genannten Risiken können zwar durch engmaschige Kontrollen innerhalb des Auditprozesses und genaue Auswertung von Auditergebnissen minimiert werden; dies verursacht aber einen steigenden Auditaufwand bei allen Beteiligten und kann zur Folge haben, dass Unternehmen die Nachhaltigkeitszertifizierung komplett infrage stellen. Verschärft wird diese Gefahr durch die Vielzahl verpflichtender Audits, deren Durchführung die betrieblichen Abläufe in Betrieben zunehmend durcheinanderbringt.

Vor diesem Hintergrund sind insbesondere Nachhaltigkeitsstandards gefragt, die einfach in Betriebsabläufe zu integrieren sind und durch ihren ganzheitlichen Charakter dabei unterstützen, Managementabläufe zu bündeln und Komplexität zu reduzieren. Die Vorteile der Anwendung von Normen müssen letztlich offensichtlich sein, damit Unternehmen diese nutzen (vgl. Günther et al. 2014). Das Herausarbeiten der konkreten finanziellen und nichtfinanziellen Vorteile einer Nachhaltigkeitszertifizierung stellt somit eine der größten Herausforderungen dar. Hier besteht noch erheblicher Forschungsbedarf.

Wie schon eingangs erwähnt ist die Frage, ob eine Zertifizierung durch externe Dritte sinnvoll ist oder nicht, individuell zu beantworten. Die Diskussion über Zertifizierungskosten, die steigende Anzahl von Audits und hiermit verbundene Störungen im Betriebsablauf, zusammenzufassen unter dem Begriff „Auditwahn", soll jedoch nicht den Blick auf das Wesentliche verstellen. Nämlich auf die Frage: *Wie kann ich die Nachhaltigkeitsperformance meines Unternehmens wirkungsvoll, angemessen und sichtbar verbessern?*

2 Nachhaltiger Wirtschaften mit dem ZNU-Standard

> Der Charakter der Freiwilligkeit und die Sicherheit, dass wir unsere Nachhaltigkeitsaktivitäten durch den Standard optimieren können/konnten, macht den ZNU-Standard zu einem Standard, der allen Beteiligten des Implementierungsprozesses Spaß gemacht hat (Jan Niewodniczanski, Geschäftsführender Gesellschafter der Bitburger Braugruppe GmbH).

Der feste Gestaltungswille von Unternehmern, in Zukunft nachhaltiger zu wirtschaften, bildet die Basis für entsprechende Entwicklungsprozesse in Unternehmen und ist die Grundvoraussetzung für eine ergebnisoffene Bewertung der eigenen Fortschritte und einen konstruktiven Dialog auch mit kritischen Anspruchsgruppen – immer auf der gemeinsamen Suche nach der besseren, nachhaltigeren Lösung.

Eine weitere Bedingung für mehr Nachhaltigkeit ist eine angemessene Methodik, die es erlaubt, den Fortschritt der eigenen Nachhaltigkeitsaktivitäten belastbar und praxisnah zu bewerten. Vor diesem Hintergrund wurde seit 2011[1] in der Fakultät für Wirtschaftswissenschaft der Universität Witten/Herdecke am ZNU – Zentrum für Nachhaltige Unternehmensführung gemeinsam mit zahlreichen engagierten Anspruchsgruppen der ZNU-Standard Nachhaltiger Wirtschaften[Food] entwickelt, der in seiner Revisionsfassung 2017 auch für andere Branchen nutzbar sein wird. Der ZNU-Standard fordert und fördert nachhaltigere Prozesse und Produkte aus ganzheitlicher Perspektive, betont die Lerndynamik der Menschen am jeweiligen Standort, ist extern zertifizierbar und richtet sich an große wie kleine Unternehmen. Bei der Entwicklung wurden Nachhaltigkeitsanforderungen verschiedener Initiativen, u. a. ISO 26000, DNK, UN SDGs, GRI, ISO 50001, ISO 14001/EMAS,[2] berücksichtigt. Die Tatsache, dass der ZNU-Standard nicht definiert, was nachhaltig ist und was nicht, sondern vielmehr die Nachhaltigkeit bzw. Nichtnachhaltigkeit des Entwicklungsprozesses in den Vordergrund stellt, spiegelt sich im Begriff *nachhaltiger Wirtschaften* und der folgenden ZNU-Definition wider:

Nachhaltiger Wirtschaften bedeutet, auf Unternehmens- und auf Produktebene schrittweise mehr Verantwortung für Mensch und Natur zu übernehmen – vom Unternehmensstandort über die Wertschöpfungskette bis hin zur Gesellschaft. Hierbei gilt es, sowohl das globale Nord-Süd-Gefälle als auch die zukünftigen Generationen im Blick zu haben. Nachhaltiger Wirtschaften ist ein mittel- bis langfristiger Lernprozess, der einen offenen Dialog mit den Anspruchsgruppen des Unternehmens voraussetzt.

Die methodische Basis des ZNU-Standards bildet das in Abb. 1 dargestellte Phasenmodell.[3] Der Lernprozess „nachhaltiger Wirtschaften" bezieht seine Dynamik aus dem Wechselspiel zwischen Themenorientierung und Systematisierung. Je nachdem wie weit Nachhaltigkeit als Gesamtkonzept im strategischen Management genutzt wird und wie offensiv Nachhaltigkeitsthemen wie Klimawandel, demografischer Wandel etc. als unternehmerische Herausforderung angegangen werden, lassen sich drei Phasen der Nachhaltigkeitsorientierung unterscheiden:

Phase 1 beschreibt ein CSR-Verständnis, das sich häufig in PR-wirksamen Einzelprojekten erschöpft und allein den kurzfristigen ökonomischen Erfolg im Blick hat. So grundlegend und sinnvoll Maßnahmen wie der Einsatz von Energiesparlampen sind – bei fehlender Einbindung in Konzepte zur systematischen und langfristigen Steigerung der Material- und Energieeffizienz wird ein so verstandenes Nachhaltigkeitsmanagement vom Umfeld lediglich als Strohfeuer oder grünes Feigenblatt wahrgenommen.

Phase 2 betont den Querschnittscharakter der Nachhaltigkeitsorientierung. Der Anspruch ist hier, Nachhaltigkeit systematisch und abteilungsübergreifend für alle Bereiche des Managements zu erschließen und so dauerhaft Vorteile gegenüber Mitbewerbern zu generieren. Die erste Motivation bleibt der Business Case, wobei das Kosten- und Effizi-

---

[1] Der Standard wurde auf Basis des 2008 entwickelten Self-Assessment-Tools ZNU-NachhaltigkeitsCheck entwickelt (vgl. Geßner et al. 2010; Geßner et al. 2013a). Bislang haben über 150 Unternehmen den initialen Check zur Strukturierung ihrer Nachhaltigkeitsaktivitäten genutzt. Zur Entwicklung vom ZNU-Check zum Standard vgl. Geßner et al. (2016).
[2] Sowie BSCI, UN Global Compact, FAO/SAFA, GSCP, ISEAL u. v. a.
[3] Zur ausführlichen Darstellung der Konzeption des Modells vgl. Geßner (2008).

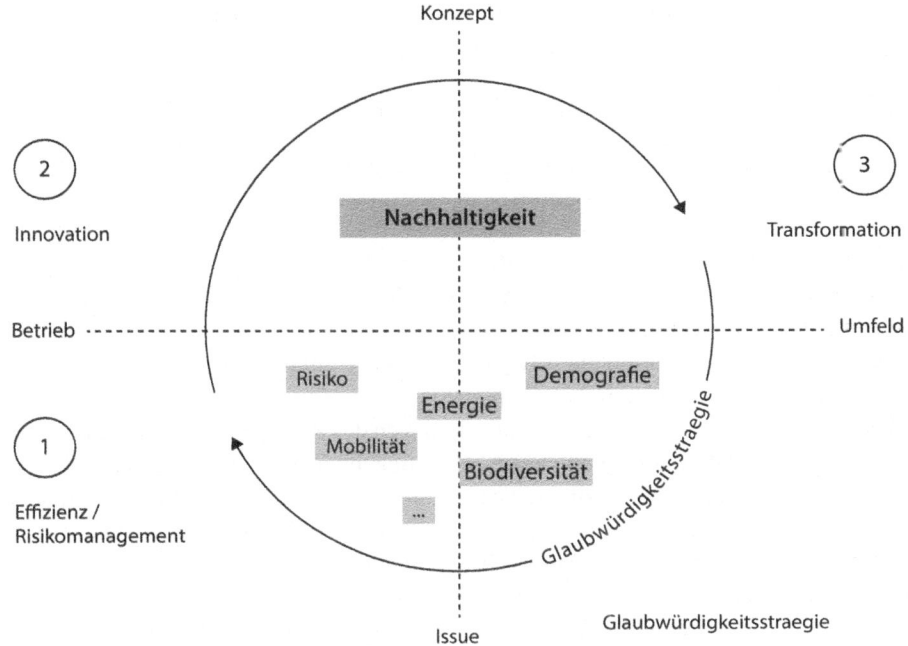

Abb. 1 Nachhaltiger Wirtschaften als dynamischer Lernprozess. (Nach Geßner 2008, S. 212)

enzdenken mittel- bis langfristig ausgerichtet ist und um die Entwicklung von Produkt- und Prozessinnovationen ergänzt wird. Wie schnell die Integration von Nachhaltigkeit gelingt, hängt insbesondere von dem vorherrschenden Nachhaltigkeitsverständnis der Beteiligten ab – sowie von deren Lern- und Anpassungsbereitschaft.

Phase 3 wechselt von der Innen- zur Außenperspektive. Das Unternehmen versteht sich primär als gesellschaftlicher Akteur mit der entsprechenden Verantwortung für die Mitgestaltung nachhaltiger Rahmenbedingungen. Das Unternehmen tritt aktiv in den offenen Dialog mit vielfältigen internen und externen Anspruchsgruppen. Zu einem solchen transformativen Ansatz gehört auch das Experimentieren im Rahmen themenbezogener Kooperationen, z. B. entlang der Wertschöpfungskette zur Entwicklung innovativer nachhaltigerer Produkte oder zur Erarbeitung gemeinsamer Leitlinien oder Standards.

Entlang der Pfeile lassen sich nun auch die im Phasenkonzept integrierten Basisstrategien effizient, sicher, innovativ, transformativ und glaubwürdig denken, wobei Glaubwürdigkeitsstrategien komplementär zu den anderen zu sehen sind und in Pfeilrichtung an Bedeutung gewinnen. Der skizzierte organisatorische Lernprozess macht deutlich, vor welchen Herausforderungen glaubwürdig wahrgenommene unternehmerische Nachhaltigkeit steht.

Um nun bewerten zu können, wie gut ein Unternehmen Nachhaltigkeit integriert hat, detailliert der ZNU-Standard Nachhaltiger Wirtschaften die einzelnen Phasen aus und konkretisiert diese in Form von Anforderungen, die von den Unternehmen zur Strukturierung und Zertifizierung ihrer Nachhaltigkeitsaktivitäten genutzt werden können.

> Als Bio-Unternehmen haben wir einen sehr hohen Anspruch an uns. Der Standard hat uns bei der Systematisierung unserer zahlreichen, nachhaltigen Aktivitäten unterstützt und gleichzeitig aufgezeigt, wo wir noch Handlungsbedarf haben (Paul Söbbeke, Beiratsmitglied der Molkerei Söbbeke GmbH).

Ausgehend von den in Abb. 2 dargestellten 16 Handlungsfeldern ergeben sich insgesamt sechzig Anforderungen, die vollständig für eine erfolgreiche Zertifizierung erfüllt werden müssen. In Punkten, die auf das Unternehmen nicht zutreffen, ist eine nachvollziehbare Erläuterung notwendig, warum die Anforderungen nicht auf das entsprechende Unternehmen angewendet werden („comply or explain").

Besonders hervorzuheben sind die Anforderungen des ZNU-Standards in puncto Früherkennung. Hier gilt es, die wesentlichen Nachhaltigkeitsthemen sowohl auf Produktebene (z. B. Hot-Spot-Analyse) als auch auf Unternehmensebene (z. B. ZNU-Nachhaltigkeits-Check) zu erfassen und zu bewerten (vgl. Geßner et al. 2013b, S. 13). Zudem gilt es, im Rahmen der Früherkennung die Ansprüche der für die Unternehmung relevanten Gruppen zu erfassen, um somit proaktiv auf potenzielle Risiken seitens eben dieser Gruppen eingehen zu können (vgl. Kölle 2008, S. 95). Hierzu dient insbesondere auch das Instrument der Anspruchsgruppenanalyse, welche im Rahmen des ZNU-Standards gefordert wird. Diese Analyse zielt durch einen Perspektivenwechsel vor allem darauf ab, eigene

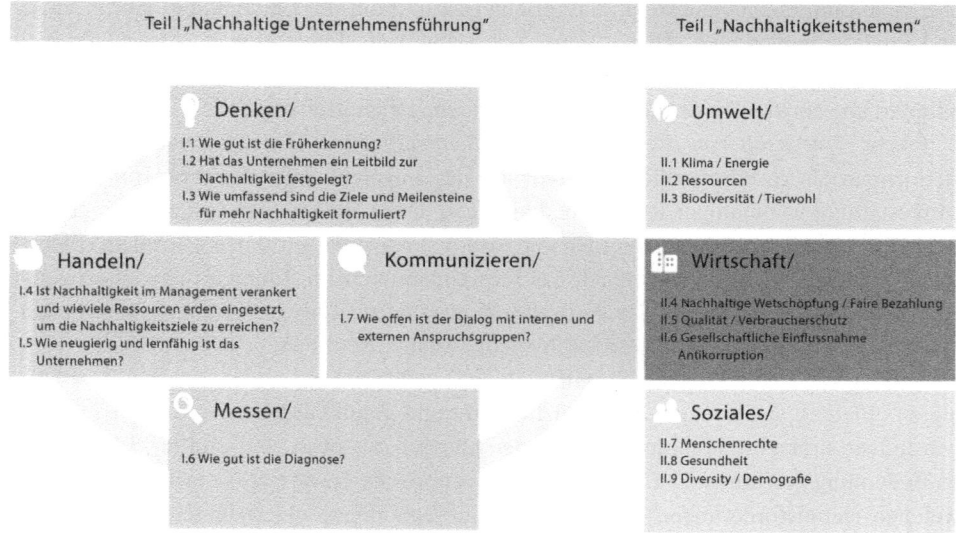

Abb. 2 Systematik des ZNU-Standards Nachhaltiger Wirtschaften[Food]. (Vgl. Geßner et al. 2013b, Anlage 1)

Handlungsspielräume zu erhalten bzw. diese systematisch auszubauen (vgl. Kölle 2008, S. 116 ff.; Geßner et al. 2013b, S. 12 f.). Die Gefahr, von kritischen Anspruchsgruppen bei spezifischen Themen durch die „Nachhaltigkeitsarena" getrieben zu werden, sinkt.

Dank der Früherkennung im ZNU-Standard haben wir unsere zentralen Hot Spots erkannt und können sie bearbeiten (Hans-Günter Trockels, Geschäftsführender Gesellschafter der Kuchenmeister GmbH).

Generell können Unternehmen den ZNU-Standard nutzen, um systematisch die positiven Auswirkungen ihrer Geschäftstätigkeit zu steigern und negative Auswirkungen zu minimieren. Unabhängig davon, wie aktiv Unternehmen im Bereich Nachhaltigkeit schon sind, hilft der Standard Nachhaltigkeitsaktivitäten zu strukturieren, einen dynamischen Lern- und Wandlungsprozess anzustoßen und so Jahr für Jahr nachweisbar nachhaltiger zu wirtschaften. Dabei bietet die Freiwilligkeit des ZNU-Standards die Möglichkeit, das dargestellte Managementsystem „Nachhaltiger Wirtschaften" auch unabhängig von einer externen Zertifizierung einzuführen und zu nutzen. Auf der anderen Seite bietet eine externe Zertifizierung die Chance, die Kommunikation der eigenen Nachhaltigkeitsleistung wirkungsvoll zu fundieren, wie sich am Beispiel des Nachhaltigkeitsberichtes von Ritter Sport zeigt (vgl. Alfred Ritter GmbH & Co. KG 2015).

Die Entscheidung, wie Nachhaltigkeit integriert wird und ob das CSR-Management zertifiziert werden soll oder nicht, ist firmenindividuell und situativ zu beantworten. Sicher ist, dass es sich Unternehmen immer weniger leisten können, sich nicht ernsthaft mit dem Thema Nachhaltigkeit auseinanderzusetzen. Nachhaltigkeit ist als Differenzierungsmerkmal in vielen Teilen der Wirtschaft angekommen. Auf der einen Seite droht der Marktausschluss, wenn bestimmte Nachhaltigkeitskriterien nicht eingehalten werden. Auf der anderen Seite stehen die ökonomischen, sozialen und ökologischen Erfolgspotenziale, wenn Nachhaltigkeit systematisch als Innovationstreiber genutzt wird und das Unternehmen umgeschaltet hat – von der Defensive in die Offensive.

3 Perspektiven für mehr CSR-Dynamik

Der Wettbewerb um die Deutungshoheit, was ein nachhaltiges Produkt bzw. ein nachhaltiges Unternehmen ist, wird weiter anhalten und sich intensivieren. Umso wichtiger, dass mit dem gesellschaftspolitischen Rahmen verknüpfte, wissenschaftlich fundierte Bewertungsansätze stetig weiterentwickelt werden und verstärkt in die Unternehmenspraxis Einzug halten. Gelingt die Versachlichung der Diskussion und die Einigung der Akteure auf wenige wesentliche Themen und Indikatoren, könnte die unternehmerische Nachhaltigkeitsperformance selbst zum echten Differenzierungsmerkmal im Wettbewerb werden. Und der heutige Dschungel aus Themen und Messverfahren wäre ein Stück weit gelichtet.

Doch wie kann eine gemeinsame Verständigung von Politik, Wirtschaft und Wissenschaft auf die z. B. fünf bis zehn wesentlichen Themen je nach (Teil-)Branche gelingen?

Ein Ansatzpunkt sind Foren, die die relevanten Stakeholder einer Branche mit dem Ziel zusammenbringen, eine Wesentlichkeitsmatrix für ihre (Teil-)Branche festzulegen und sich im weiteren Verlauf auch auf die wesentlichen Indikatoren zu verständigen. Initiiert werden könnte die Diskussion z. B. indem eine der genannten Gruppen einen ersten Entwurf ins Internet stellt und zur Diskussion einlädt. Um eine möglichst hohe Qualität derartiger CSR-Branchenforen zu gewährleisten, gilt es, die vielfältigen Bewertungsansätze, die heute bei den unterschiedlichsten Akteuren vorliegen, vertrauensvoll zu bündeln. Die anwendungsorientierte Wissenschaft kann in diesem Prozess eine wichtige Begleitrolle spielen und als neutraler Mittler die Qualität des Dialoges und der Ergebnisse sichern.

Zudem könnte die Wissenschaft die Übersetzung des politischen Rahmens (z. B. der UN SDGs) in die Sphäre der Wirtschaft unterstützen sowie umgekehrt als Impulsgeber in Richtung Politik dienen, um praktische Umsetzungsfragen vor allem mit Blick auf kleine und mittlere Unternehmen stärker einzubringen, als dies bisher gelang. So lässt sich z. B. in einer stärkeren Verknüpfung der regionalen CSR-Kompetenzzentren mit spezifischen Themen einzelner Branchen eine große Chance erkennen, um das Thema CSR in der Breite der Wirtschaft in NRW noch besser greifbar und leichter umsetzbar zu machen.

Generell lässt sich festhalten: Gelingt es Politik, Wirtschaft und Wissenschaft, durch harmonisierte Bewertungsverfahren eine neue Kultur des Vertrauens zu forcieren und Nachhaltigkeitsleistung differenziert sichtbar zu machen, so wird es schließlich auch für den Konsumenten als maßgeblichen Akteur immer einfacher, sich am Point of Sale bewusst für nachhaltigere Produkte zu entscheiden. Und dann könnte sich CSR schließlich auch in der ökonomischen Realität unmittelbar beweisen.

Literatur

Alfred Ritter GmbH & Co. KG (2015) Nachhaltigkeitsbericht 2014. http://www.ritter-sport.de/de/familienunternehmen/nachhaltigkeit.html. Zugegriffen: 14. Okt. 2016

DNK (2016) DNK-Datenbank. http://www.deutscher-nachhaltigkeitskodex.de/de/datenbank/. Zugegriffen: 14. Okt. 2016

Geßner C (2008) Unternehmerische Nachhaltigkeitsstrategien: Konzeption Und Evaluation. Peter Lang Verlag, Frankfurt am Main

Geßner C, Zurad J, Kölle A, Endres P (2010) Gradmesser für Nachhaltigkeit. Umweltmagazin 03:52–53

Geßner C, Rübbelke M, Petzold B, Zurad J, Kölle A, Endres P (2013a) ZNU-NachhaltigkeitsCheck. ZNU-Zentrum für Nachhaltige Unternehmensführung, Witten

Geßner C, Kölle A, Ludemann K, Rübbelke M, Diekmann V (2013b) ZNU-Standard Nachhaltiger Wirtschaften^{Food}. Zentrum für Nachhaltige Unternehmensführung, Witten

Geßner C, Kölle A, Ludemann K, Schäfer F, Rübbelke-Alo M, Diekmann V (2016) Nachhaltiger Wirtschaften: Vom Selbst-Check zum zertifizierbaren ZNU-Standard. In: Grothe A (Hrsg) Bewertung unternehmerischer Nachhaltigkeit – Modelle und Methoden zur Selbstbewertung. Erich Schmidt Verlag, Berlin, S 121–137

GRI/ UNGC/ WBCSD (2016) SDG Compass. https://www.globalreporting.org/resourcelibrary/gssb/Item%2029%20-%20SDG%20Compass.pdf. Zugegriffen: 14. Okt. 2016

Grothe A (Hrsg) (2016) Bewertung unternehmerischer Nachhaltigkeit – Modelle und Methoden zur Selbstbewertung. Erich Schmidt Verlag, Berlin

Günther E, Bergmann A, Rieckhof R (2014) Etablierung betriebswirtschaftlicher Methoden durch Normung. In: Prammer HK (Hrsg) Ressourceneffizientes Wirtschaften. Springer, Wiesbaden, S 37–53

Hahn R (2013) Zur Normierung gesellschaftlicher Verantwortung – ISO 26000 im analytischen Vergleich mit ISO 14000 und SA 8000. Zeitschrift für Wirtschafts- Unternehmensethik 14(3):378–400

Hemphill T (2013) The ISO 26000 guidance on social responsibility international standard: what are the business governance implications? Corporate Governance. Int J Bus Soc 13(3) 305–317

Kölle A (2008) Risikomanagement als strategisches Instrument zum Nachhaltigen Wirtschaften – dargestellt am Beispiel der Ernährungswirtschaft. Dr. Kovac, Hamburg

Maaß F, Chlosta S, Icks A, Welter F (2014) Konzepte und Wirkungen nachhaltigen Unternehmertums, Institut für Mittelstandsforschung Bonn, Materialien No. 227, S 13

Schoenheit I, Dahle S, Tiemann N (2012) Kurzgutachten zur Systematik bestehender CSR-Instrumente im Auftrag des BMAS. BMAS, Berlin

UN (2016) Sustainable Development Goals. https://sustainabledevelopment.un.org/?menu=1300. Zugegriffen: 14. Okt. 2016

Weizsäcker CC (2005) Gesellschaftliche Verantwortung als konservatives Prinzip, unternehmerisches Handeln als progressives Prinzip. Sind sie kompatibel zu machen? Vortrag am 24.10.2005 im Kulturwissenschaftlichen Institut Essen

Dr. Christian Geßner ist seit Frühjahr 2009 gemeinsam mit Dr. Axel Kölle Gründer und Leiter des ZNU – Zentrum für Nachhaltige Unternehmensführung in der Fakultät für Wirtschaftswissenschaft der Universität Witten/Herdecke. Neben dem Institutsmanagement ist Christian Geßner in Forschung, Lehre, Weiterbildung und Beratung aktiv. Im Sommer 2011 gründete Christian Geßner gemeinsam mit Axel Kölle die fjol GmbH, die Unternehmen dabei unterstützt, Nachhaltigkeit fundiert und lebendig umzusetzen. Christian Geßner hat Volkswirtschaftslehre in Münster und Heidelberg studiert und im Fach Betriebswirtschaftslehre in Hohenheim zum Thema Unternehmerische Nachhaltigkeitsstrategien promoviert. Christian Geßner ist verheiratet und hat zwei Söhne.

Dr. Axel Kölle ist seit Frühjahr 2009 gemeinsam mit Dr. Christian Geßner Gründer und Leiter des ZNU – Zentrum für Nachhaltige Unternehmensführung in der Fakultät für Wirtschaftswissenschaft der Universität Witten/Herdecke. Neben dem Management des ZNU-Netzwerkes mit mehr als 50 Partnerunternehmen ist Axel Kölle auch in Forschung, Lehre, Weiterbildung und Beratung aktiv. Im Sommer 2011 gründete Axel Kölle gemeinsam mit Christian Geßner die fjol GmbH, die Unternehmen dabei unterstützt, Nachhaltigkeit fundiert und lebendig umzusetzen. Axel Kölle hat in Münster und Heidelberg Wirtschaftsgeografie studiert und im Fach Wirtschaftswissenschaften zum Thema Nachhaltiges Risikomanagement in Witten promoviert. Axel Kölle ist verheiratet und hat zwei Söhne und eine Tochter.

CSR in Lehre und Forschung an Hochschulen für Angewandte Wissenschaften – das Beispiel des Kompetenzzentrums EthNa

Monika Eigenstetter, Rudolf Voller und Martin Wenke

1 EthNa Kompetenzzentrum CSR an der Hochschule Niederrhein: Personen, Ziele und Organisation

Die Hochschule Niederrhein (HN) ist mit gut 14.500 Studierenden (WS 2015/2016) an den Standorten Krefeld und Mönchengladbach die zweitgrößte öffentliche Fachhochschule in NRW und zählt zu den vier größten in Deutschland. In zehn Fachbereichen wird von den gut 250 Professoren ein breites Spektrum der für die Region und darüber hinaus wichtigen Studieninhalte vermittelt. Ingenieurwissenschaften, Gesundheitswissenschaften und Design sind am Standort Krefeld beheimatet, Sozial- und Wirtschaftswissenschaften, Oecotrophologie sowie Textil- und Bekleidungstechnik in Mönchengladbach. In den neun Forschungsinstituten und 13 Kompetenzzentren wird angewandte Forschung im Sinne praxisrelevanter Problemlösungen für Unternehmen und andere Institutionen im näheren und weiteren Umfeld der Hochschule vorangetrieben. Dabei können Kompetenzzentren an der Hochschule Niederrhein als eine Vorstufe zu Forschungsinstituten angesehen werden. Sie verfügen ebenfalls wie die Institute über organisatorische wie finanzielle Unterstützung durch die Hochschulleitung, wobei ein Automatismus der Entwicklung hin zu

---

M. Eigenstetter (✉)
Hochschule Niederrhein
Reinarzstraße 49, 47805 Krefeld, Deutschland
E-Mail: Monika.Eigenstetter@hs-niederrhein.de

R. Voller (✉)
Hochschule Niederrhein
Webschulstraße 24 – 31, 41065 Mönchengladbach, Deutschland
E-Mail: rvoller@hs-niederrhein.de

M. Wenke (✉)
Hochschule Niederrhein
Webschulstraße 41 – 43, 41065 Mönchengladbach, Deutschland
E-Mail: Martin.Wenke@hs-niederrhein.de

© Springer-Verlag GmbH Deutschland 2017
P. Bungard und R. Schmidpeter (Hrsg.), *CSR in Nordrhein-Westfalen*,
Management-Reihe Corporate Social Responsibility, DOI 10.1007/978-3-662-54190-6_7

einem Forschungsinstitut nicht existiert. Eines der Kompetenzzentren ist seit 2012 das EthNa Kompetenzzentrum CSR.

Regelmäßig werden Institute und Kompetenzzentren an Hochschulen und Universitäten aus dem gemeinsamen Interesse einer Gruppe von Hochschullehrern gegründet. Triebfeder solcher Aktivitäten ist zunächst das gemeinsame Interesse an einem Themengebiet, darüber hinaus sind für viele Initiatoren aber auch die interessanten Möglichkeiten der interdisziplinären Zusammenarbeit von Bedeutung. Diese Möglichkeiten veranlassten eine Gruppe von Professoren aus den Fachbereichen Maschinenbau, Wirtschaftsingenieurwesen, Sozialwesen, Textil- und Bekleidungstechnik sowie Wirtschaftswissenschaften, in mehreren Gesprächsrunden die gemeinsamen Interessen und Ideen sowie erste konkrete Aktivitäten zu diskutieren. Ein Positionspapier wurde entwickelt, das die Hochschulleitung über den Stand der Forschung und Anwendungen der Wirtschafts- und Unternehmensethik sowie CSR in Deutschland informierte, zukünftige Entwicklungen diskutierte und den Stand der bisherigen Aktivitäten zu Wirtschaftsethik und CSR an der Hochschule darstellte.

Mit dem ersten öffentlich geförderten Forschungsprojekt wurde die Möglichkeit wahrgenommen, ein Kompetenzzentrum zu den Themenbereichen Wirtschafts- und Unternehmensethik, Nachhaltigkeit und Corporate Social Responsibility (CSR) zu gründen, welches dann als EthNa von einer Professorin und zwei Professoren als Leitungsteam etabliert wurde. Dieses Team besteht aus Monika Eigenstetter, Professorin für Arbeits- und Organisationspsychologie sowie Qualifizierung am Fachbereich Wirtschaftsingenieurwesen, Rudolf Voller, Professor für Mathematik und Dekan am Fachbereich Textil- und Bekleidungstechnik, sowie Martin Wenke, Professor für Ökonomie, Ökologie und Ethik am Fachbereich Wirtschaftswissenschaften. Alle drei Hochschullehrer hatten bereits Erfahrungen in der angewandten Forschung und auch in der Lehre zu den oben genannten Themengebieten. Mit Blick auf die drei Nachhaltigkeitsbereiche People (soziale und gesellschaftliche Aspekte), Planet (ökologische Aspekte) und Profits (ökonomische Aspekte) kann grobschnittartig festgehalten werden, dass Monika Eigenstetter wesentliche Kompetenzen im Bereich People, Rudi Voller zum Thema Planet und Martin Wenke zum Thema Profits aufweist. Darüber hinaus weisen alle drei Professoren „Schnittmengenkompetenzen" zu den Kernbereichen der jeweils anderen Kollegen im Themenfeld Ethik und Nachhaltigkeit auf.

Die grundlegende Zielsetzung des EthNa Kompetenzzentrums CSR besteht in der Durchführung von praxisbezogenen Forschungs- und Entwicklungsaufgaben im Bereich CSR, Ethik und Nachhaltigkeit. Diese Aufgaben werden in öffentlich geförderten Programmen wahrgenommen, können aber auch von Unternehmen beauftragt werden. Zudem bietet das Kompetenzzentrum in eigener Regie entwickelte Projekte und Konzepte an. Darüber hinaus entwickelt EthNa Bildungsangebote sowohl hochschulintern als auch hochschulextern. Alle Angebote richten sich an Studierende, Hochschulabsolventen, Wirtschaftsunternehmen und sonstige Institutionen im regionalen und weiteren Umfeld der Hochschule.

Ein Hintergrund dieser Aufgabenstellung ist, dass seit einer Reihe von Jahren zwar die wirtschaftlichen Effekte, die Hochschulen für ihr regionales Umfeld haben, im Fokus von Wissenschaft und Hochschulpolitik stehen. Die Frage, ob Hochschulen über ihre regionalökonomischen Effekte hinaus auch ökologische und soziale Impulse in ihre Standortregion geben und deren Entwicklung damit „nachhaltig" beeinflussen, wird seit einiger Zeit z. B. im Zusammenhang mit der sogenannten „third mission" der Hochschulen (neben Bildung und Forschung) diskutiert (Roessler et al. 2015). Dies überrascht deshalb nicht, als in der 1992 in Rio de Janeiro beschlossenen Agenda 21 den Hochschulen eine besondere Verantwortung für eine nachhaltigere Entwicklung der Gesellschaft zugewiesen wird (vgl. Deutsche Unesco-Kommission e. V. 2011) und auch der Wissenschaftliche Beirat der Bundesregierung Globale Umweltveränderungen (WBGU) auf die zentrale Rolle der Hochschulen hinweist, die Transformationsprozesse zu mehr Nachhaltigkeit durch Forschung und Lehre zu unterstützen (Wissenschaftlicher Beirat der Bundesregierung Globale Umweltveränderungen 2012). Dieser eher theoretischen Diskussion des Anforderungsprofils von Hochschulen stehen allerdings die noch wenig ausgeprägten praktischen Umsetzungen gegenüber. Denn obwohl sich auch in den Leitbildern vieler Hochschulen klare Positionierungen zum Thema Nachhaltigkeit finden, kommen Kanning und Schiller (2014) zu dem ernüchternden Resultat, dass „... die Mehrzahl der Hochschulen in Deutschland noch keine führende Rolle bei der Transformation zur Nachhaltigkeit eingenommen [hat]". Offenbar haben viele deutsche Hochschulen ihre Verantwortung für Nachhaltigkeit noch nicht wirklich angenommen und umgesetzt. Die Übernahme von Engagement im Bereich der regionalen (ökonomischen, ökologischen und sozialen) Nachhaltigkeit durch Hochschulen stellt damit ein bislang nicht ausgeschöpftes Potenzial dar, das Hochschulen und ihren Standorten Chancen verspricht und demnach von hoher langfristiger Bedeutung ist.

Vor diesem Hintergrund versteht sich das EthNa-Leitungsteam als Moderator, aber auch Initiator von CSR- und nachhaltigkeitsbezogenen Diskussionen innerhalb der Hochschule und in der Region. Die Diskussionsanregung erfolgte in der Vergangenheit z. B. über das Format von spezifischen Vortragsveranstaltungen zu unterschiedlichen Themen der Nachhaltigkeit, Ethik und gesellschaftlichen Verantwortung von Unternehmen oder in der Bearbeitung von Forschungsprojekten mit Praxispartnern (vgl. Abschn. 2). Dabei wurden regelmäßig Kooperationen mit hochschulinternen und -externen Experten eingegangen, wodurch in aller Regel die Interdisziplinarität verstärkt und die unterschiedlichen Blickwinkel der abstrakten und komplexen Themen CSR und Nachhaltigkeit berücksichtigt wurden.

2 Aktivitäten des EthNa

2.1 Branchenfokus Textil- und Bekleidungsindustrie

Die deutsche (und somit auch die nordrhein-westfälische) Textil- und Bekleidungsindustrie hat sich zu einem wichtigen, zukunftsfähigen Wirtschaftszweig des produzierenden Gewerbes entwickelt. Ihr kommt ebenso eine Vorreiterrolle in der „Internationalisierung" zu, die schon Ende der Sechzigerjahre des letzten Jahrhunderts begann, wie auch in der Ausdifferenzierung der Wertschöpfungskette (Supply Chain) und der damit verbundenen logistischen Herausforderungen. Auch in der sogenannten Vertikalisierung gehört die Bekleidungsindustrie (zusammen mit größeren Unternehmen des Bekleidungseinzelhandels) zu den Pionieren, indem sich die Industrie vor zwei Jahrzehnten intensiv mit eigenen Vertriebsstrategien (Point of Sale, POS) direkt an den Konsumenten wandte und im Einzelhandel mit eigenen Produktlinien die gesamte Wertschöpfungskette abdeckte. Man kann die Textil- und Bekleidungswirtschaft in Nordrhein-Westfalen in vier Teilbereiche differenzieren, in die (1) Textilindustrie, (2) Bekleidungsindustrie, (3) den Textileinzelhandel mit Bekleidung und (4) den Textileinzelhandel mit Wohntextilien. Alle gemeinsam zeichnen sich durch eine hohe Heterogenität in der Produktausrichtung, im Technologieeinsatz und im Supply Chain aus.

Die Textilindustrie ist – ebenso wie die Bekleidungsindustrie – durch einen langjährigen Strukturwandel geprägt, der einen erheblichen Abbau an Betrieben und Beschäftigten zur Folge hatte. In den letzten vier Jahren hat sich der Industriebereich stabilisiert. Seit 2012 konnte erstmals seit Jahrzehnten wieder ein leichter Beschäftigungszuwachs verzeichnet werden (vgl. BTE Handelsverband Textil 2015, S. 57). Heute ist die Textilindustrie in Nordrhein-Westfalen eine Hightechindustrie, die die Hälfte des Umsatzes mit „technischen Textilien" oder auch „innovativen Textilien" erzielt und sich als Zulieferer u. a. in der Automotive-Industrie, Luftfahrt, Energieerzeugung (Windkraft), Hoch- und Tiefbau, Schutzausrüstung oder Medizintechnik in hohem Maße etabliert hat. Auch der Textilmaschinenbau ist in Nordrhein-Westfalen sehr präsent. Neben einem Weltmarktführer für Spinnmaschinen finden sich allein in Mönchengladbach mehrere weltweit bedeutende Hersteller. Darüber hinaus verfügt die Textilindustrie weiterhin über eine starke Position im Bereich „Heim & Haus" mit Produktbereichen wie Teppichen, Gardinen, Bettwäsche oder Markisen. Obwohl die Textilindustrie in NRW in einer globalisierten Wertschöpfungskette produziert, verfügt sie weiterhin auch noch über relativ hohe Produktionsanteile am Standort.

Die Bekleidungsindustrie wie auch der Textileinzelhandel „Bekleidung" sind dagegen mit reinen Konsumgütern durch ein hohes Maß an Internationalisierung in der Wertschöpfungskette mit vergleichsweise geringen Produktionsanteilen in Deutschland und NRW vertreten. Der Textileinzelhandel „Wohntextilien" ist nicht in dem Maße „vertikalisiert" wie der Bekleidungshandel. Der Fokus liegt auf internationalen und globalisierten Handelstätigkeiten.

Während für den Textileinzelhandel in Nordrhein-Westfalen von einer grundsätzlichen regionalen Gleichverteilung der Unternehmen nach Bevölkerungsanteilen auszugehen ist, konzentriert sich die Textil- und Bekleidungsindustrie dagegen – historisch bedingt – auf die Regionen „Münsterland", „Ostwestfalen" und „Niederrhein" sowie speziell die Textilindustrie zusätzlich auf die Region „Wuppertal/Bergisches Land". Wird diese Verteilung zugrunde gelegt, so ergibt sich ein Potenzial von ca. 800 Betrieben für die Region „Niederrhein".

Für Bildung und Forschung ist NRW mit den Standorten Mönchengladbach und Aachen von internationaler Bedeutung und einer der wichtigsten deutschen Wissenschaftsstandorte für Textil und Bekleidung. Zur Hochschule Niederrhein gehört der europaweit größte Fachbereich für Textil- und Bekleidungstechnik, in den Studiengängen finden sich Technologie, Management und Design als Schwerpunkte. Das Forschungsinstitut für Textil- und Bekleidung gehört zu den führenden Instituten für Angewandte Forschung im Textilbereich. Auf dem Campus Mönchengladbach ist für das Jahr 2018 außerdem die Eröffnung der Textilakademie geplant, ein von den Textilverbänden aus Wuppertal und Münster auf den Weg gebrachtes privates Berufskolleg für Textilberufe mit Weiterbildungsakademie. Der Standort Aachen ist mit dem in der Fakultät für Maschinenbau der RWTH Aachen angesiedelten ITA (Institut für Textile Anwendungen) und dem DWI (Deutsches Wollinstitut) eine der führenden deutschen Forschungseinrichtungen für Anwendungs- und Grundlagenforschung. Außerdem ist die RWTH Aachen Ausbildungsstätte für Berufsschullehrer der Fachrichtungen Textil und Bekleidung.

Spätestens seit den Vorkommnissen in Pakistan (Brand der Textilfabrik Ali Enterprises in Karatschi 2012) und Bangladesch (Einsturz der teilweise illegal errichteten Textilfabrik Rana Plaza in Dhaka 2013) haben CSR und Unternehmensverantwortung eine neue Dimension für die Textil- und Bekleidungsindustrie sowohl im politischen Diskurs als auch in der Gesellschaft und in Unternehmen selbst erreicht. Kunden reagieren zunehmend sensibler auf Nachhaltigkeitsthemen und reagieren mit Boykottbereitschaft und teilweise erhöhter Preisbereitschaft. Vor diesem Hintergrund sind die beiden folgenden Projekte zu sehen.

2.2 FH-Struktur „CSR und Ethik: Ethisches Unternehmerhandeln im Spannungsfeld zwischen Kundenerwartungen und Lieferkettenmanagement (SEAM)"

Das Projekt „Ethisches Unternehmerhandeln im Spannungsfeld zwischen Kundenerwartungen und Lieferkettenmanagement" befasste sich in den Jahren 2014 bis 2016 mit den Grundlagen eines glaubwürdigen CSR-Managementsystems für KMU der Textil- und Bekleidungsindustrie. Die Firmen der Branche in Deutschland sind mit eigentümergeführten Unternehmen noch immer eher mittelständisch geprägt. Mit der Globalisierung aber ist die Transparenz über die Wertschöpfungskette verloren gegangen. Da unternehmerische Verantwortung für die gesamte Wertschöpfungskette von Stakeholdern, insbesondere von kritischer Öffentlichkeit und Kunden, zunehmend nachgefragt wird, sollten gemeinsam mit der Branche Grundlagen für ein ganzheitliches und praktikables CSR-Management und Hilfestellungen für die Unternehmen entwickelt werden.

Die Zielsetzungen des CSR-Projekts lagen in der Erhebung der vielfältigen gegenseitigen Erwartungen von Kunden und Unternehmen, um strategisch begründet Empfehlungen für ein CSR-Management ableiten zu können. In der Forschung werden diese Bereiche bislang überwiegend als getrennte Bereiche untersucht, wohl wissend, dass eine hohe

Interdependenz zwischen unternehmerischem Handeln und Kaufentscheidungen der Kunden besteht. Die Gesellschaft benötigt einerseits ethisch motivierte und glaubwürdige Unternehmer, die nachhaltig wirtschaften, und andererseits brauchen Unternehmen informierte und ethisch motivierbare Kunden, die den häufig höheren Preis für nachhaltige Produkte bezahlen, um am Markt bestehen zu können. Aus diesen Überlegungen heraus wurde das unternehmerische CSR-Handeln mit Wirkung auf das Konsumentenverhalten untersucht. Umgekehrt sollten auch die Kaufbereitschaft und Kaufakte der Kunden analysiert werden, um begründete Schlussfolgerungen für ein strategisches CSR-Handeln der Unternehmen ableiten zu können.

Die Glaubwürdigkeit eines CSR-Managements ist eine zentrale Größe, um im Markt mit CSR anerkannt werden zu können. Glaubwürdigkeit entsteht dann, wenn die Verfolgung profitorientierter Unternehmensziele auf einer ethisch-moralisch integren Basis und unter Übernahme von Verantwortung für gesellschaftlich relevante Themen seitens des Unternehmens sowie Ähnlichkeiten in den Wertvorstellungen und die Fähigkeit, CSR-Probleme zu lösen, von den Stakeholdern eines Unternehmens wahrgenommen werden. Die Verhaltensweisen und Werte müssen gegenüber Kunden und anderen Stakeholdern sichtbar gemacht werden, damit als Folge auf deren Seite ein Zuschreibungsprozess in Gang gesetzt wird. Nur wenn die Stakeholder Vertrauen schenken, wird ein CSR-Management als glaubwürdig bewertet und dem Unternehmer Integrität und Authentizität für das CSR-Handeln zuerkannt.

Die zentralen Fragen, die im Projekt beantwortet werden sollten, waren:

Was müssen Anbieter über Nachfrager wissen?

Was müssen Nachfrager über Anbieter wissen?

Was zum Thema CSR in der Lieferkette ist von Relevanz?

Um die Forschungsfragen zu beantworten, wurden verschiedene empirische Methoden eingesetzt:

- Unternehmerinterviews: Mit einer ausgewählten Anzahl von Unternehmern wurden teilstrukturierte Interviews durchgeführt, die der Erhebung der Werte und Motive der Unternehmer sowie ihrer CSR-Aktivitäten dienten.
- Onlinebefragung von Textilunternehmen: Zur quantitativen Untermauerung wurden in einer Onlinebefragung Textil- und Bekleidungsunternehmen zu ihren CSR-Aktivitäten befragt.
- Kundenbefragung: Auf der Kundenseite wurden Annahmen über die Unternehmen sowie deren soziale Verantwortung erhoben.
- Experimente: Um die Bedeutung von Nachhaltigkeit im Kaufakt selbst zu ermitteln, wurden zwei Experimente durchgeführt. Laborexperimente unter kontrollierten Bedingungen erlaubten verschiedene Nachhaltigkeitsinformationen bei einem simulierten Onlinekauf anzuzeigen. Mittels Eyetracking wurde verfolgt, welche Informationen die Probanden wahrnehmen.

- CSR-Workshops: Informationen aus den Erhebungen wurden aufbereitet und in Workshops den Unternehmen vorgestellt. Zudem wurden Ansätze für ein CSR-Management und für CSR-Reporting vorgestellt. Diskutiert wurde, wie eine strategische CSR-Orientierung aufgebaut werden kann.

Bisherige Ergebnisse zeigen, dass Kunden Nachhaltigkeitsinformationen kaum suchen und nachfragen, dagegen sich auf einen über die Presse vermittelten Gesamteindruck stützen, der sich an der Marke orientiert. Das macht es für Unternehmen im Niedrigpreissegment außerordentlich schwierig, ein für Kunden glaubwürdiges CSR-Management aufzubauen. Umgekehrt wird deutlich, dass die Unternehmen sich scheuen, CSR als Marketingansatz zu nutzen, solange sie ihr CSR noch nicht strukturiert haben. CSR wird innerhalb der Unternehmen weitgehend aus eigenem Antrieb zur Förderung von Qualität initiiert, die Kundennachfrage ist dabei von untergeordneter Bedeutung. CSR wird zudem eher als Risikomanagement verstanden, da sich kein Markenunternehmen mit Negativschlagzeilen auf den Titelseiten der Presse wiederfinden möchte.

2.3 EFRE CSR Kompetenzzentren NRW mit Kooperationspartnern

Als prioritäre Themen prägen CSR und Unternehmensverantwortung neue Leitbilder und Philosophien gerade in größeren Unternehmen. Aber auch im Bereich von „Kleinen und Mittleren Unternehmen" (KMU) ist die Thematik von hoher Bedeutung, wobei die Rahmenbedingungen anders sind: Kleine und mittlere Unternehmen haben in der Regel weder die notwendigen (Personal-)Ressourcen noch das notwendige Wissen oder auch das notwendige Kapital, um strukturiert und nachhaltig einen CSR-Prozess im eigenen Unternehmen durchzuführen. Gerade der Berliner Prozess zum „Bündnis für nachhaltige Textilien" 2014 hat gezeigt, dass die Umsetzung von geeigneten Maßnahmen im Bereich CSR äußerst komplex ist und zumindest eine Differenzierung nach Unternehmensgrößen erfordert. Dabei muss gerade den KMU eine Hilfestellung zur Implementierung und Umsetzung gegeben werden, um CSR umfänglich in der Bekleidungswirtschaft zu etablieren.

Dies ist der Ausgangspunkt für das „CSR-Kompetenzzentrum Textil- und Bekleidungswirtschaft Niederrhein", das mit Beginn des Jahres 2016 mit den Kooperationspartnern

- Forschungsstelle für Allgemeine und Textile Marktwirtschaft (FATM) an der Universität Münster,
- ZiTex – Verband Textil und Mode in NRW,
- Wirtschaftsförderung Mönchengladbach (WFMG)

durchgeführt wird. Mit dem Projekt, das bis zum Ende des Jahres 2018 geplant ist, soll ein CSR-Netzwerk in Nordrhein-Westfalen aufgebaut werden, in das kleine und mittlere Unternehmen der Textil- und Bekleidungswirtschaft direkt und umfassend einbezogen werden. Dabei sind die drei Säulen der Nachhaltigkeit Ökonomie, Ökologie und Soziales ebenso zentraler Gegenstand der inhaltlichen Ausrichtung wie Verbraucherbelange (Konsumentenverhalten/Beziehungen in der Wertschöpfungskette) und ethische Aspekte, wie sie z. B. mit den sechs Kernbereichen sowie den Prinzipien der ISO 26000 (DIN 2011) und den Indikatoren des GRI (GRI 2013) diskutiert werden.

Das Projekt hat eine klare Ausrichtung auf das Cluster Textil- und Bekleidungswirtschaft unter Berücksichtigung aller vor- und nachgelagerten Bereiche der textilen Wertschöpfungskette und ist regional ausgerichtet: Mit einem Bündel an Maßnahmen sollen einerseits sowohl das Bewusstsein für eine CSR-Unternehmensstrategie in KMU geschaffen werden als auch andererseits konkrete Informationshilfen für die Unternehmen erarbeitet und transferiert werden. Durch die Vorreiterrolle der Textil- und Bekleidungswirtschaft in globalisierten Wertschöpfungsketten ist ein Transfer der Ergebnisse hoch wahrscheinlich, dies umso mehr, da Textilien z. B. auch als Risikoprodukte in der Verordnung zum Tariftreue- und Vergabegesetz gelistet sind. Dies schafft unmittelbar einen Business Case für Unternehmen der Textil- und Bekleidungswirtschaft (vgl. Capitao et al. 2017), da soziale und ökologische Kriterien in der öffentlichen Beschaffung berücksichtigt werden können. Erste Städte in NRW wie Dortmund haben ihre Beschaffung bereits in Richtung Nachhaltigkeit umgestellt (Beschaffungsamt des Bundesministeriums des Inneren 2016).

Ein strategisches Ziel des Projektes sind die Steigerung der Qualität und Innovationsentwicklungen durch Kooperation von kleinen und mittleren sowie weiteren Unternehmen mit Forschungseinrichtungen über interdisziplinäre Netzwerke, die zu einer Erhöhung der ökonomischen, ökologischen und sozialen Innovationsfähigkeit führen sollen. Durch diese Zusammenarbeit in den horizontalen und vertikalen Wertschöpfungsketten wird eine Verbesserung der Wettbewerbsfähigkeit und des Renommees der Textil- und Bekleidungswirtschaft aus NRW im globalen Markt angestrebt. Im Ergebnis kann dies mittelfristig auch zur Verbesserung der Beschäftigungsverhältnisse in NRW, aber auch in der gesamten globalen textilen Kette führen.

CSR-Prozesse unterstützen die Initiierung und Umsetzung von Innovationen, die einen Beitrag zur Ressourcenschonung und somit zur umweltgerechten Entwicklung leisten, z. B. im Bereich Vermeidung von giftigen Chemikalien oder Recycling textiler Werkstoffe. Innovationen, die durch Risikominimierung entstehen, sowie resultierende Qualitätssteigerungen können im Idealfall zu einer Win-win-win-Situation im Zusammenspiel der drei CSR-Säulen führen.

Ein weiterer Ansatz des CSR-Projekts ist es, ein unternehmerisches CSR-Handeln in Wechselwirkung zum Konsumentenverhalten aufzubauen. Es besteht eine hohe Interdependenz zwischen unternehmerischem Handeln und Kaufentscheidungen der Kunden. Wenn die Gesellschaft ethisch motivierte Unternehmen benötigt, die nachhaltig wirtschaften, brauchen diese im Gegenzug informierte und ethisch motivierbare Kunden, die den häufig höheren Preis für nachhaltige Produkte dann auch bezahlen wollen.

Ziel des Projekts ist es auch, dass das „CSR-Kompetenzzentrum Textil- und Bekleidungswirtschaft Niederrhein" dauerhaft angelegt ist und die Initiativen nach dem Ende des Förderzeitraums in einer sich selbst tragenden Struktur sowohl bestehen bleiben als auch auf andere Regionen weiterwirken.

Die operativen Ziele des Projektes für den Zeitraum 2016 bis 2018 sind:

- die Erfassung der bisherigen Umsetzung von CSR-Aktivitäten im gesamten Cluster Textil und Bekleidung, insbesondere bei KMU,
- die Bewusstseinsbildung für die Chancen einer umfassenden CSR-Strategie im Management von KMU,
- die gemeinsame Erarbeitung von Handreichungen für die Entwicklung von CSR-Aktivitäten,
- die Begleitung von Unternehmen (KMU) bei unternehmensübergreifenden Gesprächsrunden und Workshops.

2.4 Sonstige Aktivitäten

Um die regionale Öffentlichkeit im Umfeld der Hochschule über die im EthNa diskutierten Themen zu informieren, aber auch um Impulse aus der Region für die Arbeiten des Kompetenzzentrums zu erhalten, wurden seit dem Sommersemester 2014 bislang drei öffentliche Vortragsreihen (im SS 2016 zusammen mit dem Deutschen Netzwerk Wirtschaftsethik DNWE) durchgeführt:

2.4.1 Vortragsreihe zu neuen Medien: Wie verändern die Neuen Medien reale und virtuelle Gemeinschaften? Ökonomische, sozialwissenschaftliche und ethische Perspektiven (2014)

Die digitalen Medien verändern zunehmend unsere Gesellschaft, unsere Lebensformen, unsere sozialen Beziehungen, unsere Arbeitswelt, unser Freizeit- und Konsumverhalten. Die Vortragsreihe untersuchte die Funktionsmechanismen der neuen Medien multidisziplinär. Medienkompetenz erschöpft sich schließlich nicht darin, die Medien technisch nutzen zu können. Sie zielt auch darauf ab, die mit der Mediennutzung verbundenen Ziele und die hierdurch hervorgerufenen Veränderungen der Lebenswelten zu reflektieren.

- Prof. Dr. Klaus Wiegerling, Institut für Technikfolgenabschätzung und Systemanalyse, Karlsruhe: Emanzipieren sich die digitalen Medien von den Zwecksetzungen ihrer Nutzer?
- Clarissa Henning, M. A., Hochschule der Medien, Stuttgart: Schöne neue Kommunikationswelt oder Ende der Privatheit?
- Prof. Dr. Christiane Bender, Hochschule der Bundeswehr, Hamburg: Der Angriff der Neuen Medien auf die personenbezogenen Dienstleistungen
- Prof. Dr. Thorsten Quandt, Universität Münster: Cyber Mobbing

2.4.2 Vortragsreihe zu den verschiedenen Dimensionen der Gerechtigkeit (2015)

Zwölf Millionen Menschen gelten als arm in Deutschland, einem der reichsten Länder der Welt. Die industriell verursachte Klimaveränderung bedroht Wohlstand, Gesundheit und Leben in besonders betroffenen Regionen der Welt und bei zukünftigen Generationen. Aber auch die normale Einkommensverteilung der arbeitenden Bevölkerung gibt Anlass zur Diskussion: Immer noch werden viele Frauen für gleiche Arbeit schlechter bezahlt als Männer, werden Angestellte gegenüber Beamten, zeitlich befristete gegenüber unbefristeten Angestellten benachteiligt, immer weiter liegen die Einkommen voneinander entfernt. Derzeit besonders virulent sind die Gerechtigkeitsdebatten im Zuge der seit 2008 aufgebrochenen Finanzkrise. Es ist nicht zu leugnen, dass es nennenswerte gesellschaftliche Gerechtigkeitsprobleme gibt. Gerechtigkeit war und ist in allen Kulturen ein zentraler Gegenstand des individuellen Verlangens und des sozialen Zusammenhalts. Gerechtigkeit besagt, dass „jeder das Seinige hat und tut", so der Philosoph Platon schon vor zweieinhalb Jahrtausenden. Aber was ist „das Seinige"? Mit dieser Formel allein ist wenig anzufangen, weil sie keine Maßstäbe hat. So ist Gerechtigkeit ein Leitziel der Menschheit, das in jeder Epoche und in allen gesellschaftlichen Sphären gleichsam neu zu buchstabieren ist. Unterschieden wird regelmäßig zwischen Verteilungsgerechtigkeit, Bedarfsgerechtigkeit, Chancengerechtigkeit, Leistungsgerechtigkeit, Geschlechtergerechtigkeit, sozialer Gerechtigkeit und anderen Aspekten.

- Prof. Dr. Gunzelin Schmid Noerr, Hochschule Niederrhein: Was ist Soziale Gerechtigkeit? Definitionen, Konzepte und Spannungsfelder
- Prof. Dr. Sascha Liebermann, Alanus Hochschule: Aus dem Geist der Demokratie: Bedingungsloses Grundeinkommen
- Dr. Annette Müller & Dr. Dagmar Wessler-Possberg, So. Con-Institut Hochschule Niederrhein: Gender im Diskurs – Wie Diskurse die geschlechtergerechte Besetzung von Führungspositionen verhindern
- Prof. Dr. Christoph Butterwege, Universität Köln: Armut, Bildung und Gerechtigkeit

2.4.3 Vortragsreihe „Menschenrechte in Unternehmen" (2016)

Menschenrechte schützen die Würde des Menschen. Sie weltweit zu implementieren, ist eine andauernde Herausforderung. Menschenrechte richten sich zwar grundsätzlich zunächst an Staaten, zunehmend aber werden Unternehmen als wichtige Verantwortungsträger wahrgenommen. Durch ihre weltweiten Wertschöpfungsketten – auch im Mittelstand – endet die Verantwortung nicht an den eigenen Werkstoren. Mit der Verabschiedung der „UN-Leitprinzipien für Wirtschaft und Menschenrechte" (Deutsches Global Compact Netzwerk 2014) wurde diese Verantwortung konkretisiert. Entsprechend erarbeitete die Bundesregierung im Jahre 2016 den „Nationalen Aktionsplan Wirtschaft und Menschenrechte" (NAP). Dieser sieht eine stärkere Einbeziehung und Verpflichtung der deutschen Unternehmen zum Thema Menschenrechte vor. Vor diesem Hintergrund ergeben sich verschiedenste Fragestellungen und Herausforderungen: Sind Menschenrechte nur für die

Produktion in den Entwicklungsländern von Bedeutung? Oder können Menschenrechtsverletzungen auch hier bei uns in Deutschland stattfinden? Wie lässt sich das Thema in Groß- und mittelständischen Unternehmen umsetzen? Die Vortragsreihe wurde erstmalig zusammen mit dem deutschen Netzwerk Wirtschaftsethik e. V. (DNWE) durchgeführt.

- Michael Windfur, Deutsches Institut für Menschenrechte: Menschenrechte – was ist das und warum sind sie relevant für Unternehmen?
- Philipp Bleckmann (Deutsches Global Compact Netzwerk/GIZ, Referent „Wirtschaft und Menschenrechte", Berlin) und Madeleine Koalick (twentyfifty ltd., Director of Consulting, Berlin): Wie können Unternehmen sich aktiv um Menschenrechte kümmern?
- Manuela Mewes, CSR-Managerin Kuchemeister GmbH: Praxisbeispiele – Wege zur erfolgreichen Implementierung der Menschenrechte

3 Zur Bedeutung der Verbindung von angewandter Forschung und Lehre

EthNa verfolgt das Ziel einer stärkeren institutionellen Verankerung von Wirtschafts- und Unternehmensethik sowie CSR in den Lehrinhalten, um die ethische Kompetenz der Studierenden zu fördern. Die ethische Kompetenz wird dabei als eine zentrale Schlüsselqualifikation für Fach- und Führungskräfte verstanden (Eigenstetter et al. 2012). In diesem Zusammenhang geht Gerholz (2011) von einem Dreiklang aus: (1) der fachwissenschaftlichen Ebene, (2) den Handlungsfeldern der Zukunft, denen die Studierenden begegnen werden, und (3) den Studierenden selbst mit ihren jeweiligen Erfahrungshintergründen. Ein situationsorientierter Ansatz ist dabei eher für die Bachelorstudierenden zu bevorzugen, die einen ersten berufsqualifizierenden Abschluss erwerben. Für die Masterstudierenden sind möglicherweise noch Metakompetenzen gefordert, damit sie mit Blick auf unterschiedliche Situationen abstrahieren und generalisieren können.

Der Fachbereich Textil- und Bekleidungstechnik hat auf diese Herausforderung reagiert, indem neben dem traditionell in den Curricula vorhandenen Fächern Ökologie und Umweltmanagement zusätzlich das Wahlpflichtfach CSR-Management eingeführt wurde und zahlreiche Projekte (u. a. in Kooperation mit Firmen und der NGO FEMNET) und Vortragsveranstaltungen (zuletzt ein Hochschultag für ökologische Marktwirtschaft) durchgeführt wurden. In Planung ist eine stärkere Verankerung der Themen in den im Rahmen der Reakkreditierung 2017 überarbeiteten Curricula:

In den Bachelorstudiengängen wird CSR-Management zum Pflichtfach in Modulen mit Ökologie bzw. Supply Chain Management gemeinsam gelehrt. Im englischsprachigen Masterstudiengang werden CSR, Wirtschaftsethik und Umweltmanagement in einem Pflichtfach erweitert und vertiefend gelehrt (vgl. hierzu auch Voller 2011). Die Projektarbeiten zum Thema sollen ausgebaut werden, der Austausch mit Firmen im Rahmen des CSR-Kompetenzzentrums und in Verbünden wie Maxtex und dtb soll vertieft werden.

Ähnliche Konzepte und Strukturen werden teilweise auch in den anderen Fachbereichen der Hochschule Niederrhein verfolgt. Beispielhaft sei hier auf den Fachbereich Wirtschaftswissenschaften hingewiesen, wo in den Bachelorstudiengängen „Wirtschaftsprüfung und Steuern" und „Berufsbegleitendes Betriebswirtschaftliches Studium" die Module „Wirtschaftsethik" Pflichtlehrveranstaltungen darstellen. Im Bereich der Vollzeitstudiengänge der Betriebswirtschaftslehre existieren die Wahlpflichtangebote

- Umweltmanagement und Öko-Controlling (BA),
- Ökonomische und rechtliche Aspekte der Umweltpolitik (BA),
- Wertemanagement, Wirtschaftsethik und CSR (MA).

Erkennbar ist, dass es mittlerweile eine zunehmende Zahl sowohl von Studierenden als auch von Kooperationspartnern aus der Praxis gibt, die Seminar-, Praxis- und Abschlussarbeiten zu den Themenbereichen CSR, Nachhaltigkeit und Umweltmanagement nachfragen bzw. anbieten. Das EthNa-Kompetenzzentrum bietet hierzu regelmäßig auch Themen zur Mit- und Zusammenarbeit an und übernimmt damit auch auf diesem Wege die Brückenfunktion von der Lehre über die Forschung in Richtung Praxis. Über diese Brücke geht dann auch eine nennenswerte und steigende Anzahl von Absolvierenden, die unmittelbar nach dem Studium eine Erstanstellung in den Unternehmensbereichen CSR und Nachhaltigkeit finden. Letztgenannter Wirkungskanal des EthNa ist natürlich der ideal vorstellbare, um auch – im Sinne des Wortes – nachhaltige Impulse in das Praxisumfeld der Hochschule und des Kompetenzzentrums zu initiieren.

4 Ausblick

Neben den eigentlichen Arbeiten des EthNa-Kompetenzzentrums werden in dessen Umfeld sowie demjenigen anderer Kompetenzzentren und Forschungsinstituten der Hochschule Niederrhein Studien zur Frage der von diesen Aktivitäten ausgehenden regionalen Impacts durchgeführt. Ziel ist es, zur Beantwortung der Forschungsfrage beizutragen, ob Hochschulen auf der Basis der bereits zuvor erwähnten „third mission" die steuernde und aktivierende Rolle eines Change Agent in Richtung einer nachhaltigen Entwicklung für ihre Standortregion einnehmen können und wie Nachhaltigkeitsimpulse von Hochschulen in ihr regionales, urbanes Umfeld gesteigert oder gar optimiert werden können. Dabei wird zunächst untersucht, ob und wie Hochschulen in der Lage sind, in ihrer Region Nachhaltigkeitsimpulse (ökologisch, ökonomisch, sozial) zu aktivieren. In diesem Zusammenhang soll ein möglichst umfassendes, systemisches Strukturmodell entwickelt werden, das die wesentlichen Wirkungsketten und Transferkanäle abbildet. Im Anschluss daran soll ein anwendungsorientiertes Konzept zur Messung regionaler Nachhaltigkeitseffekte von Hochschulen im Allgemeinen vorangetrieben werden. Dieses Konzept soll dann unmittelbar auf drei Projektbeispiele innerhalb der Hochschule Niederrhein angewendet werden, von denen eines das in Abschn. 2.3 erläuterte EFRE-Projekt „Regionales

CSR Kompetenzzentrum" ist. Ziel sind die qualitative und soweit möglich quantitative Bestandsaufnahme der von diesen Beispielprojekten ausgehenden Nachhaltigkeitseffekte in ihr regionales Umfeld sowie eine Abschätzung nichtgenutzter, aber hochschulseitig vorhandener Potenziale.

Die zentrale Aufgabenstellung des Projekts besteht in der Erarbeitung eines möglichst generell zu verwendenden Analyserasters zur Evaluierung der Change-Agent-Aktivitäten von Hochschulen und in der Folge in der Erarbeitung von Verbesserungsvorschlägen, die letztendlich zur Steigerung der von Hochschulen ausgehenden regionalen Nachhaltigkeitseffekte mit Blick auf den urbanen Raum führen sollen. Dabei ist zu vermuten, dass die von den Hochschulen ausgehenden Impulse in die Region umso signifikanter ausfallen, je

- systematischer die Themen Nachhaltigkeit und CSR in die Lehr- und Forschungsstrukturen der Hochschule verankert sind,
- stärker interdisziplinäre und Fachthemen sowie fachbereichs- und forschungsinstitutsübergreifende Projektansätze verfolgt werden,
- offener Hochschulen und die sie umgebenden Institutionen des regionalen Umfeldes miteinander kooperieren und kommunizieren.

Abschließend sei angemerkt, dass das Land Nordrhein-Westfalen für die zuvor beschriebenen Maßnahmen bislang einen adäquaten und die Entwicklungen unterstützenden Rahmen angeboten hat. Neben der Förderung von im Jahr 2017 insgesamt acht regionalen CSR-Kompetenzzentren in NRW sind insbesondere die Diskussionsreihen, wie z. B. die „Ständehausgespräche zur gesellschaftlichen Verantwortung von Unternehmen" (seit 2011), oder die Diskussionsrunden im Rahmen des CSR-Hochschultreffens zu nennen, die wesentliche Impulse für Initiierung und Weiterführung der CSR-bezogenen Diskussionen mit unterschiedlichen Institutionen beitragen.

Literatur

Beschaffungsamt des Bundesministeriums des Inneren (2016) Dortmund: Vorreiterkommune für eine nachhaltige Beschaffung. http://www.nachhaltige-beschaffung.info/SharedDocs/Kurzmeldungen/DE/2016/161110_newtrade_vorreiter-_DO_Duesseldorf.html?nn=3631298. Zugegriffen: 02. Dez. 2016

BTE Handelsverband Textil (2015) BTE Statistikreport 2015. Köln

Capitao O, Eigenstetter M, Wenke M (2017) Bedingungen für Business Cases in der Bekleidungsindustrie. In: Bungard P (Hrsg) CSR und Geschäftsmodelle. Springer, Wiesbaden

Deutsche Unesco-Kommission e.V. (Hrsg) (2011) Hochschulen für eine nachhaltige Entwicklung – Nachhaltigkeit in Forschung, Lehre und Betrieb. Deutsche Unesco-Kommission e.V., Bonn

Deutsches Global Compact Netzwerk (2014) Leitprinzipien für Wirtschaft und Menschenrechte. Umsetzung des Rahmens der Vereinten Nationen „Schutz, Achtung und Abhilfe", 2. Aufl. DGCN, Frankfurt

DIN (Deutsche Industrienorm) (2011) DIN ISO 26000. Leitfaden zur gesellschaftlichen Verantwortung (ISO 26000:2010). Beuth, Berlin

Eigenstetter M, Strobel A, Stumpf S (2012) Diagnostik ethischer Kompetenz. In: Kaiser S, Kozica A (Hrsg) Ethik im Personalmanagement. Zentrale Konzepte, Ansätze, Fragestellungen. Rainer-Hampp, München und Mering, S 225–246

Gerholz K-H (2011) Förderung ethischer Kompetenz in wirtschaftswissenschaftlichen Studiengängen – eine hochschuldidaktische Perspektive. Vortrag 6. Zittauer Gespräche zur Wirtschafts- und Unternehmensethik. Workshop des Internationalen Hochschulinstituts Zittau und des Deutschen Netzwerk Wirtschaftsethik (DNWE), 14–15. Oktober 2011.

GRI/Global Reporting Initiative (2013) G4 Leitlinien zur Nachhaltigkeitsberichterstattung. Berichterstattungsgrundsätze und Standardangaben. GRI, Amsterdam

Kanning H, Schiller D (2014) Engagierte Hochschulen: Pioniere des Wandels für nachhaltige Regionalentwicklungen? Räume im Wandel – global, regional, lokal Forschungsmagazin der Leibniz Universität Hannover 03/04:30–33

Roessler I, Duong C, Hachmeister C-D (2015) Welche Missionen haben Hochschulen? Third Mission als Leistung der Fachhochschulen für die und mit der Gesellschaft. Arbeitspapier 182. CHE Centrum für Hochschulforschung, Gütersloh

Voller R (2011) CSR gehört ins Curriculum. Die Neue Hochschule 4–5:200–201

Wissenschaftlicher Beirat der Bundesregierung Globale Umweltveränderungen (WBGU) (2012) Fact sheet 5: Forschung und Bildung für die Transformation. WBGU, Berlin

Prof. Dr. Monika Eigenstetter ist seit 2009 Professorin für Arbeits- und Organisationspsychologie an der Hochschule Niederrhein, führt seit 2013 das EthNa Kompetenzzentrum CSR und seit 2015 das Forschungsinstitut A.U.G.E. Zuvor war sie wissenschaftliche Mitarbeiterin am Lehrstuhl für Arbeits-, Betriebs- und Organisationspsychologie der Friedrich-Schiller-Universität Jena. Schwerpunkte ihrer Forschungs- und Lehrtätigkeit sind Ergonomie und Arbeitsgestaltung, Organisationskultur sowie Unternehmensethik und soziale Verantwortung von Unternehmen (Corporate Social Responsibility).

Prof. Dr. Rudolf Voller ist seit 1998 Professor für Mathematik am Fachbereich Textil- und Bekleidungstechnik der Hochschule Niederrhein und seit 2014 Dekan des Fachbereichs. Dort lehrte er auch Statistik, Rechnungswesen und Controlling. Seit 2008 sind die Themen fairer Handel, grüne Mode, Nachhaltigkeit und Corporate Social Responsibility (CSR) zusätzliche Arbeitsgebiete, so wurde er 2013 Mitglied des EthNa Kompetenzzentrums CSR. Zuvor war er wissenschaftlicher Mitarbeiter an der Heinrich-Heine-Universität Düsseldorf und Projektleiter und Assistent der Geschäftsleitung bei der Orgalogic GmbH in Köln. Themengebiete seiner Forschungs- und Lehraktivitäten sind Wirtschaftsmathematik, numerische Mathematik, Statistik, Controlling und Qualitätsmanagement, insbesondere für die textile Supply Chain, sowie Nachhaltigkeit und CSR.

 **Prof. Dr. Martin Wenke** ist seit 1997 Professor für Ökonomie, Ökologie und Ethik am Fachbereich Wirtschaftswissenschaften der Hochschule Niederrhein und seit 2013 Mitglied des EthNa Kompetenzzentrums CSR. Zuvor war er wissenschaftlicher Mitarbeiter und Projektleiter im Rheinisch-Westfälischen Institut für Wirtschaftsforschung RWI in Essen und danach Professor für Wirtschaftsmathematik und Statistik an der Fachhochschule Gelsenkirchen. Themengebiete seiner Forschungs- und Lehraktivitäten sind Makroökonomie, empirische Methoden der Wirtschaftsforschung sowie Umweltpolitik, Nachhaltigkeitsforschung, Wirtschafts- und Unternehmensethik und CSR.

Social Entrepreneurship in NRW – Herausforderungen im deutschen Kontext

Anika Lotter

1 Einleitung

Das Thema Entrepreneurship genießt in Deutschland zunehmend Aufmerksamkeit. War es vor einigen Jahren nicht mehr als ein Nischenphänomen, haben Formate wie „Die Höhle der Löwen" beim Fernsehsender Vox nun für den Durchbruch in den Mainstream gesorgt. Dieser Aufsatz möchte sich einer Nische in der Nische widmen, dem Social Entrepreneurship. Immer mehr Stimmen sprechen von Social Entrepreneurship als Modell zur Lösung von sozialen und ökologischen Problemlagen in der Zukunft, teilweise auch in der Gegenwart. Begründet ist dies unter anderem darin, dass der deutsche Wohlfahrtsstaat bald an seine Grenzen stoßen wird, denn zunehmender Wettbewerbsdruck und Knappheit fordern neue innovative, verantwortungsvolle, aber vor allem nachhaltige Handhabung und „good governance".

Unsere soziale Marktwirtschaft ist bisher so konstruiert, dass der Wohlstand aller Mitglieder durch verschiedene Mechanismen vermehrt werden kann. Verteilungspolitisch sind verfügbares Einkommen und Vermögen die monetäre Indikation für die Wohlstandsposition und die Verfügungsmacht über Leistungen und Güter, die am Markt erhältlich sind. Die Steigerung des Einkommens und Vermögens erfolgt unter anderem über den freien, funktionsfähigen Markt. Der Profit als Nebenprodukt effektiver Kapitalallokation, wird dem Wert zugeschrieben, den das Unternehmen schafft. Verluste erwirtschaftende Konkurrenten hingegen verlieren an Marktanteil, was den erfolgreichen Unternehmen zugutekommt. Ein solcher Mechanismus des freien Marktes führt zu einer allgemeinen Wohlstandsvermehrung.

A. Lotter (✉)
Center for Advanced Sustainable Management (CASM); Cologne Business School
Hardefuststraße 1, 50677 Köln, Deutschland
E-Mail: a.lotter@cbs.de

© Springer-Verlag GmbH Deutschland 2017
P. Bungard und R. Schmidpeter (Hrsg.), *CSR in Nordrhein-Westfalen*,
Management-Reihe Corporate Social Responsibility, DOI 10.1007/978-3-662-54190-6_8

Doch obgleich die Steigerung des Wohlstandes einige gesellschaftliche Probleme löst, schafft sie auch neue. Außerdem gibt es Aufgaben, die eine freie Marktwirtschaft nicht lösen kann. So bleiben externe Effekte wie Umweltverschmutzung in der Preispolitik unberücksichtigt, öffentliche Güter werden nicht bereitgestellt und benachteiligte Menschen werden vom Markt nicht bedient. Um diese Defizite auszugleichen, kommt der Staat ins Spiel. Doch um den komplexen Problemen einer globalen Welt durch effiziente und effektive Lösungen gerecht zu werden, reichen die oft wenig innovativen Ansätze und langen Implementierungsphasen des Staates nicht aus. Mit Social Entrepreneurship könnte sich dies ändern.

Social Entrepreneure vereinen wirtschaftlichen Erfolg mit sozialem Fortschritt. Internationale Erfolgsbeispiele wie der nachhaltige Onlineshop TOMS mit seinem Slogan „One for One" zeigen, dass durchaus beides miteinander kompatibel ist. Deutsche Beispiele sind die DialogMuseum gGmbH von Andreas Heinecke, die schwerbehinderten Menschen einen Zugang auf den ersten Arbeitsmarkt ermöglicht oder das Chancenwerk von Murat Vural, welches benachteiligte Schüler mit Migrationshintergrund Hilfestellung für den beruflichen Erfolg bietet. Neben den Chancen, die das Thema mit sich bringt, wird dieser Artikel insbesondere auf die Herausforderungen für Social Entrepreneure in Deutschland eingehen, die sich unter anderem aus dem traditionellen Sozialstaat, der Rechtsordnung und der Finanzierungsstruktur ergeben.

2 Social Entrepreneurship im deutschen Sozialstaat

2.1 Social Entrepreneurship, eine Definitionsfrage

Die Begriffe Social Entrepreneur und Social Entrepreneurship sind im deutschsprachigen Raum deckungsgleich mit Sozialunternehmer und Sozialunternehmertum (Brinkmann 2014, S. 11; Then et al. 2012, S. 5). Der wissenschaftliche Diskurs um Social Entrepreneurship ist in Asien bereits 1983 durch den Gründer der Grameen Bank, Pionier der Mikrofinanzierung und Nobelpreisträger, Muhammad Yunus, angestoßen worden, während es sich in Deutschland um eine verhältnismäßig neue Diskussion handelt (Heinze et al. 2013, S. 315). 2004 hat man sich erstmals im Rahmen der Sylter Runde, einem Gesprächskreis zu ausgewählten Themen aus Kultur, Wirtschaft und Wissenschaft, für eine Stärkung von Social Entrepreneurship in Deutschland ausgesprochen (Leppert 2012, S. 19). Bislang gibt es eine Varianz unterschiedlicher Positionen und eine einheitliche Definition des Begriffs ist nicht vorhanden (Leppert 2012, S. 13; Jansen et al. 2013, S. 21; Brinkmann 2014, S. 11). Eine Übersicht verschiedener Beiträge mit Definitionsangeboten bietet beispielsweise Leppert (2012, S. 20–32). Weitere Ergänzungen können Jansen et al. (2013) entnommen werden. Die Definition von Leppert dient als Grundlage des Artikels und soll im Folgenden kurz ausgeführt werden.

Social Entrepreneurs (Sozialunternehmer) in Deutschland sind Menschen, die eine konkrete am Gemeinwohl orientierte Aufgabe erkennen, eine für sich oder die jeweilige

Zielgruppe neue Lösungsidee dafür entwickeln und in eigener Verantwortung den Schritt von der Idee zur Umsetzung gehen. Social Entrepreneurship (Sozialunternehmerisches Handeln) beschreibt diesen Prozess des Erkennens und Bearbeitens dieser Aufgabe (Leppert 2012, S. 83).

Der Komplexitätsreduktion wegen greift Leppert drei Kernbegriffe auf, die in Grundzügen in allen bisherigen Definitionsangeboten aufgeführt werden: unternehmerisches, innovatives und soziales Handeln. Unternehmerisches Handeln ist ein Prozess, losgelöst von den Persönlichkeitseigenschaften einer Person, die eine Identifikation von Sozialunternehmern als solche schon vor einer erfolgreichen Implementierung erlaubt (Leppert 2012, S. 66). Innovation und auch innovatives Handeln sind nicht begründet in einer objektiv systemverändernden Entwicklung, die im Kontext des deutschen Sozialstaates beachtlich sein müsste, sondern wird von dem Akteur selber oder/und für das entsprechende Bezugssystem als neuartig wahrgenommen und hat einen verbesserten Zustand für den Betroffenen zur Folge (Leppert 2012, S. 73; Jansen et al. 2013, S. 35 ff. Brinkmann 2014, S. 11 ff.). Um die normative Aufladung des sozialen Handelns zu umgehen, scheint es sinnvoll, solches als Ergebnis eines Aushandlungs- und Verständigungsprozesses zu verstehen, dessen Definition den Beteiligten selber überlassen wird (Leppert 2012, S. 81).

Ein solches systemisch geprägtes und diskursorientiertes Verständnis von Sozialunternehmer und Sozialunternehmertum stellt die handelnden Akteure bzw. den soziokulturellen Kontext in den Mittelpunkt, anstatt zentralinstanzliche Vorgaben für ein Verständnis vorzugeben, und berücksichtigt somit die Herausforderungen des deutschen Erbringungskontextes im traditionellen Sozialstaat. Dabei ist besonders wichtig hervorzuheben, dass nicht eindeutig geklärt ist, ob Sozialunternehmen profitabel sein müssen (Huybrechts und Nicholls 2012, S. 37). So umfasst der Begriff Social Entrepreneurship neben profitablen Unternehmen mit sozialer oder ökologischer Mission, auch Social Business genannt, andere hybride Organisationsformen, für die Einnahmearten wie philanthropische Investments oder Spenden maßgeblich sind (Leppert 2011, S. 138). Wichtig ist an dieser Stelle jedoch die Abgrenzung zu dem Begriff Corporate Social Responsibility (CSR). Im Vergleich zu Social Entrepreneurship bedeutet CSR lediglich eine andere Möglichkeit für Unternehmen, Verantwortung zu übernehmen. Diese bezieht sich unter anderem auf Aspekte wie vorausschauendes Wirtschaften, Klima- und Umweltschutz, faire Arbeitsbedingungen des bereits bestehenden Unternehmens (Bundesministerium für Wirtschaft und Energie 2016, S. 11).

Initiativen werden in Deutschland von der öffentlichen Hand, dem Marktsektor und aus der Zivilgesellschaft angestoßen, wobei Letztere den größten Anteil ausmacht. Nach einer Studie des Centrums für soziale Investitionen und Innovationen (CSI) 2013 spannen sich die Aktivitätsfelder von Sozialunternehmen, die unter anderem in den Arbeitsfeldern der wohlfahrtsstaatlichen Institutionen tätig sind, über Jugendhilfe, Arbeitsmarktintegration, alternative Energiegewinnung, Fair Trade, Umweltschutz bis zur wirtschaftlichen Regionalentwicklung (Scheuerle et al. 2013, S. 8). „Die Investitionssummen liegen nach Schätzungen hierzulande zwischen 25 Mio. bis 80 Mio. Euro – verglichen mit den USA und Großbritannien ist dies ein vergleichsweise geringes Volumen" (Brinkmann 2014, S. 11). Aktuell umfassen sie aber immerhin schon 4000 Sozialunternehmer, Tendenz steigend (vgl. Brinkmann 2014, S. 11). Die Mehrzahl der deutschen Sozialunternehmen sind Kleinstunternehmen mit einem Jahresumsatz von unter 250.000 €. Einige wenige Akteure haben jährliche Einnahmen von bis zu 5 Mio. € (Scheuerle et al. 2013, S. 31).

2.2 Social Entrepreneurship: ein neues Phänomen?

Social Entrepreneurship ist keine neue Entwicklung in Deutschland. So haben Persönlichkeiten wie Friedrich Wilhelm Raiffeisen, einer der Begründer der Genossenschaftsbewegung, und Adolf Kolping, der Gründer des Kolpingwerkes, bereits im 19. Jahrhundert nach dem heutigen Verständnis sozialunternehmerisch gehandelt. Initiativen der Wohlfahrtsverbände in den 1980er-Jahren zur Integration von Langzeitarbeitslosen in den sog. zweiten Arbeitsmarkt durch die Werkstätten für Menschen mit Behinderung lassen ebenfalls den Schluss zu, dass Social Entrepreneurship im deutschen Kontext keinesfalls unbekannt ist (Scheuerle et al. 2013, S. 7; Schwendy 2008, S. 11).

Warum wird das Thema also gerade jetzt interessant für die deutsche Öffentlichkeit? Neue weltweite Stiftungen (z. B. Schwab Foundation, Vodafone-Stiftung, Siemens-Stiftung, Stiftung Mercator) und weitere Promotoren (z. B. Ashoka, Genisis Institut, Bon-Venture Gruppe, Social Impact Lab, Social Entrepreneurship Academy) bieten Finanzierungshilfe, Beratung, ein professionelles Netzwerk an Unterstützern und Investoren und geben deutschen Gründern die Chance, Ideen effektiv umzusetzen. Auszeichnungen (z. B. seif Award, SEA Award) und weitere Veranstaltungen (z. B. SensAbility, Vision Summit, Global Entrepreneurship Summer School) fordern Gründer heraus, Antworten auf gesellschaftliche Probleme zu finden. Unterstützt wird diese Gründungsdynamik durch die Entwicklung der Forschungslandschaft und eine Ausdifferenzierung der Ausbildungsangebote. Neben neuen Lehrstühlen wird Social Entrepreneurship zunehmend in die Curricula deutscher Hochschulen integriert (z. B. Wirtschaftsuniversität Wien, Universität Hamburg, EBS Universität für Wirtschaft und Recht Wiesbaden, CSI Heidelberg, Universität St. Gallen, Leuphana Universität Lüneburg, Zeppelin Universität Friedrichshafen, Cologne Business School) (Scheuerle et al. 2013, S. 53). Hinzu kommt der Ausbau politischer Fördermaßnahmen, wie beispielsweise das seit Januar 2012 im Auftrag des Bundesfamilienministeriums etablierte Investitionsprogramm der KfW Bankengruppe für Sozialunternehmen oder die Diskussion verschiedener öffentlich gesteuerter Regionalentwicklungsagenturen, um spezifische Problematiken wie Wohnkonzepte für Ältere zu lösen, die neben der Ausdifferenzierung der privaten Förderlandschaft ein weiterer Indiz für das Interesse an Social-Entrepreneurship-Ansätzen sind (Schwarz 2014, S. 176; Weitemeyer 2014, S. 42).

Ein weiterer Grund für das zunehmende Interesse an dem Thema sind Sparzwänge und Budgetkürzungen der öffentlichen Hand. Betrachtet man das Soziale aus betriebswirtschaftlicher Perspektive, einhergehend mit der Ökonomisierungsdebatte und dem fortwährenden Wandel des Sozialstaates, lässt sich ein zunehmender Trend hin zu der Berechnung der Wirtschaftlichkeit sozialer Leistungen erkennen, um langfristig Kosten zu senken (z. B. Altenheime, Krankenhäuser). Kritische Anmerkungen einiger Vertreter gegenüber der reaktiven Übertragung von ökonomischen Prinzipien auf Handlungsfelder des Sozialen sind in dem Argument begründet, dass eine kurze bzw. mittelfristige Konzentration auf Kostensenkung und Prozessoptimierung den Blick für die Zukunft von sozialen Organisationen trübt (Schwarz 2014, S. 48–49). Dennoch, durch den Wandel des Sozialstaates wird es in Zukunft nicht nur zu einer vermehrten Professionalisierung der Managementprozesse in sozialen Organisationen kommen, sondern zu einer steigenden Nachfrage an alternativen und innovativen Konzepten und Finanzierungsmöglichkeiten, insbesondere in den Bereichen der Jugendhilfe und der stationären Altenhilfe (Heinze et al. 2013, S. 316). So hat die Studie des Centrums für soziale Investitionen und Innovationen bereits gezeigt, dass die Gründungsdynamik auch vonseiten etablierter Akteure ausgeht, die „neue Geschäftsfelder erschließen oder interne Umstrukturierungen vornehmen (Intrapreneurship, Ausgründungen)" (Scheuerle et al. 2013, S. 37). Die Caritas mit ihrer bundesweiten Initiative Stromspar-Check zur Beschäftigung von Langzeitarbeitslosen, die Caritas Wien mit der Anstellung von Flüchtlingen aus aller Welt in dem Hotel Magdas oder die Diakonie Baden mit dem Integrationsbetrieb Loony Design sind hier beispielhaft. Ob eine innovative Herangehensweise sozialer Organisationen oder der Unternehmergeist von Gründern, Social Entrepreneurship ist ein Phänomen, das zunehmend das Interesse der Öffentlichkeit und Diskursfähigkeit gewinnt.

2.3 Rechtsform und Gemeinnützigkeit

Obgleich die Grenzen zwischen Non-Profit-Sektor und Profitsektor immer mehr verwischen, gibt es in Deutschland noch keine Rechtsform für entsprechende hybride Organisationsformen, die Rentabilität und das Verfolgen sozialer Zwecke (einhergehend mit den in Deutschland gegebenen steuerrechtlichen Vorteilen) miteinander verbinden (Weitemeyer 2014). Eine solche Schaffung rechtlicher Rahmenbedingungen sollte dazu beitragen, die bereits im Koalitionsvertrag (2013) der 18. Legislaturperiode vorgesehene Umsetzung zu begleiten und anstelle einer bloßen Akzeptanz eine aktive Förderung von Social Entrepreneurship in Deutschland zu erreichen und somit ein neues Rechtskleid zu schaffen (Weitemeyer 2014, S. 44). Eine neue Rechtsform muss, in Anbetracht der häufig geringen Gewinnmargen, kostengünstig und einfach zu handhaben sein, etwas, das mit bestehenden Rechtsformen schwer zu verwirklichen ist (Weitemeyer 2014, S. 45). Die bestehenden Rechtsformen „Gesellschaft bürgerlichen Rechts, Verein, Genossenschaft, Kooperationsgesellschaft, gemeinnützige GmbH, Unternehmensgesellschaft und Aktiengesellschaft", die Social Entrepreneuren in Deutschland zur Verfügung stehen, sollen im Folgenden kurz skizziert werden (Weitemeyer 2014, S. 45).

„Da das Handeln von engagierten Einzelpersonen mit Handlungsrisiken behaftet ist, entsteht für Social Entrepreneurs die Frage der Wahl einer geeigneten Rechtsform mit Haftungsbeschränkung, zumal nur Organisationen in der Form einer Körperschaft nach § 51 Abs. 1 Abgabenordnung (AO) den Status der Gemeinnützigkeit erlangen, also steuerfreie Einnahmen generieren (§ 5 Körperschaftssteuergesetzt [KStG], § 9 Gewerbesteuergesetzt [GewStG]) und als Sonderausgabe steuerbegünstigt Spenden empfangen (§ 10 Einkommensteuergesetz [EstG]) können. Nicht durchgesetzt hat sich die Forderung, auch *rechtsfähigen Personengesellschaften* soll die steuerliche Gemeinnützigkeit zuerkannt werden" (Weitemeyer 2014, S. 45). Zu beachten ist jedoch, dass eine solche Gemeinnützigkeit das Verbot der Gewinnausschüttung an Stifter, Gesellschafter oder Mitarbeiter gemäß § 55 Abs. 1 S. 1 Abgabenordnung (AO) beinhaltet.

Wollen Sozialunternehmer einen *Idealverein* im Sinne des § 6 Bürgerliches Gesetzbuch (BGB), sind mindestens sieben Gründer nötig. Eine solche Bündelung der Interessen eignet sich beispielsweise für JOBLINGE. „Mit JOBLINGE haben Akteure aus Wirtschaft, Staat und Gesellschaft ein Förderprogramm für geringqualifizierte arbeitslose Jugendliche aufgebaut. Mehr als 65 % der Teilnehmer gelingt die Aufnahme in nicht geförderte Ausbildung oder Arbeit" (Bundesministerium für Wirtschaft und Energie 2016, S. 5). Auch das Grandhotel Cosmopolitan ist ein gemeinnütziger Verein, der neben dem normalen Hotelbetrieb eine Gemeinschaftsunterkunft für Asylbewerber bietet. Vereine, die hingegen primär wirtschaftlichen Interessen nachgehen, sind wirtschaftliche Vereine gemäß § 22 Bürgerliches Gesetzbuch (BGB). Sie werden durch die zuständigen Vereinsbehörden jedoch nur in Ausnahmefällen erlaubt, wenn keine andere Rechtsform zumutbar ist. Dabei gilt, dass die wirtschaftliche Betätigung nur dann unschädlich für den idealen Charakter des Vereins ist, wenn sie lediglich eine Nebentätigkeit des Vereins repräsentiert. Die Reichweite der Nebentätigkeit ist in jüngster Zeit erneut Diskussionsgegenstand. So könnte das Konzept, wie beispielsweise das der Weltläden, in Zukunft auf dem Prüfstand stehen, da sie sich überwiegend aus den Gewinnen der verkauften Ware finanzieren (Weitemeyer 2014, S. 46).

Laut den aktuellen Statistiken werden *Genossenschaften* in Deutschland zunehmend unattraktiver. „Im Jahr 2008 gab es in Deutschland 7491 Genossenschaften, im Jahr 2013 konnte man nur noch 5669 Genossenschaften zählen" (Weitemeyer 2014, S. 47). Viele Genossenschaften haben sich zudem zu Aktiengesellschaften oder Gesellschaften mit beschränkter Haftung umgewandelt. Einer der Gründe hierfür sind umfassende Prüfungspflichten. Aus diesem Grund gibt es seit 2006 die kleine Genossenschaft mit erleichterten Voraussetzungen gemäß § 24 Genossenschaftsgesetz (GenG), die die Mitgliederanzahl allerdings auf 20 beschränkt, was für einige Initiativen, wie beispielsweise Bürgerenergiegenossenschaften, eindeutig zu wenig ist. Obgleich die Anzahl der Genossenschaften in Deutschland gesunken ist, entscheiden sich nach der Studie des Centrums für soziale Investitionen und Innovationen (CSI) Social Entrepreneure zunehmend für die Genossenschaft als Organisationsform (Scheuerle et al. 2013, S. 37).

„Wird der Social Entrepreneur tatsächlich überwiegend am Markt tätig und bietet Leistungen gegen Entgelt an Dritte an, ohne dass es sich um eine genossenschaftliche Struktur der Hilfe zur Selbsthilfe handelt, bietet sich die Rechtsform einer für alle Zwecke offen stehenden *Kapitalgesellschaft* an" (Weitemeyer 2014, S. 48). Nach einer Befragung der

Initiative Zivilgesellschaft in Zahlen (ZIVIZ) gibt es bereits 10.006 registrierte gGmbHs in Deutschland (Krimmer und Priemer 2013, S. 82). So hat es sich die Rock your Life gGmbH zum Ziel gesetzt, Studierende als Coaches zu qualifizieren, die ehrenamtlich Schüler aus sozial, wirtschaftlich oder familiär benachteiligten Verhältnissen auf dem Weg in den Beruf begleiten. Auch VerbaVoice, Pegasus GmbH, Original Unverpackt, Ruffboards oder Auticon sind Sozialunternehmen, obgleich sie rechtlich nicht als gemeinnützig anerkannt sind. Für die Gründung einer GmbH ist allerdings ein Mindestkapital in Höhe von 25.000 € notwendig. Diese Herausforderung ist für größere Organisationen weniger problematisch als für den einzelnen Social Entrepreneur. Als Lösung kommt hier seit dem Gesetz zur Modernisierung des GmbH-Rechts und zur Bekämpfung von Missbräuchen (MoMiG) von 2008 die *Unternehmergesellschaft*, auch UG, in Betracht, bei der kein Stammkapital zum Gründungszeitpunkt vorgewiesen werden muss. „Die gemeinnützige Unternehmensgesellschaft, also die geradezu wörtliche Entsprechung für ‚Social Entrepreneurship', bietet wie die GmbH eine Beschränkte Haftung auf das Gesellschaftsvermögen, § 13 Gesetz betreffend die Gesellschaften mit beschränkter Haftung (GmbHG), kann aber ohne ein Mindestkapital gegründet werden, wenn sie jeweils ein Viertel ihres Jahresgewinns in eine Kapitalrücklage bis zur Höhe von 25.000 € einstellt" (Weitemeyer 2014, S. 49). Sowohl die GmbH als auch die UG werden von vielen Social Entrepreneuren bevorzugt.

Die *Aktiengesellschaft* (AG) gewinnt im Gemeinnützigkeitssektor immer mehr Zuspruch, so etwa die gemeinnützige Aktiengesellschaft betterplace.org. Der Vorteil besteht darin, dass die Organisation Aktionäre direkt beteiligen kann. Der Beteiligte kann durch die Aktie somit einen symbolischen Gegenwert für die Beteiligung erhalten, denn bei einer gemeinnützigen AG können lediglich die Einlagen zurückgegeben werden. Gewinne oder Dividenden dürfen nicht ausgeschüttet werden, eine Regelung, die zudem in der Satzung verankert sein muss (Weitemeyer 2014, S. 50).

In Zukunft sind weitere Reformen notwendig, die der genaueren rechtswissenschaftlichen Untersuchung bedürfen, auch um eine größere, politische Aufmerksamkeit zu erzielen. Dazu gehören Überlegungen zu „Möglichkeiten und Grenzen wirtschaftlicher Betätigung von Ideal- und von Wirtschaftsvereinen im Zivilrecht" (Weitemeyer 2014, S. 57). Auch müssen rechtliche Grundlagen geschaffen werden, die den Ausstieg von zu erfolgreich gewordenen gemeinnützigen NPOs ermöglichen und ihnen eine Eingliederung in die Marktwirtschaft erleichtern.

2.4 Die Finanzierungsfrage

2.4.1 Finanzierungsinstrumente

Eine nachhaltige Profitabilität wird von Social Entrepreneuren durchaus angestrebt. Neben eigenen Einnahmen benötigen viele zusätzliches Kapital aus öffentlichen Mitteln, Förderprogrammen oder Spenden. Der Vorteil: Im Vergleich zu anderen Unternehmen haben Sozialunternehmer deutlich mehr Finanzierungsmöglichkeiten. Der Nachteil: Durch die oft hybride Finanzierungsstruktur ist es nicht immer leicht, den passenden Mix zusammenzustellen.

Das breite Spektrum an Aktivitäten von Social Entrepreneuren findet sich auch in den Finanzierungsinstrumenten wieder. Dabei ist zwischen Innen- und Außenfinanzierung zu unterscheiden (Abb. 1).

Die etwas weiter gefasste „Innenfinanzierung umfasst die Einkommensströme, die Sozialunternehmen zur Verfügung stehen. Diese beinhalten Leistungsentgelte und Zuschüsse von der öffentlichen Hand, Umsätze, Sponsoringbeiträge, Mitgliedsbeiträge und andere Einkommensquellen von der Zielgruppe oder Begünstigten" (Achleitner et al. 2013, S. 154). Leistungsentgelte sind Zahlungen für Leistungen, zu denen sich die öffentliche Hand gemäß der Gesetzgebung verpflichtet hat. Darüber hinaus vergibt der Staat Zuschüsse für soziale Zwecke, die gesetzlich zwar nicht vorgeschrieben sind, jedoch für unterstützenswert gehalten werden. Beispielhaft ist hier das vom Bundesfamilienministerium initiierte Investitionsprogramm der KfW Bankengruppe für Sozialunternehmen. Zuschüsse können in direkte Zuschüsse, wie beispielsweise die Projektfinanzierung, und indirekte Zuschüsse, wie die Steuerabzugsfähigkeit von Spendengeldern und gewisse steuerliche Privilegien bei einer anerkannten Gemeinnützigkeit, unterteilt werden.

Neben Umsätzen und Mitgliedsbeiträgen, durch die der Organisation monatlich ein gewisser Betrag zur Verfügung steht, gibt es die Möglichkeit des Sponsorings. Sponsoring beinhaltet die Förderung eines Sozialunternehmens durch ein Unternehmen entweder in

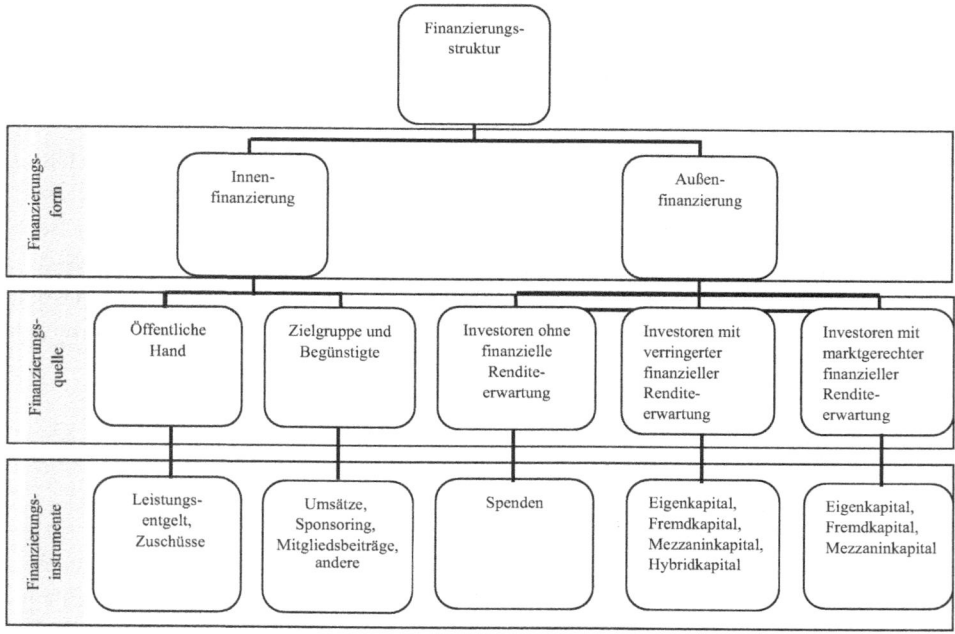

Abb. 1 Finanzierungsstruktur von Sozialunternehmen. (Quelle: Achleitner et al. 2011)

Form von Geldleistungen, aber auch gelegentlich Sach- und Dienstleistungen, mit der Erwartung einer Gegenleistung, die die Marketing- und Kommunikationsziele unterstützt. Unter anderen Einkommensquellen, auf die Sozialunternehmer zurückgreifen können, versteht man zudem ehrenamtliches Engagement, Sachspenden, Strafzahlungen durch Bußgeldzuweisungen von Gerichten oder Preisgelder (vgl. Scheuerle et al. 2013, S. 44).

Bei der Außenfinanzierung hingegen handelt es sich um finanzielle Mittel aus externer Quelle. Mögliche Finanzierungsinstrumente sind hier: Spenden und Spendenmezzanine, Fremdkapital- und Mezzaninfinanzierung, Eigenkapitalfinanzierung und Sonderformen. Spenden beinhalten alle Formen der klassischen Zuwendung ohne Rückzahlungsversicherungspflicht oder Gegenleistung. Ist die Empfängerorganisation nach § 51 Abgabenordnung (AO) als gemeinnützig anerkannt, kann die Spende steuerlich abgesetzt werden. Auf den ersten Blick scheint diese eine perfekte Finanzierungsform, ist aber in der Praxis nicht selten mit versteckten Kosten und einem erheblichen bürokratischen Aufwand verbunden. Dennoch, bei einem verhältnismäßig geringen Spendenvolumen in Deutschland, das je nach Erhebungsmethode zwischen 2,1 Mrd. Euro und 4,6 Mrd. Euro variiert, stellen Spenden, insbesondere für kleinere Sozialunternehmen, eine wichtige Finanzierungsquelle dar (Achleitner et al. 2013, S. 156; Scheuerle et al. 2013, S. 41). Unter Spendenmezzaninen hingegen versteht man zinsgünstige Darlehen, Wanderspenden, Garantien und Bürgschaften oder Recoverable Grants (Achleitner et al. 2007, S. 16–17).

„Als Fremdkapital bezeichnet man im Normalfall eine Finanzierung durch Darlehen eines Kreditgebers (i. d. R. Banken)" (Achleitner et al. 2007, S. 17). Die Mezzaninfinanzierung hingegen ist primär für profitorientierte Unternehmen relevant und beinhaltet stille Beteiligungen (atypisch und typisch), Wandelanleihen, nachrangige Darlehen und Genussscheine.

Die externe Eigenkapitalfinanzierung ist ebenfalls für profitorientierte Social Entrepreneure von Interesse. Mittel können entweder durch eine Aufnahme von weiteren Gesellschaftern oder durch eine Erhöhung der Kapitaleinlagen, z. B. durch den Verkauf von Aktien, zugeführt werden. Eine weitere zentrale Rolle zur Erhöhung des Kapitals, insbesondere des Startkapitals, spielen die Crowdfundingplattformen, mit der Möglichkeit des Donation-Based-Crowdfundings, Reward-Based-Crowdfundings, Crowdinvesting und Crowdlending (Bundesministerium für Wirtschaft und Energie 2016, S. 9).

2.4.2 Finanzierungsquellen

Hinsichtlich der Innenfinanzierung von Sozialunternehmen trägt die öffentliche Hand einen erheblichen Betrag zur Finanzierung bei (Scheuerle et al. 2013, S. 41). Darüber hinaus sind zumeist die Zielgruppe und die Begünstigten eine wichtige Finanzierungsquelle. So können beispielsweise gering qualifizierte arbeitslose Jugendliche (Zielgruppe) nach einem erfolgreichen Abschluss einer beruflichen Qualifizierungsmaßnahme in einem Unternehmen (Begünstigte) eingestellt werden.

In Bezug auf die Außenfinanzierung können Investoren entweder eine marktgesteuerte, finanzielle Renditeerwartung, keine finanzielle Renditeerwartung oder eine Mischung beider Erwartungshaltungen (sog. Double-Bottom-Line-Investoren) haben. Für Letzteres gibt es eine gewisse Präferenz seitens der Sozialunternehmen und der Kapitalgeber, was allerdings auch mögliches Konfliktpotenzial mit sich bringt. Für Social Entrepreneure seltener von Interesse sind dabei die herkömmlichen „Aktien- und Rentenfonds, Private-Equity und Venture-Capital-Fonds (auch mit Fokus auf soziale und ökologische Themen) sowie Banken und andere Kreditgeber" (Achleitner et al. 2007, S. 18; Scheuerle et al. 2013, S. 40).

Betrachtet man andererseits die Finanzquellen der Spendenfinanzierung, die in vielen Fällen einen wichtigen Bestandteil des Sozialunternehmens darstellt, wird deutlich, dass insbesondere Privatpersonen, aber auch klassische Unternehmen einen Teil ihres Vermögens als Kapital, entweder über einen Intermediär oder direkt, zur Verfügung stellen. Beispielhaft sind hier BonVenture oder Ashoka, aber auch die Bill und Melinda Gates Stiftung und die Skoll Foundation, die in Sozialunternehmer investieren.

„Die typische, nicht profitorientierte und nicht-staatliche Finanzierungsquelle sind Stiftungen" (Achleitner et al. 2007, S. 18). Mit einem gewissen Kapitalstock ausgestattet stellen sie sicher, dass durch die Zinserträge Projekte unterstützt werden, die dem Stiftungszweck entsprechen. Stiftungen greifen dabei zumeist auf die Spendenfinanzierung zurück. Da die Stiftungssatzung einen bestimmten Förderbereich vorsieht, z. B. Bildung für Kinder mit Migrationshintergrund, sind Stiftungen zumeist auf der Suche nach neuen Ideen aus diesem Bereich und fördern typischerweise mehrere Projekte gleichzeitig. Dabei gilt es vor allem, Modellprojekte ausfindig zu machen, in der Hoffnung, dass eine langfristige Finanzierung vom Staat übernommen wird. Passiert dies nicht, wird das Projekt eingestellt. Die Praxis sieht leider nicht immer so optimistisch aus. Overheadkosten, die am besten so gering wie möglich gehalten werden, führen häufig zu einem Qualitätsverlust des Projektes, die kurzfristige Finanzierung reicht oft nicht über die Pilotphase hinaus, da eine mögliche Einbettung der Leistungen in den Sozialstaat verhältnismäßig lange dauert und die Projektevaluierung, einhergehend mit dem bürokratischen Aufwand, sehr zeitintensiv ist. Die Stiftungsfinanzierung ist demnach nicht immer die beste Wahl, wenn es um die Finanzierung von Sozialunternehmen geht (Achleitner et al. 2007, S. 18–19).

Einen interessanten Ansatz stellt die seit den 1990ern in den USA und seit Beginn des 21. Jahrhunderts in England entwickelte Venture Philanthropy dar. Die European Venture Philanthropy Association (EVPA), die 2004 gegründet wurde, definierte Venture Philanthropy durch eine „aktive Partnerschaft, den Einsatz von unterschiedlichsten Finanzierungsinstrumenten entsprechend den Bedürfnissen der Empfängerorganisation, die nicht-finanzielle Unterstützung beim Organisationsaufbau und durch das Ziel des Investors, die soziale Rendite zu maximieren" (Achleitner et al. 2007, S. 18–19). Im Vergleich zu Stiftungen haben Venture-Philanthropy-Fonds einige Vorteile. Unter anderem wird das Risiko in der Finanzierungsentscheidung miteinbezogen, statt kleiner Projekte werden effektive Organisationen finanziert, neben Kapital wird Managementexpertise eingebracht und das Netzwerk des Fonds zur Verfügung gestellt und es wird über eine sinnvolle Exitstrategie nachgedacht, um den Erfolg nachhaltig zu sichern. Das Investitionsvolumen europäischer Venture-Capital-Fonds, das bereits investiert wurde, beläuft sich auf über eine Milliarde Euro (Achleitner et al. 2013, S. 154). Neben Venture Philanthropy, die sich hauptsächlich auf die soziale Rendite bezieht, sind Social Venture Capital Fonds (z. B. ANANDA) entstanden, die zudem eine finanzielle Rendite anstreben und somit den klassischen Venture Capital Fonds am nächsten stehen (Achleitner et al. 2007, S. 19).

„Insgesamt wird deutlich, dass Sozialunternehmen über ihre gesamte Lebensspanne unterschiedliche Finanzierungsformen sowohl aus öffentlicher als auch privater Hand kombinieren, die zu einem unterschiedlichen Teil leistungsbasiert sind. Damit weisen Sozialunternehmen in der Regel eine hybride Finanzierungsstruktur auf" (Scheuerle et al. 2013, S. 42). Beratungsagenturen, wie die Finanzierungsagentur für Social Entrepreneurship (FASE), helfen dabei, durch das Zusammenbringen von Privatinvestoren, Family Offices, Stiftungen und sozialen Investoren bis zu Banken, der öffentlichen Hand und Unternehmen soziale Wirkung durch Wachstumsfinanzierung zu maximieren.

3 Soziale Geschäftsmodelle

3.1 Möglichkeiten für Social Entrepreneure

Entrepreneure sind dafür bekannt, Probleme durch innovative Geschäftsmodelle zu lösen. Dasselbe gilt auch für Social Entrepreneure, mit dem Unterschied, dass neben Innovationsgeist und wirtschaftlicher Wertschöpfung die nachhaltige Lösung eines gesellschaftlichen oder ökologischen Problems im Mittelpunkt steht (Social Impact). Im Folgenden wird ein Ansatz zur Verortung des Social Impacts von Sozialunternehmen übernommen, der auf einer allgemeinen Kategorisierung von Geschäftsmodellen der St. Gallen Universität basiert (Unterberg et al. 2015, S. 22). „Gassemann et al. haben auf der Grundlage empirischer Forschungsarbeiten festgestellt, dass über 90 % der aktuellen Geschäftsmodellinnovationen lediglich Rekombinationen aus Ideen, Konzepten und Elementen von bestehenden Geschäftsmodellen aus anderen Industrien darstellt" (Unterberg et al. 2015, S. 22). Dabei sind die zentralen Bausteine Antworten auf folgende Fragen: „Mit welchem Verfahren (wie?) werden welche Leistungen (was?) für welche Kunden (wer?) mit welchem Mehrwert (wert?) angeboten?", wie in Abb. 2 zusammengefasst (Unterberg et al. 2015, S. 22).

Da diese Herangehensweise prinzipiell auch für Social Entrepreneure gilt, die mit ihrer Unternehmenstätigkeit wirtschaftlich rentabel sein wollen, können diese vier Dimensionen durchaus für die Kategorisierung von Sozialunternehmen in Betracht gezogen werden. Dabei muss die Ebene der Ertragserzielung um die des sozialen bzw. ökologischen Mehrwerts erweitert werden. Denn obgleich Sozialunternehmen im Vergleich zu traditionellen Unternehmen zumeist ertragsorientiert auf Zielkunden ausgerichtet sind, wird dem Social Impact als eigentlichem Zweck des Leistungsangebotes eine übergeordnete Rolle zuteil. Zur Lokalisierung des Social Impacts kann ein weiteres Dreieck dargestellt werden (Abb. 3), bei dem der soziale Mehrwert entlang der Dimensionen „'was'(Produkt), ‚wer'

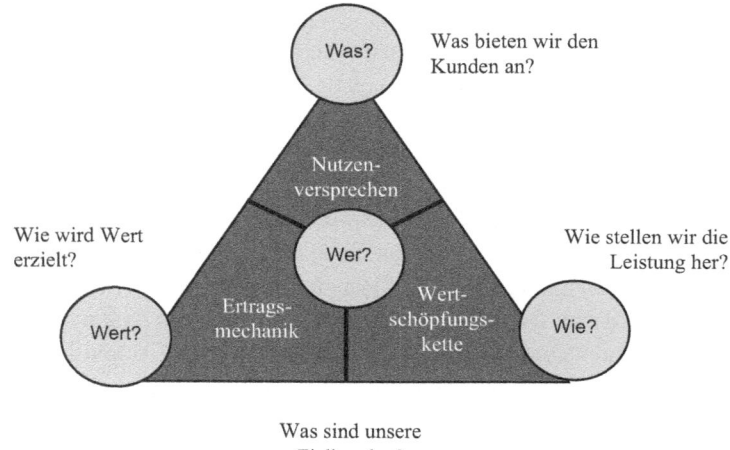

Abb. 2 Das magische Dreieck mit den vier Dimensionen eines Geschäftsmodells. (Gassmann et al. 2013)

(Zielgruppe) und ‚wie' (Wertschöpfungskette)" abgeleitet wird (Unterberg et al. 2015, S. 23).

Nach der Beratungserfahrung aus dem Social-Impact-Lab hinsichtlich sozialer Geschäftsmodelle orientieren sich Sozialunternehmen zumeist eindeutig entlang der drei Dimensionen Zielgruppe, Produkt und Wertschöpfungskette. „So generieren von 100 aktuellen Sozialunternehmen 36 % ihren Social Impact über ihr Produkt, 21 % über ihre Wertschöpfungskette und 41 % über ihre Zielgruppe" (Unterberg et al. 2015, S. 24). Der Studie zufolge weisen Sozialunternehmen, im Vergleich zu den Organisationen der klassischen Sozialwirtschaft, innovative Geschäftsmodelle primär in den Bereichen der Wertschöpfung und des Produktes auf. Die soziale Mehrwertproduktion ist demnach bis zu einem gewissen Maß unabhängig vom Zielkunden. Dienstleistungen und Produkte kön-

Abb. 3 Dimensionen der Social-Entrepreneurship-Geschäftsmodelle. (Quelle: Jahnke et al. 2015, S. 18)

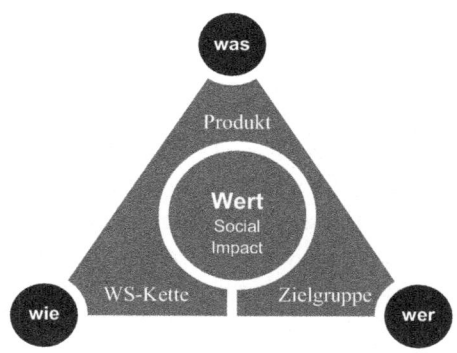

nen zumeist für den ganzen verfügbaren Markt angeboten werden. „Somit ergeben sich klarere ökonomische Geschäftsmodelle mit einem Transfer des erwirtschafteten Ertrags in die soziale und gesellschaftliche Mehrwertproduktion" (Unterberg et al. 2015, S. 24).

Bei sozialunternehmerischen Geschäftsmodellen, die einen sozialen Mehrwert primär über die Adressierung der Zielgruppe schaffen, ist der Social Impact wesentlich stärker mit der Leistungserbringung gekoppelt. Für tragfähige Ertragsmechanismen müssen soziale als auch ökonomische Aspekte miteinander kombiniert werden, wodurch diese Geschäftsmodelle in der Praxis, unter anderem durch die notwendige Hybridfinanzierung, an Komplexität gewinnen. Zumeist sind Sozialunternehmen mit einem solchen Geschäftsmodell als gemeinnützig anerkannt oder unter karitativen Organisationen mit Erwerbsanteil zu finden (Unterberg et al. 2015, S. 24).

3.2 Social Entrepreneure aus NRW: Best-Practice-Beispiele

Ob in der Bekleidungsindustrie oder im Lebensmittelsektor, überall gibt es Individuen, die nicht nur den reinen Profit suchen, sondern einen gesellschaftlichen Mehrwert schaffen. Welche sozialen oder ökologischen Probleme Social Entrepreneure aus NRW zu einer Gründung bewegt haben und welche Sozialunternehmen daraus entstanden sind, wird in den nächsten Abschnitten dargelegt. Um einen ersten Überblick zu bekommen, gliedert die folgende Tabelle (Tab. 1) einzelne Sozialunternehmen in die Bereiche Produkt, Wertschöpfung und Zielgruppe.

Lebensmittelverschwendung soll im Zeitalter von Smartphones, Big Data und leicht zu bedienenden Applikationen eine ferne Angelegenheit werden, so der Gründer des Kölner Start-ups FoodLoop. Dieses Ziel ist in Anbetracht der immensen Lebensmittelverschwendung in Deutschland auch durchaus sinnvoll. Nach Angaben der Verbraucherzentrale werden in Deutschland jährlich 11 Mio. Tonnen Lebensmittel im Wert von 25 Mrd. Euro

Tab. 1 Verortung sozialer Geschäftsmodelle aus NRW

Name	Produkt	Wertschöpfungskette	Zielgruppe
FoodLoop GmbH		X	
The Good Food		X	
Beeming Box UG		X	
innatura gGmbH		X	
Kleiderrebell GmbH	X		
curassist UG		X	
Discovering hands® gUG		X	
Volunteer World GmbH	X		
Start with a friend e. V.			X
Helpu	X		
KinderRechteForum gUG			X

weggeworfen (Verbraucherzentrale 2016). Um Abfälle zu minimieren hat FoodLoop eine innovative Applikation entwickelt, die den Kunden über reduzierte Lebensmittelprodukte mit kurzer Resthaltbarkeit aufklärt und somit der Verschwendung in Industrieländern entgegenwirkt.

Ein ähnliches Ziel verfolgt The Good Food aus Köln-Ehrenfeld. In zwei Pop-up-Stores und wöchentlichen Marktständen verkauft das Start-up Milchprodukte, saisonales Gemüse, Backwaren und Eingemachtes nach dem Motto: Zahl, was es dir wert ist! Die abgelaufenen Lebensmittel, mit zumeist Bioqualität, landen somit auf dem Teller, anstatt auf dem Müll. Darüber hinaus beinhaltet das Sortiment Spezialitäten regionaler Hersteller, die nicht auf Spendenbasis verkauft werden.

Ebenfalls im Lebensmittelsektor zu verorten ist die Beeming Box aus Hürth. Bei dem Erwerb von Biolebensmitteln zu marktüblichen Preisen kommen 10 % des Einkaufswertes sozialen Hilfsprojekten in der Region zugute. Das regionale Projekt kann dabei selber ausgewählt oder vorgeschlagen werden und die Spende erfolgt im Namen des Auftraggebers.

Sachspenden für soziale Zwecke vermitteln, so lautet der Claim von innatura aus Köln. „Die gemeinnützige innatura betreibt Deutschlands erste Plattform, die fabrikneue Sachspenden bedarfsgerecht an gemeinnützige Organisationen vermittelt" (innatura gGmbH 2016). innatura erhält die einwandfreie Ware direkt von den Hersteller- und Handelsunternehmen und vermittelt sie aus dem hauseigenen Lager nach Bedarf weiter.

Leuchtende Beispiele für Social Entrepreneurship in NRW gibt es auch in der Modewelt. Gründerin Laura Apel bietet mit Kleiderrebell eine Alternative zum schnellen Kleiderkonsum. Die Kölnerin führt seit Dezember 2015 einen Onlineshop für den deutschlandweiten Verleih von Alltagsmode, Accessoires und Schuhen.

Laut des Deutschen Berufsverbandes für Pflegeberufe führen schlechte Rahmenbedingungen dazu, dass Pflegekräfte im Bereich der Altenpflege und Krankenpflegehilfe weniger als neun Jahre in ihrem Beruf durchhalten (Deutscher Berufsverband für Pflegeberufe 2015). Dem möchte das von Thomas Müller gegründete Start-up curassist langfristig entgegenwirken. Neben der Begleitung und dem Coaching von Pflegekräften in der Freiberuflichkeit vermittelt die Onlineplattform qualifizierte Einzelpfleger an Patienten und deren Angehörige.

Brustkrebs ist nach der Studie „Krebs in Deutschland 2011/2012" des Robert Koch Institutes und der Gesellschaft der epidemiologischen Krebsregister in Deutschland, mit schätzungsweise 70.000 Neuerkrankungen, die häufigste Krebserkrankung von Frauen und auch eine der häufigsten Todesursachen (Robert Koch Institut und Gesellschaft der epidemiologischen Krebsregister in Deutschland 2015, S. 7). Eine rechtzeitige Erkennung verbessert Überlebenschancen erheblich und ermöglicht eine weniger belastende Behandlung. Dafür braucht es allerdings eine geeignete Vorsorge und Krebsfrüherkennung, auch für jüngere Frauen, da das Mammografiescreening erst für Frauen ab 50 Jahren angeboten wird. Dieser Problematik hat sich discovering hands angenommen. Die gemeinnützige Unternehmensgesellschaft bildet blinde Frauen zu medizinischen Tastuntersucherinnen aus, die im Rahmen der Brustkrebsfrüherkennung eingesetzt werden. Der Vorteil: Blinde Menschen haben einen überlegenen Tastsinn.

Einen Social Impact schafft auch das soziale Start-up Volunteer World aus Düsseldorf, das bereits im Juni 2016 den 1. Platz des Rheinland-Pitches belegt hat. Die unabhängige Vergleichsplattform für internationale Freiwilligenarbeit vernetzt Volontäre und Hilfsprojekte auf globaler Ebene miteinander. Die Plattform will Transparenz in den stark wachsenden, jedoch bisher dezentralen Markt bringen.

Neben der Organisation internationaler Freiwilligendienste gibt es auch lokale Initiativen, die ehrenamtliche Engagements fördern. So das Start-up Start with a Friend, das geflüchtete Menschen durch ein Tandemprogramm auf Augenhöhe bei einem Start in Deutschland unterstützt.

Den Start in Deutschland erleichtern, ist auch das Ziel der neuen Helpu-App aus Duisburg. Bei der Überwindung von logistischen und bürokratischen Hürden, wie beispielsweise Arztbesuche oder Übersetzungsfragen, hilft die App durch ein standortbasiertes Matching-System dabei, Helfer und Hilfesuchende deutschlandweit miteinander zu vernetzen.

Auch Üwen Ergün, Geschäftsführer und Gründer des Kinderhilfswerks der gemeinnützigen KinderRechteForum UG, engagiert sich für Geflüchtete. Neben Einzelfallhilfe bietet er zudem Workshops, Events und Freizeitangebote für Kinder und Jugendliche zu rechtlichen Themen an.

Weitere Beispiele für Social Entrepreneure, auch über NRW hinaus, gibt es viele. Das größte Verzeichnis etablierter Sozialunternehmer bietet die Seite der Ashoka Fellows aus Deutschland. Eine Sache haben alle Sozialunternehmer gemeinsam, sie sprechen einen vorhandenen Bedarf an. In NRW gibt es Akteure, die als Inkubatoren, Coworking Spaces oder Hubs (z. B. Social Impact Lab Duisburg, Social Lab Köln, COLABOR) bei der Gründungsphase beratend zur Seite stehen. Darüber hinaus können sich Sozialunternehmer an regionale Vereine (z. B. Heldenrat) wenden oder an Veranstaltungen (z. B. FAIR FRIENDS) teilnehmen.

4 Ausblick

Social Entrepreneurship weckt vermehrt das Interesse der Öffentlichkeit. Die Gründungsdynamik wird durch zunehmend private und öffentliche Finanzierungsquellen, durch eine Ausdifferenzierung der Ausbildungsangebote und durch die aktuelle Entwicklung der Forschungslandschaft unterstützt. Herausforderungen für Social Entrepreneure ergeben sich unter anderem durch die zumeist hybride Finanzierungsstruktur, durch ein Rechtskleid, das in Deutschland bisweilen noch nicht optimal angepasst ist, und durch einen deutschen Sozialstaat mit etablierten Wohlfahrtsorganisationen, der einen gewissen Grad an Komplexität mit sich bringt.

Trotz dieser Herausforderungen wird Social Entrepreneurship gerade für Young Professionals ein zunehmend interessanter Karriereweg. Die Kombination von Start-up-Szene und dem sozialen Sektor bietet Social Entrepreneuren, neben dem Sinnfaktor, eine anspruchsvolle Aufgabe, eine schnelle Verantwortungsübernahme und eine direkte und greifbare soziale Wirkung. Social Entrepreneure sind zudem interessante Sparringpartner. Von ihnen kann man lernen, wie man Ressourcen effektiv und effizient einsetzt und kleine Teams aufbaut, um das Unternehmen hinsichtlich Wirkung und nicht nur Unternehmensgröße zu skalieren. BMW hat dies bereits erkannt und das Führungskräfteentwicklungsprogramm ReadyGo entwickelt, in dem der Austausch zu Führungsfragen mit Sozialunternehmern stattfindet. Darüber hinaus bieten Sozialunternehmen wie Auticon attraktive Dienstleistungen für Unternehmen, die einer Beachtung durchaus wert sind und womöglich in einen Wettbewerbsvorteil münden.

Die Antwort auf die Frage, welche Rolle Social Entrepreneurship in unserer Wohlfahrtsgesellschaft spielen wird, steht noch aus. Schauen wir aber auf die gegenwärtigen und zukünftigen Herausforderungen, dann lässt sich eher eine Zunahme als Abnahme oder Konsolidierung von sozialen Problemlagen erahnen. Nehmen wir zum Beispiel die Vielzahl der Geflüchteten, die in unsere Gesellschaft integriert werden sollen. Unser Bürokratieverständnis stammt noch aus einer Zeit, in der man an feste Grenzen glaubte, die es nun nicht mehr gibt. Zudem wird der Arbeitsmarkt in den nächsten Jahren sehr stark restrukturiert. Die fortschreitende Digitalisierung der Gesellschaft bringt nun auch solche Bevölkerungsgruppen (White Collar) in die Risikozone, die sich vor zehn Jahren noch in Sicherheit gewogen haben. Man denke nur an die Banker, die zunehmend durch leistungsfähige und kostengünstige Algorithmen ersetzt werden. Allein diese beiden Phänomene zeigen uns, dass wir besser heute als morgen an den neuen Lösungen arbeiten sollen. Social Entrepreneurship verspricht uns Lösungen für diese Probleme – und das nicht erst morgen, wenn die Politik nicht mehr weiß, wo sie hinwill.

Literatur

Achleitner A-K, Heister P, Stahl E (2007) Social Entrepreneurship – Ein Überblick. In: Achleitner A-K, Pöllath R, Stahl E (Hrsg) Finanzierung von Sozialunternehmen. Schäffer Poeschel, Stuttgart, S 3–25

Achleitner A-K, Spiess-Knafl W, Volk S (2011) Finanzierung von Social Enterprises – Neue Herausforderungen für die Finanzmärkte. In: Hackenberg H, Empter S (Hrsg) Social Entrepreneurship – Social Business: Für die Gesellschaft unternehmen. Springer VS, Wiesbaden, S 269–286

Achleitner A-K, Mayer J, Spiess-Knafl W (2013) Social Entrepreneurship im etablierten Wohlfahrtsstaat. Aktuelle empirische Befunde zu neuen und alten Akteuren auf dem Wohlfahrtsmarkt. In: Jansen S, Heinze R, Beckmann M (Hrsg) Sozialunternehmertum in Deutschland. Analysen, Trends und Handlungsempfehlungen. Springer VS, Wiesbaden, S 153–165

Brinkmann V (2014) Sozialunternehmertum. Schneider Verlag Hohengehren, Baltmannsweiler

Bundesministerium für Wirtschaft und Energie (2016) GründerZeiten 27. Soziales Unternehmertum. Bundesministerium für Wirtschaft und Energie, Berlin

Deutscher Bundesverband für Pflegeberufe (Hrsg) (2015) Zahlen-Daten-Fakten „Pflege". https://www.dbfk.de/media/docs/download/Allgemein/Zahlen-Daten-Fakten-Pflege-2015-03.pdf. Zugegriffen: 26. Sept. 2016

Gassmann O, Frankenberger K, Csik M (2013) Geschäftsmodelle entwickeln: 55 innovative Konzepte mit dem St. Gallen Business Model Navigator. Karl Hansler Verlag, München

Heinze H, Schönauer A, Schneiders K, Grohs S, Ruddat C (2013) Social Entrepreneurship im etablierten Wohlfahrtsstaat. Aktuelle empirische Befunde zu neuen und alten Akteuren auf dem Wohlfahrtsmarkt. In: Jansen S, Heinze R, Beckmann M (Hrsg) Sozialunternehmertum in Deutschland. Analysen, Trends und Handlungsempfehlungen. Springer VS, Wiesbaden, S 315–346

Huybrechts B, Nicholls A (2012) Social Entrepreneurship: Definitions, Drivers and Challenges. In: Volkmann C, Tokarski K, Ernst K (Hrsg) Social Entrepreneurship and Social Business. Springer Gabler, Wiesbaden, S 31–45

innatura gGmbH (2016) willkommen bei innatura! http://www.innatura.org/. Zugegriffen: 26. Sept. 2016

Jahnke T, Unterberg M, Richter D, Spiess-Knafl W, Sänger R, Förster N (2015) Herausforderungen bei der Gründung und Skalierung von Sozialunternehmen: Welche Rahmenbedingungen benötigen Social Entrepreneurs? Zusammenfassung der Studie für das Bundesministerium für Wirtschaft und Energie (BMWi). evers & young GmbH, Hamburg

Jansen S, Heinze R, Beckmann M (2013) Sozialunternehmen in Deutschland. Analysen, Trends und Handlungsempfehlungen. Springer VS, Wiesbaden

Krimmer H, Priemer J (2013) ZiviZ-Survey 2012: Zivilgesellschaft verstehen. Zivilgesellschaft in Zahlen, Berlin

Leppert T (2011) Zur Wahrnehmung eines Phänomens: Förderpolitische Bedingungen für Social Entrepreneurship in Deutschland. In: Jähnke P, Christmann G, Balgar K (Hrsg) Social Entrepreneurship. Perspektiven für die Raumentwicklung. Springer VS, Wiesbaden, S 133–148

Leppert T (2012) Social Entrepreneurship in Deutschland. Einflussfaktoren auf den Gründungsprozess von Social Entrepreneurs. Dr. Kovač, Hamburg

Robert Koch Institut, Gesellschaft der epidemiologischen Krebsregister in Deutschland (Hrsg) (2015) Krebs in Deutschland 2011/2012

Scheuerle T, Glänzel G, Knust R, Then V (2013) Social Entrepreneurship in Deutschland – Potentiale und Wachstumsproblematiken. Centrum für soziale Investitionen und Innovationen, Heidelberg

Schwarz S (2014) Social Entrepreneurship Projekte – Unternehmerische Konzepte als innovativer Beitrag zur Gestaltung einer sozialen Gesellschaft. Springer VS, Wiesbaden

Schwendy A (2008) Die Strukturen des Arbeitsmarktes und die Bedeutung von Integrationsfirmen. In: Köhler K, Steier-Mecklenburg F (Hrsg) Arbeitstherapie und Arbeitsrehabilitation. Arbeitsfelder der Ergotherapie. Thieme, Stuttgart, S 9–18

Then V, Scheuerle T, Schmitz B (2012) Sozialunternehmer – Chancen für soziale Innovationen in Deutschland. Möglichkeiten der Förderung. Stiftung Mercator GmbH, Essen

Unterberg M, Richter D, Spiess-Knafl W, Sänger R, Förster N, Jahnke T (2015) Herausforderungen bei der Gründung und Skalierung von Sozialunternehmen. Welche Rahmenbedingungen benötigen Social Entrepreneurs? Endbericht für das Bundesministerium für Wirtschaft und Energie (BMWi). evers & jung GmbH, Hamburg

Verbraucherzentrale (2016) Lebensmittel. Zwischen Wertschätzung und Verschwendung. https://www.verbraucherzentrale.de/lebensmittelverschwendung. Zugegriffen: 26. Sept. 2016

Weitemeyer B (2014) Eine neue Gemeinnützigkeit? Organisations- und Rechtsformen von Nonprofit-Organisationen. In: Zimmer A, Simsa R (Hrsg) Forschung zu Zivilgesellschaft, NPOs und Engagement. Springer, Wiesbaden

Anika Lotter ist MBA-Studentin für International Management und arbeitet seit September 2016 für das Center for Advanced Sustainable Management (CASM) der Cologne Business School (CBS). Vorher hat sie Soziale Arbeit an der Katholischen Hochschule Köln studiert und war verantwortlich für den Aufbau des Social-Entrepreneurship-Bereiches am Kölner Start-up-Inkubator STARTPLATZ.

Impulse aus der Unternehmenspraxis

Bedeutung von Nachhaltigkeit im globalen diversifizierten Industriekonzern thyssenkrupp – Ein Praxisbericht

Thomas Fußhöller und Hans-Jörn Weddige

1 Einführende allgemeine Positionsbestimmungen

1.1 Vorbemerkung

Dieser Beitrag basiert auf Praxiserfahrungen im Bereich der Einführung und Umsetzung von „Nachhaltigkeit" in Unternehmen und internationalen Organisationen. Es soll veranschaulicht werden, wie ein aktives Umsetzen und Einbringen von Ideen, Konzepten und Systemen im Unternehmen möglich sind, welche Herausforderungen sich dabei stellen und welche Herangehensweisen aus Sicht der Autoren besonders vielversprechend sind.

Der Beitrag soll Anregung für die tägliche betriebliche Praxis geben und ein vertieftes Verständnis für diese Thematik im Unternehmensumfeld schaffen. Es handelt sich nicht um eine theoretische Auseinandersetzung mit dem Thema „Nachhaltigkeit", daher haben wir bewusst auf Literaturhinweise, wissenschaftliche Referenzen und illustrierende Zitate verzichtet.

Nach einer kurzen Vorstellung von thyssenkrupp wird auf die Bedeutung von Nachhaltigkeit und Faktoren eines aktiven Nachhaltigkeitsmanagements für den Unternehmenserfolg eingegangen. Beispiele sollen die Bedeutung von Nachhaltigkeit illustrieren. Abschließend werden einige Herausforderungen kurz skizziert und die wesentlichen Ergebnisse zusammengefasst.

T. Fußhöller (✉) · H.-J. Weddige
thyssenkrupp AG
thyssenkrupp Allee 1, 45143 Essen, Deutschland
E-Mail: thomas.fusshoeller@thyssenkrupp.com

H.-J. Weddige
E-Mail: hans-joern.weddige@thyssenkrupp.com

1.2 thyssenkrupp in NRW und in der Welt

NRW und thyssenkrupp sind seit mittlerweile über zwei Jahrhunderten eng miteinander verbunden. Beide sind von erheblichen Veränderungen, Strukturwandel und Neuorientierungen geprägt und sind den jeweiligen Herausforderungen erfolgreich begegnet. Diese Anpassungsfähigkeit an sich – bei gleichzeitiger Bewahrung bewährter Strukturen und Herangehensweisen – ist aus unserer Sicht eine unverzichtbare Kernfähigkeit nachhaltiger Organisation oder Institutionen.

thyssenkrupp ist bis heute mit seiner Konzernzentrale fest im Zentrum des Ruhrgebiets verwurzelt. Gleichzeitig hat sich der Konzern längst zu einem multinationalen Unternehmen mit fast 160.000 Mitarbeitern weltweit entwickelt. Davon arbeiten immer noch knapp 40.000 Mitarbeiter in NRW.

Während die Wurzeln des Unternehmens bzw. der Vorgängerunternehmen im Stahlsektor zu finden sind, ist thyssenkrupp heute als diversifizierter Industriekonzern deutlich breiter aufgestellt. thyssenkrupp ist heute in sechs Geschäftsfeldern (Business Area) aktiv, von denen zwei das klassische Stahlgeschäft abbilden. Es trägt mit etwa 30 % zum Konzernumsatz bei. Daneben stehen die Business Area Elevator Technologies (Aufzüge und Fahrtreppen), Materials Services (Werkstoffhandel und Werkstoffmanagement), Components Technologies (Automobilzulieferer, Industriegüter) und Industrial Solutions (Anlagenbau). Erklärtes Ziel der Konzernstrategie ist es, die im Konzern bestehende Vielfalt und Innovationskraft bereichsübergreifend in nachhaltige Produkte und Lösungen umzusetzen.

In NRW ist thyssenkrupp an über 30 Standorten vertreten. Hier produzieren wir unter anderem Großwälzlager, die weltweit in jeder zweiten Windkraftanlage verbaut sind, und entwickeln elektrische Redox-Flow-Großspeichersysteme, die für einen flächendeckenden Einsatz von volatilen erneuerbaren Energien unverzichtbar sind. Ebenfalls in NRW befinden sich das Stahlwerk in Duisburg und die Konzernzentrale in Essen, das sogenannte thyssenkrupp Quartier.

2 Organisation von Nachhaltigkeit als Erfolgsfaktor im thyssenkrupp Konzern

2.1 Was thyssenkrupp unter Nachhaltigkeit versteht

Nachhaltigkeit hat bei thyssenkrupp eine lange Tradition. Schon mit dem Generalregulativ von 1872 gründete Alfred Krupp die erste betriebliche Krankenversicherung und Altersvorsorge, die Vorbild für die Bismarck'schen Sozialgesetze wurden. Während bis zum Zweiten Weltkrieg vor allem soziale Aspekte und die Verbesserung der Arbeitsbedingungen eine große Rolle spielten, rückten spätestens in den 1980er-Jahren Umweltschutzthemen in den Fokus der Öffentlichkeit. Bedeutung und Akzeptanz von Nachhaltigkeit für Unternehmen haben sich in den letzten Jahren stark weiterentwickelt. Es ist längst keine

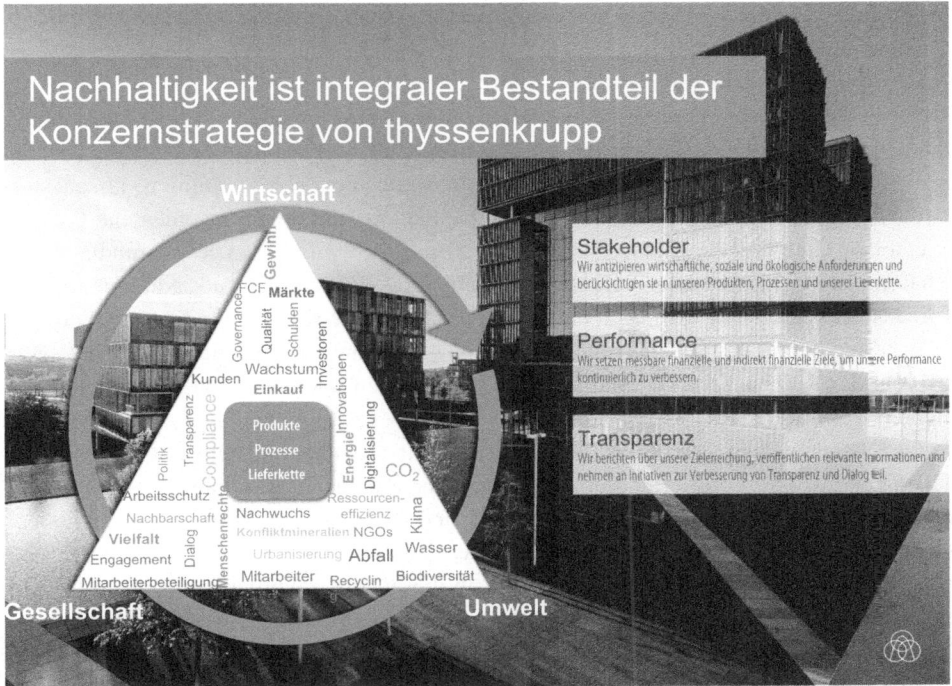

Abb. 1 Das Nachhaltigkeitsverständnis von thyssenkrupp

Frage mehr, „ob", sondern allenfalls „wie" Nachhaltigkeit in komplexen Organisationen verankert werden soll. Dabei ist Nachhaltigkeit nicht als eine losgelöste Disziplin oder gar Strategie neben der Konzernstrategie zu verstehen, sondern als deren integraler Bestandteil (Abb. 1).

Nachhaltigkeit bei thyssenkrupp basiert auf dem Verständnis, wirtschaftlich erfolgreich zu sein und gleichzeitig ökologisch und sozial verantwortlich zu handeln. Nur in diesem Dreiklang können global agierende Unternehmen langfristig wettbewerbsfähig und gesellschaftlich akzeptiert sein. In Abgrenzung dazu steht „Corporate Social Responsibility (CSR)" für die soziale Verantwortung durch „gesellschaftliches Engagement" und ist damit ein Teilaspekt von Nachhaltigkeit. In der Praxis findet gelegentlich eine Gleichsetzung der Begriffe statt.

2.2 Aktives Nachhaltigkeitsmanagement

Die inhaltlichen Schwerpunkte des Nachhaltigkeitsmanagements leiten wir aus den Anforderungen unserer verschiedenen internen und externen Stakeholder-Gruppen ab. Hierzu analysieren wir gemeinsam mit unseren operativen Einheiten permanent die Erwartungen unserer Kunden, der Politik, von Investoren, gesellschaftlichen Gruppen und natürlich von unseren Mitarbeitern bezüglich der Nachhaltigkeit unserer eigenen Prozesse, unserer Produkte sowie unserer Lieferkette.

Diese Anforderungen werden bewertet und Maßnahmen abgeleitet. Wie effektiv Maßnahmen letztlich umgesetzt werden können, hängt wesentlich von der Qualität der zugrunde liegenden Daten und Prozesse ab. Nur wenn die Zahlen stimmen, lassen sich daraus belastbare Performancemaßnahmen ableiten und, nur wenn angemessene Prozesse etabliert sind, ist eine Nachverfolgung der Fortschritte möglich. Diese Grundlagen zu schaffen, ist eine wesentliche Aufgabe des Nachhaltigkeitsmanagements. Nur unter diesen Voraussetzungen ist letztlich auch eine seriöse Stakeholder-Kommunikation möglich.

Im Zuge der strategischen Weiterentwicklung des Konzerns begann im Geschäftsjahr 2010/11 der Aufbau eines systematischen konzernweiten Nachhaltigkeitsmanagements in mehreren Schritten.

In der ersten Phase wurde eine sog. Sustainability Roadmap erstellt mit Themen, bei denen der zunächst größte Handlungsbedarf gesehen wurde. Schwerpunkte der Roadmap waren die Verfügbarkeit konzernweiter Daten und Prozesse, der Aufbau einer angemessenen Nachhaltigkeitsorganisation und von Regelwerken sowie der Einstieg in eine systematische Nachhaltigkeitsberichterstattung. In dieser Phase wurden ein Konzernleitbild entwickelt und in einem sogenannten Code of Conduct (CoC) die Verhaltensregeln für Mitarbeiter festgelegt.

Aufgrund der Bedeutung von Nachhaltigkeit für den Konzern wurde das sog. Sustainability Committee eingerichtet, das sich aus dem Konzernvorstand, den Vorstandsvorsitzenden der Geschäftseinheiten und Leitern der Zentralbereiche zusammensetzt und jährlich über den Umsetzungsstand und die Schwerpunktsetzung entscheidet (Abb. 2).

In der zweiten Phase wurden auf Basis der Daten und Prozesse messbare Ziele abgeleitet, um die Nachhaltigkeitsleistung des Konzerns zu steigern. Dabei wurden sieben sog. indirekt finanzielle Ziele zu den Themen Energieeffizienz, Umwelt, Innovation, Arbeitssicherheit, Diversität und nachhaltiger Einkauf verabschiedet, über die im Geschäftsbericht berichtet wird. Der Status der Zielerreichung wird im Zuge eines systematischen Controllings nachverfolgt und über den Umsetzungsstand im Sustainability Committee berichtet. Die Ziele fließen in Form eines Nachhaltigkeitsmultiplikators auch in die variable Vergütung des Konzernvorstands ein. Auf den nachgelagerten Ebenen werden relevante Indikatoren mit in die variable Vergütung einbezogen.

Nachhaltigkeit bei thyssenkrupp ist also kein Marketinginstrument. Gleichwohl bedarf es einer intensiven Kommunikation in viele Richtungen. Nach innen ist es entscheidend, eigene Mitarbeiter zu informieren, Anregungen zu bieten, aber natürlich auch deren Rückmeldung zu erhalten. Nach außen besteht die Nachhaltigkeitskommunikation zum einen im direkten Dialog mit unseren Stakeholdern, insbesondere Kunden, Politik, Investoren und NGOs, aber auch aus allgemeiner Kommunikation zu Nachhaltigkeitsthemen. Mittlerweile ist das Thema Nachhaltigkeit bei uns fester Bestandteil nicht nur der Konzernwebseite, sondern auch des Geschäftsberichtes. Ganz wichtig in diesem Zusammenhang ist aus unserer Sicht allerdings, dass die Kommunikation immer auf belastbaren und

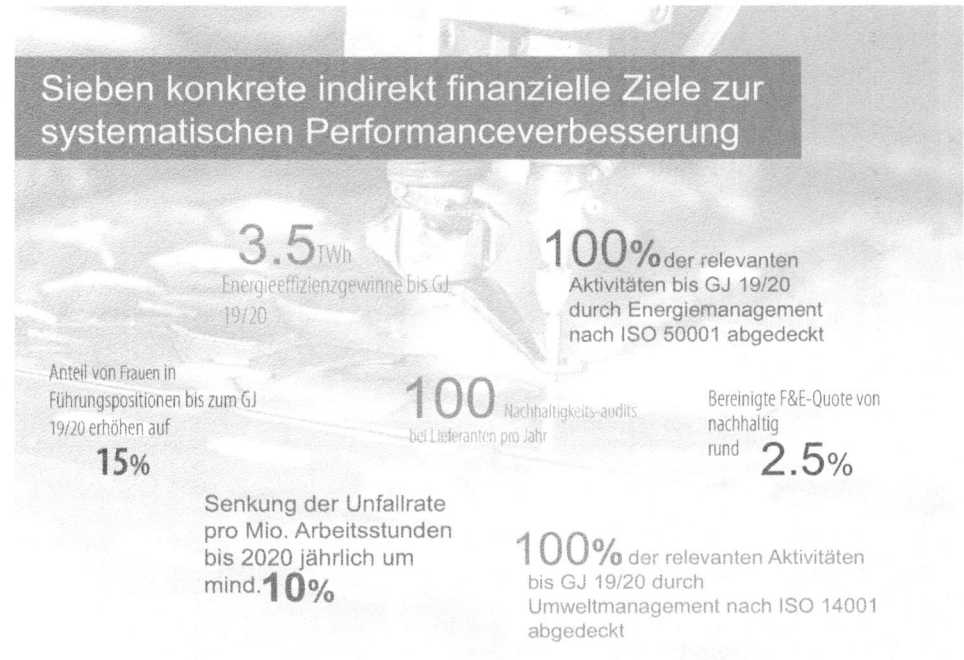

Abb. 2 Indirekt finanzielle Ziele

belegbaren Aussagen beruht. Während solide Nachhaltigkeitskommunikation zum Unternehmenserfolg beitragen kann, führt nach unserer Erfahrung eine nichtsubstanzielle Kommunikation – zum Beispiel reines „green washing" in Umweltthemen – schnell zu substanziellen Schäden des Unternehmensimages und damit der Reputation (Abb. 3).

Die Ergebnisse zeigen sich auch in der Bewertung durch externe Ratings. Im Oktober 2016 ist thyssenkrupp von der Nichtregierungsorganisation Carbon Disclosure Project als eines der global führenden Unternehmen im Klimaschutz bewertet worden. Das Carbon Disclosure Project (CDP) publiziert seinen jährlichen Klimawandelbericht im Auftrag von Investoren, die 86 Billionen Euro Anlagevermögen vertreten. Fast 2000 börsennotierte Unternehmen weltweit haben Informationen bereitgestellt, anhand derer sie in unabhängiger Weise mit der CDP-Methodik bewertet werden. thyssenkrupp gehört zu den 10 % besten Unternehmen weltweit und ist eines von neun deutschen Unternehmen in der sogenannten Global A List. Gewürdigt werden unsere seit Jahren transparente Berichterstattung über CO_2-Emissionen und unsere tatsächlichen Klimaschutzleistungen.

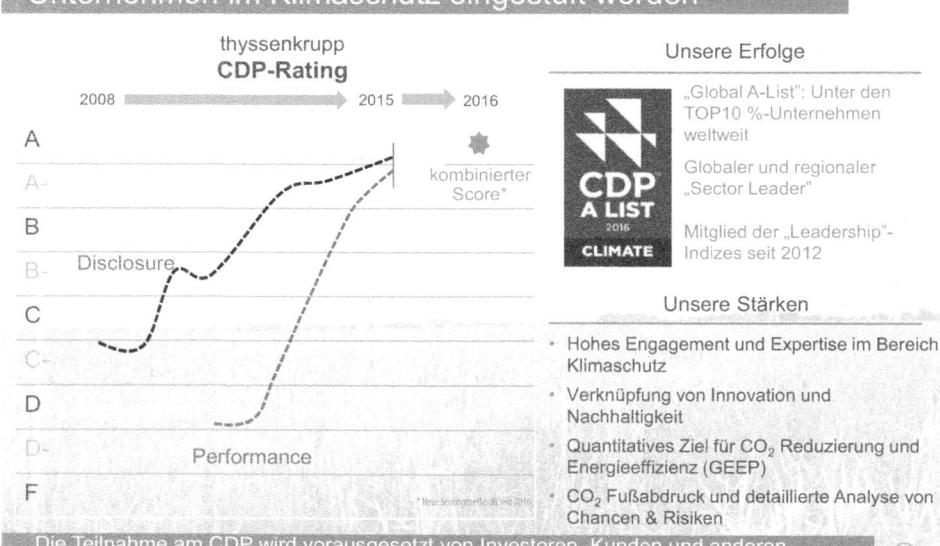

Abb. 3 Globales Klimaschutzranking des Carbon Disclosure Project (CDP)

3 Praxisbeispiele

Nachfolgende Beispiele sollen illustrieren, wie Nachhaltigkeit in der Praxis angewandt und in einen konkreten Mehrwert für den Konzern umgesetzt wird. Dabei sind diese Beispiele keinesfalls repräsentativ oder umfassend, sondern sie greifen nur einzelne Aktivitäten heraus, an denen unser Ansatz für Nachhaltigkeitsmanagement konkret sichtbar wird.

3.1 Beispiel 1: Kehren im eigenen Garten – Konzernweites Energieeffizienzprogramm

Energie ist ein entscheidender Produktionsfaktor bei vielen Unternehmen des thyssenkrupp Konzerns. Mit in Summe ca. 100 Terrawattstunden (TWh) gehört thyssenkrupp zu den Konzernen mit einem beachtlichen Energiebedarf an Energieträgern aller Art. Daher kommt der Energieeffizienz allein schon aus Wettbewerbsgründen eine erhebliche Bedeutung zu.

thyssenkrupp hat sich im Rahmen des aktuellen konzernweiten Energieeffizienzprogramms seit 2014 zum Ziel gesetzt, seine eigene Energieeffizienz nachhaltig bis 2020 zu verbessern. Hierzu werden aus allen Konzernbereichen weltweit konkrete Projekte initiiert und deren Energieeffizienzbeitrag zentral und systematisch nachverfolgt.

Bis 2020 wird diese Steigerung der Energieeffizienz sich auf mindestens 3,5 TWh belaufen, d. h. weniger Energieverbrauch aus identifizierten Maßnahmen. Bis 2016 sind davon bereits 2,5 TWh realisiert. Da sich der Grad der Energieeffizienz bei einer hohen Produkt- und Variantenvielfalt nicht über eindeutige Benchmarks allgemeingültig festlegen lässt, erfolgt die Effizienzsteigerung basierend auf Verbesserungsmaßnahmen, die strukturiert überprüft werden. 3,5 TWh sind ein aus unserer Sicht technisch und wirtschaftlich ambitioniertes Ziel und zeigen auch, dass in energieintensiven Unternehmen zwar noch Potenziale zu heben sind, jedoch auch technisch physikalische Grenzen auftreten. Das Programm beschränkt sich jedoch nicht allein auf die Vorgabe von Zielen und deren Nachverfolgung. Es beinhaltet darüber hinaus ein konzernweites Netzwerk von Energieeffizienzexperten, die sich regelmäßig auf regionaler und konzernweiter Basis austauschen.

3.2 Beispiel 2: Blick zu den Nachbarn – Nachhaltigkeit in der Lieferkette

thyssenkrupp steht in vielfältigen Lieferverflechtungen mit über 100.000 Lieferanten aller Größen. Unser Lieferantennetzwerk umfasst faktisch die ganze Welt. Nicht nur unsere Kunden, sondern auch wir als verantwortungsbewusstes Unternehmen haben dabei ein erhebliches Interesse, dass auch unsere Lieferanten – und gegebenenfalls die dort vorgeschalteten Lieferketten –nachhaltig handeln.

Dazu wurde ein Lieferantenkodex (SCoC – Supplier Code of Conduct) entwickelt, der unsere Erwartungen an unsere Lieferanten beschreibt. Dieser Lieferantenkodex basiert auf unserem Nachhaltigkeitsverständnis, wobei wir uns insbesondere auf die Themen Menschen- und Arbeitnehmerrechte, Arbeitssicherheit, Umweltschutz und Compliance konzentriert haben.

Wir belassen es nicht dabei, dass unsere Lieferanten diesen Kodex unterschreiben. Jedes Jahr werden ausgewählte Lieferanten vor Ort durch ein von uns beauftragtes Unternehmen überprüft und bewertet. Insgesamt werden in jedem Jahr mindestens 100 Lieferantenaudits durchgeführt. Dieses Ziel ist eines der sog. indirekt finanziellen Ziele des Konzerns. Selbstverständlich stellen auch wir uns umgekehrt entsprechenden Überprüfungen unserer Kunden.

Dieses Beispiel zeigt, dass erfolgreiches Nachhaltigkeitsmanagement über das eigene Unternehmen hinausgehen muss und auch die gesamte Wertschöpfungskette einbezogen werden muss. Der SCoC kann dabei nicht nur zu unserer eigenen, sondern auch zur Nachhaltigkeit unserer Zulieferer beitragen. Gleichzeitig ist er ein wichtiges Dokument in der Diskussion mit anderen Stakeholdern zu Lieferkettenthemen.

3.3 Beispiel 3: Das große Umfeld – Klimaschutzplan NRW

Klimaschutz ist für uns von zentraler Bedeutung – mit Bezug sowohl auf unsere Produktionsstätten als auch auf unser Produktportfolio. Hierbei spielen standortspezifische Rahmenbedingungen insbesondere durch das regulatorische Umfeld eine wichtige Rolle.

thyssenkrupp hat sich daher aktiv in die Diskussion zum Klimaschutzplan NRW eingebracht und ist von der Landesregierung in den Koordinierungskreis berufen worden. Die Aufgabe besteht darin, gemeinsam mit allen dort vertretenen Stakeholdern einen Weg zu finden, um Klimaschutz und Standortsicherung miteinander zu vereinen. Hierbei spielen die Besonderheiten des Standorts NRW eine wesentliche Rolle, der sich unter anderem durch eine starke grenzüberschreitende Vernetzung über Lieferketten, einen starken Industriekern mit vielen energieintensiven Industrien, aber auch Energieerzeugern sowie leistungsfähige Hochschulen und Forschungseinrichtungen auszeichnet.

Unsere eigene Nachhaltigkeit – aber auch diejenige des Wirtschaftsstandorts NRW – wird hiervon direkt beeinflusst. Durch Teilhabe am gesellschaftspolitischen Dialog kann und muss man die nötigen nachhaltigen Rahmenbedingungen mitgestalten. Dabei sind aus unserer Sicht Gesetze und Regularien nicht der treibende Motor für Klimaschutz oder Nachhaltigkeit. Wirklicher Klimaschutz und echte Nachhaltigkeit erfordern intrinsische Motivation der Unternehmen und können nicht verordnet werden. Aber sie können durch unzureichende regulatorische Rahmenbedingungen – und hier gerade im Bereich von Verordnungen und Gesetzen – ausgebremst oder ineffizient werden, ohne hierbei die Notwendigkeit einer gesellschaftlichen Setzung und Kontrolle von Rahmenbedingungen infrage zu stellen.

4 Herausforderungen und Ausblick

Nachhaltigkeit in einem Unternehmen wie thyssenkrupp ist kein Projekt, das zu irgendeinem Zeitpunkt in der Zukunft beendet sein wird, sondern eine Daueraufgabe. Daher möchten wir versuchen, einen Ausblick auf kommende Herausforderungen zu geben.

Trend zu mehr Regulierung Das Thema Nachhaltigkeit ist in den letzten Jahren mehr und mehr in den Fokus der Gesetzgebung gerückt. Insbesondere zum Thema Nachhaltigkeitsberichterstattung gibt es zunehmend Regulierungen wie die europäische CSR-Richtlinie. Hier wird es entscheidend sein, Aufwand und Nutzen in angemessenem Verhältnis zu halten. Aus unserer Sicht braucht es für verantwortungsvolle Unternehmen keine zusätzlichen Gesetze und staatlichen Regulierungen. Denn mehr Regulierung führt nicht zu mehr Nachhaltigkeit. Unternehmen handeln nachhaltig, um langfristig im Wettbewerb erfolgreich bestehen zu können. thyssenkrupp berichtet heute bereits nach den gängigen Standards und orientiert sich an Wesentlichkeit und Materialität.

Klimaschutz Das Inkrafttreten des Pariser Abkommens markiert einen Meilenstein in der internationalen Klimapolitik, hat aber auch sehr konkrete Auswirkungen auf regionale und nationale Klimapolitik. Die nun festgeschriebene Verpflichtung für jeden Vertragspartner, in der zweiten Hälfte des Jahrhunderts zu erreichen, dass es netto keine Treibhausgasemissionen mehr gibt, bedeutet einen fundamentalen Umbau unserer Gesellschaft und Wirtschaft mit erheblichen Auswirkungen auch auf alle Unternehmen und kann nur sektorübergreifend gelingen. thyssenkrupp hat als innovativer diversifizierter Industriekonzern hier eine gute Startposition, die wir aktiv nutzen. Dabei stellen wir uns erheblichen Herausforderung, da wir uns hinsichtlich unserer eigenen Produktion, aber auch unsere Produkte in Industrien und Branchen bewegen, die momentan noch durch erhebliche Treibhausgasemissionen gekennzeichnet sind, aber die auch in der zweiten Hälfte dieses Jahrhunderts ohne Nettotreibhausgasemissionen betrieben und genutzt werden müssen.

Veränderung der Arbeitswelt Bedingt durch die Digitalisierung, aber auch durch gesellschaftliche Veränderungen erwarten wir einschneidende Veränderungen in der Art und Weise, wie wir in Zukunft arbeiten werden. Dies betrifft sowohl Arbeitszeit als auch Arbeitsort sowie Arbeitsinhalt. Hieraus ergeben sich vielfältige Herausforderungen, aber auch Chancen zur eigenständigeren Gestaltung oder Vereinbarkeit von Beruf und Privatleben. Das zunehmend selbstbestimmte Arbeiten stellt die Fürsorgepflichten des Arbeitgebers ebenfalls vor neue Herausforderungen, um weiterhin physische und psychische Gesunderhaltung unserer Mitarbeiter bestmöglich zu gewährleisten.

Eine zunehmende Herausforderung wird das Bedürfnis nach Vereinbarkeit von Beruf und Familie sein. thyssenkrupp ist hier durch entsprechende Angebote, insbesondere zur Kinderbetreuung, Teilzeitbeschäftigung auch auf Führungsebenen und Ähnlichem, auf einem guten Weg.

Demografie Hier erwarten wir Veränderungen in verschiedenen Bereichen. Global müssen wir von einer weiter zunehmenden Bevölkerung ausgehen, was entsprechend den Druck auf die natürlichen Ressourcen erhöhen wird. Somit besteht ein erheblicher Bedarf an einer nachhaltigen Produktion entsprechender Güter und Dienstleistungen, um einen ausreichenden Lebensstandard für die steigende Weltbevölkerung sicherzustellen.

Regional erwarten wir zum Beispiel in Deutschland eine deutliche Veränderung der Altersstruktur hin zu einem deutlich höheren Durchschnittsalter. Auch dies wird erhebliche Auswirkungen auf unser Unternehmen haben. Dies gilt nicht nur hinsichtlich unserer Mitarbeiter, sondern auch hinsichtlich nachgefragter Produkte und Dienstleistungen.

Globalisierung und Weltmärkte Wir sehen bereits heute erhebliche Verschiebungen in der Weltwirtschaft. Klassische Einteilungen in Industrieländer und Entwicklungsländer sind an vielen Stellen bereits heute überholt. Die Sustainable Development Goals (SDGs) der UN sind unterschiedslos für jeden Staat gültig. Unsere Lieferketten werden noch globaler werden, als sie es heute bereits sind. Die Wettbewerber von morgen werden zunehmend aus anderen Kulturkreisen kommen.

Menschenrechte Die soziale Verantwortung von Unternehmen entlang der Wertschöpfungskette und insb. die Achtung der Menschenrechte sind in den vergangenen Jahren immer stärker in den Fokus gerückt und werden weiter an Bedeutung gewinnen. Internationale Rahmenwerke wie die UN Guiding Principles on Business & Human Rights oder die OECD Due Diligence Guidelines zeigen auf, welche Erwartungen hinsichtlich Management- und Due-Diligence-Prozessen bestehen. thyssenkrupp orientiert sich bereits heute an diesen Rahmenwerken und wird auch zukünftig an einem tieferen Verständnis der direkten und indirekten Auswirkungen arbeiten.

5 Zusammenfassung

Eine umfassende und endgültig abschließende Bewertung des dynamischen Themas Nachhaltigkeit von und bei thyssenkrupp ist naturgemäß nicht möglich. Wir hoffen, einen Einblick in unser Verständnis und unseren Ansatz von Nachhaltigkeit bei thyssenkrupp gegeben zu haben. Selbstverständlich konnten wir in diesem kurzen Beitrag viele Punkte nur anreißen.

Aus unserer Sicht und aufgrund unserer eigenen Erfahrungen wollen wir folgende Punkte noch mal besonders hervorheben:

- Nachhaltigkeit ist Teil der Konzernstrategie und ein entscheidender und unverzichtbarer Faktor für Unternehmenserfolg und wird dies bleiben.
- Nachhaltigkeit muss von der Unternehmensführung her das Unternehmen durchdringen. Auch hier ist insbesondere der Vorstand als Vorbild von entscheidender Bedeutung.
- Nachhaltigkeit braucht ein systematisches Management, das sich auf klare Ziele, robuste Prozesse und verlässliche aussagekräftige Daten stützen kann. „Greenwashing" in der Kommunikation gefährdet die Glaubwürdigkeit.
- Nachhaltigkeit ist nie ein statisches Element, sondern braucht Anpassungsbereitschaft und Wandlungsfähigkeit angesichts neuer Herausforderungen oder Rahmenbedingungen.
- Nachhaltigkeit ist im positiven Sinne stakeholder-getrieben und lebt vom Dialog – auch und gerade mit standortgestaltenden Stakeholdern wie der Landespolitik und Landesregierung in NRW.

Zu diesem Dialog mit allen Stakeholdern wollen wir weiter einladen. Denn wir sind überzeugt, dass eine intensive Diskussion alle Beteiligten weiterbringt und uns gemeinsam das übergeordnete Ziel einer nachhaltigen Gesellschaft erreichen lässt.

Thomas Ulrich Fußhöller leitet den Bereich „Sustainability, Environment & Energy Management" innerhalb der Konzernfunktion „Technology, Innovation & Sustainability". Er verantwortet das Nachhaltigkeitsmanagement von thyssenkrupp weltweit. Zu seinem Verantwortungsbereich zählen unter anderem die Steuerung des globalen Energieeffizienzprogramms, konzernweiter Nachhaltigkeitsziele sowie des Nachhaltigkeitsreportings gegenüber den Stakeholdern von thyssenkrupp.

Seit seinem Eintritt in den Konzern 2004 hat er verschiedene Führungsfunktionen wahrgenommen. So leitete er zunächst die volkswirtschaftliche Abteilung, später verantwortete er zusätzlich die politischen Aktivitäten inklusive der Hauptstadtbüros in Berlin und Brüssel und leitete die Auslandsorganisation des Konzerns. In dieser Zeit hat er zudem internationale Aufgaben für den Aufsichtsratsvorsitzenden wahrgenommen.

Thomas Fußhöller ist verheiratet und hat zwei Kinder. Er ist Diplom-Volkswirt und Bankkaufmann. Vor seiner Zeit bei thyssenkrupp arbeitete er für verschiedene Banken. Mitte der 1990er-Jahre fanden seine Analysen zur Europäischen Währungsunion Beachtung. Zwischen 1997 und 2003 baute er die volkswirtschaftliche Abteilung der Postbank auf und war Chefvolkswirt der Bank.

Dr. Hans-Jörn Weddige ist Konzernkoordinator für Energie-, Klima und Umweltpolitik bei der thyssenkrupp AG in Essen. Bevor er 2011 als Abteilungsdirektor Umwelt & Klima in die Konzernzentrale kam, war er Leiter Klimaschutz bei der thyssenkrupp Steel Europe AG.

Zuvor arbeitete er beim IISI (International Iron and Steel Institute; heute World Steel Association) in verschiedenen Führungspositionen, zuletzt als Leiter der Abteilung für Marktentwicklung und Nachhaltigkeit, davor als Leiter der Wirtschaftsabteilung. Er war Direktor der IISI-„China 2010"- und der IISI-„Indien 2020"-Studie.

Dr. Weddige ist Mitglied in verschiedenen Arbeitsgruppen und Koordinierungskreisen, wie B20 2017 Task Force, Klimaschutzplan NRW, ICC-Kommission Umwelt und Energie oder European Round Table of Industrialists. Er ist offizieller „BINGO"-Beobachter im UNFCCCTEC TNA TF.

Dr. Weddige hat an der TU Bergakademie Freiberg am Institut für Eisen-und Stahltechnologie promoviert und an der Universität Oxford Metallurgie, Wirtschaft und Management studiert.

Nicht von der Stange – das strategische Nachhaltigkeitsmanagement der Vaillant Group

Jens Wichtermann

1 Einleitung: Weil Vaillant weiterdenkt

Wir schreiben das Jahr 1909. Die Fabrikanten im frühindustriell geprägten Bergischen Land sind nicht gut auf Johann Vaillant zu sprechen. Der Unternehmer und Markenpionier hatte in seiner Remscheider Fabrik erstmals den freien Nachmittag für seine Belegschaft eingeführt und damit einen neuen sozialen Standard in der Region gesetzt. Die Begriffe „Nachhaltigkeit" oder „CSR" (Corporate Social Responsibility), die im nachfolgenden Beitrag synonym verwendet werden, dürfte Johann Vaillant dabei nicht im Kopf gehabt haben – wohl aber die Erkenntnis, dass langfristiger geschäftlicher Erfolg und die Berücksichtigung sozialer Belange sehr eng miteinander verbunden sind.

Ihre langfristige strategische Ausrichtung prägt die Vaillant Group, die sich seit ihrer Gründung im Jahr 1874 im Familienbesitz befindet, bis heute. Als einer der weltweit führenden Anbieter energieeffizienter und umweltfreundlicher Systeme zum Heizen, Kühlen und zur Warmwasserbereitung beschäftigt das Remscheider Unternehmen rund 12.000 Menschen, davon mehr als zwei Drittel außerhalb Deutschlands.

Seit 2011 steuert die Vaillant Group ihre globalen Nachhaltigkeitsaktivitäten zentral mit dem strategischen Managementprogramm S.E.E.D.S. Das Akronym für Sustainability in Environment, Employees, Development & Products, Society (Nachhaltigkeit in den Bereichen Umwelt, Mitarbeiter, Entwicklung & Produkte, Gesellschaft). Für ihren umfassenden Ansatz, Nachhaltigkeit systematisch zu managen und in das Kerngeschäft zu integrieren, wurde die Vaillant Group 2015 mit dem Deutschen Nachhaltigkeitspreis als Deutschlands nachhaltigstes Großunternehmen ausgezeichnet. Im Jahr 2014 erhielt das Nachhaltigkeitsteam der Vaillant Group den B.A.U.M.-Umweltpreis. Im selben Jahr wur-

---

J. Wichtermann (✉)
Vaillant Group
Berghauser Straße 40, 42859 Remscheid, Deutschland
E-Mail: jens.wichtermann@vaillant-group.com

de S.E.E.D.S. auf dem Deutschen Nachhaltigkeitstag als eine der drei besten Nachhaltigkeitsstrategien Deutschlands prämiert.

Der nachfolgende Beitrag beleuchtet die Entwicklung von S.E.E.D.S. – von grundsätzlichen Zielsetzungen über Fragen nach der Messbarkeit der Nachhaltigkeitsperformance bis hin zur Implementierung von Maßnahmen und der Erfolgskontrolle. Konkrete Beispiele illustrieren die Umsetzung von S.E.E.D.S. in der Unternehmenspraxis. Ein Ausblick in die Zukunft weist auf die Chancen der digitalen Transformation für eine nachhaltige Unternehmensentwicklung hin.

2 S.E.E.D.S.: individuell, transparent, messbar

2.1 Ausgangssituation

Nachhaltiges Wirtschaften in den Dimensionen Ökonomie, Ökologie und Soziales spielt bei der Vaillant Group seit Jahrzehnten eine wichtige Rolle. Nachhaltiges und profitables Wachstum ist erklärtes Unternehmensziel. Die effiziente Nutzung von Energie und die damit verbundene Reduzierung von Treibhausgasemissionen sind grundlegende Eigenschaften aller Vaillant-Produkte. Umweltberichte aus den Werken liegen seit den frühen 1980er-Jahren vor. Gesellschaftliche Verantwortung übernimmt die Vaillant Group dort, wo sie tätig ist. Eine umfassende zentrale Erfassung oder gar Steuerung der Nachhaltigkeitsaktivitäten fand jedoch bis zum Jahr 2011 nicht statt. So fokussierte sich beispielsweise die französische Tochtergesellschaft bei ihrem sozialen Engagement auf die Unterstützung von Obdachlosen, die russischen Kollegen unterstützten Waisenkinder, in der Türkei stand die Förderung von Bildungsprojekten im Vordergrund. Ähnlich differenziert war die Ausgangssituation in den Werken. Daten zu Wasser- oder Energieverbrauch wurden zwar lokal erhoben, aber weder zentral erfasst noch als Steuerungsgröße herangezogen. Zentral definierte Ziele zur Einsparung von Ressourcen oder der Reduzierung von Treibhausgasemissionen waren nicht vorhanden. Ein Austausch der Werke untereinander fand nicht statt.

2.2 Entwicklung eines strategischen Nachhaltigkeitsprogramms

Erste Ansätze einer zentralen Steuerung der Nachhaltigkeitsaktivitäten hatten ihren Ursprung 2008 im Qualitätsmanagement der Vaillant Group. Auf Basis ihrer langjährigen Erfahrung mit Managementsystemen zur Qualitätsmessung, -steuerung und -verbesserung entstand die Idee, Nachhaltigkeitsaspekte zunächst zentral zu erfassen, anschließend Steuerungsgrößen zu definieren und die Nachhaltigkeitsperformance des Unternehmens systematisch zu messen und zu verbessern.

Konkretisiert wurden diese ersten Ansätze mit der Bestellung Dr. Carsten Voigtländers zum Vorsitzenden der Geschäftsführung der Vaillant Group im Jahr 2011. Dr. Voigtländer erklärte Nachhaltigkeit zur Chefsache. Ein eigener kleiner Nachhaltigkeitsbereich wurde geschaffen. Organisatorisch wurde dieser Bereich innerhalb des Ressorts Unternehmenskommunikation angesiedelt, der in direkter Berichtslinie zum CEO des Unternehmens steht.

Bei der Zusammenstellung des dreiköpfigen Nachhaltigkeitsteams verdeutlichte sich sehr schnell, dass die Kollegen aus der Unternehmenskommunikation die anstehende Aufgabe mit ihrer vorhandenen Expertise nicht umfänglich übernehmen können. Die Beantwortung von Fragen nach der Auswahl von Messgrößen und Kennzahlen, der Evaluierung von Umwelteinflüssen durch die Auswahl bestimmter Materialien oder die Berechnung eines Product Carbon Footprint setzten spezifisches Expertenwissen voraus. Neben einem Kommunikationsexperten bestand das neu zusammengestellte, interdisziplinäre Nachhaltigkeitsteam der Vaillant Group schließlich aus einer Ingenieurin und einer Expertin, die ihre langjährige Erfahrung aus dem Bereich Controlling einbringen konnte.

Das Ziel des Teams: Aufbau, Implementierung und Steuerung eines strategischen Nachhaltigkeitsmanagements für die gesamte Vaillant Group. Die Herausforderung: Es gibt keine Vorgehensweise aus dem Lehrbuch. Auch Gespräche mit spezialisierten Consultingagenturen erwiesen sich nicht als zielführend. Schnell wurde klar, dass ein Konzept „von der Stange" die spezifischen Anforderungen des Unternehmens nicht abbilden kann. Auf Basis dieser Erkenntnis galt es, „inhouse" ein individuelles strategisches Programm zu entwickeln, das passgenau an den spezifischen Gegebenheiten der Vaillant Group ausgerichtet ist.

Dabei stellten sich folgende Kernfragen:

- Wie steuern wir Nachhaltigkeit im Unternehmen systematisch?
- Was sind unsere Hebel, um die Nachhaltigkeitsperformance des Unternehmens zu verbessern?
- Wie lässt sich Nachhaltigkeit noch stärker in das Kerngeschäft integrieren?
- Wo setzen wir bei der Umsetzung Schwerpunkte?
- Wie messen wir unseren Fortschritt?
- Wie schaffen wir Akzeptanz im Unternehmen?

2.3 Strategischer Fokus, Managementregelkreis und Messbarkeit

Ökonomie, Ökologie und Soziales gelten heute als Basis eines umfassenden unternehmerischen Nachhaltigkeitsmanagements. Auch das Nachhaltigkeitsprogramm S.E.E.D.S. fußt auf diesen drei Dimensionen. Bei der Entwicklung von S.E.E.D.S. zeigte sich jedoch, dass diese Dreiteilung für die Definition einer Strategie und folglich auch für die Implementierung konkreter Maßnahmen zur Verbesserung der Nachhaltigkeitsperformance einer feineren Granulierung und vor allem einer Anpassung an Spezifika des Unternehmens bedarf.

Die Vaillant Group hat die vier Fokusfelder Umwelt, Mitarbeiter, Entwicklung und Produkte sowie Gesellschaft als Basis ihrer Nachhaltigkeitsstrategie definiert. Hier liegen die größten Hebel zur Verbesserung der Nachhaltigkeitsperformance des Unternehmens (s. Abb. 1). Der individuelle Zuschnitt dieser Strategie zeigt sich am deutlichsten an dem Fokusfeld „Entwicklung und Produkte", bildet es doch das Kerngeschäft der Vaillant Group ab: die Entwicklung und Herstellung effizienter Heiz-, Lüftungs- und Klimatechnik.

Die Strategie ist Ausgangspunkt eines klassischen Managementregelkreises. Dieser dient der Steuerung der Nachhaltigkeitsperformance des Unternehmens. Der Regelkreis

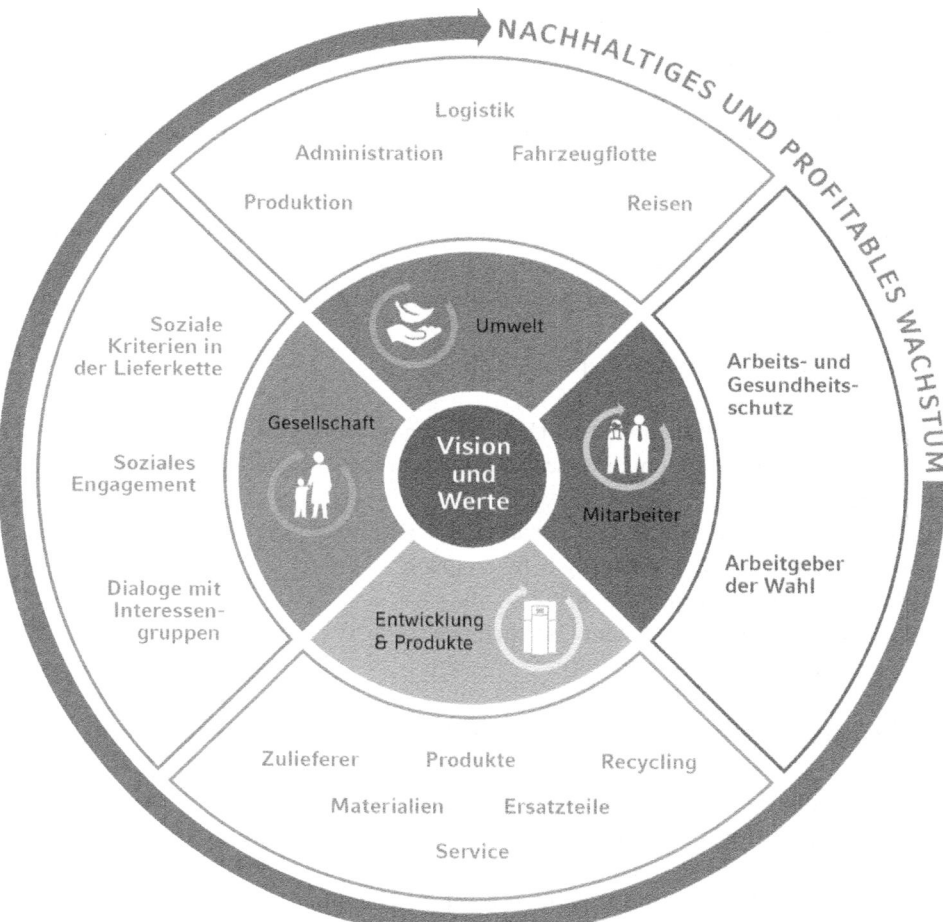

Abb. 1 Die vier Fokusfelder der S.E.E.D.S.-Strategie. Basis bilden Werte und Vision. Alle Fokusfelder zahlen auf das unternehmerische Ziel „nachhaltiges und profitables Wachstum" ein. Damit ist auch die ökonomische Dimension fester Bestandteil der S.E.E.D.S.-Strategie

umfasst die vier wesentlichen Anforderungen, die das Nachhaltigkeitsteam bei der Entwicklung des umfassenden Nachhaltigkeitsmanagementsystems identifiziert hat (siehe Abb. 2):

- strategische Fokussierung,
- Formulierung konkreter Ziele,
- Messbarkeit,
- Transparenz.

Auf Basis der Strategie (1) werden für alle vier S.E.E.D.S.-Fokusfelder konkrete, verbindliche Nachhaltigkeitsziele bis zum Jahr 2020 festgelegt (2), etwa im Bereich Umwelt, in dem ein Ziel die Reduzierung des CO_2-Ausstoßes um 25 % über alle Standorte hinweg ist. Gerade im Fokusfeld Umwelt hat es sich als notwendig erwiesen, sämtliche relevante interne Bereiche wie Produktion, Logistik, Immobilienmanagement, Fuhrpark, Qualität und Entwicklung von Beginn an in den Zielsetzungsprozess zu integrieren. Zum einen ist die Erhebung relevanter Daten und die Ermittlung eines Istzustandes komplex und kann ohne den Input von Fachleuten aus den einzelnen Unternehmensbereichen kaum bewältigt werden. Zum andern wollte das Nachhaltigkeitsteam keine Ziele vorgeben, ohne

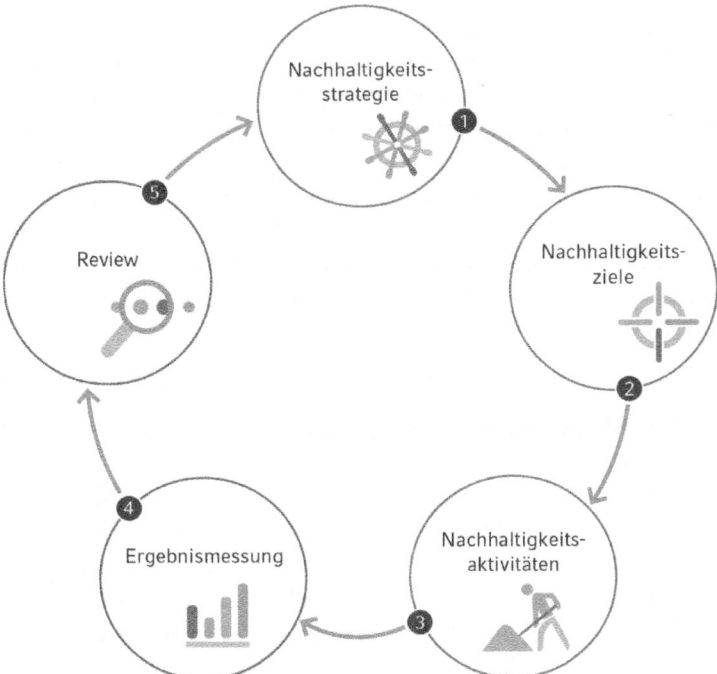

Abb. 2 Regelkreis des Vaillant-Group-Nachhaltigkeitsmanagements

vorab mit den entsprechenden Abteilungen eine gemeinsame Linie festzulegen. Um die Zielvorgaben zu erreichen, wurden in den für das jeweilige Ziel relevanten Unternehmensbereichen gemeinsam Maßnahmen definiert und umgesetzt (3). Beispiele zu einzelnen Maßnahmen und deren Umsetzung finden sich in Abschn. 3 dieses Beitrags. Zur Überprüfung der Effektivität der Maßnahmen wurden für alle Ziele Messgrößen und Kennzahlen, sogenannte Key Performance Indicators (KPIs), festgelegt (4). Quartalsweise werden gruppenweit alle relevanten Daten abgefragt, aus denen die einzelnen KPIs berechnet werden. Die Daten werden in einem zentralen Steuerungsinstrument zusammengefasst und in der Vaillant Sustainability Scorecard alle drei Monate veröffentlicht. Die Scorecard macht die Nachhaltigkeitsperformance des Unternehmens in allen vier Fokusfeldern transparent.

Bei der Interpretation der Daten berücksichtigt die Vaillant Group Einflussfaktoren, wie zum Beispiel die Veränderung von Produktionsmengen, Produktionskapazitäten und Fertigungsminuten. Mit einem jährlichen Review (5) lässt sich durch einen Abgleich von Ist- und Sollwerten ein sehr aussagekräftiges Bild der Nachhaltigkeitsperformance des Unternehmens zeichnen. Das jährliche Review findet bei der Vaillant Group im Rahmen des Nachhaltigkeitsboards statt, einem Gremium, dem neben der kompletten Gruppengeschäftsführung auch die Direktoren aus den wesentlichen Unternehmensbereichen angehören. Dabei werden auch die langfristigen Ziele überprüft, strategische Zielsetzungen kritisch hinterfragt und gegebenenfalls neue Schwerpunkte gesetzt.

Um die grundsätzliche Ausrichtung der Nachhaltigkeitsstrategie aus Unternehmenssicht zu überprüfen und mit den Erwartungen der wichtigsten Stakeholder zu spiegeln, führt das Nachhaltigkeitsteam regelmäßig sogenannte Materialitätsanalysen durch. Mit einer systematischen Befragung unter Kunden, Geschäftspartnern, Lieferanten, Mitarbeitern, Gesellschaftern, Kommunen und weiteren relevanten Stakeholdern werden die wichtigsten Nachhaltigkeitsthemen dieser Stakeholder erhoben. In der Vaillant Group Wesentlichkeitsmatrix sind diese Themen zu Schwerpunktfeldern aggregiert. Weichen die Stakeholder-Erwartungen von den Nachhaltigkeitsschwerpunkten des Unternehmens in wesentlichen Punkten ab, sollte über eine Neujustierung der Nachhaltigkeitsstrategie nachgedacht werden.

3 Gelebte Nachhaltigkeit – Beispiele aus der Praxis

Die Vaillant Group hat sich bis 2020 verbindliche Ziele in den vier Fokusfeldern Umwelt, Mitarbeiter, Produkte & Entwicklung sowie Soziales gesetzt. Zur Erreichung dieser Ziele wurde in jedem Fokusfeld eine Vielzahl von Maßnahmen definiert. Neben vielen Einzelmaßnahmen und Projekten hat die Vaillant Group Nachhaltigkeitsaspekte konsequent in die gruppenweiten Standards und Prozesse integriert – über alle Wertschöpfungsstufen hinweg. Die Umsetzung von definierten Maßnahmen kann von dem Nachhaltigkeitsmanagement angestoßen und begleitet werden. Die operative Verantwortung liegt jedoch in der Hand des jeweiligen Unternehmensbereiches.

Der folgende Abschnitt zeigt eine Auswahl wesentlicher Maßnahmen der einzelnen Fokusfelder. Diese Auswahl soll einen Einblick geben, wie Nachhaltigkeit in das operative Geschäft integriert ist, welche Herausforderungen es dabei zu meistern gilt und welche Erfolge die einzelnen Projekte gezeitigt haben.

3.1 Fokusfeld Umwelt: Energiemonitoring in der Produktion

Sie sind klein und verstecken sich an den verschiedensten Stellen im Remscheider Werk der Vaillant Group – an Maschinen, Wasserleitungen, elektrischen Installationen oder Druckluftanlagen. Die Rede ist von rund 180 kleinen Sensoren, die digital den Verbrauch von Strom, Wasser, Gas oder Druckluft messen. Sie sind Teil des Vaillant-Group-Onlineenergiemonitoringsystems, das bereits an drei Produktionsstandorten des Unternehmens eingesetzt wird. Den Anfang machte das Werk Gelsenkirchen, in dem ein solches System schon 2012 als Pilot getestet wurde. Die Ausgangssituation: Im Rahmen des S.E.E.D.S.-Programms sollte der Verbrauch von Strom, Wasser und Gas deutlich reduziert werden. Das Problem: Zwar war der Gesamteinsatz von Energie und Wasser bekannt. Wo genau die Energie verbraucht wird, ließ sich jedoch nicht oder erst mit erheblicher Verzögerung feststellen. So wurde das Umweltmanagement in Gelsenkirchen erst nach zwei Monaten auf eine Wasserleckage aufmerksam – durch eine immens hohe Wasserrechnung.

Mit dem Onlinemonitoringsystem lässt sich exakt ablesen, wo wann wie viel Energie verbraucht wird. Es gibt Aufschluss über die Verbräuche ganzer Hallen, einzelner Anlagen oder des kompletten Beleuchtungssystems. Ein Blick auf den PC macht in Echtzeit Energieverbräuche der Heizung oder der Lötanlage transparent. Andere Ansichten zeigen etwa die Kosten, die täglich beim Einsatz von Druckluftkompressoren entstehen. Abweichungen und Überschreitung von eingestellten Grenzwerten werden sofort angezeigt, die zuständigen Kollegen aus dem Umweltmanagement mit einer SMS oder einer E-Mail alarmiert. Dies stellt sicher, dass Leckagen oder erhöhte Verbräuche sofort erkannt und entsprechende Maßnahmen eingeleitet werden.

Mit dem Einsatz des Onlineenergiemonitorings konnte allein am Standort Gelsenkirchen innerhalb von nur zwei Jahren weit mehr als eine viertel Million Euro Energiekosten eingespart werden. Erste Maßnahmen waren der Austausch der vorhandenen Beleuchtung durch eine hochflexible Beleuchtungsanlage mit energiesparenden Leuchtmitteln und die Umrüstung auf eine moderne Gasbrennwertheizung. Das Monitoring zeigte zudem an, dass alle vier Druckluftkompressoren rund um die Uhr auf voller Leistung liefen. Durch die Lokalisierung von Leckagen und den Einbau einer neuen Regelung konnten zwei Kompressoren abgeschaltet und sowohl Energieverbrauch als auch Energiekosten drastisch gesenkt werden. Die folgende Aufstellung zeigt, dass die Verbräuche am Standort Gelsenkirchen von 2012 bis 2015 durch die Implementierung eines Onlinemonitoringsystems erheblich gesenkt werden konnten:

- Stromverbrauch: −38 %,
- Gasverbrauch: −15 %,
- Wasserverbrauch: −44 %.

Auf Basis der im Pilotprojekt Gelsenkirchen erzielten Erfolge hat die Vaillant Group damit begonnen, das Onlineenergiemonitoringsystem an allen elf Vaillant-Group-Produktionsstandorten einzuführen – zuletzt im englischen Belper und am Hauptsitz in Remscheid.

Zu den weiteren Maßnahmen im Fokusfeld Umwelt zählen:

- die Einführung von Umweltstandards in der Produktion,
- die Einführung eines CO_2-Reportingtools im Bereich Logistik,
- die Optimierung des Energie- und Wasserverbrauchs der Testcenter an den verschiedenen Entwicklungsstandorten des Unternehmens,
- die Einführung modernster Video-Conferencing-Standards zur Vermeidung von Dienstreisen,
- die Einführung einer neuen Flottenrichtlinie, um Schadstoffemissionen von Geschäfts- und Dienstwagen zu verringern.

3.2 Fokusfeld Mitarbeiter: Ein Platz für Kinder

Das Fokusfeld „Mitarbeiter" ist ein elementarer Bestandteil des S.E.E.D.S.-Programms. Ein wesentlicher KPI ist die Mitarbeiterzufriedenheit, die mit einem sogenannten Employee Engagement Index gemessen wird. Ein Baustein für zufriedene Mitarbeiter ist die Vereinbarkeit von Familie und Beruf. Dazu zählt eine angemessene Kinderbetreuung. Gemeinsam mit Kollegen aus dem Bereich Human Resources hat das Nachhaltigkeitsteam der Vaillant Group die Bedürfnisse von Eltern mit jungen Kindern am Standort Remscheid analysiert. Das Ergebnis: Viele Mütter und Väter würden nach Geburt ihres Nachwuchses gern schneller ins Berufsleben zurückkehren. Oft scheitert dieser Wunsch, weil sie keinen Betreuungsplatz für die Kleinen finden oder der Betreuungsplatz weit vom Arbeitsplatz entfernt liegt. Eltern am Standort Remscheid haben seit 2013 die Möglichkeit, ihren Nachwuchs in der Kindertagesstätte „Hoppelhasen" in unmittelbarer Nähe der Vaillant-Group-Unternehmenszentrale betreuen zu lassen. Der Realisierung des Projekts waren umfangreiche Analyse- und Planungsphasen vorausgegangen. So wurde unter anderem der derzeitige und zukünftige Bedarf analysiert, Räumlichkeiten auf dem Betriebsgelände und in unmittelbarer Nähe auf ihre Eignung geprüft, eine Kostenplanung erstellt und ein pädagogisches Konzept erarbeitet.

Ergebnis ist eine Tagesstätte mit 30 Plätzen, die von einem externen Anbieter betrieben wird und auf die Bedürfnisse der Vaillant-Group-Mitarbeiter zugeschnitten ist. Die Kinder werden täglich von 7 Uhr bis 17 Uhr betreut. Geschlossen ist die Tagesstätte lediglich zwischen Weihnachten und Neujahr. Die Resonanz auf das Angebot ist bis heute überwältigend. Die Nachfrage übertrifft die Anzahl der verfügbaren Betreuungsplätze deutlich.

Zu den weiteren Maßnahmen im Fokusfeld Mitarbeiter zählen:

- Einrichtung eines Gesundheitszentrums am Standort Remscheid mit der Möglichkeit der Beratung und der aktiven Teilnahme an Präventionskursen (Yoga, Rückenschule, Fitness etc.),
- Kampagnen zur Vermeidung von Arbeitsunfällen,
- Zertifizierung aller Produktionsstandorte nach dem Arbeitsschutzmanagementsystem OHSAS 18001,
- Einführung von Entwicklungskonzepten für Mitarbeiter.

3.3 Fokusfeld Entwicklung und Produkte – Green iQ

Die Vaillant Group ist einer der weltweit führenden Hersteller energieeffizienter Produkte zum Heizen, Kühlen und zur Warmwasserbereitung. Die Entwicklung neuer Produkte zielt darauf ab, die eingesetzte Energie so effizient wie möglich zu nutzen – egal, ob fossile Energieträger wie bei Gasheizungen oder regenerative Energien wie Wasser oder Luft, die in Wärmepumpen zum Einsatz kommen. Mit immer effizienteren Geräten sinkt gleichzeitig der Ausstoß von Schadstoffen wie CO_2 oder Stickoxid. Nachhaltigkeit liegt damit gewissermaßen in der DNA des Unternehmens und ist per se Teil des Kerngeschäfts.

Um Nachhaltigkeitsaspekte noch umfassender in die Entwicklung von Produkten zu integrieren, wurden ein eigenes Fokusfeld „Entwicklung und Produkte" als ein strategischer S.E.E.D.S.-Schwerpunkt definiert und KPIs festgelegt. Eine Messgröße ist der Anteil hocheffizienter und grüner Produkte am Geräteumsatz. Dieser soll bis 2020 bei 80 % liegen. Eine weitere Größe ist der vermehrte Einsatz umweltfreundlicher Materialien. Gemeinsam mit Kollegen aus der Entwicklung hat das Nachhaltigkeitsmanagement ein Entwicklungsprojekt initiiert, das auf beide Ziele einzahlt. Am Anfang standen dabei Kundenbefragungen und eine Ökobilanzierung bestehender Produkte. Das Ergebnis der Kundenbefragung: 50 % der Endkunden und 70 % der Fachhandwerker sind bereit, mehr für ein rundum grünes Produkt zu zahlen. Dies verdeutlicht, dass Nachhaltigkeit kein schmückendes Beiwerk ist, sondern ein differenzierender Wettbewerbsfaktor.

Bei der Entwicklung einer grünen Produktreihe wurden Nachhaltigkeitsaspekte über den gesamten Produktlebenszyklus hinweg berücksichtigt. Das Ergebnis ist die besonders nachhaltige und umweltfreundliche Produktreihe „Green iQ", die im März 2015 nach rund zweijähriger Entwicklungszeit vorgestellt wurde. Green-iQ-Produkte zeichnen sich durch Langlebigkeit, niedrigen Energieverbrauch und hohe Recyclingfähigkeit aus. Zudem sind alle Green-iQ-Produkte WLAN-kompatibel und besitzen integrierte Schnittstellen. Dies ermöglicht unter anderem ein Echtzeitmonitoring des Energieverbrauchs und die Überwachung des einwandfreien Betriebs der Geräte mit dem PC, einem Tablet-Computer oder einem Smartphone.

Die Erkenntnisse aus dem Green-iQ-Projekt fließen derzeit in den Entwicklungsprozess ein. Zukünftig sollen bei der Entwicklung neuer Produkte konsequent Kriterien wie Energieeffizienz, Materialeffizienz, Lebensdauer, Service, einfache Handhabung, Wiederverwertbarkeit und Recycling berücksichtigt werden. Nachhaltigkeit wird damit bei der Vaillant Group auch in der Produktentwicklung zum Standard.

Zu den weiteren Maßnahmen im Fokusfeld Entwicklung und Produkte zählen:

- Konzeptentwicklung „Green Design",
- „grüne" Regeln in der Produktentwicklung,
- Entwicklung weiterer Green-iQ-Produkte.

3.4 Fokusfeld Gesellschaft – Hand in Hand mit SOS-Kinderdörfer

„Dort, wo wir unternehmerisch tätig sind, engagieren wir uns für gesellschaftlichen Fortschritt und das Wohlergehen der Menschen." Diesen Anspruch verwirklicht das Familienunternehmen Vaillant Group seit weit mehr als 100 Jahren. Eine Bestandsaufnahme des S.E.E.D.S.-Teams im Jahr 2011 zeigte, dass sich beinahe alle internationalen Tochtergesellschaften des Unternehmens für gesellschaftliche Belange in ihren Märkten einsetzen – in unterschiedlichsten Bereichen mit unterschiedlichen Maßnahmen. Die Unterstützung für Obdachlose in Frankreich, Charityveranstaltungen für die British Heart Foundation in England, Sommercamps für Kinder in Italien sind nur einige Beispiele. Anspruch des Nachhaltigkeitsteams war es, das gesellschaftliche Engagement der Vaillant Group strukturiert zu gestalten und eine Antwort auf die immer wiederkehrende Frage zu formulieren: „Welche Projekte sollten wir unterstützen und welche nicht?" Dabei standen folgende Fragen im Vordergrund:

- Wie können wir uns glaubhaft mit unserem Know-how sozial engagieren?
- Wie setzen wir Ressourcen am effizientesten ein?
- Was passt zu unserem Unternehmen, zu unserem Kerngeschäft und unserer Marke?
- Wie erhöhen wir die Visibilität unseres Engagements?
- Wie integrieren wir die Mitarbeiter?

Auf Basis dieser Fragen entwickelte das Team ein Nachhaltigkeits-Framework, das Förderkriterien, Förderfelder und Förderinstrumente verbindlich festlegt. Bestehende Verbindungen mit sozialen Einrichtungen, die zum Teil auf jahrelangen Partnerschaften beruhen, sollten bestehen bleiben. Lokalen Ad-hoc-Projekten – zum Beispiel die spontane Unterstützung von Erdbebenopfern in Italien – wurde ein Sonderstatus eingeräumt (s. Abb. 3).

Ein sehr erfolgreiches gruppenweites CSR-Projekt ist die seit 2013 bestehende Partnerschaft der Vaillant Group mit „SOS-Kinderdörfer weltweit". Die Zusammenarbeit mit der global tätigen Organisation entspricht als gruppenweites Leuchtturmprojekt exakt den

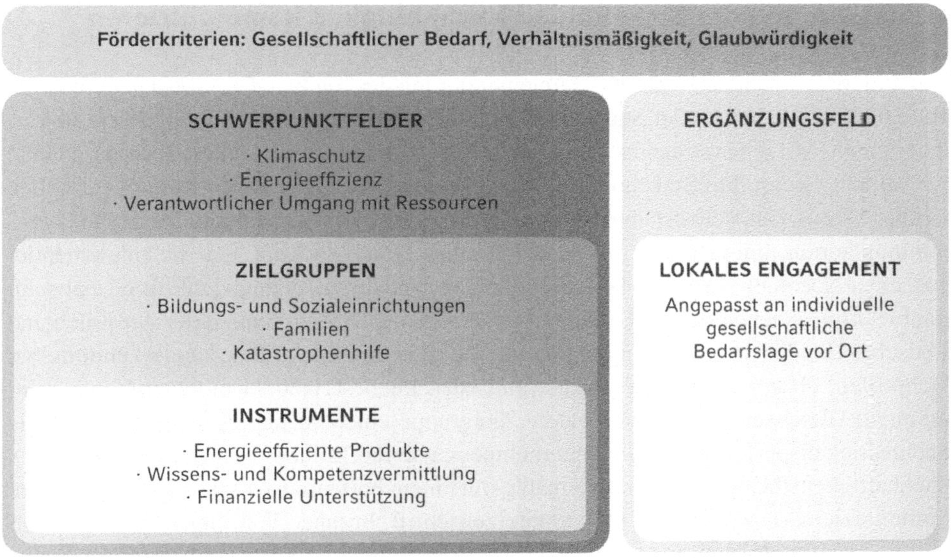

Förderkriterien: Gesellschaftlicher Bedarf, Verhältnismäßigkeit, Glaubwürdigkeit

SCHWERPUNKTFELDER
- Klimaschutz
- Energieeffizienz
- Verantwortlicher Umgang mit Ressourcen

ERGÄNZUNGSFELD

ZIELGRUPPEN
- Bildungs- und Sozialeinrichtungen
- Familien
- Katastrophenhilfe

LOKALES ENGAGEMENT
Angepasst an individuelle gesellschaftliche Bedarfslage vor Ort

INSTRUMENTE
- Energieeffiziente Produkte
- Wissens- und Kompetenzvermittlung
- Finanzielle Unterstützung

Abb. 3 CSR-Framework der Vaillant Group

in den Rahmenbedingungen festgelegten Förderkriterien. Zudem erfüllt es die Ansprüche an Visibilität nach innen und außen, Kerngeschäftsnähe und mögliche Integration der Mitarbeiter. Inhaltlich steht die langfristig angelegte Partnerschaft auf zwei Säulen: Als Exklusivpartner stellt die Vaillant Group kostenlos Heiztechnik für die SOS-Kinderdörfer zur Verfügung. Die Tochtergesellschaften realisieren entsprechende Projekte in ihren Märkten. So hat das Unternehmen in den vergangenen drei Jahren mehr als 15 Kinderdörfer in 13 Ländern von Frankreich bis China mit moderner, energiesparender Heiztechnik ausgestattet. Dazu können als zweite Säule der Partnerschaft weitere Formen der Unterstützung kommen – zum Beispiel die Begleitung der SOS-Kinder ins Berufsleben.

Für die Vaillant Group ist das Engagement für SOS-Kinderdörfer auch ein Imagefaktor. Die Belegschaft nimmt die Partnerschaft sehr engagiert an. Viele Kollegen entwickeln lokale Initiativen, um sich aktiv in die Projekte zu integrieren, oder engagieren sich privat für die Kinderdörfer. Auch bei der Gewinnung neuer Mitarbeiter ist das soziale Engagement der Vaillant Group ein positiver Faktor. Mehr denn je suchen Talente eine berufliche Aufgabe, die sinnstiftend ist.

Zu den weiteren Maßnahmen im Fokusfeld Gesellschaft zählen:

- regelmäßige Stakeholder-Dialoge,
- Umsetzung der UN-Global-Compact-Kriterien entlang der Lieferkette,
- Lieferantenbefragungen und -audits zur Einhaltung und Verbesserung sozialer und ökologischer Standards bei Zulieferern.

4 Aktivierung der Stakeholder: Nachhaltigkeit kommunizieren

Eine Prämisse für die erfolgreiche Implementierung der Vaillant-Group-Nachhaltigkeitsstrategie sind Akzeptanz der Stakeholder und die Bereitschaft des Unternehmens zu Veränderungen. Mit einer strategisch ausgerichteten Nachhaltigkeitskommunikation möchte die Vaillant Group ihre Stakeholder informieren und involvieren. Die Mitarbeiter sollen darüber hinaus zum selbstständigen Handeln motiviert werden. Interne Nachhaltigkeitskommunikation nimmt somit die Funktion eines „Enablers" ein, der die Implementierung einer Nachhaltigkeitsstrategie ermöglicht. Grundvoraussetzung dafür ist eine absolut glaubwürdige Nachhaltigkeitskommunikation. Das heißt: Kommunizierter Anspruch und faktisches Handeln müssen übereinstimmen. Keine andere Zielgruppe kann so unmittelbar nachprüfen, ob kommunizierte Inhalte und tatsächliches Handeln miteinander übereinstimmen. Gleichzeitig hat keine andere Zielgruppe einen so massiven Einfluss auf die Nachhaltigkeitsperformance des Unternehmens wie die Mitarbeiter (vgl. Lippert 2017). Nachhaltigkeitsthemen werden regelmäßig mit einem 360-Grad-Ansatz auf allen Kanälen kommuniziert – sowohl intern (Mitarbeiterzeitschrift, Intranet, Führungskräftekommunikation, Events) als auch extern (Presse, Webseiten, Publikationen und Berichte, Social Media etc.).

Zur Aktivierung der Belegschaft lobt die Vaillant Group zudem alle zwei Jahre den internen S.E.E.D.S.-Award aus. Mit dem Award werden die besten Nachhaltigkeitsideen in den vier Fokusfeldern des S.E.E.D.S.-Programms ausgezeichnet. Teilnehmen können einzelne Mitarbeiter, aber auch Teams, deren Ideen und Projekte zu einer Verbesserung der Nachhaltigkeitsperformance beitragen. Alle Einreichungen werden von einer Jury bewertet, die aus dem Nachhaltigkeitsteam, der Geschäftsführung und Direktoren der jeweiligen Bereiche besteht. Die Gewinner erhalten einen Preis, die jeweiligen Projekte werden in den internen Medien als „Best-Practice-Beispiele" unternehmensweit kommuniziert. Insgesamt haben die Mitarbeiter der Vaillant Group seit 2011 mehr als 80 Nachhaltigkeitsprojekte eingereicht. Zu den Gewinnern zählte unter anderem ein Projekt im slowakischen Werk Skalica für Sicherheit und Gesundheit der Mitarbeiter. Mit ihm ist es gelungen, die Zahl der Arbeitsunfälle im Jahr 2011 auf null zurückzufahren. 2015 ging der Preis an ein Team aus Remscheid, das sich die Einsparung von Papier bei Bedienungsanleitungen zum Ziel gesetzt hat. Durch die Konzentration auf relevante Inhalte und ein optimiertes verändertes Layout werden damit mehrere 100 Tonnen Papier pro Jahr und damit Energie und Ressourcen eingespart.

5 Ausblick: Nachhaltigkeit im Zeichen der Digitalisierung

Ob Internet of Things, Big Data, Industrie 4.0 oder Social Media – die Digitalisierung erfasst sämtliche Lebensbereiche und führt auch in Unternehmen zu maßgeblichen Veränderungen. Die Vaillant Group verfolgt eine umfassende Digitalstrategie, die sämtliche Unternehmensbereiche umfasst – von der Produktentwicklung über die Fertigung bis hin zur Etablierung neuer Vertriebskanäle und Dienstleistungsangebote. Die Auswirkungen der neuen, digitalisierten Unternehmenswelt stellen auch die Nachhaltigkeitsstrategen vor neue Fragen und Herausforderungen.

Das Nachhaltigkeitsteam der Vaillant Group beschäftigt sich intensiv mit neuen Chancen der Digitalisierung. Im Fokusfeld *Umwelt* ermöglicht die Bereitstellung von Echtzeitdaten zu Ressourcenverbräuchen in den Werken bereits eine permanente Überwachung und einen optimierten Einsatz der genutzten Energie (s. Abschn. 3.1).

Die Ad-hoc-Bereitstellung von Daten sorgt auch im Fokusfeld *Entwicklung und Produkte* für neue Möglichkeiten. Auf Knopfdruck kann der Konstrukteur eines Produktes Umwelteigenschaften von Materialien abrufen und unterschiedliche potenziell einsetzbare Materialien im Hinblick auf ihre ökologische Beschaffenheit oder ihre Recyclingfähigkeit miteinander vergleichen. Dadurch können Entscheidungen für oder gegen den Einsatz bestimmter Materialien transparent und schnell getroffen werden. Der gesamte Entwicklungsprozess wird beschleunigt. Mit der elektronischen Bereitstellung von Daten können zukünftig auch relevante Produktinformationen wie der Product Carbon Footprint ohne großen Aufwand abgerufen werden. Für das Nachhaltigkeitsmanagement bedeutet eine stärkere Fokussierung auf Daten zunächst einen relativ hohen Aufwand. Die Qualität der Daten muss für spätere Berechnungen sehr gut sein. Ebenso müssen die Fragen beantwortet werden, welche Daten erfasst werden sollen, wer sie erfasst und wer sie permanent pflegt. Sind die relevanten Daten digital erfasst und verfügbar, erhöht sich die Effizienz und Effektivität im Prozess exponentiell.

Auch bei der Entwicklung neuer digitaler Geschäftsmodelle kann das Nachhaltigkeitsteam wertvolle Impulse liefern. Ein Beispiel hierfür ist die Entwicklung von Green Services als digitale Dienstleistung. Die Integration einer Internetschnittstelle in das Heizungssystem eröffnet dem Kundendienst oder dem Installateur neue Servicemöglichkeiten: So kann der optimale Betriebszustand permanent überwacht werden. Sollte eine Störung auftreten, kann sie im Idealfall online durch Fernparametrierung behoben werden. Die Heizung läuft damit stets im effizientesten Betriebszustand. Dies spart Ressourcen, Heizkosten und CO_2-Emissionen. Auf Basis von Erfahrungswerten aus der Analyse einer Vielzahl von Daten könnte es dem Fachhandwerker zukünftig sogar möglich sein, den Ausfall von Verschleißteilen vorherzusehen und das betroffene Teil auszutauschen, bevor es komplett funktionsunfähig ist („predictive maintenance").

Dies sind nur einige Beispiele für neue Impulse, die das Nachhaltigkeitsmanagement bei der digitalen Transformation von Unternehmen setzen kann. Wesentlich ist es, Digitalisierung als Chance für mehr Nachhaltigkeit im Unternehmen zu begreifen, ohne zweifellos bestehende Risiken auszublenden. Die Aufgabe der Nachhaltigkeitsexperten besteht mithin darin, digitale Transformationsprozesse zu begleiten, an entscheidenden Stellen Impulse zu setzen und Risiken aufzuzeigen. So entsteht die Chance, Digitalisierung als Treiber für eine auch in Zukunft nachhaltige Unternehmensentwicklung zu nutzen.

Literatur

Lippert F (2017) Vaillant Group – Glaubwürdig begeistern. Organisation und Ausrichtung der internen CSR-Kommunikation. In: Wagner R et al (Hrsg) CSR und Interne Kommunikation. Forschungsansätze und Praxisbeiträge. Springer, Berlin/Heidelberg

Dr. Jens Wichtermann (47) ist Direktor Unternehmenskommunikation, Nachhaltigkeitsmanagement & Politik des Heiz- und Klimatechnikspezialisten Vaillant Group. Das mehrfach ausgezeichnete Nachhaltigkeitsmanagementprogramm des Unternehmens hat Dr. Wichtermann gemeinsam mit seinem Team entwickelt und gruppenweit implementiert. Von 2001 bis 2006 arbeitete Dr. Wichtermann in der Konzernkommunikation des MDAX-notierten Technologiekonzerns GEA AG. Dort verantwortete er die weltweite Medienkommunikation, die Onlinekommunikation sowie die Mitarbeiterinformation. Zuvor war er Lehrbeauftragter und wissenschaftlicher Mitarbeiter an der Universität Würzburg. Er arbeitete zudem freiberuflich als Pressesprecher und Kommunikationsberater für Unternehmen verschiedener Branchen, im Profisport und im Kulturbereich.

CSR in NRW – CSR in der Textilwirtschaft

Ralf Hellmann und Gerhard Becker

1 Der Exodus der europäischen Textilindustrie

Seit Beginn der 1970er-Jahre entwickelten sich die nichteuropäischen Textilhersteller zu ernsten Mitbewerbern heimischer Produktionen. Sie begannen mehr und mehr europäische und japanische Textilmaschinen mit hoher technischer Ausstattung zu importieren und schnell entwickelten sich leistungsfähige Textilmanufakturen, die nun neben vergleichbarer hochwertiger Produktionstechnik und zum Teil sogar viel modernerer Maschinenausstattung, gleichzeitig mit dem Vorteil sehr geringer Lohnkosten, in den Wettbewerb einstiegen.

Diese Margenvorteile beeinflussten die Preise am Textilmarkt und Preiserhöhungen heimischer Hersteller führten zu einem immer weiterschreitenden Exodus von Produktionsstätten.

Wurden zunächst die ersten Produktionsstufen wie Spinnereien geschlossen und die Produktion in nichteuropäische Länder verlagert, wanderten auch lohnintensive Endstufen wie Nähereien nach Asien aus.

Die derart unter Druck stehenden europäischen textilen Produktionsstufen schrumpften immer weiter und verlagerten sich zusehends in den Bereich der technischen Textilien.

R. Hellmann (✉)
Dibella GmbH
Hamalandstr. 111, 46399 Bocholt, Deutschland
E-Mail: hellmann@dibella.de

G. Becker
Vereinigung MaxTex
Overbergstraße 12, 65936 Frankfurt am Main, Deutschland
E-Mail: gerhard.becker@maxtex.eu

© Springer-Verlag GmbH Deutschland 2017
P. Bungard und R. Schmidpeter (Hrsg.), *CSR in Nordrhein-Westfalen*,
Management-Reihe Corporate Social Responsibility, DOI 10.1007/978-3-662-54190-6_11

2 Zunehmende industrielle Fertigung in Drittländern mit Folgen

Der Aufbau einer modernen Fertigung entwickelte sich in Asien in großen Schritten. Allerdings kann die Konfektion eines Textils aufgrund der Komplexität nach wie vor nur von Menschenhand erledigt werden.

Asien verfügt über einen großen Markt an preiswerten Arbeitskräften und der Wettbewerbsdruck unter den Arbeitskräften war und ist bis heute immens. Gleichzeitig existierten keine starken und unabhängigen Gewerkschaften, die zu einem Gleichgewicht bei Lohnverhandlungen zwischen Arbeitgebern und Arbeitnehmern führten. Die Folgen sind zum Teil unmenschliche und für Leib und Seele unsichere oder gar gefährliche Herstellungsmethoden. Gleichzeitig werden Preise und Margen weiter reduziert, was im Wettbewerb zu einer weiteren Preisschraube nach unten führt. Der Einsturz mehrerer Fabriken aufgrund der Nichteinhaltung von Bauvorschriften, verheerende Brände durch Nichteinhaltung von Sicherheitsvorschriften und mangelnde Gebäudesicherheit forderten in der Folge Tausende von toten und schwer verletzten Arbeitern. Insbesondere Frauen sind von diesen schrecklichen Ereignissen und generell auch von den inakzeptablen Bedingungen betroffen. Es steht außer Frage, dass dies – neben anhaltender Korruption in vielen dieser Länder – Folge einer ruinösen Preis- und Arbeitsmarktpolitik ist.

3 Ökologische Probleme in Drittländern

Neben den bereits geschilderten negativen sozialen Gesichtspunkten spielt in der CSR und Nachhaltigkeitsdiskussion natürlich auch die ökologische Dimension eine wichtige Rolle.

Dabei entstehen wegen der immensen Verbrennung von fossilen Brennstoffen und der damit einhergehenden Luftverschmutzung zunehmd ökologische Schäden und Katastrophen sowie dadurch ebenfalls ausgelöste negative gesundheitliche Folgen für die gesamte Bevölkerung. So wurden beim gerade zu Ende gegangenen G20 Gipfel in Hangzhou, China, zeitweise 600(!) Textilfabriken geschlossen, um den Smog zu verringern.

In vielen Färbereien werden häufig Abwässer ungereinigt in Flüsse und Seen eingeleitet, die zu einem massiven Absterben der Wasserfauna und der Vergiftung von Trinkwasser führen. Auch hier sind gesundheitliche Folgen für die unmittelbar am Produktionsprozess Beteiligten – darunter viele Kinder – katastrophal.

4 Der konventionelle Anbau von Baumwolle und die negativen Folgen

Die genannten Probleme treten intensiv bei der industriellen Produktion von Textilien auf und bedürfen dringend weiterer Maßnahmen. Ein weiterer notwendiger Schritt war die Einbeziehung der Rohstofferzeugung in die Betrachtung von CSR-Kriterien in den letzten

Jahren. Hier spielt vor allem der Anbau von Baumwolle, mit dem weltweit über 100 Mio. Menschen direkt und indirekt beschäftigt sind, eine wichtige Rolle.

In den Dritt- und Entwicklungsländern erfolgt der Anbau überwiegend von Kleinstbauern die im Durchschnitt 1 ha Land anbauen. Der industrielle Anbau erfolgt in großem Umfang zum Beispiel in den USA.

Beim sogenannten konventionellen Anbau von Baumwolle werden Monokulturen aus überwiegend genmanipulierten Baumwollsamen verwendet. Diese Hybridsamen können im Gegensatz zu nichtgenmanipulierten Baumwollsamen nach der Ernte nicht weiter als Samen für neue Aussaaten verwendet werden. Diese sind so manipuliert, dass die Saat nicht mehr aufgeht. Der Farmer und Kleinstbauer ist somit an den Hersteller gebunden und hat oft auch keine Möglichkeit mehr, nichtmanipulierten Samen zu kaufen, da diese Hersteller bereits aufgekauft und häufig danach geschlossen werden. So kommt es zu einem ungleichen Wettbewerb, bei dem in vielen Regionen der Welt oft das reine Monopol herrscht, mit der Folge, dass exorbitant steigende Preise für Samen zu verzeichnen sind.

Die zunächst versprochene Resistenz gegenüber Schädlingen lässt nach, sodass die Bauern gezwungen sind Pestizide einzusetzen. Sehr oft werden dabei Mittel verwendet, die aufgrund vieler schädlicher Wirkungen zum Beispiel in der EU nicht mehr zugelassen sind. Die Lieferung der Pestizide erfolgt nur gegen „cash" und sehr häufig werden diese überdosiert aufgebracht, mit entsprechenden Vergiftungserscheinungen bei Mensch, Tier und Fauna.

Da ebenso Kunstdünger eingesetzt werden müssen – auch diese sind natürlich nur gegen „cash" zu bekommen – führt dies im Zusammenhang mit schlechteren Ernten und niedrigen Rohstoffpreisen zu einer Verschuldungsfalle. Farmer sind gezwungen sich Bargeld auf dem freien Markt zu horrenden Zinskonditionen zu besorgen. All dies führt zu einer aussichtslosen wirtschaftlichen Situation, die viele Bauern zum Beispiel in Indien in den Selbstmord treibt.

5 Erstes Umdenken – Gründung der Chetna-Kooperative

Genau diese Situation wurde von vielen NGOs, wie zum Beispiel Fairtrade, erkannt und es wurden gezielt Projekte angestoßen, die dieser Entwicklung Einhalt gebieten sollten. Den Farmern sollte ein Zugang zu ethischen Märkten geöffnet und somit ein höheres Einkommen ermöglicht werden. In der Folge würde es zusätzlich den Familien ermöglicht, den Kindern eine angemessene Schulbildung zukommen zu lassen und sie gleichzeitig von Zwangsarbeit zu befreien.

So wurde im Jahr 2005 auf Initiative der niederländischen Regierung die Kooperative „Chetna" in Indien gegründet. Konventionell anbauende Farmer sollten in den Bioanbau eingewiesen und hingeführt werden. Zunächst mit 170 Farmern gestartet, betreut die Kooperative jetzt über 35.000 Mitglieder. Sie führt aktiv die Mitglieder in die Besonderheiten des Bioanbaus ein, schult die Farmer in allen wichtigen Facetten und ist stets vor Ort mit eigenen Teams unterwegs.

Die Baumwollernte wird den Bauern zu festen Preisen abgenommen und – sofern dem Fairtrade-System angeschlossen – wird zusätzlich eine Prämie gezahlt, sodass der erzielte Preis immer über dem Marktpreis liegt. Schrittweise erfolgt die Biozertifizierung. Im Schnitt ist nach drei Jahren der Boden frei von Schadstoffen und der Absatzkanal für Biobaumwolle geöffnet. Hier soll ein weiterer Zuschlag für Biorohstoffe erzielt werden.

Im Gegensatz dazu ist der einzelne Farmer beim konventionellen Anbau dem Einkäufer ausgeliefert. Da die Verarbeitung von Rohbaumwolle nur in ca. 4–5 Monaten des Jahres erfolgt, stauen sich Verkäufer bei den sogenannten Entkörnungsunternehmen, die die Samen aus den gepflückten Pflanzen mechanisch entfernen, und bei regem Betrieb erhält der Verkäufer oft wesentlich weniger als den aktuellen Marktpreis. Teilweise sind die Bauern mit Pferdekarren tagelang bis zu den Entkörnungsanlagen unterwegs und scheuen den Weg zurück ohne Einkommen. Lagermöglichkeiten, um bessere Verkaufsmöglichkeiten zu erzielen, existieren nicht und jede Schuld treibt den Schuldzins Monat für Monat in die Höhe.

6 Die Schwierigkeit, nachhaltige Textilien zu verkaufen, am Beispiel der öffentlichen Beschaffung in NRW

Unternehmen, die sich dieser beschriebenen Situation bewusst sind und entsprechend ihr Produktportfolio um nachhaltig erzeugte Textilien erweitern wollen, stoßen relativ schnell auf Widerstände im Vertrieb. Da diese Produkte, je nach „Nachhaltigkeitslevel" und verständlicherweise nur zu höheren Preisen gegenüber konventionellen Produkten verkauft werden können, werden diese von einer Mehrheit der Einkäufer häufig noch grundsätzlich abgelehnt. Unternehmen bzw. Organisationen, die sich bereits mit dem Thema CSR beschäftigen, stehen dieser Preisdiskussion erkennbar wesentlich entspannter gegenüber.

Neben dem B2B-Bereich gibt es im Bundesland NRW natürlich viele öffentliche Beschaffer. Das Land NRW hat hier richtungsweisend und vorbildhaft für alle Bundesländer eine verantwortungsvolle Verordnung erlassen, die die Beschaffer auffordert nachhaltige Produkte in ihre Beschaffungssystematik aufzunehmen.

Was sich in der Theorie sehr gut anhört und auch Vorbildcharakter hat, stößt in der täglichen Umsetzung häufig noch an Grenzen. Die Beschaffer sehen sich vielen Fragestellungen gegenüber und haben kaum Zugang zu Themen und Fakten einer verantwortlichen, ethischen oder auch nachhaltigen Beschaffung. Hier bedarf es noch viel Aufklärung und Willens der Beschaffer und insbesondere des Landes und der Kommunen, hieran etwas zu verändern. In NRW sind NGOs aktiv, zum Beispiel die Christliche Initiative Romero und Fairtrade aus Köln. Letztgenannte Organisation ist besonders bedeutend für NRW.

7 Vorbildfunktion des Nachbarn Niederlande

NRW grenzt an die Niederlande und es lohnt sich, einen Blick über die Grenze zu werfen, was unsere Nachbarn anders und vielleicht auch besser machen. Zunächst muss festgestellt werden, dass das Thema Nachhaltigkeit schon seit langer Zeit fester Bestandteil der niederländischen Bildungspolitik ist. Besondere Aufmerksamkeit erfährt hier vor allem die Romanfigur Max Havelaar, der die Zustände beim Kaffeeanbau in den niederländischen Kolonien anklagt. Institutionalisiert wurde der faire Handel wohl endgültig durch die niederländische Organisation Solidaridad, die in den 1980er-Jahren das Logo Max Havelaar als Standard einführte. Anfang der 1990er-Jahre wurde Trans Fair International als Träger des europäischen Fair-Trade-Siegels gegründet. 98 % der Niederländer kennen Max Havelaar/Fair Trade. Niederländer stehen daher einem ethischen Kauf von Produkten wesentlich aufgeschlossener gegenüber als der „NRWler", der sich, wie in vielen anderen Bundesländern auch, gern auf die „Geiz ist geil"-Methode beruft.

In den Niederlanden bekommt die Ausgestaltung einer nachhaltig orientierten öffentlichen Beschaffung zunehmend Platz in Ausschreibungen. So hat das niederländische Militär Handtücher ausgeschrieben, die einen Mindestgehalt an recyceltem Material enthalten mussten. Das Thema CSR ist in der öffentlichen Beschaffung bereits deutlich implementiert. Das niederländische Beispiel sollte Aufforderung und gleichzeitig Motivation für die Beschaffung in NRW sein, die Verordnungen und Richtlinien aktiv – und nicht passiv – nachhaltig und im besten Sinne einer Corporate Social Responsibility zu gestalten und umzusetzen.

8 Gründung von MaxTex – eine Unternehmensinitiative und Eröffnungsveranstaltung in Köln

Die Platzierung ethischer und nachhaltig produzierter und gehandelter Produkte am Markt ist mit Schwierigkeiten verbunden und diese spüren diejenigen Unternehmen, die sich dieser wichtigen Aufgabe stellen. In NRW – und nicht nur dort – kommt vor allem immer wieder das Preisargument zum Tragen.

Aufgrund dieser Sachlage und der Komplexität der zu bewältigenden Fragen haben sich in Bocholt 2013/2014 Unternehmen aus unterschiedlichen Regionen und Ländern getroffen, um über die Gründung eines Vereins zu diskutieren. Der Verein sollte das Thema „nachhaltige Textilien" für den B2B-Sektor in einer Interessengemeinschaft bündeln und die Organisation sollte aktiv das Thema in der Öffentlichkeit voranbringen. Sitz des Vereins sollte Bocholt sein. Da zur Vereinsgründung aber sieben Mitglieder notwendig sind und man diese zum damaligen Zeitpunkt nicht hatte, wurde der Verein als „Vereniging" in den Niederlanden, direkt an der Grenze zu NRW in Bocholt, Sitz von Dibella, eines der Gründungsunternehmen, gegründet. Die Auftaktveranstaltung erfolgte bei dem Textilserviceunternehmen Larosé in Köln (jetzt Alsco).

9 Kooperation mit NGOs und Regierungsorganisationen

Die Vereinigung MaxTex begann umgehend das Thema in der deutschen, aber auch europäischen Öffentlichkeit zu kommunizieren. Mittlerweile zählen Unternehmen aus den USA, Kanada, Niederlande, Schweiz, Frankreich und natürlich Deutschland zu den Mitgliedern.

Von Anfang an stand der enge Kontakt mit möglichst vielen NGOs, Kommunen, Landesregierungen und auch dem Bund im Fokus der Arbeit von MaxTex. Mitgliedsunternehmen und Führung der Vereinigung bieten sich an bei Veranstaltungen die breite Öffentlichkeit über das Thema nachhaltige Textilien zu informieren. Auch hier sind enge Kontakte zu Fairtrade Deutschland/NRW oder FEMNET beispielhaft zu erwähnen.

Auch kommunale Netzwerke wie Eine-Welt-NRW stehen in ständigem Kontakt zu MaxTex und unterstützen die Aktivitäten bei öffentlichen Veranstaltungen mit Präsenz.

10 Die gesamte textile Lieferkette als Herausforderung

Gemeinsames Ziel der MaxTex-Mitgliedsunternehmen ist es, in allen Wertschöpfungsstufen des Herstellungsprozesses von Textilien eine nachweisbar umwelt- und sozialgerechte Produktion durchzusetzen. Der Anteil nachhaltiger textiler Produkte im Markt soll sich dadurch stetig steigern.

War bis hierher hauptsächlich die Rede von fairer Preisfindung und ökologischen Fragen am Beginn der Lieferkette bei den Rohstoffen, so ist die Materie bei Betrachtung der gesamten Lieferkette noch wesentlich komplexer.

Ein wenig mit der Materie vertrauter Betrachter mag sich daher die Frage stellen, ob nicht jedes Unternehmen alleine und möglicherweise sogar besser in der Lage sei, sich den richtigen und notwendigen Prozessen zu mehr Nachhaltigkeit zu stellen. Wer jedoch die Komplexität einer weltweit in hohem Grade vernetzten Textilwirtschaft kennt, kann einschätzen, wie schwierig es ist, einen Nachhaltigkeitsprozess über die gesamte Lieferkette in Gang zu setzen, um anschließend dem Endkunden konkrete Produktlösungen anzubieten.

Die zentrale Aufgabe von MaxTex ist es daher, die Mitglieder zu einer nachhaltigen Produktion und Dienstleistung hinzuführen und sie in allen die nachhaltige Produktion und Dienstleistung betreffenden allgemeinen, fachlichen und wirtschaftlichen Interessen zu informieren, zu beraten, zu betreuen und zu vertreten. Die Vereinigung bietet eine Plattform für Unternehmen, die partnerschaftlich Nachhaltigkeitssortimente für die verschiedenen Segmente textiler Dienstleistungen entwickeln, produzieren und anbieten. Dies gilt etwa für die vielfältigen Bereiche der Berufsbekleidung, von Corporate Fashion über gängige Arbeitskleidung bis hin zu persönlicher Schutzbekleidung, den Bereich Hotel, Restaurant und Catering sowie für das Gesundheitswesen und viele weitere Sparten. Dies sind allesamt Bereiche, die für eine öffentliche Beschaffung in NRW, dem bevölkerungsreichsten Bundesland, von mehr oder weniger recht großer Bedeutung sind. MaxTex unterstützt seine Mitglieder informell beim Einführen und Vermarkten nachhaltiger Textilien – insbesondere auch über den Vertriebsweg des Textilservices. Das Unternehmen Alsco Berufskleidungsservice mit Hauptsitz und Niederlassungen in Köln kann hier als ein herausragendes Beispiel genannt werden.

Die angesprochene internationale Zusammensetzung der Mitglieder spiegelt bereits heute eine außergewöhnliche Kompetenz über weitgehend alle Bereiche der textilen Lieferkette wider. Dies reicht von der Organisation, die sich aktiv um die Verbesserung der Lebens- und Anbaubedingungen von Baumwollfarmern kümmert, über eine Reihe von Herstellern und Konfektionären bis hin zu hochprofessionell aufgestellter Textilserviceunternehmen. Nicht zu vergessen sind verschiedene Partner aus Hochschule und Wissenschaft, stellvertretend sei hier die Hochschule Niederrhein, Fachbereich Textil- und Bekleidungstechnik in Mönchengladbach genannt, die sämtliche Aktivitäten unterstützen und begleiten.

Mehrfach wurde über Standards gesprochen, deren Vielfalt es dem Entscheider nicht immer einfach macht. Die Aufnahmekriterien von MaxTex sehen daher vor, dass nur diejenigen Unternehmen Mitglied werden können, die sich mit dem wirtschaftlichen und gesellschaftlichen Megathema Nachhaltigkeit ernsthaft befassen und bereits erkennbare praktische Schritte zur Umsetzung im Unternehmen eingeleitet haben! Beispielsweise müssen Nachweise über sinnvolle Zertifizierungen, den Einsatz bestimmter Managementsysteme oder die Veröffentlichung von Nachhaltigkeitsberichten erfolgen.

Unter dem Schirm von MaxTex können sie sich über alle notwendigen Prozesse und Entwicklungen austauschen und ihr nachhaltiges Handeln erfolgreich weiterentwickeln.

Die regelmäßigen Mitgliederversammlungen sind ein Forum für Experten, Entscheider, Querdenker, Visionäre und Macher im Textilmanagement!

Nicht zuletzt seit den erschreckenden Bildern aus Bangladesch, dem Einsturz des Rana Plaza in Sabhar sowie vielen weiteren Katastrophen in Textilfabriken rücken nachhaltig produzierte Textilien für viele Verbraucher, insbesondere aber auch öffentliche Beschaffer und Unternehmen, immer mehr in den Vordergrund.

Viele kennen und erkennen inzwischen eine Reihe von Siegeln und Standards, insbesondere auch im Ernährungsbereich, hinter denen häufig kaum zu überblickende Regulierungen, Gesetze, Grenzwerte, Prüfungs- und Nachweispflichten stehen. Viele dieser Standards, so auch bei Textilien, sind durchaus ernst zu nehmen und im Sinne einer Verbesserung von Umwelt- und Sozialbedingungen sowie einer insgesamt höheren Transparenz unabdingbar.

Es wird allerdings häufig übersehen, dass viele Standards nur Teilbereiche der Wertschöpfungskette abdecken. Beispielsweise sagt ein „Frei-von-Schadstoff-Siegel" nichts über die gezahlten Löhne in den Verarbeitungsstufen aus. Ein Teil der bekannten oder weniger bekannten Siegel erfüllen damit auch lediglich einen Minimal- oder Teilanspruch der von Verbrauchern und Initiativen intensiv geforderten Lösungen.

Hinzu kommt die spannende Frage, inwieweit sich die beteiligten Akteure einer unabhängigen und regelmäßigen Prüfung unterwerfen. Einige Standards basieren auf freiwilligen Angaben oder Selbstkontrolle, deren Glaubwürdigkeit man trauen kann oder auch nicht. Die Gefahr des „green washing" mithilfe freiwilliger Auskünfte ist allerdings latent vorhanden.

Die Satzung der Vereinigung MaxTex sieht an dieser Stelle für die Mitglieder aus der textilen Lieferkette den Nachweis von Zertifizierungen vor, die einem sehr hohen Anspruch an Transparenz, Nachprüfbarkeit und Nachhaltigkeit genügen.

Die Bereitschaft und Fähigkeit zur Zusammenarbeit sind eine der wichtigsten Zukunftsressourcen. Innerhalb von MaxTex geben sich die Mitglieder gegenseitige Unterstützung und prüfen jegliche nachgelagerte bi- oder multilaterale wirtschaftliche Zusammenarbeit. Dadurch können Kräfte gebündelt werden, um den Wirkungsgrad der Aktivitäten zu erhöhen. Durch gemeinsame Projekte und Kampagnen, durch eine koordinierte Öffentlichkeitsarbeit, durch die Erarbeitung von Strategien und durch die Entwicklung von Qualifizierungsinstrumenten sowie eine nahezu lückenlose Kompetenz bringt MaxTex Kooperationen, soziale und gesellschaftliche Verantwortung sowie nachhaltiges Handeln in der Textil- und Bekleidungsindustrie weiter voran.

Von vollständiger Transparenz und einem nachhaltigen „Rundum-sorglos-Paket" für die gesamte textile Wertschöpfungskette kann jedoch noch lange keine Rede sein. Viele Unternehmen sind erst am Anfang eines Prozesses, der nicht nur das verantwortungsvolle Handeln nach außen, sondern vor allem auch die internen Prozesse im besten Sinne einer Corporate Social Responsibility regeln soll und muss.

11 Ein weiterer Mosaikstein – die GoodTextiles Stiftung

Die Vielfältigkeit der Akteure zeigt ganz deutlich, nur gemeinsam und mit vereinbarten Kräften lassen sich die Herausforderungen meistern. Mit der jüngst von Dibella/Bocholt gegründeten gemeinnützigen GoodTextiles Stiftung – wieder ein NRW-Produkt – schließt sich eine weitere kleine Lücke in der Kette der zu bewältigenden Aufgaben. Mit eigens aufgelegten Fonds fördert sie ökologische und soziale Projekte innerhalb der textilen Wertschöpfungskette. Die Fonds sollen aus Spenden finanziert werden.

Bereits mit den Spenden der ersten Initiative, dem „GoodCotton-Fonds", werden die Lebensbedingungen von ökologisch wirtschaftenden Baumwollkleinstbauern verbessert. Ein erstes, mit rund 30.000 Euro durch den Fonds unterstütztes Projekt dient der Errichtung eines Ausbildungszentrums für biologische Landwirtschaft im Distrikt Adilabad/Indien. Es wird in Zusammenarbeit mit Experten für nachhaltige Textilproduktion, Umweltentwicklung und CSR-Initiativen umgesetzt. Da weitere Fonds wie GoodWage, GoodClothes oder GoodWork geplant sind, wird zurzeit ein unabhängiges Kuratorium zusammengestellt, dessen Mitglieder aus Persönlichkeiten bestehen werden, die sich ehrenamtlich für die Verbesserung von Nachhaltigkeit innerhalb der textilen Wertschöpfungskette einsetzen möchten.

12 Ausblick

Die hier aufgezeigten gesellschaftlichen Herausforderungen der Gegenwart machen deutlich, dass diese kaum mit den einseitigen Rezepten der Vergangenheit gemeistert werden können.

Für eine faire, nachhaltig gestaltete Zukunft geht es darum, zu einer neuen Balance im ökonomischen Handeln zu finden, um Vertrauen zu schaffen – bei Kunden, Partnern, Mitarbeitern, im gesellschaftlichen Umfeld und in der Öffentlichkeit, durch Interaktion mit dem Gemeinwesen und im Einklang mit der Umwelt. Wert und Werte, Freiheit und Verantwortung, Wohlstand und gesellschaftliches Engagement, Innovationsfähigkeit und Nachhaltigkeit gehören untrennbar zusammen.

Erforderlich sind neue, grenzüberschreitende Wege des gesellschaftlichen Engagements im freiwilligen Zusammenspiel von Unternehmen entlang der Wertschöpfungskette, gemeinnützigen Organisationen, Initiativen der Bürgergesellschaft und vor allem auch der öffentlichen Hand. Nur gemeinsam lässt sich eine zukunftsfähige Gesellschaft gestalten, eine nachhaltige Entwicklung ermöglichen. Das heißt aber auch Mut zu Innovationen durch übergreifende Kooperationen und damit Mut zu neuen gesellschaftlichen Perspektiven.

Die NRW-Unternehmen Dibella und Alsco, die Hochschule Niederrhein, die Vereinigung MaxTex und die GoodTextiles Stiftung sind nur einige Beispiele dieser Entwicklung und funktionierender Prozesse und Kooperationen. Es gilt, diese Prozesse aktiv weiterzuentwickeln.

Nun liegt es, neben dem einzelnen Verbraucher und der gewerblichen Wirtschaft, auch an den öffentlichen Beschaffern der Länder und der Kommunen, den Bekundungen von Verantwortung und Nachhaltigkeit Taten folgen zu lassen! Nordrhein-Westfalen als wirtschaftlich starkes Bundesland hat bereits Zeichen gesetzt.

Ralf Hellmann ist Geschäftsführender Gesellschafter bei der Dibella GmbH/Dibella b.v. Er ist seit 30 Jahren in der Textilindustrie tätig und bezeichnet sich selbst als Praktiker. Dibella ist seit 1986 kompetenter Partner für Objekttextilien und setzt sich für nachhaltig produzierte Textilien ein.

Becker, Gerhard geb. 1958, Ausbildung zum Industriekaufmann bei der Hoechst AG, Frankfurt am Main, Studium der Betriebswirtschaftslehre an der Fachhochschule Mainz (1981–1985), Referent Marketing und Vertrieb der Hoechst AG (bis 1988), Zentrale Werbung und Unternehmenskommunikation der Hoechst AG – Schwerpunkte u. a. Gründung einer Unternehmensstiftung und Krisenkommunikation (1989–1999), Hauptgeschäftsführer des gemeinnützigen Deutschen Motorsport Verband e. V. (1999–2010), Gründer von verbandsexperte.eu, Beratung und Mandatsgeschäftsführungen für Verbände und NGO, Betreuung diverser Verbände und Organisationen (seit 2011), Geschäftsführer der Vereinigung MaxTex (seit Januar 2015), Mitglied im Bündnis für nachhaltige Textilien, Arbeitsgruppe Kommunikation (seit Herbst 2015).

Verantwortlich handeln – Corporate Responsibility Management bei ALDI

Julia Adou und Christina Emmermann

1 Einfach verantwortlich handeln – unser CR-Verständnis

Die Marke ALDI steht wie keine andere für den Erfolg des Discountprinzips. Vom kleinen Stammgeschäft in Essen-Schonnebeck hat sich ALDI seit 1913 zu einer weltweit bekannten Handelsmarke entwickelt. Genutzt wird die Marke von den 1961 gegründeten Unternehmensgruppen ALDI Nord und ALDI SÜD. Seit damals sind die beiden familiär miteinander verbundenen Unternehmensgruppen rechtlich und wirtschaftlich selbstständig und außerhalb Deutschlands in unterschiedlichen Ländern tätig.

Das gemeinsame Leistungsversprechen lautet bis heute: qualitativ hochwertige Produkte zum besten Preis. An diesem Kernprinzip orientieren sich beide Unternehmensgruppen sowie alle Regionalgesellschaften in insgesamt 18 Ländern. Die Präsenz der Marke ALDI ist heute global: Mit den jeweiligen Niederlassungen in Hongkong – welche auch Sitz internationaler CR-Einheiten sind – ist ALDI inzwischen auf vier Kontinenten vertreten. Beide Unternehmensgruppen verfügen weltweit über insgesamt rund 10.100 Filialen, 155 Logistikzentren sowie mehr als 162.400 Mitarbeiter. Insgesamt erwirtschaften beide Unternehmensgruppen mehr als 66 Mrd. Euro Umsatz. Mit diesen umfangreichen Geschäftstätigkeiten gehen gesellschaftliche Auswirkungen und Einflussmöglichkeiten entlang der Lieferkette einher (ALDI Nord 2016a; ALDI SÜD 2016a).

Diese Einflussmöglichkeiten möchten wir im Sinne einer nachhaltigen Entwicklung ökologisch verträglich, sozial gerecht und wirtschaftlich leistungsfähig gestalten. Doch

J. Adou (✉)
ALDI SÜD Dienstleistungs-GmbH & Co. oHG, Unternehmensgruppe ALDI SÜD
Burgstraße 37, 45476 Mülheim an der Ruhr, Deutschland
E-Mail: julia.adou@aldi-sued.de

C. Emmermann (✉)
ALDI Einkauf GmbH & Co. oHG, Unternehmensgruppe ALDI Nord
Eckenbergstraße 16 + 16A, 45307 Essen, Deutschland
E-Mail: christina.emmermann@aldi-nord.de

bei unternehmerischer Verantwortung (Corporate Responsibility, kurz CR) geht es für uns nicht nur um eine nachhaltige Lieferkette: Als Discounter leisten wir ebenfalls einen wichtigen Beitrag dazu, breite Verbraucherschichten mit Produkten des täglichen Bedarfs zu versorgen. Zudem sorgt ALDI dafür, dass vormalige Wohlstandsgüter erschwinglich werden: So wurden in den 1980er-Jahren für viele Bürger fast unbezahlbare PCs bei ALDI zu günstigen Preisen angeboten. Und ALDI SÜD bot 2016 Designermode für jedermann an. Diese gesellschaftliche Leistung, durch die wir primär zu einer funktionierenden Grundversorgung beitragen, wollen wir künftig noch nachhaltiger wahrnehmen. In dieser Verbindung von Kerngeschäft als Discountunternehmen für Lebensmittel und andere Produkte des alltäglichen Bedarfs sowie der nachhaltigen Gestaltung unserer Geschäftstätigkeit liegt das Wesen des CR-Engagements bei ALDI.

Was Verantwortung dabei konkret für unsere jeweiligen Unternehmensgruppen bedeutet, haben wir in einer CR-Policy (ALDI Nord 2015a) bzw. in CR-Grundsätzen (ALDI SÜD 2016b) zusammengefasst. Damit bieten wir allen Anspruchsgruppen einen verbindlichen Handlungsrahmen, der unsere Perspektive auf Verantwortung und Nachhaltigkeit konkretisiert und darüber informiert, in welchen Handlungsfeldern wir unser Engagement umsetzen (vgl. Abschn. 3). Grundlage unseres erfolgreichen CR-Managements sind dabei traditionelle Kaufmannswerte: Einfachheit, Verlässlichkeit bzw. Kundenorientierung und Verantwortungsbewusstsein.

2 Strategie und organisatorische Verankerung

Wir sind führende Discountunternehmen bei Qualität und Preis – auch in Sachen Verantwortung möchten wir zur Spitzengruppe zählen. In vielen Bereichen haben wir in den vergangenen Jahren wesentliche Fortschritte gemacht. Das gilt zum Beispiel für unsere Aktivitäten zur Verbesserung sozialer und ökologischer Bedingungen in der Lieferkette, die Optimierung unseres Energieverbrauchs und die Verbesserung der Nachhaltigkeit unserer Produkte. Mit dem strategischen Dreiklang aus Preis, Qualität und Verantwortung sind ideale Bedingungen gegeben, Nachhaltigkeit erfolgreich im Massenmarkt zu etablieren. Auch personell haben wir die notwendigen Voraussetzungen geschaffen: Im Bereich CR sind in beiden Unternehmensgruppen weltweit – einschließlich der CR-Mitarbeiter in Hongkong – mehr als 120 Mitarbeiter beschäftigt (ALDI Nord 2016a; ALDI SÜD 2016a). Kurze Entscheidungswege und die Verankerung im Topmanagement sichern in beiden Unternehmensgruppen eine professionelle und erfolgreiche Umsetzung.

Auf dem Weg einer nachhaltigen Entwicklung setzen wir strategisch dort an, wo die Wirksamkeit am größten ist. Unsere Position zwischen Herstellern und Lieferanten – insbesondere auch bei dem hohen Anteil an Eigenmarkenartikeln – einerseits und unsere Kunden andererseits bilden den Schlüssel zum Erfolg. Denn so ist es uns möglich, den Konsum des alltäglichen Bedarfs nachhaltiger zu gestalten. Gemeinsam mit unseren Lieferanten können wir Einfluss auf die Gestaltung und Produktion nehmen und so Nachhaltigkeit direkt am Produkt umsetzen. Eine partnerschaftliche Zusammenarbeit mit Lieferanten, die unser Verständnis von Qualität und Verantwortung teilen, ist dazu entscheidend. Bei Produkten, die wir unter unseren Eigenmarken handeln, setzen wir Standards. Unser Anspruch führt zu individuellen ALDI-Lösungen, auch im Bereich Nachhaltigkeit. So haben wir beispielsweise bei Fleischprodukten ein jeweils eigenes System zur Steigerung der Transparenz in der Lieferkette entwickelt und implementiert (s. Abschn. 3.2 zu „Kunden").

In den vergangenen Jahrzehnten haben wir unser Sortiment konsequent gemäß den Bedürfnissen unserer Kunden erweitert. Dies macht die Produktbeschaffung komplexer, die Zahl der Lieferanten ist gestiegen. Neben regionalen Produkten stehen Waren aus vielfältigen Herkunftsländern in den Filialen. Die Wertschöpfungsketten zu durchdringen, wird damit zu einer umfassenden Aufgabe des Nachhaltigkeitsmanagements. Verbraucher und andere Gesellschaftsakteure wie etwa Verbände erwarten genau das: Unternehmen sollen sich weltweit dafür einsetzen, dass Umwelt- und Sozialstandards bei der Herstellung ebenso wie in den vorgelagerten Prozessen beachtet werden. Dies bedeutet für uns, dass wir die Auswirkungen unserer Tätigkeiten auf die Gesellschaft und Umwelt analysieren, Themen und Handlungsansätze in allen relevanten unternehmerischen Prozessen identifizieren, uns messbare Ziele setzen, wirksame Maßnahmen planen und umsetzen und die Umsetzung kontrollieren sowie bei Bedarf nachjustieren.

Erfolgreiches CR-Management benötigt klare Zielsetzungen. Über konkrete Ziele und Maßnahmen informieren wir aus diesem Grund in unseren aktuellen Nachhaltigkeitsberichten (ALDI Nord 2016a; ALDI SÜD 2016a). Wir prüfen die Zielerfüllung und kommunizieren unsere Fortschritte auch zukünftig u. a. im Rahmen unserer Nachhaltigkeitsberichte oder diverser Onlineveröffentlichungen (ALDI Nord 2016b; ALDI SÜD 2016c). Dabei informieren wir vor allem über jene Themen, die für uns und unsere Anspruchsgruppen von besonderem Interesse sind. Um zu ermitteln, welche Themen dies betrifft, führen wir regelmäßig einen sogenannten Wesentlichkeitsprozess durch. Aus den gebündelten Themen ergeben sich unsere wesentlichen Handlungsfelder im Bereich der Nachhaltigkeit.

3 Unsere Handlungsfelder

Unternehmerische Verantwortung steuern wir strategisch in fünf wesentlichen Handlungsfeldern: ALDI Nord engagiert sich in den Handlungsfeldern Mitarbeiterwertschätzung, Lieferkettenverantwortung, Ressourcenschonung, Gesellschaftsengagement und Dialogförderung. ALDI SÜD engagiert sich in den Handlungsfeldern Kunden, Lieferkette, Mitarbeiter, Gesellschaft und Umwelt. Verantwortung tragen wir dabei gegenüber unseren Stakeholdern: Kunden, Mitarbeiter, Geschäftspartner, Gesellschaftsvertretern (wie z. B. NGOs, Ministerien) und der Umwelt.

3.1 Schwerpunkt Lieferkette: Unser Engagement für Ressourcenschonung, Ökologie- und Sozialstandards

Handel ist unser Kerngeschäft. Der langfristige Erfolg unserer unternehmerischen Tätigkeit erfordert von uns daher eine nachhaltige Einkaufspolitik. Wir stellen uns unserer Verantwortung in den globalen Lieferketten und für die Ressourcen, die zur Herstellung unserer Produkte genutzt werden. So möchten wir erreichen, dass nachhaltiger erzeugte Produkte eine Selbstverständlichkeit im Massenmarkt werden. Wesentliche Aktionsfelder entlang der Lieferkette sind dabei die verantwortliche Nutzung von Ressourcen, die Verbesserung der Arbeitsbedingungen und des Umweltschutzes sowie die Schaffung von Transparenz. Von der Rohstoffbeschaffung bis zum finalen Produktionsprozess beachten wir ökologische und soziale Nachhaltigkeitskriterien sowie Aspekte des Tierwohls. Im Einkauf zählt daher für ALDI nicht der niedrigste Preis, sondern das bestmögliche Verhältnis von Preis und Leistung. Ausschlaggebend für die Einkaufsentscheidung sind neben Qualität, Mengenverfügbarkeit und Liefertreue unserer Partner soziale und ökologische Aspekte.

Mehr als 90 % des Sortiments beider Unternehmensgruppen besteht aus Eigenmarkenartikeln. Marken- und Eigenmarkenartikel werden gleichermaßen im Rahmen des konsequenten Qualitätsmanagements kontrolliert. Die Qualitäts- und CR-Bereiche arbeiten eng zusammen. Dies ermöglicht es, Nachhaltigkeit direkt am Produkt umzusetzen: Wir definieren klare Anforderungen und nehmen so beispielsweise Einfluss auf die Herkunft von Zutaten sowie die Gestaltung und Produktionsbedingungen unserer Artikel. Produktkennzeichnungen, einzuhaltende Grenzwerte oder Prüfungen gehen zum Teil weit über das gesetzlich geregelte Maß hinaus. Gemeinsam mit unseren Lieferanten arbeiten wir zudem an fairen und sicheren Arbeitsbedingungen sowie umweltverträglichen Produktions- und Anbaumethoden.

Bei der nachhaltigen Sortimentsgestaltung sind unsere Lieferanten unsere wichtigsten Partner. Mit ihnen arbeiten wir langfristig, eng und vertrauensvoll zusammen. Gemeinsam entwickeln wir unsere sozialen und ökologischen Standards laufend weiter und stellen unser Sortiment, dort, wo es möglich ist, auf nachhaltigere Rohmaterialien um. Den Rahmen für diese Umstellung geben unter anderem unsere rohstoffspezifischen ALDI-Einkaufspolitiken vor. Gemeinsam arbeiten wir an einer erhöhten Transparenz der Lieferkette und an kontinuierlichen Verbesserungen. Wir wollen den Anteil nachhaltig gewonnener Rohstoffe in unseren Produkten erhöhen und negative ökologische und soziale Auswirkungen bei der Herstellung unserer Produkte minimieren.

Bei der Festlegung von Prioritäten folgen beide Unternehmensgruppen einem risikoorientierten Ansatz. Unser besonderes Augenmerk gilt dabei den Produktionsbedingungen in den Ländern, in denen die Einhaltung dieser Standards noch keine Selbstverständlichkeit ist. Hier wollen wir einen Beitrag zu besseren Arbeitsbedingungen und zum Umweltschutz leisten. Unser Fokus gilt bestimmten Produkten und Herkunftsländern, darunter z. B. Textilien und Gebrauchsartikel aus sog. Risikoländern nach BSCI (Business Social Compliance Initiative) und den Ressourcen Palmöl, Holz, Kakao, Kaffee, Fisch und

Meeresfrüchte sowie landwirtschaftlichen Themen wie Regionalität, Tierwohl und Gentechnikfreiheit. Zu diesen zentralen Themen führen wir einen kontinuierlichen Dialog mit unseren Geschäftspartnern und wirken gemeinsam darauf hin, dass in Produktionsstätten die von uns definierten Anforderungen umgesetzt und eingehalten werden.

Bei der Implementierung unserer Ziele setzen wir auf Systeme, die zuverlässig und für eine breite Umsetzung am Markt geeignet sind. Das gilt zum Beispiel für Zertifizierungen beim Einkauf von Ressourcen. Es ist eine zentrale Aufgabe der CR-Bereiche, mögliche Standardgeber zu identifizieren, ihre Arbeitsweise kritisch zu hinterfragen und die Kompatibilität mit ALDI zu prüfen. Die CR-Experten erarbeiten praktikable Lösungen für und mit dem Einkauf. Mithilfe von Zertifikaten und Produktkennzeichnungen können wir nachvollziehen, ob bei der Gewinnung oder Herstellung der Ressourcen anerkannte Nachhaltigkeitsstandards eingehalten wurden. Mehrfach konnte ALDI aufgrund konsequenter Umstellungsprozesse maßgeblich dazu beitragen, Nachhaltigkeitsstandards in Deutschland bis zur stabilen Massenmarkttauglichkeit zu etablieren. Hierzu stehen beide Unternehmensgruppen im engen Austausch mit Standardgebern, Verbänden, Interessengruppen und öffentlichen Stellen und wirken in themenbezogenen Arbeitsgruppen oder Foren mit.

Die Lieferanten der entsprechenden Produkte verpflichten sich bei Vertragsabschluss, die Anforderungen der maßgeblichen Einkaufspolitik umzusetzen. Wir arbeiten ausschließlich mit Geschäftspartnern zusammen, die sich verpflichten, im Einklang mit unseren Einkaufspolitiken zu handeln. Diese gelten für die gesamte jeweilige Unternehmensgruppe und werden jährlich inhaltlich geprüft und falls nötig überarbeitet. Aktuelle wissenschaftliche Erkenntnisse werden ebenso berücksichtigt wie politische Initiativen, neue Gesetzgebungen oder interne CR-Anforderungen.

3.1.1 Die wichtigsten Herausforderungen und Maßnahmen zur Ressourcenschonung

Ein nachhaltigerer Anbau, eine verantwortungsbewusste Gewinnung und Nutzung von Ressourcen sind von zentraler Bedeutung für unser nachhaltiges Lieferkettenmanagement. Nachhaltigkeit trägt vielerorts zum Erhalt der natürlichen Lebensgrundlage bei und sichert zugleich strategisch die langfristige Verfügbarkeit von Ressourcen für unsere Produkte. Der Weg zum verarbeiteten, verpackten Produkt ist jedoch von Artikel zu Artikel höchst unterschiedlich: Fleisch- und fleischhaltige Produkte durchlaufen beispielsweise vom Anbau der Futtermittel über Aufzucht und Mast der Tiere bis zur Schlachtung und Verarbeitung zahlreiche Wertschöpfungsstufen. Fisch stammt aus Wildfang oder wird in Aquakulturen gezüchtet und anschließend auf dem Schiff beziehungsweise an Land weiterverarbeitet, verpackt und transportiert. Rohstoffe wie Kaffee oder Bananen werden unter anderem in kleinbäuerlichen Strukturen oder Kooperativen angebaut, weiterverarbeitet und über Exporteure, Importeure und Großhändler bis in unsere Regale gebracht. Aufgrund dieser Vielfalt der Wertschöpfungsketten und Verarbeitungsschritte arbeiten die CR-Bereiche eng mit den jeweiligen strategischen Lieferanten und Vorlieferanten zusammen und entwickeln für jede Ressource den passenden Nachhaltigkeitsansatz.

So hat ALDI Nord bereits seit 2004 als erstes Unternehmen im deutschen Lebensmitteleinzelhandel – in Zusammenarbeit mit seinen Lieferanten – aus Gründen des Tierwohls den Handel mit Eiern aus Käfig-/Kleingruppenhaltung ausgeschlossen und strebt an, dieses Vorgehen bis spätestens 2025 europaweit zu etablieren. 2016 wurde ALDI Nord zudem mit dem Preis „Das Goldene Ei", für den freiwilligen Verzicht auf Eier aus Käfighaltung in verarbeiteten Eigenmarkenprodukten, ausgezeichnet.

Im Blickpunkt unserer Aktivitäten stehen Ressourcen, die für unsere Sortimentspolitik – häufig auch im internationalen Maßstab – besonders relevant sind und bei denen ein hoher Handlungsbedarf besteht. Ressourcen wie Fisch und Meeresfrüchte, Holz, Kaffee, Kakao und Palmöl sowie das Thema Tierwohl sind für besonders viele Warengruppen und Artikel wesentlich.

Für den Anbau von Ölpalmen wurden und werden zum Teil heute noch große Flächen tropischen Regenwaldes gerodet. Folgen sind die Freisetzung hoher CO_2-Mengen, die Zerstörung von Ökosystemen, die Verringerung der Artenvielfalt sowie der Entzug der Lebensgrundlage für die lokale Bevölkerung. Palmöl kann indes aufgrund seiner Eigenschaften nicht ohne Weiteres durch andere Öle oder Fette ersetzt werden. Hinzu kommt die besonders hohe Ertragskraft der Ölpalme: Um die gleiche Menge Öl aus Raps, Sonnenblumen, Soja oder Kokos zu erzeugen, braucht man die 2,5- bis 7fache Anbaufläche (WWF 2016; ALDI SÜD 2014). Dabei können auch Konkurrenzen um Flächen für die Produktion anderer Lebensmittel entstehen. Aus diesen Gründen setzt ALDI auf Palmöl aus nachhaltiger Produktion. Dabei akzeptieren wir zertifiziertes Palmöl nach den Systemen „identity preserved", „segregated" und „mass balance" und verlangen den Nachweis der Lieferkettenzertifizierung von der letzten Produktionsstätte. Als Mitglieder des Roundtable on Sustainable Palm Oil (RSPO) ist es das gemeinsame Ziel beider Unternehmensgruppen, bis Ende 2018 unsere Food-Eigenmarkenartikel mit Palmölbestandteil auf 100 % physisch-RSPO-zertifiziertes Palmöl umzustellen (ALDI Nord 2016a; ALDI SÜD 2016a).[1]

Um den negativen Auswirkungen der weltweiten Abholzung von Waldflächen zu begegnen, stellen wir unsere Produkte mit Holz- und Zellulosebestandteilen sowie das Papier für unsere Verpackungen und Kommunikationsmaterialien auf Recyclingmaterial oder zertifizierte Quellen (FSC, PEFC oder Blauer Engel) um. Auch unsere Werbematerialien sind international bereits vollständig umgestellt. So waren bei ALDI SÜD in Deutschland im Jahr 2015 bereits 81 % der Papier- und Holzprodukte FSC- oder PEFC-zertifiziert oder bestehen aus Recyclingmaterialien (ALDI SÜD Deutschland 2016, S. 32), bei ALDI Nord waren es im Jahr 2015 rund 84 % (ALDI Nord 2016a, S. 35).

Kakao wird überwiegend in tropisch-äquatorialen Ländern angebaut – zu großen Teilen von Kleinbauern in politisch sowie sozial konfliktreichen Gebieten. Monokulturen und der häufig damit einhergehende intensive Pestizid- und Herbizideinsatz führen zu einer erhöhten Umweltbelastung. Die Umsetzung von Sozialstandards, insbesondere die Vermeidung von Kinderarbeit, stellt im Kakaoanbau noch immer eine Herausforderung

---

[1] Für ALDI Nord erfolgt zudem eine Umstellung der Non-Food-Artikel bis Ende 2018.

dar. ALDI setzt sich mithilfe der Nachhaltigkeitsstandards UTZ Certified, Rainforest Alliance und Fairtrade für faire Arbeitsbedingungen und eine umweltschonende Produktion im Kakaoanbau ein. Wesentliche Anteile unserer Eigenmarkenprodukte innerhalb eines definierten Geltungsbereichs haben wir bereits auf nachhaltig zertifizierten Kakao umgestellt. Zur Erhöhung der Aufmerksamkeit unserer Kunden für das Thema hat ALDI Nord sich 2016 an der größten Aktionswoche zum fairen Handel in Deutschland, der „Fairen Woche", beteiligt.

Kaffee ist einer der weltweit am meisten gehandelten Rohstoffe und wird vorwiegend von Kleinbauern in subtropischen Gebieten angebaut. Infolgedessen stößt man im Kaffeeanbau auf ähnliche Rahmenbedingungen wie im Kakaoanbau: Zentrale Herausforderungen sind faire Arbeitsbedingungen und effizientere Anbaumethoden. Um diese Herausforderungen anzugehen, legt ALDI Wert darauf, nachhaltigen Kaffee (Fairtrade, UTZ, Rainforest Alliance, EU-Bio und 4C Association) im Sortiment zu führen. ALDI Nord und ALDI SÜD haben sich in Deutschland das Ziel gesetzt, bis Ende 2020 50 % der eingesetzten Rohkaffeemengen auf nachhaltig zertifizierte Rohware (UTZ, Fairtrade, Rainforest Alliance oder EU-Bio) umzustellen (ALDI Nord 2016c; ALDI SÜD 2016d). Für die nichtzertifizierten Rohkaffeemengen strebt ALDI – sofern im jeweiligen Ursprung und in der jeweiligen Qualität verfügbar – zudem eine kontinuierliche Erhöhung der Anteile mit Verifizierung nach dem 4C-Verifizierungssystem der Global-Coffee-Plattform an. Beide Unternehmensgruppen unterstützen darüber hinaus zunehmend Förderprojekte in Ursprungsländern. Viele natürliche Fischbestände sind durch Überfischung, illegale Fangmethoden und Umweltbelastungen bedroht. Um Bestände zu schützen und auch langfristig die Nachfrage nach dem Lebensmittel Fisch decken zu können, müssen sich Fang und Fischzucht verändern. Wir wollen bei unseren Eigenmarkenprodukten einen nachhaltigeren Umgang mit Fisch und Meeresfrüchten entlang der gesamten Liefer- und Produktionskette sicherstellen. Mit unseren Fischeinkaufspolitiken bereiten wir den Weg für eine nachhaltige Sortimentsumstellung vor. Besonders kritische Produkte werden konsequent ausgelistet: beispielsweise Fischarten, die auf internationalen Artenschutzlisten als gefährdet, geschützt oder zeitweise geschützt eingestuft wurden und nicht nachhaltig befischt werden. Verbraucher unterstützen wir durch unsere Fischkennzeichnung bei einer bewussten Kaufentscheidung. Die Kennzeichnung informiert über die genaue Fischart, Wildfang oder Aquakultur, Fangmethode, -gebiet und -zeitraum; bei Aquakultur informiert sie über das Land der Aufzucht sowie in den meisten Fällen auch über die Aquakulturmethode. Ausgezeichnet werden alle Fischereierzeugnisse und Meeresfrüchte sowie sämtliche Produkte, die über einen Fischanteil verfügen. Wir bieten zu großen Anteilen MSC-zertifizierte Ware bei Wildfang sowie GLOBALG.A.P.- und Bio-zertifizierte Ware und sofern verfügbar ASC-zertifizierte Ware bei Aquakultur an. Um seine Verbraucher zu sensibilisieren und zu informieren, wie sie Produkte aus nachweislich nachhaltiger Fischerei (MSC) oder verantwortungsbewusster Zucht (ASC) erkennen können, beteiligte sich ALDI Niederlande im September 2015 unter dem Motto „Bewusste Fischwoche" an einer gemeinschaftlichen Initiative des MSC, des ASC und des World Wide Fund For Nature (WWF).

Viele unserer Produkte stammen von Tieren oder werden mithilfe tierischer Produkte erzeugt: Frischfleisch, Eier und Milch, aber auch Bestandteile von Textilien. Ziel unserer Bemühungen ist es, die Lieferanten bei der Verbesserung von Haltungsbedingungen der Tiere zu unterstützen. Zum Thema Tierwohl bestehen in den Ländern, in denen ALDI tätig ist, sehr unterschiedliche Rahmenbedingungen – insbesondere auch gesetzliche Vorgaben –, Erwartungen und Prioritäten. Dem versucht ALDI Nord durch eine internationale sowie nationale Einkaufspolitik angemessen zu begegnen. Bei ALDI SÜD haben alle Landesorganisationen national spezifische Tierwohleinkaufspolitiken entwickelt, die sich an den „5 Freiheiten" des britischen Farm Animal Welfare Committee (FAWC) orientieren.

Unser gemeinsames Engagement für die Verbesserung des Tierwohls im Massenmarkt zeigt sich in Deutschland u. a. in der Initiative Tierwohl: ALDI ist Gründungsmitglied der Initiative, die seit Januar 2015 als Zusammenschluss aus Handel, Wissenschaft, Tierschützern sowie Schweine- und Geflügelhaltern in Deutschland daran arbeitet, die Bedingungen in der Schweine- und Geflügelhaltung zu verbessern. Die Initiative hat messbare Tierwohlkriterien entwickelt, die über die gesetzlichen Regelungen hinausgehen. Zudem wurde ein Zertifizierungsprozess eingeführt. Landwirte, die freiwillig bestimmte Maßnahmen umsetzen, erhalten unabhängig vom Marktpreis ein Tierwohlentgelt. Finanziert wird der Mehraufwand für die Tierhalter durch alle teilnehmenden Lebensmitteleinzelhändler.

3.1.2 Ökologische Produktionsstandards in der Textil- und Schuhindustrie

Entlang unserer Lieferkette spielen ökologische Standards und Umweltschutz eine bedeutende Rolle, insbesondere in der Textil- und Schuhindustrie. Mit einer freiwilligen Selbstverpflichtung unterstützen wir seit 2015 die Ziele der Detox-Kampagne. Sie wurde von der Umweltschutzorganisation Greenpeace ins Leben gerufen, um die Belastung von Mensch und Umwelt durch chemikalienhaltige Produktionsprozesse zu reduzieren. Gemeinsam mit Greenpeace wurde ein umfangreicher Kriterienkatalog erarbeitet, in dem anspruchsvolle ökologische Anforderungen an die Produktion von Textilien und Schuhen definiert wurden. Mit dieser Selbstverpflichtung setzen wir uns das Ziel, bis 2020 auf bestimmte Chemikalien in der Textil- und Schuhproduktion zu verzichten. Ein ALDI-Fahrplan („Roadmap") listet die nötigen Arbeitsschritte auf (ALDI Nord 2015b; ALDI SÜD 2015a).

Wir sind uns bewusst, dass es ein langwieriger Prozess ist, bis die technischen Umsetzungsmöglichkeiten realisiert und das Verständnis und die Akzeptanz für die Detox-Anforderungen bei allen Beteiligten verinnerlicht sind. Hierbei sind wir auf die Mitwirkung und Unterstützung aller Beteiligten in der gesamten Lieferkette angewiesen. Basis für eine erfolgreiche Umsetzung sind dabei auch weiterführende offene und konstruktive Gespräche mit Greenpeace. Zudem organisierte ALDI im November 2016 eine Veranstaltung mit rund 350 Teilnehmern in Shanghai, bei der Lieferanten, Nassproduktionsstätten, Chemieindustrie, Standardgeber, Wissenschaft und NGOs sich zu den gemeinsamen Herausforderungen der Branchen austauschen konnten.

3.1.3 Soziale Arbeitsbedingungen in der Lieferkette

Die Durchsetzung angemessener Sozialstandards ist in vielen Produktionsländern mit Herausforderungen verbunden. Wir erwarten von unseren Lieferanten, faire und sichere Arbeitsbedingungen in der Produktion zu gewährleisten. Beide Unternehmensgruppen sind seit 2008 Teilnehmer der Business Social Compliance Initiative (BSCI). Die BSCI wurde 2003 von der Foreign Trade Association (FTA) ins Leben gerufen, als eine Initiative von Industrie- und Handelsunternehmen, die es sich zur Aufgabe gemacht hat, sichere und sozial gerechte Arbeitsbedingungen innerhalb der Lieferkette zu gewährleisten. Alle unsere Lieferanten verpflichten wir vertraglich zur Einhaltung des BSCI-Verhaltenskodex. Dieser basiert auf mehreren internationalen Übereinkommen, u. a. den Kernkonventionen der Internationalen Arbeitsorganisation (International Labour Organization – ILO) oder der Menschenrechtserklärung der Vereinten Nationen (UN). Der Kodex verankert elf zentrale Arbeitnehmerrechte, darunter das Recht auf Vereinigungsfreiheit und Kollektivverhandlungen sowie den Ausschluss von Diskriminierung, Kinder- oder Zwangsarbeit.

Als BSCI-Teilnehmer verpflichten wir alle unsere Lieferanten vertraglich zur Einhaltung des BSCI-Verhaltenskodex. Diese wiederum geben die Verpflichtung, den Kodex umzusetzen, auch an ihre Zulieferer weiter. So entsteht ein positiver Kaskadeneffekt über die gesamte Lieferkette. Die Einhaltung des BSCI-Verhaltenskodex wird anhand von Vor-Ort-Prüfungen (Audits) kontrolliert und bewertet. Diese werden in festgelegten Abständen durch SAAS (Social Accountability Accreditation Services) akkreditierte und von der BSCI anerkannte Prüfgesellschaften durchgeführt. Unabhängige Auditoren führen Begehungen der Produktionsstätten durch, prüfen relevante Dokumentationen und interviewen ausgewählte Arbeiter. Der Auditor erstellt im Anschluss an das Audit einen Bericht über die festgestellten Mängel und erforderlichen Verbesserungen. Sofern sich aus den Audits wesentliche Beanstandungen ergeben, sollen die Produktionsstätten innerhalb von 60 Arbeitstagen einen Abhilfemaßnahmenplan entwickeln. In diesem Fall wird nach spätestens einem Jahr ein erneutes Audit durchgeführt. ALDI erwartet von seinen Lieferanten die schnellstmögliche Beseitigung jeglicher Mängel sowie regelmäßige Statusmeldungen zum Umsetzungsstand. Dank harmonisierter Anforderungen und des gemeinsamen Vorgehens aller BSCI-Teilnehmer reduziert sich zudem der Aufwand für die beteiligten Akteure – zum Beispiel durch die Vermeidung von Mehrfachauditierungen. Bei der Umsetzung unserer Anforderungen unterstützen wir die Lieferanten durch Social-Compliance- (ALDI Nord) bzw. Social-Monitoring-Programme (ALDI SÜD). Die BSCI ist von zentraler Bedeutung für diese Programme.

Unsere Social-Compliance- (ALDI Nord) bzw. Social-Monitoring-Programme (ALDI SÜD) definieren klare Anforderungen für unsere Lieferanten zur Einhaltung angemessener Arbeitsbedingungen in den von ihnen beauftragten Produktionsstätten. Zudem definieren wir darin, welche Monitoringaufgaben unsere Lieferanten in der Zusammenarbeit mit Produktionsstätten haben und wie sie die Einhaltung unserer Anforderungen nachweisen müssen. Unsere Programme umfassen die ALDI-Anforderungen an unsere Lieferanten sowie an die Produktionsstätten in BSCI-Risikoländern, die von unseren Lieferanten für die

Konfektionierung – also die Verarbeitung zum fertigen Produkt auf der letzten Produktionsstufe – beauftragt werden. Zentraler Bestandteil der Programme sind Audits durch unabhängige Fachleute vor Ort. Diese Prüfungen erfolgen, bevor die Produktion unserer Ware beginnen darf. ALDI Nord erkennt Audits und Zertifizierungen nach den Standards der Business Social Compliance Initiative (BSCI) sowie nach SA8000 an. ALDI SÜD anerkennt zudem die Standards Sedex Members Ethical Trade Audit (SMETA), International Council of Toy Industries (ICTI) und den Code of Conduct der Electronic Industry Citizenship Coalition (EICC). Kritischen Verdachtsmomenten geht ALDI unabhängig von Auditergebnissen aktiv nach und klärt diese auf.

Die Lieferanten müssen bei Fertigung in sogenannten Risikoländern Mitglied der FTA sein und an der BSCI teilnehmen. Zudem müssen die von ihnen eingesetzten Produktionsstätten über den gesamten Zeitraum der Vertragslaufzeit hinweg bzw. zum Zeitpunkt der Fertigung unserer Produkte ein gültiges BSCI-Audit oder eine SA8000-Zertifizierung aufweisen. Die Qualität des Auditergebnisses spielt dabei für uns eine ebenso wesentliche Rolle wie die begleitenden Maßnahmen unserer Lieferanten: Wir erwarten von unseren Lieferanten, dass sie Produktionsstätten beauftragen, die gute bis sehr gute Auditergebnisse erreicht haben, bzw. Produktionsstätten in ihrem positiven Entwicklungsprozess begleiten. Bei Auffälligkeiten erwarten wir, dass unsere Lieferanten darlegen, wie sie gemeinsam mit den Produktionsstätten die nötigen Korrekturmaßnahmen umsetzen. Die CR-Bereiche von ALDI prüfen auffällige Auditberichte und stellen sicher, dass die relevanten Maßnahmen in die Wege geleitet werden.

Aus eigenen Erfahrungen wissen wir, dass Auditberichte die Situation vor Ort nicht immer vollständig widerspiegeln. Eine kontinuierliche Präsenz vor Ort führt zu mehr Transparenz und fördert die partnerschaftliche Zusammenarbeit mit Lieferanten und Produktionsstätten. Deshalb suchen wir inzwischen – zusätzlich zu den Audits durch unabhängige Dritte – bei bestimmten Risikowarengruppen Fabriken selbst auf. Hierzu haben beide Unternehmensgruppen jeweils ein Büro in Hongkong eröffnet. Die vorrangige Aufgabe besteht dabei in Produktionsstättenbesuchen gemeinsam mit unseren Lieferanten. So können wir selbst einen Eindruck über die Bedingungen und Fortschritte unserer Lieferanten vor Ort gewinnen. In Notfall- und Krisensituationen kann ALDI direkt vor Ort reagieren. Zu den weiteren Aufgaben gehören die Qualifizierung der Lieferanten und Produktionsstätten sowie das Stakeholder-Management in Asien. ALDI SÜD hat im Jahr 2015 bereits 255 eigene ALDI Social Assessments durchgeführt (ALDI SÜD 2016a, S. 29).

Beim Monitoring von Arbeitsbedingungen arbeiten wir nach dem Prinzip der kontinuierlichen Verbesserung. Zu den Problemen, die in den Produktionsstätten identifiziert werden, gehören zum Beispiel Unregelmäßigkeiten bei der Entlohnung, die Einhaltung von Arbeitszeitregelungen, Gesundheits- und Sicherheitsbelange. Nach jedem Audit wird ein Maßnahmenplan erstellt, der einen individuellen Zeitplan zur Behebung der Missstände definiert. Unsere Lieferanten sind angehalten, die Maßnahmen gemeinsam mit dem Management der Produktionsstätte umzusetzen. Bleiben Fortschritte bei der Umsetzung der Maßnahmenpläne aus oder verhalten sich der Lieferant oder die Verantwortlichen in der Produktionsstätte bei der Lösung schwerwiegender Probleme längerfristig nicht kooperativ – wie etwa in Sicherheitsfragen, bei verspäteten Lohnzahlungen oder der unerlaubten Weitergabe von Aufträgen an Dritte –, entscheiden wir über angemessene Maßnahmen. Dazu kann gehören, dass wir den Lieferanten oder die Produktionsstätte bei zukünftigen Ausschreibungen – vorübergehend oder langfristig – nicht mehr berücksichtigen. Aufträge entziehen oder Sanktionen aussprechen.

Ein besonderer Fokus liegt auf der Gebäudesicherheit bei der Textilproduktion in Bangladesch. Im Mai 2013 unterzeichneten beide Unternehmensgruppen das Abkommen über Brandschutz und Gebäudesicherheit in Bangladesch (Accord on Fire and Building Safety in Bangladesh). Aus Sicht von ALDI ist das Abkommen ein wichtiger und grundlegender Schritt, um die Sicherheit der Arbeiter in der Textilbranche in Bangladesch zu verbessern. Im Abkommen wurden unter anderem unabhängige Sicherheitsinspektionen vereinbart. Das gebündelte Engagement von Unterzeichnern aus Wirtschaft und Gesellschaft bietet die Chance, beim Brandschutz und bei der Gebäudesicherheit in Bangladesch die notwendige Hebelwirkung für nachhaltige Verbesserungen zu erzielen. Alle ALDI-Lieferanten, die Bekleidungstextilien aus Bangladesch liefern, müssen das Abkommen unterzeichnen und mit den Produktionsstätten an der Umsetzung arbeiten. Die internationalen CR-Bereiche von ALDI koordinieren hierzu ein umfassendes Lieferanten- und Produktionsstättenmanagement. Zudem existieren eigene ALDI-Mindestanforderungen für Bangladesch, in denen konkrete Anforderungen an Lieferanten und Produktionsstätten gestellt werden.

Den vielschichtigen Herausforderungen in der Lieferkette können wir nur in Zusammenarbeit mit anderen Wirtschaftsunternehmen, Regierungen, NGOs und Gewerkschaften begegnen. Im Juni 2015 traten beide Unternehmensgruppen dem Bündnis für nachhaltige Textilien bei. Das Bündnis geht auf eine Initiative des deutschen Bundesministeriums für wirtschaftliche Zusammenarbeit und Entwicklung (BMZ) zurück. Es vereint inzwischen mehr als die Hälfte aller Unternehmen der deutschen Textilwirtschaft. Die Idee: Wichtige Akteure auf den Absatzmärkten sollen sich zusammenschließen, um die sozialen, ökologischen und ökonomischen Herausforderungen des Textilsektors in der Lieferkette gemeinsam anzugehen – wie die Gewährleistung existenzsichernder Löhne oder die Reduktion des Chemikalieneinsatzes. Von der Arbeit an gemeinsamen Standards und von Umsetzungsanforderungen in der Lieferkette erhoffen wir uns, nachhaltige Verbesserungen zu ermöglichen, um sukzessive einen positiven Beitrag entlang der Wertschöpfungskette zu erbringen.

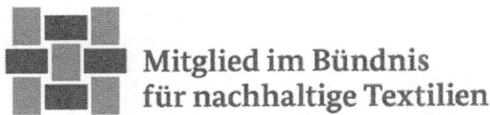

3.1.4 Exkurs: Unser gemeinsames ALDI Factory Advancement (AFA) Project

Große Herausforderungen lassen sich zum Teil nur gemeinsam bewältigen. Langfristig engagiert sich ALDI daher in Branchen- sowie Multi-Stakeholder-Initiativen, aber auch strategisch in gemeinsamen Projekten im Ursprung. Im Jahr 2013 haben unsere Unternehmensgruppen das ALDI Factory Advancement (AFA) Project für Produktionsstätten der Bekleidungsindustrie in Bangladesch gestartet. Es hat die Verbesserung der Arbeitsbedingungen zum Ziel und soll dabei helfen, tragfähige soziale Beziehungen in den Produktionsstätten zu etablieren. Das AFA Project verfolgt einen dialogbasierten, kooperativen Ansatz: Arbeiter und Führungskräfte sollen Kompetenzen aufbauen, miteinander ins Gespräch kommen und ermutigt werden, Probleme gemeinsam effizient zu lösen. Im Mittelpunkt steht der Umgang mit Konfliktthemen wie Gesundheitsschutz und Sicherheit am Arbeitsplatz, Brandschutz, Entlohnung, Arbeitszeiten und Diskriminierung.

Die erste Projektphase dauerte zwei Jahre; dafür wurden 20 Produktionsstätten ausgewählt. Die teilnehmenden Produktionsstätten decken rund 35 % (ALDI Nord 2016a)

bzw. 42 % (ALDI SÜD 2016, 2016a) unseres Einkaufvolumens bei Bekleidungstextilien in Bangladesch ab (Stand Ende 2015). Etwa 45.000 Arbeiter profitierten bisher von diesem Projekt. Die Ergebnisse des Projekts analysieren wir regelmäßig: Die Trainings führten bereits an einigen Stellen zu strukturellen Veränderungen in den Produktionsstätten. Brandschutzeinrichtungen und Sanitäranlagen wurden modernisiert, Trinkwasseranlagen und Reinigungssysteme überarbeitet und die Sicherheitsinfrastruktur verbessert. Neben baulichen und technischen Veränderungen steht der Dialog über verbesserte Abläufe im Mittelpunkt des Projekts. Beschäftigte und Management berichten von einem Rückgang der Fluktuationsraten und Fehlzeiten sowie einer Steigerung der Produktivität und der Entwicklung von Kompetenzmodellen.[2] Die Ideen der Arbeiter würden häufiger einbezogen, die Kommunikation habe sich verbessert. Das AFA Project haben wir 2015 über den ursprünglichen Zeitraum hinaus verlängert. Im Laufe des Jahres 2016 sollen 20 weitere Produktionsstätten aufgenommen werden. Ein Alumniprojekt soll dazu beitragen, die Erfahrungen der ehemaligen Teilnehmer für die Zukunft zu nutzen und die Dialogkultur zu einem festen Element des Alltags in den Produktionsstätten zu machen. Zudem läuft bereits in Zusammenarbeit mit NGOs aus Bangladesch (Phulki 2016; AWAJ Foundation 2016) die Implementierung zusätzlicher sozialer Angebote wie Kinderbetreuungsmöglichkeiten für die Arbeitnehmer.

3.2 Kunden und Gesellschaft

Als Teil der Gesellschaft wollen wir mit unseren Fähigkeiten und Ressourcen über unser Kerngeschäft hinaus einen positiven Beitrag als Unternehmensbürger leisten. Unsere Kunden sind dabei unser wichtigster Stakeholder. 99 % der Deutschen kennen die Marke ALDI, Millionen von Kunden kaufen jeden Tag bei uns ein (Batten & Company 2012; ALDI Nord 2016d). Ihr Vertrauen ist unser wichtigstes Gut. Für sie möchten wir Nachhaltigkeit produktübergreifend im Massenmarkt umsetzen. Ein wesentlicher Faktor der Nachhaltigkeit gegenüber Kunden ist Transparenz. Verantwortungsvoll erzeugte Waren können ALDI-Kunden auch an etablierten Nachhaltigkeitssiegeln erkennen. Wir nutzen zum Beispiel die Label der Organisationen Fairtrade, UTZ Certified, Marine Stewardship Council (MSC) oder Aquaculture Stewardship Council (ASC), die unabhängige sozial- und umweltrelevante Standards repräsentieren. Über unsere Kundenreichweite sowie diverse Medien (Handzettel, Webseite etc.) tragen wir dazu bei, Produkte mit diesen Siegeln einer großen Käufergruppe bekannt und zugänglich zu machen. Auch der regionale Anbau von Lebensmitteln wird gefördert, wodurch u. a. Transportwege und CO_2-Emissionen eingespart werden. In deutschen ALDI-Filialen werden viele solcher Artikel (z. B. Gemüsearten, Fleisch- und Molkereiprodukte sowie Eier) mit dem „Regionalfenster" angeboten.

---

[2] Weitere Informationen sind online in der Broschüre „Einblicke & Ergebnisse des AFA Projects" abgebildet (ALDI Nord 2015c; ALDI SÜD 2015b).

Lebensmittelskandale haben Verbraucher in den vergangenen Jahren verunsichert. Zunehmend hinterfragen sie daher die Herkunft von Lebensmitteln und wünschen sich mehr Transparenz und Rückverfolgbarkeit. Wir wollen diesem Kundenwunsch entsprechen, indem wir transparent und klar mittels Produktkennzeichnung und direkter Kommunikation informieren. ALDI SÜD bietet hierzu seit 2013 die Kennzeichnung „Herkunft", ALDI Nord seit 2014 den ALDI Transparenz Code (ATC). Unsere Kunden können sich jederzeit per QR-Code über die Herkunft zahlreicher Produkte informieren. Damit gehen wir über die gesetzlichen Anforderungen hinaus. Verbraucher finden in den deutschen Filialen weiterführende Herkunftsinformationen für frische Eier, Fisch- und fischhaltige Produkte[3] sowie Fleisch- und fleischhaltige Produkte: Zu Letzteren erfahren sie bspw., welche Teilstücke verarbeitet wurden, das Land der Aufzucht sowie wo das jeweilige Tier geschlachtet, zerlegt und verarbeitet wurde.

Darüber hinaus wollen beide Unternehmensgruppen einen verantwortungsvollen Umgang mit Lebensmitteln fördern, unseren Kunden eine gesündere Ernährung ermöglichen und sie bei ihrer Kaufentscheidung aktiv unterstützen. Für unsere Kunden führen wir in unseren Filialen Lebensmittel für unterschiedlichste Ernährungsbedürfnisse und Lebensstile, z. B. gluten- und laktosefreie, vegetarische oder vegane Artikel. Mit einer Auswahl von fleischlosen und rein pflanzlichen Lebensmitteln unterstützen wir alle Kunden, die auf eine vegetarische oder vegane Ernährung achten. In einigen Ländern haben wir begonnen, schrittweise die Zusammensetzung einiger Produkte gemäß den jeweils nationalen Erwartungen an eine gesunde Ernährung zu verbessern. Mit entsprechenden Kennzeichnungen weisen wir unsere Kunden auf gesündere Produktalternativen hin. Insbesondere Bioprodukte bietet ALDI sehr erfolgreich an. So machten diese im Jahr 2015 bei ALDI SÜD in Deutschland einen Lebensmittelumsatzanteil von 5,6 % aus (ALDI SÜD Deutschland 2016, S. 32).

Ein weiteres gesellschaftliches Fokusthema bilden Lebensmittelverluste. Um diese zu reduzieren, spenden wir viele noch verzehr-, aber nicht mehr verkaufsfähige Produkte an gemeinnützige Organisationen. So leisten wir einen Beitrag zu gesellschaftlichen Herausforderungen. Viele ALDI-Gesellschaften in Deutschland kooperieren dazu mit regionalen gemeinnützigen Organisationen und Tafeln.

Über das Kerngeschäft hinaus engagieren sich beide Unternehmensgruppen auch durch Geldspenden für karitative Organisationen und Projekte. ALDI Nord arbeitet in Deutschland mit Werkstätten für Menschen mit körperlicher Beeinträchtigung zusammen. Einen wichtigen Beitrag zu diesem Engagement wird zukünftig auch die 2015 gegründete ALDI Nord Stiftungs GmbH leisten. ALDI SÜD engagiert sich in Deutschland seit vielen Jahren in besonderem Umfang mit der Auridis gGmbH für die Verbreitung erfolgreicher Modellprojekte zur Förderung von Familien mit kleinen Kindern und in schwierigem Lebensumfeld. So unterstützt die Auridis beispielsweise die ELTERN AG: Das Sozialunternehmen hilft Familien und alleinerziehenden Eltern durch Bildungsprogramme Erziehungskompetenzen zu entfalten und sich untereinander auszutauschen. Fast 6000 Kinder und über

---

[3] Bei ALDI Nord ab Anfang 2017.

3400 Eltern wurden bisher in Deutschland erreicht. Die Auridis hat allein die ELTERN AG mit einer Fördersumme von bisher rund drei Millionen Euro unterstützt. Außerhalb der Unternehmensstiftung Auridis findet bei ALDI SÜD vielfältiges nationales Engagement u. a. mit der Stiftung Lesen oder dem Projekt Mentor Leselernhelfer statt.

ALDI SÜD und ALDI Nord führen bereits seit mehreren Jahren themenspezifische Dialoge mit verschiedenen Stakeholdern, wie beispielsweise der Verbraucherzentrale, Greenpeace oder der Albert Schweitzer Stiftung. Darüber hinaus beteiligen sich ALDI Nord und ALDI SÜD an unterschiedlichen Multi-Stakeholder-Initiativen, wie z. B. dem Textilbündnis oder dem Forum für Nachhaltigen Kakao, in welchen Unternehmen direkt mit NGOs und diversen Akteuren der Wertschöpfungskette zusammenarbeiten.

ALDI Nord und ALDI SÜD haben einen Runden Tisch zu bienengefährdenden Wirkstoffen beim Anbau von deutschem Obst und Gemüse initiiert. Damit leitete ALDI eigeninitiativ diesen Austausch zwischen allen relevanten Partnern der Lieferkette, Experten und Stakeholdern wie Greenpeace in die Wege und schließt seit 2016 als erster großer Lebensmittelhändler Spritzanwendungen mit bestimmten bienengefährdenden Wirkstoffen beim Anbau von Obst, Gemüse und Kartoffeln aus. Hier finden Qualitätssicherung und Bienenschutz gleichermaßen statt. Unsere Qualitätsanforderungen gehen häufig über gesetzliche Vorschriften hinaus und werden konsequent kontrolliert. Bei Verstößen werden die verantwortlichen Geschäftspartner entsprechend sanktioniert. ALDI nimmt mit ambitionierten Vorgaben, bei welchen Qualitätssicherung und Nachhaltigkeit Hand in Hand gehen, eine Vorreiterrolle ein.

3.3 Mitarbeiter

Der Erfolg von ALDI gründet auf dem täglichen motivierten und engagierten Einsatz der Mitarbeiter. Unsere Unternehmenskulturen prägen Respekt, Fairness und eine hohe Leistungsbereitschaft. Die Vielfalt der Belegschaft ist dabei Selbstverständlichkeit und Stärke zugleich: Dies gilt unabhängig von Herkunft, Religion und Weltanschauung, Alter, Geschlecht, körperlicher Beeinträchtigung und sexueller Orientierung.

Unsere Mitarbeiter unterstützen wir dabei, Arbeit, Freizeit und Familie in Einklang zu bringen. Unter anderem bieten wir viele Teilzeitarbeitsplätze an, insbesondere in den Filialen. Bei der Gestaltung der Arbeitszeiten werden die Interessen der Beschäftigten bestmöglich berücksichtigt. Traditionell zeichnet sich ALDI im Branchenvergleich durch eine überdurchschnittliche Mitarbeiterbindung aus. Viele Beschäftigte sind seit vielen Jahren Teil der jeweiligen Unternehmensgruppe. In den Ländern unterscheidet sich die durchschnittliche Betriebszugehörigkeit allerdings je nach Markteintritt und -struktur. ALDI-Gesellschaften bieten ihren Mitarbeitern sichere Arbeitsverhältnisse und langfristige Entwicklungsperspektiven – zunehmend wichtige Argumente im Wettbewerb um die besten Talente. Bereits bei der Einstellung neuer Mitarbeiter werden langfristige Arbeitsverhältnisse angestrebt und überwiegend Mitarbeiter in unbefristeten Arbeitsverhältnissen beschäftigt. Bei ALDI SÜD sind rund 98 % der Mitarbeiter in einem unbefristeten Arbeitsverhältnis beschäftigt (ALDI SÜD 2016a). ALDI Nord hat in Deutschland eine durchschnittliche Betriebszugehörigkeit von zehn Jahren (ALDI Nord 2016a). Darüber hinaus haben die Regionalgesellschaften bei ALDI Nord in Deutschland mit ihren jeweiligen Betriebsräten attraktive übertarifliche Leistungen für die Mitarbeiter vereinbart, darunter Prämien, Zulagen, Fahrgeld, vermögenswirksame Leistungen und ein volles dreizehntes Monatsgehalt.

Die Mitarbeiter von ALDI haben gute Aufstiegschancen; Karrierewege sind offen und bieten vielfältige Entwicklungschancen. Von Anfang an können Mitarbeiter Verantwortung übernehmen: Erfolgreiche Absolventen, die an einer Universität oder Fachhochschule ein Wirtschaftsstudium abgeschlossen haben, erhalten direkt eine Anstellung als Regionalverkaufsleiter – dies gilt auch für duale Studenten. Als Regionalverkaufsleiter übernehmen sie im Anschluss die Verantwortung für Filialen und die Führung von Mitarbeitern mit Unterstützung erfahrener Kollegen. Praxisnähe und die frühe Übernahme von Verantwortung zeichnen die Führungskräfteausbildung bei ALDI aus.

Ein besonderes Highlight der Ausbildung sind die Projekte „ALDI Filiale in Azubi-Hand" bei ALDI Nord und „Azubis leiten eine Filiale" bei ALDI SÜD. Hier können sich Auszubildende in Deutschland schon während der Ausbildung in verantwortlichen Positionen beweisen. Für mehrere Wochen übernimmt ein Team aus dem dritten Ausbildungsjahr die Leitung und den gesamten Betrieb einer ALDI-Filiale: vom Wareneingang und der Disposition über Präsentation, Verkauf, Personaleinteilung, Kundenberatung bis zur Kassenabrechnung. Im täglichen Wechsel besetzen die Auszubildenden alle vorhandenen Positionen. Mit dem Projekt wird frühzeitig das Verantwortungs- und Führungsbewusstsein der Auszubildenden gefördert. Zudem stärkt die gemeinsame Herausforderung den Teamgeist.

ALDI SÜD fördert die Mitarbeiterentwicklung u. a. durch nationale Aus- und Weiterbildungseinrichtungen. Die Führungskräfteentwicklung wird darüber hinaus durch ein länderübergreifendes Entsendeprogramm gestärkt. In der Regel absolvieren die Mitarbeiter im Rahmen dieses Programms die zweite Station ihrer Laufbahn für zwei oder mehr Jahre in einem anderen Land der Unternehmensgruppe. Eine aktive Einbindung der Mitarbeiter erfolgt zudem über regelmäßige Mitarbeiterbefragungen und ein systematisches Ideenmanagement.

3.4 Klima- und Umweltschutz

Auch der Klima- und Umweltschutz bildet für ALDI ein zentrales Handlungsfeld. Die Geschäftstätigkeiten der Unternehmensgruppen tragen zur Emission von Treibhausgasen bei und beanspruchen natürliche Ressourcen: von der Beleuchtung, Beheizung und Wasserversorgung unserer Gebäude über den Transport und die Kühlung unserer Waren bis zur Entsorgung ihrer Verpackungen. Zum ganzheitlichen Verständnis von Nachhaltigkeit gehört für beide Unternehmensgruppen, dass wir nicht nur für die Herstellung unserer

Produkte Verantwortung übernehmen, sondern in allen Bereichen, in denen sich unser Handeln auswirkt.

Im Sinne einer nachhaltigen Entwicklung verbessern wir daher kontinuierlich unsere Energieeffizienz und bauen den Anteil erneuerbarer Energien an unserer Stromversorgung aus. Den Energieverbrauch erfassen die Unternehmensgruppen systematisch zur langfristigen Reduktion der CO_2-Emissionen. Das größte Potenzial für Einsparungen liegt in den Bereichen Energie und Kältetechnik. Deshalb setzen viele Maßnahmen hier an. Zur Stromerzeugung nutzen beide Unternehmensgruppen zunehmend auch erneuerbare Energien. In vielen Ländern statten wir immer mehr Gebäude mit Fotovoltaikanlagen aus. Die bisher installierten Anlagen beider Unternehmensgruppen produzierten im Jahr 2015 zusammen rund 115.800 MWh (ALDI Nord 2016a; ALDI SÜD 2016a) – etwa so viel, wie 28.950 Haushalte in Europa im Jahr durchschnittlich verbrauchen.[4] Überschüssige Energie, die nicht selbst genutzt wird, speisen wir in das Stromnetz ein. Auch durch die Warenlogistik und die Kühlung unserer Produkte fallen CO_2-Emissionen an. Deshalb nutzt ALDI Nord z. B. optimale Transportrouten und bündelt nach Möglichkeit die Warenströme. Dies reduziert den Kraftstoffverbrauch der Transporte und spart Treibhausgasemissionen. Unvermeidbare Leckagen von Kältemitteln versuchen beide Unternehmensgruppen zu minimieren, indem diese überwacht und herkömmliche Kältemittel sukzessive durch klimaverträglichere Alternativen ersetzt werden.

ALDI SÜD hat 2014 zur Reduktion der Treibhausgasemissionen das Ziel festgelegt, bis zum Jahr 2020 in jeder Landesorganisation die Treibhausgasemissionen pro Quadratmeter Verkaufsfläche um 30 % gegenüber dem Jahr 2012 zu reduzieren (ALDI SÜD 2016a, S. 54). Trotz der Erhöhung der Zahl der Filialen konnte der Ausstoß von Treibhausgasen absolut betrachtet um bislang rund 9 % gesenkt werden (ALDI SÜD 2016a, S. 54). Bei einer spezifischen Betrachtung pro Quadratmeter Verkaufsfläche wurde bei ALDI SÜD in Deutschland bereits eine Reduktion der CO_2-Emissionen von 26 % erzielt (ALDI SÜD 2016a, S. 55). ALDI SÜD (Hofer) in Österreich arbeitet bereits seit Anfang 2016 CO_2-neutral, dank Einsparungen, Modernisierungen und der Nutzung regenerativer Energien sowie durch Kompensation von Emissionen in ausgewählten Klimaschutzprojekten. Auch alle Standorte von ALDI SÜD in Deutschland werden ab 2017 klimaneutral arbeiten. Gleichermaßen verfolgt ALDI Nord das Ziel, den CO_2-Fußabdruck seiner unternehmerischen Tätigkeit zu minimieren.

ALDI SÜD ist 2014 der Nachhaltigkeitsinitiative Lean and Green beigetreten, um den ökologischen Fußabdruck in der Logistik zu verbessern. Innerhalb von drei Jahren wurden dadurch die CO_2-Emissionen in der Logistik um 20 % reduziert und ALDI SÜD dafür im September 2016 mit dem Lean and Green Star ausgezeichnet (ALDI SÜD 2016e).

Abfälle reduzieren beide Unternehmensgruppen, indem in der Logistik zunehmend Mehrwegsysteme eingesetzt werden. Anfallende Verpackungsmaterialien werden zu einem sehr hohen Anteil recycelt. Mit diesen Maßnahmen verkleinern wir nicht nur unseren ökologischen Fußabdruck, sondern können auch unsere Kosten senken. Beispielsweise

---

[4] Berechnungsgrundlage vgl. World Energy Council (2016).

verwenden beide Unternehmensgruppen in Deutschland Folien und Kartons für Transportverpackungen, welche zu rund 100 % recycelt werden. Auch bei Produktverpackungen legen wir Wert auf eine umweltverträgliche Gestaltung und definieren hierzu im Einkaufsprozess, dass Lieferanten für die Verpackung unserer Waren möglichst nachhaltige Materialien verwenden sollen. Bei ALDI Nord sollen Lieferanten beispielsweise auf den Einsatz von PVC und nach Möglichkeit auch auf Verbundmaterialien verzichten.

4 Herausforderungen und Spezifika des CR-Managements beim Discounter

Die Balance zwischen Preissensibilität, Qualität und Nachhaltigkeit ist insbesondere im Discountbereich eine Herausforderung. Es ist unser Ziel, das Vertrauen unserer Kunden dabei durch unsere glaubwürdige Haltung zu stärken.

Als Lebensmitteleinzelhändler bieten wir – neben unseren dauerhaft im Sortiment angebotenen Produkten – zu Aktionsterminen in der Woche zudem unterschiedlichste wechselnde Food- und Non-Food-Aktionsartikel an. Diese Vielfalt unserer Produkte macht das CR-Management komplex und abwechslungsreich. Aufgrund dieser Vielfalt können wir für viele CR-Fragestellungen nicht auf existierende Standardlösungen oder Mustermodelle zurückgreifen, sondern müssen die notwendigen Konzepte, Strukturen und Prozesse erst schaffen und etablieren.

Wir befassen uns mit äußerst vielfältigen nationalen und globalen Wertschöpfungs- und Lieferketten, diversen Rohstoffen und Ressourcen sowie strategischen Partnern unterschiedlichster Branchen. Daher setzen wir auf Basis von Wesentlichkeitsanalysen und durch engen Austausch mit unseren Geschäftspartnern CR-Schwerpunkte. Häufig gestalten wir – nicht zuletzt aufgrund unseres Erfolgs und der dadurch erforderlichen Mengen – schrittweise Umstellungsprozesse.

ALDI pflegt langfristige und verlässliche Beziehungen mit seinen Geschäftspartnern, ist aber gleichzeitig konsequent im Umgang mit Regelmissachtung. Dies ist eine wertvolle Basis für CR-Management. Wir sind sowohl Partner von Herstellern und Erzeugern als auch von Importeuren und Lieferanten. Daher beziehen wir je nach Produkt und Nachhaltigkeitsaspekt die relevanten Partner in unserer Lieferkette mit in die Lösungsfindung ein. Auf Basis der jeweiligen Expertise entwickeln wir den ALDI-Anspruch und definieren klare CR-Anforderungen. Die CR-Performance unserer Geschäftspartner fließt in Einkaufsentscheidungen mit ein. CR ist Teil des Kerngeschäfts. Die Ausgewogenheit zwischen Qualität, Preis und Nachhaltigkeit ist uns ein Ansporn.

Wir versuchen unsere Standardprodukte nachhaltiger zu gestalten, d. h., der Kunde muss sich häufig nicht zwischen einem „nachhaltigen" und einem „konventionellen" Produkt entscheiden. ALDI macht nachhaltige Produkte massenmarkttauglich. Durch die Zusammenarbeit mit etablierten Standardgebern und eigene Kontrollkonzepte versuchen wir den vermeintlichen Widerspruch zwischen Nachhaltigkeit und Massenware aufzulösen.

Es ist unser Anspruch, dass es keine Frage des Einkommensniveaus ist, ob nachhaltige Produkte im Einkaufswagen landen können oder nicht.

Wir engagieren uns in unterschiedlichsten Netzwerkprozessen und Multi-Stakeholder-Initiativen – ob als Gründungsmitglied der Initiative Tierwohl oder im Textilbündnis. Um Antworten auf komplexe Fragen der Nachhaltigkeit finden zu können, müssen alle Akteure entlang der Wertschöpfungskette einbezogen werden. Dort finden intensive Aushandlungsprozesse zwischen Vertretern ganz unterschiedlicher gesellschaftlicher Sektoren – wie Zivilgesellschaft, Politik und NGOs, Handel und Industrie, Erzeuger und Produzenten, Verbände und Interessensverbände – statt. Um in diesen Prozessen gemeinsam Ziele zu verfolgen, braucht es ausdauerndes Engagement. Wir sind in unterschiedlichen Kontexten bereit, diesen Beitrag zu leisten.

Aufgrund unseres Erfolges können wir Motor für Veränderungen sein. Sobald ALDI einen Standard, eine Zertifizierung oder einen Prozess einführt, besteht die Möglichkeit, dass der jeweilige CR-Ansatz nachfolgend im ganzen Lebensmitteleinzelhandel – insbesondere in Deutschland – zur Anwendung kommt.

5 Ausblick

Unternehmerische Verantwortung ist als Prinzip seit jeher in den Werten und Traditionen beider Unternehmensgruppen verwurzelt. Mit Blick auf unsere zukünftige Entwicklung sind wir davon überzeugt, dass verantwortliches Handeln zur langfristigen Sicherung unserer Wettbewerbsfähigkeit und zur Sicherung unseres Leistungsversprechens entscheidend beitragen wird. Den Herausforderungen einer nachhaltigen Entwicklung stellen wir uns: Dazu zählen u. a. der Wettbewerb um die besten Nachwuchskräfte, Ressourcenschonung und Klimawandel, die Reduktion unserer Treibhausgasemissionen, die Ausweitung unseres Engagements entlang der Lieferkette sowie die Sensibilisierung der Verbraucher für nachhaltigen Konsum. Als Teil der Gesellschaft werden wir zudem unser wirkungsorientiertes, gesellschaftliches Engagement ausweiten. Unsere Stakeholder werden wir dabei zukünftig transparent über unseren Weg hin zu mehr Nachhaltigkeit informieren. Denn auch zukünftig wollen wir einfach verantwortlich handeln und verlässlich Standards im Einzelhandel setzen.

Literatur

ALDI Nord, Unternehmensgruppe ALDI Nord (2015a) Einfach verantwortungsbewusst – Corporate Responsibility-Policy. https://www.cr-aldinord.com/2015/wp-content/uploads/sites/2/2016/04/ALDI_Nord_CR-Policy_DE.pdf. Zugegriffen: 24. Okt. 2016

ALDI Nord, Unternehmensgruppe ALDI Nord (2015b) Ökologische Produktionsstandards bei Textilien und Schuhen. http://www.aldi-nord.de/oekologische-produktionsstandards.html. Zugegriffen: 24. Okt. 2016

ALDI Nord, Unternehmensgruppe ALDI Nord (2015c) The ALDI Factory Advancement Project: Einblicke & Ergebnisse. http://www.aldi-nord.de/print/01_verantwortung/afa-project-de/The_ALDI_Factory_Advancement_Project_DE_1.pdf. Zugegriffen: 24. Okt. 2016

ALDI Nord, Unternehmensgruppe ALDI Nord (2016a) Nachhaltigkeitsbericht. https://www.cr-aldinord.com/2015/nachhaltigkeitsbericht/. Zugegriffen: 24. Okt. 2016

ALDI Nord, Unternehmensgruppe ALDI Nord (2016b) Verantwortung. http://www.aldi-nord.de/verantwortung.html. Zugegriffen: 24. Okt. 2016

ALDI Nord, Unternehmensgruppe ALDI Nord (2016c) Internationale Kaffee-Einkaufspolitik. http://www.aldi-nord.de/print/01_verantwortung/internationale-kaffee-einkaufspolitik/ALDI_Nord_Internationale_Kaffee-Einkaufspolitik_DE_200713.pdf. Zugegriffen: 24. Okt. 2016

ALDI Nord, Unternehmensgruppe ALDI Nord (2016d) Über uns. https://www.aldi-nord.de/aldi_ueber_uns_814.html. Zugegriffen: 24. Okt. 2016

ALDI SÜD Deutschland (2016) CR-Broschüre. https://unternehmen.aldi-sued.de/fileadmin/fm-dam/documents/Verantwortung/ALDI_SUED_CR-Broschuere.pdf. Zugegriffen: 24. Okt. 2016

ALDI SÜD, Unternehmensgruppe ALDI SÜD (2014) Palmöl-Einkaufspolitik. https://unternehmen.aldi-sued.de/fileadmin/fm-dam/documents/Verantwortung/ALDI_SUED_Palmoel-Einkaufspolitik.pdf. Zugegriffen: 24. Okt. 2016

ALDI SÜD, Unternehmensgruppe ALDI SÜD (2015a) Das ALDI Detox Commitment. https://detox.aldi-sued.de/. Zugegriffen: 24. Okt. 2016

ALDI SÜD, Unternehmensgruppe ALDI SÜD (2015b) The ALDI Factory Advancement Project: Einblicke & Ergebnisse. https://unternehmen.aldi-sued.de/fileadmin/fm-dam/documents/Verantwortung/Broschuere_ALDI_Factory_Advancement_Project.pdf. Zugegriffen: 24. Okt. 2016

ALDI SÜD, Unternehmensgruppe ALDI SÜD (2016a) Internationaler Nachhaltigkeitsbericht. https://cr.aldisouthgroup.com/de/aldi-sued/. Zugegriffen: 24. Okt. 2016

ALDI SÜD, Unternehmensgruppe ALDI SÜD (2016b) CR-Grundsätze. https://cr.aldisouthgroup.com/de/cr-grundsaetze/. Zugegriffen: 24. Okt. 2016

ALDI SÜD, Unternehmensgruppe ALDI SÜD (2016c) Verantwortung. https://unternehmen.aldi-sued.de/de/verantwortung/. Zugegriffen: 24. Okt. 2016

ALDI SÜD, Unternehmensgruppe ALDI SÜD (2016d) Unsere Kaffee-Einkaufspolitik. https://unternehmen.aldi-sued.de/fileadmin/fm-dam/documents/Verantwortung/ALDI_SUED_Kaffee-Einkaufspolitik.pdf. Zugegriffen: 24. Okt. 2016

ALDI SÜD, Unternehmensgruppe ALDI SÜD (2016e) ALDI SÜD erhält den „Lean and Green Star". https://unternehmen.aldi-sued.de/de/presse/pressemitteilungen/verantwortung/2016/pressemitteilung-aldi-sued-gewinnt-award-fuer-gruene-logistik/. Zugegriffen: 24. Okt. 2016

AWAJ Foundation (2016) www.awaj.info/. Zugegriffen: 24. Okt. 2016

Batten & Company (2012) Studie: Wie stark sind Deutschlands Retail Brands 2012? http://www.batten-company.com/magazin/detail/studie-wie-stark-sind-deutschlands-retail-brands-2012.html. Zugegriffen: 24. Okt. 2016

Phulki (2016) http://www.phulkibd.org/about.php. Zugegriffen: 24. Okt. 2016

World Energy Council (2016) Energy Efficiency Indicators: Average electricity consumption per electrified household. https://www.wec-indicators.enerdata.eu/household-electricity-use.html. Zugegriffen: 24. Okt. 2016

WWF, World Wide Fund For Nature (2016) Auf der Ölspur: Berechnungen zu einer palmölfreien Welt. http://www.wwf.de/fileadmin/fm-wwf/Publikationen-PDF/WWF-Studie_Auf_der_OElspur.pdf. Zugegriffen: 24. Okt. 2016

Dr. Julia Adou ist seit Dezember 2008 bei ALDI SÜD tätig und leitet den Corporate-Responsibility-Bereich von ALDI SÜD in Deutschland. Davor arbeitete sie sechs Jahre im Nachhaltigkeitsbereich der Ford-Werke GmbH in Köln und war im Themenbereich Corporate Citizenship und Corporate Volunteering tätig. Zu Letzterem verfasste sie im Rahmen ihrer Tätigkeit bei Ford auch ihre Dissertation.

Dr. Christina Emmermann ist seit 2014 für die Unternehmensgruppe ALDI Nord tätig und leitet seit 2015 den Bereich „Gesellschaft – Reporting – Kommunikation" im Ressort Corporate Responsibility. Sie studierte Umweltwissenschaften an der Leuphana Universität Lüneburg, erwarb einen Master of Business Administration (MBA) an der Privaten Hochschule Göttingen und promovierte an der Universität Bremen zum Thema „Stakeholderbasierte Nachhaltigkeitsbewertung von Produkten".

Globale Megatrends und lokale unternehmerische Verantwortung: Integration von Geflüchteten

Hannes Hofmann und Susanne Dunschen

1 Einleitung

Obwohl Corporate Social Responsibility (CSR) bereits seit den 1950er-Jahren bekannt ist, hat es besonders in den letzten zehn Jahren als ein bedeutendes Element zahlreicher Unternehmensstrategien weltweit herausragenden Stellenwert erlangt. Unter Corporate Social Responsibility wird im weiteren Sinne unternehmerisches Handeln gefasst, das einen gesellschaftlichen Nutzen stiftet, der über den Selbstzweck eines Unternehmens und das durch die jeweilige Gesetzgebung geforderte Minimum hinausgeht (vgl. McWilliams und Siegel 2001, S. 18). Verschiedene interne und externe Faktoren können die zunehmende Bedeutung von CSR erklären. In zahlreichen Fällen ist verantwortungsvolle Unternehmensführung als Reaktion auf deutlich artikulierte Forderungen von Zivilgesellschaft und NGOs zu verstehen, durch die Unternehmen ihre „license to operate" erhalten und Reputationsschäden vermeiden wollen. Als interne Treiber sind Shareholder-Interessen oder aber auch (zukünftige) Arbeitnehmer zu nennen (vgl. Clarkson 1995, S. 95; Freeman 1999, S. 192; Hofmann et al. 2013, S. 166; Suchman 1995, S. 572; Waddock et al. 2002, S. 132).

Zahlreiche Initiativen unterstützen Unternehmen dabei, Maßnahmen zu unternehmerischer Verantwortung zu entwickeln, zu implementieren und darüber zu berichten. Der im Jahr 2000 von Kofi Annan ausgerufene UN Global Compact sticht als größte globale Initiative für unternehmerische Verantwortung aus dieser Gruppe heraus. Der UN Global Compact erkennt Unternehmen als wichtige Akteure der Globalisierung an. Durch

H. Hofmann (✉) · S. Dunschen
TÜV Rheinland AG
Am Grauen Stein, 51105 Köln, Deutschland
E-Mail: hannes.hofmann@de.tuv.com

S. Dunschen
E-Mail: susanne.dunschen@de.tuv.com

© Springer-Verlag GmbH Deutschland 2017
P. Bungard und R. Schmidpeter (Hrsg.), *CSR in Nordrhein-Westfalen*,
Management-Reihe Corporate Social Responsibility, DOI 10.1007/978-3-662-54190-6_13

universelle normative Prinzipien, die von fundamentalen UN-Konventionen aus den Bereichen Menschenrechte, Arbeitsnormen, Umweltschutz und Antikorruption abgeleitet sind, bindet er Unternehmen in Aufgabenfelder ein, die ursprünglich staatlichen Akteuren vorbehalten waren. Erst die Integration dieser Prinzipien in die DNA von Unternehmen ermöglicht verantwortungsvolles Wirtschaften und schafft gleichzeitig die Grundvoraussetzung zur Bedienung globaler Entwicklungsziele (vgl. United Nations Global Compact UNGC 2016, S. 3).

In Ergänzung zur normativen Diskussion, *wie* Unternehmen Gewinne erwirtschaften *sollen*, geben globale Entwicklungsziele klare Antworten auf die strategische und operative Ausrichtung wirtschaftlichen Handelns. Die Ende 2015 von den Vereinten Nationen verabschiedeten Sustainable Development Goals (SDGs) unterlegen das globale Streben nach fundamentalen Menschenrechten, Ressourcenschutz, Wachstum, Frieden und Solidarität mit konkreten Zielen. Sie bieten eine globale Vision und fordern das Engagement aller gesellschaftlichen Akteure, explizit auch Unternehmen: „We call upon all businesses to apply their creativity and innovation to solve sustainable development challenges" (United Nations UN 2015, S. 32). Zur Erfüllung dieses Anspruchs werden durch prinzipiengeleitetes wirtschaftliches Handeln Aktivitäten initiiert, die auf lokaler Ebene wirken und in ihrer Summe einen Beitrag zu globalen Entwicklungszielen leisten. Für multinationale Unternehmen stellt sich vor diesem Hintergrund die Herausforderung, Maßnahmen auf die Bedürfnisse lokaler Stakeholder abzustimmen und gleichzeitig globalen Entwicklungszielen dienlich zu gestalten.

TÜV Rheinland ist ein weltweit tätiges Unternehmen, das über 50 % seines Umsatzes außerhalb von Deutschland erwirtschaftet. Auch die Mehrzahl seiner Mitarbeiter ist im nichtdeutschen Ausland beschäftigt. Als multinationales Unternehmen ist sich TÜV Rheinland seiner globalen gesellschaftlichen Verantwortung bewusst und bringt dies in seinem seit zehn Jahren bestehenden Bekenntnis zum UN Global Compact zum Ausdruck. Der UN Global Compact prägt die Unternehmenskultur und bildet die Grundlage für die CSR-Strategie. Nicht nur die aus der CSR-Strategie abgeleiteten Maßnahmen, sondern auch zahlreiche Dienstleistungen von TÜV Rheinland bedienen globale Entwicklungsziele.

Vor diesem globalen strategischen Hintergrund stellen die in der Region NRW an TÜV Rheinland herangetragenen Erwartungen bezüglich unternehmerischer Verantwortung eine spannende Herausforderung dar, sind sie doch durch eine hohe thematische und räumliche Vielfalt geprägt: Während beispielsweise die langfristige Ausrichtung auf Umweltziele weithin akzeptiert ist, wünschen sich Öffentlichkeit und Politik eine schnelle und effektive Integration von Geflüchteten in den deutschen Arbeitsmarkt. An dieser Schnittstelle setzt dieser Artikel an und berichtet über das Programm TÜV Rheinlands zur Integration von Geflüchteten in das Unternehmen, teilt Erfahrungen aus der Region NRW und formuliert unternehmensseitige Erwartungen für eine gleichberechtigte und effektive Zusammenarbeit aller relevanten Partner.

Der Artikel arbeitet im folgenden Abschn. 2 die besondere Stellung des UN Global Compact heraus und diskutiert die Relevanz globaler Entwicklungsziele für die effektive Umsetzung unternehmerischer Verantwortung. In Abschn. 3 werden die auf dem UN

Global Compact basierende CSR-Strategie und der CSR-Managementansatz bei TÜV Rheinland vorgestellt. Anschließend schlägt Abschn. 4 eine Brücke zwischen lokal gelebter unternehmerischer Verantwortung und deren Beitrag zu globalen Entwicklungszielen: Die Integration Geflüchteter in das Unternehmen. Abschn. 5 teilt Erfahrungen aus diesem Projekt und formuliert Best Practices, bevor in Abschn. 6 ein Fazit gezogen wird

2 UN Global Compact und globale Entwicklungsziele

Um die Integration von Corporate Social Responsibility in Unternehmensstrategien zu bewerkstelligen und zu leben, ist eine große Zahl von Initiativen entstanden. Sie alle unterstützen Unternehmen dabei, Maßnahmen zu unternehmerischer Verantwortung zu entwickeln, zu implementieren und darüber zu berichten. Der UN Global Compact sticht als größte globale Initiative für unternehmerische Verantwortung aus dieser Gruppe heraus. Über 9000 Unternehmen und mehr als 4000 Organisationen aus Zivilgesellschaft, Politik und Wissenschaft in 170 Ländern zeigen mit ihrem Beitritt, dass die Vision einer inklusiven und nachhaltigen Weltwirtschaft zum Nutzen aller Menschen, Gemeinschaften und Märkte heute und in Zukunft Realität werden kann.

Die herausragende Bedeutung des UN Global Compact besteht aber nicht nur aufgrund der Anzahl seiner Unterstützer, sondern vielmehr in dem durch ihn initiierten Paradigmenwechsel in der Global Governance. Das klassische Modell souveräner Nationalstaaten und entsprechender legislativer Rahmenwerke gerät unter Druck angesichts der Globalisierung gesellschaftlicher Herausforderungen: Klimawandel und Menschenrechtsthemen sind grenzüberschreitende Aufgabenstellungen und überfordern zunehmend das Instrumentarium staatlichen Handelns. Vor diesem Hintergrund erweisen sich multinationale Unternehmen als weitaus leistungsfähiger, verfügen sie doch neben ihren zum Teil bedeutenden finanziellen Ressourcen über hervorragende grenzüberschreitende Koordinierungsfähigkeiten.[1] Der UN Global Compact erkennt diese Realität an. Die ihm zugrunde liegenden zehn Prinzipien sind direkt aus internationalem Recht, wie der UN Menschenrechtsdeklaration, den Kernarbeitsnormen der Internationalen Arbeitsorganisation (ILO), der Rio-Erklärung über Umwelt und Entwicklung, und der UN Antikorruptionskonvention abgeleitet. Obwohl diese Grundsätze ursprünglich von Staaten für Staaten geschrieben worden sind, werden Unternehmen durch ihr Bekenntnis zum UN Global Compact an internationalem Recht gemessen und kritisch beurteilt. Implizit wird also durch den UN Global Compact anerkannt, dass Unternehmen wichtige Akteure der Globalisierung sind und Entwicklungsziele der internationalen Gemeinschaft nur durch deren Partizipation erreicht werden können (vgl. Unruh 2011, S. 3).

---

[1] Ein auf dem CIA World Factbook (https://www.cia.gov/library/publications/the-world-factbook/) und der Fortune Global 500 (http://beta.fortune.com/global500/) basierendes gemeinsames Ranking der 100 umsatzstärksten Regierungen und Unternehmen verstärkt dieses Bild: Mit mehr als 60 % überwiegen dabei multinationale Unternehmen.

Im Kern des UN Global Compact steht ein internationales Netzwerk, dessen Akteure sich freiwillig dazu verpflichtet haben, zehn universelle Prinzipien umzusetzen (vgl. Tab. 1). Diese Prinzipien spannen einen normativen Rahmen für unternehmerisches Handeln, der Gewinnschöpfung und gesellschaftlichen Nutzen in Einklang bringt. Der freiwillige Charakter des UN Global Compact birgt – entgegen der oftmals vorgebrachten Kritik des „bluewashing"[2] – zwei entscheidende Vorteile. Zum einen erfordert die Umsetzung der zehn Prinzipien einen Prozess systematischer Erprobung. Gerade durch den Anspruch einer industrieweiten Implementierung der Prinzipien sind zahlreiche Unternehmensrealitäten präsent, die eine spezifische Herangehensweise erfordern. Gegenseitiger Erfahrungsaustausch sowie flexible und flache Governance-Strukturen sind daher erforderlich (vgl. Runhaar und Lafferty 2009, S. 479). Zum anderen wird erwartet, dass ein freiwilliger Ansatz, vor allem auch durch einsetzende kollektive Lernprozesse und kontinuierlichen Dialog, zu einem höheren CSR-Niveau führt, als es ein ex ante verhandelter regulatorischer Rahmen kann (vgl. Kell 2005, S. 74; Ruggie 2001, S. 372). Einzig zur Aufrechterhaltung ihres aktiven Teilnehmerstatus sind Unternehmen dazu angehalten, in jährlichen Communications on Progress (COP) den Fortschritt ihrer Bemühungen zur Umsetzung der zehn Prinzipien transparent zu machen.

Tab. 1 Die zehn Prinzipien des UN Global Compact

Menschenrechte	
1	Unternehmen sollen den Schutz der internationalen Menschenrechte unterstützen und achten
2	Unternehmen sollen sicherstellen, dass sie sich nicht an Menschenrechtsverletzungen mitschuldig machen
Arbeitsnormen	
3	Unternehmen sollen die Vereinigungsfreiheit und die wirksame Anerkennung des Rechts auf Kollektivverhandlungen wahren
4	Unternehmen sollen für die Beseitigung aller Formen von Zwangsarbeit eintreten
5	Unternehmen sollen für die Abschaffung von Kinderarbeit eintreten
6	Unternehmen sollen für die Beseitigung von Diskriminierung bei Anstellung und Erwerbstätigkeit eintreten
Umweltschutz	
7	Unternehmen sollen im Umgang mit Umweltproblemen dem Vorsorgeprinzip folgen
8	Unternehmen sollen Initiativen ergreifen, um größeres Umweltbewusstsein zu fördern
9	Unternehmen sollen die Entwicklung und Verbreitung umweltfreundlicher Technologien beschleunigen
Antikorruption	
10	Unternehmen sollen gegen alle Arten der Korruption eintreten, einschließlich Erpressung und Bestechung

---

[2] „Bluewashing" bezeichnet die positive Beeinflussung der eigenen Reputation durch gezielte Assoziation mit Symboliken und Initiativen der Vereinten Nationen, ohne die eigentlichen Kerninhalte dieser Institutionen aktiv zu vertreten (bspw. Ausbau der unternehmerischen Verantwortung).

Durch Prinzipien geleitetes verantwortungsvolles wirtschaftliches Handeln ist eine notwendige Grundvoraussetzung für die Bedienung globaler Entwicklungsziele. Ohne zunächst Systeme zu etablieren, die negative Auswirkungen entlang der gesamten Wertschöpfungskette reduzieren, würden Unternehmen leicht auf rein imagefördernde Maßnahmen zurückfallen, um Entwicklungsziele zu erreichen (vgl. UNGC 2016, S. 1).

Die Sustainable Development Goals (SDGs) traten als Nachfolger des durch die Millennium Development Goals initiierten Entwicklungsprozesses am 01.01.2016 mit einer Laufzeit von 15 Jahren (bis 2030) in Kraft. Als ein globaler Vertrag fassen die SDGs den globalen Anspruch einer nachhaltigen Entwicklung auf ökonomischer, sozialer sowie ökologischer Ebene zusammen und legen dabei erstmals eine universelle Vision zur Transformation der Weltgemeinschaft vor (vgl. UN 2015, S. 8). In 17 Entwicklungszielen

Tab. 2 Sustainable Development Goals

1	Armut in jeder Form und überall beenden
2	Den Hunger beenden, Ernährungssicherheit und eine bessere Ernährung erreichen und eine nachhaltige Landwirtschaft fördern
3	Ein gesundes Leben für alle Menschen jeden Alters gewährleisten und ihr Wohlergehen fördern
4	Inklusive, gerechte und hochwertige Bildung gewährleisten und Möglichkeiten des lebenslangen Lernens für alle fördern
5	Geschlechtergerechtigkeit und Selbstbestimmung für alle Frauen und Mädchen erreichen
6	Verfügbarkeit und nachhaltige Bewirtschaftung von Wasser und Sanitärversorgung für alle gewährleisten
7	Zugang zu bezahlbarer, verlässlicher, nachhaltiger und zeitgemäßer Energie für alle sichern
8	Dauerhaftes, inklusives und nachhaltiges Wirtschaftswachstum, produktive Vollbeschäftigung und menschenwürdige Arbeit für alle fördern
9	Eine belastbare Infrastruktur aufbauen, inklusive und nachhaltige Industrialisierung fördern und Innovationen unterstützen
10	Ungleichheit innerhalb von und zwischen Staaten verringern
11	Städte und Siedlungen inklusiv, sicher, widerstandsfähig und nachhaltig machen
12	Für nachhaltige Konsum- und Produktionsmuster sorgen
13	Umgehend Maßnahmen zur Bekämpfung des Klimawandels und seiner Auswirkungen ergreifen
14	Ozeane, Meere und Meeresressourcen im Sinne einer nachhaltigen Entwicklung erhalten und nachhaltig nutzen
15	Landökosysteme schützen, wiederherstellen und ihre nachhaltige Nutzung fördern, Wälder nachhaltig bewirtschaften, Wüstenbildung bekämpfen, Bodenverschlechterung stoppen und umkehren und den Biodiversitätsverlust stoppen
16	Friedliche und inklusive Gesellschaften im Sinne einer nachhaltigen Entwicklung fördern, allen Menschen Zugang zur Justiz ermöglichen und effektive, rechenschaftspflichtige und inklusive Institutionen auf allen Ebenen aufbauen
17	Umsetzungsmittel stärken und die globale Partnerschaft für nachhaltige Entwicklung wiederbeleben

(vgl. Tab. 2) mit insgesamt 169 Unterzielen werden klare Bereiche dargestellt, in denen Maßnahmen ergriffen werden sollten. Die Unterziele unterscheiden sich jedoch hinsichtlich ihrer Ausprägung deutlich. Während einige Indikatoren klar definiert und quantitativ messbar sind, bleibt es für andere bei offenen qualitativen Formulierungen.

Die Umsetzung der Zielvorgaben der SDGs erfolgt durch nationale Aktionspläne und Maßnahmen. Zentrales Rahmenwerk zur Umsetzung der SDGs in Deutschland ist die nationale Nachhaltigkeitsstrategie, die in ihrer Neuauflage im Januar 2017 von der Bundesregierung verabschiedet wurde. Darin wird explizit auf die besondere Rolle und Verantwortung von Unternehmen eingegangen: „Wirtschaftliches Wachstum trägt maßgeblich dazu bei, Wohlstand, gute Arbeitsplätze und Lebensqualität zu schaffen – sowohl für jetzige als auch künftige Generationen ... Der mit wirtschaftlicher Entwicklung verbundene technologische Fortschritt liefert Lösungsansätze für soziale und ökologische Probleme" (Bundesregierung 2016, S. 48).

3 TÜV Rheinland: Unternehmenskultur und CSR-Strategie

Als weltweit tätiger Dienstleister in den Bereichen Prüfung, Inspektion, Zertifizierung, Beratung und Training begleitet TÜV Rheinland auf vielfältige Weise globale Wertschöpfungsprozesse. Die Reputation des Unternehmens und der Marke TÜV Rheinland sind einer der wertvollsten Unternehmenswerte und das Fundament des unternehmerischen Erfolges. Glaubwürdiges nachhaltiges Handeln leistet einen ganz wesentlichen Beitrag dazu, das Vertrauen in die Marke TÜV Rheinland zu erhalten und auszubauen. Das Bekenntnis zum UN Global Compact stellt für TÜV Rheinland den zentralen Pfeiler seiner verantwortungsvollen Unternehmenskultur dar. Aus diesem Bekenntnis ist die Nachhaltigkeitsstrategie von TÜV Rheinland abgeleitet. Mit ihren Handlungsfeldern in fünf Dimensionen ist sie eng an die zehn Prinzipien des UNGC angelehnt (vgl. Abb. 1).

Die aus der Strategie abgeleiteten Nachhaltigkeitsziele und -maßnahmen werden konsequent an aktuellen Themen und Herausforderungen ausgerichtet, denen sowohl aus interner Perspektive als auch von externen Anspruchsgruppen besondere Relevanz beigemessen wird. Die Schwerpunktthemen innerhalb der fünf Dimensionen der Nachhaltigkeitsstrategie bis 2020 sind daher im Jahr 2015 unter Beachtung einer Befragung des erweiterten Konzernvorstands sowie den Angaben von Mitarbeitern und weiteren Stakeholdern zu den für TÜV Rheinland wesentlichen Themen angepasst worden.

Im Bereich der Governance werden die Rahmenbedingungen für integres Handeln in der gesamten Organisation geschaffen. Auf diese Weise wird das Vertrauen in die Marke TÜV Rheinland geschützt.

Durch nachhaltiges Personalmanagement sichert und stärkt TÜV Rheinland seine wichtigsten Erfolgsfaktoren überhaupt: die Qualifikation, Motivation und Gesundheit der Mitarbeiter. Dies umfasst Maßnahmen zur Internationalisierung der Führungsebenen, die gezielte Förderung von Mitarbeitern in Mentoringprogrammen, die systematische

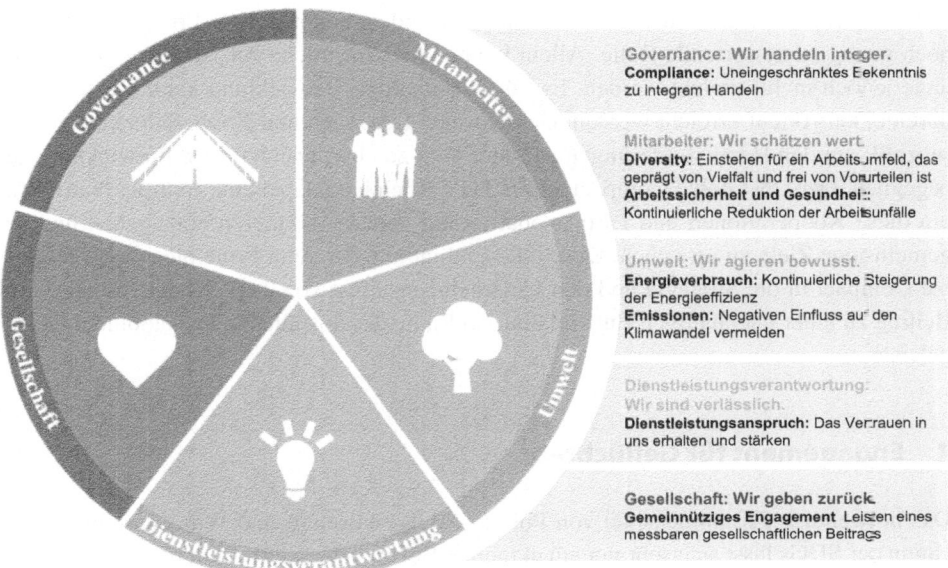

Abb. 1 Nachhaltigkeitsstrategie TÜV Rheinland

Reduktion von Arbeitsunfällen und ein breit aufgestelltes betriebliches Gesundheitsmanagement.

In der Dimension Umwelt zahlen insbesondere Maßnahmen zum effizienten Energie- und Ressourcenverbrauch, bspw. an den Standorten von TÜV Rheinland oder während der Dienstreisen seiner Mitarbeiter, auf die UNGC-Prinzipien Nr. 7–9 ein.

Im Rahmen seines gesellschaftlichen Engagements setzt sich TÜV Rheinland weltweit für faire Lebens- und Arbeitsbedingungen sowie eine intakte Umwelt ein, fördert Bildung und Wissenschaft und trägt auf diesem Weg seinen Teil dazu bei, gesellschaftliche Rahmenbedingungen zu schaffen, die schließlich auch den wirtschaftlichen Erfolg befördern. Durch die Veranstaltung von Freiwilligentagen an seinen weltweiten Gesellschaften – den „Global Volunteer Days" – will TÜV Rheinland etwas an die Gesellschaft zurückgeben. Die Teilnahme an einem Freiwilligentag bedeutet, für einen Tag von der Arbeit freigestellt zu werden, um in einem Team mit anderen TÜV-Rheinland-Mitarbeitern Gemeinden, gemeinnützige und wohltätige Organisationen zu unterstützen und so die lokale Entwicklung zu fördern.

Als bedeutender Multiplikator unterstützt TÜV Rheinland darüber hinaus seine Kunden überall auf der Welt mit seinen Dienstleistungen darin, ihre Produkte und Prozesse sicherer, effizienter, nachhaltiger und damit letztlich zukunftsfähig zu gestalten, – und macht sich so zu ihrem wertvollen Partner.

Die Nachhaltigkeitsstrategie 2020 soll das Vertrauen der Kunden und Mitarbeiter in TÜV Rheinland erhalten und stärken und einen Beitrag zu einer zukunftsfähigen Gesellschaft leisten. Glaubwürdiges nachhaltiges Handeln spielt in dem Prozess eine nicht hoch genug zu bewertende Rolle. Allein können die Ansprüche der Nachhaltigkeitsstrategie jedoch nicht erreicht werden. Es gilt: Nachhaltige Entwicklung kann nicht alleine durch einen Akteur erreicht werden. Gemeinsame Lösungen und Kooperationen sind essenziell, um den Herausforderungen auf dem Weg zu einer nachhaltigen Entwicklung zu begegnen. Der UN Global Compact ist für TÜV Rheinland dabei eine zentrale Plattform, um diese Kooperationen und Partnerschaften mit anderen Akteuren einzugehen und so gemeinsame Ziele zu erreichen. Durch die Einbindung der zehn Prinzipien des UN Global Compact in die Strategie und den Unternehmensalltag von TÜV Rheinland wird ein Beitrag zu einer nachhaltigen Entwicklung im Sinne der Sustainable Development Goals geleistet.

4 Engagement für Geflüchtete

Das notwendige Zusammenspiel von Politik, Zivilgesellschaft und Wirtschaft zur Erreichung der SDGs lässt sich sehr gut am aktuellen Beispiel der weltweiten Flüchtlingssituation illustrieren. Während politischer Dialog und Entwicklungszusammenarbeit vor allem der Bekämpfung von Fluchtursachen und der Stärkung der Aufnahmeregionen dienen, sind Zivilgesellschaft und Unternehmen bei der Integration von Geflüchteten gefordert. Vor allem die Integration über den Arbeitsmarkt durch Ausbildungen und Festanstellungen erfordert Bereitschaft, Vertrauen und Engagement auf Unternehmensseite. Auf diese Weise werden Unternehmen sowohl den durch die UNGC-Prinzipien zum Ausdruck gebrachten Grundsätzen gerecht, dienen aber gleichzeitig auch der Erreichung bestimmter Entwicklungsziele (beispielsweise: inklusive, gerechte und hochwertige Bildung gewährleisten und Möglichkeiten des lebenslangen Lernens für alle fördern, dauerhaftes, inklusives und nachhaltiges Wirtschaftswachstum, produktive Vollbeschäftigung und menschenwürdige Arbeit für alle fördern).

65 Mio. Menschen waren im Jahr 2015 auf der Flucht. Davon kamen allein 890.000 nach Deutschland. Laut Angaben des Bundesministeriums des Innern wurden im Jahr 2015 beim Bundesamt für Migration und Flüchtlinge knapp 477.000 formelle Asylanträge gestellt – mehr Anträge als jemals zuvor und fast doppelt so viele wie im Vorjahr 2014. Das sind Zahlen, auf die Bevölkerung, Politik und Wirtschaft so nicht vorbereitet waren. Umso wichtiger ist es, Strukturen und Maßnahmen für eine erfolgreiche Integration so schnell, aber auch so gut durchdacht wie möglich auszubauen und so den vielen Geflohenen, die aufgrund von Kriegen, politischer Verfolgung und Diskriminierung nicht in ihre Heimatländer zurückkehren können, eine reelle Chance auf ein neues Leben in Deutschland zu geben. Mit dem im Mai 2016 verabschiedeten Integrationsgesetz hat die Bundesregierung wichtige Rahmenbedingungen geschaffen, um die Einstellung von Geflüchteten in Unternehmen zu erleichtern. Dennoch bleiben Sprachbarrieren und teilweise mangelnde oder schwer nachweisbare Qualifizierung eine Herausforderung für die Wirtschaft, der es sich gezielt zu stellen gilt.

TÜV Rheinland engagiert sich auf drei Ebenen für Geflüchtete. In Form von Sachspenden und Mitarbeiterfreistellungen konnten kurzfristig Bedürfnisse resultierend aus dem unerwartet starken Zustrom Geflüchteter gedeckt werden. Mittelfristig wird durch spezielle Angebote der TÜV Rheinland Akademie die Qualifizierung von Geflüchteten für den Arbeitsmarkt sichergestellt, aber auch eine Orientierungshilfe für das neue Leben in Deutschland gegeben. Die Bereitstellung von Ausbildungsplätzen und spezieller unterstützender Rahmenmaßnahmen repräsentiert langfristig ausgelegte Maßnahmen, mit denen TÜV Rheinland sein Engagement für geflüchtete Menschen fortsetzen und Perspektiven für eine erfolgreiche Integration in den deutschen Arbeitsmarkt bieten möchte.

Fundament des Engagements von TÜV Rheinland ist die große Hilfsbereitschaft der Mitarbeiter selbst. An den drei größten deutschen Standorten des Unternehmens, in Berlin, Nürnberg und Köln, führte der Aufruf zur Soforthilfe durch Sachspenden für Flüchtlingserstaufnahmestellen zu einer überwältigenden Menge und Vielfalt an Gebrauchsgegenständen. Darüber hinaus engagierten sich Teile der Belegschaft ehrenamtlich in verschiedenen Hilfsprojekten in Köln, Berlin und Nürnberg. TÜV Rheinland unterstützte seine Mitarbeiter hierbei und stellte sie für die entsprechenden Einsatztage von der Arbeit frei.

Als zweiten wichtigen Baustein zur Integration bietet die TÜV Rheinland Akademie seit Ende 2015 besondere Sprachkurse für Geflüchtete an. Im Vordergrund steht die Vermittlung von Sprachkenntnissen, die bei der Bewältigung von Alltagssituationen helfen sollen. Bis Anfang 2017 haben weit über 2000 Geflohene dieses Angebot wahrgenommen. Parallel dazu entwickelten Fachleute der TÜV Rheinland Akademie im Auftrag des Goethe-Instituts in München eine virtuelle Entdeckungsreise durch die deutsche Arbeitswelt. Sie leisten dadurch einen Beitrag zum Projekt „Mein Weg nach Deutschland", das Menschen bereits vor dem Start von Integrationskursen helfen soll, sich mit der deutschen Arbeits- und Alltagswelt schrittweise und spielerisch vertraut zu machen.

In enger Zusammenarbeit mit der IHK Köln hat TÜV Rheinland Einstiegsqualifizierungen und Praktika für Geflüchtete an den Standorten Köln und Nürnberg angeboten. Darauf aufbauend hat das Unternehmen zwölf neue Ausbildungsplätze geschaffen, von denen acht in den Bereichen IT, Baustoff- und Werkstoffprüfung und Gastronomie in Nürnberg und Köln besetzt sind. Acht besetzte Ausbildungsplätze – das mag auf den ersten Blick nicht nach viel klingen, bedeutet für TÜV Rheinland jedoch konkret, dass die für das Ausbildungsjahr 2016 in ganz Deutschland geplanten 30 Ausbildungsplätze um fast ein Drittel aufgestockt wurden, um Geflüchteten einen Zugang zum deutschen Arbeitsmarkt zu ermöglichen. Durch dieses Angebot will TÜV Rheinland dazu beitragen, dass auch Menschen, die ihre Erfahrungen nicht für einen direkten Einstieg in den deutschen Arbeitsmarkt nutzen können, gezielt für bestimmte Stellen qualifiziert werden und somit durch Bildung in ihre Zukunft investieren.

Um den erfolgreichen Abschluss ihrer Ausbildung zu gewährleisten, werden die neuen Auszubildenden in einem firmeninternen Programm intensiv begleitet. So besuchen sie beispielsweise wöchentlich einen am Standort organisierten Deutschkurs und nehmen an einem verpflichtenden interkulturellen Training teil. Nicht zuletzt sind es jedoch die zwischenmenschlichen Beziehungen über den eigenen Arbeitsplatz hinaus, die für die besondere Atmosphäre bei TÜV Rheinland sorgen. Aus diesem Grund stehen den acht neuen Auszubildenden am Firmenhauptsitz in Köln und am Standort Nürnberg seit Beginn des Ausbildungsjahres engagierte Paten zur Seite. Sie sind während des ersten Ausbildungsjahres persönliche Ansprechpartner, bieten Orientierung im Unternehmen, helfen beim Kennenlernen der TÜV-Rheinland-Kultur und ermöglichen durch regelmäßige Gespräche eine zusätzliche Sprachförderung.

Während für das kurz- und mittelfristige Engagement für Geflüchtete weitgehend auf Erfahrungswerte aus anderen Projekten zurückgegriffen werden konnte, erforderten die nachhaltige Schaffung von Ausbildungsplätzen, die Gewinnung von geeigneten und motivierten Auszubildenden sowie die Etablierung eines Integrationsprogrammes Pioniergeist. Gleichzeitig besteht für die in diesem Rahmen ergriffenen Maßnahmen ein hoher Qualitätsanspruch und vergleichsweise geringer Spielraum für Experimente. Die in diesem Spannungsfeld gesammelten Erfahrungen sollen an dieser Stelle zur Formulierung von Best Practices und Empfehlungen dienen.

5 Empfehlungen und Best Practices

Das Ausmaß des Zustroms von Geflüchteten im Jahr 2015 hat sowohl staatliche Institutionen und zivilgesellschaftliche Akteure als auch Unternehmen überrascht und überfordert. Entsprechend wurden verfügbare öffentliche Ressourcen zunächst für Erstversorgung und Orientierungshilfe für Ankommende aufgewandt. Der nachfolgende administrative und verwaltungstechnische Aufwand dauert bis heute an, zahlreiche Stellen sind auf Monate hinaus mit der Sichtung und Prüfung von Anträgen beschäftigt. Gleichzeitig positionierten sich führende Wirtschaftsvertreter öffentlich und betonten, dass der Zustrom von Menschen nach Deutschland weniger Risiko, sondern vielmehr eine große Chance für die deutsche Wirtschaft sei. An diesem Bekenntnis musste sich die deutsche Wirtschaft ein Jahr später messen lassen und erntete massive Kritik. So hatten die 30 größten deutschen DAX-Konzerne bis Juni 2016 gerade einmal 54 Geflüchtete fest angestellt und nur etwa 300 zusätzliche Ausbildungsplätze geschaffen (Astheimer 2016, S. 1). Diese nicht zufriedenstellende Entwicklung ist auf Sachverhalte zurückzuführen, die auch im Umfeld von TÜV Rheinland manifest wurden:

Zum einen herrschte bis Mai 2016 Unklarheit bezüglich Aufenthaltsstatus und Bleibeperspektive zahlreicher Geflüchteter. Mangelnde Rechtssicherheit bedeutet Planungsunsicherheit für eine immerhin drei Jahre dauernde Ausbildung. Ohne die Gewissheit, dass Aufenthaltstitel für die Dauer einer Ausbildung gewährt werden, stehen zu investierende Ressourcen auf dem Spiel. Vor diesem Hintergrund ist die zögerliche Haltung vieler Unternehmen hinsichtlich der Schaffung von zusätzlichen Ausbildungsplätzen nachvollziehbar. Mit dem Mitte 2016 verabschiedeten Integrationsgesetz hat die Bundesregierung hier Abhilfe und eine verlässliche Grundlage für das kommende Ausbildungsjahr geschaffen.

Sind Ausbildungsplätze geschaffen, gilt es, diese auch vollständig zu besetzen. Die Suche nach geeigneten und motivierten Kandidaten ist in Anbetracht überforderter Netzwerke jedoch als eine große Herausforderung zu sehen: Traditionelle Kontaktpartner und Kanäle konnten nicht zur Vermittlung geeigneter Kandidaten angesprochen werden. Außerdem muss die Bewerbung und Besetzung der geschaffenen Ausbildungsplätze sensibel erfolgen. Dem Gleichbehandlungsgrundsatz folgend muss vermieden werden, dass Geflüchtete gegenüber regulären Ausbildungsbewerbern bevorzugt behandelt werden. Darüber hinaus ist Geflüchteten das Konzept einer Ausbildung als langfristig sicherer Weg in den deutschen Arbeitsmarkt schlichtweg unbekannt und erscheint wenig attraktiv. Kurzfristige wirtschaftliche Interessen und Verpflichtungen aufgrund während der Flucht angefallener Schulden oder zurückgebliebener Familienangehöriger sind auf den ersten Blick nur schwer durch eine Ausbildungsvergütung aufzuwiegen. In vielen Fällen kann der Rückgriff auf regionale zivilgesellschaftliche Initiativen Abhilfe schaffen. Durch den direkten Kontakt zu Geflüchteten kann der Nutzen einer Ausbildung herausgestellt und Interesse daran geweckt werden. Gleichzeitig gewährleisten zivilgesellschaftliche Initiativen vorbereitende Sprachförderung und bauen Kulturbarrieren ab. Für die Zukunft bleibt zu wünschen, dass öffentliche Stellen zunehmend diese Aufgabe übernehmen, offene Ausbildungsstellen kommunizieren und Kandidaten an Unternehmen vermitteln. Mittelfristig ist eine stärkere Kooperation zwischen Initiativen, Unternehmen und öffentlichen Stellen wünschenswert, um für den Start des nächsten Ausbildungsjahres belastbare Netzwerke zu schaffen.

Eine weitere Herausforderung zur Besetzung geschaffener Ausbildungsplätze besteht im Bewerbungsprozess. Oftmals sind Qualifikationsnachweise nicht mit denen des deutschen Bildungssystems vergleichbar oder sie fehlen gänzlich. Vor diesem Hintergrund haben sich Praktika und Einstiegsqualifizierungen als eine gute Lösung bewährt: Durch die gemeinsame Arbeit im täglichen Geschäft erhalten Ausbilder nicht nur gute Einblicke in Grundkenntnisse, Sachkunde und Motivation der Geflüchteten, sondern können auch Berufsperspektiven aufzeigen. Idealerweise können dadurch aufgetretene Defizite adressiert und vorbereitend abgebaut werden.

Die gezielte Förderung und Unterstützung von Geflüchteten während ihrer Ausbildung über das übliche Minimum hinaus ist notwendig, um den erfolgreichen Abschluss einer begonnenen Ausbildung zu sichern. So ist zu empfehlen, eine regelmäßige Sprachförderung zu etablieren. Bei hinreichender Größe der Zielgruppe sollte Sprachunterricht am Ausbildungsstandort geschaffen und unnötige Wege und Zeitverluste sollten vermieden werden. Bei kleineren Gruppen sind externe Angebote (bspw. Volkshochschulen oder öffentliche Einrichtungen) eine denkbare Lösung. In Abwesenheit derartiger Angebote bieten Zusammenschlüsse mit benachbarten Ausbildungsunternehmen und ein Pooling der Sprachangebote mögliche Alternativen. Lerngruppen mit Auszubildenden aus höheren Jahrgängen können darüber hinaus als Austauschforen zu fachspezifischen oder schulischen Themen dienen.

Durch die effektive Vermittlung kultureller Werte wird die nachhaltige Integration Geflüchteter in Unternehmen gestärkt. Dabei genügt es nicht, lediglich Grundlagen zu Arbeitsmoral, Pünktlichkeit und Verlässlichkeit zu legen, sondern es muss auf ein tolerantes und offenes Miteinander hingewirkt werden. Hierarchien, die Zusammenarbeit mit Kollegen und auch Feedbackkultur sind Realitäten, denen es sich zu stellen gilt. Verfügt ein Unternehmen nicht über die notwendigen Kompetenzen, um diese Werte zu vermitteln, bieten interkulturelle Trainings durch externe Experten einen guten Ansatzpunkt. Idealerweise ist kultureller Austausch keine Einbahnstraße, sondern bereichert Unternehmenskulturen. Vor diesem Hintergrund sind partnerschaftliche Maßnahmen, beispielsweise Patenschaften, und dadurch verstärkter Austausch zwischen neuen und etablierten Mitarbeitenden zu empfehlen.

Im Umfeld von Geflüchteten treten darüber hinaus oftmals individuelle Themen auf, die im Rahmen einer normalen Ausbildungsbetreuung nicht aufgefangen werden können. Gleichzeitig besitzen diese Themen hohe Relevanz für den Erfolg einer Ausbildungsmaßnahme. Unterstützung zur Verlängerung von Aufenthaltstiteln, bei Wohnungssuche oder für Anträge auf Sozialleistungen werden oftmals an das Unternehmen herangetragen, überfordern Ausbildungsbetreuer jedoch in ihren Möglichkeiten. Unternehmen können durch spezialisierte externe Hilfsangebote Abhilfe schaffen und beispielsweise professionelle Unterstützung bei Behördengängen organisieren. Die Verfügbarkeit professioneller Anbieter, die neben Behördenerfahrung auch über entsprechende Sprachkompetenzen verfügen, ist jedoch sehr begrenzt. Langfristig bleibt zu hoffen, dass öffentliche Stellen derartige Prozesse entsprechend verständlich gestalten und Ressourcen zur Verfügung stellen, um auf Einzelfälle einzuwirken.

6 Fazit

Nun erlöschen Krisenherde nicht über Nacht. Es ist davon auszugehen, dass auch in den nächsten Jahren Kriegsflüchtlinge nach Deutschland kommen werden. Darüber hinaus werden sich auch viele Klimaflüchtlinge aus ihrer durch Dürre, Überschwemmung und andere Naturkatastrophen unbewohnbar gewordenen Heimat auf den Weg in eine sicherere Zukunft, zum Beispiel in Deutschland, begeben. Auch sie werden auf Arbeitsplätze angewiesen sein und sich die Suche danach unter anderem mit denjenigen Geflüchteten teilen, die schon länger in Deutschland und ebenfalls auf Arbeit angewiesen sind.

Gelebtes prinzipiengeleitetes unternehmerisches Handeln schafft Grundlagen, um den durch Flucht und Migration geschaffenen Herausforderungen zu begegnen. Darüber hinaus stellt es sicher, dass Unternehmen nicht zu Fluchtursachen beitragen, sondern ihre globalen Strukturen zur Linderung lokaler Missstände nutzen. Mit den globalen Entwicklungszielen steht außerdem eine Agenda bereit, deren Berücksichtigung in der strategischen und operativen Ausrichtung von Unternehmen zur nachhaltigen Transformation der Weltgemeinschaft beitragen und dadurch Fluchtursachen abbauen soll.

Die Bereitstellung und Besetzung zusätzlicher Ausbildungsplätze durch Geflüchtete ist vor diesem Hintergrund eine langfristige Aufgabe und soll daher bei TÜV Rheinland keine einmalige Maßnahme bleiben. Durch den Beitritt zur Initiative „Wir zusammen", einem Netzwerk, das das Engagement von Unternehmen für Geflüchtete bündelt und auf einer gemeinsamen Plattform präsentiert, bekennen wir uns öffentlich zur Fortführung unserer Maßnahmen. So sollen für das Ausbildungsjahr 2017 neue Ausbildungsplätze an weiteren deutschen Standorten TÜV Rheinlands geschaffen werden. Auch die in Köln gestarteten Integrationspatenschaften sind schon jetzt ein Erfolgsmodell. Derzeit noch als lokales Pilotprojekt, sollen Patenschaften sukzessive auf weitere Ausbildungsstandorte in Deutschland ausgeweitet werden.

Mit seinem Engagement für Geflüchtete hat TÜV Rheinland einen Weg eingeschlagen, der zahlreiche Akteure auf unbekanntem Terrain zusammenbringt. Nur wenn wir voneinander lernen, langfristig zusammenarbeiten und uns unterstützen, kann Menschen, die vor Krieg und Verfolgung fliehen mussten, ein solides Fundament für ihr zukünftiges Berufsleben geboten werden und eine erfolgreiche Integration in den Arbeitsmarkt gelingen. TÜV Rheinland möchte Perspektiven schaffen: jetzt und in Zukunft.

Literatur

Astheimer S (2016) Dax Konzerne stellen nur 54 Flüchtlinge ein. http://www.faz.net/-gqe-8iz20. Zugegriffen: 19. Aug. 2016

Bundesregierung (2016) Deutsche Nachhaltigkeitsstrategie Neuauflage 2016. https://www.bundesregierung.de/Content/DE/_Anlagen/Nachhaltigkeit-wiederhergestellt/2017-01-11-nachhaltigkeitsstrategie.pdf?__blob=publicationFile&v=12. Zugegriffen: 02. März 2017

Clarkson M (1995) A Stakeholder Framework for Analyzing and Evaluating Corporate Social Performance. Acad Manag Rev 20(1):92–117

Frooman J (1999) Stakeholder Influence Strategies. Acad Manag Rev 24(2):191–205

Hofmann H, Busse C, Bode C, Henke M (2013) Sustainability-Related Supply Chain Risks: Conceptualization and Management. Bus Strategy Environ 23(3):160–172

Kell G (2005) The Global Compact – Selected Experiences and Reflections. J Bus Ethics 59(1–2):69–79

McWilliams A, Siegel D (2001) Corporate Social Responsibility: a Theory of the Firm Perspective. Acad Manag Rev 26(1):117–127

Ruggie J (2001) Global_governance.net: The Global Compact as Learning Network. Glob Gov 7(4):371–378

Runhaar H, Lafferty H (2009) Governing Corporate Social Responsibility: An Assessment of the Contribution of the UN Global Compact to CSR Strategies in the Telecommunications Industry. J Bus Ethics 84(4):479–495

Suchman M (1995) Managing Legitimacy: Strategic and Institutional Approaches. Acad Manag Rev 20(3):571–610

United Nations Global Compact, UNGC (2016) White Paper – The Un Global Compact Ten Principles and the Sustainable Development Goals: Connecting, Crucially. https://www.unglobalcompact.org/library/4281. Zugegriffen: 16. Sept. 2016

United Nations, UN (2015) Transforming our World – The 2030 Agenda for Sustainable Development. http://www.un.org/ga/search/view_doc.asp?symbol=A/RES/70/1&Lang=E. Zugegriffen: 15. Sept. 2016

Unruh G (2011) The Real Significance of the UN Global Compact. http://www.huffingtonpost.com/gregory-unruh/the-real-significance-of_b_502387.html. Zugegriffen: 14. Sept. 2016

Waddock S, Bodwell C, Graves S (2002) Responsibility: the New Business Imperative. Acad Manag Exec 16(2):132–148

Dr. Hannes Hofmann ist seit November 2015 Senior Associate CSR & Sustainability bei der TÜV Rheinland AG und zuständig für die konzernweite Umsetzung der CSR-Strategie. In seiner 2015 an der EBS Universität für Wirtschaft und Recht abgeschlossenen Dissertation forschte er zu Corporate Social Responsibility und Nachhaltigkeitsrisiken in globalen Lieferketten. Neben Artikeln in renommierten wissenschaftlichen Zeitschriften wie dem *Journal of Business Ethics* und *Business Strategy and the Environment* hat er an Praktikerartikeln und Studien zu Konfliktmineralien und strategischen Herausforderungen für Lieferketten der Pharmaindustrie mitgewirkt.

Susanne Dunschen ist seit Mai 2015 Projektmitarbeiterin CSR & Sustainability bei der TÜV Rheinland AG und mitverantwortlich für die konzernweite Umsetzung der CSR-Strategie. Im Rahmen ihres Masterstudiums Sustainability Economics and Management an der Carl von Ossietzky Universität Oldenburg setzte sie sich bereits während der Studienzeit mit Fragestellungen zur gesellschaftlichen Verantwortung von Unternehmen auseinander. Für ihre Masterarbeit verfasste Susanne Dunschen am renommierten Wuppertal Institut für Klima, Umwelt, Energie einen Beitrag zu einer Studie zur Ermittlung von Ressourceneffizienzpotenzialen in deutschen Haushalten.

In Zukunft bitte nachhaltig

Kai Battenberg

1 Warum alles nachhaltiger werden muss

Wenn man sich die nackten Zahlen ansieht, kann es eigentlich keine Frage mehr sein, ob man sich als Individuum oder Organisation aktiv an einem Weg beteiligen will, der ressourcenschonender, umweltgerechter und sozial fairer ist als der unserer jüngeren Vergangenheit. Es gibt viele Statistiken und Forschungsergebnisse, die genau beschreiben, auf welche wenig nachhaltige Weise wir mit unseren Ressourcen umgehen und was auf kürzere und längere Sicht die Folgen unseres Handelns sein werden.

1.1 Einige Zahlen

Hätten die 7 Mrd. Menschen auf der Erde den gleichen Lebensstandard wie der Durchschnittseuropäer, benötigten wir die Erde dreimal (De Chant 2012). Wenn wir den Standard des Durchschnittsamerikaners annehmen, sogar viermal. So sehr leben wir momentan von der Substanz und setzen einerseits auf Ressourcen, die sich bei Weitem nicht so schnell regenerieren können, wie wir sie aufbrauchen. Andererseits erzeugen wir durch Verkehr, Industrie und in Haushalten so viele Treibhausgase, dass aus heutiger Sicht bis zum Jahr 2100 unsere globale Temperatur um einen Wert zwischen 1,8 °C und 4 °C steigen wird (IPCC 2007). Dies bedeutet eine „unnatürliche" Temperaturveränderung, wie sie in den letzten 10.000 Jahren nicht vorgekommen ist (Umweltbundesamt 2013).

Eine weitere Zahl, die den übermäßigen Ressourcenverbrauch illustriert, ist der sogenannte Welttüberlastungstag/Earth Overshoot Day. Demnach waren im Jahr 2016 am 08.08. so viele Ressourcen aufgebraucht, wie wir uns als Weltbevölkerung in einem Jahr

K. Battenberg (✉)
toom Baumarkt GmbH
Humboldtstrasse 140-144, 51149 Köln, Deutschland
E-Mail: kaipatrick.battenberg@rewe-group.com

leisten könnten, ohne an die Substanz zu gehen (Global Footprint Network 2016). Bei der ersten Aufstellung dieses Weltüberlastungstags im Jahr 1987 hat es die Weltbevölkerung noch bis zum 19.12. geschafft. Auch hier sind wieder die unterschiedlichen Ausprägungen weltweit zu betrachten. Denn da sich der 08.08. auf den Ressourcenverbrauch der gesamten Welt bezieht, läge wegen unseres überdurchschnittlichen Ressourcenverbrauchs der Tag in Deutschland schon im April.

Bei aller statistischer Unschärfe, die solche Berechnungen aufgrund der komplexen Rahmenbedingungen zwangsläufig haben müssen, helfen sie dennoch zu illustrieren, in welcher Situation wir uns befinden.

Die Welt, und in der Breite insbesondere die westliche Welt, konsumiert wesentlich mehr, als sie sich aus Sicht eines nachhaltigen Fortbestands leisten kann.

1.2 Die Folgen

Die Folgen dieses Handelns in einer extrem komplexen und miteinander in Wechselwirkung stehenden Umwelt sind ebenso deutlich, wenn auch oftmals erst mit Zeitverzug spürbar. Beispiele lassen sich zahlreiche finden, exemplarisch die Biodiversität und das Klima.

Synonym für den globalen Verlust an *Biodiversität* steht seit Jahrzehnten die Abholzung der Regenwälder im Amazonasgebiet, der grünen Lunge unseres Planeten. Die Abholzung eignet sich gut zur Illustration, da sie perfekt das Gegenbild zu einer nachhaltigen Entwicklung darstellt. Was sich am Amazonas über Jahrtausende entwickelt hat, wird für den kurzfristigen Gewinn geopfert. Komplexe Nahrungsnetze und Wirkungsbeziehungen, abhängig von diesen speziellen Lebensräumen, verschwinden für immer. Und trotz einer deutlich höheren Transparenz des Themas und eines Rückgangs der Menge an geschlagenem Holz wurden von 2010 bis 2013 immer noch fast 24.000 km^2 im Amazonasgebiet abgeholzt (Statista 2016a) mit dramatischen Folgen für Flora und Fauna.

Aber man muss nicht bis Südamerika schauen, um den Verlust an Biodiversität zu erleben. Das globale Bienensterben ist ein weiteres, in den Medien sehr präsentes Beispiel dafür, wie wir direkt oder indirekt durch unsere Lebensweise Druck auf Tier- und Pflanzenarten ausüben. Die unterschiedlichen Gründe für das Bienensterben werden diskutiert, von Monokulturen über den Einsatz von Pestiziden, die Bienen anfälliger für Schädlinge und Krankheiten machen. Die Honigbiene ist das Bild dieses Insektensterbens. Nicht so sehr im Fokus der Diskussion steht, dass sich die Gefährdung aber nicht nur auf Honigbienen bezieht, sondern auch auf andere Insektenarten. Zum Beispiel sind in Deutschland 560 Wildbienenarten heimisch (Bundesministerium für Ernährung und Landwirtschaft (BMEL) 2014), deren Rückgang vor allem auf fehlende Nahrungsmittel und Nistmöglichkeiten zurückzuführen ist. Auf die Gesamtheit der Fluginsekten bezogen besagen Studien, dass sich deren Zahl in den letzten Jahren in Deutschland um 80 % reduziert hat (NABU 2016). Hierfür verantwortlich wird insbesondere der Einsatz von Neonicotinoiden gemacht, die seit Mitte der 1990er-Jahre in der Landwirtschaft eingesetzt werden.

In Bezug auf den *Klimawandel* jagt ein Temperaturrekord den anderen. Laut der NASA hat 2016 das bisher heißeste Jahr 2015 seit Beginn der Wetteraufzeichnungen Ende des 19. Jahrhunderts noch einmal übertroffen (NASA 2017). 2015 hatte wiederum 2014 als heißestes Jahr abgelöst.

Zurückzuführen sind die Klimarekorde aller Wahrscheinlichkeit nach auf die Treibhausgase, die seit der Industrialisierung zusätzlich zu natürlichen Quellen ausgestoßen wurden, und hier in erster Linie Kohlendioxid. 2016 wurde von der NOAA (National Oceanic and Atmospheric Administration) ein Wert von 400 ppm („parts per million") in der Atmosphäre gemessen. Während der Wert in der Menschheitsgeschichte bis zur industriellen Revolution meist um 278 ppm lag und für ein relativ stabiles Klima sorgte, begann er seit 1850 durch massive Rodungen zu wachsen und spätestens seit 1950 und den Beginn der flächendeckenden Nutzung von fossilen Brennstoffen rasant anzusteigen. Der Anstieg verlief 100-mal stärker als andere Veränderungen in den letzten 800 Jahren und mit 400 ppm ist ein Wert erreicht, wie er zuletzt vor 3 Mrd. Jahren im Pliozän in der Atmosphäre zu finden war (NOAA 2016). Damals herrschten im Mittel deutlich wärmere Temperaturen vor und der Wasserspiegel lag bis zu 20 m höher.

Global steigende Temperaturen resultieren in global veränderten Wetterlagen und haben damit das Potenzial, für Menschen, Flora und Fauna dramatische Folgen zu erzeugen. Dabei lässt sich nicht jeder Sturm oder jede Dürreperiode auf die veränderten klimatischen Bedingungen zurückführen, was eine Diskussion zwischen Gegnern und Befürwortern der Theorie des menschengemachten Klimawandels lange Zeit verschleiert hat. Aber für viele Aspekte existieren heute wissenschaftliche Daten, die diesen kausalen Zusammenhang als sehr wahrscheinlich erscheinen lassen. Beispiele hierfür sind die Eisschmelze in der Arktis, bis zur Mitte des Jahrhunderts soll die Arktis eisfrei sein (NASA, http://climate.nasa.gov/effects/). Statistiken zu Gletschern besagen, dass sie von 2001 bis 2010 pro Jahr 2- bis 3-mal so schnell schmolzen wie im 20. Jahrhundert (NZZ 2015).

Und auch auf die Biodiversität hat der Klimawandel natürlich wiederum eine Auswirkung. Es gibt Schätzungen, die besagen, dass bei einem Temperaturanstieg von 1,5–2,5 °C 20–30 % der Arten weltweit gefährdet sind (NASA, http://earthobservatory.nasa.gov/Features/GlobalWarming/page6.php).

Biodiversität und Klimawandel sind nur zwei Beispiele, warum eine nachhaltigere Entwicklung keine Option unter vielen sein kann. Soziale Faktoren spielen eine ebenso große Rolle, sei es als Folgen des Klimawandels oder auch zum Beispiel in Form von Arbeitsbedingungen in der Produktion.

Das Bewusstsein, das sich für diese Fragestellungen in den letzten Jahren und Jahrzehnten gebildet hat, muss langfristig zu einem Umdenken bei Politik und Wirtschaft, aber ebenso auf individueller Ebene führen. Und es gibt Beispiele dafür, dass durch koordiniertes, globales Handeln Probleme gelöst werden können. FCKW-Verbot und ein Ozonloch, das sich seit den Höchstwerten um 4 Mio. km^2 verkleinert hat, sind hier ein positives Beispiel (Statista, https://infographic.statista.com/normal/infografik_5356_ozonschicht_n.jpg).

Auf globaler Ebene wurden mit den Sustainable Development Goals (SDGs) und dem Klimaabkommen von Paris zwei Initiativen verabschiedet, die eine nachhaltigere Entwicklung realisieren sollen.

1.2.1 Sustainable Development Goals

Die Sustainable Development Goals der Vereinten Nationen, die 2015 beschlossen wurden und die Millennium Development Goals ablösen, legen für viele unserer globalen Herausforderungen Ziele bis 2030 fest, zu denen sich jeder Mitgliedstaat wiederum mit eigenen Maßnahmenplänen zu positionieren hat.

Mit der Agenda werden in 17 Entwicklungszielen und 169 Zielvorgaben erstmals Armutsbekämpfung und Nachhaltigkeit in einer Agenda zusammen betrachtet (United Nations 2015).

1.2.2 Klimavertrag Paris

Ein weiterer Schritt in Richtung einer global abgestimmten Nachhaltigkeitspolitik ist der Klimavertrag, der 2015 in Paris beschlossen wurde. Mit dem Vertrag, der ab 2020 gilt, verpflichtet sich die Weltgemeinschaft, die Erderwärmung auf unter 2 °C im Vergleich zur vorindustriellen Zeit zu begrenzen. Damit das Abkommen verbindlich in Kraft treten konnte, mussten es mindestens 55 Vertragsparteien unterzeichnen, die mindestens 55 % des weltweiten Ausstoßes an Treibhausgasen verantworten (Bundesregierung 2016).

Nachdem Länder wie China und die USA das Abkommen unterzeichnet haben, wurde durch die Zustimmung der EU als Ganzes das notwendige Quorum erreicht. Die EU hat sich in diesem Rahmen das Ziel gesetzt, bis 2030 mindestens 40 % weniger Treibhausgase auszustoßen (European Commission 2016a).

Die genannten Aspekte zeigen die Komplexität einer nachhaltigeren Entwicklung auf. Entscheidend, auch insbesondere für Unternehmen, wird es sein, neue Wege zu gehen. Gelernte Verhaltensweisen müssen sich ändern, Produkte müssen umwelt- und sozialverträglicher hergestellt, Ressourcen geschont und im Kreislauf gehalten werden.

Dabei ist auch klar, dass es in dieser Komplexität nicht den einen Hebel geben kann. Umstellungen sind immer mit mehr oder weniger Aufwand verbunden, man geht im Zweifel erst einmal nur kleine Schritte auf ein großes Ziel zu.

Wichtig ist es, Anspruchsgruppen diesen Weg transparent zu machen. Resultate zu erzielen, benötigt Zeit, und Änderungen geschehen stückweise, ebenso wird man Rückschläge erleben. Unternehmen müssen diesen Spagat aushalten und über Rückschläge oder nicht erzielte Erfolge offen und transparent zu berichten muss erst einmal gelernt werden. Wenn dies auch der vielleicht gelernten unternehmerischen Praxis widerspricht, die Glaubwürdigkeit im Bestreben einer nachhaltigen Entwicklung wird durch diese offene und transparente Kommunikation gestärkt.

2 Nachhaltigkeit im Baumarkt

In der Baumarktbranche kann man im Jahr 2016 nach unserem Eindruck nicht davon sprechen, dass die Konsumenten bei der Wahl ihrer Einkaufsstätte oder ihrer Kaufentscheidung mehrheitlich Aspekte der Nachhaltigkeit den Vorrang vor konkurrierenden Aspekten geben. Ebenso wie andere Branchen erleben auch wir eine gewisse Disparität im Verhalten der Konsumenten, wenn es um die theoretische Bereitschaft zu nachhaltigem Konsum und die Umsetzung in die Praxis geht. Traditionell liegen bei der Wahl der Einkaufsstätte immer noch Aspekte wie Erreichbarkeit, Mitarbeiter und Preis vor anderen Aspekten, wie eben der Nachhaltigkeit.

Auf der anderen Seite ist Nachhaltigkeit kein abgeschlagener Faktor, der überhaupt keine Rolle für den Baumarktkunden spielt. Allerdings gibt es momentan noch deutliche Unterschiede, abhängig vom jeweiligen Produkt, für das sich der Kunde gerade interessiert.

Ist der direkte Bezug für den Kunden gegeben, ist es für uns als Handelsunternehmen vergleichsweise leicht, für das Thema Nachhaltigkeit zu sensibilisieren. Hier ist der Kunde nah dran und informiert, unsere Aufgabe ist es zwar immer noch, ausreichend Informationen und Produktvielfalt zu bieten, aber wir fangen nicht bei null an.

Doch es gibt eben auch Gebiete, in denen wir uns engagieren, aber die Sensibilität beim Kunden nicht vorhanden ist. In diesen Fällen entsteht automatisch ein größerer Bedarf an Kommunikation. Wenn wir nicht in der Lage sind, den Kunden die Relevanz nachhaltigerer Produktalternativen näherzubringen, wird sich der Ausbau dieser Alternativen mittel- bis langfristig auch für uns nicht wirtschaftlich rechnen.

Neben der Nachfrage der Kunden gibt es natürlich auch im Baumarkt viele weitere Anspruchsgruppen, wenn es um Nachhaltigkeit geht. Auch wir geraten in den Fokus von NGO-Kampagnen, sind Teil eines umkämpften Wettbewerbsumfeldes und müssen rechtliche Vorgaben erfüllen, die sich auch verstärkt mit nachhaltigen Fragestellungen beschäftigen.

Zu guter Letzt stehen wir neben den Ansprüchen unserer Stakeholder natürlich auch selbst in der Verantwortung und müssen uns die Frage stellen, wie möchten wir unser Unternehmen betreiben, wie stellen wir uns unseren Beitrag zu einer nachhaltigeren Entwicklung vor und insbesondere wo sind wir in der Lage signifikante Veränderungen anzustoßen oder umzusetzen?

Bei 60.000 Produkten in einem durchschnittlichen Baumarkt können die folgenden Punkte nur Beispiele für nachhaltiges Engagement sein. Es sind einzelne Aspekte, die gemeinsam ein Bild ergeben sollen, dass für toom Baumarkt Nachhaltigkeit ein zentraler Bestandteil der Zukunftsstrategie ist. Wenn man die eingangs beschriebenen Herausforderungen sieht, wird schnell deutlich, dass die Bestrebungen nur Abschnitte auf einem sehr langen Weg sein können. Aber es geht darum, sich zu hinterfragen und nicht aufzuhören, immer ein Stück nachhaltiger werden zu wollen.

Die folgenden Beispiele sollen verdeutlichen, mit welchen Spannungsfeldern wir es im Bereich nachhaltigerer Produkte zu tun haben und wie wir versuchen damit umzugehen.

2.1 Produkte für Garten und Balkon

Wie oben beschrieben, ist die Produktgruppe, für die sich ein Kunde gerade interessiert, sehr entscheidend dafür, ob nachhaltige Aspekte bei der finalen Kaufentscheidung eine Rolle spielen. Wir sehen den Trend, dass bei Produkten, die dem Kunden „näher" sind und eine größere Emotionalität haben, Faktoren wie Aussagen über die Inhaltsstoffe deutlich stärker in die Kaufentscheidung mit einfließen als bei Produkten, wo dieser Bezug fehlt.

Emotional für den Kunden sind zum Beispiel Produkte im Gartenbereich, sei es in Bezug auf Bioprodukte für den eigenen Anbau oder beim Einsatz von Pestiziden. Das ist sicherlich durch verschiedene Faktoren begründet. Auf der einen Seite gibt es einen Trend zum Biogärtnern und Kunden möchten im eigenen Garten oder auf dem Balkon biozertifizierte Produkte einsetzen. Auf der anderen Seite steigt natürlich insbesondere bei Obst und Gemüse aus dem eigenen Garten der Wunsch, keine Pestizide zu sich nehmen zu wollen. Dieser Trend einer gesundheitsbewussteren Gruppe von Konsumenten lässt sich deutlich bei der Wahl der Produkte, auch in den Gartencentern unserer Baumärkte, sehen.

Eigene Produktlinien, die ausgehend von der Pflanze, aber ebenso bei den Erden und Düngern biozertifiziert sind, bieten dem Kunden die Transparenz, die er für das eigens angebaute Obst oder Gemüse haben möchte. Dann ist es nicht nur die biozertifizierte Tomate, die nachgefragt wird. Sie wird mit Biodünger gedüngt und in torffreier Erde gepflanzt. Hier möchten die Konsumenten sicher sein, dass, was sie selbst anbauen, auch gewissen Standards genügt. Dies zeigt sich dann auch in einer höheren Preisbereitschaft.

Neben der Nachfrage der Kunden beschäftigen wir uns bei der Sortimentsgestaltung aber auch mit Fragestellungen, die über übliche Anpassungen der Produkte hinausgehen. Ein Beispiel dafür ist unsere Strategie Torffreie Erden.

2.2 Strategie Torffreie Erden

Als Startpunkt unserer Strategieentwicklung haben wir uns die Frage gestellt, ob unsere Erden eigentlich Torf enthalten müssen. Dazu muss man wissen, dass „normale" Blumenerden 80–90 % Torf enthalten. Und keine Frage, Torf ist ein herausragender Ausgangsstoff für Erdenprodukte, zum Beispiel aufgrund seiner Fähigkeit, Wasser zu speichern. Aber Torf hat eben auch negative Aspekte, die für uns letztendlich ausschlaggebend bei der Beantwortung der Frage waren.

Torf ist ein natürlicher Rohstoff, der aus organischem Material besteht. Er entsteht, indem Torfmoose absterben und unter Wasserabschluss im Moor nicht vollständig abgebaut, sondern zu Torf umgewandelt werden. Dies geschieht über einen Zeitraum von Tausenden Jahren und in einer aus Menschensicht geringen Geschwindigkeit. Um eine Mächtigkeit der Torfschicht von einem Meter zu erhalten, dauert es 1000 Jahre.

Um Torf zum Beispiel für Blumenerde zu gewinnen, müssen dementsprechend jahrtausendealte Moore trockengelegt werden. Seit der letzten Eiszeit haben sich diese Moorlandschaften auch gerade in Deutschland entwickelt, vor wenigen Jahrhunderten waren noch große Flächen in Deutschland mit Moor bedeckt. Durch Trockenlegung, Landwirtschaft, Abbau etc. sind heute nur noch 5 % der ursprünglichen Moorflächen in Deutschland vorhanden (NABU, https://www.nabu.de/natur-und-landschaft/moore/deutschland/16345.html). Mit dem langsamen Aufbau der Torfschicht über Jahrtausende hatten auch Tier- und Pflanzenarten Zeit, sich an diesen Lebensraum anzupassen. Werden Moore trockengelegt, gehen diese speziellen Ökosysteme für viele spezialisierte Teile der Flora und Fauna verloren.

Heute werden in Deutschland keine neuen Flächen zur Torfgewinnung mehr freigegeben, Abbau geschieht in der Regel nur auf Flächen, die schon vor längerer Zeit freigegeben worden sind.

Dies hat zur Folge, dass für die Herstellung von Blumenerde große Mengen an Torf aus dem Ausland, z. B. dem Baltikum, importiert werden. Als Handelsunternehmen, das Blumenerde vertreibt, tragen wir aber natürlich auch Verantwortung für den Torf, der aus anderen Ländern eingeführt wird.

Neben dem Aspekt des Biodiversitätsverlusts durch Torfabbau ist in den letzten Jahren darüber hinaus ein weiterer negativer Aspekt in den Vordergrund getreten. Werden Moore trockengelegt und Torf abgebaut, entweichen riesige Mengen des lange konservierten Kohlenstoffs u. a. als CO_2 in die Atmosphäre und tragen so signifikant zu Treibhausgasemissionen bei. In Niedersachsen z. B. resultieren ganze 12 % der gesamten Treibhausgasemissionen des Landes aus trockengelegten Mooren, auf denen Landwirtschaft und Torfabbau betrieben werden (Niedersächsisches Ministerium für Umwelt, Energie und Klimaschutz 2016).

Vor diesem Hintergrund, dem Verlust an Artenvielfalt in trockengelegten Moorgebieten sowie dem Beitrag der Flächen zum Klimawandel, haben wir uns bei toom daher dazu entschieden, auf torfhaltige Erden zu verzichten. Laut unserer Strategie Torffreie Erden wird es bis 2025 bei toom keine torfhaltigen Erden mehr geben.

2025 ist kein Ausstieg von einem auf den anderen Tag, das ist uns klar. Den Zeitraum von zehn Jahren müssen wir uns zugestehen, um die notwendigen Ersatzstoffe in ausreichender Menge und Qualität zur Verfügung zu haben. Neben allem Interesse für nachhaltigere Produkte müssen wir gleichzeitig sicherstellen können, unseren Kunden eine mindestens ebenso hohe Qualität auch durch torffreie Produkte bieten zu können.

Darüber hinaus geht es auch hier wieder um die Entwicklung von Bewusstsein. Kunden und Mitarbeiter müssen den Umstellungsprozess mittragen, daher steht neben der Sicherstellung der Qualität jedes einzelnen Erdenprodukts ebenso die Aufgabe der Kommunikation und Sensibilisierung im Fokus unserer Erdenstrategie (s. Infofilm, toom: https://www.youtube.com/watch?v=9xygrW2_ulk).

Bis 2025 werden wir kontinuierlich das schon vorhandene Angebot unserer komplett torffreien Erden ausbauen und parallel den Anteil an Torf in den weiteren Produkten kontinuierlich senken, bis alle Erdenprodukte umgestellt sind.

2.3 Pestizide

Auch im Bereich Pestizide nehmen wir bei unseren Kunden eine größere Relevanz wahr. Hier lässt sich eine Bewegung von der gelernten „chemischen Keule" hin zu größerer Sensibilität für alternativen Pflanzenschutz erkennen.

Als Handelsunternehmen bewegen wir uns hier durchaus in einem Spannungsfeld. Das Thema Pestizide bekam gerade in den zurückliegenden Jahren eine große mediale Aufmerksamkeit durch NGO-Aktivitäten. Ein Auslöser war auch hier wieder das Thema Biodiversität.

Zum Beispiel nahm Greenpeace eine Studie und neue Erkenntnisse zu der Bienengefährlichkeit von Pestiziden (Greenpeace 2013) 2013 zum Anlass, durch offensive Kampagnen auf einzelne Wirkstoffe in Pestizidprodukten hinzuweisen, die auch im Baumarkt verkauft wurden.

Als toom Baumarkt haben wir uns eingehend mit der Greenpeace-Studie auseinandergesetzt und sind den wissenschaftlichen Argumenten gefolgt. Eine Schlussfolgerung daraus war, diejenigen Pestizide auszulisten, die die sieben als besonders gefährlich eingestuften Wirkstoffe, hauptsächlich Neonicotinoide, enthielten. Parallel dazu wurden gemeinsam mit unseren Lieferanten Alternativprodukte identifiziert, die keine bienengefährlichen Wirkstoffe enthalten.

Ein weiteres Beispiel für unsere nachhaltigen Sortimentsentscheidungen ist die Auslistung von glyphosathaltigen Produkten im Jahr 2015. Glyphosat, das weltweit am meisten eingesetzte Pestizid in der Landwirtschaft, wurde über Jahrzehnte auch in Produkten für den Heimbedarf genutzt. Während es auch gerade in den vergangenen Jahren immer wieder in der Kritik stand, erschien 2015 eine viel beachtete Bewertung der Internationalen Behörde für die Krebsforschung (IARC), dass Glyphosat wahrscheinlich krebserregend sei (Süddeutsche 2015). Diese Aussage und damit die Gefahr für den Menschen wurden von der Welternährungsorganisation (FAO) und der Weltgesundheitsorganisation (WHO) wiederum angezweifelt (ARD 2016). Eindeutig ist, dass durch nicht ordnungsgemäße Nutzung Gefahren insbesondere für Gewässer und deren Organismen bestehen, wenn Glyphosat z. B. nicht ordnungsgemäß auf befestigten Flächen eingesetzt wird und dadurch in Gewässer gelangen kann.

Während sich wissenschaftliche und politische Meinungsfindungen über die Genehmigungsfähigkeit von Glyphosat, insbesondere in der EU, somit schon über Jahre hinziehen, bestand für uns die Frage, ob wir Produkte verkaufen möchten, deren Risiken nicht 100 %ig ausgeschlossen werden können. Wir haben für uns entschieden, dass gerade in der privaten Nutzung die Gefahr einer fehlerhaften Nutzung zu hoch ist.

Daher sind wir das Risiko eingegangen, einen jährlichen Umsatz von gut 2 Mio. € zu verlieren, obwohl weiterhin eine Zulassung in Deutschland besteht. Für uns ergibt sich demnach auch hier wieder die Aufgabe, unsere Kunden wie auch unsere Mitarbeiter durch viel Information zu den Gründen der Auslistung und zu alternativen Produkten „mitzunehmen". Denn natürlich sind viele Kunden die einschlägigen glyphosathaltigen Produkte seit Jahrzehnten gewohnt.

Die EU Kommission hat in der Zwischenzeit die Zulassung der Produkte bis Ende 2017 verlängert (European Commission 2016b), bis dahin sollen weitere wissenschaftliche Erkenntnisse gesammelt werden. Ungeachtet der finalen Entscheidung stehen wir zu der Maßnahme, keine glyphosathaltigen Produkte mehr bei toom zu vertreiben.

Ein Beispiel für eine Produktgruppe, bei der es aus Nachhaltigkeitssicht wichtige Hotspots gibt, aber diese aus unserer Sicht nicht bekannt genug sind, sind die Natursteine.

2.4 Natursteine

Natursteine, die wir zum Beispiel als Pflastersteine, Treppen und Fensterbänke vertreiben, stammen größtenteils aus China und Indien. Hotspots und damit Risiken für Mensch und Umwelt sind bei der Produktion Aspekte wie Kinderarbeit, nicht ausreichender Arbeitsschutz sowie Umweltauswirkungen bei der Gewinnung und Produktion.

Um auszuschließen, dass diese Risiken bei unseren Steinprodukten eine Rolle spielen, wollten wir das Thema angehen. Wir mussten aber feststellen, dass es kein Zertifizierungssystem für Natursteine gab, das uns über die gesamte Lieferkette vom Steinbruch über Produktion und Zwischenhändler bis in unsere Märkte garantieren konnte, dass die oben genannten Hotspots ausgeschlossen sind.

Daher haben wir gemeinsam mit einem externen Zertifizierer Xertifix eine Leitlinie für Natursteinerzeugnisse entworfen, mit detaillierten Vorgaben für Steinbrüche und Produzenten sowie angekündigten und unangekündigten jährlichen Audits. Die ersten nach der Leitlinie zertifizierten Produkte sind seit 2016 in den toom-Märkten.

Wie beschrieben, ist das Thema Natursteine ein gutes Beispiel für Produkte, bei denen Konsumenten aus unserer Sicht noch nicht ausreichend für die möglicherweise kritischen Aspekte entlang der Lieferkette sensibilisiert sind. Hier ist es insbesondere wichtig, Bewusstsein für die Herausforderungen zu schaffen. Daher wurden parallel zur Einführung der zertifizierten Produkte am Point of Sale Infostelen mit Infobroschüren (toom 2015) installiert sowie u. a. ein Erklärvideo entwickelt, das das Thema auf leicht verständliche Weise wiedergibt.

2.5 Förderung von nachhaltigem Konsum

Als Unternehmen muss man sich generell die Frage stellen: Wo können wir einen großen Einfluss für eine nachhaltigere Entwicklung ausüben, welche Stellschrauben haben wir als Unternehmen?

Wir werden dem Kunden am Ende des Baumarktbesuchs nicht die Produkte in den Einkaufswagen legen. Für uns muss es darum gehen, ihm die relevanten Informationen für eine sensible Kaufentscheidung an die Hand zu geben. Kunden können je nach Kaufentscheidung selbst zu einer nachhaltigeren Entwicklung beitragen. Wir maßen uns aber nicht an, diese Entscheidung aufzuzwingen.

Daher ist unser Anspruch als Unternehmen, das sich nachhaltig entwickeln möchte, sicherzustellen, dass unsere Kunden in möglichst vielen Produktgruppen nachhaltigere Alternativen zur Verfügung haben und wir die Kunden durch gezielte Informationen auf diese Alternativen hinweisen.

Um die Sensibilisierung zu erhöhen, ist daher ein großer Teil unseres Nachhaltigkeitsengagements die Kommunikation zu den genannten Themen. Einen Sack torffreier Erde in das Schaufenster zu legen, reicht in der Regel nicht aus. Wir müssen dem Kunden kommunizieren, warum er auf Torf verzichten sollte und dass Torfabbau zum Verlust von Biodiversität und zum Klimawandel beiträgt. Denn nachhaltig erfolgreich sind wir natürlich erst, wenn die Produkte uns dann auch von Kunden abgekauft werden. Daher ist die Förderung des nachhaltigen Konsums ein ebenso wichtiges Thema für den Handel und ein Feld, auf dem wir ganz direkt einen Einfluss ausüben können.

2.6 Was tun wir sonst für eine nachhaltigere Entwicklung?

Für ein Handelsunternehmen stehen Produkte natürlich generell im Fokus. Aber wir wären unglaubwürdig, würden wir uns nur in diesem Bereich engagieren.

Daher arbeiten wir daran, unsere Märkte ressourceneffizienter zu betreiben. Wir nutzen ausschließlich zertifizierten Grünstrom in unseren Märkten. Darüber hinaus entspricht jeder unserer Neubauten den Kriterien der Deutschen Gesellschaft für Nachhaltiges Bauen in Gold. Daneben setzen wir im Bereich Mitarbeiter auf Modelle zur lebensphasenorientierten Unterstützung und engagieren uns als deutschlandweit tätiges Unternehmen in zahlreichen Partnerschaften mit sozialen Organisationen und im Naturschutz, sei es zum Thema Inklusion mit der Lebenshilfe oder zum Schutz der Umwelt mit dem NABU oder Naturefund.

3 Ein Blick in die Zukunft

Wie oben beschrieben, ist ein „Weiter-so" gerade vor dem Hintergrund einer stetig wachsenden Weltbevölkerung, 2100 sollen 11 Mrd. Menschen auf der Erde leben (Statista 2016b), keine Alternative. Man stelle sich vor, die stetig wachsende Menschheit beutet die verfügbaren Ressourcen noch einmal 100 Jahre weiter so aus, wie es in den letzten 100 Jahren geschehen ist. Neben den sozialen Spannungen, die eine solche Praxis hervorrufen würde, ist nicht davon auszugehen, dass unsere Kinder und Enkel 2100 noch auf einem lebenswerten Planeten leben würden.

Wenn man sich vor Augen hält, wie wir heute mit unseren wertvollen Rohstoffen umgehen, ist insbesondere hier ein Umdenken gefordert. Statt Kaufen und Wegwerfen geht es um längere Nutzung von Produkten und die Rückführung von genutzten Ressourcen in den Kreislauf. Alles, was die heute oftmals vorherrschende Wegwerfmentalität durchbrechen kann, ist ein Schritt in die richtige Richtung. Für den Baumarkt gibt es hier viele Ansatzpunkte.

3.1 Lebensdauer und Wertigkeit

Ganz konkret kann das heißen, wenn wir dem Kunden ein Produkt verkaufen, das bei richtiger Pflege 20 Jahre hält statt vielleicht fünf Jahre, dann leistet das ganz klar einen Beitrag zum Einsparen von Ressourcen. Es müssen für eine 20-jährige Nutzung drei Produkte weniger hergestellt werden, wenn das eine gekaufte Produkt 20 Jahre hält. Das heißt, über die Qualität eines Produkts, verringern wir den Bedarf einer neuen Produktion.

Wenn wir den Kunden zusätzlich noch durch die richtigen Pflege- und Anwendungstipps dazu befähigen, die Lebensdauer von Produkten weiter zu verlängern, dann ist das ein weiterer Mosaikstein für eine nachhaltigere Entwicklung. Die Sensibilität für die Wertigkeit, auf das Produkt bezogen, aber ebenso auf die Ressourcen, die in das Produkt geflossen sind, muss weiter erhöht werden. Hier besteht für den Handel ganz klar eine Kommunikationsaufgabe, der in den kommenden Jahren verstärkt nachgekommen werden muss.

3.2 Fossile Energieträger

Das Öl sprudelte in den letzten Jahrhunderten unaufhörlich und wird nach Schätzungen auch noch einige Jahrzehnte weitersprudeln. Also haben wir damit fleißig geheizt, haben es als Treibstoff benutzt und es als fabelhaften Rohstoff bei petrochemischen Prozessen für die Herstellung von Kunststoffprodukten genutzt. 90 % der Grundchemikalien, die wir für chemische Erzeugnisse wie Farben, Lacke und Kunststoff nutzen, werden aus Erdöl und Erdgas gewonnen. Dafür nutzen wir insgesamt ca. 6–7 % der Fördermenge (Wikipedia, https://de.wikipedia.org/wiki/Erd%C3%B6l#Verbrauch). Der Rest dieses wertvollen Materials und damit der Löwenanteil wird in Verbrennungsprozessen für Wirtschaft, Verkehr und Haushalte verbraucht.

Aber Öl ist nicht nur ein Wunderstoff. Erstens ist es endlich, zweitens entstehen bei Gewinnung und Verarbeitung Umweltauswirkungen wie Land- und Wasserverschmutzung und die Verbrennung ist der Hauptgrund für den menschengemachten Klimawandel

Vor dem Hintergrund zwangsläufig kleiner werdender Vorräte fossiler Energieträger und des Wissens um die Folgen des Einsatzes fossiler Brennstoffe wird in der Zukunft ein noch größerer Fokus auf einer energieeffizienten Nutzung sowie dem Thema Recycling von Kunststoffen (und anderer Materialien) liegen müssen.

Ein gezielterer Einsatz fossiler Rohstoffe und eine Wiedergewinnung für neue Produkte machen vor dem Hintergrund der bestehenden Herausforderungen deutlich mehr Sinn als eine Verbrennung der Stoffe unter Ausnutzung eines geringen Wirkungsgrades. Breiter gefasst geht es hier um den Closed Loop, wertvolle Materialien müssen weiter und in größerem Maße in die Produktion neuer Produkte zurückgeführt werden.

4 Schlusswort

Ich habe einige Stellschrauben aufgezeigt, wo wir als Handelsunternehmen Einfluss auf eine nachhaltigere Entwicklung nehmen können und dies schon tun.

Ohne Zweifel muss man festhalten, dass jedes Produkt in der Herstellung Ressourcen verbraucht. Auch das nachhaltigste Produkt, das man sich vorstellen kann, hat einen ökologischen Rucksack. Für uns geht es darum, in möglichst vielen Produktbereichen Alternativen anbieten zu können, die nachweislich nachhaltiger als herkömmliche Produkte sind.

Zu guter Letzt geht es natürlich auch um die Veränderung von Gewohnheiten. Die Frage, fahre ich sonntags mit dem Auto zum Bäcker oder nehme ich das Fahrrad, können wir auf viele andere Situationen des täglichen Lebens übertragen.

Hier ist der zweite Bereich, an dem wir als Handelsunternehmen ansetzen können: den nachhaltigen Konsum zu fördern, indem wir über das Angebot von Alternativen hinaus durch viele und vor allem kontinuierliche Kommunikationsmaßnahmen Sensibilität für nachhaltige Fragestellungen erzeugen.

Literatur

ARD (2016) Glyphosat – doch nicht so gefährlich? Neue Studie der WHO. https://www.tagesschau.de/ausland/glyphosat-131.html. Zugegriffen: 30. Oktober 2016

Bundesministerium für Ernährung und Landwirtschaft (BMEL) (2014) Bienen. Unverzichtbar für Natur und Erzeugung. http://www.bmel.de/SharedDocs/Downloads/Broschueren/Bienen.pdf?__blob=publicationFile. Zugegriffen: 30. Oktober 2016

Bundesregierung (2016) Europäische Union bestätigt Klimaabkommen. https://www.bundesregierung.de/Content/DE/Artikel/2016/09/2016-09-30-eu-umweltminister-stimmen-klimaabkommen-zu.html. Zugegriffen: 30. Oktober 2016

De Chant (2012) If the world's population lived like. https://persquaremile.com/2012/08/08/if-the-worlds-population-lived-like/. Zugegriffen: 30. Oktober 2016

European Commission (2016a) Paris Agreement to enter into force as EU agrees ratification. http://ec.europa.eu/clima/news/articles/news_2016100401_en.htm. Zugegriffen: 30. Oktober 2016

European Commission (2016b) Glyphosat: Kommission verlängert Zulassung bis 2017. https://ec.europa.eu/germany/news/glyphosat-kommission-verl%C3%A4ngert-zulassung-bis-2017_en. Zugegriffen: 30. Oktober 2016

Global Footprint Network (2016) On August 8, 2016, we began to use more from nature than our planet can renew in the whole year. http://www.overshootday.org/. Zugegriffen: 30. Oktober 2016

Greenpeace (2013) Bye Bye Biene. http://www.greenpeace.de/files/publications/20130408-bye-bye-biene-report_0.pdf. Zugegriffen: 30. Oktober 2016

IPCC (2007) Projections of Future Changes in Climate. https://www.ipcc.ch/publications_and_data/ar4/wg1/en/spmsspm-projections-of.html. Zugegriffen: 30. Oktober 2016

NABU (2016) Dramatisches Insektensterben. https://www.nabu.de/news/2016/01/20033.html. Zugegriffen: 30. Oktober 2016

NASA (2017) NASA, NOAA Data Show 2016 Warmest Year on Record Globally. https://www.nasa.gov/press-release/nasa-noaa-data-show-2016-warmest-year-on-record-globally. Zugegriffen: 09. März 2017

Niedersächsisches Ministerium für Umwelt, Energie und Klimaschutz (2016) Programm Niedersächsische Moorlandschaften Grundlagen, Ziele, Umsetzung. Niedersächsisches Ministerium für Umwelt, Energie und Klimaschutz, Hannover

NOAA (2016) Carbon dioxide levels race past troubling milestone. http://www.noaa.gov/stories/carbon-dioxide-levels-race-past-troubling-milestone. Zugegriffen: 30. Oktober 2016

NZZ (2015) Forcierter Eisverlust seit 2001, Gletscher weltweit auf dem Rückzug. http://www.nzz.ch/wissenschaft/klima/forcierter-eisverlust-seit-2001-1.18589695. Zugegriffen: 30. Oktober 2016

Statista (2016a) Menge der abgeholzten Waldfläche im Amazonasgebiet in den Jahren 2010 bis 2013 (in Quadratkilometer). https://de.statista.com/statistik/daten/studie/478063/umfrage/menge-der-abgeholzten-waldflaeche-im-amazonasgebiet/. Zugegriffen: 30. Oktober 2016

Statista (2016b) Prognose zur Entwicklung der Weltbevölkerung von 2010 bis 2100 (in Milliarden). https://de.statista.com/statistik/daten/studie/1717/umfrage/prognose-zur-entwicklung-der-weltbevoelkerung/. Zugegriffen: 30. Oktober 2016

Süddeutsche (2015) WHO-Agentur: Glyphosat ist wahrscheinlich krebserregend. http://www.sueddeutsche.de/news/gesundheit/gesundheit-who-agentur-glyphosat-ist-wahrscheinlich-krebserregend-dpa.urn-newsml-dpa-com-20090101-150730-99-06807. Zugegriffen: 30. Oktober 2016

toom (2015) toom Natursteine: Natürlich fair hergestellt. https://www.toom-baumarkt.de/fileadmin/01_laufende_Betreuung/05_Sonderaktion/KW_33/Natursteine/TOBX-16-603_Broschuere-Natursteine_A5_SCREEN.pdf. Zugegriffen: 30. Oktober 2016

Umweltbundesamt (2013) Zu erwartende Klimaänderungen bis 2100. http://www.umweltbundesamt.de/themen/klima-energie/klimawandel/zu-erwartende-klimaaenderungen-bis-2100. Zugegriffen: 30. Oktober 2016

United Nations (2015) Sustainable Development Goals. http://www.un.org/sustainabledevelopment/sustainable-development-goals/. Zugegriffen: 30. Oktober 2016

Kai Battenberg studierte Diplom-Umweltwissenschaften an der Universität Bielefeld. Seine Abschlussarbeit behandelte das Thema „Integrierte Managementsysteme". Nach seinem Studium arbeitete er sechs Jahre für verschiedene Umweltberatungsfirmen in Großbritannien und Deutschland mit dem Fokus auf Umweltmanagement und Pollution Prevention. Seit 2011 ist Kai Battenberg bei der toom Baumarkt GmbH in Köln beschäftigt und dort in unterschiedlichen Funktionen für das Nachhaltigkeitsmanagement verantwortlich.

Aufbau und Implementierung eines CSR-Programms im globalen B2B-Chemiehandel – Case Study Brenntag

Dirk Eckert

1 Unternehmensporträt

Brenntag ist Weltmarktführer in der Chemiedistribution – mit führenden Marktpositionen in allen wichtigen Weltregionen. Mit mehr als 15.000 Mitarbeitern in mehr als 74 Ländern wurde im Jahr 2016 ein Umsatz von 10,5 Mrd. € erzielt. Brenntag ist eine im MDAX gelistete Aktiengesellschaft mit Hauptsitz in Mülheim an der Ruhr und wurde bereits 1874 gegründet.

Brenntag agiert als Bindeglied zwischen Chemieproduzenten (Lieferanten) und der weiterverarbeitenden Industrie (Kunden) und übernimmt damit eine wichtige Rolle in der Lieferkette der chemischen Industrie. Im Unterschied zu vielen anderen Chemiedistributoren bietet Brenntag ein sogenanntes Vollsortiment an, welches sowohl Industrie- wie auch Spezialchemikalien umfasst. Zahlreiche Serviceangebote für Kunden und Lieferanten ergänzen das Portfolio von Chemieprodukten (vgl. Abb. 1).

Für das Verständnis des CSR-Managements bei Brenntag ist es wichtig, darauf hinzuweisen, dass die dezentrale Komplexität des Geschäftsmodells mit mehreren Tausend Lieferanten, ca. 180.000 Kunden, über 10.000 Produkten und mehr als 550 Standorten in 74 Ländern eine organisatorische Herausforderung darstellt, auf welche später noch eingegangen werden soll. Auch die Kunden- und Lieferantenstruktur hat wesentlichen Einfluss auf das CSR-Management. Wie eingangs erläutert, stammen die Kunden von Brenntag aus der verarbeitenden Industrie. Brenntag ist somit im Business-to-Business-Bereich aktiv. Neben den Großkunden (Key Accounts) besteht ein Großteil der Kunden aus mittelständischen und kleinen Unternehmen, welche sich in Bezug auf CSR-Anforderungen erheblich von Großkunden unterscheiden. Auf der anderen Seite arbeitet Brenntag

---

D. Eckert (✉)
Brenntag AG
Stinnes-Platz 1, 45472 Mülheim an der Ruhr, Deutschland
E-Mail: Dirk.Eckert@Brenntag.de

© Springer-Verlag GmbH Deutschland 2017
P. Bungard und R. Schmidpeter (Hrsg.), *CSR in Nordrhein-Westfalen*,
Management-Reihe Corporate Social Responsibility, DOI 10.1007/978-3-662-54190-6_15

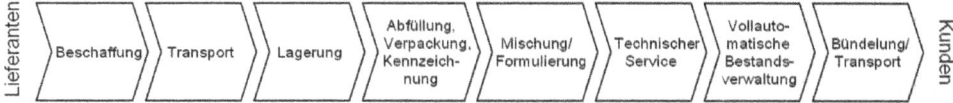

Abb. 1 Wertschöpfungsfunktionen von Brenntag

sehr eng mit den Lieferanten (Chemieproduzenten) zusammen. Gerade bei Spezialchemikalien werden maßgeschneiderte Vertriebs- und Marketingkonzepte zusammen mit den Herstellern entwickelt und diese dann von Brenntag umgesetzt. Somit handelt es sich einkaufsseitig oft nicht um eine reine Beschaffungsbeziehung, sondern eher um Vermarktungspartnerschaften.

Der weltweite Markt für Chemiedistribution selbst ist stark fragmentiert – mit wenigen großen und zahlreichen mittelständischen und kleinen Chemiedistributoren (vgl. Jung et al. 2013, S. 9). Diese Marktstruktur ist auch ein Grund für die bisher noch recht limitierten öffentlich zugänglichen Informationen über die CSR-Aktivitäten von Chemiedistributoren. Beispielsweise sind Nachhaltigkeitsberichte nach anerkannten Standards (z. B. GRI) in der Branche bisher die Ausnahme.

2 Gründe für einen CSR-Fokus bei Brenntag

Grundsätzlich ist anzumerken, dass die im Folgenden aufgeführten Aktivitäten bei Brenntag unter dem Begriff *Nachhaltigkeit* zusammengefasst werden und nicht *CSR*. Auf einen Abgrenzungsversuch und eine detaillierte Erläuterung beider Begriffe wird an dieser Stelle verzichtet und auf die einschlägige Literatur hierzu verwiesen (vgl. bspw. Schneider 2012, S. 17). Der Einfachheit halber wird im Weiteren – abweichend vom Brenntag-internen Sprachgebrauch – ausschließlich von CSR gesprochen.

Zahlreiche Themen, welche sich unter CSR subsumieren lassen (z. B. Sicherheit und Umweltschutz, Responsible-Care-Programm der Chemieindustrie, verantwortungsvoller Umgang mit den Mitarbeitern), haben bei Brenntag schon seit Jahrzehnten einen hohen Stellenwert. Allerdings wurden diese Aktivitäten lange nicht unter dem Begriff CSR geführt und ganzheitlich betrachtet. Erst ab ca. 2010 setzte eine professionelle CSR-Betrachtung bei Brenntag ein (eine ausführliche Darstellung der dann folgenden Entwicklung findet sich in Abschn. 4). Die Gründe für die Entscheidung des Topmanagements zu einer stärkeren CSR-Ausrichtung sind vielfältig, lassen sich aber in folgenden sechs Punkten zusammenfassen:

- Risikomanagement,
- Effizienz/Kosten,
- Regulierungen/Gesetze,
- Image/Reputation,

- Marktanforderungen,
- Differenzierung.

Der stärkere Fokus auf Umwelt- und Sicherheitsthemen, Compliance und auf die Überprüfungen von Lieferanten dient dem *Risikomanagement* von Brenntag. Auf diese Weise können bspw. Unfälle, Strafzahlungen oder Reputationsschäden vermieden werden. Somit stellt dieser Grund einen ganz wesentlichen Aspekt dar.

Die Vermeidung bzw. Reduktion von Kosten stehen für Brenntag im Zusammenhang mit Ressourceneffizienz im Fokus. Insbesondere ein kürzlich eingeführtes globales Energie- und CO_2-Reporting zielt auf die Vermeidung von Emissionen und die Reduktion der *Energiekosten* und ist daher Bestandteil des CSR-Ansatzes bei Brenntag.

Regulierungen wie die europäische Chemikalienverordnung REACH oder die EU-Direktive zur verpflichtenden Veröffentlichung von Non-Financial-KPIs und Diversity-Informationen sind ein weiterer Treiber für das CSR-Management. Einerseits sind Unternehmen gezwungen derartige Gesetze einzuhalten, andererseits sieht Brenntag hierin auch eine Chance gegenüber dem Wettbewerb. Insbesondere bei REACH konnte zahlreichen Kunden wertvolle Hilfestellung geleistet werden.

Seit dem Börsengang 2010 und auch verbunden mit dem Anspruch eines Weltmarktführers haben *Reputationsaspekte* bei Brenntag eine größere Bedeutung erlangt. Hierauf zahlt auch ein professionelles CSR-Management ein, indem es zur positiven Positionierung in der Öffentlichkeit beiträgt.

Darüber hinaus haben die *Marktanforderungen* einen erheblichen Einfluss auf die Entscheidung zu einem starken CSR-Fokus ausgeübt. Brenntag nimmt sowohl auf Lieferanten- und Kundenseite wie auch von Investorenseite ein gestiegenes Interesse an CSR-Themen wahr. In diesem Zusammenhang hat Brenntag sich entschieden, nicht nur auf externe Anforderungen zu reagieren, sondern sich aktiv zu CSR-Themen gegenüber den verschiedenen Stakeholder-Gruppen zu positionieren und sich somit vom Wettbewerb zu *differenzieren*. Damit stellt CSR letztlich einen Wettbewerbsvorteil dar.

3 Organisatorische Umsetzung im Unternehmen

Bei der Frage nach der organisatorischen Umsetzung von CSR in Unternehmen finden sich in der Praxis zahlreiche verschiedene Modelle (ein Überblick findet sich bspw. in der Studie der Bertelsmann Stiftung 2015, S. 28). Letztlich werden derartige Entscheidungen durch die vorhandenen Strukturen, die Unternehmensgröße und auch den Reifegrad des CSR-Managements beeinflusst. Bei Brenntag lässt sich die organisatorische Umsetzung in zwei Phasen unterteilen, welche fließend ineinander übergingen. Zu Beginn der CSR-Entwicklung bei Brenntag wurde ein internationales Projektteam gebildet, welches von einem Projektmanager aus der Abteilung Corporate Development geleitet wurde. Die Abteilung Corporate Development ist Teil der Holdingorganisationseinheit (Brenntag AG) der Brenntag Gruppe und berichtet direkt an den Vorstandsvorsitzenden. Das Projektteam setzte sich aus Experten aus den Bereichen Health, Safety & Environment (HSE), Human Resources, Operations (Lagerung und Transport) und Corporate Communications zusammen. Diese Projektstruktur war gut geeignet, um Hintergründe und Anforderungen von CSR-Konzepten zu analysieren, deren Anwendungsmöglichkeiten auf Brenntag auszuarbeiten und letztlich Entscheidungsvorlagen für den Vorstand zu erarbeiten. Auch ein erster Nachhaltigkeitsbericht nach GRI-Standards konnte bereits in diesem Set-up 2013 erstellt werden.

Mit steigenden Anforderungen und Ansprüchen an das CSR-Management bei Brenntag wurde diese Projektstruktur durch eine dauerhafte organisatorische Einbindung abgelöst (s. Abb. 2).

Der Übergang erfolgte fließend, indem Teile der Projektstruktur übernommen wurden. In der neuen Organisationsform wurde die Stelle eines globalen CSR-Koordinators geschaffen, welcher ebenfalls in der Abteilung Corporate Development angesiedelt ist. Die Einbindung in diese strategische Vorstandsabteilung mit direkter Berichtslinie zum Vorstand und guter konzerninterner Vernetzung hatte sich schon in der Projektstrukturphase als vorteilhaft für die Aufgabenstellung erwiesen. Darüber hinaus wurde in der Abteilung Corporate Communications eine Stelle für Nachhaltigkeitskommunikation und -reporting eingerichtet. Um dieses Set-up herum wurde eine internationale CSR-Struktur gebildet, welche sich aus Experten zu den verschiedenen relevanten CSR-Themenfeldern zusammensetzt. Die Experten kommen einerseits aus der Holdingorganisation und andererseits aus den operativen Regionalorganisationen. Es handelt sich insbesondere um Fachleute

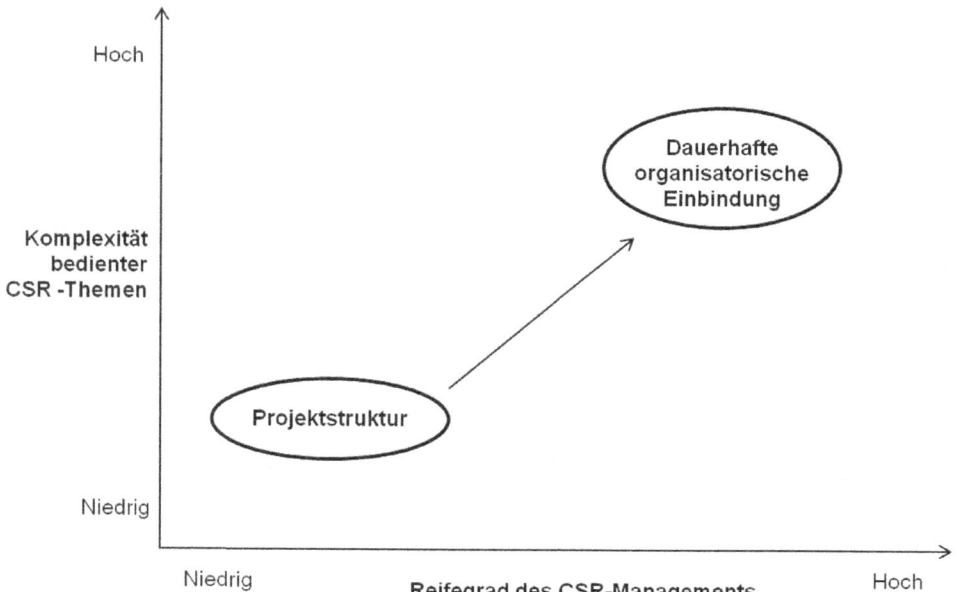

Abb. 2 Einflussfaktoren auf CSR-Organisationsstruktur

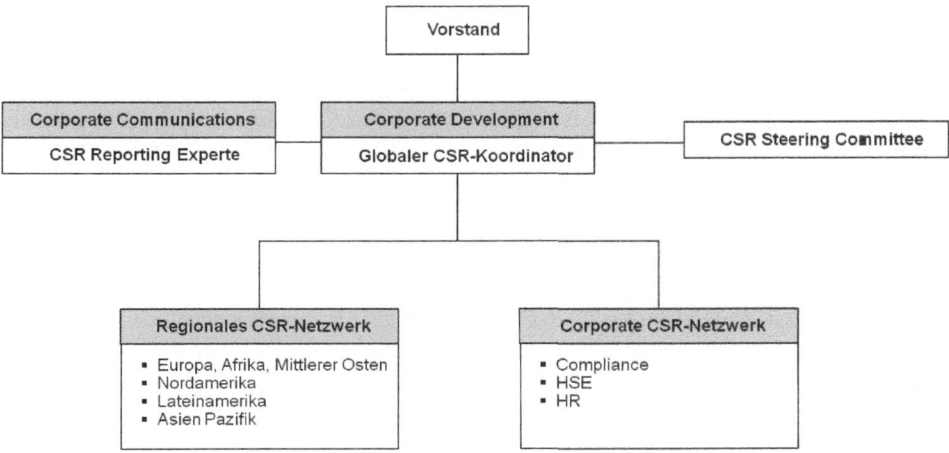

Abb. 3 Aktuelle CSR-Organisationsstruktur bei Brenntag

zu den Themen HSE, Operations, Human Resources und Einkauf. Zusätzlich gibt es noch ein CSR-Steering Committee, welches sich aus internationalen Managern zusammensetzt, welches bei strategischen Entscheidungen hinzugezogen wird. Die folgende Abb. 3 gibt einen Überblick über die aktuelle Organisationsform bei Brenntag.

Die gegenwärtige Organisationsform eignet sich gut, um die aktuellen CSR-Aktivitäten zu entwickeln und zu steuern. Es wird von der weiteren Entwicklung abhängen, ob organisatorische Anpassungen, insbesondere in Form zusätzlicher „reiner" CSR-Ressourcen, notwendig werden.

4 Wesentliche CSR-Entwicklungsphasen bei Brenntag

Die CSR-Entwicklung bei Brenntag lässt sich in drei Phasen einteilen, welche aufeinander aufbauen und letztlich fließend ineinander übergehen. Diese drei Phasen werden im Folgenden dargestellt.

4.1 Verantwortungsvolle Unternehmensführung

Brenntag verfügt über eine lange Historie verantwortungsvoller und nachhaltiger Unternehmensführung. Auch wenn die Begrifflichkeiten CSR und Nachhaltigkeit in dieser *ersten CSR-Phase* nicht verwendet wurden, hat Brenntag eine jahrzehntelange Tradition der Umsetzung von hohen Arbeitssicherheits- und Umweltschutzstandards und des verantwortungsvollen und fairen Umgangs mit ihren Mitarbeitern, Geschäftspartnern und der Gesellschaft. Dies zeigte sich u. a. in einer Vielzahl von ISO- und OHSAS-Zertifikaten, der Teilnahme am Responsible-Care-Programm der chemischen Industrie, SQAS/ESAD-Assessments sowie zahlreichen Programmen und Sozialleistungen für die Mitarbeiter. In dieser Phase gab es also eine Vielzahl von professionell gesteuerten Aktivitäten und Programmen, welche dem CSR-Ansatz zugerechnet werden können, sie wurden aber in diesem Zeitraum noch nicht so betitelt.

4.2 Aufgreifen des CSR-Ansatzes

Dies änderte sich in der *zweiten CSR-Phase* (ab ca. 2010), in welcher der CSR-Ansatz erstmalig bewusst aufgegriffen wurde. Dies erfolgte organisatorisch in der in Abschn. 3 vorgestellten Projektstruktur. *Aufgreifen* meint in diesem Zusammenhang, dass Brenntag sich mit dem CSR-Konzept auseinandergesetzt und Vorschläge zur Adaption für das Topmanagement erarbeitet hat. Letztlich wurden in dieser Phase die bestehenden Ansätze und Programme innerhalb des Brenntag-Konzerns dahin gehend überprüft, ob sie einem globalen und unternehmensweit einheitlichen CSR-Ansatz entsprechen. Damit verbunden war eine erstmalige intensive globale Bestandsaufnahme aller dem CSR-Bereich zurechenbaren Aktivitäten, da derartige Informationen bis dahin nicht konsolidiert in der Konzernzentrale verfügbar waren. Aus den so erlangten Informationen wurden Schwerpunktthemen identifiziert, welche bereits in allen Brenntag-Gesellschaften implementiert waren (z. B. Sicherheit und Umweltschutz). Gleichzeitig wurden aber auch Felder identifiziert, welche entweder nur in wenigen Brenntag-Gesellschaften vorhanden waren (z. B. Energie- und CO_2-Einsparprogramme) oder bisher gar nicht bearbeitet wurden. Zum Ende dieser Phase hin wurde 2013 ein erster Nachhaltigkeitsbericht nach GRI-Standards erstellt und veröffentlicht, welcher die bereits vorhandenen Programme und Initiativen darstellte. Insgesamt war diese zweite Phase wesentlich für die weitere CSR-Entwicklung bei Brenntag, da eine Bestandsaufnahme und Stärken-Schwächen-Analyse vorgenommen sowie erste CSR-Reporting-Erfahrungen gemacht wurden.

4.3 Professionelles CSR-Management

In der *dritten und aktuellen CSR-Phase* (seit ca. 2014) erfolgte dann der Übergang zu einem professionellen CSR-Management. Hierzu wurden einerseits die in Abschn. 3 beschriebenen notwendigen organisatorischen Voraussetzungen geschaffen, andererseits erfolgte die klare Vorgabe des Topmanagements, ein CSR-Programm zu implementieren und weiterzuentwickeln. Hierbei wurde inhaltlich auf den Phasen 1 und 2 aufgebaut, zudem erfolgte eine Anknüpfung an die Unternehmensstrategie und 2020-Vision von Brenntag. Die Implementierung erfolgte aufgrund der Vielzahl von Themen schrittweise und unter Einbindung einer steigenden Zahl von Brenntag-Mitarbeitern weltweit. Die folgende Abb. 4 gibt einen Überblick über die Struktur des aktuellen CSR-Programms

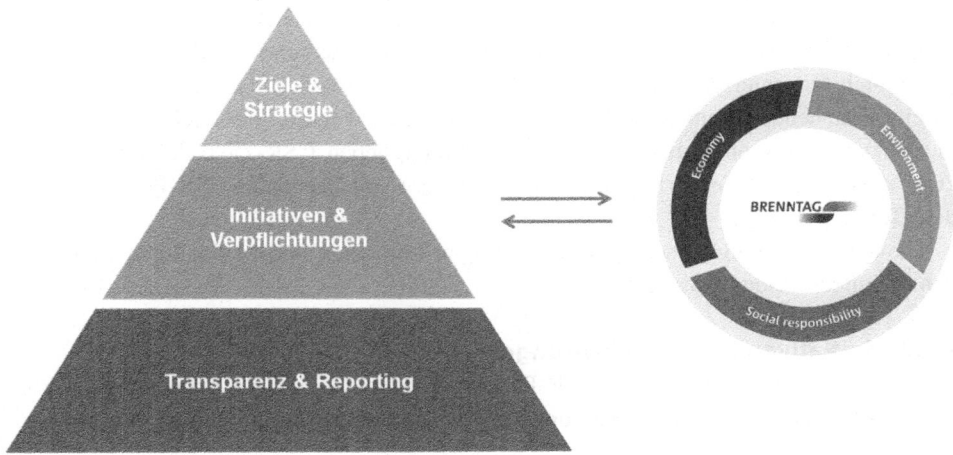

Abb. 4 Struktur des Brenntag-CSR-Programms

bei Brenntag, welches sich im Spannungsfeld zwischen ökonomischen, ökologischen und sozialen Themen bewegt und sich in drei Ebenen unterteilen lässt.

4.3.1 Ziele und Strategie

Der *Zielsetzungs- und Strategieebene* liegen die Vision und der Anspruch zugrunde, dass Brenntag auch in Bezug auf Nachhaltigkeit führend in seiner Branche sein will. Zur Erreichung dieser Vision wurden konkrete Ziele formuliert und ein Strategie- und Um-

Tab. 1 Struktur des Brenntag-CSR-Programms

	Ziele	Bis
Sicherheit	Unfallquote $LTIR_{1\ Tag/1\ Mio.} < 1{,}0$ für den Konzern	2020
Nachhaltige Beschaffung	50 % des Chemikalieneinkaufsvolumens (in EUR) durch Nachhaltigkeits-Assessments oder -audits im Rahmen der Together-for-Sustainability-Mitgliedschaft überprüfen	2020
Umweltschutz	Scope I und II CO_2-Emissionen (pro verkaufte Tonne Lagerware) um 6 % reduzieren (im Vergleich zu 2016)	2020
Compliance	Bei Compliance-Schulungen eine Abdeckungsquote von 100 % bei den relevanten Mitarbeitern erreichen und dauerhaft halten	2017
Mitarbeiter	Ein Arbeitsumfeld bieten, in dem die besten Mitarbeiter arbeiten möchten	Fortlaufend
Nachhaltige Lösungen	Pilotprojekte mit zehn ausgewählten Schlüssellieferanten aufsetzen und somit bevorzugter Distributor für nachhaltige Lösungen werden	2020
Rating	EcoVadis-Scoring von mind. 62 Punkten und Goldstatus erreichen und dauerhaft halten	Fortlaufend

setzungsprogramm entwickelt. Im Rahmen einer Wesentlichkeitsanalyse – mit mehr als 1000 Teilnehmern – wurden im Jahr 2015 mehr als 40 Themen als wesentlich beurteilt, wenn auch mit unterschiedlichen Gewichtungen. Grundsätzlich hat diese Analyse viele bereits bestehende Themen bei Brenntag bestätigt, es wurden aber auch neue Themen identifiziert. Basierend auf dieser Analyse wurden sieben CSR-Ziele definiert, welche 2016 erstmalig veröffentlicht wurden und den Kern von Brenntags CSR-Programm bilden (Tab. 1).

Die zur Erreichung dieser Ziele notwendigen Initiativen und Maßnahmen werden in den folgenden beiden Abschnitten erläutert.

4.3.2 Initiativen und Verpflichtungen

Die zweite Ebene von Brenntags CSR-Programm beinhaltet die zur Erreichung der Ziele notwendigen internen Initiativen und Programme, welche im Folgenden einzeln kurz dargestellt werden:

Sicherheit ist seit Jahren ein Thema höchster Priorität bei Brenntag und Teil einer umfassenden und globalen HSE-Strategie. In den letzten Jahren sind zahlreiche Sicherheitsprojekte durchgeführt worden – mit einem aktuellen Fokus auf dem persönlichen Sicherheitsverhalten der Mitarbeiter.

Nachhaltige Beschaffung ist ein noch vergleichbar junges Thema bei Brenntag und eng mit der Mitgliedschaft in der *Together-for-Sustainability*-Initiative (Details hierzu im Folgenden) verbunden. Im Rahmen dessen überprüft Brenntag die CSR-Performance seiner Lieferanten mit Online-Assessments oder in Form von Vor-Ort-Audits. Die Assessments werden von dem Ratingunternehmen EcoVadis durchgeführt, die Audits von speziellen Auditfirmen. Die Ergebnisse fließen in die allgemeine Lieferantenbeurteilung von Brenntag mit ein.

Der Aufbau eines globalen Programms zur Erzielung von Energie- und *CO_2-Einsparungen* ist ebenfalls ein noch verhältnismäßig junges Thema bei Brenntag. Auch wenn Energieeffizienz und damit verbundene Verbrauchsdaten bereits seit vielen Jahren auf lokaler Ebene von Bedeutung sind, erfolgten erst 2015 eine konzernweite Datenkonsolidierung, die Umrechnung in globale CO_2-Emissionen und die Formulierung eines globalen Einsparzieles. Aktuell liegt der Fokus, neben einer Verbesserung des Reportings, insbesondere auf der Einbeziehung einer großen Zahl von Mitarbeitern, um Energieeinspareffekte durch geändertes Verhalten zu erreichen.

Compliance steht ebenfalls seit Jahren im Fokus bei Brenntag. Hierzu wurden die Compliance-Organisation weiter ausgebaut, der unternehmenseigene Code of Conduct stetig weiterentwickelt und verankert und zuletzt noch durch einen Supplier Code of Conduct ergänzt. Aktuell liegt der Compliance-Fokus auf globalen Mitarbeiterschulungen zu verschiedenen Unterthemen, welche über eine neu implementierte E-Learning-Plattform durchgeführt werden.

In einem auf Vertrieb fokussierten Unternehmen wie Brenntag stellen *Mitarbeiter* den wichtigsten Faktor für den Unternehmenserfolg dar und so gibt es eine Vielzahl von Programmen und Sozialleistungen. Durch die 2015 neu geschaffene Position eines Global HR Directors wird die dezentral organisierte HR-Arbeit global stärker harmonisiert und übergreifende globale Fokusthemen werden implementiert. Darüber hinaus ergeben sich neue Anforderungen aus dem CSR-Bereich (Reporting, UN Global Compact etc.), welche die weitere HR-Entwicklung ebenfalls beeinflussen.

Als Distributor hat Brenntag selbst keinen Einfluss auf die Entwicklung *nachhaltiger Produkte*. Es bieten sich aber Ansätze für das Produktportfoliomanagement sowie für die Unterstützung produzentenseitiger Nachhaltigkeitslösungen. Insbesondere letzter Ansatz bietet auch die Möglichkeit, den viel zitierten *Business Case* im CSR-Bereich tatsächlich zu realisieren (s. hierzu Porter und Kramer 2012, S. 138). Brenntag kooperiert mit ausgewählten Lieferanten, indem besonders nachhaltige Produkte und das dazugehörige Konzept des Lieferanten den Brenntag-Kunden angeboten werden. Im besten Fall führt dies zu einer *Win-win-Situation* für alle Beteiligten, indem besonders nachhaltige Produkte verstärkt eingesetzt werden.

Neben der Umsetzung der eben dargestellten Fokusinitiativen ist Brenntag auch öffentliche Verpflichtungen im CSR-Umfeld eingegangen, welche teilweise im Zusammenhang mit den eben dargestellten internen Initiativen stehen. Diese externen Verpflichtungen helfen Brenntag, um bereits extern entwickelte Standards und Prozesse zu übernehmen, sie fördern den Austausch mit anderen Unternehmen, erhöhen intern die Motivation zur Umsetzung und haben zusätzlich eine positive Außenwirkung. Die folgende Abb. 5 gibt einen Überblick über Brenntags wesentliche externe *CSR-Verpflichtungen*.

Brenntag nimmt seit fast zwanzig Jahren am *Responsible-Care*-Programm der chemischen Industrie teil, welches auf eine ständige Verbesserung in den Bereichen Umwelt, Sicherheit und Gesundheit bei den teilnehmenden Unternehmen abzielt. Dieser Fortschritt wird regelmäßig extern überprüft und aufgezeigt.

Seit 2014 hat sich Brenntag zur Einhaltung und internen Weiterentwicklung der zehn CSR-Prinzipien des *UN Global Compact* verpflichtet, welche die Bereiche Menschenrechte, Arbeitsnormen, Umweltschutz und Korruptionsbekämpfung umfassen. Brenntag war der erste Unterzeichner des UN Global Compact innerhalb der Chemiedistributionsbranche.

Abb. 5 Brenntags CSR-Verpflichtungen

Seit 2015 ist Brenntag Mitglied der Initiative *Together for Sustainability* (TfS), welche sich derzeit aus 19 führenden Unternehmen der internationalen Chemie- und Pharmaindustrie zusammensetzt. Unter den Mitgliedsfirmen ist Brenntag der einzige Chemiedistributor, alle anderen Unternehmen sind Produzenten. TfS hat ein globales Audit- und Assessment-Programm entwickelt, das die Nachhaltigkeitsleistung innerhalb der Lieferkette der Chemieindustrie überprüft. Alle TfS-Mitglieder überprüfen nach diesem Programm ihre Lieferanten hinsichtlich Nachhaltigkeit und teilen die Ergebnisse mit allen TfS-Mitgliedern, was gleichzeitig eine sehr effiziente Lösung für Lieferanten darstellt, um ihre CSR-Leistung transparent zu machen. Durch die Mitarbeit in dieser Initiative bekommt Brenntag Transparenz über die eigene Lieferkette und hat die Möglichkeit, in diesem wichtigen Bereich Verantwortung zu übernehmen.

4.3.3 Transparenz und Reporting

Auf dieser letzten Ebene des Brenntag-CSR-Programms geht es darum, die CSR-Aktivitäten gezielt intern und extern zu kommunizieren. Im Mittelpunkt steht hier der jährlich erscheinende *Nachhaltigkeitsbericht*. Seit Beginn dieser Berichtsform im Jahr 2013 folgt Brenntag dabei den Global-Reporting-Initiative-(GRI-)Berichtsstandards. Der aktuelle Bericht über das Geschäftsjahr 2015 entspricht den GRI-G4-Anforderungen. Der Nachhaltigkeitsbericht bietet Brenntag eine gute Möglichkeit, alle Stakeholder über das CSR-Programm und die damit verbundenen Aktivitäten zu informieren. Der Bericht wird einerseits im Internet und Intranet zum Herunterladen angeboten, darüber hinaus werden ausgewählten Stakeholder-Gruppen auch Druckexemplare zur Verfügung gestellt.

Ergänzt wird der Bericht durch zusätzliche CSR-Informationen, welche Brenntag auf den verschiedenen Webseiten des Unternehmens intern und extern zur Verfügung stellt. Für spezielle CSR-Unterthemen wird zusätzlich noch ein Sharepoint-System genutzt, welches den intensiven Austausch zwischen Brenntag-Mitarbeitern zu einzelnen Themen unterstützt.

Bei der Beurteilung der eigenen CSR-Performance durch Dritte fokussiert sich Brenntag derzeit auf *EcoVadis*. EcoVadis ist ein weltweit tätiges CSR-Ratingunternehmen, welches die CSR-Performance von Unternehmen anhand von Fragebögen und zur Verfügung gestellten Dokumenten beurteilt. Brenntag strebt hier eine Punktzahl von über 62 Punkten und den damit verbundenen Goldstatus an. Stand 30.09.2016 verfügt Brenntag über 58 Punkte und den Silberstatus und gehört bereits damit zu den Top 11 % seiner Branche.

5 Hürden der Implementierung

Die vorangegangenen Ausführungen haben die Entwicklung und Erfolge im CSR-Management von Brenntag dargestellt. Auf dem Weg dorthin existierten jedoch einige Hürden, welche die Arbeit des CSR-Managers herausfordernd machten und auch in Zukunft weiter mitbestimmen werden. Abb. 6 gibt einen Überblick über die wesentlichen Hindernisse, die sich bei Brenntag während der Implementierung des CSR-Programms zeigten.

Abb. 6 Implementierungshindernisse des CSR-Managements

Wesentlich für den Erfolg von CSR im Unternehmen ist die volle *Unterstützung* durch die Organisation. Ein isolierter CSR-Manager bzw. eine isolierte CSR-Abteilung alleine kann nicht viel im Unternehmen bewegen. Um CSR erfolgreich weiterzuentwickeln, muss sie letztlich durch alle Hierarchiestufen unterstützt werden, ausgehen sollte die Unterstützung aber von der höchsten Hierarchiestufe (dies ist im Falle Brenntags der Vorstand). Auf dieser Ebene werden ein CSR-Programm angestoßen und auch Mittel und Ressourcen dafür bereitgestellt. Bei der eigentlichen Umsetzung sind dann alle folgenden Hierarchieebenen enorm wichtig, da CSR ein Schnittstellenthema ist, welches sich durch alle Unternehmensbereiche zieht. Diese angesprochene Unterstützung ist bei Brenntag grundsätzlich gegeben, sonst wären die bisherigen Erfolge nicht realisierbar gewesen. Aber wie wahrscheinlich viele CSR-Manager bestätigen können, ist dauerhafte Überzeugungsarbeit im Unternehmen zu den verschiedenen CSR-Themen notwendig, da Argumente für CSR-Themen in Vergessenheit geraten können, Zweifel am ökonomischen Nutzen aufkommen oder einfach die Komplexität einzelner Themen zu Unklarheiten und Widerstand führen können. Von daher ist es umso wichtiger, dass es zumindest einen dauerhaften *CSR-Sponsor* (Befürworter) auf Vorstands- oder Topmanagementebene gibt, der nachdrücklich hinter dem CSR-Ansatz steht, dies auch in der Organisation vertritt und die CSR-Abteilung unterstützt. Dies ist bei Brenntag der Fall.

Da bei CSR-Aktivitäten der unmittelbare ökonomische Nutzen für das Unternehmen oft nicht direkt oder nur schwer messbar ist, ergibt sich fast zwangsläufig eine Diskussion über ausreichende *Ressourcen*. Im Kern geht es um den Konflikt zwischen einer stetigen Weiterentwicklung im CSR-Bereich und den damit verbundenen Kosten für Personal, Tools, unterstützende Agenturen, Serviceprovider etc. Bei Brenntag hat diese Diskussion insbesondere während des Übergangs von der CSR-Projektphase zum dauerhaften professionellen CSR-Management stattgefunden (s. Abschn. 4.2 und 4.3). In dieser Übergangsphase wurde deutlich, dass eine Weiterentwicklung des CSR-Programms mit einer reinen Projektstruktur und ohne eigenes Budget nicht möglich ist. Dies wurde durch die Schaffung der in Abschn. 3 beschriebenen Stellen und ein eigenes Budget gelöst. Darüber hinaus wurde eine steigende Zahl von Mitarbeitern zusätzlich zu ihrem Hauptaufgabengebiet dauerhaft mit CSR-Themen betraut (z. B. Einkäufer, welche Lieferanten zu CSR-

Assessments auffordern und dabei begleiten). Diese Situation wird bei einer Weiterentwicklung des CSR-Programms und damit zunehmenden Aufgabenvolumen, insbesondere in Funktionen in Kerngeschäftsnähe (z. B. Einkauf und Vertrieb), zu Ressourcenkonflikten führen und wird letztlich nur durch neue organisatorische Ansätze und weitere CSR-Ressourcen zu lösen sein.

Die *Komplexität* von CSR ist ein nicht zu unterschätzendes Hindernis für Unternehmen. Die Vielzahl von CSR-Themen, Reportingstandards, Ratings und Indizes sowie permanente Neuerungen erschweren es Unternehmen, einen Einstieg in das CSR-Management und den für sie richtigen Fokus zu finden. Auch Brenntag hatte zu Beginn Schwierigkeiten, sich dem Thema zu nähern und vor allem die bereits vorhandenen Ansätze und Programme unter dem CSR-Dach zusammenzuführen. Als hilfreich haben sich in diesem Zusammenhang CSR-Seminare erwiesen, wie sie u. a. von renommierten Universitäten angeboten werden. Neben den vermittelten theoretischen CSR-Grundlagen bekam Brenntag durch ein derartiges Seminar Zugang zu CSR-Experten anderer Unternehmen, mit denen sich nun dauerhaft ausgetauscht werden kann und welche Orientierungshilfe bieten. Zusätzliche Orientierung erhielt Brenntag durch die Teilnahme an Initiativen wie UN Global Compact und Together for Sustainability (TfS). Insbesondere die Brancheninitiative TfS hat klar definiert, welche Voraussetzungen bei einer Teilnahme zu erfüllen sind und welche Standards und Prozesse bei diesem auf die Lieferkette der Chemiebranche fokussierten Programm umzusetzen sind. Dadurch hatte die TfS-Teilnahme erheblichen Einfluss auf das CSR-Programm von Brenntag. Eine weitere Herausforderung in diesem Kontext stellte sich für Brenntag durch die Komplexität der einzelnen CSR-Themen. Nachdem Fokusbereiche aus dem Geschäftsmodell heraus definiert wurden und konkrete Umsetzungsentscheidungen getroffen waren (z. B. nach GRI zu berichten, ein CO_2-Reporting aufzubauen), war und ist im Anschluss erhebliche CSR-Expertise notwendig, um das Programm überhaupt umsetzen zu können. Hier stellt sich dann schnell wieder die obige Ressourcenfrage, indem entweder Expertise durch Beauftragung von Beratern eingekauft wird oder Mitarbeitern genügend Zeit und Mittel gewährt werden, diese selbst aufzubauen. Brenntag verfolgt hier je nach Thema beide Wege.

Schließlich zeigt sich, dass alle drei Hürden der CSR-Implementierung eng miteinander verknüpft sind. Die Komplexität braucht Ressourcen, welche letztlich nur durch die Unterstützung der Unternehmensorganisation bereitgestellt werden können.

6 Fazit und Ausblick

Die vorangegangenen Abschnitte haben einen Einblick in die CSR-Arbeit und -Entwicklung von Brenntag gegeben. Brenntag sieht sich mit dem jetzigen Niveau des CSR-Programms bereits als führend im Markt für Chemiedistribution. Dennoch wurden Entwicklungspotenziale definiert, denn viele der oben aufgeführten Initiativen stehen noch am Anfang und müssen weiter professionalisiert und noch stärker im Unternehmen verankert werden. Auch der sogenannte Business Case CSR muss sich in der Praxis bei Brenntag noch durch nachweisbaren finanziellen Erfolg bestätigen. Darüber hinaus kommen durch neue Berichtsstandards/-anforderungen neue Herausforderungen auf Brenntag zu. Mittelfristig wird sich auch die Frage nach einer Teilnahme an weiteren Ratings (z. B. CDP (Carbon Disclosure Project), Dow Jones Sustainability Index) stellen – die oben angesprochene Professionalisierungsphase ist im Unternehmen also noch nicht abgeschlossen.

Dem inhaltlichen Rahmen dieses Bandes folgend, stellt sich auch die Frage, wie das Land NRW Unternehmen in Bezug auf die CSR-Entwicklung helfen kann. Insbesondere kleine und mittelständische Unternehmen, welche bisher noch kein professionelles CSR-Management haben, könnten durch vom Land geförderte Programme Hilfestellung und Orientierung erhalten. Zusätzlich könnte ein vom Land moderiertes CSR-Netzwerk den Austausch und die Zusammenarbeit von Unternehmen im CSR-Kontext fördern.

Literatur

Bertelsmann Stiftung (2015) CRI Corporate Responsibility Index 2015. Bertelsmann Stiftung, Gütersloh

Jung U, Scholz S, Hoffmann C, Sinemus A (2013) The Growing Opportunity for Chemical Distributors – Reducing Complexity for Producers Through Tailored Service Offerings. BCG – The Boston Consulting Group. https://www.bcgperspectives.com/content/articles/process_industries_supply_chain_management_growing_opportunity_chemical_distributors/. Zugegriffen: 04. Okt. 2016

Porter M, Kramer M (2012) Shared Value: Die Brücke von Corporate Social Responsibility zu Corporate Strategy. In: Schneider A, Schmidpeter R (Hrsg) Corporate Social Responsibility – Verantwortungsvolle Unternehmensführung in Theorie und Praxis. Springer, Berlin, S 137–153

Schneider A (2012) Reifegradmodell CSR – eine Begriffsklärung und -abgrenzung. In: Schneider A, Schmidpeter R (Hrsg) Corporate Social Responsibility – Verantwortungsvolle Unternehmensführung in Theorie und Praxis. Springer, Berlin, S 17–38

Dr. Eckert ist Senior Consultant Sustainability der Brenntag AG. In dieser Funktion koordiniert und entwickelt er global das CSR-Programm der Brenntag Gruppe und repräsentiert Brenntag innerhalb des UN-Global-Compact-Netzwerkes sowie innerhalb der Together-for-Sustainability-(TfS-)Initiative. Zuvor war Dr. Eckert langjährig bei Brenntag als Project Manager im Corporate Development tätig, aufbauend auf einer Unternehmensberatungstätigkeit in Hamburg. Er verfügt insgesamt über fast 13 Jahre Erfahrung in Corporate Development, Consulting und CSR/Sustainability. Die Basis hierfür bildeten eine kaufmännische Lehre und ein Studium der Wirtschaftswissenschaft in Bochum, gefolgt von einer Tätigkeit als wissenschaftlicher Mitarbeiter am dortigen Marketinglehrstuhl und Promotion zu dem Thema „Digitale Marken".

CSR-Berichterstattung, der Nachweis guter Unternehmensführung

Joachim Ganse

1 Stakeholder-Anforderungen

Um entscheiden zu können, welche Inhalte im Bereich CSR (Corporate Social Responsibility – unternehmerische Sozialverantwortung) öffentlich dargestellt werden können, sollte zunächst die Frage nach dem „Warum?" gestellt werden. Die Antwort ergibt sich aus der Suche nach Anspruchsgruppen, die diese Informationen – zum Teil auch explizit – einfordern. Anspruchsgruppen sind dabei solche Gruppen, die an dem Unternehmen, seinen Produkten und Dienstleistungen, seinen Auswirkungen im Bereich Umwelt und Soziales und den Wechselwirkungen ein Interesse haben. Beispiele sind der Gesetzgeber, Banken und Versicherungen, Kunden, Nichtregierungsorganisationen, Mitarbeiter, Wettbewerber, Nachbarschaft, Zulieferer etc.

Die Anforderungen von verschiedenen Interessengruppen an ein Unternehmen hängen selbstverständlich davon ab, welche Interessen diese Gruppen selbst verfolgen. Aus der Summe von verschiedenen Interessengruppen ergibt sich also folglich eine vielfältige Anforderungsstruktur.

Daraus lässt sich die Frage ableiten, ob bestimmte Interessengruppen nicht zusammengefasst werden können bzw. wer von welchen Stakeholdern repräsentiert wird. So wird ein Unternehmen nicht jeden einzelnen Mitarbeiter als Interessenten ansprechen können, allerdings die Arbeitnehmervertretung als Gesamtheit sehr wohl. Auch Zulieferer einer bestimmten Branche können in einem Verband organisiert sein, welcher als Einheit die Interessen gegenüber dem Unternehmen vertritt.

Um die Liste von Anforderungen weiter von Komplexität zu befreien, sollte sich ein Unternehmen die Frage stellen, welche der vielen Stakeholder am relevantesten sind –

J. Ganse (✉)
KPMG Cert Umweltgutachter GmbH
Barbarossaplatz 1a, 50674 Köln, Deutschland
E-Mail: jganse@kpmg.com

Stakeholder	Anforderungen	Nutzenpotential
Gesetzgeber	EMAS, Umweltmanagement	Erleichterungen bei Genehmigungen
Banken/Versicherungen	Risikomanagement	bessere Bedingungen am Kapitalmarkt, Absicherung
Kunden	Produktsicherheit (in Bezug auf Umweltauswirkungen)	Verbesserte Kundenbeziehungen, stabiler Absatz
Zulieferer	Code of Conduct	Umsatz, Transparenz
Nicht-Regierungsorganisationen	Verantwortlicher Umgang mit Ressourcen / Arbeitnehmern	Reputationsgewinn durch positive Berichterstattung

Abb. 1 Beispiel für Anspruchsgruppen

ohne die anderen dabei aus den Augen zu verlieren oder ihnen ihre Bedeutung abzusprechen. Konkret sollte man sich die Frage stellen: „Wer hat den größten Einfluss auf das Unternehmen; wer kann potenziell den größten Schaden anrichten, zum Beispiel durch negative Berichterstattung?" Auch die Abwägung von dem Nutzenpotenzial, das sich aus der Befriedigung der Bedürfnisse dieser Gruppen ergibt, gegenüber dem zunächst wahrgenommenen Mehraufwand sollte nicht zu kurz kommen, denn hieraus können sich weitere Hinweise ergeben, welche Interessengruppen mit welchen Anforderungen primär adressiert werden sollten.

Die Übersicht (Abb. 1) verdeutlicht exemplarisch die Vielfältigkeit der Anforderungen im Bereich Umwelt und Soziales von verschiedenen Anspruchsgruppen sowie den angenommenen Nutzen für ein Unternehmen.

2 Umsetzung von globalen Anforderungen auf nationaler Ebene

Die verschiedenen Anforderungen der oben genannten Anspruchsgruppen lassen sich zum Teil auch aus globalen Trends und Entwicklungen ableiten.

Durch die nationale Verpflichtung zur Erfüllung der globalen Nachhaltigkeitsentwicklungsziele (Sustainable Development Goals – SDGs) bzw. die Verpflichtung von Staaten zur Erreichung von Klimazielen im Nachgang der UNFCCC-Konferenz in Paris 2015 geraten immer stärker auch Unternehmen mit ihrer Umwelt- und Energieleistung sowie ihren gesellschaftlichen Auswirkungen in den Fokus von verschiedenen Interessengruppen. Mit den SDGs soll auf Umwelt- und gesellschaftlicher Ebene den Problemen begegnet werden, die die Industrialisierung mit sich gebracht haben. Umwelt- und Ressourcenschutz stehen vor dem Hintergrund von stetigem Bevölkerungswachstum und Ressourcenbedarf im Fokus; die Bekämpfung von Armut, Kindersterblichkeit und Kinderarbeit sowie die Gleichstellung von Frauen und Männern gewinnt durch die mit der Globalisierung verbundenen Auslagerung von Lieferketten in Entwicklungs- und Schwellenländer an Bedeutung.

Auf nationaler Ebene bedeuten die SDGs, dass die Gesetzgeber neue Anforderungen formulieren, um ihrem Anteil an der Erreichung gerecht zu werden.

2015 bzw. 2016 war eine Vielzahl von Unternehmen in der EU, darunter auch viele Familienunternehmen, von den Anforderungen des Energiedienstleistungsgesetzes (EDL-G) und dem damit verbundenen Energieaudit betroffen. Ab 2017 ist auf EU Ebene die Berichterstattung von nichtfinanziellen Informationen durch Unternehmen von besonderem öffentlichen Interesse eine weitere Anforderung im Bereich Umwelt und Soziales. Abb. 2 erläutert die neue EU Direktive.

Einem ähnlichen Trend folgt die Normentwicklung der ISO (International Organization for Standardization). Neben Normen zu Themen wie Risikomanagement, Management der Einhaltung von Rechtsvorschriften (Compliance-Management) gibt es erste Entwürfe von Normen zur nachhaltigen Beschaffung in Lieferketten oder Korruptionsbekämpfung.

Zusätzlich zu den globalen Treibern nimmt bereits seit den 1990er-Jahren die Anzahl an Anforderungen seitens des Gesetzgebers, zum Beispiel im Bereich Umwelt, kontinuierlich zu. Dies wurde anfänglich auch durch Umweltereignisse in zum Beispiel Pro-

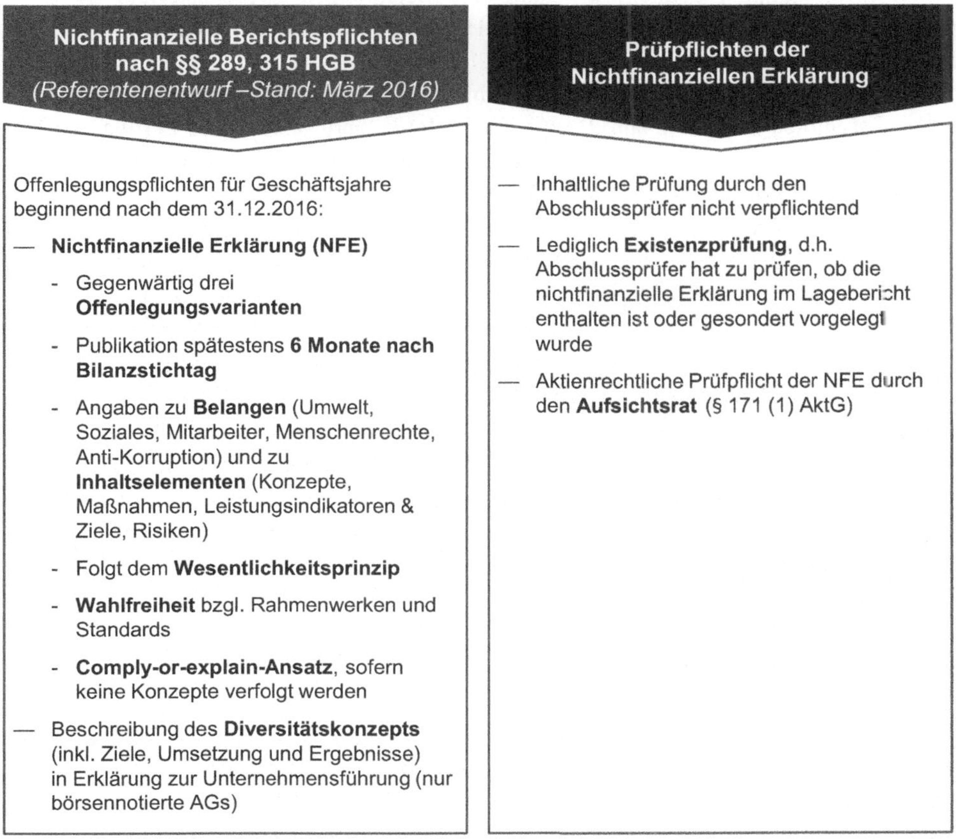

Nichtfinanzielle Berichtspflichten nach §§ 289, 315 HGB (Referentenentwurf –Stand: März 2016)	Prüfpflichten der Nichtfinanziellen Erklärung

Offenlegungspflichten für Geschäftsjahre beginnend nach dem 31.12.2016:
— **Nichtfinanzielle Erklärung (NFE)**
  - Gegenwärtig drei **Offenlegungsvarianten**
  - Publikation spätestens **6 Monate nach Bilanzstichtag**
  - Angaben zu **Belangen** (Umwelt, Soziales, Mitarbeiter, Menschenrechte, Anti-Korruption) und zu **Inhaltselementen** (Konzepte, Maßnahmen, Leistungsindikatoren & Ziele, Risiken)
  - Folgt dem **Wesentlichkeitsprinzip**
  - **Wahlfreiheit** bzgl. Rahmenwerken und Standards
  - **Comply-or-explain-Ansatz**, sofern keine Konzepte verfolgt werden
— Beschreibung des **Diversitätskonzepts** (inkl. Ziele, Umsetzung und Ergebnisse) in Erklärung zur Unternehmensführung (nur börsennotierte AGs)
	— Inhaltliche Prüfung durch den Abschlussprüfer nicht verpflichtend
	— Lediglich **Existenzprüfung**, d.h. Abschlussprüfer hat zu prüfen, ob die nichtfinanzielle Erklärung im Lagebericht enthalten ist oder gesondert vorgelegt wurde
	— Aktienrechtliche Prüfpflicht der NFE durch den **Aufsichtsrat** (§ 171 (1) AktG)

Abb. 2 CSR-Richtlinie Umsetzungsgesetz

duktionsbetrieben, die damit verbundene negative Berichterstattung und den Druck von Interessengruppen wie Nichtregierungsorganisationen motiviert.

3 Selbstverpflichtungen

Dem zunehmenden Druck von Interessengruppen sowie den stärker ins öffentliche Augenmerk rückenden Aspekten im Bereich Soziales begegnen Unternehmen vielfach auch mit der Verpflichtung zu freiwilligen, oft branchenspezifischen Standards. Dazu zählen auch Anforderungen von Kunden, sowohl up- als auch downstream der Lieferkette hinsichtlich des Qualitätsmanagements. Hier reichen die Beispiele von der klassischen ISO 9001-(Qualitätsmanagement-)Norm bis hin zu ebenfalls weitverbreiteten Branchennormen, z. B. der Automobilbranche. Weitere Branchenstandards können sein: die Clean Clothes Campaign, die Business Social Compliance Initiative, die Fair Labour Initiative oder der International Council on Mining and Metals (ICMM) (Ministerium für Wirtschaft, Energie, Industrie, Mittelstand und Handwerk des Landes Nordrhein-Westfalen 2015).

Zunehmend spielen auch soziale bzw. ethische Faktoren in der Lieferkette eine Rolle. In bestimmten Branchen, zum Beispiel der Schmuckindustrie, stellen Zertifizierungen sicher, dass die bezogenen Rohstoffe konfliktfrei sind. Das bedeutet, sie wurden nicht verwendet unter Missachtung der Menschenrechte oder zur Finanzierung von Terrorismus und zur Geldwäsche.

Kleine und mittelständische Unternehmen sind hier häufig von Lieferantenaudits betroffen, wenn der Kunde die Akzeptanz von sogenannten Code of Conducts für eine Geschäftsbeziehung voraussetzt. Auch hier werden zum Teil soziale Faktoren abgefragt, wie zum Beispiel die Einhaltung von arbeitsrechtlichen Regelungen. Eine Vielzahl von Beispielen bietet die Darstellung des Ministeriums für Wirtschaft, Energie, Industrie, Mittelstand und Handwerk des Landes Nordrhein-Westfalen „Gesellschaftliche Verantwortung im internationalen Markt – Praxisbeispiele aus NRW-Unternehmen" (2015). So wird von einem mittelständischen Textilhersteller berichtet, der mithilfe eines eigenen Code of Conduct auch bei Lieferanten in Schwellenländern sicherstellt, dass Qualitäts- und Sozialmindeststandards eingehalten werden.

4 Inhalt Berichterstattung

Nachdem die Frage nach dem „Warum CSR kommunizieren?" beantwortet wurde, stellt sich die Frage, welche Inhalte Teil der Berichterstattung sein können. Zum Teil richtet sich der Inhalt der Berichterstattung ebenfalls nach den Anforderungen der relevanten Anspruchsgruppen.

In Fällen, in denen für Unternehmen eine gesetzliche Berichterstattungspflicht besteht, zum Beispiel durch die EU-Direktive (2013/34/EU), sind die Inhalte vorgegeben (Abb. 3, 4 und 5):

- Umwelt,
- soziale und Arbeitnehmerbelange,
- Menschenrechte,
- Bekämpfung von Korruption und Bestechung,
- Diversität in den Leitungs- und Kontrollorganen.

Um sich im Dschungel von möglichen Themen nicht zu verlieren, gibt es eine Reihe von Ansätzen, wie eine für das Unternehmen sinnvolle Liste von Aspekten erarbeitet werden kann.

Bei einer sogenannten Wesentlichkeitsanalyse (Materiality Assessment) werden systematisch relevante Aspekte sowie ihre Ausprägung herausgearbeitet. Auch hier spielen die Anspruchsgruppen mit ihrem Informationsbedürfnis eine große Rolle. Es sollten die Aspekte für die CSR-Berichterstattung berücksichtigt werden, die für die Gruppen von Interesse sind. Eine Methode ist das Relevanzmodell, bei dem aus einer Liste vorgegebener Aspekte die Indikatoren herausgearbeitet werden, die sowohl für das Unternehmen als auch für die Anspruchsgruppen relevant sind.

Eine solche Liste mit Indikatoren ergibt sich aus den Anforderungen des EMAS Umweltmanagementsystems der EU. Bei EMAS sind diese Indikatoren, wie Strom- und Heizverbrauch, Wasserverbrauch und Emissionen, verpflichtend zu erfassen; auch die zu verwendenden Messeinheiten werden vorgegeben.

Erstellung einer nichtfinanziellen Erklärung mit
— Kurzer Beschreibung des **Geschäftsmodells**
— Darüber hinaus Bezugnahme auf zumindest folgende Belange:

Belange	Beispiele
Umweltbelange	Angaben zu Treibhausgasemissionen, Wasserverbrauch, Luftverschmutzung, Nutzung von erneuerbaren Energien und zum Schutz der biologischen Vielfalt, Gesundheit, Umweltsicherheit, Bodenbelastungen
Arbeitnehmerbelange	Maßnahmen zur Gewährleistung der Geschlechtergleichstellung, Arbeitsbedingungen, Achtung der Rechte der Arbeitnehmer und Arbeitnehmerinnen sowie der Gewerkschaften, zum Gesundheitsschutz und zur Sicherheit am Arbeitsplatz
Sozialbelange	Angaben zum Dialog auf kommunaler oder regionaler Ebene oder zu den zur Sicherstellung des Schutzes und der Entwicklung lokaler Gemeinschaften ergriffenen Maßnahmen
Achtung der Menschenrechte	Angaben zur Verhinderung von Menschenrechtsverletzungen
Bekämpfung von Korruption und Bestechung	Angaben zu bestehenden Instrumenten zur Bekämpfung von Korruption und Bestechung

Abb. 3 Inhalt der Direktive zur nichtfinanziellen Berichterstattung (2013/34/EU) 1/3

Zu **jedem einzelnen** der genannten Aspekte sind die folgenden Angaben zu machen:

Angabe	Erläuterung
1 Beschreibung der verfolgten **Konzepte**	Ziele, Maßnahmen in bestimmtem Zeitraum, Einbindung der Unternehmensführung in Maßnahmen, Stakeholder Engagement Prozesse
2 Beschreibung der dabei angewandten **Due-Diligence-Prozesse**	Verfahren, mit denen Sorgfaltspflichten und -obliegenheiten identifiziert und erfüllt werden
3 **Ergebnisse** der verfolgten Konzepte	Feststellbare Auswirkungen oder bisher nicht festgestellte Auswirkungen
4 Wesentliche **Risiken** in Bezug auf eigene **Geschäftstätigkeit**	Risiken, die sehr wahrscheinlich schwerwiegende negative Auswirkungen auf die nichtfinanziellen Aspekte haben und sich aus der eigenen Geschäftstätigkeit ergeben
5 Wesentliche **Risiken** in Bezug auf **Geschäftsbeziehungen**, Produkte und Dienstleistungen	Risiken, die sehr wahrscheinlich schwerwiegende negative Auswirkungen auf die nichtfinanziellen Aspekte haben und sich entlang der Wertschöpfungskette ergeben
6 Wichtigste nichtfinanzielle **Leistungsindikatoren**	Genaue Indikatoren vom Geschäftsmodell abhängig
7 **Hinweise** auf im Jahresabschluss ausgewiesene **Beträge** und **Erläuterungen**	Verbindung zu im Jahresabschluss ausgewiesenen Beträgen/zusätzlichen Erläuterungen sollte hergestellt werden, wenn es für das Verständnis der nichtfinanziellen Erklärung erforderlich ist

Abb. 4 Inhalt der Direktive zur nichtfinanziellen Berichterstattung (2013/34/EU) 2/3

So unterschiedlich wie die Interessengruppen verschiedener Unternehmen sind, so unterschiedlich sind auch die CSR-Aspekte, die für die Berichterstattung infrage kommen.

Abb. 6 enthält einige Beispiele von möglichen CSR-Aspekten.

Um sich nicht dem Vorwurf des Greenwashings ausgesetzt zu sehen, sollten sich Unternehmen bewusst mit der Frage nach den möglichen relevanten CSR-Themen ausein-

Wesentlichkeit	**Rahmenwerke**
Die beschriebenen Angaben sind nur zu machen, wenn sie a. Für das **Verständnis** des **Geschäftsverlaufs**, des **Geschäftsergebnisses** und der **Lage** des **Unternehmens** erforderlich sind **und** b. Für das Verständnis der **Auswirkungen** der Tätigkeit **auf die Aspekte** erforderlich sind	— **Wahlfreiheit** des Rahmenwerks — Empfohlen sind **nationale, europäische oder internationale Berichtsrahmenwerke** (z.B. GRI-Leitlinien, OECD Leitsätze, Deutscher Nachhaltigkeitskodex, EMAS, UN Global Compact) — Bei **Anwendung** ist das entsprechende Rahmenwerk zu **nennen**
Comply or Explain	**Nachteilige Angaben**
— Verfolgt ein Unternehmen **kein Konzept**, so gilt der **comply or explain – Ansatz** für die Angaben 1 bis 3 (Konzept, Due Diligence, Ergebnisse) — Alle anderen Angaben (4 bis 7) sind trotzdem zu machen — Wenn es **keine Risiken** gibt ist eine **Negativaussage nicht erforderlich**	— **Bestimmte Informationen** können **weggelassen** werden, wenn diese dem Unternehmen einen **erheblichen Nachteil** zufügen. — Weglassen darf den **tatsächlichen Verhältnissen** entsprechendes und **ausgewogenes Verständnis nicht verhindern** — **Entfallen Gründe** für Nichtaufnahme, müssen Angaben im folgenden Jahr **nachgeholt** werden

Abb. 5 Inhalt der Direktive zur nichtfinanziellen Berichterstattung (2013/34/EU) 3/3

CSR-Berichterstattung, der Nachweis guter Unternehmensführung 241

	Mittelständischer Maschinenbauer	Hotel mit Gastronomiebetrieb	Chemiekonzern
Umweltaspekte	- Energieverbrauch - Emissionen - Wasser/ Abwasser - Rohstoffe	- Wasserverbrauch (für Wäsche) - Energieverbrauch - Ökologisch verträglich produzierte Lebensmittel	- Energieverbrauch - Emissionen - Wasser/ Abwasser - Abfall - Vorsorge vor Chemieunfällen
Sozialaspekte	- Sicherung von lokalen Arbeitsplätzen - Arbeitsbedingungen bei ausländischen Zulieferern	- Arbeitsbedingungen des Servicepersonals - Entlohnung v. Lieferanten	- Mitwirken bei NGOs - Aufklärung über Produkt - Gesundheitsschutz

Abb. 6 Beispiel für CSR-Aspekte

andersetzen. Denn nur Themen, die dem Unternehmen ehrlich wichtig sind und wo sich der Stakeholder wiederfindet, werden dem Informationsbedürfnis der Interessengruppen gerecht werden.

5 Umsetzung

Die Grundlage für die Umsetzung der Berichterstattung ist eine fundierte Datenerfassung. Für die systematische Erhebung von Informationen empfiehlt es sich, für die Umsetzung der Berichterstattung international anerkannte Methoden anzuwenden. Durch die standardisierte Vorgehensweise lässt sich nicht nur eine gute, konsistente Datenlage generieren, es lassen sich aus den Indikatoren auch strategische Ziele ableiten. Sowohl die Datenerfassung als auch die Zielerreichung werden durch die Standardisierung für Dritte überprüfbar. Dies erhöht die Glaubwürdigkeit der berichteten Leistung. Ein Beispiel sind die Kriterien der Global Reporting Initiative (GRI), für welche es neben einer Definition des jeweiligen Indikators mit entsprechender Messgröße auch eine Empfehlung für die Erfassung gibt.

Auch Managementsysteme, zum Beispiel nach ISO 14001 (Umweltmanagement) oder EMAS, können eine Hilfe für die (umweltbezogene) Datenerfassung sein. Managementsysteme erfordern die Messung bzw. Überwachung von Prozessen anhand von Kennzahlen und durch die so erhobenen Daten können Ziele abgeleitet und eine kontinuierliche Verbesserung erreicht werden. So können zum Beispiel im Bereich Umwelt und Energie Indikatoren wie Abwasser/Wasserverbrauch, Materialeinsatz und Abfallmengen sowie Energieverbrauch einschließlich Strom und andere Medien wie Dampf oder Erdgas in die Betrachtung fallen.

Die folgende Darstellung (Abb. 7) zeigt exemplarisch wie verschiedene CSR-Aspekte erhoben werden können und Schlüsselkennzahlen gebildet werden.

Aspekt	Erhebungsmethode	Ggf. Einheit
Stromverbrauch	Nebenkostenabrechnung	kWh/ FTE*
Heizverbrauch	Nebenkostenabrechnung	kWh/ FTE*
Wasserverbrauch	Nebenkostenabrechnung	m³/ FTE*
Abwasser	Deklaration	m³/ Tonne Produkt
Materialeinsatz	Einkauf/ Warenbestand	Tonnen je Produkt
Abfall	Deklaration	Tonnen je Produkt
Papierverbrauch	Einkauf	kg/ FTE
Biodiversität		z.B. Versiegelung von Flächen; Neubebauung oder Ähnliches
Emissionen	Summiert aus z.B. Strom und Heizverbrauch	CO_2-e/ Tonne Produkt
Reisen (Bahn, Flüge, Pkw)	HR/ Reisekostenabteilung etc.	Personenkilometer/ Jahr
Gender Gleichheit	HR	Anteil von Frauen und Männern; auch in Führungspositionen
Diversität	HR	Anteil von verschiedenen Religionszugehörigkeiten, Staatsbürgerschaften oder Ähnliches
Arbeitsbelastung	HR; Arbeitsmediziner	Salden von Gleitkonten, durchschnittliche Überstundenanzahl oder Ähnliches

Abb. 7 Beispiel für Erhebungsarten von CSR-Aspekten (*FTE Full Time Employee; Mitarbeiter mit Vollzeitstelle)

6 Format

Ebenso wie die Inhalte sollte das Format der Berichterstattung den Stakeholdern und ihren Ansprüchen genügen. In der Veröffentlichung des Ministeriums für Wirtschaft, Energie, Industrie, Mittelstand und Handwerk des Landes Nordrhein-Westfalen „Gesellschaftliche Verantwortung im internationalen Markt – Praxisbeispiele aus NRW-Unternehmen" (2015) werden verschiedene Formate vorgestellt, die sich in der Praxis von in NRW ansässigen Unternehmen etabliert haben. Ein weltweiter Produzent für Heiz- und Lüftungstechnik hat sich für die Berichterstattung in Form eines Nachhaltigkeitsberichts nach internationalen Standards entschieden. Ein globaler Telekommunikationskonzern setzt zusätzlich auf das direkte Gespräch mit Anspruchsgruppen und bietet regelmäßig Forumsveranstaltungen zu dem Thema an. Dies soll auch sicherstellen, dass die ohnehin festgeschriebenen Nachhaltigkeitsanforderungen an die Lieferanten weiterkommuniziert werden.

Grundsätzlich sind folgende Möglichkeiten gemäß der gesetzlichen Berichterstattungspflicht zulässig (Abb. 8).

Darüber hinaus hängt das Format ganz von den Interessengruppen ab. Unternehmen sollten sich die Frage stellen: Wie viel Information braucht eine bestimmte Interessengruppe? Muss dafür ein Bericht verfasst werden? Oder reichen akzentuierte Informationen zum Beispiel auf der Produktverpackung, vielleicht weil Kunden gar keinen Zugang zu einem Bericht haben oder im Moment der Kaufentscheidung nicht so weit denken?

CSR-Berichterstattung, der Nachweis guter Unternehmensführung

3 Möglichkeiten zur Aufstellung/Offenlegung einer nichtfinanziellen Erklärung

Lagebericht	Gesondert & zeitgleich	Gesondert & nachgelagert
Nichtfinanzielle Erklärung als **besonderer Abschnitt im Lagebericht**	Nichtfinanzielle Erklärung als **gesonderter Bericht** außerhalb des Lageberichts, der **zeitgleich** mit dem **Lagebericht offengelegt** wird	Nichtfinanzielle Erklärung als **gesonderter Bericht** außerhalb des Lageberichts, der **spätestens 6 Monate** nach Abschlussstichtag für mindestens 10 Jahre veröffentlicht wird und der **Lagebericht Bezug** darauf nimmt

 Eine inhaltliche Prüfung durch den Aufsichtsrat muss bei Variante 3 nachgelagert und separat vom (Konzern-) Abschluss erfolgen; eine Nachtragsprüfung durch den Abschlussprüfer könnte gem. Referentenentwurf erforderlich sein.

 Vierte Möglichkeit in Diskussion für Integrierte Berichte: Nichtfinanzielle Erklärung mit Verweisoption auf Lagebericht

Abb. 8 Offenlegung von nichtfinanziellen Informationen

Die folgende Darstellung (Abb. 9) illustriert wie eine CSR-Berichterstattung für verschiedene Unternehmen vor dem Hintergrund unterschiedlicher Anspruchsgruppen und Rechtsanforderungen aussehen könnte.

	Mittelständischer Maschinenbauer	Landwirt	Chemiekonzern
Format	Webseite informiert über Zertifizierung nach ISO14001 und EMAS und die Teilnahme an einem Branchenstandard. Das Unternehmen sponsert den lokalen Fußballverein	Lädt einmal im Jahr zum Sommerfest ein, wo er die Nachbarschaft über seinen biologischen Anbau, die Stromersparnisse durch die Solaranlage und die Integration von arbeitssuchenden Jugendlichen in die Arbeitswelt informiert	Nachhaltigkeitsbericht nach GRI G4, von Wirtschaftsprüfer im Rahmen der Abschlussprüfung überprüft.
Adressierte Stakeholder	Kunden, Nachbarschaft, Versicherungen, Behörden	Kunden, Nachbarschaft	Kunden, Nicht-Regierungsorganisationen, Behörden und Gesetzgeber,
Rechtsgrundlage	Freiwillig, Kundenanforderungen	Freiwillig	EDL-G, TEHG, EU Direktive zur nicht finanziellen Berichterstattung, interne Anforderung nach ISO9001, ISO14001, ISO50001, ISO45001

Abb. 9 Beispiele für Formate der nichtfinanziellen Berichterstattung

7 Kosten

Die Inhalte und das Format der Berichterstattung über CSR-Aktivitäten sollten dem Unternehmen, sofern dies keine Rechtsanforderung ist, angemessen sein. Dies bezieht sich auch auf die Kostenbetrachtung. In einer Studie des WWF (World Wildlife Fund) zusammen mit dem CDP (Carbon Disclosure Project) unter Mitwirkung der KPMG AG Wirtschaftsprüfungsgesellschaft wurden Kosten und Nutzen von klimarelevanten Aspekten, also zum Beispiel Energie, und den damit verbundenen klimaschädlichen Emissionen gegenübergestellt.

Es muss unterschieden werden zwischen Kosten für die initiale Aufsetzung eines Verfahrens zur systematischen Datenerfassung – sofern nicht bereits vorhanden – und laufenden Kosten aus dem Betrieb der Berichterstattung. Dem gegenüber steht der Nutzen der Berichterstattung, welcher weiter unten näher erläutert wird. Beispiele für Kosten können sein: Datenerfassung und -analyse, Auswahl und Nutzung von unterstützender Technologie, Training, gegebenenfalls externe Unterstützung für die Prüfung der Daten und Kommunikation, Umsetzung von Maßnahmen zur Verbesserung der CSR-Leistung bzw. zur Erreichung der strategischen Ziele, Personal- und Sachkosten, die mit den zuvor genannten Posten verbunden sind. Gesondert betrachtet werden können Kosten, die aufgrund einer bestehenden Verpflichtung bereits entstehen bzw. entstanden sind. Unternehmen, die beispielsweise bereits ihre Energieverbräuche im Rahmen von EU-Emissionshandel, Strompreiskompensation oder Energieaudit erfassen, haben an der Stelle nur noch den Aufwand für die Berichterstattung, also zum Beispiel Veröffentlichung der relevanten Informationen, nicht aber mehr für die Initiierung einer Datenerfassung. Die entstandene Transparenz verstärkt also nur das Nutzenpotenzial gegenüber den Anspruchsgruppen.

Um den Anforderungen des jeweiligen Unternehmens gerecht zu werden, sollten geeignete Maßnahmen getroffen werden, um die Kosten der Berichterstattung zu beeinflussen. Dazu gehören zum Beispiel die Vermeidung von Überdimensionierung (wer ist der Adressat), Automatisierungen bei der Datenerfassung, Prozessoptimierungen, Integration der Berichterstattung in vorhandene Strategiefindungsprozesse und Risikomanagement (KPMG 2015).

8 Vorteile

Für viele Themen, die unter CSR fallen, gibt es bereits bzw. wird es für bestimmte Unternehmen rechtliche Anforderungen geben. Warum sollte man darüber hinaus also noch weiter Bericht erstatten? Kann man als Unternehmer auch aus dem Blickwinkel der Umwelt und des Sozialen „Gutes" tun und nicht darüber reden? Man kann die Frage auch andersherum stellen: Was verliert ein Unternehmen, wenn es über seine unternehmerische Verantwortung berichtet?

Die Antwort auf diese Frage zielt auf das eingangs diskutierte Nutzenpotenzial für eine weiterreichende Berichterstattung ab. Angenommen ein mittelständischer Maschinenbauer wählt für seine (umweltbezogene) Berichterstattung das EU-Umweltmanagementsystem EMAS. Mit der erfolgreichen Validierung der Umwelterklärung durch einen Umweltgutachter können bei der Genehmigung von zum Beispiel Anlagen Erleichterungen erzielt werden. Diese Erleichterungen wären ohne den initialen Aufwand für die Berichterstattung und die regelmäßige Überprüfung des Managementsystems durch den Umweltgutachter nicht zu erzielen. Die Offenlegung der umweltbezogenen Leistung zu scheuen und den Mehraufwand für die Genehmigung einer Anlage in Kauf zu nehmen macht aus unternehmerischer Sicht wenig Sinn. Tatsächlich nimmt man mit dem nicht gehobenen Nutzen der CSR-Berichterstattung in Kauf, dass ein Wettbewerber sich diesen Nutzen zu eigen macht und alleine profitiert.

Mittelfristig können gesicherte Daten zum Beispiel zur Umweltleistung eines Unternehmens auch dazu führen, dass Kreditgeber und Versicherungen zu einer mehr individualisierten Unternehmensbewertung kommen, da die Daten eine Aussage über die Risikoorientierung des Unternehmens über klassische finanzielle Aspekte hinaus zulassen.

Abb. 10 Auswahl möglicher Inhalte für den Nachhaltigkeitsbericht eines KMU

Durch die Transparenz hinsichtlich der eigenen unternehmerischen Verantwortung wird man zum einen der stetig steigenden Erwartungserhaltung von Interessengruppen, einschließlich Kunden, Mitarbeitern und Nachbarschaft, gerecht.

Zum anderen erlaubt die Datenerfassung eine Steuerung nach nichtfinanziellen Aspekten. Die systematische, zuverlässige Datengrundlage kann für die strategische Entscheidungsfindung eingesetzt werden. Ist bei der Entwicklung der Energiepreise die aktuelle Stromversorgung noch rentabel? Können durch subventionierten Ökostrom Kosten und Emissionen eingespart werden? Ebenso können die Daten einen Beitrag zum Risikomanagement leisten und die Qualität von Managemententscheidungen dahin gehend verbessern, dass Zukunftsthemen, einschließlich zukünftiger Rechtsanforderungen, systematisch in den Unternehmensprozessen berücksichtigt werden.

Abschließend lässt sich sagen, dass der Nutzen der CSR-Berichterstattung allein durch die Transparenz gesichert wird; denn nur wer ehrlich über seine relevanten CSR-Themen berichtet, kann sich des Zuspruchs seiner Anspruchsgruppen sicher sein. Dies gilt ebenso für KMU. Abb. 10 verdeutlicht in vereinfachter Form einen Nachhaltigkeitsbericht aus dem Mittelstand.

Literatur

Ministerium für Wirtschaft, Energie, Industrie, Mittelstand und Handwerk des Landes Nordrhein-Westfalen (2015) Gesellschaftliche Verantwortung im internationalen Markt – Praxisbeispiele aus NRW-Unternehmen. http://www.mweimh.nrw.de/wirtschaft/_pdf_container/csr-im-internationalen-markt.pdf. Zugegriffen: 21. Sep. 2016

KPMG AG Wirtschaftsprüfungsgesellschaft (2015) Mehr Wert – eine Untersuchung von Nutzen und Kosten eines Klimareportings durch deutsche Unternehmen. https://assets.kpmg.com/content/dam/kpmg/pdf/2015/10/kpmg-wwf-cdp-kosten-nutzen-analyse-klimareporting-gesamtstudie.pdf. Zugegriffen: 21. Sep. 2016

Joachim Ganse ist Direktor bei der KPMG AG Wirtschaftsprüfungsgesellschaft und Geschäftsführer der KPMG Cert GmbH Umweltgutachterorganisation. Er ist aktives Mitglied in verschiedenen Gremien, wie z.B. im Umweltausschuss der DHK, econsense und in der ICC-Kommission Umwelt und Energie, des Weiteren Verfasser/Mitverfasser zahlreicher Publikationen zu den Themen Ökoaudit, Umweltrisiken und Umwelthaftung, Arbeitssicherheit, Zertifizierungen etc.

Energiewende 4.0 – Made in NRW

Mirko-Alexander Kahre

Die Energiewende in Deutschland gilt vielen heute als der Inbegriff von nachhaltigem Handeln. Die Abkehr von der Kernenergie und das Ziel, möglichst rasch eine vollständig regenerative Energieerzeugung aufzubauen, stehen für mehr Sicherheit, mehr Umwelt- und Klimaschutz und damit in den Augen vieler für mehr Nachhaltigkeit. Energiewende und Nachhaltigkeit – so scheint es – passen uneingeschränkt zusammen und können gleichsam synonym füreinander eingesetzt werden.

Dagegen scheint sich dem Energiestandort Nordrhein-Westfalen die Energiewende schwerzufallen. Seine noch vor wenigen Jahren „blühenden" und mächtigen Energiekonzerne an Rhein und Ruhr, seine einstmals hochmodernen Kraftwerkparks und seine Tagebaugebiete muten nach Meinung vieler wie die Ruinen eines alten, überkommenen Energiezeitalters an und scheinen so gar nicht in das Konzept der neu entdeckten Nachhaltigkeit zu passen.

Stimmt diese Diagnose? Kann NRW keine Energiewende? Kann NRW keine Nachhaltigkeit? Diese Fragen legen bereits nahe: Doch, NRW und seine Unternehmen können sehr wohl Energiewende. Mehr noch: Sie waren und sie sind auch heute – einschließlich der „klassischen" Energiekonzerne – Motoren der Energiewende, die wir für das generationenübergreifende Projekt „Energiewende" dringend brauchen. Eine Garantie für dieses Gelingen gibt es allerdings nicht. Denn der vermeintliche „Abgesang" auf den Energiestandort NRW kann nachgerade als Indikator dafür genommen werden, woran das Projekt Energiewende heute krankt: nämlich am wirklich nachhaltigen Ansatz. Wer meint, die Energiewende sei per se „grün und nachhaltig", greift deutlich zu kurz. Was wir stattdessen brauchen, ist eine vollumfängliche Standortbestimmung, wie die Energiewende in ihrem weiteren Verlauf wirklich nachhaltig gestaltet werden kann.

M.-A. Kahre (✉)
ista International GmbH
Grugaplatz 2, 45131 Essen, Deutschland
E-Mail: Mirko-Alexander.Kahre@ista.com

1 Schlüsselfaktor Digitalisierung

Neben der Energiewende prägt die fortschreitende Digitalisierung unseres Alltags und unserer Arbeitswelten wie kaum ein zweites Thema die öffentliche und politische Diskussion. Wird der Megatrend „Digitalisierung" allerdings im Kontext der Nachhaltigkeit diskutiert, so geht es zumeist um ein Bedrohungsszenario. Das Bild vom „gläsernen Bürger", der nicht mehr Herr seiner eigenen Daten ist, sondern in allgegenwärtigen sozialen Netzwerken seine Privatheit aufgibt, stellt Dave Eggers überspitzt dar (vgl. Eggers 2013). Umfragen aber bestätigen, dass die Angst vor dem Verlust der eigenen Datenhoheit unsere Gesellschaft mehr und mehr prägt und – je nach Generationszugehörigkeit – auch spaltet (vgl. Institut für Demoskopie Allensbach 2014). Während die Digital Natives, also die jüngere Generation, die bereits mit digitalen Techniken und Instrumenten groß Gewordenen, deutlich selbstverständlicher mit datenbezogenen Inhalten umgehen, steht die mittlere und ältere Generation der fortschreitenden Digitalisierung mit Unbehagen gegenüber.

Während die Energiewende im Zeichen der Nachhaltigkeit in weiten Teilen der Bevölkerung weiterhin große Zustimmung erfährt (vgl. TNS Emnid 2015), rechnet die Mehrheit der Deutschen beim Thema Digitalisierung eher mit negativen Folgen für die nachhaltige Entwicklung unserer Gesellschaft (vgl. Eggers 2013).

Beide öffentlich wie politisch etablierten Standpunkte greifen dabei grundsätzlich zu kurz. Sie folgen letztlich einem „romantisierenden" Begriff von Nachhaltigkeit, der entweder die ökologische Komponente (Umwelt- und Klimaschutz) oder aber die Mitbestimmungs- und Transparenzkomponente eines an sich deutlich breiter angelegten Nachhaltigkeitskonzeptes isoliert und überhöht.

Dadurch aber verläuft nicht nur die öffentliche und politische Diskussion über „Energiewende" und „Digitalisierung" zu einseitig und in Teilen deutlich zu emotional. Auch der Verlauf der Projekte selbst – und dies wiegt deutlich schwerer – droht unmittelbar von dieser verkürzten Sichtweise gesteuert und letztlich negativ beeinflusst zu werden. Da die nächste, entscheidende Transformationsphase der Energiewende allerdings notwendigerweise die Digitalisierung unserer gesamten Energieinfrastruktur von der Erzeugung über die Netze bis hinein in das Gebäude und in unsere Wohnungen beinhaltet, muss hier dringend gegengesteuert werden. Die Energiewende muss endlich auch unter konsequenter Einbeziehung marktwirtschaftlicher Anforderungen gestaltet werden, ohne dass ihr Nachhaltigkeitsansatz in Verruf gerät oder darunter leidet – und ohne damit die Akzeptanz in der Bevölkerung zu verlieren.

Dies sollte unter konsequenter Einbeziehung von digitaler Technologie stattfinden. Der Einsatz dieser Technik darf die Datenschutzproblematik dabei nicht ignorieren oder verharmlosen, darf aber auch nicht an den Kosten zu hoher Datenschutzanforderungen scheitern.

Um dies tatsächlich zu erreichen, brauchen wir im ersten Schritt deshalb endlich ein Verständnis von Nachhaltigkeit bzw. ein Nachhaltigkeitskonzept, das nicht mehr einseitig auf ökologische oder soziale Ansprüche und Forderungen setzt, sondern im Kern auf einen langfristigen Ausgleich unterschiedlicher Interessen und damit auf nachhaltigen

Konsens. Das legitime wirtschaftliche Interesse von Unternehmen muss integraler Bestandteil dieses Konsenses sein. Nur auf dieser Basis werden sich die beiden Megatrends „Energiewende" und „Digitalisierung" erfolgreich zusammenführen lassen.

2 Nachhaltigkeit als Konsensbildung

Ökologische Zielbilder, wie ein verbesserter Umwelt- und Klimaschutz bzw. allgemein der schonende Umgang mit wertvollen Ressourcen, stellen für mich ohne Zweifel einen gewichtigen Teil eines umfassender gedachten Nachhaltigkeitskonzeptes dar. Dies trifft spiegelbildlich auch auf sozial ausgerichtete Nachhaltigkeitsaspekte wie die Forderung nach mehr Transparenz und Mitbestimmung, mehr Bürgerbeteiligung und Diskriminierungsfreiheit zu. Ich sehe aber auch Fragen der Wirtschaftlichkeit und der guten Unternehmensführung gleichrangig als weitere fundamentale Komponenten von Nachhaltigkeit. Ein Unternehmen arbeitet dann nachhaltig bzw. wird nachhaltig geführt, wenn seine Strategie so angelegt ist, dass sie langfristig unternehmerischen Erfolg und Beschäftigung garantiert. Dafür braucht es als Grundlage Werte wie Verantwortung, Verlässlichkeit und Zusammenhalt, die unumstößlich sind und auf die sich jeder, vom Managementteam bis hin zum Auszubildenden, verlassen kann.

Ich bin dabei der festen Überzeugung, dass alle diese Facetten der Nachhaltigkeit – die ökologische, die soziale wie auch die unternehmerische Ausrichtung – eng miteinander vernetzt und verzahnt sind und deshalb nicht unabhängig voneinander funktionieren können. Kein Unternehmen kann heute noch wirtschaftlich erfolgreich am Markt agieren, wenn es gegen den großen Trend auch ökologisch ausgerichteter Kundenerwartungen arbeitet. Es bleibt ebenfalls erfolglos, wenn es nicht gelingt, die Belegschaft auf Basis gemeinsamer Werte und Ziele zu einem schlagkräftigen Miteinander zusammenzuführen. Gleiches aber – und dieser Punkt ist mir eminent wichtig – gilt auch für ökologische wie für gesellschaftliche Nachhaltigkeitsinteressen und Ziele. Unabhängig oder gar strikt gegen unternehmerische Interessen lässt sich keine erfolgreiche Umwelt-, Klima- oder auch Sozialpolitik machen. Deshalb muss das eigentliche Ziel eines wirksamen Nachhaltigkeitskonzeptes zuallererst die Integration unterschiedlicher Interessen und ihrer Zielgruppen sein. Ich vertrete daher ein Grundverständnis von Nachhaltigkeit, das sich nicht zuerst aus dem Begriff der Verantwortung ableitet, sondern aus dem legitimen Interesse unterschiedlicher Zielgruppen: Wer ökologische wie soziale Projekte nachhaltig gestalten will, der darf unternehmerische Interessen nicht einfach überstimmen, sondern muss sie effektiv einbinden. Sprich: Der Kosten-Nutzen-Effekt muss für alle Beteiligten stimmen. Gleichzeitig müssen die Unternehmen ihre Investments in Umwelt und soziale Einrichtungen, gemeinnützige Organisationen, Stiftungen etc. endlich ohne „Camouflage" und schlechtes Gewissen an das eigene Unternehmensinteresse binden. Denn erst in diesem Verständnis sind Non-Profit-Organisationen bzw. soziale Einrichtungen nicht „Almosenempfänger", sondern Kooperationspartner für mehr Nachhaltigkeit auf Augenhöhe.

3 Die Energiewende als gemeinschaftliche Aufgabe

Den Akteuren der Energiewende ist es bis heute nicht gelungen, ihre unterschiedlichen Interessen nachhaltig miteinander zu verbinden. Ein strikt auf das Ökologische verkürzter, „romantisierender" Nachhaltigkeitsbegriff hat dazu geführt, dass die Energiewende in weiten Teilen von Politik und Öffentlichkeit als Projekt gedacht wird, das sich gerade gegen die Interessen von Wirtschaft und Unternehmen durchsetzen muss. Dabei ist und bleibt die Energiewende als Transformation unseres gesamten Energiesystems von der Erzeugung über die Stromnetze bis hin in die Gebäude und Wohnungen auch in den nächsten Jahren ein Mammutprojekt, das nur als gemeinschaftliche Anstrengung von Unternehmen, dem Staat und auch seinen Bürgern gelingen kann.

Die Verengung und Verkürzung des nachhaltigen Ansatzes der Energiewende resultiert dabei aus ihrer Anfangszeit und ersten Phase in der Mitte der 2000er-Jahre. Hier wurde die Energiewende wesentlich „gelabelt" als Abkehr von fossilen Brennstoffen (Kohle, Gas, Kernenergie) und ihre vollständige Substitution durch regenerative Erzeugungsarten (Wind, Sonne, Biomasse). Damit war zunächst nur der Gegensatz „alte" Energiewelt vs. „neue" Energiewelt samt allen beteiligten Playern und gegensätzlichen Lagern geboren. Um die „Wende" zu initialisieren und zu incentivieren, wurden gleichzeitig ordnungsrechtliche wie förderpolitische Vorgaben etabliert – wesentlich etwa das Erneuerbare-Energien-Gesetz (EEG) –, die marktwirtschaftliche Mechanismen schlichtweg ablösten, statt sie zu ergänzen. Die Reaktorkatastrophe in Fukushima und die Entscheidung der damaligen Bundesregierung, vorzeitig aus der Nutzung der Kernenergie auszusteigen, hat dabei nicht nur den Ausbau der erneuerbaren Energien, sondern auch diesen Großkonflikt zwischen Vertretern der „alten" und der „neuen" Energiewelt sowie zwischen Ordnungsrecht und freier Marktwirtschaft weiter intensiviert. Heute beträgt der Anteil der erneuerbaren Energien am Energiemix als Ergebnis zwar bereits knapp 30 %. Trotzdem ist der CO_2-Ausstoß weiter gestiegen (vgl. Europäischer Verein zur Verbrauchsabhängigen Energiekostenabrechnung 2015). Unternehmen der „alten" Energiewelt als wichtige Arbeitgeber in ihren Regionen kämpfen ums Überleben und müssen durch organisatorische Aufspaltungen letztlich nun selbst der Unterscheidung in „alte" und „neue" Energiewelt folgen.

Man mag dazu stehen, wie man will – die Fehler dieser ersten Phase der Energiewende wurden gleich zu Beginn begangen und sind nicht mehr rückgängig zu machen. Umso wichtiger ist es, in der bereits begonnenen zweiten Phase der Energiewende nachhaltiger vorzugehen. Das aber bedeutet: Ökologie, Ökonomie und Sozialverträglichkeit müssen endlich gleichrangig als Parameter und Prüfsteine der Energiewende behandelt werden. Der Konflikt zwischen der „alten" und der „neuen" Energiewelt muss dafür endlich beigelegt werden. Die Energiewende kann nur funktionieren, wenn man die Interessen beider Seiten als „best of both worlds" integriert. Dann erst funktioniert die Energiewende als Evolution und planvolle Transformation unseres Energiesystems. Dann erst ist sie auch nachhaltig. Als Revolution aber und damit im Sinne der Ausprägung von Phase eins wird sie scheitern, mindestens aber alle Beteiligten über Jahrzehnte weiter überfordern.

Schlichtweg deshalb, weil niemand mehr die Kosten aufbringen kann, weder die Unternehmen, noch der Verbraucher, noch der Staat.

4 Die Digitalisierung der Energiewende

Auf Grundlage der bereits etablierten Erzeugungsstrukturen sollte die Energiewende in ihrer zweiten Phase neben dem fortgesetzten Aufbau erneuerbarer Energiequellen insbesondere die Infrastruktur für die Vernetzung und Harmonisierung der dezentralen Erzeugungslandschaft sicherstellen. Neben dem Ausbau der Stromnetze bzw. der „Stromautobahnen" von Norden nach Süden müssen insbesondere Strukturen geschaffen werden, die die schwankenden Kapazitäten der erneuerbaren Erzeugung ausbalancieren. Andere Sektoren, wie etwa der Verkehrs- oder auch der Wärmesektor im Gebäude, müssen konsequent mit in die Energiewende einbezogen werden. Die Elektrifizierung aller Lebensbereiche und Sektoren wird so notwendig weiter voranschreiten. Zukünftig speisen Elektrofahrzeuge als mobile Speicher flexibel Strom in das Smart Grid ein und aus. Während im Gebäude eigenerzeugte, regenerative Stromkapazitäten verstärkt auch zur Wärmeerzeugung genutzt werden können. So zumindest plant es theoretisch die sogenannte Sektorkopplung.

Um die Kosten für alle Beteiligten, insbesondere aber für Verbraucher, zu kontrollieren, müssen allerdings zunächst Maßnahmen zur Reduzierung des Energieverbrauchs und damit für eine verbesserte Energieeffizienz in Deutschland konsequent als erste Säule der Energiewende umgesetzt werden. Dabei muss als Maxime gelten, dass jeder eingesetzte Euro in die Verbesserung der Energieeffizienz nicht nur maximale, sondern auch schnellstmögliche Wirkung entfalten muss. Deshalb müssen insbesondere geringinvestive Maßnahmen zur Verbesserung der Energieeffizienz konsequent eingesetzt werden. Hier wird gerne das Bild vom „schlafenden Riesen Energieeffizienz" oder von den berühmten „low hanging fruits" bemüht. Wie auch immer: Es muss jetzt im Sinne von mehr Energieeffizienz gehandelt werden, bevor ernsthaft über die mehr als kostenintensive Verstromung aller Sektoren und damit über einen weiteren Quantensprung der Energiewende nachgedacht werden kann. Alles andere würde gegen jeden Grundsatz der Nachhaltigkeit verstoßen.

All dies wird nur mit den neuen Möglichkeiten digitaler Technologien und Prozesse zu bewerkstelligen sein. Ohne digitale Schnittstellen und Steuerungselemente wird es weder ein Smart Grid noch ein Smart Home geben. Nur durch die Digitalisierung wird letztlich die Integration der „neuen" Energiewelt mit hoch volatilen Erzeugungskapazitäten überwiegend aus Wind und Sonne in die „alte", die bestehende Netzinfrastruktur, zu meistern sein. Nur über digitale Services wird die Vernetzung von Erzeugungs-, Verkehrs- und Gebäudebereich auf intelligente Art gelingen können. Das aber bedeutet nichts anderes als: Die Digitalisierung muss zum festen Bestandteil einer auf Nachhaltigkeit angelegten Energiewende werden. Sie muss die Evolution unseres Energiesystems maßgeblich weiter voranbringen.

Ebenso wie bei der Energiewende ist dafür in einem ersten Schritt auch für den Umgang mit dem Digitalisierungstrend ein nachhaltiger, auf Interessensausgleich bauender Ansatz erforderlich.

Digitale Technologien und Geschäftsmodelle müssen in diesem Ansatz für deutlich mehr stehen als für bloß disruptive „Zersetzer" bestehender, „alter" Geschäftsmodelle. Wenngleich die Digitalisierung in den vergangenen Jahren beispielsweise in der Musik- oder Verlagsbranche revolutionär gewirkt hat, liegt dem disruptiven Element doch keine Notwendigkeit zugrunde. Bei der Digitalisierung handelt es sich im Kern um eine rein technologische Entwicklung, die – wie alle Technologien – in erster Instanz wirtschaftlich, gesellschaftlich und ethisch neutral ist. Die Frage sollte also nicht sein, wie sich die „Disruption" einer Branche durch die Digitalisierung verhindern lässt, sondern wie eine Branche nachhaltig, d. h. wirtschaftlich und (!) sozialverträglich, digitalisiert werden kann.

Für die digitale Evolution von Branchen und Wirtschaftszweigen, aber auch für die Digitalisierung unserer alltäglichen Lebensräume dürfen digitale Innovation und Datenschutz nicht als Gegensätze behandelt werden. Digitalisierung muss für mehr stehen als für eine bloße Sammlung und Vermarktung von Daten bzw. Big Data. Insbesondere aus Verbrauchersicht ist dabei die Sensibilität für das Datenschutzthema fundamental, richtig und legitim. Digitale Techniken dürfen Freiheit und Selbstbestimmung nicht einschränken. Allerdings sollte die staatliche Regulierung wiederum dem Bürger nicht vorschreiben, wie er mit seinen Big Data umzugehen hat. Im Gegenteil, der Verbraucher sollte größtmögliche Selbstverantwortung und persönliche Entscheidungshoheit über seinen Umgang mit digitalen Diensten und Produkten bekommen. Dafür aber braucht er Transparenz. Transparenz darüber, was mit seinen Daten passiert, wenn er etwa online einkauft, telefoniert, im Internet surft oder digitale Technologie in den eigenen vier Wänden installiert. Hat er diese Transparenz, kann und sollte jeder User selbst entscheiden können, wie digital sein persönlicher Lebensraum werden soll.

5 Der „Smart-Mieter"

Wie all dies ansatzweise funktionieren kann, wie Energiewende und Digitalisierung im Sinne eines nachhaltigen Konzeptes beispielhaft zueinanderfinden und funktionieren können, möchte ich abschließend kurz andeuten:

Den Heizungsableser kennen viele Mieter in Deutschland als nicht wirklich immer erwünschten Gast in den eigenen vier Wänden. Einmal im Jahr kündigt er sich an, um die „Röhrchen" an den Heizkörpern der Mietwohnungen abzulesen und auszutauschen. Auf Basis der Ablesung trudeln dann irgendwann die Heizkostenabrechnungen bei den Mietern ein. Groß ist dann entweder der Ärger über eine Nachzahlung, die zusätzlich zum gezahlten Abschlag für Warmwasser- und Heizungskosten fällig wird, oder aber die Erleichterung, dass eben keine Nachzahlung fällig ist. Der Hintergrund für dieses in Deutschland seit Jahrzehnten gängige „Ableseritual" ist dabei den wenigsten Mietern heute noch bewusst. Ausgangspunkt sind die Ölkrisen der 1970er-Jahre, die in Deutschland bereits damals zu den heute etablierten Energieeffizienzmaßnahmen geführt haben wie die Sommerzeit, die Wärmedämmung von Gebäuden oder eben das exakte Messen und Abrechnen der Heizungskosten. Die Heizkostenabrechnung, das sogenannte Submetering, ist damit nichts anderes als ein bewährtes Instrument einer „Wärmewende", das in Deutschland bereits Anfang der 1980er-Jahre aus Angst vor primär politisch motivierten Ölförderverknappungen am Weltmarkt beschlossen und sehr konsequent umgesetzt wurde. Angesichts der immer noch bestehenden hohen Abhängigkeit Deutschlands von Energieimporten auch beim Erdgas ist dieses Thema bis heute erstaunlich aktuell.

Wie funktioniert Submetering: In Mehrfamilienhäusern wird in der Regel über eine zentrale Heizungsanlage, die dem Eigentümer bzw. der Eigentümergemeinschaft gehört, die Mieterschaft im Haus individuell mit Heizenergie und Warmwasser versorgt. Vor Einführung der exakten Heizkostenabrechnung in Deutschland wurden die Heizkosten der Mieterschaft dabei zumeist über einen Umlageschlüssel verteilt. Die Kosten errechneten sich nicht nach dem exakten Verbrauch des Mieters, sondern nach der Größe seiner Wohnung. Seit Anfang der 1980er-Jahre misst nun ein System von Zählern ausgehend vom Heizkessel im Keller den exakten individuellen Heiz- und Warmwasserverbrauch in den Wohnungen. Entsprechend der sogenannten Heizkostenverordnung sind reine Umlageabrechnungen nicht mehr möglich. Die Mieter zahlen damit auf Basis ihrer tatsächlichen Verbrauchswerte nur das, was sie auch wirklich verbrauchen. Ergebnis: Die Sensibilität und Sorgsamkeit mit dem eigenen Heizverhalten ist deutlich gestiegen, der Energieverbrauch in Mehrfamilienhäusern ist drastisch gesunken. Die Europäische Kommission geht in Studienauswertungen im Durchschnitt von 20 % weniger Heizenergieverbrauch aus (vgl. Europäischer Verein zur Verbrauchsabhängigen Energiekostenabrechnung 2015). Das exakte Messen und damit Transparentmachen von Verbräuchen hat dazu geführt, dass Mieter nachhaltig deutlich energieeffizienter agieren. Und zwar selbstbestimmt. Es bleibt jedem selbst überlassen, wie aktiv er Energieeffizienzmanagement in seinen eigenen vier Wänden betreiben möchte. Die Investitions- und Servicekosten für das Submetering amortisieren sich dabei in der Regel gleich im ersten Jahr. Zahlreiche Anbieter am Markt bieten dafür Finanzierungsmodelle an, die die Messgeräte auf Mietbasis langfristig zur Verfügung stellen. Die Investitionskosten können dadurch über mehrere Jahre gestreckt werden.

Wer zahlt die Leistung durch das Submetering? Die Antwort ist einfach: derjenige, der unmittelbar vom Einspareffekt profitiert, der Mieter. Die Eigentümer lassen das System im Gesamtgebäude installieren, ermöglichen damit die individuelle Heizkostenverteilung und teilen die Kosten dafür wiederum unter der Hausgemeinschaft auf. Über die Vorabinvestition der Submetering-Anbieter, die Geräte auf Mietbasis zur Verfügung zu stellen, können die Kosten für die Gemeinschaft dazu auf einem Niveau gehalten werden, das dem anderer gemeinschaftlicher Leistungen gleicht: den Kosten für den Schornsteinfeger, für die Treppenhausreinigung, für die Aufzugwartung etc. Submetering gehört damit zu den echten geringinvestiven Maßnahmen für mehr Energieeffizienz im Gebäude. Der Kosten-Nutzen-Effekt liegt nochmals höher als etwa beim flächendeckenden Einbau von Energiesparlampen oder anderen geringinvestiven Maßnahmen im Gebäude (vgl. Felsmann und Schmidt 2013).

Im Rahmen der oben beschriebenen zweiten Phase der Energiewende ist es notwendig, dieses Modell unter Einbindung digitaler Technologie konsequent weiterzuführen. Denn Submetering leistet im Sinne der nachhaltigen Ausgestaltung der Energiewende einen wichtigen Einzelbeitrag: Es hilft nicht nur, Kosten und CO_2-Emissionen nachhaltig zu reduzieren. Für mich besteht die Hauptleistung der gleichermaßen einfachen wie wirksamen individuellen Heizkostenabrechnung darin, dass sie den Mieter mit in die Energiewende integriert. Sie schafft individuelle Transparenz und macht ihn damit zum Akteur, der selbst entscheiden kann, wie wichtig ihm Energieeffizienz, energetisches Verhalten und damit letztlich auch die Energiewende sind. Die Energiewende bleibt eben kein Projekt in der Ferne, an dessen Horizont sich Windräder drehen und Solaranlagen still glänzen. Die Energiewende wird als Energiesparwende zur Mieter- und Bürgersache.

Digitale Technologie kann dieses nachhaltige Modell deutlich weiter ausbauen. Der „berüchtigte" Heizkostenableser wird dabei bereits seit einigen Jahren von der Messdienstbranche digitalisiert. Die „Röhrchen" an den Heizkörpern sind heute in weiten Teilen bereits funkende und damit fernauslesbare Geräte. Niemand muss mehr in die Wohnung, um die Heizkosten abzulesen. Schon in den nächsten Jahren wird die digitale Infrastruktur zur individuellen Messung der Heiz- und Warmwasserkosten damit nahezu flächendeckend im Gebäudebestand sein. Da liegt es nahe, die Möglichkeiten der digitalen Strukturen weiter zu nutzen. Statt nur einmal im Jahr über die Heizkostenabrechnung über Verbräuche zu informieren, ist man jetzt auf dem Weg, die Transparenz deutlich zu erhöhen. Über Onlineportale, Apps oder auch noch auf dem klassischen Papierweg bekommt der Mieter regelmäßig, einfach aufbereitet die Information über seinen aktuellen „Verbrauchsstand". Er kann damit selbst zum „Smart-Mieter" werden, der sehr aktiv und flexibel sein energetisches Verhalten steuert, kontrolliert und optimiert. Noch mehr Transparenz schafft so noch mehr Integration der Verbraucher in die Energiewende und damit noch mehr Eigenverantwortung.

Die Digitalisierung des Submeterings ist damit für mich ein Best Practice Example, weil sie zeigt, dass Digitalisierung im Kontext der Energiewende nachhaltig wirken kann. Sie führt zu mehr Transparenz und Eigenverantwortung und damit zu letztlich mehr Energieeffizienz im Gebäude. Der geringinvestive Ansatz des Submeterings macht die Anwendung dabei nicht nur für einige Wenige zugänglich, sondern in der Fläche und Masse des gesamten Spektrums der Mehrfamilienhäuser. Dies wird möglich, indem die Unternehmen bereit sind, auf Basis von langfristigen Mietmodellen in Vorleistung zu gehen und damit auf nachhaltige Kundenmodelle zu setzen. Die Datenvolumen, die durch die Digitalisierung der Messgeräte erhoben werden, nehmen sicher zu. Sie bleiben aber letztlich beim Nutzer, beim Mieter. Es sind seine eigenen Verbrauchsdaten, die von den Submetering-Unternehmen als Heizkostenabrechnung und Verbrauchsinformation aufbereitet werden und ihm in dieser „veredelten" Form wieder zur Verfügung gestellt werden. Der Datentransfer dient ausschließlich dem Ziel, Energie einzusparen. Nichts gelangt darüber hinaus als „Währung" auf völlig andere Märkte, von denen der Nutzer nichts weiß.

Im Kontext dieses Modells hat sich heute ein überaus vielfältiger Wettbewerbsmarkt gebildet, in dem sich die unterschiedlichsten Unternehmen und Player tummeln: bundesweit, regional oder nur lokal aufgestellte „klassische" Messdienstleister, internationale Hardware- und Softwareanbieter, Start-ups oder auch große globale Internetfirmen wie etwa Google. Statt Disruption und damit Marktverdrängung nimmt die Vielfalt des Submetering-Umfeldes weiter zu. Auch dies ist sicher ein Zeichen von Nachhaltigkeit, da neben dem Nutzen für Allgemeinheit und Umwelt auch das legitime, wirtschaftliche Interesse der Unternehmen seinen Platz findet.

Nordrhein-Westfalen ist dabei der Sitz eines der weltweit führenden Submetering-Dienstleisters, nämlich ista. In seiner mehr als hundertjährigen Unternehmensgeschichte und heute in 24 Märkten rund um den Globus hat ista die Transformation von der manuellen hin zur digitalen Verbrauchstransparenz maßgeblich mitbestimmt. Als traditionelles NRW-Unternehmen hat es dazu beigetragen, die Einsparung von Energie zur wichtigen zweiten Säule der Energiewende zu machen. Das Submetering ist damit eine Erfolgsgeschichte in Sachen Energiewende und Energieeffizienz, die maßgeblich von einem NRW-Unternehmen geschrieben wurde und geschrieben wird.

Mit dem Submetering zeigt ista heute: Die Energiewende in Deutschland kann, wenn sie wirklich nachhaltig und eben nicht „romantisierend" gedacht wird, auf Basis intelligenter und integrativer Modelle funktionieren. Dann, wenn sie unterschiedliche Gruppen wie hier beim Submetering etwa Energiedienstleister, Wohnungswirtschaft und Mieterschaft in einem Modell integrieren kann.

Wir brauchen in der zweiten Phase der Energiewende deshalb gerade kein German EnerValley, das das „alte" Energiesystem mithilfe digitaler Technologie revolutioniert und disruptiv wirkt (vgl. Busch und Kretschmer 2016). Was wir stattdessen brauchen, ist die Nachhaltigkeit und Weitsicht, unter Einbeziehung der Digitalisierung die jetzige Phase der Energiewende konsequent als Evolution von „alt" zu „neu" langfristig zu gestalten. Digitale Technologie bietet die Schnittstellenarchitektur, um das Beste beider Welten konsequent im Dreieck von Umwelt- und Klimaschutz, Sozialverträglichkeit und Unternehmertum nachhaltig nutzbar zu machen. Der Energiestandort Nordrhein-Westfalen bietet dafür beste Voraussetzungen, auch, aber bei Weitem nicht nur mit ista als einem der Hidden Champions im Submetering. Das ungeheuer variantenreiche Netzwerk in Nordrhein-Westfalen von klassischen großen wie kleinen Versorgern, innovativen Mittelständlern und sogar Weltmarktführern für einzelne Stufen der energiewirtschaftlichen Wertschöpfungskette sowie „smarten" Start-ups bietet ideale Voraussetzungen, um letztlich eine Frage gemeinsam zu beantworten: Wie wollen wir in Zukunft effizient, bezahlbar und komfortabel Energie erzeugen und konsumieren?

Literatur

Busch R, Kretschmer H (2016) Manifest für ein German Enervalley. http://www.enervalley.de/. Zugegriffen: 06. Okt. 2016

Eggers D (2013) The Circle. Kiepenheuer & Witsch, Köln

Europäischer Verein zur Verbrauchsabhängigen Energiekostenabrechnung (2015) Strommix 2015: Stromerzeugung nach Energieträgern. http://strom-report.de/strom-vergleich/. Zugegriffen: 06. Okt. 2016

Felsmann C, Schmidt J (2013) Auswirkungen der verbrauchsabhängigen Abrechnung in Abhängigkeit von der energetischen Gebäudequalität. http://www.alterhausverwalter.de/files/prof-felsmann-nutzerverhalten-2013-AbschlussberichtVA.pdf. Zugegriffen: 06. Okt. 2016

Institut für Demoskopie Allensbach (2014) Die Zukunft der digitalen Gesellschaft – Ergebnisse einer repräsentativen Bevölkerungsumfrage. http://www.digital-ist.de/fileadmin/content/Die-Themen/Umfrage/Ergebnisse_Umfrage_komplett.pdf. Zugegriffen: 06. Okt. 2016

TNS Emnid (2015) Akzeptanzumfrage 2015: Die deutsche Bevölkerung will mehr Erneuerbare Energien. https://www.unendlich-viel-energie.de/themen/akzeptanz-erneuerbarer/akzeptanz-umfrage/akzeptanzumfrage-erneuerbare-2015. Zugegriffen: 06. Okt. 2016

Dr. Mirko-Alexander Kahre ist seit dem 1.8.2013 Bereichsleiter Corporate Communications & Public Affairs beim internationalen Energiedienstleister ista. In seiner Funktion verantwortet er die externe wie interne Kommunikation, den Bereich Corporate Responsibility sowie die politische Positionierung und Interessenvertretung des weltweit führenden Anbieters für moderne Energiemanagementsysteme. Bevor er 2013 zu ista wechselte, war er in verschiedenen Sprecherpositionen für den Düsseldorfer E.ON-Konzern tätig und arbeitete für namhafte Strategie- und Kommunikationsberatungen in Berlin und Frankfurt. Er studierte Literatur-, Kultur- und Medienwissenschaft in Konstanz und Bologna (IT).

Kommunikation von CSR-Unternehmen erreichen und begeistern

Marcus Eichhorn und Riccardo Wagner

Begibt man sich auf Informationsveranstaltungen zum Thema Unternehmensverantwortung und Nachhaltigkeit, wird meist eines schnell klar: Nichts ist klar! Das Spektrum der vorgestellten operativen Ansätze auf dem Podium und im Plenum reicht von der jährlichen Spende an den örtlichen Kinderhilfsverein bis zum ganzheitlichen Managementansatz nach ISO 26000. Garniert wird das Wirrwarr durch Aussagen, die inzwischen wahre Klassiker sind, wie: „Wir machen schon immer CSR, nennen es nur nicht so", bis zu: „Ich kann CSR und Nachhaltigkeit nicht mehr hören. Wir sind ohnehin ehrbare Kaufleute, sonst gäbe es uns nicht schon seit 20 Jahren." Fest eingebürgert hat sich auch der Satz: „CSR ist Teil unserer DNA", ohne genauer beschreiben zu können, wie es dazu kam, ab welchem Zeitpunkt das festgestellt wurde und welche Auswirkungen damit verbunden sind.

An dieser Stelle soll bewusst nicht der Fall CSR neu verhandelt werden, das ist im Rahmen dieser Managementreihe bereits vielfach gut und gründlich getan worden. Das Signal soll an dieser Stelle nur sein: Es gibt noch sehr viel zu tun – sehr viel davon auf der kommunikativen Ebene und dieser wollen wir uns widmen.

Wer aus den vorangegangenen Bemerkungen den Schluss zieht, man müsse deshalb noch viel mehr Mühe darauf verwenden, das komplexe Produkt CSR einfacher zu erklären, und vor allem die Zusammenhänge in der Praxis noch viel deutlicher machen, ist dabei schon mit einem Fuß in die Falle getreten – hat aber noch die Chance, sich zu befreien.

In der Falle deshalb, weil wir es hier mit einem fortgeschrittenen Problem zu tun haben. Simplifizierung ist nämlich genau der Grund für die „machen wir schon, brauchen

---

M. Eichhorn (✉) · R. Wagner
Better Relations
Von-Holte-Straße 11, 50321 Brühl, Deutschland
E-Mail: eichhorn@betterrelations.de

R. Wagner
E-Mail: wagner@betterrelations.de

© Springer-Verlag GmbH Deutschland 2017
P. Bungard und R. Schmidpeter (Hrsg.), *CSR in Nordrhein-Westfalen*,
Management-Reihe Corporate Social Responsibility, DOI 10.1007/978-3-662-54190-6_18

wir nicht"-Logik. Das Bemühen um die immer umfassenderen Darstellungen von Gesamtzusammenhängen, Abhängigkeiten und Effekten wird auch dadurch zum Publikumsgift.

Unsere Erfahrung lehrt: Das Gesamtpaket CSR ist in den meisten Fällen nahezu unverkäuflich. Je kleiner das Unternehmen, sprich die personellen und strategischen Ressourcen, sind, desto umfassender gilt diese Regel.

1 Die CSR-Initiative Rheinland – KMU für CSR begeistern

Als wir im Jahr 2010 der IHK Bonn/Rhein-Sieg das Konzept für die CSR-Initiative Rheinland vorgeschlagen haben, um uns gemeinsam um die Teilnahme an dem Projekt „CSR im Mittelstand" des Bundesministeriums für Arbeit und Soziales zu bewerben, konnten wir bereits auf einige Jahre Erfahrung in der Beratung und Schulung von CSR zurückblicken. Uns war deshalb klar, dass wir für dieses Thema vor allem eines brauchen, um die Unternehmen zu erreichen: mehr Kommunikation und Austausch im Netzwerk.

Die Initiative Rheinland sollte sich deshalb vor allem um die Bodenlegung für eine gemeinsame Sprache kümmern, indem sowohl Unternehmen, aber auch NGOs als Partner der Unternehmen leicht zugängliche Informationen erhielten. Dazu haben wir verschiedene Medien, aber auch Infoveranstaltungen, Workshops und Sprechstunden angeboten, die in der Summe sehr gut angenommen wurden.

Ein weiterer wichtiger Schritt war die Förderung von Kooperationen von Unternehmen untereinander, aber auch mit NGOs. Hier wollten wir einen Austausch anregen, Informationen austauschen und gegenseitiges Verständnis schulen. Ein Baustein hierbei war eine Onlinedatenbank, die Projekte von Unternehmen und NGOs darstellt und somit Impulse für eigene Aktivitäten vermittelt und gleichzeitig Gleichgesinnte für größere Projekte zusammenbringt.

Um einen ähnlichen Effekt für die vielen im Rheinland aktiven Institutionen und Organisationen zu erzielen, begannen wir zudem einen „Partnerkreis" genannten Prozess zu organisieren. Hier sollten sich Multiplikatoren, z. B. namhafte und vorbildliche Unternehmen, Projektträger, z. B. anderer ESF-Projekte und soziale Organisationen, und wichtige öffentliche Institutionen, z. B. Kammern und Wirtschaftsförderer, in einen direkten physischen Austausch begeben und Probleme und Lösungsansätze diskutieren, um das Ziel zu erreichen, KMU für CSR zu begeistern.

Die einzelnen Projektbestandteile griffen konzeptionell ineinander und der geplante Effekt war eine größere Öffentlichkeit für CSR und ein lebhafter Austausch zwischen Unternehmen, Vertretern der Zivilgesellschaft und öffentlichen Institutionen.

Aber die Praxis lehrte uns, dass Konzepte, wie so oft, eher Richtschnur als verlässlicher Fahrplan sind. De facto haben wir rückblickend viel erreicht. Aber einiges stockte doch auch merklich in der praktischen Umsetzung. Woran lag das?

Um mit dem letzten Punkt anzufangen, der hier nicht im Zentrum steht. Wir haben die Kooperationsfähigkeit und -willigkeit einiger Organisationen und Institutionen deutlich überschätzt – insbesondere die Bereitschaft zu einer aktiven und partnerschaftlichen

Kommunikation für ein gemeinsames Ziel. Gleichzeitig zeigte sich, was uns weniger überraschte, dass es, ebenso wie vielen Unternehmen auch den öffentlichen Einrichtungen, an einer konkreten Vorstellung mangelte, was CSR genau sein könnte und wo die Bezüge zum Arbeitsalltag liegen. Das Interesse, an dieser Tatsache etwas zu ändern, brach regelmäßig nach einer sehr kurzen Anfangseuphorie einzelner Vertreter schnell wieder ein.

2 Die wichtigsten Erkenntnisse

Im Projektverlauf zeigte sich einmal mehr, dass Kommunikation eben doch sehr eng mit persönlichem Engagement und auch Emotionen verbunden ist. Die Idee, dass sich Unternehmen, Organisationen und Menschen über ein Onlinetool selbstständig zusammenfinden, sich organisieren und selbstständig fortlaufend Projekte kommunizieren und verwalten, ist schlicht gescheitert. Das Erstaunliche dabei: Der Ruf nach einer solchen technischen Lösung, einer Datenbank im Internet, war zu Beginn des Projektes von beinahe jeder Seite geäußert worden und verstummte auch zum Ende des Projektes nicht. Möglicherweise war aber auch der Wunsch nach geräuschloser oder aufwandsloser Organisation der Vater des Gedankens. Unsere Erkenntnis daraus: Datenbanken und Plattformen, auf denen Projekte durch die Projektteilnehmer eingestellt und dokumentiert werden sollen, brauchen feste Redakteure und Kümmerer, sonst endet das kommunikative Engagement mit der Bekanntgabe der Projektidee. Sollen dann noch Begeisterung und Lerneffekte aus den umgesetzten Projekten und Kooperationen vermittelt werden, braucht es journalistische Fähigkeit und Tätigkeit, damit die Erkenntnisse und Leistungen auch emotional ihr Ziel erreichen, neue Unternehmen und Partner für Ideen und Umsetzung zu aktivieren.

Deutlich erfolgreicher waren hingegen die Liveformate, wie die Workshops für Unternehmen und NGOs oder auch die CSR-Sprechstunde. So konnten in der Sprechstunde Unternehmen, ohne jede Agenda und Vorbereitung, einfach die Fragen stellen, die sie schon immer stellen wollten, und im lockeren Gespräch erkunden, wo Ansatzpunkte für das eigene Unternehmen liegen. Ein solches 1:1-Format ist aufwendig, aber sehr effektiv, weil sich hier Grundsatzvorlesungen verbieten und wir als Starthilfegeber vor allem über Beispiele und Fallschilderungen, branchen- und alltagsnah, Interesse wecken konnten.

Auch in den Workshops zeigte sich immer wieder, dass grundsätzliche Erläuterungen vor allem abschreckend gewirkt haben, egal wie stark wir uns bemüht haben, zum Beispiel das Wort Chancen ins Zentrum zu rücken. Und auch in den anderen Kanälen zeigte sich, dass lexikalische Informationen nur wenig genutzt worden und noch weniger effektiv waren, auch wenn diese grafisch oder in anderer Weise medial aufbereitet waren.

Sachlich rationale Argumentationen erreichen, so die Erkenntnis, Unternehmen und Wirtschaftsvertreter nicht ausreichend, um sie im Bereich Verantwortung zu aktivieren.

Doch genau das ist es, was bis dato in der CSR-Information meist vorangestellt wird.

Verständlicherweise überwiegt bei CSR-Experten der Wunsch, dem Laien seine Welt möglichst genau und umfassend zu transportieren. Es ist uns als Experten wichtig, deutlich zu machen, warum CSR eben nicht einfach Spenden oder Individualethik à la carbarer Kaufmann ist. Zu oft wird nicht berücksichtigt, dass zum einen CSR und die damit verbundenen Themen noch immer sehr stark von der persönlichen Motivation abhängen und damit emotionsgetrieben sind und dass auch generell die gesamte Kommunikation und das Kommunikationsmanagement in KMU viel stärker emotionsgetrieben und personengebunden sind als in größeren Unternehmen mit professionelleren Strukturen und umfassender personeller Ausstattung.

In KMU kommen nicht selten nur die Themen auf die Agenda, die beim Geschäftsführer ein Bauchgefühl treffen, und mit genau diesem Bauchgefühl werden dem Projekt dann auch Ressourcen zugewiesen. Darin ist begründet, dass es vorbildlich aufgestellte KMU gibt, die CSR beinahe aus dem Lehrbuch umsetzen, und andere in vergleichbarer Lage, die davon überzeugt sind, dass dies für sie keinerlei Relevanz besitzt. Wenn es keine logischen oder rationalen Gründe für eine solche Differenz gibt, können Logik und Rationalität auch nur schwerlich die Lösung sein. Zudem ist Überzeugung durch Rationalität, wenn es sie denn geben kann, sehr stark an persönliche Kommunikation gebunden und damit kurzlebig und in der Reichweite eingeschränkt.

3 Ist Best Practice der Königsweg? Nein

Mehr als 90 % der registrierten Mitgliedsunternehmen der IHK Bonn/Rhein-Sieg haben weniger als zehn Mitarbeiter. In einer solchen Unternehmensgröße ist langfristige Planung und strategische Unternehmenskommunikation meist nicht gelebte Realität.

Allein das Erscheinen bei einem CSR-Workshop ist dann schon Ausdruck hoher intrinsischer Motivation, die es nur bei sehr wenigen Unternehmern gibt. Der Großteil der gewünschten Zielgruppe wird durch direkte Formate somit nie erreicht werden. Dennoch haben wir aus den stattfindenden Kontakten gelernt, dass der Wunsch nach „echten" Praxisbeispielen sehr stark ist und die Nachfrage bisher nicht befriedigt wird. Was liegt also näher, als über Print- und Onlinemedien umfassend Best Practices zu präsentieren?

Das Problem: Ausschließlich Best Practices – im Sinne von Projektbeschreibungen – zu präsentieren, ist im Kontext von CSR nur bedingt sinnstiftend. Kein Wunder, denn es werden in der Praxis so viele unterschiedliche Meinungen und Ansätze verfolgt und es kann bei einem so komplexen und individuellen Thema keinen Königsweg für alle Beteiligten geben. Zudem gibt es einen enormen Druck auf Unternehmen, umfassend zu agieren, also ganzheitliche Strategien zu verfolgen, und zwar scheinbar bevor sie kommunizieren sollten. Doch genau diese abschreckende Front und die daraus folgende Orientierungslosigkeit und Hilflosigkeit verhindern oftmals das nötige Bewusstsein der Beteiligten, einen produktiven Austausch und notwendige Kooperation.

Deshalb müssen die Ziele zunächst einmal qualitativ neu ausgerichtet werden. Im ersten Schritt muss eine Kommunikationsstrategie, die großflächig KMU für CSR begeistern möchte, ein Grundverständnis der Rahmenbedingungen in Unternehmen und der Vorgehensweisen beim Thema CSR in der Zivilgesellschaft und auch den öffentlichen Einrichtungen fördern – hier gilt es, Brücken zu bauen.

Im zweiten Schritt muss berücksichtigt werden, dass CSR ein komplexer Prozess ist, der oftmals auch mit einem umfassenden Kulturwandel in der Organisation verknüpft ist. Das braucht Zeit und auch interne Überzeugungsarbeit. Mögliche Zielkonflikte und Dilemmata müssen neu verhandelt werden, auch hierzu ist Kommunikation unerlässlich. Unternehmen müssen den in der Strategiefindung notwendigen Austausch mit ihren Stakeholdern oftmals erst lernen. Sie müssen verstehen, dass sich öffnen nicht Schwäche, sondern Stärke und auch Chance ist.

Die Unternehmen zu erreichen, ist aber nur ein Ziel der Kommunikationsstrategie. Ein anderes Ziel ist es, mit Know-how dafür zu sorgen, dass CSR-Projekte effizienter und erfolgreicher laufen und sich so schlussendlich selbstverstärkende Effekte einstellen. Dafür sind jedoch wiederum Vernetzung und Erfahrungsaustausch notwendig. Hier helfen, wie gesagt, Projektdatenbanken und interne geschlossene Webportale nur bedingt weiter – Aufwand und auch Genuss, diese zu nutzen, sind im ersten Fall zu hoch und im letzten Fall zu niedrig.

Wie es besser gehen kann, zeigt ein Blick auf die derzeit aktuellen Trends der PR- und Marketingkommunikation, deren Erfolgswurzeln bereits Tausende Jahre zurückreichen: Storytelling und Content Marketing.

Hinter dem ersten der beiden Schlagworte verbirgt sich der Ansatz, faktische Beschreibungen in emotionale Geschichten einzubetten, die den Leser in der eigenen Welt abholen und nicht nur Abläufe beschreiben, sondern auch Motivation und Emotion, Aktion und Reaktion offenlegen. Wie viele strategische Entscheidungen entsteht der Ansatz, gesellschaftliche Verantwortung leben zu wollen und dies in seinem Unternehmen/seiner Organisation zu den Grundfesten zu machen, nicht aus der Luft und schon gar nicht als Hausaufgabe in einem Managementseminar.

Vielmehr geht es darum, eine eigene Haltung zu finden, kulturelle Leitplanken zu setzen und dabei seine Mitarbeiter, Partner und Kunden einzubeziehen. Man macht förmlich das Thema Verantwortung zu einem Teil der eigenen Geschichte, die fortan auch so erzählt werden will.

Hinter dem zweiten Begriff – Content Marketing – verbirgt sich der Ansatz, über unterschiedliche Kanäle und Maßnahmen diese Geschichten auch allen Anspruchsgruppen so nahezubringen, dass diese ebenfalls emotional eingebunden und somit wirklich erreicht werden.

4 Gute Geschichten erzählen – so einfach und schwierig zugleich

So werden mit gutem Storytelling Fallbeispiele, Erfahrungen, Ideen und insbesondere die Menschen dahinter viel effizienter in Szene gesetzt. Der Unterschied liegt hier in der Inszenierung. Während klassische Best-Practice-Berichte eher auf der Leistungsebene relativ strukturiert beschreiben, welchen Status quo das Unternehmen zu Beginn des Projektes hatte, welche Maßnahmen unternommen wurden und wie das Ergebnis aussah, setzt Storytelling viel mehr bei den Menschen und Protagonisten der Geschichten auf. Hier steht im Mittelpunkt, welche „Reise" sie erlebt und durchlebt haben. Dieses Gesamtbild lässt sich auch sehr gut mit unterschiedlichen kombinierten Formaten, z. B. in Interviews, Berichten, Portraits, abbilden, was gleichzeitig für mehr inhaltliche Spannung sorgt, zumal hier auch die audiovisuelle Erzählung immer eine gute – weil emotionale – Option ist.

Gebündelt in einem eigenen Medium, zum Beispiel in einem Projektblog auf der Unternehmenswebseite oder, wenn es genügend Bildmaterial gibt, auch in einem visuell beeindruckenden (Web-)Magazin, können diese Inhalte die Basis für unterschiedliche Zielgruppenansprachen werden, indem man jeweils passende Elemente aufgreift und den Interessenten zur Verfügung stellt. Mit einer zielgruppengerechten Aufbereitung, z. B. als Videoporträt oder Interview, haben diese Inhalte so eine große Chance, über diverse Kanäle, im eigenen Netzwerk oder das von Partnern oder gemeinsamen Initiativen, eine bessere Verbreitung zu finden als die herkömmlichen – rein informativ ausgerichteten – Informationsangebote wie die üblichen statischen Seiten der klassischen Homepage.

5 Organisationen sind Medien – Projekte auch

Das Ziel ist dabei eine moderne Content-Marketing-Strategie, die die Vernetzung unterschiedlicher Akteure fördert und Interessierte aller Wissensstände abholt und zu Feedback und Dialog einlädt. Nicht nur für die Unternehmenskommunikation, sondern auch für jedes Projekt gilt: Organisationen/Initiativen sind Medien. Sie haben nicht nur Inhalte, die emotional erzählt und unterhaltsam aufbereitet werden können, sondern sie müssen wie alle anderen Medien – auch die großer Verlagshäuser – um Leser kämpfen und die geringe Aufmerksamkeit mit einem spürbaren Mehrwert belohnen, der unabhängig von einem direkten Abschlussinteresse gewährt wird. So ist es erst einmal nicht erheblich, ob ein Unternehmensvertreter sich sofort für ein Projekt interessiert oder zum Workshop anmeldet. Wenn er die Story gut findet, sie aufnimmt und für sich einen Mehrwert erkennt, wird er zum einen vermutlich mehr Informationen wünschen und zum anderen die Geschichte weiterempfehlen – die eigentlich harte Währung in der Internetökonomie – und vor allem weitererzählen, wenn er selbst darlegen will, warum ihm das Thema Verantwortung am Herzen liegt. Macht er sich diese Geschichten zu eigen, wird es ihm leichter fallen auch in seiner Organisation, seinem Unternehmen das Bewusstsein für Chancen und Herausforderungen, Dilemmata und Lösungsansätze und vor allem individuelle Gestaltungs- und Erfolgschancen zu vertreten.

Ein wichtiger Faktor für den Erfolg solcher Kommunikationsprojekte ist der Absender. Nicht jedem Unternehmen oder jeder Institution gelingt es glaubhaft, Geschichten über Verantwortung zu erzählen, wenn dem Ganzen zu viele Beispiele von gegenläufigem Gedankengut und konträrer Ausrichtung entgegenstehen.

Denkbar sind solche Informationsangebote auch beispielsweise regional gesteuert bis hin zur Landesebene, wenn es gelingt, einen gemeinsamen kulturellen Nenner bzw. das glaubhafte Verfolgen einer gemeinsamen Zielsetzung darzustellen.

Am Beispiel NRW könnte das bedeuten, dass auf Landesebene ein Informationsangebot geschaffen wird, dass mithilfe regionaler Partner, wie dies die aktuell geschaffenen Kompetenzzentren darstellen, unterschiedlichste Geschichten aufgegriffen und in einen gemeinsamen Kontext gesetzt werden. Dazu müssen die einzelnen Stellen eng kommunikativ zusammenarbeiten, ein Ziel, das ebenso naheliegt, wie oft in der Praxis in weite Ferne rückt.

Eine gemeinsame Kommunikationsstrategie, die zentral Inhalte zusammenführt und regional unterschiedliche Kanäle – von Offlinedialog bis hin zur Nutzung sozialer Medien – zusammenführt, hätte großes Potenzial, auch weil in den beschriebenen Formaten unterschiedliche Personen mit unterschiedlichen Rollen zu Wort kommen können.

CSR ist ein breites Feld und wird von Experten unterschiedlichster Ausrichtung bestellt. Je nach Ansatz und Trend überwiegen Umweltthemen, soziale Fragestellungen, globale Herausforderungen, Mitarbeiterinteressen oder auch Kundenbelange. Datenschutzaspekte spielen ebenso eine Rolle wie Fragen zu Produktion und Lieferkette. All das aufgesplittet in eine Vielzahl von Geschichten aus unternehmerischer oder politischer, aus individueller oder gesellschaftlicher Sicht – das ist CSR und so sollte sie auch erzählt werden.

6 Die Vorteile liegen auf der Hand

Wonach greifen Sie lieber? Die FAZ am Sonntag oder eine Bedienungsanleitung?
Sofern sie nicht ein recht konkretes technisches Problem zu lösen haben, wird es wohl fast immer die gut gemachte Zeitung sein, die Information mit Unterhaltung verbindet und dies abwechslungsreich in Szene setzt. Auch der nichtprintaffine Teil der Gesellschaft sucht immer mehr die Information im unterhaltsamen, emotionalen Bereich, wie der Siegeszug der sozialen Medien, allen voran Youtube, bei der Informationsbeschaffung im Internet belegt.

Warum setzen wir dann in der Fachinformation so oft auf das Modell Bedienungsanleitung und wundern uns, dass sie uns nicht aus den Händen gerissen wird.

Mit gutem medial aufbereiteten/zentral onlinebasierten Content Marketing und Storytelling können alle CSR-Inhalte lebensnäher, emotionaler und tiefer erstellt werden und bleiben, im Gegensatz zu gedruckten Medien, immer abrufbar und vergleichbar. Ein journalistischer Ansatz, der Qualitätskriterien definiert und nachprüfbar macht, hinterfragt Aussagen, Strategien und Maßnahmen gezielter und macht damit auch die Entwicklung von Ideen besser nachvollziehbar und für die Heranführung von Interessenten nutzbarer.

Ergänzt werden können die eigens erstellten Inhalte in einem solchen CSR-NRW-Webmagazin durch die geschickte Kuratierung von Beiträgen aus Wissenschaft und Forschung oder von politischer Seite sowie einem erweiterten Blick über den Tellerrand des Fachgebietes hinaus. Hier wäre ein tiefer gehender Blick erhellend und ansprechend zugleich, denn auch in Politik und Wissenschaft spielen Einblicke in Motive, Erfolge und Misserfolge und Begeisterung eine ebenso entscheidende Rolle bei der Informationsvermittlung, wie sie oben für Organisationen und Unternehmen beschrieben wurden.

7 NRW hat viel zu zeigen

Wenn es NRW an einem nicht mangelt, dann sind es spannende Storys. So steht das bevölkerungsreichste Bundesland auch für übergeordnete Themen wie Strukturwandel, Digitalisierung und demografischer Wandel. Themen, die bei Weitem nicht zu Ende diskutiert sind – hier müssen noch vielfältige Lösungen gefunden werden. Eine intelligente Contentstrategie zum Thema CSR und Nachhaltigkeit sollte das Thema deshalb in diese großen Zusammenhänge einbetten, damit lebensnaher und praktischer gestalten und Unternehmen den Blick dafür schärfen, dass CSR keine isolierte Managementaufgabe ist.

Zudem hat der zuvor leicht kritisch erwähnte „ehrbare Kaufmann" in NRW eine lange Tradition. Das ist auch gut so, denn selbstverständlich ist das persönliche Bekenntnis zu Verantwortung und Nachhaltigkeit ein wichtiger Bestandteil einer glaubhaften CSR-Strategie. Hier könnte das Sichtbarmachen von Personen und Unternehmen auch eine bessere Identifikation bewirken und am Ende auch mehr Unternehmen motivieren.

Die ja durchaus beispielhafte Strategie des Landes würde jedenfalls mit einer emotionalen und aktiveren Kommunikation viel besser sichtbar gemacht werden. Dazu müsste es allerdings in der Kommunikation eine einheitliche und in Teilen auch gemeinsame Linie geben, beispielsweise für den Betrieb eines gemeinsamen vollwertigen Angebots, das, wie beschrieben, durch echte emotionale, journalistische und narrative Inhalte lebt.

Doch es gibt nicht nur Vorteile bei der Adressierung von bestimmten Zielgruppen. Auf diese Weise könnten zudem der Austausch und das Verständnis der einzelnen Initiativen, Kompetenzzentren und Know-how-Träger untereinander sowie das gemeinsame Lernen gefördert werden. Und das ohne weitere technische Hürden, wie sie oft durch aufwendige Austauschplattformen mit geschlossenen Nutzerbereichen für Projektträger programmiert werden und die am Ende doch nie eine wirkliche Akzeptanz haben, weil sie in der Nutzung unpraktisch sind, neu gelernt werden müssen und von „oben" aufoktroyiert wurden.

Auch aus technischer Sicht spricht einiges für den Content-Marketing-Ansatz. So präferieren nicht nur Nutzer, sondern auch Suchmaschinen (medial) aufbereiteten Content. Das gilt insbesondere auch für die dominierende Suchmaschine Google, deren letzte Updates genau diese Form von Inhalten in den Fokus gerückt haben, um sich von technisch optimierten Suchmaschinenseiten weg hin zu nutzerfreundlichen Inhalten zu orientieren, was gegebenermaßen Aufgabe und Erfolgsfaktor einer Suchmaschine ist.

Das Nutzerverhalten spricht hier auch eine ganz klare Sprache: Wer sich für ein Thema interessiert, informiert sich im ersten Schritt immer häufiger zunächst selbstständig im Internet. Dabei suchen die Nutzer nach echten Personen und Beispielen, die ihre Situation abbilden, anhand derer sie sich und ihre Lage bzw. den eigenen Nutzen einschätzen können. Diese Informationen wirken, wenn sie gut aufgemacht und für den Nutzer entwickelt wurden, d. h. wenn die Inhalte die richtigen Geschichten erzählen – was man meist daran erkennt, dass sie „geteilt" werden.

Für ein CSR-Portal bedeutet das zudem, dass es notwendig ist, das Thema CSR auch immer wieder aus anderen Perspektiven aufzubauen und in andere, mitunter größere Zusammenhänge zu stellen, denn kaum ein Nutzer sucht nach der ganzheitlichen Umsetzung von CSR.

Wer gutes Storytelling betreibt, muss wissen, wie er sein Thema verpackt. Das Ziel kann nicht sein, dass in jeder Überschrift die Abkürzung CSR vorkommt. Was beispielsweise statt CSR viel eher gesucht wird, sind allgemeine Erfolgsgeschichten, Geschichten des Wandels, Geschichten von Krisen und Krisenbewältigung oder Geschichten zu persönlichen Lebensentwicklungen und Erfahrungsberichte von Unternehmern und Unternehmen, von Personen oder Organisationen.

Wer tiefer in die Materie eingedrungen ist, weiß, dass Nachhaltigkeit, Verantwortung, Umweltschutz, Verbraucherschutz oder auch Wirtschaftsethik und all die anderen mit dem CSR-Bereich verbundenen Themen eine immer wichtigere Rolle spielen.

Dennoch wird noch immer versucht das Thema mit gut gemeintem, aber dennoch sehr verschultem Rat als kaum tragbares Gesamtpaket zu verkaufen. Die natürliche Reaktion sind Wegducken und Ausweichen. Erzählt man aber ganz selbstbewusst und emotional, was Menschen erreichen wollten, wie sie dabei empfunden haben und welchen Wandel sie dadurch tatsächlich geschafft haben, erreicht man seine Leser/Nutzer und macht sie im besten Fall zu Botschaftern dieses lohnenswerten Ansatzes.

Marcus Eichhorn, Jhg. 1974, Inhaber der Agentur BetterRelations. Digital Strategist, Experte für Storytelling, Contentmarketing und strategische Kommunikation. Inhaltliche Schwerpunkte sind Kommunikations- und Beziehungsmanagement, Gesellschaftliche Verantwortung (CSR) und Nachhaltigkeit.

Er ist verantwortlich für die Strategie und das Management verschiedener Webmagazine und Plattformen, u. a. für das Forum Wirtschaftsethik Online, das CSR Kompetenzzentrum Rheinland, das Weblog Verantwortung Kommunikation.

Er ist Korrespondent für das PR Journal – Region Frankfurt/Rhein-Main, Mitglied im Deutschen Netzwerk Wirtschaftsethik (Leitungskreis, Arbeitskreis: CSR-Kommunikation), Vorstand im Betreuungsverein Lebenshilfe Bonn e. V., Mitglied im Netzwerk Weitblick – Verband Journalismus & Nachhaltigkeit und Mitglied bei Transparency International Deutschland.

Riccardo Wagner M. A. ist Inhaber der Agentur BetterRelations, zertifizierter Unternehmens- und PR-Berater, Herausgeber und Autor der Publikation CSR & Social Media, Leitung des Arbeitskreises CSR-Kommunikation(DPRG/DNWE), Organisationsleiter des Deutschen CSR-Kommunikationskongresses und Lehrbeauftragter an der Fachhochschule des Mittelstandes und der Macromedia Hochschule für Medien und Kommunikation.

„Nice to have" oder „must"? CSR bei Start-ups

Ute Günther und Roland Kirchhof

Zwar sind Social Entrepreneurs, Start-ups, bei denen CSR quasi Bestandteil der eigenen Genetik ist, seit etwa zehn Jahren Gegenstand von Forschung und öffentlicher Förderung. Ob CSR aber für innovative Technologie-Start-ups außerhalb dieses engen Feldes Relevanz besitzt, ist zum einen durchaus zweifelhaft, zum anderen wissen wir konkret nur wenig hierüber. Ob z. B. CSR als Element des Businessplans genutzt wird, ob CSR im Rahmen des Aufbaus des operativen Geschäfts oder in der Beziehung zu Mitarbeitern, Investoren, Kunden, Lieferanten und Stakeholdern eine Rolle spielt, darüber gibt es bisher kaum Erkenntnisse.

Es ist hier nicht der Ort, und es besteht im Rahmen der hier nachzugehenden Fragestellung auch keine Notwendigkeit, für eine genaue Begriffsklärung von CSR. Der Einfachheit wird auf das Bundesarbeitsministerium Bezug genommen, das hervorhebt, der Begriff bezeichne die Verantwortung von Unternehmen für ihre Auswirkungen auf die Gesellschaft. Dies umfasse soziale, ökologische und ökonomische Aspekte. Weiter heißt es: „Konkret geht es beispielsweise um faire Geschäftspraktiken, mitarbeiterorientierte Personalpolitik, sparsamen Einsatz von natürlichen Ressourcen, Schutz von Klima und Umwelt, ernst gemeintes Engagement vor Ort und Verantwortung auch in der Lieferkette. Eines ist allen gemeinsam, die CSR erfolgreich im Unternehmen umsetzen: ohne klaren Bezug zur eigenen Geschäftstätigkeit geht es nicht. Unternehmen, die ihre CSR-Aktivitäten als ‚Add on', als Zusatzleistung, verstehen, die nichts mit dem Geschäftsmodell und den Kerngeschäftsprozessen zu tun hat, greifen zu kurz. Ob Arbeitssicherheit, Mitarbeiterzufriedenheit, Energieeffizienz oder Mindeststandards in der Lieferkette – viele CSR-Handlungsfel-

---

U. Günther (✉) · R. Kirchhof
Business Angels Netzwerk Deutschland e. V. (BAND)
Semperstr. 51, 45138 Essen, Deutschland
E-Mail: guenther@business-angels.de

R. Kirchhof
E-Mail: kirchhof@business-angels.de

der sind entscheidend für den unternehmerischen Erfolg" (http://www.csr-in-deutschland.de/DE/Was-ist-CSR/Grundlagen/Nachhaltigkeit-und-CSR/nachhaltigkeit-und-csr.html).

1 Was wissen wir über CSR bei Start-ups?

Geht man also davon aus, dass CSR die Gesamtheit des unternehmerischen Handelns betrifft und nicht nur einzelne Dimensionen, dann gibt es auch kaum Informationen über CSR bei Start-ups. Immerhin enthält der Deutsche Start-up Monitor 2016, der von der KPMG in Zusammenarbeit mit dem Deutschen Start-up Verband erhoben wird, unter Abschn. 3.8 einen Fragenbereich, der sich zum unternehmerischen Selbstverständnis der Start-ups äußert (http://deutscherstartupmonitor.de/).

Danach unterstützen 66,2 % der Befragten gesellschaftliches Engagement, was immer dies in dieser allgemeinen und unverbindlichen Formulierung bedeuten mag. Nur 57,4 % haben angegeben, auf eine ökologisch nachhaltige Entwicklung ihres Start-ups Wert zu legen. Zwar fühlen sich nahezu alle, nämlich 94,1 % der Start-up-Unternehmer verantwortlich für ihre Mitarbeiter, gleichzeitig aber bejaht fast der gleiche Prozentsatz mit 86,2 % den Satz: „Ich leiste viel und verlange das Gleiche von meinen Mitarbeitern."

Sieht man diese Antworten im Zusammenhang mit den 74,3 % der Befragten, die der Aussage zustimmen, dass „Freiheit der zentrale Antrieb für ihr unternehmerisches Schaffen sei", so mag dies durchaus zu Bedenken Anlass geben, ob CSR insgesamt als ein die Freiheit eingrenzendes verantwortliches Handeln größerer Relevanz bei den befragen Start-ups hat. Auch wenn der Start-up-Monitor wegen der nicht repräsentativen Auswahl der Befragten keine statistisch zuverlässigen Ergebnisse haben kann, dürften derartige qualitativen Aussagen doch einen Hinweis auf Mentalität und Bewusstsein von Start-up-Unternehmern im Hinblick auf CSR geben.

2 Einzelne Dimensionen von CSR

Um sich dem Thema CSR bei Start-ups zu nähern, ist es zunächst einfacher, sich einzelnen Dimensionen von CSR zu widmen, über die etwas mehr bekannt ist als über CSR insgesamt. Drei davon, die auch als wesentliche Aspekte von CSR angesehen werden können, sollen hier herausgegriffen werden.

2.1 Social Entrepreneurship

Social Entrepreneurship ist in Deutschland seit Langem als wichtiger Teilbereich von CSR anerkannt. Hierunter wird im Allgemeinen verstanden, dass es Kernelement des Geschäftsmodells ist, soziale und gesellschaftliche Verbesserungen mit unternehmerischen Mitteln zu erreichen. Seit die weltweit aktive Organisation Ashoka, die sich die Förderung von Social Entrepreneurship zum Anliegen gemacht hat, im Jahr 2003 auch in Deutschland aktiv ist, hat die Beschäftigung mit Social Entrepreneurship einen enormen Aufschwung genommen und große öffentliche Aufmerksamkeit gefunden. Man kann sagen, dass sich Social Entrepreneurship auf allen relevanten Stufen und Ebenen etabliert hat.

Dies beginnt bei Forschung und Lehre, wo der Förderkreis Gründungs-Forschung (FGF), der Verband der Entrepreneurship-Hochschullehrer, einen eigenen Arbeitskreis Social Entrepreneurship gebildet hat. Für die Weiterbildung gibt es in München als Verbund der dortigen Hochschulen unter Federführung des Strascheg Centers for Entrepreneurship (SCE) eine Social Entrepreneurship Akademie (SEA). Die Social Impact Lab gGmbH betreibt an sechs Orten in Deutschland, darunter in den NRW-Städten Köln und Duisburg, Co-Working Spaces, Coaching und Events. Mit social-startups.de gibt es eine eigene Informationswebsite.

Problematisch ist jedoch die Finanzierung der sozialen Start-ups. Zwar hat die KfW z. B. ein Programm zur Finanzierung von Sozialunternehmen aufgelegt. Eine Studie des Centrums für soziale Investitionen und Innovationen der Universität Heidelberg kommt jedoch zu dem Ergebnis, dass eine flächendeckende, lukrative Anlagemöglichkeit mit höheren Renditen für die Zukunft kaum erwartet werden könne (vgl. Scheuerle et al. 2013, S. 82). Dafür werden eine ganze Reihe von Gründen aufgeführt, z. B. geringe Investitionsvolumina gegenüber hohen Transaktionskosten oder das ungünstige Risiko-Gewinn-Verhältnis (vgl. Scheuerle et al. 2013, S. 79 f.).

Leider mangelt es an Wissen darüber, welchen Output die Anstrengungen zum Aufbau einer Social-Entrepreneurship-Kultur hervorgebracht haben. Ashoka meldet zurzeit 57 sog. Fellows, also Unternehmen, die von der Organisation gefördert werden. Die o. g. Studie (Scheuerle et al. 2013, S. 50) schätzt die Zahl der innovativen Sozialunternehmen in Deutschland auf 1000–1500. Zu ähnlichen Ergebnissen kommt eine andere im Auftrag des Bundeswirtschaftsministeriums erstellte Studie unter Federführung von Evers & Jung, die allerdings weitgehend die gleichen Quellen ausgewertet hat. Sie schätzt die Untergrenze der innovativen Sozialunternehmen auf 1700 (vgl. Unterberg et al. 2016). Nicht ermittelt haben beide Studien, wie hoch der Anteil der Start-ups an diesen Zahlen ist.

Die letztgenannte Studie (Unterberg et al. 2016, Zusammenfassung S. 6 ff.) wartet mit interessanten zehn Thesen zur Fortentwicklung von Social Entrepreneurship in Deutschland auf. Es brauche u. a. mehr Transparenz im Markt, eine Novellierung des öffentlichen Auftragswesens zugunsten von Sozialunternehmen. Auch hätten Sozialunternehmen bei Gründung und Wachstum einen speziellen Förderbedarf, der durch die vorhandenen Strukturen nicht abgedeckt werde. Und es fehle an der Verfügbarkeit von wirkungsorientiertem Wagnis- und Beteiligungskapital für Sozialunternehmen mit Wachstumsabsicht.

Wie jedoch oben dargestellt, ist der öffentliche, aber auch der private Aufwand z. B. für die Social Impact Hubs, anders als die Thesen dieser Studie vermuten lassen, nicht gering. Deswegen wäre es angesichts der relativ geringen Zahlen, die die Start-ups unter den Sozialunternehmen ausmachen dürften, wohl zunächst sinnvoll, das gegenwärtige Unterstützungssystem von Start-ups im Bereich Social Entrepreneurship im Verhältnis zum Output einer Evaluation zu unterziehen.

2.2 Sustainability/Nachhaltigkeit

Ein weiteres wichtiges Element von CSR ist Sustainability/Nachhaltigkeit. Hier muss man unterscheiden zwischen denjenigen Start-ups, bei denen Nachhaltigkeit Kernelement des Geschäftszwecks ist – eine Parallele zu Social Entrepreneurship – und solchen, die ihre Unternehmenstätigkeit an diesem Grundsatz ausrichten, ohne dass ihr unmittelbarer Geschäftszweck etwas damit zu tun hätte. Erstere werden hier unter dem Begriff Green Economy zusammengefasst.

Durch die Arbeiten des Borderstep Instituts, Berlin, liegen zu Start-ups der Green Economy hinreichend belastbare Zahlen vor. Danach zählen zur Green Economy die Bereiche Erneuerbare Energien, Energieeffizienz, Emissionsvermeidung, Kreislaufwirtschaft, Ressourceneffizienz, Erneuerbare Ressourcen sowie Biodiversität und Ökosysteme. Größtes Gewicht haben die beiden Erstgenannten mit zusammen zwei Dritteln der Zahl der Unternehmen. Im Jahre 2014 waren in Deutschland 20.150 grüne Gründungen am Start. Die Studie vergleicht auch die Gründungsintensität der einzelnen Bundesländer, indem die Zahl der grünen Gründungen pro 10.000 Erwerbstätige im Zeitraum 2006 bis 2014 ermittelt wird. Danach lag NRW mit 4,3 grünen Gründungen unter den 16 Bundesländern auf dem 13. Platz, bei den gesamten Betriebsgründungen über alles jedoch auf dem 10. Platz. Spitzenreiter bei den grünen Gründungen war Hamburg (vgl. Fichter und Weiß 2016).

Im Unterschied zum Bereich Social Entrepreneurship bauen sich die Unterstützungsstrukturen für die Green Economy gerade erst auf, gewinnen jedoch zunehmend an Dynamik. Immerhin gibt es auch hier einige Entrepreneurship-Lehrstühle, die sich mit Green Economy befassen sowie einen Arbeitskreis Sustainable Entrepreneurship im FGF.

Eine Reihe von Projekten versucht nachhaltige Unternehmensstrukturen oder nachhaltige Geschäftsmodelle voranzubringen. StartGreen@School fördert eine nachhaltige Gründungskultur an Schulen. Ziel ist, dass Schüler mehr über Unternehmensgründungen im Nachhaltigkeitsbereich lernen und sich dadurch inspirieren lassen, eigene Schülerfirmen zu gründen. Die Gründerinitiative StartUp4Climate setzt auf die Ausrichtung der Gründungsförderung auf Klimaschutz und Nachhaltigkeit. Für die Durchführung von Workshops zur Geschäftsmodellentwicklung stellt das Projekt einen Moderationsleitfaden sowie ein mit Nachhaltigkeitsfragen modifiziertes Business-Canvas-Modell zur Verfügung.

Weiter geht der Gründungswettbewerb KUER (Klima, Umwelt, Energieeinsparung, Ressourcenschonung), dessen Fokus sich auf NRW bezieht, auch wenn Teilnehmer aus ganz Deutschland zulässig sind. Er verhilft Gründungswilligen in der Green Economy nicht nur dazu, im Rahmen eines Businessplanwettbewerbs einen qualifizierten Businessplan zu schreiben, sondern gibt ihnen vorher auch eine erste Orientierung über die Qualität ihrer Geschäftsidee und begleitet die erfolgreichen Absolventen des Wettbewerbs bei Gründung und Finanzierung.

Die Problematik derartiger Projekte liegt in der meist nur dreijährigen Förderung. Bleibt die Anschlussfinanzierung aus, was insbesondere für mit EU-Mitteln finanzierte Projekte oft gilt, dann sind dauerhafte Effekte nur begrenzt zu erwarten. Insofern lässt sich noch nicht absehen, ob die genannten Projekte die Start-up-Szene der Green Economy langfristig voranbringen.

Start-ups der Green Economy können sich um mindestens zwei spezifische Awards bewerben: Den StartGreen Award im Rahmen des Projekts StartUp4Climate und um den Next Economy Award im Rahmen des Deutschen Nachhaltigkeitspreises.

Die Inkubatoren- und Akzeleratorenlandschaft bereichert sich nach und nach um solche der Green Economy. Die NRW-Unternehmen Eon und Innogy, letzteres auch mit einem Corporate Fonds, und neuerdings Wilo sind Beispiele.

Bei Investoren gelten Unternehmen der Green Economy prinzipiell als sehr begehrt. So liegen sie beim vierteljährlichen Business Angels Panel, das die VdI Nachrichten mit Partnern organisieren, regelmäßig mit an der Spitze der Wunschliste. Unsere Erfahrung ist aber, dass die Zahl der Finanzierungen in der Realität dennoch zu wünschen übrig lässt. Dem auf den Grund gehen will das Projekt GreenUpInvest unter Federführung des Borderstep Instituts und mit Beteiligung u. a. von Business Angels Netzwerk Deutschland (BAND). Außerdem sollen ein Investorennetzwerk aufgebaut und mithilfe eines High-Level-Matching-Formats Qualitätsstandards gesetzt werden, um die Finanzierungssituation zu verbessern.

Insgesamt dürfte die Start-up-Green-Economy in Deutschland und in NRW schon allein wegen ihres großen Potenzials und des allgemein hohen Umweltbewusstseins gute Chancen haben.

2.3 Unternehmenskultur/Unternehmensführung

Spätestens, wenn das Start-up personell über die eigentlichen Gründer hinauszuwachsen beginnt, werden Fragen nach dem Selbstverständnis des Unternehmens, der Unternehmenskultur und in diesem Zusammenhang der Unternehmensführung und der Personalführung virulent (zum Zusammenhang zwischen Unternehmenskultur und Personalführung bei Start-ups vgl. Buchheim 2012). Gerade weil viele Gründer hierzu über wenig oder gar keine Erfahrungen verfügen, beschäftigen sich mannigfache Artikel im Web mit diesem Themenkomplex.

Wegen der bei Start-ups knappen finanziellen Ressourcen, aber auch der hohen Ansprüche, die Gründer an sich selbst stellen und damit oft auch an ihre Mitarbeiter, ist vor allem die Unternehmens- und Personalführung und die Berücksichtigung der Belange der Mitarbeiter bei Start-ups ein spannungsreiches Feld. Dies bestätigen die oben zitierten Ergebnisse des Deutschen Start-up Monitors 2016. Die schnellen Veränderungen, denen sich Start-ups oft stellen müssen, führen gelegentlich auch zu abrupten, nicht vorausgesehenen Personalmaßnahmen zulasten der Mitarbeiter.

Um die u. U. schlechtere Bezahlung auszugleichen und die Mitarbeiter zu binden, legen manche Start-ups Mitarbeiterbeteiligungsprogramme auf, die allerdings meist nur im Falle eines erfolgreichen Exits relevant werden (Virtual Stock Options – Schiemzik und Jaenig 2012).

Dies zeigt, dass Start-ups oft auch die Chance des Neuanfangs nutzen, um mit ihrer Unternehmenskultur neue Maßstäbe zu setzen. Das schon sprichwörtliche Kickergerät in den Unternehmensräumen steht dafür symbolisch. Schlanke oder gar keine Hierarchien, Entscheidungsspielraum für die Mitarbeiter, keine festen Arbeitszeiten, Berücksichtigung der familiären Situation durch die Möglichkeit, im Homeoffice zu arbeiten, Unterstützung von sportlichen Aktivitäten, sind einige der Beispiele, wo Start-ups neue Wege der Unternehmenskultur zu gehen versuchen.

Über das Düsseldorfer Hotelportal Trivago wird berichtet, die Firma sei das „Li-La-Launeland der deutschen Start-up-Szene". Trivago biete seinen Mitarbeitern Urlaub ohne Ende, kostenlose Getränke, Müslis, Sandwiches, Fitnesskurse, Barbecues auf der Dachterrasse und gemeinsame Urlaubstrips (Hüsing 2015). Das Lebensgefühl der deutschen Start-ups hat der Deutsche Start-up Monitor 2016 mit folgenden Indikatoren zu ergründen versucht: 94,6 % erlauben das Tragen von Sweaters im Büro, 24,1 % haben einen Kickertisch, 16,6 % sagen, dass Matetee ihr Lieblingsgetränk sei, und 10,8 % haben eine Feel-Good-Oma.

Auch wenn es kaum Daten zur Unternehmenskultur in Start-ups gibt, kann doch vermutet werden, dass dieses Element von CSR bereits heute eine relativ große Rolle spielt. Daher könnte es als Ansatz dienen, um CSR generell bei Start-ups noch stärker ins Bewusstsein zu bringen.

3 Aufbau von Unterstützungsstrukturen für einen ganzheitlichen CSR-Ansatz

Zweifellos die Königsdisziplin des CSR-Konzepts bei Start-ups ist CSR als ganzheitlicher Ansatz und nicht die bloße Implementierung einzelner Elemente. Der Unterschied lässt sich leicht an den beiden US Unicorns Uber und Airbnb nachweisen. Beide sind Ausdruck der Sharing Economy, die den Vorteil hat, Ressourcen zu schonen und damit Nachhaltigkeitseffekte zu erzielen. Denn tendenziell bedeutet die stärkere Nutzung vorhandener Kraftfahrzeuge durch Uber, dass weniger neue Fahrzeuge gekauft werden, und bei Airbnb, dass weniger Hotelneubauten erforderlich werden. Dennoch bestehen ernsthafte Zweifel hinsichtlich der Erfüllung von CSR. Denn ob Uber die deutschen Vorschriften über Scheinselbstständigkeit beachtet und Schutzvorschriften zugunsten der Fahrgäste einhält, wird heftig diskutiert und Airbnb könnte mit dem allgemeinen Wohl in Konflikt kommen, wenn seine Partner Wohnungen nicht nur gelegentlich, sondern ständig vermieten, weil dies zulasten verfügbaren Wohnraums gehen könnte.

CSR muss also die Auswirkungen der Unternehmenstätigkeit in jeder Hinsicht einbeziehen. Daraus folgt auch, dass CSR den Anspruch hat, auch in denjenigen Start-ups etabliert zu werden, die eines der Kernthemen von CSR nicht zum Gegenstand ihres Geschäftsmodells gemacht haben, d. h., CSR betrifft alle Start-ups. Erst wenn dies akzeptiert ist und daraus Konsequenzen gezogen sind, könnte von einer CSR-Kultur bei Start-ups gesprochen werden.

Trotz Königsdisziplin gibt es allerdings kaum relevante Ansätze oder Initiativen, um den ganzheitlichen CSR-Ansatz speziell bei Start-ups voranzubringen und zu implementieren.

Erwähnt sei hier das Projekt „CSR Hub NRW". Dabei handelt es sich um eines der gegenwärtig in NRW vom Land geförderten CSR-Kompetenzzentren. Dieses vom Collaborating Centre on Sustainable Consumption and Production (CSCP), Wuppertal, und BAND, Essen, gemeinsam durchgeführte Projekt hat u. a. das Ziel, CSR-Kompetenzen an Start-ups in NRW zu vermitteln sowie Kapitalgeber und Beratungsstellen, u. a. solche an Hochschulen, für CSR zu sensibilisieren. Start-ups, Business Angels und Investoren werden auf Gründerveranstaltungen, in Co-Working Spaces und bei Netzwerkveranstaltungen aktiv angesprochen. CSR-Inhalte werden über Workshops, Webinare und Veranstaltungen umsetzungsorientiert vermittelt. Die Ergebnisse fließen in die Entwicklung einer anwenderfreundlichen CSR-Checkliste für Start-ups und die Business Angels Community ein sowie in die CSR-Forschung und -Lehre.

So nützlich dieses Projekt für den Weg zu einer ganzheitlichen CSR-Strategie für Start-ups sein dürfte, so wichtig ist es, darauf zu achten, nicht auf halbem Weg stehen zu bleiben, denn die Implementierung von ganzheitlicher CSR bei Start-ups begegnet erheblichen Hindernissen.

Gründungsunternehmer haben alle Hände voll zu tun. Sie müssen froh sein, das Notwendige erledigen zu können. Ist für sie CSR da nicht eher ein nettes Add-on? Das wäre es nicht, wenn CSR für den Unternehmenserfolg signifikante Vorteile brächte. Bei etablierten Unternehmen lässt sich dies zumindest teilweise nachweisen. So führt das Bundesarbeitsministerium als Vorteile von CSR an: Reputationsgewinne, Kostenvorteile durch Energie- und Ressourceneffizienz, Risikominimierung z. B. durch ein Arbeitssicherheits- und Gesundheitsmanagement, Innovationsnähe durch frühzeitiges Erkennen neuer Rahmenbedingungen. Vor allem aber seien für langfristig orientierte Anleger und institutionelle Anleger wie Lebensversicherer und Pensionsfonds Nachhaltigkeitskriterien wichtige Faktoren für die Anlagestrategie (http://www.csr-in-deutschland.de/DE/Was-ist-CSR/Nutzen-fuer-Unternehmen/nutzen-fuer-unternehmen.html). Mit dem Forum für Nachhaltige Geldanlagen (FNG) hat sich ein Verband etabliert, der für die Vorteile solcher Geldanlagen steht.

Ob die genannten Vorteile oder andere in gleicher Weise für Start-ups gelten, kann durchaus bezweifelt werden. Zu spezifischen Start-up-Themen, bei denen CSR Vorteile bringen könnte, etwa die Überlebensrate oder die Wachstumsgeschwindigkeit, gibt es bisher keine Untersuchungen.

Und wie ticken die Investoren von Start-ups? Wir wissen es bisher nicht. Diese Frage ist jedoch höchst relevant. Denn die Finanzierung ist eines der wichtigsten Probleme, die Start-ups lösen müssen. Optimal wäre es, wenn CSR als Erfolgsfaktor bei Start-ups nachweisbar wäre. Gut wäre es aber auch, wenn es Investoren gäbe, die aus innerer Überzeugung, dass CSR ein allgemeines Prinzip des Wirtschaftens sein muss, nur oder vorrangig CSR-Start-ups finanzieren.

Die eingangs gestellte Gretchenfrage für Start-ups und CSR: „Nice to have" oder „must"?, kann also gegenwärtig nicht eindeutig beantwortet werden.

4 Rahmenbedingungen für ganzheitliches CSR bei Start-ups

Damit CSR bei Start-ups zu einer Selbstverständlichkeit wird, wäre es am wichtigsten, dass CSR generell als wesentliches Element des Wirtschaftens anerkannt wird, und zwar weltweit, denn gerade die innovativsten unter den Start-ups müssen sich im Weltmarkt beweisen. Was für die Gesamtwirtschaft gilt, hätte auch Einfluss auf Start-ups. Dieser Bewusstseinswandel ist im Gange, aber noch nicht abgeschlossen. Auch wenn es sich dabei letztlich um eine Rückbesinnung und zeitgemäße Weiterentwicklung des Grundsatzes des ehrbaren Kaufmanns handelt, scheint der Weg, der vom reinen Shareholder-Value-Denken und kurzfristigen Erfolgszielen wegführt, noch nicht zu Ende gegangen.

So bleibt die Frage, was konkret getan werden kann, um CSR in Start-ups selbstverständlich werden zu lassen. Dazu nachstehend einige erste, keineswegs als abschließend zu betrachtende Überlegungen.

- Ausbau der Forschung zur tatsächlichen Nutzung von CSR bei Start-ups und zur Frage, inwieweit CSR auch bei Start-ups mit geschäftlichen Vorteilen verbunden ist
- Stärkere Einbindung von CSR in die Entrepreneurship-Lehre an den Hochschulen
- Aufbau eines CSR-Centers für Start-ups (z. B. als Fortentwicklung des genannten Projekts CSR Hub NRW)
- Konzeption eines speziell auf Start-ups ausgerichteten CSR-Modells
- Implementierung von CSR in die Businessplan- und Canvas-Modelle und deren Nutzung durch Gründungswettbewerbe und Start-up-Unterstützungsprojekte
- CSR-Qualifizierung sowohl für Start-ups als auch für Investoren
- Aufbau eines Investorennetzwerkes, das CSR als relevant für Finanzierungen bewertet
- Spezielle Matching-Veranstaltungen für CSR-getriebene Start-ups

Nachgedacht werden könnte auch darüber, Förder- und Zuschussmaßnahmen des Staates für Start-ups davon abhängig zu machen, dass diese über ein CSR-Konzept verfügen und die Implementierung von CSR-Maßnahmen nachweisen. Allerdings wäre dabei zu berücksichtigen, dass damit der von den Start-ups zu erbringende Aufwand für die Erbringung von Fördernachweisen steigt.

Für alle, die CSR voranbringen möchten, lohnt es sich, etwas dafür zu tun, damit CSR vor allem bei Start-ups bessere Realisierungschancen erhält. Denn Start-ups sind die Zukunft der Volkswirtschaft. Das alte Sprichwort: „Was Hänschen nicht lernt, lernt Hans nimmermehr", ist zwar längst widerlegt. Gleichzeitig aber ist sicher, dass Start-ups, die den Umgang mit CSR gelernt haben, dieses Instrument mit großer Wahrscheinlichkeit auch als etabliertes Unternehmen nutzen werden.

Literatur

Buchheim (2012). http://www.gruenderszene.de/hr/unternehmenskultur-startups

Fichter, Weiß (2016)

Hüsing (2015) https://www.deutsche-startups.de/2015/11/26/trivago-ein-inclusive-wellnesshotel-fuer-mitarbeiter/

Scheuerle, Glänzel, Knust, Then (2013)

Schiemzik, Jaenig (2012) http://www.gruenderszene.de/recht/virtual-stock-option

Unterberg, Jahnke, Sänger, Spiess-Knafl (2016)

Dr. Ute Günther ist seit 2001 Kovorsitzende des Business Angels Netzwerk Deutschland e. V. (BAND) und in dieser Eigenschaft auch Vizepräsidentin von Business Angels Europe (BAE). Sie hat Philosophie, Romanistik und Erziehungswissenschaft an der Ruhr Universität Bochum und der Sorbonne in Paris studiert und in Philosophie promoviert. Sie war in Forschung und Lehre tätig an den Universitäten Bochum, Essen, Trier und Vallendar. Parallel dazu entwickelte sie Infrastrukturprojekte im Bereich Innovation und Qualifizierung, seit Mitte der 1990er-Jahre vorwiegend im Ruhrgebiet. Auf dieser eher regionalen Ebene ist sie heute noch tätig als geschäftsführendes Vorstandsmitglied des pro Ruhrgebiet e. V. (VpR), Vorstand der Business Angels Agentur Ruhr e. V. (BAAR) und Geschäftsführerin der Startbahn Ruhr GmbH.

Dr. Roland Kirchhof ist seit 2001 Kovorsitzender des Business Angels Netzwerk Deutschland e. V. (BAND), dem Verband der Angel-Investoren und ihrer Zusammenschlüsse in Deutschland. Nach dem Studium an den Universitäten in Würzburg, Tübingen und München nahm der an der LMU in München promovierte Volljurist zunächst eine Verwaltungslaufbahn. Er war in der Staatsverwaltung des Freistaats Bayern, der Landesverwaltung NRW, als Beigeordneter des Landkreistages NRW und zuletzt als Chef der Stadtverwaltung Herne tätig. Weiter war er Anwalt und geschäftsführendes Vorstandsmitglied von pro Ruhrgebiet. Gegenwärtig ist er außerdem Vorstand der Business Angels Agentur Ruhr e. V. (BAAR) und Geschäftsführer der Startbahn Ruhr GmbH, die Gründungsförderung und Gründungswettbewerbe betreibt.

Impulse von Verbänden

Gesellschaftliche Verantwortung und unternehmerischer Erfolg sind keine Gegensätze – Impulse der IHK Köln zum nachhaltigen Wirtschaften

Ulrich S. Soénius

1 Ausgangslage

Die Wirtschafts- und Finanzmarktkrise 2008/2009 hat der Glaubwürdigkeit marktwirtschaftlicher Ordnungen geschadet. Individuelles Fehlverhalten und kontroverse öffentliche Debatten haben in der Gesellschaft einen Vertrauensverlust gegenüber Wirtschaft und Politik hervorgerufen. In der Folge hat auf nationaler, europäischer und internationaler Ebene die sozial, ökologisch und ökonomisch verantwortungsvolle Unternehmensführung erheblich an Bedeutung und Aufmerksamkeit gewonnen. Hinzu kam die Diskussion über die Verabschiedung der sogenannten „Corporate Social Responsibility (CSR)-Richtlinie" und deren Auswirkungen auf die Unternehmen. Nachdem das Europäische Parlament und der Europäische Rat diese im Herbst verabschiedeten, stand die Umsetzung in nationales Recht an (ABl. L 330 vom 15.11.2014, S. 1; L 369 vom 24.12.2014, S. 79).

Viele Unternehmen warteten aber nicht auf die Umsetzung einer solchen Verordnung „von oben", sondern stellten sich teilweise in intensiven internen Diskussionsprozessen der Verantwortung. Vieles ist den Unternehmen dabei nicht fremd, nachhaltiges Wirtschaften weitverbreitet. In Industriebetrieben wurden von jeher Abfälle, die bei der Verarbeitung von Rohstoffen anfielen, gesammelt und einer Wiederverwendung zugeführt. Bereits im 19. Jahrhundert haben Industrieunternehmen Restbestände anderer Unternehmen aufgekauft und neue Produkte damit hergestellt.

U. S. Soénius (✉)
Industrie- und Handelskammer zu Köln
Unter Sachsenhausen 10 – 26, 50667 Köln, Deutschland
E-Mail: ulrich.soenius@koeln.ihk.de

2 Industrie- und Handelskammer und CSR

Die Industrie- und Handelskammern haben bereits seit mehreren Jahren das Thema CSR auf der Agenda. Beim Deutschen Industrie- und Handelskammertag (DIHK), der Dachorganisation der deutschen IHKs, existiert seit mehreren Jahren ein eigener Arbeitskreis, in dem die IHKs aktiv ihre Erfahrungen mit dem Thema teilen. Dies leiten die IHKs aus § 1 Abs. 1 IHK Gesetz ab, in dem ihnen der Gesetzgeber aufgegeben hat, „für Wahrung von Anstand und Sitte des ehrbaren Kaufmanns zu wirken" (BGBl. I 2015, S. 147). Unter den Werten, die der „ehrbare Kaufmann" vertritt, befindet sich die Verantwortung. Dies für die Menschen (Mitarbeiter und Verbraucher) und für den Umgang mit Rohstoffen zu übernehmen, hat viele deutsche Unternehmen herausgefordert. Dabei verlässt die Unternehmen neben der Orientierung an ethischen Werten nicht der Sinn für die kaufmännische Realität.

Die IHK Köln hat sich ebenfalls dieser Aufgabe gewidmet. Für die Selbstverwaltungsorganisation des Gesamtinteresses der gewerblichen Wirtschaft in der Region war und ist wichtig, dass das Bewusstsein für eine sozial, ökologisch und ökonomisch verantwortungsvolle Unternehmensführung eine Chance für die Unternehmen darstellt, um ihre Wettbewerbs- und Innovationsfähigkeit zu stärken. So sichern sie ihre Zukunft. Es ist in der IHK Köln eine lange Tradition, sich diesem gesamtwirtschaftlichen Phänomen zu widmen. Nach dem Zweiten Weltkrieg war ihr Präsident Dr. h. c. Franz Greiß (1947–1958), einer der „Väter" der sozialen Marktwirtschaft, die ebenfalls die Verantwortung der Unternehmer für das Gesamtgebilde Unternehmen und Wirtschaft einfordert. Als Präsident unternahm Greiß neben der Unterstützung der Wirtschaft auch den Versuch, die Werte und die Bedeutung der sozialen Marktwirtschaft den Menschen näherzubringen.

3 Nachhaltigkeit als Chance für die Unternehmen – am Anfang eine Konferenz

Aufgabe einer IHK ist es laut Gesetz, „für die Förderung der gewerblichen Wirtschaft zu wirken". Wichtig ist die Beschäftigung mit solchen Themen auf der Metaebene, aber ebenso bedeutend ist die Vermittlung des gewonnenen Wissens an die Unternehmen, damit diese im betrieblichen Alltag die Umsetzung vornehmen können. Daher war es ein Glücksfall, dass die Cologne Business School (CBS) sich des Themas annahm und 2013 – aus Anlass des 20-jährigen Bestehens – in den Räumen der IHK Köln ein wissenschaftliches Symposium zum Thema „Gesellschaftliche Verantwortung und Nachhaltigkeit von Unternehmen im 21. Jahrhundert" anbot. Unterstützt wurde das Symposium von der Dr. Jürgen Meyer Stiftung und der IHK Köln, die Unternehmer als Teilnehmer gewinnen konnte, die die dort vorgebrachten Argumente für ihre Praxis aufnahmen. In mehreren Themenblöcken erfuhren die Teilnehmer neue Ansätze und Informationen, etwa zum nachhaltigen Investment, zur strategischen Herausforderung von CSR oder auch zur „Nachhaltigkeit im Fußball".

Das erfolgreiche Symposium bestärkte die Geschäftsführung der IHK Köln, das Thema CSR/Nachhaltigkeit weiterzuverfolgen und für die Mitgliedsunternehmen Modelle anzubieten, die als Best Practice möglichst konkret und nachvollziehbar umsetzbar sind. Segensreich erwies sich die Zusammenarbeit mit der CBS, die auf diesem Gebiet neben wissenschaftlicher Expertise, Innovationsgeist und studentischer Neugierde zielorientiert die praktische Anwendung beflügelte.

2016 richtete die CBS in den Räumen der IHK Köln die dritte, nach London und Nanjing, internationale Konferenz zum Thema „CSR, Sustainability, Ethics and Governance" mit dem Fokus auf „Sustainability as New Business Paradigm" aus. Die IHK Köln hat als Partner die Konferenz unterstützt, weil für ihre Mitgliedsunternehmen ein Mehrwert darin bestand, die internationalen Aspekte dieses Themas kennenzulernen. Zudem wollte die IHK Köln mit dieser Konferenz erneut den Austausch zwischen Wissenschaft und Wirtschaft, zwischen Theorie und Praxis, zum gegenseitigen Befruchten fördern. Das Engagement der IHK wurde von Prof. Dr. Nicholas Capaldi, Präsident des Global Corporate Governance Institute, in seiner Ansprache gewürdigt. Im Vorfeld der internationalen Konferenz fand für die regionalen Unternehmen ein „Nachhaltigkeitskongress" von IHK und CBS statt, in dem über Geschäftsmodelle, Finanzierungsfragen, Managementthemen und neue Wege angesichts globaler Herausforderungen diskutiert wurde.

4 Umfrage und Öffentlichkeitsarbeit

Zwischen den beiden Konferenzen lagen für die IHK Erfahrungen aus Veranstaltungen rund um das Thema Nachhaltigkeit. 2014 beauftragte die IHK Köln die Kienbaum Management Consultants GmbH mit einer Studie über Nachhaltigkeit in der Wirtschaft. Dabei wurden besonders Mittelständler in den Fokus genommen. Die Studie zeigte, dass es kein Erkenntnis-, sondern ein Umsetzungsproblem gibt (Hamacher 2014, S. 40–41). Rolf Friedrich, Direktor und Mitglied der Geschäftsführung bei Kienbaum Consultants GmbH, empfand, dass Nachhaltigkeit deutlicher in „das Führungs- und Steuerungssystem des Unternehmens" verankert werden müsste. So könne Nachhaltigkeit gelebt und der Unternehmenserfolg gesichert werden. Die Studie zeigte, dass mehr als 50 % der befragten Unternehmen im IHK-Bezirk ihre Nachhaltigkeitsstrategie nicht ausformuliert hatten. Dafür empfanden alle Antwortgeber das Thema aber als relevant für ihren Erfolg und förderlich für ihr Image. Mehr als 65 % gingen über die gesetzlichen Anforderungen hinaus. Beim Preis für nachhaltige Produkte gaben sich die Unternehmen aber keiner Illusion hin: Höhere Preise für nachhaltige Produkte, die viele Verbraucher wollten, ließen sich nicht erzielen. Auch empfanden sie, dass das Bewusstsein bei den Mitarbeitern auszubauen sei (IHKplus 2015, S. 37). Die Ergebnisse der Studie wurden gemeinsam mit Kienbaum im November 2014 vorgestellt. Um die Teilnehmer zum Mitmachen zu bewegen, animierten die Kölner Künstlerinnen Julja Schneider und Iris Stephan von ARTvisite die Anwesenden zu künstlerischer Gestaltung.

Die IHK Köln reagierte in mehrfacher Hinsicht auf die Studie. Zunächst veröffentlichte sie in ihrer Mitgliederzeitschrift eine Titelstory zur Nachhaltigkeit in Unternehmen (Schmitz 2015, S. 29–37). Im Hauptteil des Beitrags berichteten Unternehmer aus der Region über ihre Nachhaltigkeitsstrategie und deren Umsetzung – Best Practice für andere Interessenten. In zwei Interviews wurde das Thema mit Experten erörtert: Prof. Dr. Michael Braungart von der Rotterdam School of Management gab Antworten zu „Cradle zu Cradle: von der Wiege zur Wiege" (Schmitz 2015, S. 33) und Prof. Dr. René Schmidpeter von der Cologne Business School erklärte, warum Nachhaltigkeit betriebswirtschaftlichen Nutzen erbringt (Schmitz 2015, S. 34). Ulf Reichardt, Hauptgeschäftsführer der IHK Köln, erläuterte in einem Kommentar die Haltung und das Angebot der IHK Köln zu dem Thema (Schmitz 2015, S. 36).

5 In Workshops Best Practice zur Nachhaltigkeit erfahren

Zudem legte die IHK Köln gemeinsam mit der Cologne Business School eine Workshopreihe auf, in deren Mittelpunkt die Weitergabe von Erfahrungen und die Beteiligung der Teilnehmer zur Erarbeitung eigener Strategien und Umsetzungsideen standen. Die IHK dachte mit – die Verpflegung während der Workshops wurde auf ökologisch nachhaltig angebaute Lebensmittel und Getränke umgestellt.

Die Workshops beschäftigten sich mit unterschiedlichen Themen. Der erste hatte die Herstellung von Gütern im Blick und stand unter dem Motto: „Nachhaltige Produkte und nachhaltige Produktion als Erfolgsfaktoren der Zukunft" (März 2015). Im zweiten Workshop ging es um das Thema Beschaffung: „Wieviel Nachhaltigkeit kann sich ein Unternehmen leisten – Nachhaltige Beschaffung und Wertschöpfung" (April 2015). Der dritte Workshop drehte sich um das Thema Kommunikation: „Wie Unternehmen durch den Dialog mit ihren Kunden, Mitarbeitern und Lieferanten Wertschöpfung generieren können" (September 2015). Der vierte Workshop in diesem Jahr, im November 2015, stand unter der Überschrift: „Nachhaltige Geschäftsmodelle erzielen Gewinne". Die Workshopreihe wurde im folgenden Jahr 2016 mit zwei branchenspezifischen Veranstaltungen fortgesetzt. Im April standen im Fokus „Nachhaltige (Gewerbe-)Immobilien" und im Juni die Logistik: „Die 6 ‚R' in Zeiten von Ressourcenschonung und Umweltverträglichkeit".

Allen Workshops gemein war eine Struktur, die einerseits Information, andererseits aktives Mitgestalten erlaubte. Nach einer Keynote diskutierten drei bis vier Unternehmer ihre praktischen Anwendungen nachhaltiger Geschäftsmodelle, die sie teilweise selbst, teilweise unter Anleitung entwickelt und erprobt hatten. Im Anschluss vertieften die Panelteilnehmer diese Erkenntnisse in Einzelworkshops, zu denen die restlichen Teilnehmer engagiert mit Fragen und eigenen Themen beitrugen. So entstand ein interaktiver Austausch untereinander, zurückhaltend begleitet von Wissenschaft und Selbstverwaltungsorganisation. Neben den Unternehmern fanden immer wieder Studenten der CBS zu der Workshopreihe, sodass – als durchaus bemerkenswerter Nebeneffekt – zukünftige Fachkräfte mit potenziellen Arbeitgebern ins Gespräch kamen.

6 Fazit und Ausblick

Zu Beginn der Beschäftigung mit dem Thema „Nachhaltigkeit" schrieb die IHK zum Auftakt: „Wir wollen Mut machen und motivieren, dass Nachhaltigkeit und ökonomischer Erfolg Hand in Hand gehen können und sollten." Ja, nach fast drei Jahren kann konstatiert werden, dass dies in der Tat möglich ist – viele Unternehmer haben dies in den Veranstaltungen und den Veröffentlichungen bewiesen. Zwar gehört Mut, Risikobereitschaft und in geringem Maße Kapital dazu, soziale, ökologische und ökonomische Nachhaltigkeit als Strategie einzuführen und dann umzusetzen, aber diese Tugenden sind ja ureigene Unternehmereigenschaften, die sie erst zu dem machen, was sie sind. Daher ist ohne ein Umdenken kein neuer Weg möglich – aber auch kein neuer Erfolg. Es ist für die Unternehmer von außerordentlicher Bedeutung, dass sie den ökonomischen Zusammenhang bei der Nachhaltigkeit erkennen – nur so können sie sich selbst, aber auch ihre Mitarbeiter und ihre Kunden überzeugen. Dazu gehört: „jeden Tag neu denken und nicht aufhören zu lernen". Ein Bauunternehmer, der bei der Immobilienveranstaltung ein erfolgreiches Energiehaus vorstellte und dann einen Workshop leitete, resümierte: „Bei der Vorbereitung habe ich so viel gelernt, ich dachte, ich wüsste schon alles."

Die IHK Köln ist sich als Selbstverwaltungsorganisation der gewerblichen Wirtschaft ihrer Rolle bewusst, bei den Themen CSR und Nachhaltigkeit weiter Information, Aktion und Impulse anzubieten – im Interesse der Sache und der Unternehmen, die für die Gesellschaft von immenser Bedeutung sind.

Dr. Ulrich S. Soénius, stellv. Hauptgeschäftsführer der IHK Köln und Geschäftsbereichsleiter Standortpolitik

Literatur

Hamacher E (2014) Wie sich Gutes-Tun rechnet. IHKplus, September 2014, S. 40–41
IHKplus (2015) Februar 2015
Schmitz L (2015) Wenn alle gewinnen. IHKplus, Februar 2015, S. 29–37

Dr. Ulrich S. Soénius, geb. 1962, Studium Mittlere und Neuere Geschichte, Bibliothekswissenschaft und Politische Wissenschaften in Köln, stellv. Hauptgeschäftsführer Industrie- und Handelskammer zu Köln und Geschäftsbereichsleiter Standortpolitik, Vorstand und Direktor der Stiftung Rheinisch-Westfälisches Wirtschaftsarchiv zu Köln, stellv. Vorsitzender des Unternehmer für die Region Köln e.V., der den Städtebaulichen Masterplan für die Innenstadt Kölns beim Büro Albert Speer & Partner in Auftrag gegeben hat. Er ist sachkundiger Einwohner im Stadtentwicklungsausschuss des Rates der Stadt Köln, Vorsitzender des Kölner Stiftungen e.V., des AK Kultur und Kreativwirtschaft beim Deutschen Industrie- und Handelstag (DIHK) e.V. sowie des Beirats des Kompetenzzentrums für Kultur- und Kreativwirtschaft bei der Bundesregierung, Mitglied in Vorständen von Vereinen, Stiftungen und Gesellschaften, Träger des Meisterpreises der Stiftung KölnHandwerk e.V. 2016; Veröffentlichungen zu Stadtentwicklung, Archiv- und Geschichtswissenschaft.

Gesellschaftliche Verantwortung in kleinen und mittelständischen Unternehmen – ein Erfahrungsbericht

Michael Pieck

Corporate Social Responsibility – kaum ein anderer Begriff hat in den vergangenen Jahren so viele Befürworter, Kritiker und Verunsicherte auf den Plan gerufen wie dieser. Dabei ist das Grundprinzip des verantwortungsbewussten Wirtschaftens keine neue Idee. Im Kern basieren alle CSR-Konzepte auf dem traditionellen Leitbild des „ehrbaren Kaufmanns". Darum ist es für viele kleine und mittelständische Unternehmen (KMU) in unserer Region überhaupt keine Frage, sich verantwortungsbewusst gegenüber ihren Mitarbeitenden, Geschäftspartnern und in der Gesellschaft zu engagieren. Auch richten viele von ihnen seit jeher ihr wirtschaftliches Handeln nach nachhaltigen und ökologischen Aspekten aus.

1 Vom ehrbaren Kaufmann zu CSR

Während der „ehrbare Kaufmann" einer inneren Haltung des Unternehmers entspricht, ist CSR Teil einer Unternehmensphilosophie, eines von Mitarbeitenden wie Führenden getragenen Leitbildes. Die individuelle Haltung wird zu einer strategischen Ausrichtung und setzt damit eng am Kerngeschäft des Unternehmens an. CSR beschäftigt sich mit den positiven und negativen Auswirkungen des Kerngeschäfts und nimmt Einfluss auf die Art und Weise der Gewinnerzielung. Außerdem sollen zukunftsfähige und nachhaltige Veränderungsprozesse in Gang gebracht werden. Die innere Haltung des „ehrbaren Kaufmanns" wird objektiviert, um den Erfolg des Unternehmens zu steigern, wobei gerade die Erfolgsmessung noch oft an weichen Faktoren gemessen wird.

Die IHK Bonn/Rhein-Sieg steht kleinen und mittelständischen Unternehmen seit nunmehr fast zehn Jahren mit einer Reihe von Informationsveranstaltungen, Publikationen und Know-how zur Seite. CSR-Aktivitäten machen kleine und mittelständische Unterneh-

M. Pieck (✉)
IHK Bonn/Rhein-Sieg
Bonner Talweg 17, 53113 Bonn, Deutschland
E-Mail: pieck@bonn.ihk.de

men zukunftsfest in einem globalisierten Wettbewerb – nicht zuletzt deshalb unterstützt die IHK ihre Unternehmen, die bis auf wenige Ausnahmen zu den KMU zählen und hier Unterstützung benötigen. Eine weitere Motivation der IHK ist es, den kleinen und mittelständischen Unternehmen in diesem Kontext eine Stimme zu geben und ihre Interessen zu vertreten. Denn das zeigt die Erfahrung: Bei vielen Veranstaltungen, Kongressen und Aktivitäten sind – wenn überhaupt – Großunternehmen vertreten, während wirkliche Mittelständler und Kleinunternehmen fehlen. Nicht weil sie es nicht wollten: Welcher Inhaber kann sich einfach mal einen Tag freimachen, um aus Bonn, Meckenheim oder Sankt Augustin nach Berlin zu reisen und dort einer Veranstaltung beizuwohnen, wo es um CSR geht? Vielfach fallen die Belange kleiner und mittelständischer Unternehmen bei solchen Veranstaltungen unter den Tisch. So ergibt sich ein mitunter schiefes Bild, das dann zu Aktionsplänen und Aktivitäten führt, die an der Zielgruppe KMU vorbeigehen und bei diesen ins Leere laufen.

Dabei konfrontieren uns Unternehmer immer wieder mit zwei Fragen: Was kostet mich CSR? Und was bringt es mir? Gelingt es uns nicht, diese Fragen zu beantworten, wird CSR für viele KMU ein Buch mit sieben Siegeln bleiben. Dabei hilft es dann auch nicht, dass viele Unternehmen CSR-Aktivitäten seit Jahren umsetzen, es nur nicht so nennen, weil sie diesen Begriff nicht kennen. Viele kleine und mittelständische Unternehmen in der Region Bonn/Rhein-Sieg engagieren sich bereits am Standort – auf den Handlungsfeldern Markt, Arbeitsplatz, Umwelt und Gemeinwesen.

2 CSR zum Frühstück

Aus dieser Grundannahme heraus hat die IHK Bonn/Rhein-Sieg bereits im Jahr 2009 mit der CSR- und Kommunikationsagentur Bonne Nouvelle das Veranstaltungsformat der CSR-Frühstücke entwickelt. Gesucht (und gefunden) wurde ein niederschwelliges Einstiegsformat, von dem viele interessierte Akteure in der Region profitieren können. Die Unternehmen, die ihre eigenen CSR-Aktivitäten vorstellen, erhalten wertvolles Feedback von den Teilnehmenden und können ihre Präsentation beim CSR-Frühstück für ihre Öffentlichkeitsarbeit nutzen.

Mit dem CSR-Frühstück soll zum einen das eigene Engagement des Unternehmens sichtbar gemacht werden; zum anderen wird dadurch eine Plattform geschaffen, die zu Austausch und Diskussion einlädt und zur Nachahmung anregt. Bei einer Vormittagsveranstaltung tauschen sich Unternehmen, Non-Profit-Organisationen, Experten sowie interessierte Akteure in der Region aus und können sich gegenseitig befruchten, über ihre CSR-Aktivitäten berichten, ggf. auch Ideen für gemeinsame Aktivitäten vorstellen und die Bereitschaft zur Beteiligung prüfen. In der Regel stellen CSR-Praktiker aus den gastgebenden Unternehmen und/oder weitere Firmen ihre CSR-Aktivitäten und -Erfahrungen vor. Der Austausch findet beim Frühstück statt und führt zur Vernetzung.

Die von der IHK Bonn/Rhein-Sieg eingeführten CSR-Frühstücke sind von mehreren IHKs auf Bundesebene als Erfolgsmodell übernommen worden. Für interessierte Teilnehmer ist es eine Plattform für den Erfahrungsaustausch und für neue Kontakte, für Experten z. B. wertvoll für die regionale Marktbeobachtung. Durch das Einstiegsformat ist es in der Region Bonn/Rhein-Sieg gelungen, ein aktives CSR-Unternehmensnetzwerk in der Region aufzubauen, das diese Bausteine verstetigt und darüber hinaus den Know-how-Transfer unter den Unternehmen und mit (gemeinnützigen) Organisationen gezielt fördert und innovative Konzepte zur Integration langfristiger CSR-Strategien auf den Weg bringt.

Ferner ist das CSR-Frühstück in der Region Bonn/Rhein-Sieg zu einer Marke und einem „Türöffner" geworden, um auch mit größeren Unternehmen und unterschiedlichen Akteuren (gemeinnützigen Organisationen, Verbänden, Politik, Verwaltung) zu CSR und Zukunftsthemen in der Region ins Gespräch zu kommen. Über 90 % der Unternehmen im Kammerbezirk Bonn/Rhein-Sieg sind kleine und mittelständische Unternehmen. Hin und wieder sind beim CSR-Frühstück auch ansässige Großunternehmen vertreten, für die ein direkter Zugang zum regionalen Mittelstand attraktiv ist und die zeigen möchten, dass und wie sie sich auch regional engagieren. Kernzielgruppe des CSR-Frühstücks sind jedoch Unternehmen, die 20–250 Mitarbeiter beschäftigen. Diese werden in der Regel durch die Geschäftsführung vertreten – bei den größeren Unternehmen auch durch die CSR-Beauftragten. An einem Frühstück nehmen etwa 20–40 Personen teil.

Neben den Unternehmen sind auch explizit zivilgesellschaftliche Organisationen und CSR-Agenturen eingeladen. Vereinzelt haben gemeinnützige Organisationen und eine Hochschule ein CSR-Frühstück ausgerichtet, um ein sektorenübergreifendes Von- und Miteinanderlernen zu ermöglichen. Die ca. dreistündigen CSR-Frühstücke fanden anfangs alle zwei Monate statt, mittlerweile gibt es ein Frühstück pro Quartal.

3 Von der CSR-Initiative Rheinland zum CSR-Kompetenzzentrum Rheinland

Die IHK Bonn/Rhein-Sieg hat sich nach den ersten positiven Erfahrungen mit dem Thema CSR 2011 mit ihren Projektpartnern BetterRelations GmbH und HelpDirect e. V. erfolgreich beim Bundesministerium für Arbeit und Soziales (BMAS) für ein Projekt im Rahmen des ESF-Bundesprogramms „Gesellschaftliche Verantwortung im Mittelstand" beworben. Bundesweit wurden bei über 300 Bewerbern lediglich etwa 70 Projekte ausgewählt. Die IHK bekam den Zuschlag für ihr Projekt „CSR Initiative Rheinland – Unternehmen und Organisationen gemeinsam engagiert", das bis Ende 2013 in der Region Bonn/Rhein-Sieg umgesetzt wurde. Das Projekt richtete sich als Besonderheit nicht nur an KMU, sondern gleichzeitig an gemeinnützige Organisationen (NGO). Auf Basis der Idee und der Erkenntnisse der etablierten Marktplatzmethode verfolgten die Projektpartner das Ziel, sowohl die Unternehmen als auch die Organisationen für CSR zu aktivieren, fit zu machen, zu vernetzen und in einen verstetigten Engagementprozess zu überführen.

Im März 2013 hat die Vollversammlung der IHK Bonn/Rhein-Sieg eine „Resolution zur corporate social responsibility – der gesellschaftlichen Verantwortung von Unternehmen" verabschiedet. Die IHK Bonn/Rhein-Sieg forderte darin Landes-, Bundes- und EU-

Politiker auf, sich dafür einzusetzen, dass CSR in Deutschland nicht eine gelenkte, strategische oder interventionistische Zwangsverordnung wird. Dies würde Innovationen und Vielfalt hemmen und der freien und sozialen Marktwirtschaft widersprechen. So sollte der in Deutschland durch das CSR-Forum vereinbarte Grundsatz der Freiwilligkeit von CSR in Unternehmen bestehen bleiben und nicht durch bürokratische Regulierungen konterkariert werden. Die IHK Bonn/Rhein-Sieg sprach sich in ihrer Resolution für sozial verantwortliches unternehmerisches Handeln als wichtigen Beitrag der Wirtschaft aus. Sie befürwortete die Freiwilligkeit von CSR-Maßnahmen in ihren Unternehmen und wirkt in diesem Sinne auf die Unternehmen der Region ein.

Die IHK Bonn/Rhein-Sieg bekennt sich zum Leitbild des ehrbaren Kaufmanns als tragende Säule der sozialen Marktwirtschaft. Die IHKs sind laut IHK-Gesetz verpflichtet, für die Wahrung von Anstand und Sitte des ehrbaren Kaufmanns zu wirken. Der ehrbare Kaufmann ist ein Vorbild in der sozialen Marktwirtschaft, das auf Anstand, Ehrlichkeit, Verlässlichkeit und Verantwortung beruht. Werteorientierung ist unerlässlich für eine leistungsbetonte Unternehmenskultur. Daher sollten Unternehmen nach innen und außen eine offene, zeitnahe und ehrliche Kommunikation pflegen. Ehrbares Verhalten und gesellschaftliches Engagement rechnen sich nicht nur betriebswirtschaftlich, sondern dienen auch einem positiven Unternehmerbild. Die IHK Bonn/Rhein-Sieg appelliert in ihrer Resolution an alle Verantwortlichen in den Unternehmen, sich ebenfalls zum Leitbild des ehrbaren Kaufmanns zu bekennen und öffentlich ein Zeichen zu setzen – für das eigene Unternehmen, für die Region Bonn/Rhein-Sieg und für das Unternehmertum in Deutschland.

Unsere Region braucht engagierte Unternehmen und Unternehmer, Organisationen, Verbände und Bürger. Soziales, kulturelles und ökologisches Engagement ist heute so wichtig wie nie zuvor. Die IHK Bonn/Rhein-Sieg hat von Dezember 2011 bis Dezember 2013 ihr Projekt „CSR Initiative Rheinland – Unternehmen und Organisationen gemeinsam engagiert" in der Region erfolgreich umgesetzt. Auch nach Auslaufen der Förderung hat die IHK diese Initiative fortgeführt und weiter Veranstaltungen in der Region ausgerichtet. Am 01.01.2016 ging das CSR-Kompetenzzentrum Rheinland der IHK Bonn/Rhein-Sieg an den Start, mit dem wir gemeinsam mit der Hochschule Bonn-Rhein-Sieg, Fachbereich Wirtschaftswissenschaften in Rheinbach, CSR als strategisches Konzept verantwortlicher Unternehmensführung implementieren wollen. Das Projekt ist auf drei Jahre angelegt und wird vom Ministerium für Wirtschaft, Energie, Industrie, Mittelstand und Handwerk des Landes NRW unterstützt. IHK und Hochschule haben sich mit ihrem Konzept neben vier weiteren Kompetenzzentren in NRW unter 25 Mitbewerbern durchgesetzt. Unser Auftrag wird durch die Motivation bestärkt, Befürwortern, Kritikern und Verunsicherten gleichermaßen Aufklärung und Hilfen anzubieten. Weil es sich immer lohnt, sich sozial und ökologisch zu engagieren – individuell und strategisch – zum Nutzen von Umwelt, Gesellschaft und Wirtschaft.

4 CSR-Botschafter werben für die gute Sache

Ziel des CSR-Kompetenzzentrums ist es, CSR als Managementansatz KMU näherzubringen und für das Konzept verantwortlicher Unternehmensführung zu sensibilisieren. Es soll zentraler und fester Ansprechpartner sein und praxisgerechte Informationen vermitteln. Das betrifft die vier Handlungsfelder Markt, Mitarbeiter/Arbeitsplatz, Umwelt und Gemeinwesen. Wichtig ist der ganzheitliche Ansatz, wobei CSR nicht als lästige Pflichtaufgabe gesehen wird, sondern als Strategie und Methode, um Wettbewerbsvorteile am Markt zu erreichen. Nur so wird eine breite Akzeptanz gegeben sein. Verschiedene Veranstaltungsformate (Informationsveranstaltungen, Workshops, Frühstücke, Freitagswerkstätten) sollen Unternehmen über CSR informieren und weitere kleine und mittelständische Unternehmen für die Thematik gewinnen oder begeistern. Positive Erfahrungen machen wir mit unseren mittlerweile acht CSR-Botschaftern. Engagierte Unternehmer, die sich durch ihr CSR-Engagement in der Region auszeichnen, werben für das Thema CSR und helfen uns dabei, das Netzwerk zu erweitern. Die direkte Ansprache von Unternehmern ist dabei einfacher, zielführender und Erfolg versprechender als etwa über Ansprechpartner von Kammern oder des CSR-Kompetenzzentrums. Die Botschafter können aus ihren direkten Tätigkeiten und Aktivitäten in den eigenen Unternehmen berichten und finden so einen guten Zugang zu Inhabern, Geschäftsführern oder Führungskräften.

Michael Pieck wurde am 11.3.1966 in Birkesdorf (jetzt Düren) geboren und ist verheiratet. Er studierte an der Rheinischen Friedrich-Wilhelms-Universität in Bonn Neuere Geschichte, Politische Wissenschaft, Geografie und Wirtschaftsgeografie und schloss sein Magisterstudium 1993 ab. Nach einem Volontariat bei der Aachener Zeitung und Tätigkeiten als Journalist und Seniorberater bei einer Unternehmensberatung ist er seit dem 1.1.2004 Pressesprecher bei der Industrie- und Handelskammer (IHK) Bonn/Rhein-Sieg. Zu seinem Verantwortungsbereich zählt dort auch das Thema CSR. Er ist Projektleiter des CSR-Kompetenzzentrums Rheinland.

CSR – Pflicht oder Kür?
Eine Einschätzung der IHK zu Essen

Guido Zakrzewski und Sandra Schmitz

1 Einleitung

Das Thema der gesellschaftlichen Verantwortung der Unternehmen in Deutschland ist nicht neu, hat jedoch in den letzten Jahren erheblich an Bedeutung und Stellenwert in der öffentlichen Wahrnehmung gewonnen.

Corporate Social Responsibility (CSR) bzw. gesellschaftliche Verantwortung hat immer stärker in Unternehmen zahlreicher Branchen Einzug gehalten. Das soziale, ökologisch verantwortliche und nachhaltige Engagement von Unternehmen ist äußerst vielfältig. Dabei bleiben ökonomische Motive weiter vorrangige Aufgabe von Unternehmen. Damit eine hohe Lebensqualität, die Schonung von natürlichen Ressourcen und trotzdem Wirtschaftswachstum gleichzeitig erreichbar sind, ist es wichtig, zunehmend ökologische, gesellschaftliche und soziale Aspekte des Handelns zu beachten.

Zahlreiche Unternehmen sind im Bereich des gesellschaftlichen Engagements aktiv, obwohl gerade kleine und mittlere Unternehmen häufig noch nicht über ausreichende personelle Ressourcen für strategisches CSR verfügen. Zudem besteht eine ausführliche Debatte zur begrifflichen Abgrenzung, was denn nun als CSR aufzufassen ist und was nicht und ob und inwieweit das Thema Nachhaltigkeit eine Rolle spielt. Davon völlig unabhängig bestanden und bestehen Aktivitäten zur gesellschaftlichen Verantwortung bereits seit Langem in der Unternehmerschaft und haben gerade im ehemals von Bergbau und Schwerindustrie geprägten Ruhrgebiet eine äußerst lange Tradition. Gerade hier haben Unternehmen und Kaufleute sich bereits sehr früh für die Gestaltung ihres Umfeldes

---

G. Zakrzewski (✉) · S. Schmitz
IHK zu Essen
Am Waldthausenpark 2, 45127 Essen, Deutschland
E-Mail: guido.zakrzewski@essen.ihk.de

S. Schmitz
E-Mail: sandra.schmitz@essen.ihk.de

und Standortes, aber auch direkt für die lokalen Gemeinschaften und Beschäftigten mit unterschiedlichsten Aktivitäten eingesetzt – und tun dies immer noch.

Die Entwicklung des stationären Einzelhandels und seine Bedeutung für die Stadtentwicklung werden viel diskutiert. Häufig wird dabei nur die Bedeutung des Einzelhandels als Versorger und als Wirtschaftsfaktor mit Zahlen und Fakten belegt. Weiche Faktoren, wie der Beitrag des Handels zum Gemeinwohl, stehen weniger im Fokus von Wirtschaft, Politik, Verwaltung und den Bürgern. Jedoch hat die soziale Funktion, die der Handel übernimmt, einen erheblichen Einfluss auf das Gemeinwohl und die Wirtschaftlichkeit und Vitalität einer Stadt.

2 Rolle und Selbstverständnis der IHK

Den Industrie- und Handelskammern ist durch den Gesetzgeber aufgegeben, „für Wahrung von Anstand und Sitte des ehrbaren Kaufmanns zu wirken" (§ 1 Abs. 1 IHKG) (DIHK 2016). Die Grundsätze des *ehrbaren Kaufmanns* reichen bis ins Mittelalter zurück – ausgehend von der gleichnamigen Organisation Hamburger Kaufleute. Der *ehrbare Kaufmann* war jahrhundertelang die einzige Garantie eines geordneten Handels gegenüber der Räuberei – insbesondere im internationalen Bereich. Das seit dieser Zeit entwickelte Leitbild hat über die Jahrhunderte tatsächlich nichts an Aktualität verloren und ist gelebte Praxis und Tradition im Geschäftsleben. So hat der *Versammlung eines Ehrbaren Kaufmanns zu Hamburg e. V.* (VEEK) ein „Leitbild des ehrbaren Kaufmanns" erarbeitet, das in neun Leitsätzen einen Orientierungsrahmen für „ehrbares Verhalten" bietet (vgl. VEEK 2016).

Die IHKs bekennen sich zum *Leitbild des ehrbaren Kaufmanns*. Sie setzen sich aktiv dafür ein, dass in der breiten Masse der Unternehmen im Geschäftsalltag diese Prinzipien weitergelebt und noch stärker betont werden. Der Begriff des *ehrbaren Kaufmanns* ist auch im IHK-Alltag zunehmend durch den Anglizismus *Corporate Social Responsibility* (CSR) erweitert bzw. ersetzt worden.

Die IHK zu Essen setzt sich wie andere IHKs auch durch unterschiedliche Aktivitäten und Veranstaltungen dafür ein, das Leitbild des ehrbaren Kaufmanns respektive das Thema CSR bei Unternehmen und Institutionen in der Region bekannt zu machen und als Orientierung für das wirtschaftliche Handeln zu etablieren. Denn die Öffentlichkeit, Konsumenten oder Multiplikatoren erwarten immer mehr, dass sich Firmen im Sinne verantwortungsvoller Bürger (Corporate Citizens) verhalten und den gesellschaftlichen Fortschritt langfristig mitgestalten. Der Druck nimmt in diesem Bereich zu.

In diesem Zusammenhang versteht die IHK zu Essen sich als Ideengeber, Unterstützer und Vermittler von Kontakten. Sie bietet ihren Mitgliedern und Unternehmen durch aktuelle Informationen über Entwicklungen und Trends zu CSR, durch Leitfäden, durch Arbeitskreise und Konferenzen sowie durch individuelle Beratung Unterstützung für freiwilliges und eigenverantwortliches CSR-Engagement an. So gab es in der Vergangenheit u. a. spezielle CSR-Tage für den Mittelstand und einen Dienstleistertag zum Thema Ethik und Unternehmensführung. Aber auch die Initiierung von Netzwerken steht im Fokus der IHK zu Essen.

Im Jahr 2016 hat die IHK zu Essen u. a. aktiv mit der Ehrenamt Agentur Essen e. V. einen Dialog für die regionale Wirtschaft ins Leben gerufen. Für das Jahr 2017 ist gemeinsam mit unterschiedlichen Akteuren der Zivilgesellschaft ein Aktionstag geplant. Lokale Unternehmen sollen motiviert werden, mit ihren Mitarbeitern konkrete soziale Projekte mit einer gemeinnützigen Einrichtung ihrer Wahl gemeinsam mit engagierten Bürgern zu realisieren. Ziel ist es, eine starke Vernetzung der Unternehmen untereinander und gleichzeitig die Lösung konkreter Probleme des Gemeinwesens zu erreichen.

Bei allen Aktionen und Bemühungen ist die IHK zu Essen bestrebt hervorzuheben, dass CSR handfeste Vorteile für Unternehmen jenseits des guten Images bringt. Vor allem kann es Unternehmen gelingen, sich am Markt deutlich zu differenzieren, Werte zu erhalten, Mitarbeiter zu motivieren und zu binden, durch das Anpassen des unternehmerischen Handelns neue Produkte und Dienstleistungen zu entwickeln und damit Märkte zu besetzen und neue Zielgruppen – beispielsweise auch international – zu erschließen. Damit wird durch CSR direkt weiteres Wachstum erzielbar.

3 CSR – Ein Blick durch die Brille der Wirtschaftlichkeit

In verschiedensten Bereichen und Regionen lassen sich Beispiele für das Engagement von Unternehmen im Bereich CSR finden. Kooperationen mit sozialen Einrichtungen und Freiwilligenarbeit, Sponsoring, internationales Engagement im Bereich von Entwicklungsgeschäften, Einhalten fairer Arbeitsbedingungen, Umweltschutzmaßnahmen und nachhaltige Produktionsverfahren, soziale Projekte und Bildungsinitiativen, fair gehandelte oder ökologisch angebaute Produkte, Herstellung energiesparender Geräte, aber auch Spenden für das lokale Stadtteilfest und den Sportverein lassen sich nennen.

3.1 Kosten versus Anspruch der Konsumenten

Das vielfältige Engagement wird häufig allerdings stark unter Kostengesichtspunkten bewertet. Dabei zeigt sich aber immer deutlicher, dass der Nutzen und die Chancen von CSR-Aktivitäten deutlich höher zu bewerten sind und nicht nach rein ökonomischen Aspekten betrachtet werden können.

Konsumenten wählen heute bei Kaufentscheidungen immer stärker Produkte von Unternehmen, die nachhaltig agieren und wirtschaften. Käufer nehmen in einigen Bereichen sogar höhere Preise in Kauf, wenn zum Beispiel nachgewiesen ist, dass Unternehmen ein ökologisch und sozial verantwortliches Management haben. In diesem Bereich können Unternehmen sehr schnell Vertrauen und letztlich Kunden verspielen, wenn sie kein ehrliches oder kein Engagement zeigen oder gar das Gegenteil von nachhaltigem, gesellschaftlich verantwortlichem Handeln betreiben. Sobald in den Medien sogenannte

Greenwashing-Vorwürfe auftauchen, können enorme Reputationsverluste entstehen. Darauf müssen sich die Unternehmen verstärkt ausrichten.

Der sogenannte *ethische Konsum* steht verstärkt im Blickpunkt des Konsumentenverhaltens. Die Konsumausgaben verschieben sich immer mehr weg von standardisierten zu *ethischen* Produkten. Bewussterer Konsum der Zielgruppe der sogenannten LOHAS (Lifestyle of Health and Sustainability), die soziale Verantwortung und Nachhaltigkeit sogar als wesentliches Kaufmotiv ansehen, aber auch die veränderte Nachfrage bei Discountprodukten, z. B. im Bereich Biolebensmittel, sind die wesentlichen Trends im Bereich des Handels. In den Blickpunkt der Unternehmen und ihrer Handlungen rücken daher traditionelle Werte wie Vertrauen, Ehrlichkeit oder Fairness, die es zu beachten gilt.

Kunden besitzen steigende Marktmacht, das gilt auch im B2B-Geschäft zwischen Unternehmen. Kunden fragen häufig genau, ob und inwieweit ein Unternehmen bzw. Lieferant im Bereich CSR aktiv ist oder zumindest ob es im Kern als ehrbarer Kaufmann agiert und entsprechend Produkte und Dienstleistungen erstellt bzw. anbietet. Dass das Thema immer mehr an Bedeutung und Verbindlichkeit zunehmen dürfte und welche Bedeutung es künftig für das Geschäftsgebaren von Unternehmen hat, zeigt, dass ab dem Jahr 2017 verbindliche Berichtspflichten und Regeln für das Thema CSR in Deutschland (EU-Richtlinie) und für die Tätigkeit von Unternehmen gelten werden (vgl. BMAS 2016). Dies wird letztlich das Tun der Unternehmen beeinflussen und auch Markt und Wettbewerb entsprechend tangieren.

Die IHK zu Essen blickt – wie auch der Deutsche Industrie- und Handelskammertag (DIHK) – kritisch auf die Umsetzung der *CSR-Richtlinie*. Die Berichtspflicht wird zusätzliche bürokratische Lasten hervorrufen. Dies kann das freiwillige gesellschaftliche Engagement der Unternehmen gefährden und damit die Bemühungen zu mehr gesellschaftlichem Engagement konterkarieren. Aus Sicht der Wirtschaft sollte die Umsetzung der Richtlinie in nationales Recht 1:1 unter Nutzung der Spielräume zur Entlastung der Unternehmen erfolgen.

3.2 Imageeffekte für Unternehmen

Mit verantwortungsvoller und nachhaltiger Wirtschaftsweise können handfeste Wettbewerbsvorteile geschaffen werden. Widmen sich auch ein Standort oder ein Unternehmen diesem Thema nur oberflächlich und unzureichend, kann das Konsequenzen haben, die über den Verlust von Reputation, Kunden und Besuchern hinausreichen können. Umgekehrt kann eine intensive Befassung mit dem Thema CSR durch Bündelungseffekte erhebliche Standortvorteile begünstigen und Ausstrahlungseffekte entwickeln, die die Attraktivität für Investoren, Kunden oder Fachkräfte erhöhen können.

Denn wenn Unternehmen heute nachhaltige Produkte und Services anbieten oder nach nachhaltigen Kriterien produzieren, schaffen diese sich eine weitaus größere Nachfrage – vor allem bei der immer anspruchsvoller werdenden, selektiven Käuferschar der *LOHAS* und anderer nachhaltigkeitsaffiner, kritischer Konsumgruppen.

CSR-Aktivitäten, die vom Kerngeschäft abgekoppelt stattfinden und kurzfristige PR-Erfolge zur Verbesserung der Reputation oder anderen punktuellen Nutzen stiften, sind langfristig wenig Erfolg versprechend. Es gilt, soziale und ökologische Aktivitäten systematisch an den Produktions-, Beschaffungs- oder Dienstleistungsprozess anzubinden. Jedes Projekt muss dabei stetig überprüft werden, ob und inwieweit es Nutzen für die Gesellschaft und auch für das eigene Unternehmen in längerfristiger Perspektive bringt. Nur wenn CSR-Aktivitäten durch die Unternehmen und Mitarbeiter auch gelebt werden, ihnen strategische Bedeutung verliehen wird und Erfolge nach außen kommuniziert werden, haben diese Aussicht auf Erfolg.

3.3 Regionale Standortsicherung und Attraktivitätssteigerung

Im Zuge der wandelnden Konsummuster hin zu Nachhaltigkeit war es nur eine Frage der Zeit, bis sich die Nachhaltigkeitsdebatte auch auf Fragen der Regional- und Stadtentwicklung auswirkte und die Region als Thema überhaupt wieder auf der Agenda erscheinen ließ. Waren vorher Regionen und regionale Unterschiede allgemein geläufig und akzeptiert, ist die Erscheinung der Region nicht nur als schierer Standort, sondern auch in seiner Bedeutung eben für die Nachhaltigkeit mit dort stattfindenden Wirtschaftskreisläufen wiederentdeckt worden. Zudem spielte ausgerechnet die immer schneller ablaufende Globalisierung den Regionen in die Karten. Denn es war klar, dass einige Regionen zu den Gewinnern, aber eben eine ganze Menge im härter werdenden Regionalwettbewerb zu Verlierern zählen werden – und darin enthalten auch die Bürger, Unternehmer und Mandatsträger. Daher wurde die Nachhaltigkeit nicht nur als Stärke von Regionen zelebriert, sondern als Wettbewerbsvorteil erkannt und daher Ziel regionaler und kommunaler Anstrengungen zur Entwicklung und Aufwertung von Regionen.

Nachhaltigkeit kann zwar auch werblich transportiert werden – aber sie muss in der Region in Kreisläufen aktiv umgesetzt und von Unternehmen, Bürgern und Verwaltung akzeptiert und gelebt werden. Eine Region als nachhaltig zu positionieren ist das eine, nachhaltige Prozesse aber in der Realität anzustoßen und umzusetzen, damit daraus Innovationen und erfolgreiche Geschäftsmodelle entstehen, das andere. Und gerade für das Entstehen und die Umsetzung von Innovationen kommt dem Standort eine immer wichtigere Bedeutung zu. Nachhaltigkeit in einer Region ist eine solche Innovation. Und die innovativen Regionen sind künftig die Brennpunkte auf der Landkarte, wo Ideen und Prozesse entstehen und wo Kapital und Technologie mit den Märkten verschmolzen werden. Das bedeutet nicht, dass das *Siegel Nachhaltige Region* alleine als Wettbewerbsvorteil ausreicht. Aber fehlt es in einer Region an diesen Prozessen, könnten Investoren, Kreative und Fachkräfte einen Bogen darum machen.

Regionale Wirtschaftskreisläufe sind per se durch geringe Distanzen (nicht nur der Pendler und Logistiker) und Wegeaufwendungen ressourcenschonender, einfacher und schneller. Außerdem bieten sich weitere Vorteile, die zur nachhaltigen Entwicklung beitragen können, wie z. B. regionale Landwirtschaft und Vermarktung, regionalisierte Produktionsnetze und Cluster oder regionale Energiegewinnung und -verwendung. Für Unternehmen bedeutet das zu allererst, weiter verantwortlich und mit Weitblick zu handeln, um nachhaltig Arbeitsplätze und regionale Einkommen zu sichern und so zur Regionalentwicklung vor Ort mit ihrer Wertschöpfung beizutragen. In einem weiteren Schritt geht es für Unternehmen dann darum, ihre Arbeits- und Produktionsweisen und ihren gesamten Wertschöpfungszyklus auf Nachhaltigkeit z. B. im Bereich Ressourcennutzung, Ver- und Entsorgung, Logistik oder auch gesellschaftliches Engagement abzuklopfen und dann möglicherweise Optimierungspotenziale abzuschöpfen bzw. Defizite abzubauen. Es gibt zunehmend Beispiele von Unternehmen, die sich durch besonders nachhaltige Produktionsweise auszeichnen, sich überdurchschnittlich für die regionale Entwicklung engagieren und die damit im nationalen und internationalen Maßstab punkten können. Engagement und Investitionen in CSR und Nachhaltigkeit zeichnen sich immer mehr auch in Markterfolgen konkret ab. Eine nachhaltige Wirtschaftsweise kann dann zur Entstehung einer nachhaltigen Region beitragen.

4 CSR des stationären Einzelhandels – Effekte für Wirtschaft, Stadt und Gesellschaft

Der stationäre Einzelhandel bildet die lebendige Mitte von Städten und Gemeinden. Mit seinem Erscheinungsbild bestimmt er maßgeblich die bauliche Visitenkarte der Innenstädte und Nebenzentren. Als fester Bestandteil des täglichen Lebens steht der Einzelhandel im Mittelpunkt des gesellschaftlichen Wandels, treibt diesen gleichzeitig aber auch voran. So wird er zum Anker und zum Spiegelbild der Gesellschaft. In der öffentlichen Wahrnehmung steht beim Einzelhandel meist die wirtschaftliche Komponente im Vordergrund.

Unbestritten ist der Einzelhandel für das Land NRW, besonders aber für viele Handelsstandorte, der entscheidende Wirtschaftsfaktor. Im Einzelhandel in NRW sind rund 480.000 Menschen sozialversicherungspflichtig beschäftigt. Wenn die selbstständigen Unternehmer, ihre Familienangehörigen, die Helfer und die Auszubildenden mitgerechnet werden, steigt die Zahl auf rund 700.000 Personen, die vom Einzelhandel in NRW leben. Rund 100.000 Einzelhandelsbetriebe erwirtschaften einen Umsatz von immerhin rund 100 Mrd. € in jedem Jahr.

Doch es gibt auch noch eine weitere Dimension des Einzelhandels, über die zwar häufiger, zumeist in Fachkreisen, diskutiert wird, die jedoch bisher weitgehend „im Unbekannten liegt" (IHK NRW 2016, S. 11), da es für sie keinerlei Daten und Fakten gibt: der Beitrag des Einzelhandels zum Gemeinwohl.

Aus diesem Grund hat der Industrie- und Handelskammern in NRW e. V. (IHK NRW) eine Studie in Auftrag gegeben, die das gesellschaftliche Engagement von Einzelhändlern und dessen Bedeutung für den jeweiligen Standort untersucht hat. An 16 unterschiedlichen Einzelhandelsstandorten in NRW wurden dazu Einzelhändler befragt. Die Studie gibt einen Einblick in das breite Engagement des stationären Einzelhandels. Dieses wird oft allein eigennützig verstanden, jedoch ist es für lebendige Städte und Stadtteile unverzichtbar (vgl. IHK NRW 2016, S. 6).

Die Studie zeigt: Gut 70 % der teilnehmenden Einzelhändler engagieren sich überbetrieblich. Dies unterstreicht, dass der Einzelhändler nicht bloß „Kaufmann" ist, sondern auch als Bürger aktiv am Stadtleben teilnimmt und soziale Verantwortung übernimmt. Eine persönliche Bindung zur Stadt erhöht die Bereitschaft, sich auch über die tägliche Arbeit im Ladenlokal hinaus zu engagieren (IHK NRW 2016, S. 21).

Darüber hinaus ist die ehrenamtliche Arbeit ein bedeutender Bereich der überbetrieblichen Tätigkeit der Einzelhändler. Dafür investieren sie durchschnittlich ein bis zwei Arbeitstage im Monat. Ohne diese freiwilligen Zusammenschlüsse, gemeinsamen Ideenfindungen und die Finanzierungen vieler Aktionen und Veranstaltungen über die Mitgliedsbeiträge wären viele Innenstädte weitaus weniger lebendig, als sie es heute sind. Vielen Einzelhändlern ist diese notwendige „Gemeinschaftsarbeit" bereits bewusst (IHK NRW 2016, S. 22).

Der Gemeinwohlbereich Kinder und Jugend profitiert am stärksten von der Spendenbereitschaft des örtlichen Handels. Beim Sponsoring hingegen dominiert der Bereich Sport und Freizeit. Insgesamt wenden die befragten stationären Händler Beträge zwischen 1400 € und 1900 € pro Jahr auf. Wendet man diesen Betrag auf die Summe der Händler vor Ort an, wird schnell deutlich, wie wichtig dieser Beitrag für das örtliche Gemeinschaftsleben ist. Sachleistungen und ehrenamtliches Engagement kommen noch hinzu (IHK NRW 2016, S. 23).

Des Weiteren ist der stationäre Einzelhandel eine wichtige Finanzierungsquelle karitativer Einrichtungen vor Ort. Nach Angaben der befragten Einrichtungen machen dessen finanzielle Unterstützung etwa 15 % des Gesamtbudgets aus. Last, but not least: Viele Einzelhändler nehmen sich Zeit für einen „Plausch an der Ladentheke" und übernehmen damit eine wichtige Funktion für den sozialen Austausch in einem Ort. Die soziale Bedeutung des Einzelhandels über die Zuwendungen hinaus wird damit unterstrichen (IHK NRW 2016, S. 24 ff.).

Auch in Essen, Mülheim an der Ruhr und Oberhausen trägt der stationäre Einzelhandel als eine zentrale Stütze wesentlich zu einem gelingenden Stadtleben und zum gesellschaftlichen Miteinander bei. Dabei lassen sich verschiedene Arten des Engagements – vom Ehrenamt über Sachspenden bis zu finanziellen Engagements – beobachten. Von Oberhausen-Sterkrade bis nach Essen-Frintrop zeigt sich: Ein aktiver Einzelhandel ist ein wichtiges Bindeglied im sozialen Miteinander.

Neben aktuellen demografischen Entwicklungen und ihren Auswirkungen gründet die Notwendigkeit eines überbetrieblichen Engagements der Einzelhändler auch auf der Veränderungen im Einkaufsverhalten der Verbraucher. Nicht mehr die reine Versorgung steht für den Verbraucher im Vordergrund, sondern auch das „Erlebnis", so die These. Darüber hinaus stellt der Onlinehandel eine starke Konkurrenz für die Innenstädte dar. Die Schaffung einer angenehmen Einkaufsatmosphäre, einer attraktiven Aufenthaltsqualität sowie die Etablierung von Aktionen und Veranstaltungen, die den Verbraucher anziehen, werden unter Beachtung dieser Konkurrenzsituation zu wichtigen Faktoren. Um den Bedürfnissen der Verbraucher gerecht zu werden und die Einkaufsstandorte – die Innenstädte und Stadtteilzentren – attraktiv zu halten, damit sie weiterhin einen „Besuch wert" sind, ist eine Bereitschaft zu lokalem Engagement über die eigene betriebliche Tätigkeit hinaus gefragt. Mit diesem Engagement über Spenden, Sponsoring und ehrenamtliche Arbeit gibt der Einzelhandel einen Teil des Geldes, welches er durch einzelhandelsrelevante Ausgaben der Bevölkerung einnimmt, an die Gesellschaft zurück und sorgt damit für ein Stück mehr Lebensqualität in den Städten (IHK NRW 2016, S. 20).

5 Fazit und Ausblick

Das Thema CSR in NRW wird in Zukunft weiter an Stellenwert gewinnen und stärker auch für kleine und mittlere Unternehmen und Start-ups ein wichtiges Aktivitätsfeld und zugleich Chance und Herausforderung werden. Es wird seitens der IHK darauf ankommen, mit Netzwerken und partnerschaftlichem Engagement die Potenziale und Möglichkeiten für die Unternehmen zu verdeutlichen und praktische Ansätze aufzuzeigen, die Unternehmen konkret zu unterstützen und zu beraten. Ein Commitment der Unternehmen und des Managements ist dabei eine zentrale Voraussetzung. Genauso wichtig ist es, Know-how aufseiten der Unternehmen und Beschäftigten zu fördern und intern bereitzustellen, um dem Thema rechtzeitig und mit ausreichenden Kapazitäten zu begegnen. Dazu gehören auch die Weiterbildung von Mitarbeitern zum Themenfeld CSR und die klare organisatorische Zuordnung der notwendigen Aufgaben innerhalb der Unternehmen sowie die Bereitstellung von Ressourcen. Damit können die Chancen von CSR im Wettbewerb der Unternehmen genutzt werden.

Die IHK zu Essen wird künftig im Sinne der gesellschaftlichen Verantwortung beispielsweise im Bereich Handel und Stadtentwicklung/Standorte noch stärker Denkanstöße geben, wie Städte für die gewerbliche Wirtschaft als Ort des Austauschs und des öffentlichen Lebens gestärkt werden können. Um eine zeitgemäße Stadtentwicklung sowie die Vorstellungen der Investoren und Betreiber in Einklang zu bringen, wird ein noch engerer Schulterschluss zwischen Politik, Verwaltung, Wissenschaft und Wirtschaft unumgänglich. Für den Erfolg von Projekten im Bereich der Stadt- und Regionalentwicklung wird eine breite Integration zahlreicher Akteure der Zivilgesellschaft notwendig. Nur so kann es gelingen, die Funktionsfähigkeit der Innenstädte und Stadtteilzentren zu erhalten und auch eine ausgewogene wirtschaftliche Entwicklung nicht nur im Handel sicherzustellen.

CSR bleibt für viele Unternehmen ein strategisches Thema, dem es sich künftig noch stärker anzunehmen gilt. Dazu können verschiedene Partner der Wirtschaft wie die IHK unterstützen. Gerade für kleine und mittlere Unternehmen ist es aber von großer Bedeutung, dass ein Engagement handhabbar, konkret und im betrieblichen Umfeld implementierfähig ist.

Literatur

Bundesministerium für Arbeit und Soziales (BMAS) (2016) Die neue Richtlinie zur Berichterstattung über nichtfinanzielle Informationen (sog. CSR-Richtlinie) für mehr Unternehmenstransparenz in Europa. http://www.csr-in-deutschland.de/DE/Politik/CSR-national/Aktivitaeten-der-Bundesregierung/CSR-Berichtspflichten/csr-berichtspflichten.html. Zugegriffen: 26. Sep. 2016

Deutscher Industrie- und Handelskammertag (DIHK) (2016) Grundsatzthemen – Ehrbarer Kaufmann. http://www.dihk.de/themenfelder/recht-steuern/rechtspolitik/grundsatzthemen/ehrbarer-kaufmann. Zugegriffen: 26. Sep. 2016

Industrie- und Handelskammern in Nordrhein-Westfalen e. V. (IHK NRW) (2016) Handel[3] – Die dritte Dimension des Einzelhandels. Düsseldorf. https://www.ihk-nrw.de/node/651. Zugegriffen: 07. März 2017

Versammlung eines Ehrbaren Kaufmanns zu Hamburg e. V. (VEEK) (2016) Leitbild des Ehrbaren Kaufmanns im Verständnis der Versammlung Eines Ehrbaren Kaufmanns zu Hamburg e. V. http://www.veek-hamburg.de/leitbild-des-ehrbaren-kaufmanns-im-verstaendnis-der-versammlung-eines-ehrbaren-kaufmanns-zu-hamburg-e-v. Zugegriffen: 21. Sep. 2016

Guido Zakrzewski, Dipl.-Geograf, stellvertretender Geschäftsführer an der IHK zu Essen, verantwortlich u. a. für die Bereiche Handel und Dienstleistungen, Stadt- und Regionalentwicklung, Tourismus und Corporate Social Responsibility. Studiert hat er in Gießen und Coleraine/UK. Seine beruflichen Stationen führten ihn nach Hessen und Thüringen.

Sandra Schmitz, M.Sc. Geografie, Mitarbeiterin der IHK zu Essen im Bereich Handel und Dienstleistungen mit Schwerpunkten in der Stadt- und Regionalentwicklung, Gesundheitswirtschaft und Corporate Social Responsibility. Studiert hat sie in Bochum. Ihre beruflichen Stationen führten sie an das Institut für Landes- und Stadtentwicklungsforschung (ILS) und die Fakultät Raumplanung der Technischen Universität in Dortmund und das Kulturwissenschaftliche Institut (KWI) in Essen.

Handwerk mit Verantwortung

Timothy C. Vincent

1 Standortbestimmung

Die Welt liegt im Argen. Mit dieser Aussage ist ein Zustand beschrieben, der die Abgründigkeit des darunterliegenden Sinnes nur bedingt erahnen lässt. Inwieweit der Einzelne Kenntnis von dem Zustand der Welt und seiner Bewohner erlangt, hängt von seinem Willen ab, Informationen zu erhalten, diese zu sichten und auszuwerten. Diese Auswertung findet immer subjektiv statt, d. h., mit der individuellen Sichtweise auf den Zustand der Welt vollzieht sich auch die Erkenntnis und daraus folgernd die zu ziehenden Konsequenzen. „Auch für diejenige Lage, die durch die ökologische Krise gekennzeichnet ist, gilt, dass sie nicht als von vornherein gewollt gedacht werden kann und dass zugleich im nach hinein jener Wille, der sie im vornherein niemals hätte haben wollen, zu ihrer Bewältigung nicht mehr ausreicht" (Lübbe 1990, S. 173).

Im Hinblick auf den gegenwärtigen Zustand der Welt und die noch nicht überschaubaren zukünftigen Herausforderungen stellen sich Fragen, wie z. B.: Wie lassen sich Verhaltensveränderungen bewirken? Wo muss angesetzt werden? Technisch, organisatorisch, politisch, durch Erziehung, durch sanktionsbewehrte Verordnungen und Gesetze, ökonomische Anreize? Der Ruf nach Verantwortung ist unabweisbar, aber er klingt unüberhörbar hohl, solange an ihn die Antwort auf solche Fragen nicht anschließbar sind. Bevor wir überhaupt wissen, welche Einstellungen und Konsequenzen gegenüber der ökologischen Krise hilfreich wären, gibt es schon welche, z. B. alternative Lebensprogramme, die Vielfalt ökologischer Bewegungen, umweltschutzpolitische Programme, CSR (Corporate Social Responsibility) und Moralistenaufrufe (Lübbe 1990, S. 34–35).

T. C. Vincent (✉)
Steinbildhauerei Vincent
REME-Str. 20, 58300 Wetter, Deutschland
E-Mail: info@handwerk-mit-verantwortung.de

Es geht mit der Einführung des Handlungsansatzes CSR ein Heilsversprechen einher, welches in Zukunft erst noch einzulösen ist. Gerade in Anwendung dieses Ansatzes, welches auf freiwilliger Basis geschieht, braucht die Gesellschaft eine beispielgebende Gruppe, die sich dem verantwortlichen Handeln verpflichtet fühlt, die ihrem wirtschaftlichen Handeln persönliche Verantwortung als Navigationslinie zur Orientierung vorauszeichnet. Nur so lässt sich ein „Wettbewerb im Interesse des Gemeinwohls sicherstellen" (ZDH-Beirat Unternehmensführung im Handwerk 2010, S. 8). Hier wird das Handwerk zukünftig eine Rolle zu spielen haben.

Für den selbstständigen Handwerker ist der eigene Betrieb nicht nur Existenzgrundlage, sondern darüber hinaus auch Lebensaufgabe. Die Geschäftspolitik, die der Eigentümerunternehmer verfolgt, ist eng an den eigenen Vorstellungen orientiert (Herzig et al. 2003, S. 9). „Wer in der Arbeit selbstverantwortlich disponieren muss und wem daher die Produktivität, d. h. die feststellbaren Ergebnisse, seiner selbstbestimmten Arbeit zuzurechnen sind ..., der wird auch in seinem Lebensplan, in den außerhalb seiner Arbeitsverantwortung liegenden Entscheidungen und Fragen seines Lebens, seiner Berufswahl, seiner Familienplanung, seiner Alterssicherung, der Ausbildung und Fürsorge für seine Kinder, der Verwendung für seine Freizeit und letzten Endes in seinem Urteil über die Welt, seinem Glauben und seinen Verachtungen selbst bestimmen wollen; er wird grundsätzlich eine individuell-selbständige und der sozial vorgenormten und damit fremdbestimmten Vormundschaft sich entziehende Selbständigkeit in Anspruch nehmen" (Schelsky 1975, S. 176). „Entscheidung und Verantwortung sind zwei Seiten einer Medaille. Formale Haftung für eine Entscheidung schafft individuelle Verantwortung; und Verantwortung schafft Vertrauen" (ZDH-Beirat Unternehmensführung im Handwerk 2010, S. 5).

2 Globalisierung

„Der Begriff *Globalisierung* bezeichnet den Vorgang, dass internationale Verflechtungen in vielen Bereichen (Wirtschaft, Politik, Kultur, Umwelt, Kommunikation) zunehmen, und zwar zwischen Individuen, Gesellschaften, Institutionen und Staaten" (Wikipedia 2016). Die globalen Verflechtungen können in dreifacher Hinsicht beschrieben werden. In ökonomischer Hinsicht ist der weltumspannende Handel mit aus weltweit abgebauten Rohstoffen hergestellten Gütern und Waren zu erwähnen, die stündlich und täglich konsumiert werden. Weiterhin sind unter die ökonomische Sichtweise die weltweiten Finanztransaktionen (Vermögensanlagen, Kreditvergabe und Investitionen) mit signifikantem Einfluss auf die wirtschaftliche Entwicklung einzelner Staaten zu nennen. Die Vermüllung sowie der Eintrag von Verschmutzungen (Chemikalien, Schweröl usw.) in die Weltmeere, die Ausbeutung von Ressourcen durch die weltweit agierenden Konzerne und überdies die akuten und extremen Gefahren durch den Klimawandel sind in ökologischer Hinsicht zu erwähnen. Transnationale Beziehungen von Staaten, die Kriege führen, Frieden und Verträge schließen, sind in politischer Hinsicht zu beachten. Sowohl der Handel mit Gütern, internationale Finanztransaktionen wie auch die politischen Interaktionen können als kooperationsfähig angesehen werden (Beck 2016, S. 158–159). „Kooperationsfähigkeit verweist letzten Endes auf ein positives Kriterium von sozialer Kooperation" (Beck 2016, S. 161), damit auf eine Grundlage der Verantwortungsübernahme durch die Akteure und ist „demnach eine hinreichende Bedingung dafür, dass diese Praktiken im globalen Kontext gerecht oder ungerecht genannt werden können" (Beck 2016, S. 160).

3 Kooperation oder Konkurrenz

Kooperation bedeutet Zusammenarbeit. Durch Zusammenarbeit können verschiedenste Fertig- und Fähigkeiten hinsichtlich eines Ergebnisses gebündelt, vernetzt werden. Die Träger dieser Fähigkeiten brauchen in unserem Zeitalter nicht mehr regional oder urban verfügbar zu sein. Durch Internet und Digitalisierung ist das Know-how so ziemlich an jedem Ort dieser Welt abruf- und anwendbar. In der Kooperation begegnen sich die verschiedenen Akteure auf Augenhöhe und verfolgen gemeinschaftlich das angestrebte Ziel. Grundlegend soll als Movens ein selbstwirksames, auf einer gleichen Auffassung von Freiheit basierendes Leben der Akteure angenommen werden, wenn unterstellt wird, dass hier kompetitives Verhalten innerhalb der Kooperation als zielführend und als gleichsam anspornend und gemeinschaftsnützlich angenommen wird.

Konkurrenz steht demgegenüber für Wettbewerb. Dennoch ist Konkurrenz auch Kooperation, bei Nutzung gleicher Ressourcen oder Märkte allerdings in Form von Rivalität und daraus resultierend Verdrängung der oder des Kontrahenten. Auch hier spielt Vernetzung eine große Rolle, allerdings eher zur Sicherung der eigenen Position und Ausrichtung singulärer, wirtschaftlicher Interessen. Im Kontext der Konkurrenz gibt es mehr Verlierer als Gewinner, denn durch das Ignorieren der Interessen derer, die nur zur Erreichung eines Zieles beizutragen haben, wird Verantwortung missachtet und das Wohlergehen jener nicht betrachtet, „die *irgendwie* die Befriedigung der Wünsche übernehmen müssen. *Irgendwie* bedeutet immer *irgendwer*" (Rand 2015, S. 69). Der Konkurrenz immanent ist der Gedanke der Abschottung, Verschlossenheit und Zurückhaltung.

4 Ein Beispiel

Globalisierung kann auch als Synonym für Vernetzung benutzt werden, als Verflechtung und Verknüpfung von Interessensknotenpunkten, die allein durch wirtschaftliche bzw. monetäre Gründe ent- und bestehen. Es wird z. B. in einem Land ein Produkt, etwa ein Grabstein bestellt. Das Material dazu wird vielleicht in einem anderen Land gebrochen und per Frachtschiff in ein drittes Land verbracht, in dem das Grabmal nach Entwurf von den dortigen Arbeitern und Maschinen gefertigt wird. Damit das Grabmal möglichst günstig ist, wird die Produktion dort vorgenommen, wo die Kosten möglichst gering sind und Auswirkungen auf Natur, Land und Gesellschaft nicht hinterfragt werden Es wird nach der Fertigung verladen und per Frachtschiff und weiteren Verkehrsmitteln zum Verkäufer und dann an seinen Bestimmungsort gebracht. Hier regelt der Preis, wie weltumspannend das Netzwerk ist. Je geringer, desto globaler: über den Verkäufer, der die Bestellung entgegennimmt, dem Wiederverkäufer, der das Grabmal nach Entwurf im Drittland bestellt, zu der Produktionsfirma, die entsprechende Materialien vorhält, den Frachtunternehmen, die die Ausgangsmaterialien, Betriebsstoffe, Werkzeuge liefern usw. Weil der Absatz eines Produktes in unserer Konsumgesellschaft zum größten Teil weniger von der Qualität als vom Preis und mehr von der Quantität für diesen möglichst geringen Preis abhängt, sind globalisierte Fertigungsnetzwerke ein unabdingbares Muss, um auf den derzeitigen Märkten zu prosperieren. Diese Märkte sind Verdrängungsmärkte. Das Eliminieren von Kontrahenten geht mit der Umsatzsteigerung Hand in Hand. Hier ist es besonders wichtig, der Billigste und der Skrupelloseste zu sein. Das Wissen um die günstigsten Hersteller, die billigsten Arbeitskräfte, die laxesten Umweltbestimmungen und die korruptesten Gesellschaftsstrukturen und Verwaltungs- und Steuerungshierarchien ist hier entscheidend. Diese Wissensasymmetrien sind Gold wert und Wissensvorsprung stärkt die Position im Konkurrenzkampf. Nach Beck prognostizieren Studien zur weltweiten Verteilung von Einkommen und Vermögen, „dass die weltweiten materiellen Ungleichheiten im Weltmaßstab fortbestehen oder gar anwachsen werden, wenn keine gezielten politischen Anstrengungen zu ihrer Eindämmung unternommen werden" (Beck 2016, S. 13). Die sozialen Strukturen, die Einfluss auf die Verteilung materieller Güter haben, müssen verändert werden. Denn durch die Arbeitsverhältnisse entlang der Lieferketten, wie Kinderarbeit, Leibeigenschaft, Lohnsklaverei, fehlender Arbeitsschutz, Diskriminierung, ungerechte Löhne sowie die durch die ökonomischen Verflechtungen entstehenden und entstandenen ökologischen Auswirkungen wie die Erderwärmung durch Treibhausgase, Dezimierung der Artenvielfalt, Monokulturen, Ausbeutung von Land und Rohstoffen wird die Frage nach der Verantwortung der wohlhabenden Konsumenten am Ende der Wertschöpfungskette, unsere Verantwortung, gegenüber den Produzenten am Anfang der Lieferkette laut (Beck 2016, S. 14–15). Es besteht allerdings kein Konsens darüber, welcher Personenkreis sich von dem implizierten Gerechtigkeitsproblem angesprochen fühlen muss und aus welchen Gründen dementsprechend wem eine moralische Verantwortung zukommt (Beck 2016, S. 17).

5 Was folgt?

Ökonomische Verflechtungen, auch globale, sind gut, wenn die Rahmenbedingungen stimmen, d. h. dass der Umgang von Fairness und gegenseitiger Anerkennung geprägt ist. Derzeit beruht unser Lebensstil darauf, dass wir mehr Rohstoffe verbrauchen, als wir uns dauerhaft leisten können. Die Umweltprobleme haben wir in jene Länder exportiert, die für uns produzieren (Ax und Hinterberger 2013, S. 263–264). Damit haben wir effektiv die Arbeit zur Herstellung der Konsumgüter aus der Hand gegeben und den Binnen- und Arbeitsmarkt entscheidend auf zukünftige Entwicklungen hin geschwächt. Die Arbeit, die im Inland für eine stabile Wirtschaft gebraucht wird, die die Zukunft u. a. des handwerklichen Mittelstandes mitbestimmt. Regionale Nahversorgung wird schwieriger bzw. durch die ökonomischen Abhängigkeitsverhältnisse von den produzierenden Ländern zukünftig teurer werden. Durch den Produktionsexport der Gütererzeugung tun „die Arbeit ... die anderen" (Schelsky 1975, S. 165) und technisches Wissen und handwerkliches Knowhow wird immer weniger vermittelt. Die Akademisierung der nachfolgenden Schülergenerationen und die dieser zugrunde liegende Diffamierung des Handwerks und der produktiven Arbeit verschärfen zusätzlich die Lage.

Mit den Importen aus Billiglohnländern und der Öffnung der Märkte für Produkte aus aller Welt ist die Weltwirtschaft längst in eine moralische Krise übergegangen, für die ökonomische Deutungen allein nicht mehr ausreichen. „Die Arbeitnehmer in Deutschland und die vielen kleinen Unternehmen, die für die Region produzieren, zahlen für diese Politik einen hohen Preis. Sie müssen konkurrieren mit Ländern, in denen Beschäftigte zu Hungerlöhnen und unter teils menschenunwürdigen Bedingungen produzieren. Am Ende wird unser Binnenmarkt von immer billigeren und schlechteren Produkten überschwemmt, die wir nicht brauchen, die aber die Lebensgrundlagen weltweit zerstören" (Ax und Hinterberger 2013, S. 264). Wir leben mit der „aufdringlichen Erfahrung gravierender ökologischer Schädlichkeitsnebenfolgen des Industrialisierungsprozesses" (Lübbe 1990, S. 103).

6 Verantwortung

Dies sind Symptome einer „tolerierten Verantwortungslosigkeit" (ZDH-Beirat Unternehmensführung im Handwerk 2010, S. 8). Es gilt, dem Irrglauben zu entfliehen, dass öffentlich oder privat mehr Güter und Waren verbraucht werden können, als vorhanden sind, und dass die Akteure auf dem Weltmarkt nicht für ihr Handeln Verantwortung übernehmen müssen (vgl. Ax und Hinterberger 2013, S. 263). Die Verantwortung des Einzelnen zu negieren, ist ein intellektueller Irrtum. Für eine neu belebte Verantwortungs-, Produktions- und Konsumkultur braucht es einen Konsens über gemeinsame Werte, an denen sich wirtschaftliches Handeln orientieren kann, denn ein Regelsystem kann nur funktionieren, wenn es durch eine entsprechende Wertekultur mit Leben gefüllt wird. Umgekehrt werden Werteprinzipien langfristig durch bestehende Regeln geprägt und beeinflusst (ZDH-Beirat Unternehmensführung im Handwerk 2010, S. 18). „Will ein Wirtschaftssystem auf Dauer Erfolg haben und Akzeptanz finden, muss es Ware und Werte zusammenbringen" (ZDH-Beirat Unternehmensführung im Handwerk 2010, S. 7). Einer der zentralen Werte ist die persönliche Verantwortung der Akteure. Sie ist ein wirksames Steuerungselement ökonomischer Prozesse (ZDH-Beirat Unternehmensführung im Handwerk 2010, S. 7). Die Wirtschaft braucht Akteure, die werteorientiert handeln und unternehmerische Verantwortung beweisen. Die Verantwortung für das eigene Tun ist untrennbar mit der Freiheit verbunden und Handelnde besitzen immer die Freiheit, selbst über ihr Handeln zu entscheiden (ZDH-Beirat Unternehmensführung im Handwerk 2010, S. 7). „Intellektuelle und moralische Selbstbestimmung sind mit der Selbstverfügung und der Sanktionsverantwortung der beruflichen Arbeit engstens verbunden" (Schelsky 1975, S. 176). Es gilt also, dass die globale Wirtschaft des 21. Jahrhunderts eine Kultur der Verantwortung als ihre Grundlage, als eine Leitmaxime einer gelebten Wirtschaftskultur entdeckt, dem *Homo oeconomicus* einen *Homo responsalis* gegenüberzustellen, denn die „Qualitätssteigerung des Lebens ist nicht Quantitätssteigerung von Produktion und Konsum" (Schelsky 1975, S. 205).

7 Was ist mit dem Handwerk?

Mit der Veröffentlichung „Grenzen des Wachstums" in den 70er-Jahren des letzten Jahrhunderts hat der *Club of Rome* mit einem Paukenschlag die Gefahren, welche das stete Wachstum der Wirtschaft, einhergehend mit der Ausbeutung von Land, Luft, Wasser und Mensch für uns bereithält, aufgezeigt. 40 Jahre später, mit dem Buch *2052*, wurde nochmal nachgelegt. Hier wird gezeigt, dass die Zeit durch Unterlassung sinnlos verstrichen ist und die Prognosen weit drastischere Ausmaße annehmen bzw. die in den 1970ern noch als Möglichkeiten angekündigten jetzt Realität sind. „Fast alles ist so eingetreten, wie damals projiziert. Die ökologische Situation des Planeten hat sich seit 1972 dramatisch verschlechtert" (Randers und Maxton 2016, S. 9). Mittlerweile wird nicht mehr vom Stopp des Klimawandels gesprochen, sondern vom Abmildern der Ausmaße. „Der Anschein nicht mehr beherrschbarer Komplexität unserer Lebensvoraussetzungen breitet sich aus" (Lübbe 1990, S. 128). Nach Expertenmeinung ist das Ziel *Nachhaltigkeit* nur bedingt mit der jetzigen Auffassung von wirtschaftlichem Wachstum zu vereinen. Es braucht ein anderes Wohlstandsmodell. Die Frage nach der Tiefenstruktur des wirtschaftlichen Handelns, der Bedingungen des Konsums und nach dem Menschen der Zukunft ist zu stellen. „Auch wenn das Handwerk scheinbar bessere Karten als die Industrie hat im Spiel der ökonomischen Globalisierung, also der zunehmenden wirtschaftlichen Verflechtung von Ländern und ihren Wirtschaftszweigen, müssen selbst kleine und mittelständische Unternehmen ihre Entscheidungen immer mehr in einem internationalen statt bloß nationalen Rahmen fällen" (Ax 1997, S. 12).

Jenseits von Grundbedürfnissen, zu denen auch Gesundheit gehört, sind Freunde und Familie, aber auch eine sinnvolle, gute Arbeit wichtige Faktoren für das Glück von Menschen. Richard Sennett definiert in seinem Buch *Handwerk*, „den Wert seiner Arbeit erklärt sich durch des Handwerkers Engagement für das Material, die Fähigkeit, es zu formen, dem Zweck entsprechend zu fertigen." (Sennett 2008, S. 184). Der Lohn der Arbeit liegt also auch in der Arbeit, im Können selber. Der Aspekt der Könnerschaft geht allerdings noch einmal darüber hinaus. Das Prinzip Könnerschaft hat neben der sozialen Dimension Sinn, die Dimension der Arbeit am eigenen Selbst. Es geht also darum, etwas um des eigenen Selbst willen nicht nur gut, sondern immer besser zu machen. „Hier liegt der Aspekt der Identität, der Identifikation mit dem eigenen Werk und der Verantwortung dafür, der Menschen dauerhaft mit ihrer Arbeit zufrieden macht. Handwerkliche Meisterschaft ist personengebunden, sie kann nicht theoretisch, durch Bücher und Filme, erhalten werden. Meisterschaft im Handwerk muss gelebt" (Ax 1997, S. 75) und weitergegeben werden und bewahrt bleiben, geradezu als „Kulturschatz Handwerk" (Ax 1997,

S. 71). Handwerk, Handwerkskunst und handwerkliche Kernkompetenzen sind ein Stück Identität (Ax 1997, S. 69). „Die lebensglückträchtige Kunst des Selbermachens muss in einer Zivilisation, die uns wie nie zuvor von den Leistungen entfernter Anderer abhängig gemacht hat, nicht gegenstandslos werden. Sie gewinnt im Gegenteil an Selbstverwirklichungsdienlichkeit" (Lübbe 1990, S. 130).

Schwache Signale am Markt sind Indikatoren eines sich wandelnden Marktgeschehens. Traditionelle Milieus privat wie auch beruflich forcieren „selbstreferentielle Rückkopplungsschleifen, die die Distanz zu fremden Milieus und Märkten vergrößern. Um frühzeitig *schwache Signale* wahrnehmen und in neue Produkte und Dienstleistungen verwandeln zu können, brauchen UnternehmerInnen nicht nur einen *Sinn* (Wahrnehmung) für diese Entwicklungen, sondern auch eine gewisse Offenheit für diese Impulse" (Ax 2016, S. 52).

Hier gilt es, den Begriff Kooperation in Sinne von Wahrnehmungskooperation im Handwerk zu denken. Kooperationen von Handwerksbetrieben, „die sich statt an Vorstellungen steigenden Lebensstandards an Lebensqualitätsidealen orientieren" (Lübbe 1990, S. 155). „Unternehmen, die im Rahmen einer Kooperation gemeinsam neue (ökologische oder sozialverträgliche Rahmenbedingungen) innerhalb eines Teilmarktes definieren, können zur Auflösung des Dilemmas beitragen. Sie schaffen damit in gewisser Weise einen ‚Markt im Markt', der mit eigenen kooperativ ausgehandelten Spielregeln funktioniert" (Herzig et al. 2003, S. 15). Unternehmenskooperation kann somit die Umsetzung von Innovationen im Sinne einer nachhaltigen Entwicklung ermöglichen. Sie baut Netzwerke sowie „vertikale und horizontale Kooperationen in der Wertschöpfungskette" (Herzig et al. 2003, S. 6) auf, „um in der betriebsübergreifenden Zusammenarbeit Informationen und Kompetenzen so zu bündeln, das strukturelle Barrieren überwunden werden können" (Herzig et al. 2003, S. 16).

8 Wir können wissen, was wir dürfen (Lübbe 1990, S. 215).

Der Wirtschaftswissenschaftler S. Rumpf charakterisiert Handwerker, die besonders stark an Nachhaltigkeit interessiert sind, in seiner Dissertation wie folgt: „Sie sind besonders stark sozial integriert, mit ihrer Heimat und den Menschen stärker verbunden und werteorientierter. Ihr Unternehmensziel ist stärker auf Umwelt- und Gesundheitsschutz und die Qualität der Produkte ausgelegt, Kunden sind für sie signifikant wichtiger. Sie übernehmen mehr Verantwortung für die Folgen ihres Tuns und schreiben sich und großen Unternehmen mehr Verantwortung für die Umwelt zu. Der Frauenanteil an den Beschäftigten ist signifikant höher, sie tauschen sich über umweltrelevante Themen in ‚geselliger Runde' mit Bekannten aus und beziehen den Lebenspartner mit ein" (Ax 2016, S. 21).

Dennoch „lässt der Wettbewerbsdruck in der Regel nicht viel Spielraum für eine Vermeidung negativer Nebenwirkungen von Produktion. Freie (oder billige) Güter (wie Luft, Wasser aber auch viele der gängigen nicht-erneuerbaren Ressourcen) müssen genutzt und ausgebeutet werden, um konkurrenzfähig zu sein. Auch die öffentliche Hand sieht sich nicht in der Lage, hier regulierend einzugreifen, da auch für sie die Erhaltung von Arbeitsplätzen in der jeweiligen Kommune, im Land oder der Nation zu einer Existenzfrage wird und sie alles vermeiden muss, was die Wettbewerbsfähigkeit ‚ihrer' Unternehmen einschränken könnte" (Herzig et al. 2003, S. 15).

Kooperationen auf regionaler Ebene bieten sich im Handwerk allein schon wegen der gemeinsamen Teilnahme am Markt an, denn ein Raum, in dem man lebt bzw. aufgewachsen ist, führt „auf Grund der emotionalen Bindung zu einer gesteigerten Bereitschaft, ihn zu erhalten" (Herzig et al. 2003, S. 16).

Die Potenziale von Kooperation mit anderen Unternehmen wie auch mit den Kunden in Richtung einer Umstellung auf eine nachhaltige Wirtschaftsweise sind vielfältig, werden aber bisher zu wenig beachtet. Auch den Möglichkeiten der Reparatur von Produkten und der Einführung der Kreislaufwirtschaft durch Ausnutzung des Wissens und des Könnens des Handwerkes wird zu wenig Beachtung geschenkt. „Länger haltbare Güter herzustellen und damit die Nachfrage nach diesen Gütern zu verringern, weil sie nicht mehr so oft ausgetauscht werden müssen, hätte gewaltige Auswirkungen für die Gesellschaft und die Ökobilanz. Damit würde nicht nur die Menge der konsumierten Güter sinken, es würden auch völlig neue Wirtschaftssektoren für die Nachrüstung und Umbau von Konsumgütern mit Millionen neuer Arbeitsplätze entstehen" (Randers und Maxton 2016, S. 267). Durch das regional engagierte Handwerk wären „dies lokale Arbeitsplätze, die meist eine hohe Qualifikation verlangen, im Gegensatz zu monotoner und schlecht bezahlter Fabrikarbeit, die ohne Weiteres von Robotern übernommen werden können. Weil bei einer Kreislaufwirtschaft weniger Bedarf besteht, Waren um die halbe Welt zu transportieren, würden auch der Energieverbrauch und die Emissionen abnehmen" (Randers und Maxton 2016, S. 267–268).

Das Potenzial des Handwerkes für eine zukunftsfähige Entwicklung (Ax 2016, S. 16):

1. „Handwerk als Partner auf dem Weg zu einer klimaneutralen Gesellschaft und Lebensweise (Energieerzeugung, Energieverbrauch, Mobilität, Bauen und Wohnen)
2. Handwerk als Dienstleister von besonders nachhaltigen Produkten und Dienstleistungen wie z. B.
   a. langlebige und reparaturfreundliche Produkte;
   b. Bereitstellung öko-effizienter Dienstleistungen (Instandhaltung, Reparatur, Modernisierung, Weiter- und Wiederverwendung);
   c. Verarbeitung nachwachsender und lokaler Rohstoffe;
   d. Herstellung qualitativ hochwertiger, maßgeschneiderter, kundenindividueller Produkte, Problemlösungen bzw. Dienstleistungen;
   e. Handwerk als Kulturträger.
3. Handwerk als Quelle von Selbstermächtigung, Sinn, guter Arbeit
4. Handwerk als Rückgrat der lokalen Ökonomie und einer flächendeckenden Versorgung mit notwendigen Produkten und Dienstleistungen
5. Handwerk als Ressource für nachhaltige (Re-)Urbanisierungsstrategien
6. Handwerk als Ausbilder

7. Handwerk als Innovator
8. Handwerk als Resilienz-Faktor (Vielfalt, Krisenunabhängigkeit)
9. Handwerk als wesentliches Element und Aktivposten einer ökosozialen Marktwirtschaft"

Ein Zusammenschluss nachhaltig wirtschaftender Pionierunternehmen im Handwerk ist der gemeinnützige Verein *Handwerk mit Verantwortung e. V.*, der auf eine Initiative aus 2014 gleichen Namens des Autors dieses Kapitels zurückgeht. Hieraus kann sich eine Signalwirkung für andere Branchen und Bereiche ergeben. Nachfolgend werden die Leitprinzipien des Vereines aufgeführt.

9 Leitprinzipien des Vereines Handwerk mit Verantwortung e. V.

9.1 Hintergrund

Nachhaltigkeit ist ein wichtiges gesellschaftspolitisches Ziel. Um eine erfolgreiche Umsetzung zu gewährleisten, sind alle Akteure gefordert. Für die Privatwirtschaft besteht vor allem die Herausforderung darin, notwendige Maßnahmen zur Umwelt- und Ressourcenschonung sowie sozialen Gerechtigkeit in die Unternehmenspraxis zu integrieren, ohne dabei den eigenen Unternehmensgewinn zu gefährden. Allerdings steht kurzfristiges Gewinnstreben immer in Konflikt mit langfristigen ökologischen und sozialen Zielsetzungen. Der Einklang zwischen ökonomischem Erfolg sowie ökologischer und sozialer Verträglichkeit stellt somit den zukunftsweisenden Grundsatz unternehmerischen Handelns dar. Nachhaltigkeit im Unternehmen konzentriert sich demnach auf den gesamten betriebswirtschaftlichen Prozess: angefangen bei der Produktentwicklung über den Einkauf von Rohstoffen, Rohprodukten und Produktionsmitteln, die Be- und Verarbeitung ebendieser bis hin zum Verkauf und zur Entsorgung bzw. Wiederverwertung von Restmaterialien und Produktionsabfällen.

Unternehmen, die ihren Kunden bei der Bewertung ihrer Waren und Dienstleistungen Informationen über ihr ökonomisches, ökologisches und soziales Engagement bieten, leisten einen wichtigen Beitrag auf dem Weg zu einer nachhaltigen Wirtschafts- und Lebensweise. Transparente Produktion schafft Vertrauen, rückhaltlose Information Glaubwürdigkeit und beides sorgt für eine höhere Kundenzufriedenheit. Auf diese Weise wird auch die Kundenbindung gestärkt.

Handwerk mit Verantwortung e. V. bekennt sich zum Leitprinzip nachhaltiger Entwicklung und bietet Kunden Hilfe und Orientierung auf dem Weg zu nachhaltigen Waren und Dienstleistungen. Alle Mitgliedsbetriebe wirtschaften in ihren Möglichkeiten mit Bedacht. Handwerk mit Verantwortung will dabei mitwirken, dass bei der Ausführung handwerklicher Arbeiten und Dienstleistungen möglichst kein Beitrag zu Umweltzerstörung und Menschenrechtsverletzungen geleistet wird. Die ökologischen und sozialen

Problematiken beim Ab- und Anbau von Rohstoffen und Rohprodukten sowie bei der Verarbeitung und Entsorgung führen zur Verpflichtung, sich aktiv mit Nachhaltigkeit im Handwerk auseinanderzusetzen. Zur Vermeidung dieser Problemlagen beziehen die Mitglieder nach Möglichkeit nur Materialien aus dem europäischen Wirtschaftsraum bzw. zertifizierte Materialien. Aus ökologischen und sozialen Gründen bemühen sie sich um Vorprodukte nach dem Prinzip so lokal wie möglich und übernehmen so Verantwortung für eine nachhaltige Entwicklung ihrer Region.

Bei der Entwicklung und Fertigung von Waren sowie beim Angebot von Dienstleistungen im eigenen Betrieb verfolgen sie hohe ökologische Standards unter Berücksichtigung des gesamten Produktlebenszyklus. Ausbildung und soziales Engagement im Betrieb und in den Gemeinden sind für die Mitglieder ebenfalls wichtige Aktivitäten. In der Hoffnung, dass dieses handwerkliche Wirken einen Beitrag zur Verbesserung der Situation in Entwicklungs- und Schwellenländern leistet, wählt Handwerk mit Verantwortung e. V. den Weg der Aufklärung und des Verzichts auf Produkte und Materialien zweifelhafter Herkunft, wie z. B. problematische Arbeitsbedingungen und umweltzerstörende Produktionsbedingungen. Als Handwerksbetriebe vor Ort leisten die Mitglieder somit auch einen Beitrag zur ökologischen und sozialen Nachhaltigkeit hier in Deutschland.

Nachhaltigkeit wird in diesem Kontext als stetiger Prozess verstanden. Der Weg entsteht beim Gehen. Die folgenden Leitprinzipien dienen als grundlegender Orientierungsrahmen, dem sich die Mitglieder verpflichtet sehen. Im Sinne dieses Prozessgedankens müssen die Mitglieder nicht alle Leitprinzipien mit sofortiger Wirkung vollumfänglich erfüllen. Vielmehr sollen sie von ihren Möglichkeiten ausgehend, aus einer intrinsischen Motivation heraus, in ihren Unternehmen Prozesse zur Umsetzung von Nachhaltigkeit einleiten und kontinuierlich weiterentwickeln.

9.2 Zweck

Der Verein Handwerk mit Verantwortung e. V. ist ein bundesweiter Zusammenschluss von produzierenden Handwerksbetrieben verschiedener Gewerke, die Waren und Dienstleistungen anbieten, deren Herkunft und Produktion vom Kunden transparent, verlässlich und glaubhaft hinsichtlich ökonomischer, ökologischer und sozialer Verantwortlichkeit nachvollzogen werden können. Er engagiert sich dafür, dass die Möglichkeiten nachhaltigen Wirtschaftens im Handwerk vermehrt wahrgenommen und angewandt werden.

9.3 Ziele

Handwerk mit Verantwortung verfolgt folgende Zielsetzungen:

1. Die Mitglieder leisten einen Beitrag zu einer **nachhaltigen Entwicklung**. Soweit es ihnen möglich ist, verzichten sie auf Rohstoffe und Rohprodukte, bei deren Gewinnung

und/oder Herstellung gegen Nachhaltigkeitsaspekte verstoßen wird. Die Fertigung im eigenen Betrieb erfolgt zudem nach ökologischen und sozialen Gesichtspunkten. Hierzu gehören die Beachtung von Umwelt-, Tarif- und Sozialstandards, die Beachtung der ILO-Kernarbeitsnormen entlang der Lieferkette, Ausbildung im Betrieb, die Vermeidung von Abfällen auch durch Re- und Upcycling sowie die Beachtung des gesamten Lebenszyklus eines Produktes.
2. Die Aktivitäten des Vereins sowie seiner Mitglieder stärken die handwerkliche Identität und bauen Vertrauensstrukturen auf. Handwerk mit Verantwortung soll hierbei mit einem besonderen Maß an **Qualität** verbunden werden.
3. Sofern gewerkespezifische Nachhaltigkeitsstandards bereits existieren, werden diese von den Mitgliedern entsprechend in ihre Gewerke einbezogen bzw. weiterentwickelt. Fachbezogene Standards werden im Rahmen von Handwerk mit Verantwortung innerhalb der Gewerke erfasst und bewertet.
4. **Etablierung eines Labels/einer Marke** zur Kommunikation nach außen: Das Label soll für die Qualität und Verantwortung der Mitglieder stehen und ist belastbar durch das Engagement und die Arbeit jedes einzelnen Mitglieds.
5. Mit dem Label *Handwerk mit Verantwortung* sollen Kunden sowie Kollegen und Mitarbeiter für das Thema sensibilisiert und von den Mitgliedern aktiv aufgeklärt werden. **Auf diese Weise stärkt die Initiative die Wahlfreiheit des Kunden für nachhaltige Waren und Dienstleistungen**. Der Forderung nach Transparenz und dem Anspruch unserer Kunden auf eine dauerhaft gute und langlebige Arbeit begegnen wir mit einer ehrlichen Aufklärung über die Vor- und Nachteile unserer Produkte und Verfahren.

Zur Verfolgung dieser Ziele bietet Handwerk mit Verantwortung e. V. durch seine gewerkeübergreifende Zusammenarbeit aktiven Erfahrungsaustausch und Unterstützung für die Mitglieder und ihr Nachhaltigkeitsengagement. Jeder Austausch beruht dabei auf Augenhöhe, Gleichwertigkeit und Offenheit und dient dem gegenseitigen Lernen. Handwerk mit Verantwortung ermöglicht es, sich auf politische Entwicklungen und gesellschaftspolitische Forderungen vorzubereiten und einzustellen. Gleichzeitig leisten die Mitglieder im Rahmen ihrer Möglichkeiten einen aktiven Beitrag zu mehr Nachhaltigkeit im Handwerk.

9.4 Prinzipien

Die folgenden Prinzipien gelten als Handlungsrahmen, zu dem sich jedes Mitglied bekennen muss. Im Sinne eines Prozessgedankens verpflichten sich die Mitglieder dazu, diese Prinzipien als Grundsätze in all ihren Handlungen zu berücksichtigen und im Rahmen ihrer Handlungsmöglichkeiten umzusetzen. Hierzu gehört es auch, langfristig darauf hinzuarbeiten, eigene Umsetzungs-/Handlungsgrenzen aktiv zu erweitern und entsprechenden Entwicklungen anzupassen. In diesem Kontext dient der Verein nicht nur als Austauschplattform, sondern auch als operativer Unterstützer.

9.4.1 Achtung der Natur sowie die Beachtung des Vorsorgeprinzips

Alle Gewerke sind auf Rohstoffe und Rohprodukte angewiesen. Angesicht der Übernutzung unserer natürlichen Ressourcen verpflichten wir uns zu einem schonenden Umgang mit allen natürlichen Ressourcen. Hierzu gehören folgende Grundsätze:

- **Bezug von Rohstoffen und Rohprodukten, deren Gewinnung möglichst wenige Effekte auf Umwelt und Natur aufweist.** Dies kann durch eine ökologische Produktionsweise oder die Verwendung umweltfreundlicher Rohstoffalternativen erfolgen. Dies gilt insbesondere für Rohstoffe und Rohprodukte, die in Entwicklungs- und Schwellenländern abgebaut und angepflanzt werden, da hier vielfach die notwendigen Umweltauflagen nicht vorhanden sind oder nicht eingehalten werden. Nach Möglichkeit sollen daher regionale, heimische oder europäische Alternativen bevorzugt werden. Sind solche Alternativen nicht oder nur schwer zugänglich, sollte auf ökologisch sowie sozial zertifizierte Waren zurückgegriffen sowie aktiv auf eine nachhaltige Beschaffung im Rahmen der Möglichkeiten hingewirkt werden.
- **Vermeidung langer und unnötiger Transportwege.** Ein Großteil der klimaschädlichen Treibhausgase entsteht im Rahmen des Transports. Die Mitglieder verpflichten sich dazu, unnötige Transport- und Lieferwege zu vermeiden. Dies gilt ebenso für den Bezug von Rohstoffen und Rohprodukten, bei deren Auswahl auch die Transportwege als Auswahlkriterium einbezogen werden sollten. Transporte zur Weiterverarbeitung von Rohstoffen und Rohprodukten ins Ausland zur Kostenreduzierung sollten wegen ökologischer Belastungen und falscher ökonomischer Signalwirkung vermieden werden.
- **Vermeidung von Umweltverschmutzung in der Produktion/(Weiter-)Be- und Verarbeitung.** Die Herstellung von Waren und die Bereitstellung von Dienstleistungen ist immer mit Auswirkungen auf die Natur verbunden. Die Mitglieder beachten die Einhaltung der geltenden Umweltschutzgesetze als Selbstverständlichkeit und versuchen über die geltenden Regulierungen hinaus aktiv zu werden.
- Dies kann u. a. durch das (ausschließliche) Angebot ökologisch nachhaltiger Produkte und Dienstleistungen, die Verwendung von Ökostrom, möglichst effizienten Produktionsmitteln oder durch einen umweltfreundlichen Fuhrpark geschehen.
- **Vermeidung von Abfällen und Förderung von Up-/Recycling.** Die Vermeidung von Abfällen beginnt beim Produktdesign und bei der Auswahl von Rohstoffen und Rohprodukten. Bevorzugt sollen Rohstoffe und Rohprodukte eingesetzt werden, die sich durch eine hohe Recyclingfähigkeit auszeichnen oder biologisch abbaubar sind. Langlebigkeit (ästhetisch und technisch) sowie Reparaturfähigkeit sind weitere Anforderungen, die der Nachhaltigkeit dienen. In der Herstellung anfallende (unvermeidbare) Abfälle müssen einer/einem fachgerechten und umweltschonenden Entsorgung/Recycling zugeführt werden, sofern eine Weiterverarbeitung oder anderweitige Verwendung der Rohstoffe und Rohprodukte (Upcycling) nicht möglich ist. Daher verpflichten sich die Mitglieder ebenfalls dazu, ein besonderes Augenmerk auf Reparaturdienstleistungen zu legen. Sofern möglich wird dem Kunden eine Reparatur angeboten und nahegelegt.

9.4.2 Achtung und Förderung von Mitmenschen

Die Mitgliedsunternehmen tragen Verantwortung gegenüber den eigenen Kunden sowie gegenüber Menschen, die mittelbar und unmittelbar von der geleisteten Arbeit abhängig sind.

- **Keine Produkte aus sozial fragwürdiger Herstellung:** Viele Rohstoffe und Rohprodukte, insbesondere aus Entwicklungs- und Schwellenländern, werden unter menschenverachtenden Bedingungen gewonnen. Kinder- und Zwangsarbeit, mangelnder Gesundheitsschutz, unbezahlte und exzessive Überstunden sowie unzureichende Entlohnung sind nur einige der bekannten Probleme. Sofern davon auszugehen ist, dass bei einem Rohstoff/Rohprodukt sozial fragwürdige Arbeitsbedingungen anzunehmen sind, soll auf Bezugsquellen der Region, aus dem europäischen Wirtschaftsraum oder auf Recyclingmaterialien zurückgegriffen werden. Ist dies nicht möglich, sollten – sofern erhältlich – zertifizierte Materialien/Produkte verwendet werden. Auf diese Weise schließen die Mitglieder eine mittelbare wie unmittelbare Mitschuld an Menschenrechtsverletzungen aus.
- **Investition in bestehende und zukünftige Generationen – Weitergabe von Wissen, Ausbildung und Weiterbildung im Betrieb:** Die Weitergabe von Wissen und Können ist ein essenzieller Bestandteil zur Aufrechterhaltung von Qualität und Nachhaltigkeit im Handwerk. Die Mitglieder verpflichten sich dazu, nach ihren Möglichkeiten in ihren Betrieben auszubilden. Wünschenswert ist auch die Förderung sozial benachteiligter Menschen, um ihnen über eine Ausbildung die Teilhabe an der Gesellschaft zu ermöglichen. Weiter-/Fortbildungen im Betrieb sind eine Selbstverständlichkeit, ebenso wie der Austausch von Erkenntnissen unter den Mitgliedern.
- **Wir unterstützen eine Haltung der Wertschätzung und des Respektes von Mitarbeitern, Kollegen sowie Kunden und fördern einen fairen Wettbewerb im Sinne fairer Betriebs- und Geschäftspraktiken.**
- **Erweiterung von Entscheidungsspielräumen für Kunden:** Kunden können nur nachhaltig konsumieren, wenn sie ihre Entscheidungen beurteilen können. Die Mitglieder verpflichten sich dazu, ihre Kunden umfassend und ehrlich über die Vor- und Nachteile von Waren und Dienstleistungen sowie über eingesetzte (Herstellungs-)Verfahren aufzuklären.
- **Verbot von Diskriminierung:** Die Mitglieder gehen in ihren Betrieben aktiv gegen jede Form von Diskriminierung vor.

9.4.3 Prinzipien für Mitgliedsunternehmen

- **Transparenz, Ehrlichkeit und Offenheit:** Der Verein beruht auf der Etablierung von Vertrauensstrukturen und der Einführung einer gegenseitigen Vertrauenskultur. Transparenz, Ehrlichkeit, Offenheit und Austausch innerhalb des Vereins sowie gegenüber den Kunden bilden hierfür die Basis. Hierzu gehört auch die Aufklärungsarbeit über Produkte, Werk- oder Inhaltsstoffe, die von anderen Lieferanten bezogen wurden. Zur

Sicherstellung verpflichten sich die Mitglieder die Herkunft ihrer Rohstoffe und Rohprodukte offenzulegen.
- **Keine Bestechlichkeit:** Die Mitglieder verpflichten sich dazu, keine Bestechungsgelder entgegenzunehmen oder zu bezahlen.
- **Qualität im Handwerk:** Ausgehend von ihren individuellen Möglichkeiten und Einflussbereichen üben alle Mitglieder ihr Handwerk mit Sorgfalt aus. Hierzu gehört auch der Anspruch nach handwerklicher Qualität, bei der nicht die industrielle Fertigung von Gütern, sondern vielmehr der Mensch und sein Wissen und Können sowie Handarbeit im Mittelpunkt stehen. Neben der Erstellung physischer Güter umfasst die handwerkliche Tätigkeit auch Dienstleistungen in Form von Beratung, Montage, Wartung, Reparatur oder Handel. Qualität umfasst auch die Langlebigkeit von Produkten im Sinne des Kunden.
- **Produktion im heimischen Betrieb:** Kernprodukte und -dienstleistungen werden soweit wie möglich durch die Mitglieder selber entwickelt, hergestellt, ver-, um- und bearbeitet sowie bereitgestellt – unter Einhaltung von hohen ökologischen, tariflichen und sozialen Standards und einem möglichst regionalen Bezug von Rohstoffen und Rohprodukten. Können Bestandteile einer Ware oder Dienstleistung nicht durch ein Mitglied bereitgestellt werden, wird die Kooperation mit regionalen Partnern gesucht, die ebenfalls im eigenen Betrieb fertigen.

10 Fazit

Damit der Prozess des Wandels zu einer Welt im Einklang von Gebrauch und Verbrauch, Schutz und Beschützen, Nutzen und Nützen, Werken und Bewirken gelingt, bedarf es eines Narrativs. Ein Narrativ, in dem sich die Kulturen, die Menschen als Träger dieser Kulturen, die Sicht- und Denkweisen Einzelner, Gruppen und Völker, sich selbst in die Zukunft erzählt, wiederentdecken. Ein Narrativ, welches die Bereitschaft herausfordert, mitzuschreiben, mitzuerzählen und mitzuhandeln, in dem jeder Einzelne sein Leben als ein selbstwirksames erfahren kann, in dem er die Möglichkeiten zu individuellem Glück durch selbstbestimmtes Handeln und gleichzeitige Anerkennung des Glücksstrebens und Handelns des anderen und Akzeptieren der daraus resultierenden eigenen Grenzen erleben kann. Unsere Zukunft wird sich „jenseits von Angebot und Nachfrage" (Röpke 2009 [1958]) vollziehen.

Literatur

Ax C (1997) Das Handwerk der Zukunft. Birkhäuser, Basel
Ax C (2016) Gutachten im Auftrag der Enquete Kommission. „Zukunft von Handwerk und Mittelstand in Nordrhein-Westfalen gestalten – Qualifikation und Fachkräftenachwuchs für Handwerk 4.0 sichern, Chancen der Digitalisierung nutzen, Gründungskultur und Wettbewerbsfähigkeit stärken", 31.05.2016

Ax C, Hinterberger F (2013) Wachstumswahn. Ludwig Verlag, München

Beck V (2016) Eine Theorie der globalen Verantwortung, 1. Aufl. Suhrkamp, Berlin

Herzig C, Rheingans-Heintze A, Schaltegger S, Tischer M (2003) Auf dem Weg zu einem nachhaltigen Unternehmertum im Handwerk. Universität Lüneburg, Lüneburg

Lübbe H (1990) Der Lebenssinn der Industriegesellschaft. Springer, Berlin

Schelsky H (1975) Die Arbeit tun die anderen. Westdeutscher Verlag Gmbh, Opladen

Röpke W (2009) Jenseits von Angebot und Nachfrage, Nachdruck der 1958 im Eugen Rensch Verlag erschienen, 1. Aufl. Verlagsanstalt Handwerk GmbH, Düsseldorf

Sennett R (2008) Handwerk. Berlin Verlag GmbH, Berlin

Wikipedia (2016) Globalisierung. https://de.wikipedia.org/wiki/Globalisierung. Zugegriffen: 01. Okt. 2016

ZDH-Beirat Unternehmensführung im Handwerk (2010) Das „Prinzip Handwerk" – Werte inhabergeführter Unternehmen. Zentralverband des Deutschen Handwerks, Berlin

Timothy C. Vincent, Jahrgang 1966, geboren im Vereinten Königreich, Feinmechaniker, Diplomingenieur (FH) für Werkstofftechnik mit dem Schwerpunkt Oberflächentechnik/Korrosion, Steinbildhauer und Gestalter im Handwerk, selbstständig seit 2003 in Wetter/Ruhr (www.steinbildhauerei-vincent.de); Beschäftigung mit zukunftsweisenden Bestattungskonzepten (www.ewigkeitsbrunnen.de), mit dem Recycling von Grabmalen (www.recycling-grabstein.de) und der Zukunft des Handwerks auf dem Weg zum nachhaltigen Wirtschaften (www.handwerk-mit-verantwortung.de).

Natursteine sind der Grundstoff, aus denen er handwerkliche und exklusiv nach eigenen Entwürfen oder in gemeinschaftlicher Erarbeitung mit den Hinterbliebenen Unikate in hochwertiger Qualität schafft. Vincent hat sich mit seiner Arbeit ganz bewusst auf eine Gratwanderung begeben, nämlich einerseits handwerklich-künstlerisch angewandt zu arbeiten, also einen Betrieb zu führen mit all seinen Vorzügen, Zwängen und Nachteilen, andererseits, abgehoben von reiner Handwerklichkeit, frei künstlerisch zu denken und zu wirken.

Private Banken bekennen sich zur Nachhaltigkeit

Steffen Pörner

1 Einführung

„Jedes Unternehmen muss schon aus Eigeninteresse an die Zukunft denken und in die Zukunft investieren. Nachhaltiges Handeln ist daher kein Feigenblatt, sondern wirtschaftliche Notwendigkeit. Das gilt auch für Banken. Sie sind ein wichtiger gesellschaftlicher Akteur, dem eine große Verantwortung zukommt. Daran wollen und müssen wir uns messen lassen" (Dr. M. Kemmer, Hauptgeschäftsführer des Bundesverbandes deutscher Banken; Kemmer 2014).

Nicht erst seit der Finanzkrise, aber seitdem noch intensiver, beschäftigen sich Banken mit ihren Werten und ihrer Unternehmenskultur. Die Folgen nichtnachhaltigen Handelns hat die Finanzkrise von 2007/2008 mit der darauffolgenden Wirtschaftskrise 2008/2009 verdeutlicht. Investmentbanken hatten Geschäfte mit Immobilienkrediten und anderen, sog. synthetischen Krediten getätigt. Dadurch trugen sie zu einem spekulativ aufgeblähten Wirtschaftswachstum in den USA bei sowie zu einer weltweiten kreditfinanzierten Massenspekulation. Diese Blase platzte, weil die Kredite nicht bedient werden konnten und hinter ihnen keine Realwerte standen. Infolgedessen gingen mehr als 100 Banken in Konkurs. Ein vorläufiger Höhepunkt war im September 2008 die Insolvenz von Lehmann Brothers, der einst viertgrößten US-Investmentbank. Es folgten zahlreiche Unternehmenszusammenbrüche in der Realwirtschaft und eine weltweite Rezession. Aus diesem Grund gab es zahlreiche Vorschläge für krisenfestere Finanzmärkte, die Diskussionen darüber sind auch zehn Jahre nach Ausbruch der Finanzkrise noch nicht beendet. Die Idee derer, welche die tiefen Ursachen der Finanz-, der nachfolgenden Staatsschuldenkrise oder unternehmerischen Krisen angehen wollten, lautet: Die zahlreichen Risiken nichtnach-

---

S. Pörner (✉)
Bankenverband Nordrhein-Westfalen e.V.
Königsallee 47, 40212 Düsseldorf, Deutschland
E-Mail: Steffen.Poerner@bankenverband-nrw.de

© Springer-Verlag GmbH Deutschland 2017
P. Bungard und R. Schmidpeter (Hrsg.), *CSR in Nordrhein-Westfalen*,
Management-Reihe Corporate Social Responsibility, DOI 10.1007/978-3-662-54190-6_24

haltigen Handelns lassen sich durch weitsichtige Strategien, Produkte und Prozesse sowie das Verhindern komplizierter, undurchsichtiger (Finanz-)Konstruktionen senken. Die Vermeidung solcher Risiken gelinge auf unternehmerischer Ebene jedoch nur, wenn das Kerngeschäft strategisch verantwortlich betrieben werde, betonen Experten. Andernfalls geraten Unternehmen in eine Glaubwürdigkeitsfalle. Um glaubwürdig zu bleiben und die eigene Reputation zu schützen, sei es wichtig, nicht nur „rechtmäßig" (legal) zu handeln, sondern auch „richtig" (legitim), so die Theorie.

Der Bankensektor beeinflusst mit seinen Entscheidungen – aufgrund seiner besonderen Stellung im Wirtschaftskreislauf – in erheblichem Umfang die Entwicklungen in anderen Wirtschaftssektoren. Dieser Bedeutung sind sich die privaten Banken und der Bankenverband bewusst. Wie in vielen anderen Sektoren hat sich auch in der Kreditwirtschaft die Ausrichtung auf ein nachhaltiges Handeln zu einem starken wirtschaftlichen Treiber entwickelt. Ein funktionsfähiges Nachhaltigkeitsmanagement stellt zudem ein überaus wichtiges „Frühwarnsystem" für ökonomische Risiken dar. Die Frage nach der Nachhaltigkeit im Bankgeschäft in Deutschland ist eng verknüpft mit der wichtigen Rolle, welche die privaten Banken für die deutsche Volkswirtschaft einnehmen. Die privaten Banken gehören zu den wichtigsten Kreditgebern deutscher Unternehmen: Sie haben Einlagen und verwalten Vermögen in Billionenhöhe. Kundenbeziehungen werden zum Teil generationenübergreifend gepflegt. Darüber hinaus beraten und begleiten sie Unternehmen beim Zugang zum Kapitalmarkt. Rund 80 % des deutschen Exports laufen über private Banken. Sie unterhalten mehr als zwei Drittel des deutschen Auslandsnetzes der deutschen Kreditwirtschaft. Private Banken betreiben umfangreiche Zahlungsverkehrsnetze, stellen eine breite Palette an Absicherungsprodukten bereit und sind zudem wichtigster Kreditgeber für Unternehmen aus dem Bereich erneuerbare Energien. Der Bankensektor beeinflusst mit seinen Entscheidungen in erheblichem Umfang die Entwicklungen in anderen Wirtschaftssektoren.

Nachhaltigkeit bedeutet für die privaten Banken, ökonomisch dauerhaft erfolgreich zu sein und gleichzeitig ökologisch, sozial und gesellschaftlich verantwortlich zu handeln. Die drei Dimensionen der Nachhaltigkeit – wirtschaftliche Entwicklung, ökologische Verträglichkeit und soziale Verantwortung – spiegeln dies wider. Die Nachhaltigkeitsstrategie formuliert die strategischen Zielsetzungen der Bank, die sich aus den Nachhaltigkeitsdimensionen ergeben und einen besonderen Handlungsbedarf für die Bank bedeuten. Daraus entwickelt sich wiederum eine Haltung, „die sich mehr am ehrbaren Kaufmann orientiert als an Gordon Gekko" (König 2014).

Die Verantwortung für das nachhaltige Handeln ist von der obersten Managementebene in den allgemeinen Handlungsanweisungen und Richtlinien verankert. Diese Policies umfassen in der Regel ein generelles Wertesystem, das ausdrückt, wofür die Bank steht, sowie konkrete Verwaltungsgrundsätze und Richtlinien. Das Wertesystem prägt somit das Handeln der Bank insgesamt und ist zudem Richtschnur für alle Einzelentscheidungen. Voraussetzung ist, dass diese Grundsätze in das Kerngeschäft integriert und mit entsprechenden Anreizmechanismen versehen sind. So können sie aktiv nach innen und außen gelebt werden und den Mitarbeitern eine Orientierung geben. Dabei muss es Anspruch sein, das Wertesystem in einem fortlaufenden Prozess kontinuierlich weiterzuentwickeln, um somit externen wie auch internen Veränderungen Rechnung zu tragen.

In der Praxis stehen die Kreditinstitute vor der Herausforderung, dass sich die Sichtweisen und Interessen der Banken und die ihrer Interessengruppen (sog. Stakeholder wie Aktionäre, Kunden, Mitarbeiter und Öffentlichkeit) nicht immer decken. Ein regelmäßiger Dialog mit diesen Interessengruppen ist daher notwendig, um mögliche Interessenunterschiede auszugleichen. Die sogenannte nichtfinanzielle Berichterstattung spielt dabei eine wichtige Rolle. Mit ihr berichten Banken zahlreiche Kennziffern – zum Beispiel mit Umweltbezug und zum Personalwesen. Hier werden zudem die wesentlichen Elemente des Geschäftsmodells und die internen Prozesse unter Aspekten der Nachhaltigkeit erläutert. Mehr Transparenz und eine bessere Kommunikation können helfen, Konflikte zu erkennen und zu beurteilen – gelöst werden können sie aber nicht in allen Fällen. Exemplarisch sei der stark wachsende Markt nachhaltiger Investments (SRI – Sustainable Responsible Investments) genannt. Ob ein Fonds „grün" ist oder nicht, wird durch Ratingagenturen festgelegt, die durch individuelle Beurteilungsansätze auch häufig zu unterschiedlichen Ergebnissen kommen. Es gibt bisher keine allgemeingültigen Standards für Nachhaltigkeitsratings, was die Einstufung zum Teil willkürlich und für den Verbraucher kaum nachvollziehbar oder vergleichbar macht.

Eine Anreizwirkung zu mehr Nachhaltigkeit in Banken bietet nicht zuletzt das Aufsichtsrecht. Regulatorische Anforderungen an Eigenkapitalausstattung, Rechnungslegungsstandards, Vergütungsfragen, Corporate Governance, Compliance und Risikomanagement haben den Kulturwandel in den Banken deutlich befördert. Banken treffen Kreditentscheidungen zunehmend nach ganzheitlichen Nachhaltigkeitskriterien, die aus Gründen der Finanzmarktstabilität in globale Regelwerke Einzug gehalten haben. Kunden werden nicht mehr einzeln betrachtet, sondern im Kontext aller ihrer Geschäftsbeziehungen, angefangen bei Lieferanten über die gesamte Wertschöpfungskette bis zum Endkunden, und ihres „CSR-Footprints". Der Verbraucherschutz und die Wiedergewinnung des Vertrauens der Kunden stehen dabei im Vordergrund. Allerdings ergeben sich daraus auch einige Herausforderungen für die Branche: Deutlich gestiegene Anforderungen an die Due Diligence durch rechtliche Vorgaben und zusätzliche interne Standards erhöhen den administrativen Aufwand und nicht zuletzt die Kosten. Eine Vielzahl von nichtabgestimmten, sich zum Teil überschneidenden und in ihren Folgen noch nicht abschätzbaren Regulierungsmaßnahmen führen zunehmend zu Verunsicherung bei der rechtlichen Beurteilung in der praktischen Umsetzung. Nicht zuletzt könnten präventive Verdächtigungen wegen Geldwäsche, Steuervermeidung, Verstößen gegen internationale Sanktionen und Terrorismusfinanzierung auch zu einer grundsätzlichen, aber dann übertriebenen „Misstrauenskultur" gegenüber den Kunden führen.

Die privaten Banken bekennen sich zum Leitbild einer nachhaltigen Entwicklung und zu zahlreichen nationalen und internationalen Standards zur Nachhaltigkeit (BdB 2014). So wurde z. B. die UNEP-Erklärung der Finanzinstitute zur Umwelt und zur nachhaltigen Entwicklung von zahlreichen deutschen Kreditinstituten unterzeichnet. Genauso erfolgt auf breiter Basis eine Unterstützung des Global Compact, zum Beispiel im Rahmen der

COP21-Konferenz 2015 in Paris. Auf nationaler Ebene setzen sich viele Banken für den Deutschen Nachhaltigkeitskodex ein. Der regionale Fokus bezogen auf Nordrhein-Westfalen spielt allerdings bisher nur eine untergeordnete Rolle. Die meisten Kreditinstitute sind bundesweit tätig und wenden damit deutsche und europäische Standards an. Einige in NRW ansässige Banken wie HSBC, Santander Consumer Bank oder die TARGOBANK gehören zu ausländischen Instituten, weshalb meist sogar global anerkannte Standards gelten, die zum Teil weit über die nationalen Anforderungen hinausgehen. Regionale Besonderheiten finden sich wiederum im gesellschaftlichen Engagement. Hier ist Nähe noch ein Asset. Die Formulierung von Richtlinien und Prozessen zur Umsetzung dieses Leitbildes ist jedoch eine individuelle geschäftspolitische Entscheidung jeder einzelnen Bank. Hier spielen das jeweils definierte Wertesystem und die Geschäftsausrichtung eine fundamentale Rolle. Daher ist es schwierig, die einzelnen Aktivitäten zu erfassen und miteinander zu vergleichen. Dem Verband liegen derzeit auch keine konkreten Zahlen vor, wie viele Mitgliedsinstitute z. B. einen Nachhaltigkeitsbericht veröffentlichen.

Der Bankenverband und der Rat für Nachhaltige Entwicklung haben im November 2015 eine Kooperationsvereinbarung zum Deutschen Nachhaltigkeitskodex geschlossen. Der Schwerpunkt der Kooperation liegt in der Erstellung einer Orientierungshilfe zur nichtfinanziellen Berichterstattung für mittelständische Banken. Die neue CSR-Richtlinie zielt darauf ab, die Transparenz und die Berücksichtigung ökologischer und sozialer Aspekte im Rahmen der Unternehmensführung in der EU zu erhöhen. Große Unternehmen mit mehr als 500 Mitarbeitern, die im öffentlichen Interesse stehen – darunter fallen Banken –, müssen ab 2017 über ihr Engagement im Umweltschutz, soziale und auf die Mitarbeiter bezogene Initiativen, die Achtung der Menschenrechte und die Bekämpfung von Korruption berichten. Der Nachhaltigkeitskodex zeigt auch kleinen und mittelgroßen Kreditinstituten den Weg zur freiwilligen nichtfinanziellen Berichterstattung und zum Nachhaltigkeitsmanagement bis ins Kerngeschäft. Mit diesem Engagement unterstützen die Banken auch die von der Bundesregierung weiterentwickelte nationale Nachhaltigkeitsstrategie und senden ein klares Signal an die Politik, dass der verantwortungsvolle Umgang mit sozialen, ökologischen und ökonomischen Ressourcen im Sinne einer nachhaltigen Wirtschaft in den Banken ernst genommen wird.

Das im Juli 2015 vom Forum Nachhaltige Geldanlagen (FNG) eingeführte Qualitätssiegel, das es Anlegern leichter machen soll, nachhaltige Publikumsfonds zu identifizieren, wurde vom Bankenverband ausdrücklich begrüßt. „Nachhaltigen Geldanlagen" kommt bei der Entwicklung eines Leitbilds zum nachhaltigen Wirtschaften in der Finanzbranche eine besondere Bedeutung zu. Unter „Nachhaltiger Geldanlage" werden heute insbesondere Fondsprodukte verstanden, die ihre Eigen- und Fremdkapitalinvestitionen unter spezifischen Nachhaltigkeitskriterien vornehmen. Ebenso hat der Bankenverband die Initiative des Financial Stability Boards bei der Einrichtung einer Task Force on Climate-Related Financial Disclosures unterstützt. Bereits existierende Offenlegungspflichten im Bereich Klimaschutz und Nachhaltigkeit sollen systematisch erfasst sowie Vorschläge für konsistente Bewertungsstandards entwickelt werden. Dies passt zu den Bestrebungen der privaten Kreditwirtschaft, die sowohl bei der Kreditvergabe als auch im Kapitalanlagegeschäft zunehmend den Übergang zu einer klimafreundlicheren Wirtschaft begleitet.

Welche Bedeutung Nachhaltigkeit in der Wirtschaft heute bereits hat, zeigt sich nicht nur an den Anforderungen, die Banken an die Nachhaltigkeit der Geschäftstätigkeit ihrer Kunden stellen, sondern auch daran, dass die Verpflichtung zu nachhaltigem Wirtschaften auch von Banken vorausgesetzt wird. Vor allem institutionelle Investoren, wie z. B. Stiftungen oder Fondsgesellschaften, fordern ein klares Bekenntnis ihres Bankpartners zu einem nachhaltigen Geschäftsmodell ein. Banken, die diese Anforderungen nicht erfüllen können, werden an Anerkennung und damit im Wettbewerb verlieren. Die Verankerung von Nachhaltigkeit in das tägliche Business ist daher kein Lippenbekenntnis, sondern bereits konkret umgesetzt. Auch bei den Unternehmen ist inzwischen angekommen, dass Nachhaltigkeit nicht als zusätzlicher Aufwand anzusehen ist, sondern als Chance zur Verbesserung von Reputation und Performance.

2 CSR in Banken

Beispiele für Nachhaltigkeit von in Nordrhein-Westfalen ansässigen Banken (ausgewählte Aktivitäten, um die Vielfalt der Maßnahmen darzustellen, eigene Angaben der Institute, 2016), sind im Folgenden beschrieben.

2.1 DEUTSCHE BANK AG

2.1.1 Betriebsökologie

- Klimaneutraler Geschäftsbetrieb seit 2012 unter Beachtung der Anforderungen der ISO 14064; Ausgleich der nicht vermeidbaren Emissionen durch Ankauf und Stilllegung hochwertiger Emissionsreduktionszertifikate
- 100 % Strom aus erneuerbaren Energien in Deutschland
- Umsetzung des deutschen Energiedienstleistungsgesetzes durch Einführung eines Energiemanagementsystems gemäß ISO 50001

2.1.2 Chancen und Risiken im Kerngeschäft

- Finanzierung von erneuerbaren Energieprojekten (z. B. Wind-, Solarparks)
- Wesentlicher Partner für Platzierung von KfW-Förderkrediten zu Energieeffizienz usw.
- Akkreditierter Finanzdienstleistungspartner des UN Green Climate Fund
- Veröffentlichung und Darlegung des umfangreichen Regelwerks zum Umwelt- und Sozialrisikomanagement
- Integration von ESG ins Asset-Management durch entsprechende interne Leitlinien

2.1.3 Transparenz/Verpflichtungen

- Seit vielen Jahren Veröffentlichung eines Nachhaltigkeitsberichts „Unternehmerische Verantwortung", Bericht 2015 erstmals durch einen Wirtschaftsprüfer auditiert
- Erstunterzeichner der Prinzipien des UN Global Compact
- Erklärung zu den Menschenrechten in Erfüllung der „UN-Leitprinzipien für Wirtschaft und Menschenrechte"
- Unterzeichnung des „Paris Pledge for Action" anlässlich der Pariser Klimakonferenz im Dezember 2015

2.2 COMMERZBANK AG

- Unternehmerische Verantwortung als Leitgedanke: Ökologische, soziale und ethische Kriterien spielen hinsichtlich der Unternehmensführung eine zentrale Rolle. Kerngeschäft will Einfluss auf eine nachhaltige Entwicklung nehmen, Kunden fair und kompetent beraten, den ökologischen Fußabdruck stetig reduzieren, Mitarbeitern ein attraktiver Arbeitgeber sein und sich für die Gesellschaft engagieren
- Die Commerzbank hat zu unterschiedlichen Thematiken Positionen und Richtlinien definiert, die einen Teil des internen Regelwerks und des Arbeitsalltags der Mitarbeiter darstellen
- Alle Finanzierungen, bei denen ökologische, ethische oder soziale Aspekte eine wesentliche Rolle spielen, werden im Reputationsrisikomanagement der Commerzbank intensiv geprüft und beurteilt. Das Ergebnis dieser Prüfung kann dazu führen, dass die betreffende Finanzierung abgelehnt wird
- Seit September 2015 bietet die Commerzbank einen Nachhaltigkeitsfonds aus dem eigenen Haus an. Der „Commerzbank Globale Aktien – Katholische Werte"-Fonds wurde speziell für die Anlagebedürfnisse von Kirchen konzipiert, richtet sich allerdings an alle Anleger, die an einem Nachhaltigkeitsfonds interessiert sind
- Mit dem Competence Center Energy (CoC Energy) gehört die Commerzbank zu den führenden Finanzierern von erneuerbaren Energien und verfügen mit rund 5,1 Mrd. Euro Kreditvolumen über eines der größten Portfolios in diesem Segment

2.3 HSBC TRINKAUS & BURKHARDT AG, Düsseldorf

- HSBC betreibt ein umfassendes Research zu Aktien börsennotierter Unternehmen aus der Solar-, Wind-, Abfall- und Wasserwirtschaft (SRI/Renewables)
- Seit 2006 veranstaltet die Bank jährlich die Konferenz „Responsible Growth – Investments for the Future" in Frankfurt am Main. Ergänzend werden Nachhaltigkeitsroadshows organisiert, auf denen namhafte Unternehmen mit internationalen Investoren zum Thema Nachhaltigkeit ins Gespräch kommen

- HSBC ist der Meinung, dass sowohl ökologische als auch soziale sowie Corporate-Governance-Kriterien einen wesentlichen Einfluss auf die Fundamentaldaten eines Unternehmens haben und dessen Wettbewerbsposition entscheidend stärken. Entsprechend ist eine Nachhaltigkeitsanalyse für die globalen Asset-Management-Einheiten integraler Bestandteil der Investmentprozesse
- Die HSBC Global Asset Management hat bereits im Juni 2006 zum ersten Mal die „United Nations Principles for Responsible Investment" unterzeichnet und verpflichtet sich damit, ökologische, soziale und Corporate-Governance-Kriterien bei den Anlageentscheidungen zu berücksichtigen
- Darüber hinaus arbeiten die globalen Asset-Management-Einheiten mit harten Ausschlusskriterien. So werden seit 2010 Unternehmen gemieden, die mit Streumunition und Antipersonenminen in Verbindung gebracht werden. Hierbei nutzen sie neben der eigenen Due-Diligence-Prüfung auch die Dienste namhafter externer Organisationen
- Grundsätzlich werden alle Kreditengagements und -anfragen hinsichtlich ihrer Nachhaltigkeitsrisiken geprüft. Seit 2008 wird ein weltweit einheitliches Sustainability Risk Rating eingesetzt, das Regelungen für bestimmte Branchen wie Bergbau- und Metallwirtschaft, Chemie, Energiewirtschaft, Rüstung sowie Wald- und Wasserwirtschaft vorsieht. Die HSBC Sustainability Risk Policies und ihre Umsetzung werden regelmäßig überprüft und bei Bedarf aktualisiert
- Mitarbeiter werden intensiv und systematisch in der Beurteilung von Nachhaltigkeitsrisiken aus- und weitergebildet. Spezielle Sustainability-Risk-Manager überwachen die Einhaltung dieser Prozesse
- HSBC hat sich folgenden Initiativen freiwillig verpflichtet
  - Carbon Disclosure Project
  - Charta der Vielfalt
  - Equator Principles
  - Global Business Coalition on Health
  - Global Reporting Initiative
  - Global Sullivan Principles
  - Institutional Investors Group on Climate Change
  - OECD Guidelines for Multinational Enterprise
  - UN Environmental Programme Finance Initiative
  - UN Global Compact
  - UN Principles for Responsible Investment
  - UN Principles of Sustainable Insurance
  - UN Universal Declaration of Human Rights
  - Green Bond Principles

2.4 BANKHAUS LAMPE, Bielefeld

2.4.1 Umweltschutz als integraler Bestandteil der Unternehmenspolitik. Ziel: Einklang von unternehmerischem Handeln und ökologischen Anforderungen

- Versorgung fast aller Standorte mit regenerativen Energien
- Im Zuge von Umbaumaßnahmen werden Energiesparmaßnahmen realisiert
- Jährliche Veröffentlichung des Umweltschutzberichtes im Intranet
- Angebot von exklusiven Beteiligungsangeboten für institutionelle Kunden mit dem Schwerpunkt erneuerbare Energien

2.4.2 Nachhaltigkeits-Policies, -leitsätze und -verhaltenskodizes

- Alle Mitarbeiter der Bankhaus Lampe Gruppe unterschreiben eine Umweltschutzerklärung
- Alle Kundenbetreuer des Bankhauses Lampe unterschreiben Grundsätze der Kundenbetreuung, u. a. zur Integrität, Vertraulichkeit, Objektivität, Neutralität, Professionalität
- Alle Mitarbeiter unterliegen den Mitarbeiterleitsätzen, der Interessenkonflikt-Policy, dem Oetker-Verhaltenskodex und dem Bankhaus-Lampe-Verhaltenskodex

2.4.3 Gesellschaftliche Verantwortung

- Das Bankhaus Lampe engagiert sich in kulturellen, gesellschaftlichen und sozialen Projekten, in Form von Spenden oder persönlichem Einsatz der Mitarbeiter
- Verleihung regionaler Förderpreise für talentierte Nachwuchspianisten in mehreren Jahren (gemeinsam mit Steinway Germany)
- Engagement auch außerhalb der Banktätigkeit, z. B. als Referenten, Lehrbeauftragte, Vereinsvorstände oder Schatzmeister

2.4.4 Mitarbeiter

- Seit 2014 ist das Thema Gesundheit in den Leitlinien verankert: Prävention, Bewegung, Ernährung und Stressmanagement
- Zusätzlich freiwillige Regelungen zu Familie und Beruf sowie Gesundheitsmanagement
- Unterstützung von berufsbegleitenden Studiengängen und Zertifikatsausbildungen, Förderung von berufsbegleitenden Promotionen
- Vergabe von Stipendien (Namensstipendium an der Universität Duisburg-Essen, UDE-Stipendienprogramm)

2.5 SANTANDER CONSUMER BANK, Mönchengladbach

2.5.1 Entwicklung von Finanzprodukten
Das Engagement der Bank für die Umwelt und die Bekämpfung des Klimawandels spiegelt sich in der Finanzierung von Projekten der Energieeffizienz und der erneuerbaren Energien wider, in denen die Bank eine globale Führungsrolle einnimmt.

2.5.2 Projektfinanzierung
Im Jahr 2015 unterstützte die Bank die Finanzierung neuer Projekte für erneuerbare Energien wie Windparks, Wasserkraftwerke und Fotovoltaikanlagen in Brasilien, den USA, Deutschland, Italien, Chile, Portugal, Großbritannien und Uruguay. Einmal in Betrieb, werden diese Anlagen eine installierte Gesamtleistung von 7362 MW haben, ein Anstieg von 42 % im Vergleich zu 2014.

Die Bank hat als Berater für 81 Windenergieprojekte in Brasilien agiert, mit einer Gesamtinvestition von mehr als 1,3 Mrd. Euro.

2.5.3 Finanzierungsmöglichkeiten der Europäischen Investitionsbank (EIB)
Es wurden neue Finanzierungslinien mit der Europäischen Investitionsbank (EIB) in Höhe von insgesamt 361 Mio. Euro eingerichtet. In Spanien und im Vereinigten Königreich ging es um Rahmenkredite zur Finanzierung von Energieeffizienz- und erneuerbaren Projekten.

2.5.4 Nachhaltige Tätigkeit

- Kunden, Qualität und Zufriedenheit
- Produkte und Dienstleistungen
- Analyse der sozialen und ökologischen Risiken im Kreditgeschäft
- Umweltverträglichkeit und Energiesparplan
- Lieferketten

2.5.5 Nachhaltigkeitspolitik
Santander stellt sicher, dass ethische, soziale und ökologische Kriterien bei der Geschäftsabwicklung eingehalten werden. Sie bedient sich daher mehrerer Richtlinien, Kodizes und interner Regeln, die von der besten Umsetzung, internationalen Übereinkünften und Protokollen, Verhaltenskodizes und Leitfäden, die in jedem Bereich angewendet werden, inspiriert sind.

Im Jahr 2015 führte Santander ein umfassendes Verfahren zur Überprüfung und Aktualisierung der Nachhaltigkeitsstrategien im Konzern durch. Diese Policies wurden im Dezember 2015 vom Vorstand der Gruppe beschlossen:

- Allgemeine Nachhaltigkeitspolitik
- Sektorpolitische Maßnahmen
- Menschenrechtspolitik

- Klimapolitik
- Freiwilligenarbeit
- Allgemeine Verhaltensregeln
- Börsenkodex

2.5.6 Allgemeine Nachhaltigkeitspolitik

Sie definiert die allgemeinen Nachhaltigkeitsgrundsätze der Bank und ihre freiwilligen Engagements mit den wichtigsten Stakeholdern und konzentriert sich auf die Schaffung dauerhafter Werte. Diese Politik beinhaltet die wichtigsten Empfehlungen des CNMV für die Corporate Governance in diesem Bereich. Die Nachhaltigkeitspolitik bezieht sich auch auf das Management sozialer und ökologischer Risiken, wenn die Bank für sensible Sektoren Finanzierungen bereitstellt und für sensible Geschäftsaktivitäten, die in den sektoralen Politikbereichen weiterentwickelt werden.

2.6 TARGOBANK, Düsseldorf

Engagement und Verantwortung sowie umweltbewusstes Handeln gehören seit jeher bei der TARGOBANK zur Unternehmenskultur. Das beweisen die Mitarbeiter in vielseitigen Projekten und Programmen, die größtenteils in der TARGOBANK Stiftung gebündelt werden. Zweck der Stiftung sind die Förderung von Wissenschaft und Forschung, Förderung von Erziehung, Volks- und Berufsbildung, Förderung von Verbraucherberatung und Verbraucherschutz sowie die Förderung von bürgerschaftlichem Engagement zugunsten gemeinnütziger, mildtätiger Zwecke.

2.6.1 Fit für die Wirtschaft

- Mit dem Programm „Fit für die Wirtschaft" setzt sich die TARGOBANK für die Bildung von Schülern ein
- Mitarbeiter vermitteln als ehrenamtliche Wirtschaftstrainer in der 8. und 9. Klasse Grundlagen des Finanzwissens
- Seit 2003 lernten bundesweit bereits mehr als 54.000 Schüler in über 2100 Schulklassen den verantwortungsvollen Umgang mit Geld
- Mehr als 1700 TARGOBANK-Mitarbeiter engagierten sich bundesweit im Projekt
- In NRW unterrichteten seit Projektbeginn 760 Wirtschaftstrainer aus der TARGOBANK 23.700 Schüler in 880 Klassen

2.6.2 Schuldenhelpline e. V.

- Mit finanzieller Unterstützung der TARGOBANK Stiftung bietet die Schuldnerhilfe Köln e. V. ein Beratungsangebot für Menschen in finanzieller Not
- Die Anliegen eines Großteils der Hilfesuchenden (rund 70 %) können direkt im ersten Gespräch geklärt werden

- Seit dem Start des Angebots im November 2006 konnten mehr als 20.000 Menschen bundesweit per Telefon oder E-Mail beraten werden

3 CSR in der Gesellschaft

Das über die Geschäftstätigkeit hinausgehende gesellschaftliche Engagement ist weder gesetzlich normiert noch im Rahmen unserer wirtschaftlichen Grundordnung definiert. Gleichwohl betätigen sich zahlreiche Unternehmen, darunter die übergroße Mehrheit der Banken, in vielfältiger Weise im Rahmen von CSR-Projekten. Kleine, mittlere und international aufgestellte Kreditinstitute prägen damit an ihren Standorten, in ihrer weiteren regionalen Reichweite oder überregional das gesellschaftliche Umfeld aktiv mit – durch finanzielle Förderung kultureller und sozialer Projekte, durch persönlichen Einsatz eigener Mitarbeiter oder die Aktivierung bürgerschaftlichen Engagements. Banken tun dies nicht erst seit Kurzem oder als Folge der Finanzkrise, mit dem Ziel, damit kurzfristig wieder an Reputation zu gewinnen. Die meisten Institute haben vielmehr eine mehrere Jahrzehnte, oft sogar noch länger währende Tradition des kulturellen und sozialen Engagements. Ein Beispiel: Die NATIONAL-BANK Essen ist eine mittelständische Regionalbank und sieht sich als Teil der örtlichen Bürgergesellschaft. Sie engagiert sich seit mehr als 90 Jahren in den Bereichen Kunst, Musik, Bildung und Soziales aus diesem unternehmerischen Selbstverständnis heraus. Ziel ist es, das kreative Potenzial der Region zu stärken und den Strukturwandel des Ruhrgebiets zu unterstützen. Denn die kulturelle Vielfalt einer Region trägt positiv zu ihrem wirtschaftlichen Wachstum und somit zur Steigerung der Lebensqualität in der Region bei. Die Bank fokussiert sich dabei auf langjährige Kooperationen unter der Prämisse der Nachhaltigkeit. Genannt seien unter vielen anderen die Förderung von Ausstellungen des Museums Folkwang, der Kunstsammlung NRW, der Kunstakademie Düsseldorf sowie dem Klavier-Festival Ruhr.

Einen Beitrag für Wirtschaft und Gesellschaft leisten die Banken auf drei Ebenen:

- als Finanzdienstleister für ihre Kunden,
- als Unternehmen für die Volkswirtschaft,
- als Corporate Citizen für die Gesellschaft.

Alle drei Ebenen greifen im System der sozialen Marktwirtschaft ineinander. Als Unternehmen stehen die Banken im Wettbewerb miteinander und um die Kunden. Sie streben nach einem nachhaltigen Geschäftserfolg, ohne den weder die Wünsche der Kunden befriedigt noch ein volkswirtschaftlicher Nutzen realisiert werden kann oder gar eine darüber hinausgehende zusätzliche Förderung gesellschaftlicher Belange möglich ist.

Der Beitrag, den Banken als Arbeitgeber und Steuerzahler sowie als Finanzdienstleister und Kapitalgeber für Wirtschaft und Gesellschaft leisten, gehört in einem weiteren Sinne selbst auch zur Wahrnehmung gesellschaftlicher Verantwortung. Das sehen die Bürger in ihrer großen Mehrheit nicht anders. Wie eine Umfrage der GfK Nürnberg im Auftrag des Bundesverbands deutscher Banken zeigt (GfK 2015), haben die Deutschen ein sehr breites Verständnis davon, was zur gesellschaftlichen Verantwortung von Banken gehört. Für sie umfasst dies nicht nur die Unterstützung sozialer Einrichtungen (71 %) und die Förderung von Kultur, Sport oder Bildung (71 %). In sogar noch höherem Maße sehen die Befragten die Aufgabe, Arbeits- und Ausbildungsplätze zu schaffen oder zu erhalten (84 %), ebenfalls als Teil der gesellschaftlichen Verantwortung von Banken an. Sieben von zehn Deutschen (69 %) nehmen auch die Erwirtschaftung von Gewinnen und den damit verbundenen Beitrag der Banken zum Steueraufkommen als deren gesellschaftliche Aufgabe wahr.

Auf der anderen Seite zeigen sich viele Bürger gegenüber Unternehmen und Banken trotz ihres gewiss unbestrittenen Beitrags für Wirtschaft und Gesellschaft reserviert bis skeptisch, wenn es um gesellschaftliche Verantwortung geht. Gut die Hälfte der Befragten (54 %) glaubt nicht, dass die Unternehmen ihrer gesellschaftlichen Verantwortung gerecht werden. Im Falle der Banken sind es gar fast zwei Drittel (65 %), die diese Meinung vertreten, wobei die größere Skepsis hier sicher auch eine Folge der Finanzkrise ist. Geschätzt werden kann nur etwas, das bekannt ist. Dass sich die meisten Banken über ihre Finanzgeschäfte hinaus auch gesellschaftlich engagieren, wissen jedoch nur relativ wenige Befragte. Gut die Hälfte der Bürger (51 %) glaubt, dies würden „nicht so viele" Banken tun, ein weiteres Fünftel nimmt sogar an, es würde „so gut wie keine" Bank tun.

Fragt man die Bürger nach den vermuteten Motiven für das CSR-Engagement der Banken, meinen neun von zehn Befragten, die Banken würden sich für gesellschaftliche Belange vor allem einsetzen, um ihr Ansehen zu verbessern; acht von zehn (Mehrfachnennungen waren möglich) nehmen an, es gehe ihnen darum, ihren Umsatz zu steigern. Nur rund ein Drittel der Befragten glaubt hingegen, dass sich Banken für die Gesellschaft engagieren, weil sie sich für diese mitverantwortlich fühlen. Woher kommen diese (Vor-)Urteile? Die Unkenntnis über den tatsächlichen Umfang des gesellschaftlichen Beitrags von Banken mag dafür ebenso eine Erklärung sein, wie das infolge der Finanzkrise gelittene Vertrauen in die Branche. Es bleibt eine Herausforderung für die Banken, in dieser Hinsicht Glaubwürdigkeit und Vertrauen zurückzugewinnen. Allerdings stehen Gewinnerwirtschaftung und Imagepflege per se nicht im Widerspruch zur Wahrnehmung gesellschaftlicher Verantwortung. So wird CSR von Unternehmen und Banken zunehmend auch als ein Instrument der strategischen Unternehmensführung begriffen, die den Social Case mit dem Business Case verbindet. Damit haben auch die Bürger offenkundig keine Probleme. Für fast zwei Drittel der Befragten (64 %) ist es „in Ordnung", wenn Unternehmen (Banken: 59 %) mit ihrem gesellschaftlichen Engagement gleichzeitig auch geschäftliche Interessen verfolgen. Die Diskussion zu CSR sollte vor diesem Hintergrund weniger in Form einer „Markt versus Moral"-Debatte, sondern eher in der Form einer Win-win-Debatte geführt werden.

4 Fazit

Die privaten Banken bekennen sich zum Leitbild einer nachhaltigen Entwicklung. Die Formulierung von Richtlinien und Prozessen zur Umsetzung ist eine individuelle geschäftspolitische Entscheidung der einzelnen Häuser.

Der Bankensektor beeinflusst mit seinen Entscheidungen in erheblichem Umfang die Entwicklungen in anderen Wirtschaftssektoren. Dieser Position und der damit verbundenen Verantwortung für eine umwelt- und sozialverträgliche Entwicklung sind sich die Entscheider in den Banken bewusst.

Nachhaltigkeit ist bei Banken und Unternehmen mittlerweile auch ein starker wirtschaftlicher Treiber. Ein funktionsfähiges Nachhaltigkeitsmanagement ist zum einen ein „Frühwarnsystem" für ökonomische Risiken und dient zum anderen der Entwicklung von neuen Geschäftschancen.

Nachhaltigkeit bedeutet für die privaten Banken, ökonomisch dauerhaft erfolgreich zu sein und gleichzeitig ökologisch, sozial und gesellschaftlich verantwortlich zu handeln. Die drei Dimensionen der Nachhaltigkeit – wirtschaftliche Entwicklung, ökologische Verträglichkeit und soziale Verantwortung – spiegeln dies wider.

Das Nachhaltigkeitsmanagement in den Banken umfasst Strategien und Instrumente zur Verknüpfung sozialer, ökologischer und ökonomischer Aspekte untereinander und zu ihrer Verankerung in den Bankbetrieb. Nachhaltigkeit ist dabei kein separates Ziel, sondern integraler Bestandteil der Geschäftsstrategie.

Das Nachhaltigkeitsmanagement soll ein wesentlicher Bestandteil der Unternehmensstrategie sein. Es muss daher in die Grundsätze der Unternehmensführung einfließen und ist ein Kernthema der Unternehmensleitung. Diese hat die Aufgabe, die Schlüsselfunktionen zur Nachhaltigkeit in der Bank festzulegen, zu steuern und miteinander zu vernetzen.

Die Interessen der Banken und ihrer Interessengruppen (sog. Stakeholder wie Aktionäre, Kunden, Mitarbeiter und Öffentlichkeit) sind nicht immer deckungsgleich. Banken stehen daher vor der Herausforderung, Interessenkonflikte, die sich durch die unterschiedlichen Erwartungen ergeben, möglichst fair zu lösen.

Mitarbeiter sind die wichtigsten Erfolgsfaktoren im Bankengeschäft. Dementsprechend fördern und unterstützen die Banken ihre Mitarbeiter.

Im Bereich der Betriebsökologie steuern bereits heute viele Banken ihre eigenen Umweltleistungen nach einem zertifizierten Umweltmanagementsystem.

Mit ihrem vielseitigen gesellschaftlichen Engagement handeln die privaten Banken seit vielen Jahren als verantwortungsbewusste Unternehmensbürger. Ein nachhaltiges Unternehmerbürgertum beruht auf dem langfristigen Erfolg im Kerngeschäft und zukunftsfesten Geschäftsmodellen.

Literatur

Kemmer M (2014) Rede zur Nachhaltigkeit in der Finanzwirtschaft. In: Veranstaltungsreihe Gespräch in der Burgstraße

König E (2014) Rede zum Neujahrsempfang der BaFin, Bundesanstalt für Finanzdienstleistungsaufsicht. In: Banking Hub by zeb, Münster: Nachhaltiges Banking – vielversprechendes Geschäftsfeld oder Werbetrick? (2015)

„Gesellschaftliche Verantwortung", Repräsentative Umfrage der GfK Nürnberg im Auftrag des Bundesverbands deutscher Banken, 2015

„Nachhaltigkeitsmanagement – Impulse der privaten Banken", Bundesverband deutscher Banken, 2014

1963 in Mannheim geboren, arbeitete **Steffen Pörner** zunächst als Journalist, übernahm im Jahr 2000 die Leitung der Presseabteilung der Börse Düsseldorf und beschäftigt sich seitdem mit nachhaltigen Anlagestrategien und der Vermittlung von Finanzwissen. Als Kommunikationschef von HSBC Trinkaus & Burkhardt AG baute er im Jahr 2007 den Bereich „Corporate Sustainability" der Bank auf mit dem Ziel, alle CSR-Aktivitäten in eine integrierte Strategie zu bündeln, intern und extern zu kommunizieren sowie Nachhaltigkeitskriterien in die Geschäftsprozesse zu implementieren. Seit April 2016 ist Steffen Pörner als Geschäftsführer für die Interessenvertretung der 67 in NRW ansässigen privaten Banken verantwortlich, setzt sich neben regulatorischen Themen auch mit Nachhaltigkeitsaspekten in der Finanzbranche auseinander.

Mit CSR kleine und mittelständische Unternehmen begeistern

Thorsten Brinkmann, Simon Gröger und Wolfgang Keck

1 Ostwestfalen-Lippe – die Mittelstandsregion

Ostwestfalen-Lippe liegt im Nordosten des Bundeslandes Nordrhein-Westfalen. Das Herz der Region, die sich von den Rändern des Ruhrgebietes bis an die „Norddeutsche Tiefebene" in Niedersachsen erstreckt, schlägt in den Kreisen Gütersloh, Herford, Höxter, Lippe, Minden-Lübbecke, Paderborn und der Stadt Bielefeld. Als räumliche Einheit bilden sie den Regierungsbezirk Detmold und als regionale Klammer Ostwestfalen-Lippe (OWL).

Die Großräume um Dortmund, Hannover, Kassel, Münster und Osnabrück sind schnell über die Hauptverkehrsadern A2, A33 und A44 sowie die Bahnstrecken Hannover-Hamm und die Mittel-Deutschland-Verbindung erreichbar. Mit dem Verkehrsflughafen Paderborn/Lippstadt verfügt OWL über einen eigenen Anschluss an das europäische Flugnetz. Die Höhenzüge des Teutoburger Waldes, hügelige Lagen und weite Flächen zwischen Weser und Ems bieten mit Attraktionen wie dem Hermannsdenkmal, dem Corveyer Westwerk, der Porta Westfalica etc. vielfältige touristische Ziele. Ostwestfalen-Lippe weist mit unzähligen Theatern, Konzertsälen, Museen und anderen Kultureinrichtungen eine hohe kulturelle Dichte auf, als Hochschulstandort genießt die Region weltweites Renommee.

Insbesondere trägt auch die ostwestfälisch-lippische Wirtschaft zur globalen Strahlkraft der Region bei. Große, weltweit agierende Markenunternehmen, Hidden Champions genannte Weltmarktführer in ihren Branchen und insbesondere kleine und mittelständi-

T. Brinkmann (✉) · S. Gröger · W. Keck
GILDE Gewerbe- und Innovations-Zentrum Lippe-Detmold GmbH
Bad Meinberger Straße 1, 32760 Detmold, Deutschland
E-Mail: brinkmann@gildezentrum.de

S. Gröger
E-Mail: Groeger@gildezentrum.de

W. Keck
E-Mail: Keck@gildezentrum.de

sche Unternehmen (KMU) mit einer hohen Branchenvielfalt bilden das stabile Rückgrat der höchst dynamischen Wirtschaftsregion. Mit dem viel gerühmten ostwestfälisch-lippischen Wirtschaftsethos ist für CSR in OWL ein guter Boden bereitet. Viele Traditionsunternehmen, seit Generationen in Familienhand, junge gestandene Unternehmen wie auch neu gegründete Start-ups nehmen ihre gesellschaftliche Verantwortung hier auf vielfältige Weise wahr. Aus Tradition. Aus Verbundenheit. Als Selbstverständlichkeit. Ostwestfälisch-lippisch halt.

Insbesondere die kleinen und mittelständischen Unternehmen stehen im Fokus der im Jahr 2015 gestarteten Initiative „CSR-Kompetenzzentren NRW" des Ministeriums für Wirtschaft, Energie, Industrie Mittelstand und Handwerk (MWEIMH) des Landes Nordrhein-Westfalen. Und damit im Zentrum des Wirkens des CSR-Kompetenzzentrums OWL.

Laut Statistischem Bundesamt entfallen in Deutschland von insgesamt 1,67 Mio. Unternehmen rund 1,66 Mio. (99,3 %) Unternehmen auf sogenannte kleine und mittlere Unternehmen (KMU, bis 249 Beschäftigte). Hiervon stellen Kleinstunternehmen (weniger als zehn Mitarbeiter, Jahresumsatz oder Jahresbilanzsumme unter 2 Mio. EUR) mit 1,3 Mio. Unternehmen den überwiegenden Teil der deutschen Unternehmen. Nur etwa 11.500 Unternehmen sind Großunternehmen. KMU spielen insofern eine wichtige Rolle für die Beschäftigung, stellen sie doch nahezu 60 % aller Arbeitsplätze. Verständlicherweise sind es daher insbesondere die kleinen und mittleren Betriebe, die im Fokus von wirtschaftsfördernden Organisationen sowie Politik und Verwaltung stehen.

Kommunale Wirtschaftsförderungen konzentrieren sich bei der Unterstützung auf „ihre" kleinen und großen Mittelständler am Standort. Als zumeist kommunale Standortdienstleister agieren sie an der Schnittstelle von Wirtschaft, Verwaltung, Wissenschaft und Gesellschaft. Und genau hier setzt das Thema „Verantwortung" für die Unternehmen gegenüber ihrem Umfeld und ihren Anspruchsgruppen an: Eine zentrale Aufgabe von Wirtschaftsförderungen ist, aktuelle Trends und Innovationen in die heimische Wirtschaft zu transferieren – selbstverständlich auch Megatrends wie CSR und Nachhaltigkeit. Und last, but not least unterstützen Wirtschaftsförderungen Betriebe in Sachen Zukunftsfähigkeit und Wettbewerbsfähigkeit. CSR als strategischer Erfolgsfaktor ist hier nicht nur für die Mitarbeitergewinnung und -bindung ein gutes Beispiel.

2 CSR – gelebte Verantwortung

CSR ist gelebte Verantwortung. Denn wir verstehen Corporate Social Responsibility, die gesellschaftliche Verantwortung von Unternehmen, sinnhaft als „verantwortungsvolle Unternehmensführung". Die Europäische Kommission liefert in ihrer Begriffsdefinition vor allem die Stichpunkte „Freiwilligkeit", „Soziales" und „Ökologie": Das meint, dass sich Unternehmen für die Folgen ihres Handelns verantwortlich zeigen und in den Bereichen Ökologie und Soziales freiwillig mehr tun, als es die gesetzlichen Bestimmungen verlangen.

Diese besondere Verantwortung für die Mitarbeiter, für die Umwelt, für das Handeln auf den Märkten wie auch für das Gemeinwohl hat in den KMU Ostwestfalen-Lippes eine lange und gute Tradition. Viele großartige Beispiele zeugen davon. Es steckt aber mehr dahinter: Mit einer CSR-Strategie wird Unternehmensverantwortung ein nachhaltiges Konzept. Denn Kunden und andere Stakeholder schauen immer häufiger auf mittelständische Betriebe: Welche Produkte bietet das Unternehmen an? Woher kommen die Rohstoffe? Wie geht man im Unternehmen mit den Mitarbeitern um? Und vieles mehr. Private genauso wie gewerbliche Kunden oder auch Fach- und Führungskräfte erwarten hier eine entsprechende Performance, beispielsweise für die Mitarbeiter, Umwelt oder auch für das Gemeinwesen am Standort, und „belohnen" ein entsprechendes Engagement des Unternehmens.

CSR, als integrierte Unternehmensstrategie gedacht, hilft einem Unternehmen, sich nachhaltig und erfolgreich für die Zukunft aufzustellen. Strategisch bedeutet das, alle Ziele und Schritte des betrieblichen Handelns aufeinander aufbauend und langfristig zu planen. Die Nachhaltigkeitsstrategie soll, neben den originären Unternehmenszielen, auch die Bedürfnisse und Ansprüche von Stakeholdern (dies sind die Bezugsgruppen eines Unternehmens wie Mitarbeiter, Lieferanten, Verbände, aber auch die Natur etc.) in die Unternehmensprozesse einbeziehen. Damit wird die Perspektive der Wirkungen des unternehmerischen Handelns bereits in die Planung und in die Prozesse selbst integriert und idealtypisch im stetigen Dialog mit den Bezugsgruppen nachhaltig durchgesetzt.

Jeder Unternehmer hat eine eigene Definition von erfolgreicher Geschäftstätigkeit. Unter Berücksichtigung einer integrierten CSR-Unternehmensstrategie verstehen wir darunter nachhaltige Geschäftserfolge: in der Personalgewinnung, in der Produktion, in der öffentlichen Wahrnehmung, in der Standortentwicklung, auch und insbesondere für kleine und mittelständische Unternehmen.

Der nachhaltige Erfolgsfaktor CSR wirkt auf die Personalpolitik: motivierend auf Mitarbeiter, anziehend für potenzielle Bewerber. Dem Unternehmen zugeschriebene Attribute wie Fairness, transparente Lieferketten, Erfüllung ökologischer wie sozialer Dimensionen etc. beeinflussen die Qualität der Lieferanten- wie Kundenbeziehungen äußerst positiv. Ein engagiertes Einsetzen für bspw. Natur und die Stärkung der Gemeinschaft vor Ort kann hilfreich dabei sein, Türen für erfolgreiche Gespräche mit kommunalen Verwaltungen und Interessenverbänden, Investoren etc. zu öffnen.

Über Erfolge sollte man auch sprechen: CSR ist wirkungsvoll und nachhaltig in der Kommunikation. Gespräche werden auf Augenhöhe geführt und nachhaltige Themen bleiben im Gespräch. Denn CSR wirkt auf der einen Seite positiv auf die innere Kommunikation eines Unternehmens. Mit dem Konzept der verantwortungsvollen Unternehmensführung bindet die Unternehmensleitung alle Arbeitnehmer im Betrieb in die CSR-Prozesse mit ein. Verantwortliches Handeln, Transparenz über Schritte und Beteiligung bei Entscheidungen fördern das Engagement der gesamten Belegschaft und deren Identifikation mit dem Unternehmen.

Auf der anderen Seite unterstützen erfolgreiche CSR-Maßnahmen die externe Kommunikation des Unternehmens höchst wirkungsvoll. CSR-Kommunikation ist ein entscheidender Wettbewerbsfaktor. CSR-Unternehmen sprechen über ihr gesellschaftliches Engagement und ihr nachhaltiges Handeln. Und adressieren gezielt ihre Stakeholder: andere Unternehmer, Lieferanten wie Kunden, die Menschen, Interessengruppen und Organisationen vor Ort und darüber hinaus. So verstetigt erfolgreiche CSR-Kommunikation den positiven Eindruck in der öffentlichen Wahrnehmung und unterstützt entscheidend die Erreichung nachhaltiger Unternehmensziele.

Im betrieblichen Alltag ist CSR für viele KMU selbstverständlich: Sie sind Teil der sozialen Gemeinschaft und haben eine Verantwortung gegenüber ihren Stakeholdern wie Mitarbeitern, Kunden und Nachbarn, ihrer Umwelt und der Gesellschaft insgesamt. Während die meisten Großunternehmen bereits die Vorteile von CSR erkannt haben und sich entsprechend positionieren, bestehen in kleinen und mittleren Unternehmen in Deutschland häufig Informationsdefizite: „Was ist eigentlich das Besondere an CSR?" und „Wie kann ich CSR für mich nutzen?", sind typische Fragen, die Inhaber kleinerer Unternehmen häufig stellen. Dabei wird der Vorteil von freiwilligem gesellschaftlichem Engagement von diesen Unternehmen nicht verkannt.

Obwohl sich KMU vielfach im Sinne von CSR verhalten, so sprechen sie nicht unbedingt von CSR oder kommunizieren offensiv ihr gesellschaftliches Engagement. Auch wenn in den letzten Jahren CSR im Mittelstand als Begriff bekannter geworden ist, so ist vielen Kleinstunternehmen aber nicht bewusst, was CSR ausmacht und welche Chancen mit CSR verbunden sind. Nicht selten wird CSR immer noch mit Spenden, Sponsoring oder Mäzenatentum gleichgestellt. Diesen Unternehmen muss vermittelt werden, dass sie bei CSR aus ihrem Kerngeschäft heraus etwas „Gutes" für die Gesellschaft bzw. für bestimmte Stakeholder und somit ggf. für die soziale und städtische Infrastruktur an ihrem Standort tun – und hierbei gleichzeitig die eigene Unternehmensentwicklung fördern.

Die kleinen und mittelständischen Unternehmen sind sehr häufig mit ihrem Standort eng verbunden und zeigen i. d. R. eine hohe Bereitschaft, ihn mitzuentwickeln. Eine positive Entwicklung von Städten und Gemeinden sowie Landkreisen ist heute für die meisten Gebietskörperschaften allein aufgrund ihrer finanziellen Ausstattung schwer zu gewährleisten. Zukünftig wird sich diese Situation noch verschärfen. Für die Kommunen kommt es darauf an, im Zusammenspiel mit ihren Bürgern, wissenschaftlichen Einrichtungen und den am Standort befindlichen Unternehmen die Bedingungen für eine prosperierende Entwicklung zu schaffen. Die Kooperationen zwischen Kommunen und ihren Stakeholdern sind insgesamt betrachtet noch sehr ausbaufähig. Insbesondere erscheint die Zusammenarbeit zwischen Kommunen und ihren Unternehmen, mit dem Ziel, konkrete Herausforderungen und gemeinsame Problemstellungen, etwa im Rahmen des demografischen Wandels, anzupacken, als sehr ausbaufähig.

„CSR lohnt sich – für die Gesellschaft und das Unternehmen gleichermaßen!" Mit dieser Botschaft geht das CSR-Kompetenzzentrum OWL auf seine Zielgruppe KMU zu und möchte diese mit einem umfangreichen CSR-wegbereitenden Programmportfolio begeistern.

3 CSR – Erfolgsstrategie für den Mittelstand

Die Landesregierung Nordrhein-Westfalen hat sich die Verbreitung der Vorteile und Chancen einer verantwortungsvollen Unternehmensführung zum Ziel gemacht, um die kleinen und mittelständischen Unternehmen im Land und den Standort NRW nachhaltig und zukunftsgerichtet zu stärken. In einem Ausschreibungswettbewerb hat das Konzept der GILDE Wirtschaftsförderung Detmold in Kooperation mit dem Initiative für Beschäftigung e. V. OWL überzeugt und wurde vom Ministerium für Wirtschaft, Energie, Industrie Mittelstand und Handwerk (MWEIMH) als CSR-Kompetenzzentrum für die Region Ostwestfalen-Lippe ausgewählt.

Das CSR-Kompetenzzentrum für OWL unterstützt kleine und mittelständische Unternehmen der Region darin, eine eigene individuelle CSR-Strategie zu entwickeln, verantwortungsvolle Unternehmensziele zu definieren, Maßnahmen zu planen und ihre Erfolge zu kommunizieren.

Es sensibilisiert die KMU durch kontinuierliche Information, regelmäßige Veranstaltungen und Medienarbeit. Es qualifiziert sie durch Impulsveranstaltungen, Praxisworkshops und Intensivseminare, vernetzt Unternehmen und Akteure durch regionale und überregionale Kooperationen und lenkt den Blick von innen wie außen auf die CSR-Unternehmen in Ostwestfalen-Lippe. Dabei setzt das Team des CSR-Kompetenzzentrums OWL neben theoretischem Know-how vor allem auf Best Practices, also das Kennenlernen erfolgreicher Beispiele des verantwortungsvollen unternehmerischen Handelns vor Ort, also in CSR-Unternehmen selbst. Ganz nach der Überzeugung: Das Thema CSR lässt sich am allerbesten in der Praxis hautnah erleben. Die Beispiele dazu lesen Sie in Abschn. 5.

Die GILDE, kurz für „Gewerbe- und Innovationszentrum Lippe-Detmold", ist die Wirtschaftsförderungsgesellschaft der Stadt Detmold. Dahinter stehen als Gesellschafter die IHK Lippe, die Sparkasse Paderborn-Detmold und die Stadt Detmold. Neben umfassenden Serviceleistungen für den Wirtschaftsstandort Detmold und dem Betrieb des Gründer- und Innovationszentrums in Lippe führt die GILDE Beratungs- und Qualifizierungs-Projekte zu Themen wie Ausbildung oder Krisenmanagement durch. Sie ist durch eine Vielzahl erfolgreicher CSR-Projekte regional, bundesweit und europaweit als Akteur für die Verbreitung des Themas „gesellschaftliche Verantwortung von Unternehmen" anerkannt und bestens vernetzt.

Seit 2005 hat die GILDE die EU-Projekte „Zukunft Mittelstand! Erfolgsfaktor gesellschaftliches Engagement/CSR" (www.csr-mittelstand.de) und „InnoTrain CSR" sowie das bundesweite Projekt „CSR unternehmen! Gesellschaftliche Verantwortung im Mittelstand" erfolgreich durchgeführt.

Gemeinsam mit der IHK Lippe zu Detmold hat die GILDE das stetig wachsende Verantwortungspartnernetzwerk Lippe initiiert (www.verantwortungspartner-lippe.de).

Exemplarisch für die Praxisnähe der vorherigen CSR-Initiativen der GILDE ist das Leonardo-da-Vinci-Projekt „InnoTrain CSR". Dafür haben die europäischen CSR-Mittelstandspartner GILDE, AGP – Bundesverband Mitarbeiterbeteiligung und DAA Deutsche Angestellten-Akademie sowie die Deutsch-Ungarische Industrie- und Handelskammer, die Deutsch-Britische Industrie- und Handelskammer und das portugiesische Trainingsinstitut CECOA von 2009 bis 2011 im Auftrag der Europäischen Kommission innovative Lernmaterialien für die berufliche Qualifizierung zum Thema Corporate Social Responsibility erstellt. Bestandteile des umfassenden CSR-Kompendiums sind u. a. vier Filme mit guten Beispielen von CSR-Unternehmen in der Europäischen Union. Die entstandenen Lernmaterialien und Filme sind kostenlos auf Deutsch, Englisch, Portugiesisch und Ungarisch verfügbar (www.csr-training.eu).

Im Auftrag des Bundesarbeitsministeriums führte die GILDE wiederum in Kooperation mit AGP und DAA von 2012 bis 2015 das Projekt „CSR unternehmen!" durch und qualifizierte an zehn Standorten im gesamten Bundesgebiet vornehmlich kleine und mittelständische Betriebe. An dem jeweiligen vierstufigen Qualifizierungsprogramm nahmen weit mehr als 750 Personen teil (www.csr-unternehmen.de).

Nicht zuletzt aufgrund der Vielfalt und Qualität der innovativen CSR-Leistungen für den Mittelstand wurde die GILDE im Jahr 2014 durch die Landesregierung Nordrhein-Westfalens als „Ort des Fortschritts" ausgezeichnet.

Die Partnerorganisation der GILDE beim CSR-Kompetenzzentrum OWL, die Initiative für Beschäftigung (IfB) OWL e. V., ist ein von regionalen Unternehmen und Institutionen getragener unabhängiger, parteipolitisch neutraler und gemeinnütziger Verein. Sie bietet Unternehmen und arbeitsmarktpolitischen Akteuren in OWL eine Plattform zur regionalen Vernetzung.

Ziel der Initiative ist, die Arbeitsmarktregion Ostwestfalen-Lippe zu fördern und die Beschäftigungssituation in der Region zu verbessern. Handlungsleitend ist es, Ideen, Konzepte und Instrumente zur Fachkräftegewinnung und -bindung zu entwickeln. Dabei verfolgt die IfB drei Arbeitsschwerpunkte: Arbeitgebermarken zu stärken, Vielfalt zu managen und Übergänge zu gestalten.

In nunmehr über fünfzehn Jahren hat die IfB in Zusammenarbeit mit zahlreichen Netzwerkpartnern eine Vielzahl von Projekten durchgeführt. Mittlerweile bestehen über 130 Kooperationen mit Unternehmen sowie Partnerorganisationen aus Wissenschaft, Politik, Verwaltung und Verbänden. So hat die IfB als Initiator des CSR-Preises OWL das Thema Unternehmensverantwortung in der Region Ostwestfalen-Lippe erfolgreich mitgeprägt und bringt diese Auszeichnung als gewachsene Marke in das CSR-Kompetenzzentrum OWL mit ein.

4 CSR-Kompetenzzentrum OWL – Sensibilisieren, Qualifizieren, Vernetzen

Das CSR-Kompetenzzentrum OWL orientiert sich an einem Leistungsspektrum, das auf drei Bausteinen basiert und mit dem folgende Ziele verfolgt werden:

Öffentlichkeitsarbeit: Durch Maßnahmen der Öffentlichkeitsarbeit und durch Impulsveranstaltungen erfahren Unternehmen die Charakteristika von CSR und erkennen die Relevanz für die eigenen Entwicklungschancen. Darüber hinaus werden CSR-Tage organisiert. Zu diesen Terminen werden in OWL an mehreren Standorten diverse CSR-Aktionen durchgeführt. Höhepunkt der CSR-Tage ist die Verleihung des CSR-Preises OWL. Ziel ist, CSR stärker in den Blickpunkt von KMU zu rücken und praxisorientierte Chancen für die eigene Unternehmensstrategie aufzuzeigen.

Grundlagenworkshops: Zur praxisorientierten Information werden den KMU niederschwellige Angebote unterbreitet, die einen kompakten Themenüberblick ebenso ermöglichen wie eine spezifische Themenfokussierung. Als Formate sind unternehmensübergreifende Workshops geplant. Der Umfang der Workshops erstreckt sich – je nach Bedarf der Unternehmen – von halbtägigen Sensibilisierungsmodulen bis zu ganztägigen Praxisworkshops. Die jeweiligen Sensibilisierungsmodule umfassen unterschiedliche CSR-Themenfelder und beinhalten z. B. Fragestellungen zur Festlegung relevanter CSR-Handlungsfelder, zur CSR-Kommunikation oder zur Messbarkeit des CSR-Erfolgs. Ziel ist, KMU auf ihrem Weg zum CSR-Unternehmen so zu unterstützen, indem sie befähigt werden, ihren eigenen CSR-Weg zu finden.

Vernetzung: Unternehmen, die Interesse haben, sich mit anderen Unternehmen in OWL oder darüber hinaus zum Thema CSR auszutauschen und voneinander zu lernen, erhalten durch das CSR-Kompetenzzentrum OWL eine notwendige Plattform. Ziel ist, von guten CSR-Initiativen zu lernen und die Wirkungen von CSR durch unternehmensübergreifende Aktionen zu steigern.

Die Veranstaltungen werden dezentral an unterschiedlichen Orten in OWL angeboten. Hierzu wurden, wie in dem vorangegangenen Projekt „CSR unternehmen!" bereits erfolgreich praktiziert, Kooperationspartner gewonnen, die an den entsprechenden Orten den besten Zugang zu den dortigen KMU haben. Bei den Kooperationspartnern in OWL handelt es sich z. B. um die beiden in der Region vertretenen Industrie- und Handelskammern, um die Handwerkskammer OWL, den DGB OWL, die Regionalentwicklungsgesellschaft OWL GmbH, alle Wirtschaftsförderungsgesellschaften der Landkreise und der größten Städte in OWL. Da „das Ganze immer mehr ist als die Summe seiner Teile", setzt das CSR-Kompetenzzentrum OWL in seiner täglichen Arbeit auf einen kontinuierlichen praxisorientierten Wissenstransfer. So findet regelmäßig ein fachlicher Austausch mit dem eigens für diesen Zweck gegründeten Fachbeirat aus Vertretern dieser Kooperationspartner statt. Im Dialog werden intensive Kontakte untereinander gepflegt und gemeinsam zu CSR-interessierten Unternehmen in der Region geknüpft, für und mit diesen Veranstaltungsformate geplant und gemeinsam durchgeführt.

5 Nachhaltige Erfolgsfaktoren, die KMU begeistern

„CSR? Was soll das denn sein?", ist eine typische und häufig abwehrende Erstreaktion, die sich im Kontakt mit Inhabern und Führungskräften von kleinen und mittleren Unternehmen erfahren lässt – unabhängig von Region oder Branche der Betriebe. Kann diese erste Hürde genommen und Gehör für das komplexe CSR-Thema gefunden werden, ist die Folgereaktion der Unternehmen häufig: „Ja, das machen wir doch schon!". Zweifelsohne tun vor allem kleine und mittlere Unternehmen freiwillig mehr für ihre Mitarbeiter, die Umwelt oder die Gesellschaft, als es die gesetzlichen Bestimmungen verlangen. Kurzum: CSR ist in der DNA des Mittelstands verankert, auch in der Region OWL. Und CSR lohnt sich. Nicht nur für die Gesellschaft, sondern genauso für das Unternehmen. Denn Kunden schauen immer häufiger auch bei kleinen Betrieben ganz genau hin: Wie geht man im Unternehmen mit den Mitarbeitern um? Welche Produkte bietet das Unternehmen? Und woher kommen eigentlich die Rohstoffe genau? Und vieles mehr.

Private ebenso wie gewerbliche Kunden oder auch Fach- und Führungskräfte erwarten hier ein entsprechendes Verhalten beispielsweise gegenüber den Mitarbeitern, der Umwelt oder auch dem Gemeinwesen am Standort. Und sie „belohnen" ein entsprechendes Engagement des Unternehmens immer mehr – das zeigen wissenschaftliche Studien genauso wie die zunehmende Nachfrage nach nachhaltigen Produkten beim Discounter um die Ecke.

Doch zweifelsohne ist der Status quo von CSR gerade in kleinen und mittleren Unternehmen erst selten erfasst bzw. wird in eine CSR-Strategie überführt. Doch auch kleinere Betriebe können CSR gezielt als nachhaltige Strategie nutzen, um in ihren Märkten nachhaltig erfolgreich zu agieren.

Im CSR-Kompetenzzentrum OWL werden daher mit den Unternehmen in betriebsübergreifenden Workshops individuelle Strategien in den vier CSR-Handlungsfeldern Markt, Umwelt, Arbeitsplatz und Gemeinwesen ausgearbeitet.

Als Leitfaden, um KMU auf ihrem Weg zum CSR-Unternehmen zu begleiten, setzt das CSR-Kompetenzzentrum auf interaktive Methoden und Praxisinhalte entlang folgender Workshopstruktur:

CSR-Workshop 1

- Einführung: Was bedeutet CSR und was kann es dem Unternehmen bringen?
- Was zeichnet CSR-Unternehmen aus? (Praxisbeispiele)
- Handlungsfelder: Wo im Unternehmen kann ich CSR sinnvoll einsetzen?
- Stakeholder-Analyse: Mit welchen Gruppen habe ich als Unternehmer zu tun und was sind deren Anforderungen?

CSR-Workshop 2

- SWOT-Analyse: Wo liegen unsere Nachhaltigkeitsstärken und wo unsere Herausforderungen als Unternehmen?
- CSR-Maßnahmen entwickeln anhand eines Unternehmensbeispiels
- Einführung in die CSR-Kommunikation (intern und extern)

CSR-Workshop 3

- Erfolgsfaktoren, Kennzahlen und Messbarkeit von CSR-Maßnahmen
- CSR-Berichtsstandards im Vergleich
- Entwicklung eines individuellen Nachhaltigkeitsprogramms

Der Kern von CSR und verantwortungsvoller Unternehmensführung sind dabei Kommunikation, wechselseitige Anerkennung und eine werteorientierte Unternehmenskultur. Und gerade das Thema Fachkräftesicherung ist nach wie vor eines der Themen, die am häufigsten in der Region OWL nachgefragt werden. CSR funktioniert hier nicht nur zur Akquise von Fach- und Führungskräften, sondern genauso für die Motivation der Beschäftigten. Das Statement eines Mitarbeiters bringt dies auf den Punkt: „Ich gebe 100% für mein Unternehmen, weil ich hier Fairness und Verantwortung erlebe!"

Damit die während und nach den Workshopphasen erarbeiteten CSR-Ziele und -Maßnahmen auch operativ in den kleinen und mittleren Unternehmen umgesetzt werden können, hat die GILDE im Rahmen ihrer CSR-Projekte einen leicht zu vermittelnden Regelkreis entwickelt, der sämtliche Prozesse einer betrieblichen Nachhaltigkeitsorientierung strukturiert darstellt (Abb. 1).

Der Erfolg einer Qualifizierung von kleinen und mittleren Unternehmen im Bereich CSR lässt sich in der Regel eher längerfristig als unmittelbar beurteilen. Daher soll eine

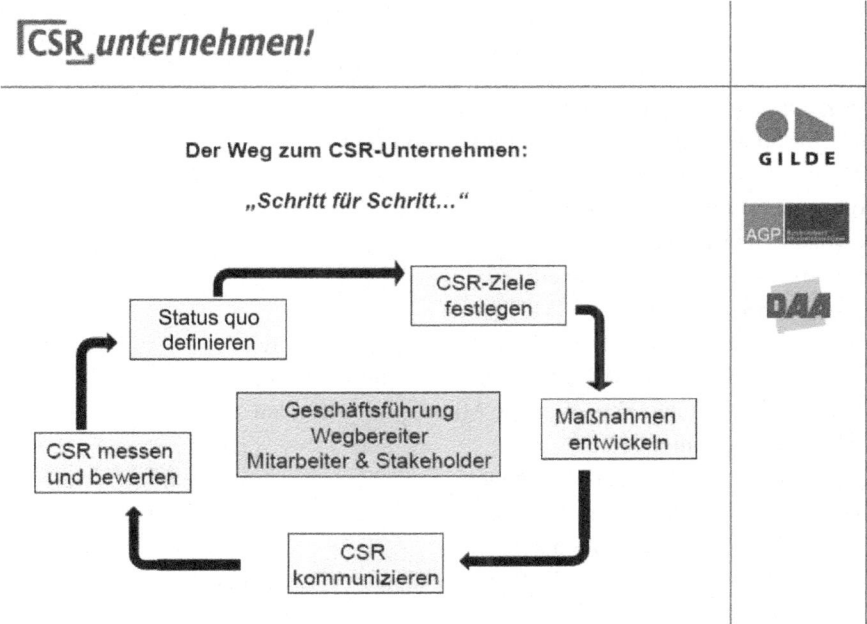

Abb. 1 Das CSR-Regelkreismodell. (Quelle: Bertelsmann Stiftung 2014)

anonyme und qualitative Befragung von Teilnehmern, die an mehreren Qualifizierungsstufen des GILDE-Projekts „CSR unternehmen!" (2012–2014) teilgenommen haben, Aufschlüsse über die zu erwartenden Nachhaltigkeitserfolge in kleinen und mittleren Unternehmen ermöglichen:

Ausblick zur kurzfristigen CSR-Strategie der Befragten
Fragestellung: „Welche weiteren Schritte bzw. Projekte zu mehr CSR planen Sie in den nächsten sechs Monaten?"

- Mitarbeiterbindung, soziale Verpflichtung
- Istanalyse
- „Kurze" Information über CSR kommunizieren → internes Portal etc.
- Berichterstattung Medien, Veranstaltung Mitarbeiter
- Bewusst machen!
- Durchgängig nachhaltige Produkte (Büro)
- Im Kleinen anfangen → Team, Bewusstsein bei Kollegen stärken
- Bei Kundengesprächen auf CSR-Aktivitäten achten
- Vernetzung mit anderen Teilnehmern

Ausblick zur mittelfristigen CSR-Strategie der Befragten
Fragestellung: „Was wollen Sie in drei Jahren durch CSR in Ihrem Unternehmen erreichen?"

- Erarbeitung einer Strategie + Umsetzung von drei Projekten
- Marketingeffekte, Sparpotenziale
- Gute Mitarbeiterbindung, geringe Fluktuation
- Aktiver Umweltschutz
- Soziale Verantwortung im Herstellungsprozess
- Personelle Umsetzung
- CSR insgesamt stärker verankern
- Kunden CSR-orientiert!
- Mitarbeiter haben, die sich mit diesem Thema identifizieren
- Einen Nachhaltigkeitsbericht, Unternehmensführung begeistern
- Mehr Status quo/mehr Fragen an die Mitarbeiter + Kunden
- Maßnahmen kommunizieren!
- Begonnenes Projekt medial verarbeiten
- SWOT-Analyse, Themen im Gesundheits- und Arbeitsschutz aufgreifen
- Leitbild, Festlegung Maßnahmen
- Gemeinsamer Aktionstag mit Kollegen/bekannten Unternehmen
- Größere Mitarbeiterzufriedenheit durch Mitarbeiterbeteiligung
- Attraktivität als Arbeitgeber erhalten und erhöhen
- CSR-Gedanken in zukünftigen Projekten immer mitberücksichtigen

- Höhere Zufriedenheit bei Mitarbeitern und dem Umfeld
- Sicherung des Fachkräftebestands + Neuakquise von Personal
- Mehr Akzeptanz
- Kontinuierlich verbessern

Als Fazit lässt sich aus der Gruppe der rund 80 befragten Teilnehmer zusammenfassen, dass sich auch kleinere Unternehmen bis hin zu Einpersonenunternehmen mit einem CSR-Management vertraut machen können und dieses strategisch ins Kerngeschäft und damit in ihren Geschäftsalltag erfolgreich überführen können.

Die entscheidenden Faktoren für eine konkrete Umsetzung in den KMUs sind dabei, dass das anfangs recht komplexe Thema passgenau und „auf Augenhöhe" kommuniziert wird sowie unmittelbar und operativ im betrieblichen Alltag integriert werden kann.

Literatur

Bertelsmann Stiftung (2014) Gesellschaftliche Verantwortung im Mittelstand – Expertinnen und Experten aus Nordrhein-Westfalen stellen sich vor. Bertelsmann Stiftung, Gütersloh

Thorsten Brinkmann studierte Betriebswirtschaftslehre an der Westfälischen Wilhelms-Universität Münster mit den Schwerpunkten Marketing undUmweltmanagement. Nach erfolgreichem Abschluss als Diplom-Kaufmann qualifizierte er sich weiter als Referent für Unternehmenskommunikation.

Nach verschiedenen Stationen in PR und Öffentlichkeitsarbeit bei großen Consumer-Brands verantwortet er seit 2001 als Prokurist bei der GILDE-Wirtschaftsförderung Detmold unterschiedliche Geschäftsfelder wie das Gründer- und Innovationszentrum sowie Projekte zu Ausbildung und Fachkräftesicherung.

Seit 2006 beschäftigt er sich intensiv in zahlreichen nationalen und internationalen Projekten mit CSR insbesondere in mittelständischen Unternehmen, seit November 2015 als Projektleiter des CSR-Kompetenzzentrums Ostwestfalen-Lippe.

Thorsten Brinkmann ist verheiratet und Vater von zwei Kindern.

Simon Gröger ist seit 2015 wissenschaftlicher Mitarbeiter im CSR-Kompetenzzentrum OWL/GILDE Wirtschaftsförderung Detmold und seit 2016 ebenfalls wissenschaftlicher Angestellter in der AG Erziehungswissenschaften/Berufspädagogik der Universität Paderborn. Er absolvierte von 2005 bis 2010 die Studiengänge Politikwissenschaften (B.A.) und Soziologie (M.A.) an der Universität Bielefeld. Dem beruflichen Werdegang in KMU sowie internationalen Unternehmen folgten Stationen in der kommunalen Verwaltung und Wirtschaftsförderung. Seit 2002 mit CSR, Nachhaltigkeit und Wirtschaftsethik in lokalen/globalen Kontexten beschäftigt, sind seine aktuellen Praxis- und Forschungsschwerpunkte „CSR in KMU" sowie „Nachhaltigkeit in der beruflichen Bildung".

Wolfgang Keck (Jahrgang 1976) leitete nach seiner Tätigkeit im Familienunternehmen ab 2004 in Wien ein EU-Pilotprojekt zu CSR im Mittelstand. Mit dem *CSR Trainingshandbuch* legte er 2006 eine Pionierarbeit in der beruflichen Qualifizierung zu CSR und Nachhaltigkeit vor. In der Folge entwickelte Keck als Projektleiter bei der GILDE-Wirtschaftsförderung der Stadt Detmold die Wissensplattform www.csr-training.eu mit und unterstützte bundesweit kleine und mittlere Unternehmen bei der Erarbeitung eigener CSR-Strategien. Seit 2015 engagiert er sich mit der GILDE beim Aufbau des regionalen „CSR-Kompetenzzentrums OWL". Den Deutschen Industrie- und Handelskammertag begleitete Keck bei der Konzeption und Einführung des Lehrgangs „CSR-Manager/in (IHK)". Als Autor schreibt er über CSR im Springer Verlag und NWB Verlag. Der ALTOP Verlag veröffentlichte 2016 sein Tagebuch über Nachhaltigkeit in Kleinstunternehmen mit dem Titel *7 Tage CSR vom Kleinsten*.

CSR: Mehrwert und Kompetenz im Rhein-Kreis Neuss

Robert Abts, Sylvia Becker und Thomas Corrinth

1 Vorreiter in der Mittelstandsförderung

Schaut man sich vorab ein wenig die Struktur und die jüngere Geschichte des Rhein-Kreis Neuss an, erscheint es nur logisch, dass sich dieser Landkreis zu einem Vorreiter für CSR in Nordrhein-Westfalen entwickelt hat. Rund 29.000 vorwiegend mittelständische Unternehmen (99,6 %!) mit etwa 140.000 sozialversicherungspflichtig Beschäftigten aus ganz unterschiedlichen Branchen sind hier ansässig – und bilden damit das Rückgrat der regionalen Wirtschaft. Von jeher hat sich die Wirtschaftsförderungsgesellschaft daher auf den „Kunden Mittelstand" eingestellt und entsprechend vielseitige und zukunftsweisende Angebote geschaffen und umgesetzt. Bereits 2002 beteiligte sich der Rhein-Kreis Neuss mit weiteren Modellregionen erfolgreich am Projekt „Mittelstandsfreundliche Verwaltung". 2006 war der Landkreis Gründungsmitglied der Gütegemeinschaft Mittelstandsorientierte Kommunalverwaltung e. V. Und seit 2008 gehört die Wirtschaftsförderungsgesellschaft zu den zertifizierten Startercentern in NRW, die Gründer und Jungunternehmer unterstützen. Dieses sehr unternehmer- und gründerfreundliche Klima trägt schon seit einigen Jahren Früchte: So belegt der Rhein-Kreis Neuss seit 2008 in jährlicher Folge Platz 1 beim Bruttoinlandsprodukt je Erwerbstätigen in NRW. Die Oskar-Patzelt-Stiftung, die jährlich den wichtigsten Wirtschaftspreis Deutschlands – den „Großen Preis des Mittelstandes" – aus-

R. Abts (✉) · S. Becker
Wirtschaftsförderung Rhein-Kreis Neuss
Oberstraße 91, 41460 Neuss, Deutschland
E-Mail: robert.abts@rhein-kreis-neuss.de

S. Becker
E-Mail: Sylvia.Becker@rhein-kreis-neuss.de

T. Corrinth
Redaktion.PR.Konzeption.
Schornstraße 11, 45128 Essen, Deutschland
E-Mail: tc@tom-corrinth.de

richtet, würdigte den Rhein-Kreis Neuss im Jahr 2013 für diese Leistungen als „Kommune des Jahres" auf Landesebene. Im Oktober 2016 folgte dann die höchste Ehrung auf Bundesebene – als „Premier Kommune des Jahres".

Ausschlaggebend für diese Auszeichnung war neben anderen Faktoren sicherlich auch das Engagement der Wirtschaftsförderungsgesellschaft beim Thema Corporate Social Responsibility. Als fortschrittlicher und innovativer Begleiter der heimischen Unternehmen hat man frühzeitig erkannt, dass dort die Themen Nachhaltigkeit und Verantwortung vor dem Hintergrund von Fachkräftemangel, demografischem Wandel und schwindenden Ressourcen immer wichtiger werden. Gleichzeitig stellte man fest, dass das Wissen und die Ressourcen speziell in KMU jedoch häufig fehlen, um CSR strukturiert und konsequent umzusetzen.

2 Projekt „CSR Mehrwert im Rhein-Kreis Neuss" (2012–2014)

Mit dem Ziel, dies zu ändern und für die gesamte Region – die Unternehmen, die Menschen, den Standort und die Umwelt – einen dauerhaften Mehrwert zu generieren, bewarb sich der Rhein-Kreis Neuss im Jahr 2011 um das Förderprogramm „CSR – Gesellschaftliche Verantwortung im Mittelstand" des Bundesministeriums für Arbeit und Soziales und des Europäischen Sozialfonds (ESF) der EU. Aus 320 Bewerbern wurden 75 Projekte ausgewählt, darunter auch der Landkreis. Im Juli 2012 konnte das Projekt „CSR Mehrwert im Rhein-Kreis Neuss" mit einem Gesamtvolumen von rund 400.000 € somit starten. In den nächsten beiden Jahren unterstützten zwei Projektmitarbeiterinnen in Neuss sowie eine externe Expertin, die Nachhaltigkeitsberaterin und Ökonomin Elke Vohrmann, das Projekt (vgl. Abb. 1). Kooperationspartner waren unter anderem die IHK Mittlerer Niederrhein, die Kreishandwerkerschaft und der Deutsche Gewerkschaftsbund. Um die KMU im Rhein-Kreis Neuss auf das neue Projekt aufmerksam zu machen, wurde zunächst eine Informationsbroschüre entwickelt und eine Auftaktveranstaltung mit namhaften CSR-Experten initiiert. Das Thema stieß auf große Resonanz: Insgesamt 23 kleine und mittelständische Unternehmen aus den Branchen Logistik, Dienstleistung, Energie und Umwelt, Ernährungswirtschaft und Informationstechnologie/Kommunikation/Medien nahmen schließlich am Projekt teil. Wenig überraschend war zunächst, dass die Offenheit für Nachhaltigkeit und verantwortungsvolle Unternehmensführung grundsätzlich bei den Teilnehmenden sehr ausgeprägt war: Mittelständler mit ihren flachen Hierarchien kennen die Sorgen und Bedürfnisse ihres geschäftlichen Umfelds häufig sehr gut und engagieren sich gesellschaftlich stark. Dies allerdings meist intuitiv oder sporadisch anstatt strukturiert und methodisch mit CSR. Das Bewusstsein dafür, dass sich die Auswirkungen einer professionell angewandten CSR-Strategie ökonomisch messen lassen, war wenig ausgeprägt.

Um dieses Potenzial auf eine solide Basis zu stellen, konzipierten die teilnehmenden Unternehmen gemeinsam mit den CSR-Experten des Rhein-Kreises Neuss eine vollumfängliche CSR-Strategie, die auf den vier stets miteinander verzahnten Handlungsfeldern

CSR: Mehrwert und Kompetenz im Rhein-Kreis Neuss

Abb. 1 V. l. n. r.: Elke Vohrmann (Vohrmann CSR-Consulting), Robert Abts (Geschäftsführer der WFG Rhein-Kreis Neuss) und Martina Meeuvissen (Projektmitarbeiterin „CSR Mehrwert") präsentieren die CSR-Informationsbroschüre. (Foto: WFG Rhein-Kreis Neuss)

Mitarbeiter/Arbeitsplatz, Markt (Kunden und Lieferanten), Umwelt und Gesellschaft fußt. Alle vier Bereiche tangierte zudem das Handlungsfeld CSR-Kommunikation, das konkrete Maßnahmen umfasste, wie zum Beispiel die Integration der CSR-Philosophie und CSR-Aktivitäten in die unternehmenseigene Homepage, in den internen und externen Newsletter oder die jeweilige Presse- und Öffentlichkeitsarbeit.

Nach einer Grundlagenschulung zu den Basics von CSR entwickelten die Teilnehmenden – sowohl Geschäftsführer als auch Beschäftigte – in zwei Aufbauworkshops zunächst einen branchenspezifischen CSR-Masterplan und dann einen auf die individuellen Unternehmensansprüche zugeschnittenen Maßnahmenplan. Im branchenspezifischen Masterplan formulierten sie strategische und operative Ziele für die Stakeholder, leiteten daraus mögliche CSR-Maßnahmen in den jeweiligen Handlungsfeldern ab und bewerteten diese abschließend, um Schwerpunkte zu setzen. Mit Blick auf die eigenen finanziellen und personellen Ressourcen wählten sie anschließend die für sie passenden Maßnahmen aus. Jedes Unternehmen konnte aus rund 150 Maßnahmen, aufgeteilt auf die vorgenannten Handlungsfelder, wählen. Bis zum Projektende Mitte 2014 hatten die Teilnehmenden aus den 23 KMU insgesamt 650 Maßnahmen ausgewählt. Besonders beliebt war das Handlungsfeld Umwelt, gefolgt von Mitarbeiter/Arbeitsplatz, dann Markt (Kunden und Lieferanten) und schließlich Gesellschaft (vgl. Abb. 2). Welche Maßnahmen innerhalb der

CSR-Masterplan

Interessen-gruppen	Umwelt	Mitarbeiter	Kunden	Lieferanten	Gesellschaft
Strategische Ziele	Wir bieten umweltfreundliche Produkte/Dienstleistungen an und arbeiten umwelt- und ressourcenschonend.	Unsere Mitarbeiter sind hoch motiviert und stolz auf unser Unternehmen. Wir sind ein Magnet für gesuchte Fachkräfte.	Unsere Kunden sind mit unseren Produkten und Dienstleistungen hoch zufrieden und empfehlen uns weiter.	Die Beziehungen zu unseren Lieferanten sind stabil und vertrauensvoll. Wir wählen bevorzugt Lieferanten, die umwelt- und sozialverträglich wirtschaften.	Unser Unternehmen schafft Nutzen für die Gesellschaft. Wir genießen ein hohes gesellschaftliches Ansehen.
operative Ziele + Maßnahmen	250	163	67	109	Projekt "PAUL e.V."
	CSR-Kommunikation 61				

Abb. 2 Der CSR-Masterplan als Basis für die individuelle Maßnahmenplanung. (Copyright: Elke Vohrmann CSR-Consulting)

Abb. 3 Die Top 5 der beliebtesten Maßnahmen in den jeweiligen Handlungsfeldern. (Copyright: Elke Vohrmann CSR-Consulting)

einzelnen Handlungsfelder am häufigsten umgesetzt wurden, zeigt Abb. 3. Zusätzlich zu den Workshops und den rund 60 Unternehmensbesuchen bekamen die Firmen professionelle Unterstützung durch zwölf kostenlose Erstberatungen durch die Effizienz-Agentur NRW und die EnergieAgentur.NRW.

2.1 Best Practice im Handlungsfeld Umwelt: Container Becker aus Neuss

Die meisten Maßnahmen, die die teilnehmenden Unternehmen wählten, fielen ins Handlungsfeld „Umwelt". Das liegt vor allem daran, dass sich hier viele Aktionen ohne großen finanziellen Aufwand und schnell umsetzen lassen – oft auch mit staatlicher Förderung. Entstandene Kosten amortisieren sich meist zügig. Für Frank Demmig, Geschäftsführer der Neusser Firma Container Becker, waren das überzeugende Argumente. Sein Kerngeschäft ist die Vermietung von Containern und die anschließende Entsorgung des Inhalts, außerdem handelt sein Unternehmen mit Baustoffen und sortiert Abfälle vor. Neben weiteren Maßnahmen auch in anderen Handlungsfeldern entschied sich der Geschäftsmann im Rahmen des CSR-Projektes dazu, eine Solaranlage zur Stromerzeugung anzuschaffen. Die Fotovoltaikanlage mit 30 kW Leistung ist seit März 2014 in Betrieb und liefert einen Großteil des Stroms für die Büroräume auf seinem Firmengelände. Durch die Fotovoltaikanlage werden jährlich rund 15.000–20.000 kWh Strom mittels Sonnenenergie erzeugt. Dies erspart der Umwelt jährlich rund 8,4–11,2 t CO_2-Ausstoß. Auch den kostenlosen Ressourceneffizienzcheck durch die Effizienz-Agentur NRW und die EnergieAgentur.NRW nahm Demmig in Anspruch. CSR ermögliche ihm, die Sinnhaftigkeit bestehender Betriebsabläufe in seinem ständig wachsenden Unternehmen zu hinterfragen und gegebenenfalls neue ressourcenschonendere und effizientere Prozesse anzustoßen, so der Geschäftsführer.

2.2 Best Practice im Handlungsfeld Mitarbeiter/Arbeitsplatz: ZRN Grevenbroich

Platz 2 in der Beliebtheit nahm das Handlungsfeld Mitarbeiter/Arbeitsplatz ein. Denn: Mitarbeiter gelten als langfristiges Kapital, ein Investieren in ihr Wohlergehen erscheint also überaus wichtig. Vorbildlich zeigte sich hier vor allem das Zentrum für Radiologie und Nuklearmedizin. Das Unternehmen mit Praxisstandorten in Grevenbroich, Dormagen und Neuss deckt das gesamte Spektrum der radiologischen und nuklearmedizinischen Diagnostik und Therapie ab. Im Rahmen des CSR-Projektes führte der Gesundheitsdienstleister mit dem „Seepferdchen" ein strukturiertes Einarbeitungskonzept für jeden Arbeitsplatz ein und organisierte außerdem die Patientenanmeldung/Rezeption neu. So wurde die Telefonzentrale ausgegliedert, die vielen Anrufe gehen nun nicht mehr an der Rezeption ein, sondern in einem separaten Bereich, wo die Mitarbeiterinnen in Ruhe über die Anliegen der Patienten sprechen können – die Privatsphäre ist sichergestellt. Neu eingeführt wurden zudem optimal getaktete Untersuchungszeiten und ein Priorisierungssystem der einzelnen Patientenfälle. Weitere neue Maßnahmen, die festgelegt wurden: Einbindung der Beschäftigten in Verbesserungsprozesse über sogenannte Gruppensprechertreffen, Beteiligung an Altersvorsorgemodellen und Boni für gute Ideen. All dies unterstreicht einen konsequenten Ansatz, bei dem der Mensch im Mittelpunkt steht und nicht die Technik. „Uns ist völlig klar, dass wir nur so gut sind wie alle unsere Mitarbeiter. Das bedeutet: In dem Moment, wo wir eine hohe Mitarbeiterzufriedenheit haben und wo wir sehen, dass die Mitarbeiter sich auch mit unserem Unternehmen identifizieren, steigt automatisch die Patientenzugewandtheit. Und das ist etwas, was uns sehr am Herzen liegt", so Prof. Freudenberg, leitender Facharzt für Nuklearmedizin.

2.3 Best Practice im Handlungsfeld Markt: Stautenhof

Den dritthöchsten Umsetzungsgrad im CSR-Projekt erzielte das Handlungsfeld Markt (Kunden und Lieferanten zusammengefasst). Ein Best-Practice-Beispiel in diesem Bereich zeigt sich insbesondere beim Stautenhof. Das Leistungsspektrum dieses Biohofs in Willich-Anrath reicht vom eigenen Futteranbau bis hin zum Verkauf der fertigen Produkte mit einem geschlossenen Kreislauf bei der Fleisch- und Wurstproduktion. „Für uns bedeutet Nachhaltigkeit in der Lieferkette, dass wir wissen, wo das Futter herkommt", so Christoph Leiders, Inhaber des Biohofs. Dasselbe gelte für die aufzuziehenden Nutztiere. Zudem vertraue man nur auf bekannte Lieferanten und Kooperationspartner, deren Produktions- und Stallbedingungen man genau kenne. Nicht von ungefähr erhielt der Stautenhof im Jahr 2014 den 1. Förderpreis Ökologischer Landbau. Für die Kunden hat das Stautenhof-Team eine besonders schöne effektive Maßnahme entwickelt: Mit Genussscheinen konnten sich Kunden an der nachhaltigen Betriebsentwicklung beteiligen – in Form einer neuen Backstube mit großem Holzbackofen. Die Zinsen wiederum zahlte der Stautenhof in Form von Einkaufsgutscheinen aus. Die Vorteile liegen auf der Hand: Neben einer höheren Kundenbindung sind dies geringere Betriebskosten bei gleichzeitiger Umweltschonung und ein Zugewinn für das Unternehmensimage.

2.4 Best Practice im Handlungsfeld Gesellschaft: PAUL e. V.

Die wenigsten Maßnahmen innerhalb des CSR-Projektes setzten die Unternehmen im Handlungsfeld „Gesellschaft" um. Dies lag jedoch nicht an fehlendem Interesse (auf Abb. 4 wird dies noch mal deutlich veranschaulicht), im Gegenteil: Alle Teilnehmenden engagierten sich bereits für das Gemeinwohl, wie dies bei KMU häufig üblich ist. Ein besonders gelungenes Beispiel für die Verknüpfung gesellschaftlichen Engagements mit dem eigenen Kerngeschäft zeigt das Classic Hotel Kaarst. Der gemeinnützige Verein PAUL (Prima Arbeiten und Leben) e. V. wurde ins Leben gerufen von den Inhabern des Classic Hotels in Kaarst, Sybille Hermeling-Krön und Klaus Krön, sowie einigen wei-

CSR: Mehrwert und Kompetenz im Rhein-Kreis Neuss

Abb. 4 Alle teilnehmenden Unternehmensvertreter des Projekts „CSR Mehrwert im Rhein-Kreis Neuss" mit Robert Abts, WFG-Geschäftsführer, bei der feierlichen Urkundenübergabe bei der Abschlussveranstaltung im Schloss Dyck am 24.06.2014. (Foto: WFG Rhein-Kreis Neuss)

teren Personen. Ihr Ziel: Junge Erwachsene mit Handicap sollen bessere Chancen auf dem Arbeitsmarkt bekommen. Denn während Inklusion bisher meist im Kindergarten- und Schulbereich stattfindet, wird sie im fortgeschrittenen Alter kaum praktiziert. „Wir waren schon immer engagiert im Bereich Behindertenarbeit. Wir waren schon immer im Bereich Nachhaltigkeit engagiert. Wir wussten nur nicht genau, wie es richtig geht", so Klaus Krön. Im Rahmen des CSR-Projektes haben er und seine Frau gelernt, wie dies strukturiert und effizient gestaltet werden kann. Und sie haben dabei ihre eigene Leidenschaft – die Gastronomie – mit dem Engagement verbinden können: Es entstand die Idee, eine Manufaktur für Feinkostprodukte und ein eigenes Bistro/Café zu eröffnen, in dem Menschen mit Handicap ihr Können unter Beweis stellen.

3 Evaluation von „CSR Mehrwert im Rhein-Kreis Neuss" und Handlungsableitung

Die Evaluationsergebnisse des Projekts „CSR Mehrwert im Rhein-Kreis Neuss" (s. dazu auch Abb. 5) zeigen eindeutig: Gerade in KMU lassen sich CSR-Strategien einfach umsetzen. Die teilnehmenden Firmen haben im Projektverlauf nicht nur kennengelernt, sondern

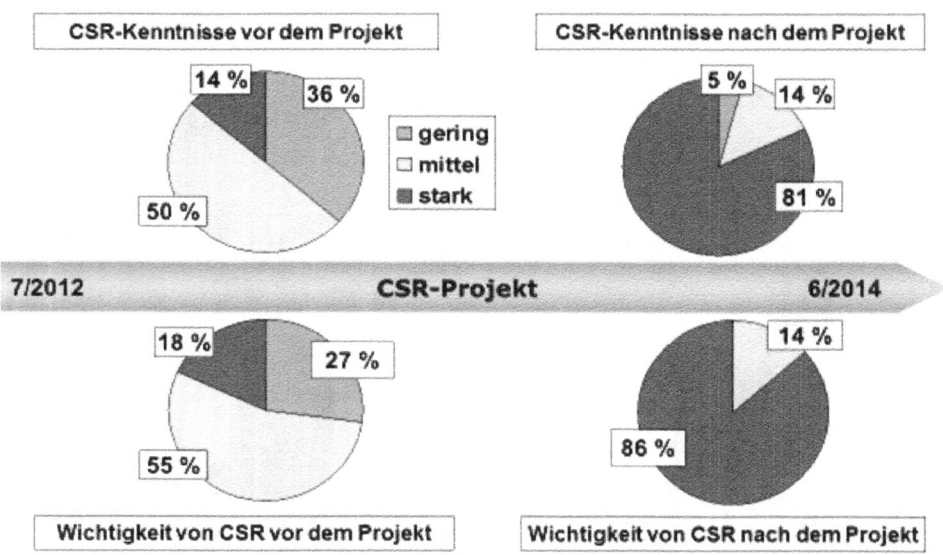

Abb. 5 Kenntnisse und Bedeutung von CSR zu Beginn und zum Abschluss des CSR-Projekts „CSR Mehrwert im Rhein-Kreis Neuss". (Copyright: Elke Vohrmann CSR-Consulting)

auch verstanden, was CSR ist und welche Bedeutung es hat – über 90 % wollten ihre CSR-Strategie konsequent weiterführen. Dass dies auch passiert, kann die CSR-Expertin Elke Vohrmann aus eigener Erfahrung bestätigen: Einige der teilnehmenden Unternehmen haben seit Projektabschluss viele weitere CSR-Maßnahmen umgesetzt, von denen einige beispielhaft genannt werden: Die Macher von PAUL e. V. etwa haben mittlerweile in Kaarst eine Gewerbeimmobilie für das Café/Bistro gefunden und den Geschäftsbetrieb aufgenommen, um Menschen mit Handicap eine feste Arbeitsstelle zu garantieren. Der Stautenhof hat im Rahmen seines Nachhaltigkeitsmanagements gemeinsam mit den Mitarbeitenden ein Leitbild entwickelt, das das Thema CSR fest in der Unternehmensstrategie verankert. Und Container Becker führte Mitarbeiterbefragungen durch, um die Bedürfnisse der Beschäftigten genauer zu ermitteln.

Die Wirtschaftsförderungsgesellschaft hat die überaus positive Resonanz des Projektes „CSR Mehrwert im Rhein-Kreis Neuss" als Auftrag verstanden, CSR weiter in der Region voranzutreiben. Die fachliche Kompetenz, die über zwei Jahre aufgebaut wurde, sollte genutzt und institutionalisiert werden. Mit der Idee, sogenannte CSR-Kompetenzzentren aufzubauen und zu etablieren, trat man zusammen mit anderen Wirtschaftsförderern, Industrie- und Handelskammern und weiteren Partnern aus der Wirtschaft, Sozialgesellschaft und Wissenschaft an die politischen Entscheidungsträger heran. Mit Erfolg: Das Ministerium für Wirtschaft, Energie, Industrie, Mittelstand und Handwerk des Landes NRW und der Europäische Fonds für regionale Entwicklung (EFRE) stellten Fördergelder dafür bereit, die Wirtschaftsförderungsgesellschaft Rhein-Kreis Neuss bewarb sich neben 24 weiteren Kandidaten darum – und bekam den Zuschlag. Sie ist stolz darauf, seit Februar 2016 bis Januar 2019 eines von fünf geförderten CSR-Kompetenzzentren in Nordrhein-Westfalen sein zu dürfen.

4 Projekt „CSR-Kompetenzzentrum Rhein-Kreis Neuss" (2016–2019)

Die Wirtschaftsförderungsgesellschaft Rhein-Kreis Neuss kann, federführend durch Geschäftsführer Robert Abts und die Leiterin des CSR-Kompetenzzentrums Sylvia Becker (vgl. Abb. 6), bei der Umsetzung dieses Projekts auf viele starke Partner bauen. Wissenschaftlich begleitet und inhaltlich unterstützt wird sie von einem Team um Frau Prof. Dr. Weißenberger, Inhaberin des Lehrstuhls für Betriebswirtschaftslehre, insbesondere Accounting, an der Heinrich-Heine-Universität Düsseldorf. Involviert sind ebenso die IHK Mittlerer Niederrhein, die IHK zu Düsseldorf und die Wirtschaftsförderungsgesellschaften der Städte Düsseldorf und Krefeld sowie der Kreise Mettmann, Viersen und des Rhein-Erft-Kreises, um eine gesamte Region der Nachhaltigkeit und des Mehrwerts zu schaffen. Innerhalb des Projektzeitraums werden, aufbauend auf den vielfältigen bisherigen Erfah-

Abb. 6 V. l. n. r.: Robert Abts (Geschäftsführer WFG Rhein-Kreis Neuss), Sylvia Becker (Leiterin CSR-Kompetenzzentrum) und Dirk Brügge (Kreisdirektor Rhein-Kreis Neuss). (Foto: WFG Rhein-Kreis Neuss)

rungen, KMU aller Branchen in dieser Region weiter zum Thema CSR sensibilisiert und umfassend informiert. Letztendlich soll die Motivation, CSR aus Selbstüberzeugung in den unternehmerischen Alltag zu integrieren, nachweislich gesteigert werden. Dabei arbeitet das CSR-Kompetenzzentrum kontinuierlich in den vier Handlungsfeldern Markt, Mitarbeiter/Arbeitsplatz, Umwelt und Gesellschaft.

Bei einer Auftaktveranstaltung im Juli 2016 wurden der regionalen Unternehmerschaft die Inhalte des CSR-Kompetenzzentrums im Rhein-Kreis Neuss vorgestellt. Neben renommierten Keynote-Speakern traten Vertreter von Best-Practice-Unternehmen aus der Region auf und berichteten dem Publikum von ihren Erfahrungen. Seit Herbst 2016 finden sukzessive verschiedene Veranstaltungsformate statt, bei denen Unternehmen über Grundlagen und spezifische CSR-Themen informiert werden – etwa zur effizienten Ressourcennutzung, zum betrieblichen Gesundheitsmanagement oder zur Implementierung von CSR bei Start-ups. In klassischen Workshops stellen Fachreferenten einer Kleingruppe von interessierten Unternehmern die entsprechenden Themen dar, bevor in einer Arbeitsphase das Erlernte auf die jeweilige individuelle Situation übertragen wird. Netzwerkveranstaltungen, die ein relevantes Fachthema beleuchten, finden bei Leuchtturmunternehmen in der Region statt und sind zum Beispiel verbunden mit einer Unternehmensführung. Größere Regionalveranstaltungen, die mit einem Fachreferenten und einer Podiumsdiskussion unterschiedliche CSR-Themen näher behandeln, und ein CSR-Regionalpreis gegen Ende des Projektzeitraums komplettieren das Veranstaltungskonzept.

Unterstützt werden diese Aktivitäten ab 2017 mit innovativen Tools, die auf aktuellen wissenschaftlichen Erkenntnissen verbunden mit modernen Technologien zur Sensibilisierung von Unternehmen und ihren Mitarbeitern für ein breites und intensives CSR-Engagement aufsetzen. So ist mit dem *CSR-Start-up-Check* ein Onlinetest in Vorbereitung, bei dem KMU ihre bisherigen Kenntnisse und ihren Umsetzungsgrad von CSR einschätzen können. Diese digitale Selbstreflexion vereinfacht den Einstieg in das Thema und den Kontakt zum Kompetenzzentrum. Darauf wird ein *CSR-Barometer* aufbauen, das in systematischer Form regelmäßig Erfahrung und das Wissen um CSR abfragt und so die Entwicklung der teilnehmenden Unternehmen über den Zeitverlauf darstellt. Es dient damit nicht nur als wichtige Grundlage für die evidenzbasierte Identifikation innovativer und erfolgreicher Steuerungsinstrumente im CSR-Bereich, sondern stellt auch eine wichtige Grundlage für die Projektevaluierung dar.

5 Ausblick

Die Erfahrungen der Wirtschaftsförderungsgesellschaft Rhein-Kreis Neuss zeigen: Das Engagement zum Thema CSR, insbesondere bei KMU, lohnt sich. Im Laufe weniger Jahre konnte in der Region bereits viel bewegt werden und es ist zu erwarten, dass das CSR-Kompetenzzentrum dazu beitragen wird, dass weitere Unternehmen von CSR angesprochen und überzeugt werden. Die Wirtschaftsförderungsgesellschaft Rhein-Kreis Neuss ist einer der Vorreiter, der das Thema CSR als Teil seiner Mittelstandsförderung erfolgreich implementiert hat. Es bleibt zu wünschen, dass viele weitere Institutionen die Notwendigkeit und auch das große Potenzial von CSR erkennen – nicht nur in der Vorzeigeregion NRW, sondern in ganz Deutschland.

Seit 2003 ist **Robert Abts** bei der Wirtschaftsförderungsgesellschaft Rhein-Kreis Neuss tätig. Seit 2010 hat er ihre Leitung inne, 2015 wurde ihm schließlich die Geschäftsführung übertragen. Neben seiner praktischen Erfahrung verfügt Abts über ein abgeschlossenes Studium zum Wirtschaftsförderer an der Fachhochschule des Mittelstands (FHM) in Bielefeld, wo er 2005 einer der ersten Absolventen mit dieser Qualifikation in Nordrhein-Westfalen war. Er ist zudem in den verschiedensten regionalen Gremien und in Arbeitsgemeinschaften des Landes Nordrhein-Westfalen vertreten.

Seit September 2016 leitet **Sylvia Becker** das regionale CSR-Kompetenzzentrum Rhein-Kreis Neuss. Durch ihre vorherigen Tätigkeiten in Projektleitungen und als Führungskraft mit den Schwerpunkten Arbeitsmarktintegration und Beschäftigungsförderung verfügt Sylvia Becker über langjährige Erfahrungen in der Zusammenarbeit mit Unternehmen und in Unternehmensnetzwerken. Ihre Kompetenzen als freiberufliche Moderatorin, NLP-Trainerin und Coachin bringt sie in die Arbeit im CSR-Kompetenzzentrum Rhein-Kreis Neuss gewinnbringend ein.

Thomas Corrinth ist freiberuflicher Kommunikationswissenschaftler (M. A.) und Diplom-Journalist (FJS) in Essen mit den Schwerpunkten Bildung/Soziales, Gesundheit/Prävention und Regionale Wirtschaft. Zuvor war er unter anderem tätig als Redaktionsleiter eines regionalen Wirtschaftsmagazins und als Kommunikationsleiter eines Start-ups. Mit der Wirtschaftsförderungsgesellschaft Rhein-Kreis Neuss ist er seit einigen Jahren in verschiedenen Projekten, insbesondere zum Thema CSR, verbunden.

Impulse aus der Zivilgesellschaft und Politik

CSR-Politik in Nordrhein-Westfalen

Günther Horzetzky

1 Einleitung

Hinter der Debatte um CSR verbirgt sich ein Thema, das uns gar nicht genug beschäftigen kann: die Frage nach dem gesellschaftlichen Zusammenhalt in einer globalisierten, das heißt zunehmend entgrenzten Welt. Neu ist dieser Denkansatz nicht. Schon im späten 19. Jahrhundert gab es weitsichtige Unternehmerpersönlichkeiten wie Alfred Krupp oder Robert Bosch, die sich für soziale und gesellschaftliche Belange engagiert haben. 1906 führte Bosch als einer der ersten Unternehmer den Achtstundentag ein. Die Essener Margaretenhöhe ist ein großartiges Beispiel modernen Städtebaus und zeigt, wie Alfred Krupp und seine Frau Margarete ihre Arbeiter durch den Bau von Wohnungen aus menschenunwürdigen Lebensverhältnissen befreiten.

Die Unternehmer taten das nicht, um kurzfristig ihren Ruf aufzupolieren, sondern sie taten es aus der festen Überzeugung heraus, dass ihr langfristiger Unternehmenserfolg von der Gesundheit und Motivation ihrer Mitarbeiter abhängt. Sie engagierten sich somit aus kluger Vorsorge für ihr Kerngeschäft und wirkten mit diesen bahnbrechenden Veränderungen gleichzeitig auch in ihre Gesellschaft hinein.

Dass wir heute so intensiv über CSR nachdenken, ist ein Indiz für ein wachsendes Problembewusstsein. Uns wird immer klarer, dass die globalen Herausforderungen – der Klimawandel, die Endlichkeit der Ressourcen und die Anforderungen der digitalen Wirtschafts- und Arbeitswelt – weder von der Wirtschaft noch von der Wissenschaft oder der Politik allein gelöst werden können. Wir brauchen dafür eine konzertierte Aktion.

Corporate Social Responsibility (CSR) ist in diesem Zusammenhang die logische Konsequenz: Denn anders als klassische hierarchische Formen der Steuerung zeigt CSR uns

G. Horzetzky (✉)
Ministerium für Wirtschaft, Energie, Industrie, Mittelstand und Handwerk des Landes Nordrhein-Westfalen
Berger Allee 25, 40213 Düsseldorf, Deutschland

Möglichkeiten einer partnerschaftlichen Zusammenarbeit zwischen Wirtschaft, Wissenschaft, Politik und Zivilgesellschaft auf. In Nordrhein-Westfalen wollen wir die Chancen dieses Konzepts für die Unternehmens- und Regionalpolitik nutzen.

2 CSR aus politischer Perspektive

Der Ursprung der CSR-Politik in Nordrhein-Westfalen liegt in den Koalitionsverträgen von 2010 und 2012. Diese halten als Politikziel die Förderung der gesellschaftlichen Verantwortung von Unternehmen fest. Am 20.06.2013 hat das Ministerium für Wirtschaft, Energie, Industrie, Mittelstand und Handwerk des Landes Nordrhein-Westfalen im Kabinett die Eckpunkte der CSR-Strategie NRW vorgestellt. Das Wirtschaftsministerium wurde beauftragt, das Konzept unter Beteiligung der Organisationen der Wirtschaft und in Abstimmung mit den Ressorts weiterzuentwickeln.

In seinem CSR-Verständnis orientiert sich das Wirtschaftsministerium an den Definitionen der Bundesregierung und der Europäischen Union, die richtungsweisend für die CSR-Debatte sind. Die Europäische Union hat in ihrem Grünbuch 2001 CSR als ein System definiert, „das den Unternehmen als Grundlage dient, auf freiwilliger Basis soziale Belange und Umweltbelange in ihre Unternehmenstätigkeit und in die Wechselbeziehungen mit den Stakeholdern zu integrieren" (Europäische Kommission 2001, S. 7).

Die Bundesregierung definiert CSR als „die Wahrnehmung gesellschaftlicher Verantwortung durch Unternehmen über gesetzliche Anforderungen hinaus. CSR steht für eine nachhaltige Unternehmensführung im Kerngeschäft, die in der Geschäftsstrategie des Unternehmens verankert ist. CSR ist freiwillig, aber nicht beliebig" (Nationales CSR-Forum 2010, S. 7).

Nach der Finanz- und Wirtschaftskrise 2008/2009 veränderte die Europäische Kommission ihre CSR-Definition; sie bezeichnete CSR nun umfassend als „die Verantwortung der Unternehmen für ihre Auswirkungen auf die Gesellschaft" (Europäische Kommission 2011, S. 7). Mit dieser Neudefinition betont die Europäische Kommission die wachsenden Anforderungen an Unternehmen im globalen Markt, die aus zum Teil wenig transparenten Verflechtungen transnationaler Wertschöpfungsketten und Produktionsprozesse resultieren.

Kern der drei genannten CSR-Definitionen ist der Begriff der Verantwortung. Er markiert die Ansprüche der Gesellschaft an Unternehmen und wendet sich gegen eine ausschließliche Orientierung am Gewinn und am Shareholder Value. Erwartet wird die Übernahme von Verantwortung in allen ökonomischen, ökologischen und sozialen Belangen des Unternehmens. Insoweit verschiebt das CSR-Konzept den Blick von den Shareholdern auf die Stakeholder. Es stellt ein Gleichgewicht zwischen unternehmerischem Eigeninteresse und den berechtigten Anliegen Dritter bzw. der Stakeholder eines Unternehmens her. Damit verbunden sind Image- und Reputationsgewinne für die Unternehmen, bessere Chancen bei der Gewinnung qualifizierter Mitarbeiter und eine bessere Positionierung des Unternehmens im Wettbewerb.

Ausgehend von diesem Verständnis gehören wirtschaftliche Leistungsfähigkeit und CSR zusammen. Daher ist es das Ziel der nordrhein-westfälischen Wirtschaftspolitik, CSR in die Breite der Unternehmen zu tragen: Immer mehr Unternehmen sollen sich zu ihrer gesellschaftlichen Verantwortung bekennen und sich über gesetzliche Anforderungen hinaus für Umweltschutz, gute Arbeit, faire Lieferbeziehungen und einen offenen Dialog mit der Gesellschaft engagieren – und zwar nicht nur im eigenen Land, sondern auch im globalen Markt. Denn auch hier gilt, dass Unternehmen nicht nur mit Qualität und Innovationskraft, sondern auch durch nachhaltiges Handeln überzeugen müssen.

Im Rahmen der CSR-Strategie NRW wollen wir:

- verantwortlich wirtschaftende Unternehmen in ihrer Vorbildrolle stärken,
- Wege zu einer Kultur der Verantwortlichkeit aufzeigen,
- die Umsetzung von CSR in Branchen und Regionen unterstützen,
- CSR-Kooperationen zwischen Unternehmen und Hochschulen voranbringen
- und CSR in internationalen Geschäftsbeziehungen fördern.

In diesem Kontext haben wir in den vergangenen fünf Jahren zahlreiche Aktivitäten entwickelt und umgesetzt. Ein Beirat mit Vertretern aus Wirtschaft, Wissenschaft und Zivilgesellschaft begleitet die Arbeit.[1]

3 Umsetzung der CSR-Strategie NRW

3.1 Sichtbarkeit guter Unternehmenspraxis

Die Sichtbarkeit von CSR ist eine wesentliche Voraussetzung dafür, dass die für Unternehmen entscheidenden Zielgruppen – die Kunden, Lieferanten, Investoren und Mitarbeiter – die Wahrnehmung gesellschaftlicher Verantwortung durch Unternehmen würdigen und auf dem Markt honorieren können. Das Wirtschaftsministerium NRW stellt deshalb in vielen Veranstaltungen, Foren und Informationsangeboten sowie mithilfe von CSR-Botschaftern die Vielfalt des freiwilligen gesellschaftlichen Engagements von Unternehmen dar und hebt gute CSR-Praxis hervor.

3.1.1 Veranstaltungen und Foren

Um das komplexe Thema CSR gegenüber einer breiteren Öffentlichkeit zu kommunizieren und Unternehmen in Dialog mit ihren Stakeholdern zu bringen, hat das Wirtschaftsministerium NRW 2011 die Gesprächsreihe „Ständehausgespräche zur gesellschaftlichen

---

[1] Dem Beirat gehören an: Dr. Anne Fries (Geschäftsführerin bei concern GmbH), Thomas Fußhöller (Head of Sustainability, Environment and Energy Management bei Thyssen Krupp), Joachim Ganse (Direktor Sustainability Services bei KPMG), Dr. Mirko-Alexander Kahre (Vice President Corporate Communications bei der ista international GmbH), Dr. Thomas Krickhahn (Hochschule Bonn-Rhein-Sieg Rheinbach), Dr. Frank Maaß (Wissenschaftler am Institut für Mittelstandsforschung Bonn) und Birgit Riess (Direktorin bei der CSR Bertelsmann-Stiftung).

Verantwortung von Unternehmen" entwickelt. Dieses Dialogformat greift aktuelle Themen der CSR-Debatte auf. Herausragende Referenten aus Wirtschaft, Wissenschaft, Politik und Zivilgesellschaft stellen im Impulsvortrag kontrovers diskutierte Positionen vor und treten in Dialog mit Podiumsteilnehmern und Publikum. Bis Ende 2016 wurden acht Ständehausgespräche durchgeführt, an denen sich insgesamt 2150 Teilnehmer beteiligten.[2]

Zusätzlich zu dem etablierten Format der Ständehausgespräche organisiert das Wirtschaftsministerium NRW weitere Veranstaltungsformate, die sich an unterschiedliche Zielgruppen wenden. Die Bandbreite reicht hier von repräsentativen Veranstaltungen mit hoher Strahlkraft bis hin zu themenspezifischen Fachveranstaltungen. Ein Beispiel für eine Veranstaltung, die hohe Aufmerksamkeit gefunden hat, ist der CSR-Summit „Corporate Social Responsibility – Wie man richtig Geld verdienen kann" im Jahr 2012. An dieser Veranstaltung beteiligten sich zwölf Vorstandsvorsitzende der umsatzstärksten Unternehmen in NRW[3]. Im Mittelpunkt standen die gesellschaftlichen Anforderungen an Unternehmen. Als Beispiel für eine Fachveranstaltung ist der Runde Tisch mit Personalverantwortlichen zum Thema „Nachhaltigkeit in der betrieblichen Ausbildung" aus dem Jahr 2016 zu nennen.

3.1.2 Informationsangebote

Das Wirtschaftsministerium NRW stellt auf verschiedenen Kanälen Informationen zu CSR bereit. So erklärt beispielsweise die 2015 auf Deutsch und Englisch erschiene Broschüre „Gesellschaftliche Verantwortung im internationalen Mark" (Ministerium für Wirtschaft, Energie, Industrie, Mittelstand und Handwerk (MWEIMH) 2015), wie nordrhein-westfälische Unternehmen Verantwortung im internationalen Markt und in weit verzweigten Lieferketten wahrnehmen. Im September 2016 startete die CSR-Internetseite www.csr.nrw.de, die Informationen zu CSR-Initiativen sowohl des Ministeriums als auch von Kooperationspartnern anbietet.

3.1.3 CSR-Botschafter

Auf der CSR-Website werden auch einige der regional tätigen CSR-Botschafter der CSR-Kompetenzzentren vorgestellt (https://csr.nrw.de/botschafter/). CSR-Botschafter sind erfolgreiche Unternehmer, die für gesellschaftliche Verantwortung, Nachhaltigkeit und aktives Engagement in ihrer Region stehen. Sie stellen sich als Sympathie- und Know-how-Träger zur Verfügung, geben Hinweise zur Umsetzung von CSR im Unternehmen und tragen zur Vernetzung der CSR-Unternehmen untereinander bei.

---

[2] Die Website des Wirtschaftsministeriums NRW bietet eine Übersicht der bisherigen Themen und Keynote-Sprecher: https://www.wirtschaft.nrw/staendehausgespraeche.
[3] ARAG SE, Bayer AG, BP Europa SE, E.ON SE, Ergo Versicherungsgruppe, Germanwings, Henkel AG & Co. KG, ista Deutschland GmbH, Kölner Verkehrsbetriebe AG, Lanxess AG, RheinEnergie AG und RWE AG.

3.2 CSR-Kompetenzzentren – Beratung für kleine und mittlere Unternehmen

Das Wissen um CSR ist nur der erste Schritt. Um insbesondere kleinen und mittleren Unternehmen bei den weiteren Schritten hin zur Implementierung eines strategischen CSR-Managements zu helfen, ist eine fundierte Erstberatung notwendig. Dafür hat das Wirtschaftsministerium die CSR-Kompetenzzentren entwickelt, die ein zentrales Instrument der CSR-Förderung in Nordrhein-Westfalen sind.

Seit Beginn 2016 haben fünf CSR-Kompetenzzentren ihre Arbeit aufgenommen, die im Rahmen eines Interessenbekundungsverfahrens von einer unabhängigen Jury ausgewählt worden sind. Die CSR-Kompetenzzentren sind in ihrer Region breit vernetzt und haben direkte Zugänge zu den Unternehmen. Projektträger sind die Gilde Gewerbe- und Innovationszentrum Lippe-Detmold GmbH (Region Ostwestfalen-Lippe), die Wirtschaftsförderung des Rhein-Kreis Neuss (Region Rhein-Kreis Neuss), die Industrie- und Handelskammer Bonn/Rhein-Sieg (Region Rheinland), die Wirtschaftsförderung Mönchengladbach und das Wuppertaler Collaborating Center on Sustainable Consumption and Production (CSCP) in Kooperation mit dem Business Angels Netzwerk Deutschland e. V.

Die CSR-Kompetenzzentren Rhein-Kreis Neuss, Ostwestfalen-Lippe und Rheinland richten sich mit ihrem Angebot an kleine und mittlere Unternehmen aller Branchen; das CSR-Kompetenzzentrum Textil und Bekleidung in Mönchengladbach adressiert die Unternehmen der Textil- und Bekleidungsindustrie, der CSR-Hub NRW in Wuppertal die Gründer.

Auf der Textil- und Bekleidungsindustrie liegt ein besonderer Fokus, weil die Textilbranche wegen der schlechten Arbeitsbedingungen in ihren weltweiten Produktionsstätten in der Kritik steht. Das CSR-Kompetenzzentrum bietet den Unternehmen Handlungshilfen an, um Transparenz in der Lieferkette herzustellen, die Standards der Zulieferbetriebe weiterzuentwickeln und zu einer Verbesserung der Arbeitsbedingungen beizutragen. Es ergänzt damit das 2014 gestartete Bündnis für nachhaltige Textilien auf der Bundesebene, indem es Unternehmen über konkrete Ansatzpunkte des Lieferkettenmanagements informiert.

Gründer werden durch den CSR-Hub NRW in Wuppertal angesprochen, dessen Zielgruppe Start-ups und ihre Finanzierungspartner sind. Ihnen werden die positiven Auswirkungen von CSR-Maßnahmen auf den Unternehmenserfolg von Anfang an vor Augen geführt; gleichzeitig erhalten sie einen Überblick über CSR-Instrumente, die auch für Kleinstunternehmen geeignet sind.

Für die Ansprache, Sensibilisierung und Erstberatung von Unternehmen bedienen sich die CSR-Kompetenzzentren verschiedener zielgruppengerechter Instrumente. Diese reichen von CSR-Checks und CSR-Sprechstunden über Unternehmensbesuche in vorbildlichen Unternehmen bis hin zu Informationsveranstaltungen, Workshops, Mailings oder Direktansprachen von kleinen und mittleren Unternehmen bei Veranstaltungen und Messen.

Im Mittelpunkt der Veranstaltungen und Workshops stehen die Bedarfe der Unternehmen. Zentrale Themen sind die Mitarbeiterzufriedenheit und Mitarbeiterpartizipation am

Arbeitsplatz, Mitarbeitervielfalt in der Personalauswahl (Diversity), Umwelt-, Klima- und Ressourcenschutz, die Achtung von Verbraucherinteressen, die Übernahme von Verantwortung für die Lieferkette, die Verbesserung der Arbeitgeberattraktivität und eine offene und sachgerechte Kommunikation mit den Anspruchsgruppen. Dabei verfolgen die CSR-Kompetenzzentren einen ganzheitlichen Beratungsansatz, der die Bereiche Markt, Umwelt, Arbeitsplatz und Gemeinwesen umfasst.

In den ersten Monaten ihrer Tätigkeit haben die CSR-Kompetenzzentren zusammen rund 4800 Unternehmenskontakte hergestellt. An Informationsveranstaltungen und Workshops haben 663 Unternehmen teilgenommen. Die Rückmeldungen der Teilnehmer zu den angebotenen Veranstaltungen sind positiv. Die Unternehmen begrüßen es, sich zu dem komplexen Thema CSR austauschen zu können, und regen an, CSR-Module auch in Veranstaltungen Dritter zu integrieren. Als besonders wichtig wird die Vorstellung von Praxisbeispielen aus kleinen und mittleren Unternehmen erachtet.

Eine Besonderheit der CSR-Kompetenzzentren ist die Zusammenarbeit mit lokalen Hochschulpartnern. Über diese Kooperation kann neuestes CSR-Wissen in die Arbeit der Zentren einfließen. So hat beispielsweise das CSR-Kompetenzzentrum Ostwestfalen-Lippe gemeinsam mit der Fachhochschule des Mittelstands in Bielefeld einen Business Talk zum Thema „Nachhaltigkeit in der Lieferkette" durchgeführt. Das CSR-Kompetenzzentrum Rhein-Kreis-Neuss kooperiert mit der Heinrich-Heine-Universität Düsseldorf, die einen CSR-Check für Unternehmen anbietet und mit einem neu entwickelten CSR-Barometer einmal im Jahr den CSR-Kenntnisstand in der Region misst. Das CSR-Kompetenzzentrum Bonn-Rhein-Sieg und die Hochschule Bonn-Rhein-Sieg bieten gemeinsam CSR-Frühstücke mit Unternehmen und Studierenden an. Der Austausch dient auch dazu, einen Pool für Masterarbeiten der Studierenden zu generieren und deren Ergebnisse zu verbreiten. Darüber hinaus können in diesem Zusammenhang Stellenanzeigen von CSR-Unternehmen bei den Studierenden kommuniziert werden.

Im Sommer 2017 werden drei weitere CSR-Kompetenzzentren in den Regionen Münsterland, Ruhrgebiet und Südwestfalen die fünf bestehenden Zentren ergänzen. Dadurch wird ein landesweites CSR-Beratungsangebot für kleine und mittlere Unternehmen sichergestellt, welches in dieser Form einzigartig in Deutschland ist.

3.3 CSR-Hochschulkreis – Wissenstransfer zwischen Hochschulen und Unternehmen

Hochschulen sind zentrale Akteure in der Entwicklung und Vermittlung von CSR-Wissen. Schließlich ist eine grundlegende werteorientierte Ausbildung eine wesentliche Voraussetzung für die Urteils- und Handlungskompetenz in der globalen Wirtschaft. Die Unternehmen brauchen Fach- und Führungskräfte, die die in ihrem Berufsleben auftretenden Konflikte zwischen Markt und Moral einordnen und bewerten können. Dies ist vor allem eine Anforderung an die Wirtschaftswissenschaften, die das Gros der Nachwuchskräfte in Unternehmen stellen, gilt aber auch für viele andere Fachbereiche. Denn CSR kann seine Wirkung am besten durch interdisziplinäre Zugänge und eine enge Verknüpfung von Wissenschaft und Praxis entfalten.

Das Wirtschaftsministerium NRW hat deshalb einen CSR-Arbeitskreis Hochschulen („CSR-Hochschulkreis") eingerichtet und im Dezember 2012 mit Unterstützung des Ministeriums für Wissenschaft und Forschung des Landes Nordrhein-Westfalen eine Konferenz zum Thema „CSR-Dialog Wirtschaft – Wissenschaft" durchgeführt. Die Tagung hat Anreize für eine stärkere Verankerung von CSR-Themen in Forschung und Lehre gegeben und zum Austausch der in diesem Bereich arbeitenden Hochschulen beigetragen. Kooperationspartner waren 19 Hochschulen sowie das studentische Netzwerk für Wirtschaftsethik, sneep. In der Konferenz wurde erstmals der von der FOM-Hochschule Essen und der Universität Paderborn erarbeitete CSR-Atlas NRW vorgestellt, der einen Überblick über die CSR-Angebote der NRW-Hochschulen gibt (Gerholz und Heinemann 2012). In der Folgezeit beteiligten sich an dem von mir geleiteten CSR-Hochschulkreis über 40 Hochschulen.

Nach einer durch das Wirtschaftsministerium NRW durchgeführten Umfrage von September 2016 sind die wirtschaftswissenschaftlichen Studiengänge im Land inzwischen im Themenfeld CSR gut aufgestellt. Bei nahezu allen der an der Umfrage teilnehmenden 26 Hochschulen wurden bestehende Lehrmodule um CSR-Themen erweitert oder eigene CSR-Module entwickelt. Letztere liegen sowohl im optionalen als auch im Pflichtbereich des BWL-Studiums. Darüber hinaus bieten einige Hochschulen auch Abschlüsse im Themenfeld CSR an, wie beispielsweise den Masterabschluss Sustainability Management.

Auch in der Forschung hat CSR einen festen Platz. Die Wissenschaftler untersuchen das gesamte Spektrum der CSR-Themen und arbeiten häufig mit Kollegen anderer Fachbereiche zusammen. Um diese fachübergreifende Arbeit zu verstetigen und CSR-Kompetenz zu bündeln, haben zahlreiche Hochschulen interdisziplinäre Arbeitsgruppen und Plattformen etabliert, an denen sich teilweise auch externe Akteure und Unternehmen beteiligen.

Studierendeninitiativen wie sneep und Enactus geben wichtige Impulse für die Lehre. Nicht zuletzt unterstreichen Hunderte von Seminar- und Abschlussarbeiten das hohe Interesse der Studierenden an Verantwortungsthemen.

Kontakte zu Unternehmen werden insbesondere durch Kooperationen bei Abschlussarbeiten und Forschungsprojekten hergestellt. Alle befragten Hochschulen halten eine Zusammenarbeit zwischen Hochschulen und Unternehmen für wünschenswert. Der Zugang zu den Unternehmen gelingt aber bislang nicht allen Hochschulen gleich gut. Das Wirtschaftsministerium NRW setzt an dieser Stelle an, vermittelt zwischen Hochschulen und Unternehmen und unterstützt damit den CSR-Wissenstransfer.

3.4 CSR-Weiterentwicklung durch Branchendialoge

Neben der landesweiten Förderung von CSR unter kleinen und mittleren Unternehmen unterstützt das Wirtschaftsministerium NRW auch die Weiterentwicklung von CSR auf kollektiver Ebene. Dies geschieht vor allem im Rahmen von Branchendialogen. Denn hier, in den Branchen, können globale Herausforderungen und Ansprüche von Stakeholdern spezifiziert und konkrete Lösungsansätze zwischen Unternehmen und ihren wesentlichen Anspruchsgruppen erarbeitet werden. Neben einzelnen Unternehmen werden hier auch Kammern und Verbände angesprochen.

Seit 2012 hat das Wirtschaftsministerium NRW mehrere Workshops durchgeführt, um branchenspezifische Herausforderungen zu thematisieren. Dazu zählten Workshops mit der Energiewirtschaft, der Textil- und Bekleidungsindustrie, dem Handel sowie der IT-Wirtschaft. Themen waren die Sorgfaltspflicht der Unternehmen in der Überwachung der Lieferkette, die Verbesserung des Energie- und Ressourcenverbrauchs in der Produktion sowie die Vermittlung der Vorteile eines nachhaltigen Produktangebots gegenüber den Kunden. Unternehmen, die bereits gute Erfahrungen mit CSR-Instrumenten in ihrer Branche gemacht haben, stellten ihre Ansätze zur Diskussion. Zugleich bestand die Möglichkeit, offen über bestehende Herausforderungen und Grenzen der Verantwortungsübernahme zu diskutieren und Anforderungen an die Politik zu benennen (z. B. in Bezug auf bessere Anreize für CSR in der öffentlichen Beschaffung). Im Sinne eines kollektiven Lösungsansatzes für CSR-Herausforderungen wurden zudem freiwillige Brancheninitiativen vorgestellt, die die Unternehmen bei der Verbesserung sozialer Standards unterstützen (z. B. Better Coal, Fair Wear Foundation, Business Social Compliance Initiative).

4 Ausblick

Mit der CSR-Strategie und ihren begleitenden Maßnahmen hat das Wirtschaftsministerium NRW in den letzten Jahren die Zielvorstellung einer gesellschaftlich verantwortlichen, gemeinwohlorientierten Wirtschaft kommuniziert und einen wegweisenden Beitrag zur Entwicklung der CSR-Debatte und CSR-Praxis im Land geleistet. Zugleich kamen wichtige Impulse von Akteuren in Wirtschaft, Wissenschaft und Zivilgesellschaft. Die Vielfalt und Qualität dieser Aktivitäten zeigt sich auch in den zahlreichen Beiträgen dieses Bandes. Durch das Engagement und die Zusammenarbeit so vieler Akteure ist Nordrhein-Westfalen heute ein CSR-Vorreiter unter den Bundesländern und muss auch den europäischen Vergleich nicht scheuen. Die angestoßenen Initiativen zeigen, dass sich Wettbewerb, Innovation und Verantwortung keineswegs ausschließen, sondern befördern und ergänzen.

Diese Erfolgsgeschichte werden wir auch in den kommenden Jahren gemeinsam fortschreiben. Zu diesem Zweck hat das Wirtschaftsministerium seine Stakeholder in die Bewertung und Weiterentwicklung der CSR-Strategie NRW im Rahmen einer Landeskonferenz am 19.09.2016 einbezogen. Der Stakeholder-Dialog wurde entlang der Themenschwerpunkte „CSR und Innovation", „Unternehmen und Gesellschaft", „Gute Arbeit", „Nachhaltige Unternehmensgründungen" und „Umgang mit CSR-Anforderungen der Politik" geführt. Die hier erarbeiteten Vorschläge werden priorisiert und in die weitere Arbeit einfließen.

Festzuhalten ist, dass dabei die CSR-Kompetenzzentren weiterhin Motor und Ankerpunkt für die Umsetzung von CSR in den Unternehmen sind. Sie werden kleine und mittlere Unternehmen für das Thema CSR sensibilisieren und beraten sowie neue Verantwortungsthemen aufgreifen und in die Praxis tragen.

Unser Ziel ist, dass alle Unternehmen in NRW die Möglichkeit haben, sich mit den Grundlagen strategischer CSR-Managementansätze vertraut zu machen und diese im Kerngeschäft zu implementieren. Durch den Austausch unter den CSR-Kompetenzzentren und die Begleitung durch das Wirtschaftsministerium NRW sowie zahlreiche Kooperationspartner werden zeitgemäße CSR-Qualitätsstandards sichergestellt.

Dies gilt nicht zuletzt für den internationalen Markt, der für die exportstarke NRW-Wirtschaft außerordentlich wichtig ist. Unternehmen und Regierungen aus vielen Teilen der Welt – ob in Asien oder Lateinamerika, in Vietnam oder Afrika – wünschen sich Partnerschaften mit deutschen Unternehmen. Und zwar nicht allein wegen ihrer technologischen Leistungsfähigkeit, sondern wegen ihres langfristigen Engagements und wegen ihrer Unternehmenskultur. Die Unternehmen in Deutschland und Nordrhein-Westfalen haben dies erkannt.

Wir wollen sie unterstützen, CSR zu einem Exportschlager zu machen und ihren Zulieferbetrieben im globalen Markt Ideen und Instrumente für verantwortliches Wirtschaften zu vermitteln. Auch das ist eine Aufgabe für die Landespolitik.

Literatur

Europäische Kommission (2001) Grünbuch, Rahmenbedingungen für die soziale Verantwortung der Unternehmen. Europäische Kommission, Brüssel

Europäische Kommission (2011) Eine neue EU-Strategie (2011–14) für die soziale Verantwortung der Unternehmen (CSR). Europäische Kommission, Brüssel

Gerholz K-H, Heinemann S (2012) CSR-Atlas. CSR-Angebote an den wirtschaftswissenschaftlichen Fachbereichen der Hochschulen in Nordrhein-Westfalen. MA Akademie, Essen

Ministerium für Wirtschaft, Energie, Industrie, Mittelstand und Handwerk (MWEIMH) (2015) Gesellschaftliche Verantwortung im internationalen Markt – Praxisbeispiele aus NRW-Unternehmen. MWEIMH, Düsseldorf

Nationales CSR-Forum (2010) Empfehlungsbericht des Nationalen CSR-Forums an die Bundesregierung. Nationales CSR-Forum, Berlin

Staatssekretär **Dr. Günther Horzetzky** (geb. 1951) war nach dem Studium der Agrarwissenschaften an der Universität Bonn als wissenschaftlicher Angestellter am Lehrstuhl für Wirtschaftssoziologie der Universität Bonn tätig. Von 1989–2000 bekleidete er unterschiedliche Funktionen zunächst bei der Gewerkschaft Gartenbau, Land- und Forstwirtschaft (GGLF) und später beim Deutschen Gewerkschaftsbund, zuletzt als Bundesvorstandssekretär. Von 2001–2002 wechselte er als Sozialreferent an die Botschaft der Bundesrepublik Deutschland in Washington DC/USA. Danach war er von 2002–2006 als Abteilungsleiter im Bundeskanzleramt für Soziales, Bildung, Forschung, Umwelt, Verkehr, Verbraucherschutz und Landwirtschaft zuständig. Von 2006–2008 leitete er die Grundsatzabteilung des Bundesministeriums für Arbeit und Soziales (BMAS), 2009 wurde er Staatssekretär im BMAS. In dieser Funktion hat er die Einsetzung des CSR-Forums der Bundesregierung und die Erarbeitung des CSR-Aktionsplans der Bundesregierung begleitet. Seit 2010 ist Dr. Horzetzky Staatssekretär im Wirtschaftsministerium NRW.

Nordrhein-Westfalen als Keimzelle nachhaltigen Wirtschaftens? Ein Rückblick auf den Deutschen Nachhaltigkeitspreis von 2008 bis 2015

Stefan Schulze-Hausmann, Otto Schulz, Gabriela Baum-D'Ambra und Saskia God

1 Einleitung

Der Deutsche Nachhaltigkeitspreis (DNP) ist die führende nationale Auszeichnung für das Nachhaltigkeitsengagement von Unternehmen und einer der renommiertesten Preise seiner Art in Europa. Träger ist die Stiftung Deutscher Nachhaltigkeitspreis e. V., die den deutschen Nachhaltigkeitspreis in enger Zusammenarbeit mit Stakeholdern wie dem Rat für nachhaltige Entwicklung der Bundesregierung, kommunalen Spitzenverbänden, Wirtschaftsvereinigungen, zivilgesellschaftlichen Organisationen und Forschungseinrichtungen vergibt.

Der Preis zielt darauf ab, die nachhaltige Entwicklung in Deutschland zu fördern und zu helfen, die Grundsätze der Nachhaltigkeit im unternehmerischen Handeln und in der öffentlichen Wahrnehmung besser zu verankern. Die Auszeichnung soll demonstrieren, dass nachhaltiges Handeln nicht nur hilft, soziale und ökologische Probleme im globalen oder lokalen Maßstab zu lösen, sondern auch Profitabilität und Wettbewerbsfähigkeit erhöhen kann.

S. Schulze-Hausmann (✉)
Stiftung Deutscher Nachhaltigkeitspreis e.V. German Sustainability Award Foundation
Neuer Zollhof 3, 40221 Düsseldorf, Deutschland
E-Mail: ssh@nachhaltigkeitspreis.de

O. Schulz · G. Baum-D'Ambra · S. God
A.T. Kearney
Charlottenstrasse 57, 10117 Berlin, Deutschland
E-Mail: otto.schulz@atkearney.com

G. Baum-D'Ambra
E-Mail: Gabriela-maria.Baum@ATKEARNEY.com

S. God
E-Mail: Saskia.God@atkearney.com

Es ist das vorrangige Ziel des Deutschen Nachhaltigkeitspreises, Vorbilder in den Fokus der öffentlichen Aufmerksamkeit zu stellen und gleichzeitig der Breite der Teilnehmer hilfreiche Anregungen für weiter verbesserte Nachhaltigkeitsleistungen in den jeweiligen Unternehmen zu liefern. Hinter dieser Zielsetzung steckt auch die Erkenntnis, dass insgesamt nur eine Verbesserung der Nachhaltigkeitsleistungen in Deutschland erreicht werden kann, wenn alle zivilgesellschaftlichen Akteure an einem Strang ziehen.

Beim Vorantreiben des Nachhaltigkeitsgedankens sind vor allem Unternehmen gefragt, die aufgrund ihrer Größe und mit ihrer daraus resultierenden wirtschaftlichen Leistung einen maßgeblichen Anteil an der Nachhaltigkeitsleistung in Deutschland selbst haben und gleichzeitig über ihre Lieferketten und die globale Verwendung ihrer Produkte und Dienstleistungen einen großen Einfluss auf Nachhaltigkeitsleistungen in der ganzen Welt haben können. Diesen Unternehmen kommt daher eine Schlüsselrolle in der Nachhaltigkeit zu. Gerade die großen Konzerne können hinsichtlich der Nachhaltigkeit viel Einfluss ausüben und zusammen mit den kleinen und mittleren Unternehmen, die das Rückgrat der deutschen Wirtschaft bilden, eine beachtliche Hebelwirkung erzielen.

Ausgezeichnet werden deshalb seit 2008 Unternehmen in drei Größenkategorien, die vorbildlich wirtschaftlichen Erfolg mit sozialer Verantwortung und Schonung der Umwelt verbinden. Seit 2012 werden darüber hinaus auch Kommunen prämiert, die im Rahmen ihrer Möglichkeiten die lokale Entwicklung nachahmenswert nachhaltig gestalten und damit in besonderer Weise den Gedanken einer zukunftsfähigen Gesellschaft fördern. Zudem werden Auszeichnungen in den Bereichen Forschung, Nachhaltiges Bauen und Start-ups vergeben.

Grundlage der Vergabe des DNP für Unternehmen ist ein jährlich stattfindender Wettbewerb. Alle Unternehmen, die Waren und/oder Dienstleistungen in Deutschland herstellen und/oder anbieten, können sich beteiligen.

Im Wettbewerb werden die Unternehmen nach den spezifischen Nachhaltigkeitsherausforderungen ihrer Branche und ihren Beiträgen zu deren Lösung gefragt. Dazu erhebt der DNP das Nachhaltigkeitsprofil anhand weniger Leitfragen. Im Anschluss bereiten die Teams der Methodikpartner, wie zum Beispiel die internationale Topmanagementberatung A.T. Kearney, das Wuppertal-Institut für Klima, Umwelt, Energie und die Hochschule für Wirtschaft und Recht, Berlin, die Jurysitzung vor, in der eine interdisziplinäre Jury bestehend aus hochrangigen Vertretern der Zivilgesellschaft über die Preisträger entscheidet. Die Sieger werden am Abend der Verleihung im Rahmen des Deutschen Nachhaltigkeitstages bekannt gegeben.

Auf diese Weise begleitet der Deutsche Nachhaltigkeitspreis mit dem Methodikpartner A.T. Kearney und den anderen Expertenteams die Fortschritte nachhaltiger Entwicklung in Deutschlands Unternehmen. Die dabei gewonnenen Erkenntnisse erlauben ein differenziertes Bild des Fortschritts hin zu nachhaltigerem Wirtschaften zum Beispiel nach Branchen und Regionen. Nordrhein-Westfalen als bevölkerungsreichstes Bundesland mit seinen zahlreichen Großkonzernen, aber auch seinem ausgeprägten Mittelstand kommt dabei eine Schlüsselrolle zu.

2 Nordrhein-westfälische Unternehmen im Deutschen Nachhaltigkeitspreis

2.1 Statistik – Was die Zahlen über Nachhaltigkeit in NRW sagen

Wie sehr engagieren sich nordrhein-westfälische Unternehmen für die Nachhaltigkeit? Wie hoch ist ihr Gewicht im Feld der Bewerber um den Deutschen Nachhaltigkeitspreis? Wie viele und welche Unternehmen aus NRW konnten überzeugen und wurden nominiert oder gar prämiert?

Um diese Fragen zu beantworten, werden im Folgenden nordrhein-westfälische Unternehmen, die sich für den Deutschen Nachhaltigkeitspreis beworben haben, einer vergleichenden Analyse unterzogen.

Teilnehmer

Die Unternehmen, die sich in den Jahren 2008 bis 2015 für den Deutschen Nachhaltigkeitspreis beworben haben, stammten aus sämtlichen deutschen Bundesländern (vgl. Tab. 1). Darüber hinaus haben sich auch ausländische Unternehmen beworben, die ihre Produkte und/oder Dienstleistungen in Deutschland herstellen und/oder anbieten.

Es fällt ins Auge, dass die größte Gruppe der Bewerber aus dem Bundesland Nordrhein-Westfalen stammte (26 %) (Mehrfachbewerbungen werden an dieser Stelle außer Acht gelassen). Es folgten mit 18 % bayrische Unternehmen und mit 14 % Teilnehmer aus

Tab. 1 Verteilung Teilnehmer nach Bundesland, gesamt 2008–2015

Bundesland	Anteil Teilnehmer (%)
NRW	26,0
Bayern	17,7
Baden-Württemberg	13,8
Hessen	10,6
Berlin	6,5
Niedersachsen	6,4
Hamburg	4,8
Rheinland-Pfalz	2,6
Brandenburg	1,6
Sachsen	1,6
Schleswig-Holstein	1,6
Bremen	1,4
Sachsen-Anhalt	1,2
Saarland	1,1
Thüringen	0,6
Mecklenburg-Vorpommern	0,4
Ausland	2,0

Baden-Württemberg. Somit stellten diese drei Bundesländer mit 58 % über die Hälfte der Bewerber in den Jahren 2008 bis 2015.

Beim Blick auf das Bewerberjahr 2015, in dem sich Unternehmen je nach Unternehmensgröße in den Kategorien „groß", „mittelgroß" und „klein" bewerben konnten, zeigt sich, dass unter den Bewerbungen der großen Unternehmen insgesamt 32 % aus NRW stammten. Bei den mittelgroßen Unternehmen kamen 21 % aus NRW und von den kleinen Unternehmen hatten 19 % der Bewerber ihren Sitz in NRW. Insgesamt ist festzustellen, dass NRW im Bewerberfeld zum Deutschen Nachhaltigkeitspreis zahlenmäßig immer sehr stark mit größeren Unternehmen vertreten war, während nur ein vergleichsweise geringer Anteil der kleineren Unternehmen aus NRW stammte.

Im Jahr 2015 waren die Bewerber aus NRW zumeist den Branchen Transport-, Logistik- und Verkehr (19 %), Chemie (13 %) und Textil- und Bekleidung (13 %) zuzuordnen. Die nicht aus Nordrhein-Westfalen stammenden Bewerber waren häufig in der Nahrungsmittelindustrie (14 %), in der chemischen Industrie, im Handel oder in der Konsumgüterindustrie (jeweils 10 %) tätig.

Eins der wichtigsten Nachhaltigkeitsthemen für Unternehmen, die sich für den Deutschen Nachhaltigkeitspreis bewerben, ist der nachhaltige Umgang mit Ressourcen. Eine besondere Rolle spielt das in Branchen, die außergewöhnlich energie-, wasser- oder rohstoffintensiv sind. Gerade dort können intelligente Ressourceneffizienz- und Recyclingstrategien eine große Hebelwirkung erzielen. Bewerber aus NRW gehörten im Jahr 2015 zu 76 % einer ressourcenintensiven Branche an. Ein ähnliches Bild zeigt sich auch im Gesamtbewerberfeld.

Die Bewerber lassen sich schließlich auch anhand ihrer Geschäftsmodelle betrachten. Unternehmen mit einem „grünen" Geschäftsmodell sind konsequent auf das Thema Nachhaltigkeit ausgerichtet (z. B. Bau von Solaranlagen, Recycling). Sozialunternehmen zeichnen sich durch ein Geschäftsmodell aus, das auf die Lösung sozialer Problemstellungen abzielt (z. B. im Bildungs- und Gesundheitsbereich, in der Sozialarbeit). Das dritte Geschäftsmodell ist traditionell. Bei den Teilnehmern am DNP im Jahr 2015 bewarben sich aus NRW hauptsächlich Unternehmen mit einem traditionellen Geschäftsmodell (69 %), es folgten Sozialunternehmen (19 %) und „grüne" Unternehmensgeschäftsmodelle (12 %). Auch bei den Bewerbern außerhalb NRWs waren die meisten traditionell (59 %), jedoch folgten hier Unternehmen mit einem „grünen" Geschäftsmodell (32 %) und dann die sozial ausgerichteten Unternehmen (10 %).

Nominierte

Ziel einer jeden Bewerbung ist eine Auszeichnung oder wenigstens Nominierung. Wie sind nordrhein-westfälische Unternehmen unter den Nominierten vertreten? Insgesamt stammen von allen nominierten Unternehmen (ohne Mehrfachnominierungen) seit Beginn des Wettbewerbs 26 % aus NRW, gefolgt von Bayern mit 20 % und Baden-Württemberg mit 17 % (vgl. Abb. 1).

Nordrhein-Westfalen als Keimzelle nachhaltigen Wirtschaftens?

Abb. 1 Verteilung Nominierte nach Bundesland, gesamt 2008–2015

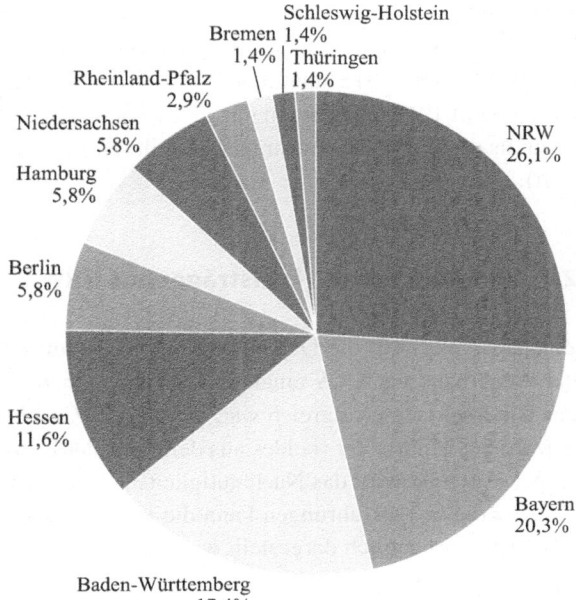

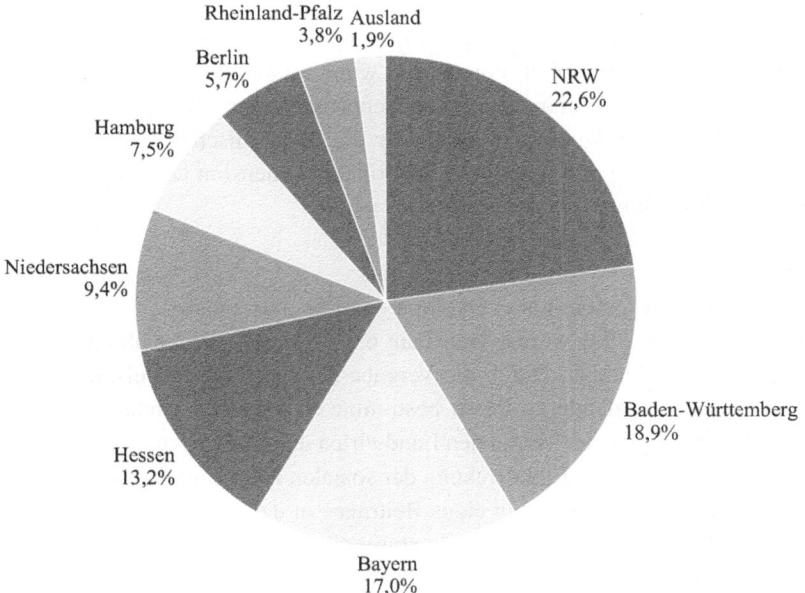

Abb. 2 Verteilung Preisträger nach Bundesland, gesamt 2008–2015

Preisträger
Bei Betrachtung der Preisträger ergibt sich ein ähnliches Bild (vgl. Abb. 2). Zwischen den Jahren 2008 und 2015 stammten 23 % der Preisträger aus NRW, es folgen Baden-Württemberg mit 19 % und Bayern mit 17 %. Somit haben diese drei Bundesländer gemeinsam mehr als die Hälfte der Preisträger gestellt (erneut werden Mehrfachauszeichnungen ignoriert).

2.2 Ein Blick auf die Preisträger aus NRW

Zunächst verschafft die Darstellung in Tab. 2 zum Zwecke einer genaueren Betrachtung der Preisträger aus NRW einen umfassenden Überblick. Neben der Preiskategorie, in der das Unternehmen erfolgreich war, werden der Geschäftsfokus sowie der Umsatz und die Anzahl der Mitarbeiter (beides aus dem Jahr der Bewerbung) dargelegt.

Nachfolgend wird das Nachhaltigkeitsmanagement der Preisträger genauer betrachtet. Anhand dieser Ausführungen kann die Entwicklung der Nachhaltigkeit in Unternehmen aus NRW anschaulich dargestellt werden.

Deutsche Post DHL
Ein großer deutscher Konzern treibt sein Nachhaltigkeitsmanagement zahlenbasiert voran.

Die Deutsche Post DHL stellte in seiner Nachhaltigkeitsstrategie, die 2009 als „Nachhaltigste Strategie" ausgezeichnet wurde, das Klimaschutzprogramm „GoGreen" in den Mittelpunkt. Das Programm macht eine Steigerung der CO_2-Effizienz um 30 % bis 2020 (im Vergleich zu 2007) zum Ziel. Fortschritte wurden mit zahlreichen Key Performance Indicators (KPIs) im unternehmensinternen Reportingsystem erhoben und mit den Zielwerten verglichen. KPIs wurden ebenfalls für die ökonomische (z. B. EBIT, Weighted Average Cost of Capital) und soziale Nachhaltigkeitsdimension (z. B. Mitarbeiteranzahl, Krankheitsstände) erhoben.

TransFair e. V.
Ein Verein fördert mit seinem Label Ökologie- und Sozialstandards.

Ebenfalls im Jahr 2009 wurde TransFair e. V. im Bereich nachhaltigstes Produkt/Dienstleistung ausgezeichnet. Durch die Vergabe des Fairtrade-Siegels an Produkte von Bauern in Entwicklungsländern, die an bestimmte Sozial-/Ökostandards von TransFair gebunden ist, ermöglichte der Verein den Landwirten den Zugang zu den Weltmärkten bei fairer Bezahlung. Neben der Einbeziehung der sozialen Nachhaltigkeit unternahm TransFair Anstrengungen zur Erbringung eines Beitrages in der ökologischen Nachhaltigkeit: Ein umfangreicher Kriterienkatalog für eine biologisch nachhaltige Wirtschaftsweise, den Betriebe, die eine Zertifizierung anstreben, erfüllen müssen, sowie die Unterstützung der Umstellung auf Bioprodukte waren Beispiele dafür.

Nordrhein-Westfalen als Keimzelle nachhaltigen Wirtschaftens? 373

Tab. 2 Darstellung der Preisträger aus NRW – Auszug

Jahr	Unternehmen	Preiskategorie	Geschäftsfokus	Umsatz[a]	Anzahl Mitarbeiter[a]	Unternehmensgröße[b]
2008	Solarworld AG	Produktion	Hersteller von Solarstrommodulen	0,69 Mrd. €[c]	1486[c]	Mittelgroß
2008	Barmenia Krankenversicherung e. G.	Vertrieb	Anbieter von privaten Krankenversicherungen	1,49 Mrd. €[c]	1822[c]	Mittelgroß
2009	Deutsche Post DHL	Zukunftsstrategie	Globaler Post- und Logistikdienstleister	54,4 Mrd. €	512.536	Groß
2009	TransFair – Verein zur Förderung des Fairen Handels mit der „Dritten Welt" e. V.	Produkt/Dienstleistung	Gemeinnütziger Verein, der Zertifizierungen für einen fairen Handel vergibt	0,14 Mrd. € (2007)[c]	20	KMU
2010	C&A Mode GmbH & Co. KG	Produkt/Dienstleistung	Modeunternehmen	In Deutschland: 2,933 Mrd. €, insgesamt: 6,303 Mrd. €	In Deutschland: 18.000, insgesamt: 36.500	Groß
2010	REWE Group	Initiative	Handels- und Touristikkonzern	49,8 Mrd. €	In Deutschland: 220.000, insgesamt: 330.000	Groß
2011	Vaillant GmbH	Produkt/Dienstleistung	Hersteller in den Bereichen Heiz-, Klima- und Lüftungstechnik	2,314 Mrd. €	12.423	Groß
2012	GLS Gemeinschaftsbank eG	Unternehmen	Sozialökologische Universalbank	Bilanzsumme: 2,23 Mrd. €	408	Mittelgroß
2014	Miele & Cie. KG	Großunternehmen	Hersteller von Haus- und Gewerbegeräten	3,150 Mrd. €	17.251	Groß
2015	Vaillant Group	Großunternehmen	Hersteller in den Bereichen Heiz-, Klima- und Lüftungstechnik	2,334 Mrd. €	12.091	Groß

[a]Zahlen beziehen sich auf die Angaben im Jahr der Bewerbung
[b]KMU: <500 MA und <50 Mio. € Umsatz, mittelgroß: 500–5000 MA oder 50–500 Mio. € Umsatz, groß: >5000 MA und >500 Mio. € Umsatz
[c]Umsatz bzw. Anzahl Mitarbeiter wurde im Bewerbungsjahr nicht abgefragt. Die angegebenen Zahlen wurden nachträglich im Unternehmensregister, in Geschäftsberichten und auf Unternehmenswebsites recherchiert

REWE Group

Ein großer Handels- und Touristikkonzern führt eine Eigenmarke ein, die Produkte mit einem ökologischen bzw. sozialen Merkmal auszeichnet.

Die REWE Group entwickelte das Pro-Planet-Label, welches Eigenprodukte kennzeichnet, die neben hoher Qualität positive ökologische oder soziale Eigenschaften besitzen. Die Vergabe des Labels ist gebunden an einen fünfstufigen Prozess, der zusammen mit firmenfremden Experten entwickelt wurde. Diese Initiative erhielt 2010 den Preis in der Kategorie Initiative.

Darüber hinaus erstellte die REWE Group eine Klimabilanz auf Basis des Greenhouse-Gas-Protokolls[1], um seine Verbräuche in den Märkten und Zentrallägern zu dokumentieren. Auf Basis der Ergebnisse wurde das Ziel festgelegt, zwischen 2006 und 2015 30 % des CO_2-Verbrauchs pro Quadratmeter Verkaufsfläche zu senken. Ein umfangreiches Energiemanagementsystem wird zum Monitoring eingesetzt.

GLS Bank

Die erste sozialökologische Universalbank in Deutschland agiert klimaneutral.

Als Deutschlands nachhaltigstes Unternehmen wurde 2012 die GLS Bank ausgezeichnet. Das Unternehmen finanzierte ausschließlich sozialökologisch orientierte Geschäftsmodelle und förderte nachhaltige Projekte durch gezielte Kreditvergaben. Im Vergleich zu konventionellen Produkten hatten die Sparangebote der GLS Bank ein CO_2-Reduktionspotenzial von 67 %. Im sozialen Bereich finanzierte die GLS Bank u. a. freie Schulen und Kindergärten, Wohnprojekte und Behinderteneinrichtungen. Die ökonomische Nachhaltigkeit manifestierte sich in der langfristigen Sicherheit der Geldanlagen durch ausschließlich realwirtschaftliche Investitionen, also den strikten Verzicht auf spekulative Geschäftstätigkeit. All diese Tätigkeiten übte die GLS Bank klimaneutral aus.

Vaillant Group

Ein Unternehmen aus der Heiz-, Lüftungs- und Klimatechnikbranche richtet seine gesamte Wertschöpfungskette nach Nachhaltigkeitskriterien aus.

Die Vaillant Group wurde 2015 als Deutschlands nachhaltigstes Großunternehmen ausgezeichnet. Das Unternehmen verfolgte das Ziel, seine Produkte über die gesamte Wertschöpfungskette nachhaltig auszurichten: Neuprodukte wurden ausschließlich auf Basis nachhaltiger Kriterien entworfen und im Einkauf galt Nachhaltigkeit als Auswahlkriterium für Lieferanten. In der Wertschöpfungsstufe Produktion senkte das Unternehmen seit 2010 den Wasserverbrauch um fast 50 %, Abfälle um 5 %. Das Ziel bis 2020, die Energieeffizienz um 20 % auf Basis der Zahlen von 2010 zu steigern, wurde bereits erreicht. In der Nutzungsphase zeigten die umweltfreundlichen Green-iQ-Produkte einen 10 % höheren Wirkungsgrad. Außerdem konnten Kunden ihre Heizung per App steuern

---

[1] Das Greenhouse-Gas-Protokoll wurde von dem World Resources Institute und dem World Business Council on Sustainable Development entwickelt und gibt Standards vor, wie man Treibhausgase misst und berichtet (vgl. Greenhouse Gas Protocol 2016: http://www.ghgprotocol.org/).

und den Energieverbrauch bedarfsgerecht anpassen. Nach Ende der Nutzungsphase können die Geräte weitestgehend recycelt werden. Darüber hinaus arbeitete das Unternehmen an einem strukturierten Rücknahmesystem, um die Wertstoffe wieder in den Kreislauf zurückzuführen.

2.3 Wie steht es um die Nachhaltigkeit der Unternehmen in NRW?

Obwohl sich diese Frage natürlich nicht allein durch eine Analyse der nordrhein-westfälischen Wettbewerbsteilnehmer bzw. Sieger des Deutschen Nachhaltigkeitspreises beantworten lässt, können durch die statistischen Analysen sowie die Betrachtung des Nachhaltigkeitsmanagements der nordrhein-westfälischen Preisträger über die Jahre interessante Erkenntnisse abgeleitet werden:

Die Preisträger aus NRW stammen aus den unterschiedlichsten Branchen.

Wie Tab. 2 zeigt, ist das Spektrum nordrhein-westfälischer Preisträger sehr breit. Die Preisträger sind in den verschiedensten Branchen tätig: sei es die Barmenia als Krankenversicherungsanbieter, die REWE Group als Handels- und Touristikkonzern oder die Vaillant Group als Heizungshersteller. Diese Diversität in den Preisträgern spiegelt die Vielfältigkeit der Industrie- und Servicelandschaft des Landes Nordrhein-Westfalen. Sie zeigt aber auch, dass Nachhaltigkeit weitgehend in allen Branchen eingeführt und vorangetrieben wird.

Bei den nordrhein-westfälischen Preisträgern handelt es sich zumeist um große Unternehmen, die durch ihre Größe viel bewirken können.

Nordrhein-westfälische Unternehmen, die im Bereich Nachhaltigkeit stark sind, sind zumeist große Unternehmen. Dies lässt sich in Tab. 2 bei Analyse der Unternehmensgröße ableiten. Von den zehn Preisträgern aus Nordrhein-Westfalen werden sechs aufgrund ihres Umsatzes und ihrer Mitarbeiteranzahl als große Unternehmen klassifiziert. Insbesondere die REWE Group mit einem Umsatz von knapp 50 Mrd. € und über 220.000 Mitarbeitern in Deutschland im Vorjahr ihrer Bewerbung ist ein Beispiel für ein großes, deutsches Unternehmen.

Die Größe eines Unternehmens ist eng verknüpft mit seiner Nachhaltigkeitswirkung, da sich mit steigender Größe ebenfalls der Hebel vergrößert. Dies wird bei Betrachtung der Wertschöpfungskette deutlich: Im Einkauf besitzt ein größeres Unternehmen zumeist größere Verhandlungsmacht bei seinen Lieferanten, um einen Wandel zur Nachhaltigkeit anstoßen zu können. In der Produktion macht bereits eine geringe prozentuale CO_2-Einsparung einen absolut sehr hohen Wert aus. Und auch im Bereich Produktnutzung können größere Unternehmen ihre ressourcen- und energieeffizienten Produkte an mehr Menschen absetzen, sodass die Einsparungen deutlich höher liegen.

2015 gab es kleine Unterschiede zwischen Teilnehmern aus NRW und dem Rest des Landes.

Neben der Tatsache, dass aus NRW überdurchschnittlich viele große Unternehmen des Teilnehmerfeldes stammten, ist hervorzuheben, dass Kunden von nordrhein-westfälischen

Unternehmen zumeist aus der Industrie stammten, während andere Teilnehmer Endkunden bedienten.

Allgemein bewarben sich sowohl aus NRW als auch aus den übrigen Bundesländern sowie dem Ausland zumeist produzierende, in ressourcenintensiven Branchen tätige Unternehmen, die ein traditionelles Geschäftsmodell verfolgen. Dieser Umstand ist ein gutes Zeichen für Deutschlands Nachhaltigkeitsbestreben. Ressourcenintensive Unternehmen können bereits mit einer geringen relativen Veränderung große absolute Ressourceneinsparungen einbringen.

Auch verfolgten die meisten Unternehmen ein traditionelles Geschäftsmodell, was zeigt, dass das Thema Nachhaltigkeit erst später in das Geschäftsmodell integriert wurde. Daraus ist zu folgern, dass Nachhaltigkeit von jedem Unternehmen erfolgreich gelebt werden kann. Es ist auch ein Schritt-für-Schritt-Wandel zu mehr Nachhaltigkeit möglich, den viele der Preisträger vorbildhaft vollzogen haben.

In NRW strebten Unternehmen bereits früh eine Nachhaltigkeit in allen drei sich bedingenden Bereichen Ökonomie, Ökologie und Soziales an.

Um eine nachhaltige Entwicklung zu gewährleisten, sollte das Management die sich bedingenden Säulen Ökonomie, Ökologie und Soziales umfassen.

Bereits im ersten Jahr des Deutschen Nachhaltigkeitspreises bewies die Barmenia Krankenversicherung e. G., dass für sie Ökonomie, Ökologie und Soziales zusammengehören. Die Versicherung demonstrierte ihre ökonomische Nachhaltigkeit durch viele Jahre des profitablen Wachstums. Ihre soziale Nachhaltigkeit nach innen zeigte sich insbesondere in der Ausbildungs- und Personalarbeit. Nach außen engagierte sich die Barmenia an ihrem Hauptsitz in Wuppertal in vielfältigen Initiativen mit Schulen, der Universität und gesellschaftlichen Interessensverbänden. Die ökologische Nachhaltigkeit wurde durch das Angebot nachhaltiger Versicherungsprodukte (insbesondere im Bereich der Naturheilverfahren) und innovative Maßnahmen in den Bürogebäuden (z. B. die Nutzung von Fernwärme zur Kühlung) gezeigt.

Diese frühe Verzahnung der drei Säulen wurde in den weiteren Jahren, sowohl bei kleinen als auch bei großen Unternehmen, konsequent weiterentwickelt.

Nordrhein-westfälische Unternehmen binden heute Nachhaltigkeit in ihre gesamte Wertschöpfungskette ein.

In früheren Jahren integrierten Unternehmen Nachhaltigkeit bereits in ihr gesamtes Unternehmen, wobei der Fokus zumeist auf Leuchtturmprojekten lag, die hervorragende, über Branchen hinaus beispielhafte Erfolge hervorbrachten. So widmete sich das Modeunternehmen C&A der nachhaltigen Nutzung von Baumwolle, was anspruchsvolle Richtlinien in der gesamten Lieferkette mit sich brachte. Auch die REWE Group ging mit einem eigenen Nachhaltigkeitslabel beispielhaft voran.

In den letzten Jahren wurde deutlich, dass immer mehr Unternehmen aus NRW ihre Aktivitäten komplett an Nachhaltigkeitszielen ausrichten. So verschrieb sich z. B. die Vaillant Group von Produktentwicklung über Einkauf und Produktion bis zur Nutzungsphase der Nachhaltigkeit: Ein Produkt wurde nach Nachhaltigkeitskriterien entwickelt, im Einkauf wurden Lieferanten auf Basis des UN Global Compact ausgewählt, in der

Produktion senkte das Unternehmen seit 2010 den Wasserverbrauch um fast 50 % und in der Nutzung zeigten die umweltfreundlichen Green-iQ-Produkte einen 10 % höheren Wirkungsgrad. Auch nach Ende der Nutzungsphase sind Vaillant-Produkte aufgrund ihrer Recycelbarkeit noch nachhaltig.

Auch der Preisträger in der Kategorie Deutschlands nachhaltigstes Großunternehmen im Jahr 2014, die Miele & Cie. KG, optimierte seine Produkte entlang der Wertschöpfungskette. Die Produkte wurden auf Basis einer Umweltcheckliste entwickelt und die Materialien durften ausschließlich von Lieferanten, die ökologischen und sozialen Kriterien entsprachen, bezogen werden. In der Produktion konnte z. B. mit einer effizienten Kraft-Wärme-Kopplung der Energieverbrauch seit 2000 trotz Wachstums absolut um 15 % gesenkt werden. In der Nutzung verbrauchen Miele-Produkte seit dem Jahr 2000 weniger Strom (−40 % Waschmaschinen, −56 % Trockner, −52 % Kühlgeräte). Dank eines Metallanteils von bis zu 90 % und einer hohen Kunststoffsortenreinheit war die Recyclingfähigkeit der Geräte nach der Nutzung gewährleistet.

Innovationen, insbesondere solche, die sich die Digitalisierung zu eigen machen, zeichnen die nordrhein-westfälischen Nachhaltigkeitsvorreiter aus.

Unternehmen in NRW suchten stets nach innovativen Ideen, um Nachhaltigkeit sowohl in ihrer Prozesskette als auch in ihren Produkten voranzutreiben. Dies zeigte sich bereits in den frühen Jahren des Deutschen Nachhaltigkeitspreises, wie die Einführung des Smart-Trucks der Deutschen Post DHL veranschaulicht. Die in diesen Fahrzeugen montierte Technik erlaubte eine dynamische Tourenplanung, um Effizienzsteigerungen zu erzielen. Auch Vaillants Mikroheizkraftwerk mit Kraft-Wärme-Kopplung, das 2011 den Deutschen Nachhaltigkeitspreis in der Kategorie Produkt und Dienstleistung gewann, ist ein Exempel der Innovationskraft nordrhein-westfälischer Unternehmen. Dieses hocheffiziente Mikroheizkraftwerk erreichte einen Wirkungsgrad von 92 %, sodass die CO_2-Emissionen bei der Versorgung kleinerer Immobilien um bis zu 50 % reduziert werden konnten.

Die vergangenen Jahre waren geprägt von der zunehmenden Digitalisierung der Welt – und auch die nordrhein-westfälischen Unternehmen haben diese Entwicklung nicht verpasst. Vielmehr machen sie sich zunutze, indem sie durch gestiegene Verknüpfungsmöglichkeiten ressourcen- und energieeffiziente Maßnahmen umsetzen können. So hat die Miele & Cie. KG, Preisträger 2014 in der Kategorie Deutschlands nachhaltigstes Großunternehmen, ihre Waschmaschinen mit der sogenannten EcoFeedback-Funktion ausgestattet. Mit dieser gibt das Gerät genaue Rückmeldung zum aktuellen Strom- und Wasserverbrauch. Auch der zweifache Preisträger Vaillant hat erkannt, dass durch innovative Ideen Digitalisierung Ressourcen spart: Mit der App zur intelligenten Heizungssteuerung können die Kunden ihren Verbrauch deutlich senken.

Nordrhein-westfälische Unternehmen orientieren sich als Vorreiter in ihrer Branche auch an externen Standards.

Preisträger aus NRW waren häufig Vorreiter in ihrer Branche im Bereich Nachhaltigkeit. Häufig existierten in der Branche noch keine ökologischen und sozialen Standards, nach denen sich Unternehmen hätten richten können. Aus diesem Grund ließen sich die Unternehmen von Grundsätzen, die von externen Organisationen aufgestellt wurden, leiten. Außerdem erzielten sie so eine größere Transparenz und auch bessere Vergleichbarkeit zwischen den Unternehmen.

Die Deutsche Post DHL hielt sich beispielsweise bei der Aufstellung ihrer sozialen Ziele an die Grundsätze des Global Compact[2] der Vereinten Nationen und die Vorgaben der Internationalen Labour Organization[3] (ILO).

Die Nachhaltigkeitsstrategie großer Unternehmen war stets kennzahlengetrieben. Mithilfe der KPIs konnten in den vergangenen Jahren die zunehmend beeindruckenden Nachhaltigkeitserfolge – bis hin zur Klimaneutralität – unterstrichen werden.

Bereits 2009 bewies die Deutsche Post DHL eindrucksvoll, dass Kennzahlen für eine umfassende Nachhaltigkeitsstrategie unabdinglich sind. Ihr Klimaschutzprogramm Go-Green wurde von dem Ziel, bis 2020 die CO_2-Effizienz im Vergleich zu 2007 um 30 % zu steigern, geführt. Um dieses Ziel zu erreichen und die Teilerfolge auf dem Weg zu messen, wurde ein umfangreiches Reportingsystem eingesetzt. Auch die REWE Group setzte ein Energiemanagementsystem ein, um ihren Weg zur 30 %igen Senkung des CO_2-Verbrauchs pro Quadratmeter Verkaufsfläche (2006–2015) zu dokumentieren.

Der kontinuierliche Einsatz von KPIs führte zu einer Dokumentierung der beeindruckenden Nachhaltigkeitserfolge der Unternehmen. Die GLS Bank, ein in der Dienstleistungsbranche beheimatetes Unternehmen, agierte 2012, dem Jahr der Bewerbung, bereits 100 % klimaneutral. Auch produzierende Unternehmen zeigen Jahr für Jahr auf Basis ihrer Kennzahlen, wie der Weg in die Klimaneutralität gelingen kann. Die Miele & Cie. KG konnte z. B. die CO_2-Emissionen (pro Tonne Produkt) seit 2000 um 61 % senken. Auch bei der Vaillant Group beweisen KPIs große Erfolge: Bereits 2015 wurde die Energieeffizienz um 20 % (im Vergleich zu 2010) gesteigert.

3 Fazit

Nordrhein-westfälische Unternehmen haben früh auf das Thema Nachhaltigkeit gesetzt. Dabei sind vor allem große Konzerne, aber auch mittelständische Unternehmen aus NRW zum Vorbild für ihre Branchen geworden.

Die Unternehmen aus Nordrhein-Westfalen haben nicht nur die ökologische Nachhaltigkeit im Blick, sondern leben Nachhaltigkeit in allen Dimensionen. Besonders im

---

[2] Der Global Compact der Vereinten Nationen ist eine Initiative für verantwortungsvolle Unternehmensführung. Dabei steht die Ausrichtung der Strategie und Aktivitäten an Nachhaltigkeitszielen im Fokus, um so eine nachhaltige Weltwirtschaft aufzubauen (vgl. The Global Compact – Deutsches Netzwerk 2016: http://www.globalcompact.de/).

[3] Die Internationale Arbeitsorganisation gehört als Sonderorganisation zu den Vereinten Nationen. Sie fokussiert sich auf die Formulierung und Durchsetzung internationaler Arbeits- und Sozialstandards. Dabei sollen die weltweit geltenden Standards Arbeitsrechte sicherstellen (vgl. Internationale Arbeitsorganisation – Vertretung in Deutschland 2016: http://www.ilo.org/berlin/lang--de/index.htm).

Bereich der sozialen Nachhaltigkeit beeindrucken sie durch umfassende und häufig auch innovative Programme.

NRW ist nach wie vor eine Keimzelle neuer Ideen zum nachhaltigen Wirtschaften und hat dabei weiter eine hohe Strahlkraft auf den Rest des Landes. Die Qualität des Nachhaltigkeitsmanagements in den Unternehmen ist seit 2008 in hohem Maße gewachsen, hierzu haben der Deutsche Nachhaltigkeitspreis und die Siegerunternehmen in ihrer Vorbildfunktion maßgeblich beigetragen.

Der Wissenschaftsjournalist und Rechtsanwalt **Stefan Schulze-Hausmann** ist einer der renommierten deutschen TV-Moderatoren. 2009 rief er die Stiftung Deutscher Nachhaltigkeitspreis e. V. ins Leben und legte damit den Grundstein für Europas größte Auszeichnung für nachhaltiges Wirtschaften. Seit 1985 moderiert er Konferenzen, Talkrunden und Abendveranstaltungen. Schulze-Hausmann hält Vorträge zu verschiedenen Themen von Nachhaltigkeit und gesellschaftlicher Verantwortung.

Dr. Otto Schulz ist Partner im Düsseldorfer Büro der Strategieberatung A.T. Kearney und verantwortlich für das globale Chemiegeschäft. Er ist Mitglied des Vorstands der Stiftung Deutscher Nachhaltigkeitspreis und gehört zudem der Jury für die Unternehmenspreise an. Bei A.T. Kearney hat er wesentlich die Nachhaltigkeitskompetenz mit aufgebaut.

Gabriela Baum-D'Ambra ist Managerin im Düsseldorfer Büro der Strategieberatung A.T. Kearney. Sie begleitet den deutschen Nachhaltigkeitspreis seit 2013 als Mitglied des Methodikteams. Im Jahr 2016 hat sie die Auswertung für die Unternehmenspreise geleitet. Frau Baum-D'Ambra engagiert sich in diversen Ämtern für den deutschen Mittelstand. Sie hat es sich deshalb zur Aufgabe gemacht, die Nachhaltigkeit mittelständischer Unternehmen weiter voranzubringen.

Saskia God ist Senior Business Analyst im Berliner Büro der Strategieberatung A.T. Kearney. Seit 2016 ist sie Teil des A.T.-Kearney-Methodikteams, das die Bewerbungen für Unternehmenspreise auswertet.

Wider Greenwashing: Wie integre CSR-Akteure sich absichern können

Frank Maaß und Annette Icks

1 Problemstellung

Corporate Social Responsibility (CSR) praktizieren Unternehmen gemeinhin in der Absicht, das gesellschaftlich Gewünschte mit dem ökonomisch Sinnvollen zu verbinden. Was die ökonomische Zielstellung anbelangt, wird CSR meist als Investition in die Kundenrelationen, die eigene Unternehmenskultur und das Leistungsvermögen der Belegschaft sowie in materielle und immaterielle Ressourcen (z. B. Wissen, Reputation) aufgefasst (vgl. Hoffmann und Maaß 2008, S. 15). Der gesellschaftsbezogene Stellenwert kommt in der Nachhaltigkeitszielstellung zum Ausdruck. Nachhaltigkeit zielt auf einen schonenden Umgang mit den materiellen und immateriellen Faktoren (vgl. Vilain 2010, S. 106). Neben dem rein betriebswirtschaftlichen Nutzen sind daher auch andere Ziele wie der Erhalt der natürlichen und sozialen Umwelt maßgeblich. Nachhaltiges Wirtschaften ist dann mit dem Gewinnziel vereinbar, wenn hierdurch eine verbesserte Kosten-Nutzen-Relation des Mitteleinsatzes erreicht wird.

CSR bietet vielfältige Chancen, birgt aber auch diverse Risiken. Wie jede betriebliche Maßnahme ist auch CSR zunächst einmal mit kaufmännischen Risiken verbunden. Es kommt daher u. a. auf die richtige Einschätzung der Kundenpräferenzen für CSR und auf die effektive Steuerung der aufgewendeten Mittel an, soll sich CSR lohnen. Besteht das Ziel vornehmlich darin, den Kontakt zu den Kunden herzustellen, zu gestalten und diese an das Unternehmen zu binden, ist der Erfolg einer CSR-bezogenen Absatzpolitik vor allem auch von der Fähigkeit des Unternehmens abhängig, das eigene Handeln sichtbar

F. Maaß (✉) · A. Icks
Institut für Mittelstandsforschung Bonn
Maximilianstraße 20, 53111 Bonn, Deutschland
E-Mail: maass@ifm-bonn.org

A. Icks
E-Mail: Icks@ifm-bonn.org

und in seiner Qualität nachvollziehbar zu dokumentieren und zu kommunizieren. Kunden mit CSR-Präferenz werden ein derartiges Unternehmensengagement nur dann honorieren und bei ihrer Kaufentscheidung berücksichtigen, wenn das Engagement als glaubwürdig erachtet wird.

In der Praxis ist es Kunden und generell Außenstehenden oft nicht möglich, das CSR-Gebaren von Unternehmen vollends einzusehen und in seiner Qualität hinreichend zu bewerten. Andere Unternehmen können diese Intransparenz ausnutzen und sich als CSR-Akteur ausgeben, ohne die daran geknüpften Leistungen tatsächlich zu erbringen. Dieses opportunistische Täuschungsverhalten wird im CSR-Kontext als Greenwashing (dt.: Grün- bzw. Schönfärberei) bezeichnet (vgl. Laufer 2003, S. 255). In der Vergangenheit hat es mehrere Fälle gegeben, die auf Greenwashing hindeuteten bzw. in denen ein solches Handeln nachgewiesen werden konnte.[1] Rechtschaffene Unternehmen haben dann das Nachsehen gegenüber Greenwashern, wenn es Letzteren gelingt, einen Goodwill bei den Zielgruppen zu erlangen, ohne die hiermit verbundenen Aufwendungen zu leisten und die Kosten zu tragen. So lange bloße Lippenbekenntnisse von echtem Engagement nicht zu unterscheiden sind, ist mit Greenwashing zu rechnen. Wird es öffentlich, kann der hiermit einhergehende Imageschaden den guten Ruf der redlichen CSR-Akteure schädigen, weil pauschal die Integrität von Unternehmen in der jeweiligen Branche angezweifelt wird. CSR-Unternehmen stecken daher in einer Zwickmühle: Sie müssen glaubwürdig sein, damit sich ihr Einsatz letztlich auch betriebswirtschaftlich auszahlt. Sie haben dabei jedoch aufgrund der Komplexität und beschränkten Beobachtbarkeit ihrer CSR-Maßnahmen nur bedingt die Möglichkeiten, für die nötige Transparenz zu sorgen. Je höher die Intransparenz aber ist, desto geringer wird der Anreiz für Unternehmen sein, überhaupt in CSR zu investieren.

Das Opportunismusproblem ist in der Betriebswirtschaft bereits aus anderen unternehmerischen Funktionsbereichen wohl bekannt: Es fehlt an perfekten Institutionen, die Informationsflüsse uneingeschränkt sicherstellen und es Wirtschaftsakteuren erlauben, die Integrität ihrer Marktpartner vollends einzuschätzen. Der Markt schafft diese Idealbedingungen oftmals nicht und auch Verträge sind nie vollständig. Folglich können sie Spielraum für abweichendes, opportunistisches Verhalten eröffnen. Doch welche Möglichkeiten besitzen Unternehmen, um dieser Unsicherheit wirksam zu begegnen? Die Sozialkapitaltheorie und die Neue Institutionenökonomik befassen sich aus unterschiedlichen Blickwinkeln mit den vorgenannten Umständen für betriebliches Handeln und diskutieren Strategien einer effektiven Risikominimierung. Die Debatte um das Greenwashing kann von diesen Disziplinen lernen und deren Methoden übernehmen. Wie dies in der Praxis gelingen kann, wird im Folgenden anhand von zwei Unternehmen in Nordrhein-Westfalen exemplarisch gezeigt.

---

[1] Beispiele für Greenwashing präsentiert der Verein LobbyControl (vgl. Müller 2007).

2 Greenwashing im Lichte der Sozialkapitaltheorie und Neuen Institutionenökonomik

Icks et al. (2015, S. 5 ff.) identifizierten zwei Ursachen für Opportunismus im Kontext von CSR: asymmetrische Informationsverteilung und strategische Gebundenheit. Der vorliegende Beitrag konzentriert sich auf erstgenannte Ursache, da sie für das Greenwashing verantwortlich ist, das in diesem Beitrag diskutiert wird. Informationsasymmetrie führt zu Qualitätsunsicherheit am Markt bezüglich der dargebotenen CSR-Angebote. So kommt es, dass Kunden, die bei ihrer Kaufentscheidung auf CSR Wert legen, ungewollt bei ihrer Anbieterwahl auf Greenwasher setzen. Diese Fehlauswahl (engl.: Adverse Selection) geht in diesem Fall zulasten der redlichen CSR-Anbieter (vgl. Akerlof 1970, S. 488 ff.).

Eine Möglichkeit, den Risiken im Zusammenhang mit Greenwashing zu begegnen, kann in der langfristigen Bindung der anvisierten Zielgruppen an das Unternehmen bestehen. Sie wird u. a. in der von Bourdieu (1983) und Putnam (1993) geprägten Sozialkapitaltheorie thematisiert: In persönlichen Austauschprozessen können sich Verhaltensnormen herausbilden, die Vertrauen und wechselseitige Verpflichtungen entstehen lassen (vgl. Schechler 2002, S. 103). Ist das Verhältnis von Gegenseitigkeit geprägt, führt Vertrauen zur Absicherung von Verhaltenserwartungen (vgl. Ripperger 2003, S. 94 ff.). Die Treuewahrscheinlichkeit unter diesen Akteuren stellt nach Coleman (1995, S. 392) eine ökonomische und beziehungsspezifische Ressource dar. Sie wird als Sozialkapital bezeichnet. Investitionen in diese Sozialressource sind für Unternehmen u. a. dann vorteilhaft, wenn sie einen Anreiz für gegenseitig verbindliches und redliches Verhalten erzeugen (vgl. Herrmann-Pillath und Lies 2001, S. 9). In den von Sozialkapital getragenen Beziehungen haben etwa die Kunden Anlass, auf das redliche Verhalten ihres Marktpartners zu vertrauen. Denn ein missbräuchliches Verhalten würde zum Entzug des Vertrauens und damit zur Vernichtung der gemeinsamen Sozialkapitalbasis führen. Das hieraus resultierende Drohpotenzial hat tendenziell disziplinierende Wirkung.

Während sich die Sozialkapitaltheorie mit den Umständen der Herausbildung einer Vertrauenskultur befasst, beschäftigen sich die Vertreter der von Coase (1937) und Williamson (1975) mitbegründeten Neuen Institutionenökonomik (NIÖ) mit den strukturellen Rahmenbedingungen für ökonomisches Handeln im Allgemeinen. Die Vertreter der NIÖ thematisieren die zuvor dargelegten informationsökonomischen Probleme und diskutieren, wie Informationen in Umlauf gebracht werden können, damit die Empfänger auch ohne direkte Kontrolle des Wahrheitsgehalts auf ihre Richtigkeit vertrauen können. Aussagen sind der NIÖ zufolge dann glaubhaft, wenn sie die Eigenschaft eines Signals erfüllen. Insofern kann die Methode des Signalings (dt.: Signalsetzung) sich für CSR-Akteure durchaus eignen, um sich gegenüber einem anonymen Publikum als redlicher Akteur darzustellen und um sich von Greenwashern abzugrenzen. Ein Signal erfüllt jedoch nur dann diese Selektionswirkung, wenn es eindeutige Rückschlüsse auf einen nicht direkt beobachtbaren Sachverhalt zulässt (vgl. Milgrom und Roberts 1992, S. 157). Verlässlich ist ein Signal erst dann, wenn das Nutzen-Kosten-Verhältnis seiner Erzeugung nur für diejenigen Sender positiv ist, die tatsächlich wahrheitsgetreu über Begebenheiten informieren (vgl.

Spremann 1990, S. 579). Für alle anderen – also z. B. für potenzielle Greenwasher – darf sich dagegen ein gleichlautendes Signal nicht lohnen (vgl. Spence 1973, S. 355 ff.). Ist diese Voraussetzung gegeben, könnte auch im CSR-Kontext das Aussenden von Signalen den Zielpersonen (z. B. Kunden) zuverlässige Orientierung bieten.

Ein anderer Forschungsstrang der NIÖ befasst sich mit der Frage, welche Institutionen geschaffen werden können, damit Wirtschaftsakteure direkt Einfluss auf potenzielle Opportunisten nehmen und diese zur Kooperation bewegen können. Hierbei kommt es darauf an, Institutionen zu erschaffen, die allen Beteiligten einen Anreiz geben, sich freiwillig den getroffenen Vereinbarungen zu unterwerfen (vgl. Möller 2006, S. 403). Derartige Kooperationsarrangements müssen so angelegt sein, dass abweichendes Verhalten wirkungsvoll sanktioniert wird. Die zu verfassenden Verträge müssen selbst durchsetzbar sein, sollen sie einen effektiven Schutz vor Opportunismus bieten (vgl. Richter und Furubotn 2003, S. 26 ff.). Maßnahmen wie eine wechselseitige kapitalmäßige Bindung der Vertragsparteien können derartige selbst durchsetzbare Verträge ebenso begründen wie die Vereinbarung von Pfandregelungen (vgl. Richter und Furubotn 2003, S. 182 ff.). Indem sie einen automatischen Sanktionsmechanismus im Falle von vereinbarungswidrigem Verhalten in Gang setzen, erzeugen sie Anreize zu konformem Verhalten und schaffen insofern Verhaltenssicherheit. Auf dem Wege der Kooperation könnten auch Partnerschaften zur Vereinbarung gemeinschaftlicher Selbstverpflichtungen in Sachen CSR entstehen und Greenwashing entgegenwirken.

3 Maßnahmen zur Minimierung der Greenwashing-Risiken

Wie die zuvor erörterten Maßnahmen zur Durchsetzung einer CSR-Politik und zur Stabilisierung der Verhaltenserwartungen eingesetzt werden können, zeigen zwei Unternehmensbeispiele aus Nordrhein-Westfalen, deren CSR-Management ausgezeichnet wurde (Tab. 1).

Tab. 1 Profil der Nachhaltigkeitsstrategie zweier Fallbeispiele mit CSR-Absatzpolitik. (Quelle: eigene Darstellung, © IfM Bonn)

Kategorie	Henkel AG[a]	Bio-Circle Surface Technology GmbH[b]
Branche	Herstellung von Reinigungs- und Schmiermitteln, Kosmetikprodukten, Klebemitteln	
Merkmale	Beschäftigtenzahl: ca. 47.000 Sitz in Düsseldorf (NRW)	Beschäftigtenzahl: ca. 140 Sitz in Gütersloh (NRW)
CSR-Strategie	Ganzheitliche Nachhaltigkeitsstrategie mit Fokus auf Kundenbindung	Umweltverträgliche Produkte als Alleinstellungsmerkmal
Instrumente (Auswahl)	Nachhaltigkeitsbericht Palmöl Rohstoffzertifikat (RSPO) Rating von Oekom Research	Wissenschaftliche Gutachten ISO-14001-Zertifizierung MINT Initiative

[a]Vgl. Henkel AG (2014, S. 2) sowie Henkel AG (2015)
[b]Vgl. Bio-Circle (2014)

Gezielt wurden mit der Henkel AG und der Bio-Circle Surface Technology GmbH zwei CSR-erfahrene Unternehmen der gleichen Branche ausgesucht, die sich deutlich in ihrer Größe (Mitarbeiterzahl) unterscheiden. Mit dieser Auswahl ist ein Paarvergleich eines großen Konzerns und eines mittleren Familienunternehmens aus dem gleichen Branchensegment in ihrer CSR-Geschäftspraxis möglich. Mittels Paarvergleich lässt sich die Frage erörtern, inwieweit sich Maßnahmen zur Absicherung gegen Greenwashing für Unternehmen sowohl der Großindustrie als auch der mittelständischen Wirtschaft eignen. Die beiden ausgesuchten Chemieunternehmen bedienen internationale Absatzmärkte und nutzen Nachhaltigkeit als Verkaufsargument und zur Kundenakquise bzw. -pflege. Für beide sind die Produktsicherheit und die Verantwortung beim Einsatz von Inhaltsstoffen ein zentrales Anliegen ihrer CSR-Strategie.

3.1 Testierte Berichterstattung

Sowohl Henkel als auch Bio-Circle erkennen das Informationsbedürfnis ihrer Kunden und ergreifen im Rahmen ihrer Absatzpolitik eine Vielzahl an kommunikationspolitischen Maßnahmen, um deren Anliegen möglichst umfassend gerecht zu werden. Ausgangspunkt ihrer Politik bildet die Berichterstattung über ihr CSR-Engagement. Beide Unternehmen weisen auf ihrer Webseite auf ihre CSR-Aktivitäten hin. Die Darstellung allein erzeugt jedoch nicht automatisch auch Glaubwürdigkeit. Um die Qualität ihres Ansatzes unter Beweis zu stellen, lassen beide Unternehmen ihr CSR-Konzept von Dritten testieren. Bio-Circle setzt etwa auf unabhängige Forschungseinrichtungen, die den Nachhaltigkeitsansatz einer qualitativen Prüfung unterziehen (vgl. Bio-Circle 2014). Auf diese Weise bezeugen sie u. a. die gesundheitliche Unbedenklichkeit der dargebotenen Produkte. Henkel geht den gleichen Weg und lässt die eigenen Verfahren von externen Fachleuten prüfen. Das Unternehmen hat das Instrument des „Henkel-SustainabilityMasters" geschaffen (vgl. Henkel 2014). Es dient dazu, die Umsetzung der eigenen Nachhaltigkeitsrichtlinie auf sämtlichen Herstellungsstufen zu kontrollieren und sicherzustellen. Beide Unternehmen arbeiten folglich mit Testaten, um nach außen hin zu bekunden, dass sie nicht über Scheintatbestände, sondern wahrheitsgetreu über CSR berichten. Sie können dabei auf den guten Ruf ihrer Gutachter verweisen, um die eigene Rechtschaffenheit zu unterstreichen.

Anders als Bio-Circle setzt Henkel darüber hinaus auf die Veröffentlichung von Nachhaltigkeitsberichten. Was in kleineren Unternehmen oftmals den Kostenrahmen sprengt, ist für viele Großunternehmen ein zwar aufwendiges, jedoch geeignetes Mittel, um ausführlich und systematisch den eigenen CSR-Ansatz in der Öffentlichkeit darzustellen. Die Qualität dieser Nachhaltigkeitsberichte hängt dabei von der Verständlichkeit und der Aussagekraft der darin enthaltenen Informationen sowie von der Vergleichbarkeit mit den Verlautbarungen anderer Unternehmen ab (vgl. Schrader 2003, S. 156 ff.). Um die Informationssicherheit zu erhöhen, verfasst Henkel die Nachhaltigkeitsberichte nach der internationalen Social-Accountability-Richtlinie SA 8000, basierend auf Standards der Internationalen Arbeitsorganisation (ILO) und der Vereinten Nationen (UN). Um darüber hinaus weitere Glaubwürdigkeit zu erlangen, lässt Henkel die Nachhaltigkeitsberichte von unabhängigen Gutachtern prüfen. Henkel wendet sich diesbezüglich an die Leuphana Universität Lüneburg und an die League of American Communications Professionals (LACP) (vgl. Henkel 2014). Neben universitären und anderen wissenschaftlichen Einrichtungen üben auch Ratingagenturen und Fondsgesellschaften diese Auditierungsfunktion aus (vgl. Großmann 2010, S. 207 ff.). Die Experten treten mit ihrer Kompetenz und ihrem Ruf für den Wahrheitsgehalt der Informationen des Reports ein. Aufgrund ihrer Unabhängigkeit kann ihnen kein Interesse an einer Parteinahme unterstellt werden. Das Testat schafft insofern Informationssicherheit und dient auch hier den berichtenden Unternehmen dazu, ihre Glaubwürdigkeit zu bezeugen.

3.2 Kundendialog

Während die CSR-Berichterstattung den Unternehmen lediglich die Möglichkeit der Selbstdarstellung in der Öffentlichkeit bietet, zielen andere Methoden auf den Dialog mit Zielgruppen ab. Hier geht es um wechselseitige Austauschprozesse. Beide hier betrachteten Unternehmen machen von diesem Instrument Gebrauch: Henkel bietet auf der eigenen Webseite Funktionen an, die von ihren Kunden genutzt werden können, um sich in Sachen Nachhaltigkeit weiterzubilden und so die eigene Performance zu verbessern. Das Unternehmen unterstreicht mit diesen Tools zunächst einmal das eigene Interesse an dem Thema Nachhaltigkeit und erhöht insofern die eigene Glaubwürdigkeit als CSR-Akteur. Darüber hinaus befördert Henkel den Nachhaltigkeitsdiskurs, indem die eigene Internetplattform für Beiträge der Kunden geöffnet wird. Hier besteht die Möglichkeit, Videoclips (z. B. über Wasser- und Energieeinsparmöglichkeiten) einzustellen (vgl. Henkel 2014). Auf diese Weise wird die Webseite zum Diskursforum für innovative Nachhaltigkeitskonzepte. Bio-Circle verfolgt eine ähnliche Strategie und betreibt hierzu einen eigenen YouTube-Kanal, auf dem die Produkte, ihre Funktionsweise und ihr ökologischer Nutzen dargelegt und im Rahmen der Kommentarfunktion zur Diskussion gestellt wird (vgl. Bio-Circle 2015). Die Onlinetools beider Unternehmen eröffnen den Anbietern die Chance, innovative Ideen nicht nur einer breiten Öffentlichkeit zugänglich zu machen, sondern auch mehr von bzw. über die eigenen Kunden und deren Bedürfnisse zu erfahren. So können die Unternehmen letztlich selbst auch vom Ideenreichtum der Nutzer dieser Plattformen profitieren. Diese interaktiven, netzgestützten Verfahren dienen somit dem betrieblichen Wissensmanagement. Sie können zudem von den Kunden – neben den testierten Berichterstattungen – als weiterer Beleg dafür gewertet werden, dass die Unternehmen Nachhaltigkeit ernsthaft und nachdrücklich betreiben.

Das kleinere der beiden Vergleichsunternehmen nutzt darüber hinaus die Nähe zu den eigenen Kunden, um Informationen über das CSR-Engagement zu verbreiten. Es macht sich somit einen Vorteil vieler mittelständischer Unternehmen zu eigen, nämlich die regionale Ausrichtung und die Erreichbarkeit der Kunden am Standort. Diesen werden beispielsweise im Rahmen von Verkaufsgesprächen und Veranstaltungen konkrete Einblicke in die nachhaltig organisierten Produktionsprozesse gewährt. Sie können sich somit selbst ein Bild von der betrieblichen Nachhaltigkeitspolitik machen. Daraus resultieren im Sinne der Sozialkapitaltheorie beziehungsstabilisierende Wirkungen. Dialog, Erfahrungsaustausch und unmittelbare Erfahrungen fördern demzufolge das Entstehen von Vertrauensbeziehungen. Kommt es in einer genügend großen Zahl von Personen zur Vertrauensbildung, steigert dies die Reputation des Unternehmens, was wiederum die Marktpartner dazu veranlassen kann, mit positiven Verhaltenserwartungen zukünftig an das Unternehmen heranzutreten (vgl. Richter und Furubotn 2003, S. 277). Um Reputation aufzubauen, ist nach Ansicht von Neßler und Tellhelm (2012, S. 24 f.) vor allem der intensive und wiederholte Dialog bedeutsam. Verfügt ein Unternehmen über Reputation, so kann es von dem Vertrauensvorschuss profitieren, den die positiv gestimmten Kunden ggf. zu leisten bereit sind. Es muss also seine Glaubwürdigkeit nicht immer wieder erneut beweisen (vgl. Schrader und Hansen 2005, S. 383 f.; Röttger und Schmitt 2009, S. 15). Folglich laufen solche Unternehmen weniger Gefahr, Greenwashing unterstellt zu bekommen. Reputation wird auf diese Weise zum Durchsetzungsinstrument und Schutzmechanismus gegen Greenwashing.

3.3 Signaling

Die beiden betrachteten Unternehmen wenden das Signaling-Instrument in vielfältiger Weise an: So hat allein die bereits geschilderte Veröffentlichung von Nachhaltigkeits-, Umwelt- und Sozialreporten in aller Regel schon Signalwirkung (vgl. Mahoney et al. 2013, S. 359). Es sind dabei nicht nur die Prüfer, die mit ihrem guten Ruf für das Ergebnis des Testats stehen und für die wahrheitsgetreue Berichterstattung bürgen. Bereits die Kosten, die mit der Berichtslegung, dem Druck und der Prüfung dieser Reporte verbunden sind, begründen ein Signal für die Ernsthaftigkeit und letztlich auch für die Qualität des Nachhaltigkeitsengagements. Denn nur wer wahrheitsgemäß über CSR berichten kann und sich schriftlich festlegt, wird auch die Kosten für derartige Kommunikation aufzuwenden bereit sein. Insofern erfüllt die bloße Existenz derartiger Berichte bereits die Funktion eines Signals.

Darüber hinaus betreiben sowohl Henkel als auch Bio-Circle auch noch auf anderem Weg Signaling. Beide lassen ihre Herstellverfahren (z. B. Managementsysteme) und ihre Produkte von externen Zertifizierungsstellen bewerten. Auf diese Weise belegen sie, dass sie Standards einhalten. Auch ihren Nachhaltigkeitsansatz haben die Unternehmen auf der Basis der Ökoauditregelung (EMAS) bzw. der ISO-Norm 14001 zertifizieren lassen. Des Weiteren sind beide Unternehmen bei der National Sanitation Foundation (NSF) registriert, einer gemeinnützigen Organisation für Produkttests und Zertifizierungen in den USA. Diese eröffnet Verbrauchern die Möglichkeit, Testergebnisse und Testmethoden zur Produkteignung der Mitgliedsfirmen einzusehen. Ein von dieser Organisation ausgestelltes Zertifikat liefert den Nachweis einer erfolgreichen Prüfung und somit für die Qualität des jeweiligen Nachhaltigkeitsansatzes. Es schafft selbst zwar keine Transparenz, liefert allerdings als aussagefähiges Qualitätsmaß ein Signal für die Güte des Handlungsansatzes und lässt auf die Rechtschaffenheit der Unternehmung schließen. Folglich kann allein die Bereitschaft eines Unternehmens, sich Standards und Kontrollen dieser Organisation zu unterwerfen, als Signal für dessen Nachhaltigkeitsproduktivität interpretiert werden.

Henkel geht noch einen Schritt weiter und unterzieht sich den Bewertungen von Ratingagenturen, darunter Oekom Research. Informationssuchende (z. B. Kunden), die sich kein eigenes Bild von den innerbetrieblichen Abläufen machen wollen oder können, haben auf diese Weise die Möglichkeit, sich am Urteil dieser Prüfstellen zu orientieren, ohne das Zustandekommen derartiger Testate selbst vollumfänglich nachvollziehen zu müssen (vgl. Schrader 2003, S. 157; Schäfer und Kemper 2010, S. 13 f.). Für die Signalwirkung derartiger Testate ist entscheidend, dass hinter den Prüfvorgängen etablierte Kontroll- und Bewertungsmechanismen stehen, die auch zur Anwendung kommen (Clausen und Loew 2005, S. 9). Bereits die Auskunftsbereitschaft der Unternehmen gegenüber Ratingagenturen kann also ebenfalls als Anzeichen für ihre Rechtschaffenheit interpretiert werden und hat insofern Signalfunktion.

Des Weiteren setzen sich beide hier betrachteten Beispielunternehmen für die sozialen und Umweltbelange an ihrem Standort ein. Sie signalisieren hiermit gesellschaftliches Verantwortungsbewusstsein und das Eintreten für Werte. Kunden, die von derartigem Engagement Kenntnis erlangen, können geneigt sein, das beobachtete Verhalten auch auf das gesamte Geschäftsgebaren zu übertragen. So kann ein nach außen überzeugend dargebotenes Gesellschaftsengagement die Glaubwürdigkeit eines Berichts über andere Verantwortungsbereiche (z. B. Produktsicherheit, Fairness im Umgang mit Kunden) erhöhen. Auch wenn ein derartiges Signal in aller Regel nicht immer eindeutig interpretierbar ist, wird es als solches vielfach so aufgefasst und verstanden. Henkel unterstützt u. a. die Initiative „Save Food", die sich gegen Nahrungsmittelverschwendung richtet. Auf diese Weise unterstreicht das Unternehmen symbolhaft einen Kernaspekt des eigenen betrieblichen Nachhaltigkeitskonzepts, nämlich den des umweltverträglichen Ressourcenverbrauchs (vgl. Henkel 2014). Indem Henkel diese Initiative öffentlich würdigt und aktiv unterstützt, transportiert der Konzern zugleich ein Bild des eigenen Wertesystems in die Öffentlichkeit. Bio-Circle nutzt eine vergleichbare Signaling-Strategie: Das Unternehmen setzt sich für gesellschaftliche Belange ein, um u. a. eine Vorstellung auch von der eigenen Personalpolitik zu vermitteln, die auf Entwicklung der Beschäftigten gerichtet ist. So fördert das Unternehmen z. B. den naturwissenschaftlichen Nachwuchs über finanzielle Spenden und auf dem Weg der aktiven Mitarbeit von Unternehmensangehörigen in der MINT-Initiative. Zusätzlich erfüllt dieses Instrument den Zweck der Personalrekrutierung. Als symbolhaftes Handeln nach Art des „guten Bürgers" hat ein Engagement dieser Art auch die Funktion, Verantwortungsbewusstsein zu signalisieren. Es zeugt von einem innerbetrieblichen Wertesystem, das ebenfalls auf verantwortungsvolles Handeln gerichtet ist. Denn von der freiwilligen Übernahme gesellschaftlicher Verantwortung kann auf den hinter diesem Verhalten stehenden moralischen Verhaltensgrundsatz geschlossen werden.

3.4 Aufbau bzw. Beteiligung an Compliance-Kooperationen

Die Glaubwürdigkeit einer CSR-Strategie hängt nicht nur vom Auftreten und konkreten Handeln des jeweiligen Unternehmens ab, sondern indirekt auch vom Verhalten der Wettbewerber in der Branche. Denn häufig beeinflusst das Image eines ganzen Wirtschaftszweigs auch die Außenwahrnehmung der ihm angehörenden Unternehmen. Von einem positiven Image, wie es laut einer Befragung von Deutschlandtest und Focus-Money etwa die Spielwarenindustrie genießt, können diese Unternehmen ggf. ohne eigenes Zutun profitieren (vgl. Deutschlandtest 2014). Sich hingegen von einem negativen Image wie etwa in der Fleischindustrie – verursacht durch Skandale verdorbener Ware, die in den Handel gelangten – zu befreien, fällt selbst den redlichen Anbietern mitunter schwer (vgl. Neßler und Tellhelm 2012, S. 23 ff.; Röttger und Schmitt 2009, S. 5). Der Grund liegt auch hier in der Informationsasymmetrie.

Ein positives Branchenimage kann nur erreicht werden, wenn die in der Öffentlichkeit hauptsächlich wahrgenommenen Unternehmen eines Wirtschaftszweigs Verhaltensmuster an den Tag legen, die auf allgemeine Zustimmung unter den Zielpersonen stoßen. Ein gutes Image wird zudem nur dann aufrechtzuerhalten sein, wenn Fehlverhalten unter den Branchenvertretern weitgehend ausgeschlossen ist. Um dies zu erreichen, bedarf es eines gemeinschaftlichen Vorgehens nach gleicher Zielvorstellung. Schon das Greenwashing Einzelner kann das Erscheinungsbild eines ganzen Wirtschaftszweigs prägen und den Ruf schädigen. Dort wo Interessensverbände fehlen oder deren steuernder Einfluss ausbleibt, sind Unternehmen auf sich alleine gestellt, wenn es darum geht, ein kollektives Bewusstsein zu schaffen und aufeinander abgestimmte Handlungen vorzunehmen. In puncto Nachhaltigkeit sind Unternehmen bei fehlenden Branchenübereinkünften möglichen Greenwashern schutzlos ausgeliefert, es sei denn, es gelingt ihnen, Allianzen zu bilden, die eine freiwillige Selbstbindung an die gemeinschaftlich entwickelten Normen fördert. Derartige Zusammenschlüsse dienen dem Zweck, Compliance (dt.: Regeltreue) unternehmensübergreifend zu vereinbaren und auch durchzusetzen. Bündnisse zur Verwirklichung einer unternehmensübergreifend koordinierten Nachhaltigkeitsstrategie können daher auch als Compliance-Kooperationen bezeichnet werden.

Henkel beteiligt sich an derartigen Kooperationen bzw. initiierte sie mit dem Ziel, freiwillige Standards in der Branche durchzusetzen und dem Greenwashing vorzubeugen. Eine dieser Initiativen trägt den Titel „Responsible Care". Es handelt sich um eine weltweite Kooperation von Unternehmen der chemischen Industrie zur Einhaltung von Standards in den Bereichen Gesundheitsschutz, Umweltschutz und Sicherheit (vgl. VCI 2014). Eine weitere Initiative, nämlich „Together for Sustainability", hat Henkel zusammen mit fünf Unternehmen der chemischen Industrie im Jahr 2012 ins Leben gerufen (vgl. Henkel 2014, S. 15). Im Rahmen dieser Initiativen verpflichten sich die teilnehmenden Unternehmen dazu, gemeinsam entwickelte Verfahrensrichtlinien im Zuge ihrer Leistungserstellung einzuführen und Assessments sowie Audits ihrer Lieferanten durchzuführen, um Standards in der gesamten Wertschöpfungskette durchzusetzen. Die Kontrollaufgabe wurde externen, unabhängigen Instanzen übertragen, was die Sanktionierung erleichtert und die Gruppenraison stärkt. Die „Charter for sustainable Cleaning" stellt eine weitere Initiative dieser Art dar. Die Mitgliedschaft in dieser Initiative ist mit einem Zwang zur regelmäßigen Evaluation der teilnehmenden Unternehmen durch externe Prüfer verbunden. Die Ergebnisse dieser Qualitätsbegutachtung werden auf der Homepage der Initiative veröffentlicht und sind somit auch von den Kunden einsehbar. Indem unkooperatives Verhalten zwingend publik wird, haben alle Teilnehmer einen hohen Anreiz, den gemeinsamen Vereinbarungen auch Folge zu leisten. Außerdem erzeugen die gemeinsamen Investitionen bereits einen Anreiz, sich an die Branchenvereinbarungen zu binden. Indem sich die Mitgliedsunternehmen die Kosten teilen, wäre ein insgeheimes Ausscheren auch für das betreffende Unternehmen mit finanziellen Verlusten verbunden. Die gemeinsamen Investitionen disziplinieren insofern die Partner und erzeugen Anreize zur Vertragstreue.

Compliance-Kooperationen erzielen zwar keine gemeinsame Wertschöpfung, befördern jedoch einen Annäherungsprozess, der mitunter bis in die Kernkompetenzbereiche dieser Unternehmen hineinreicht. Ist dies der Fall, ist eine Mitgliedschaft mit dem Risiko eines unfreiwilligen Informationsabflusses behaftet. Da die Kernkompetenz besonders schützenswertes Wissen darstellt, könnte ein Abfluss geschäftsschädigende und gar -gefährdende Folgen haben. Außerdem ist der Aufbau und Unterhalt dieser Netzwerke mit Kosten des Austauschs, der Koordination und der wechselseitigen Kontrolle verbunden. Beide Punkte führt Bio-Circle als Begründung dafür an, weshalb eine Teilnahme an derartigen Compliance-Kooperationen bisher nicht in Betracht kam. Die Kosten und Risiken dürften generell dafür verantwortlich sein, weshalb derartige Kooperationen sich eher selten in Branchen bzw. Standortgemeinschaften auf freiwilliger Basis herausbilden. Tendenziell dürften es kleinere Unternehmen aufgrund ihrer begrenzten finanziellen und personellen Ressourcen schwerer haben, derartigen Bündnissen beizutreten. Dass eine solche Beteiligung jedoch auch kleineren Unternehmen grundsätzlich möglich ist, zeigen Beispiele aus anderen Branchen.[2] Dieses Instrument ist also keineswegs den Großunternehmen vorbehalten.

Es sind aber auch Beispiele überliefert, in denen Compliance-Kooperationen aufgrund von opportunistischem Verhalten einzelner Mitglieder scheiterten.[3] Um die Gefahr des Greenwashings effektiv zu bannen, ist das Einhalten der Rahmenbedingungen streng zu kontrollieren und sind verlässliche Sanktionsmechanismen zu etablieren. Die Kooperation darf sich wirtschaftlich nur für solche Unternehmen lohnen, die sich redlich – also kooperativ – am Netzwerk beteiligen. Mitglieder dieser Kooperationen können weitere Maßnahmen anwenden, um die Allianz nicht nur gegen das bezeichnete Greenwashing-

---

[2] Ein Beispiel stellt die Märkisches Landbrot GmbH dar, die als Hersteller von Lebensmitteln der Initiative Gentechnikfreie Region Uckermark-Barnim beitrat (vgl. Icks et al. 2015, S. 12).
[3] Das Neuland-Siegel in der Landwirtschaft (Hühneraufzuchtwesen) galt als besonders vertrauenswürdig, da die strengen Regeln bezüglich der Tierhaltung zunächst eingehalten wurden. Mindestens ein Zulieferer nutzte jedoch auch hier Lücken in der Kontrolle aus und hielt Standards insgeheim nicht ein. Durch Bekanntwerden der Täuschung wurde der gute Ruf des Siegels nachhaltig geschädigt (s. http://www.spiegel.de/wirtschaft/service/neuland-huehnchen-bauer-verkauft-an-bio-kette-aus-massentierhaltung-a-964867.html).

Risiko abzusichern, sondern auch Trittbrettfahrerverhalten und Koordinationsrisiken abzuwehren. Aus Platzgründen kann an dieser Stelle auf diese Verfahren nicht näher eingegangen werden. Ausführlicher werden diese Maßnahmen von Icks et al. (2015, S. 33 ff.) behandelt. An dieser Stelle sei nur so viel erwähnt, dass auch die Verteilung von Entscheidungs- und Verfügungsrechten unter den Partnern sowie das Einbinden von Intermediären zur Kontrolle der CSR-Standards sinnvolle Maßnahmen zur Stabilisierung der Bündnisse darstellen. Unternehmen können durch die Erhöhung der Entdeckungswahrscheinlichkeit erreichen, dass ihre Partner keinen Anreiz haben, sich opportunistisch zu verhalten.

4 Fazit

CSR-aktive Unternehmen sind – neben den rein kaufmännischen Investitionsrisiken – auch mit Opportunismusrisiken konfrontiert. Das im vorliegenden Beitrag diskutierte Opportunismusrisiko des Greenwashings ist auf Informationsasymmetrie zurückzuführen. Um sich als CSR-aktives Unternehmen nicht dem Vorwurf des Greenwashings auszusetzen, reichen bloße Willensbekundungen nicht aus. Wie die beiden ausgewählten Fallbeispiele zeigen, stehen den redlichen CSR-Unternehmen eine Reihe von Instrumenten zur Verfügung, um der Greenwashing-Gefahr wirksam vorzubeugen. Schutz davor, unverschuldet selbst des Greenwashings bezichtigt zu werden, bietet etwa eine gezielte Informationspolitik unter der Kontrolle unabhängiger Prüfer. Dieses Risiko können Unternehmen auch dadurch entschärfen, indem sie auf vertrauensbasierte Kontakte setzen, also ihr Sozialkapital aktivieren. Insbesondere für lokal vernetzte, kleinere Unternehmen bietet sich ein solches Vorgehen aufgrund der Vielzahl an bestehenden persönlichen Kontakten an. Unternehmen können sich diese Vertrauensbasis zunutze machen, um für die eigene Glaubwürdigkeit zu werben. Des Weiteren bedienen sich CSR-Unternehmen des Signalings, um sich einem anonymen Publikum gegenüber als redlicher Akteur zu erkennen zu geben. Signale liefern jedoch erst dann ein glaubwürdiges Indiz, wenn sie eindeutige Rückschlüsse auf das CSR-Engagement zulassen. Dies ist dann der Fall, wenn für Außenstehende eindeutig ersichtlich ist, dass die aufgewendeten Kosten des Signalerwerbs sich für Greenwasher nicht lohnen. Zudem kann die Bildung von Compliance-Kooperationen dazu beitragen, Normen in einer Branche zu etablieren, die dem Greenwashing entgegenwirken. Die beiden dargestellten Praxisbeispiele belegen, dass nicht nur Konzerne, sondern auch Unternehmen der mittelständischen Wirtschaft diese Steuerungsinstrumente anwenden können.

Literatur

Akerlof GA (1970) The Market for 'Lemons': Quality Uncertainty and the Market Mechanism. Q J Econ 84(3):488–500

Bio-Circle (2014) Homepage. http://www.bio-circle.de/home.html. Zugegriffen: 26. Nov. 2014

Bio-Circle (2015) Bio-Circle You Tube. https://www.youtube.com/user/biocircle. Zugegriffen: 06. Jan. 2015

Bourdieu P (1983) Ökonomisches Kapital, kulturelles Kapital, soziales Kapital. In: Kreckel R (Hrsg) Soziale Ungleichheiten. Verlag Otto Schwartz & Co Göttingen, Göttingen, S 183–198

Clausen J, Loew T (2005) Mehr Glaubwürdigkeit durch Testate? Internationale Analyse des Nutzens von Testaten in der Umwelt und Nachhaltigkeitsberichterstattung, Kurzfassung, Projekt Im Auftrag des Bundesministerium für Umwelt, Naturschutz und Reaktorsicherheit, Hannover/Berlin. http://www.4sustainability.de/nachhaltigkeits-berichterstattung/publikationen.html. Zugegriffen: 09. März 2017

Coase R (1937) The Nature of the Firm. Economica 16(4):386–405

Coleman J (1995) Grundlagen der Sozialtheorie. Handlungen und Handlungssysteme Bd. 1. R. Oldenbourg Verlag, München

Deutschlandtest (2014) Studie: Nachhaltigkeit 2014. Mit gutem Gewissen. http://www.deutschlandtest.de/de/wp-content/uploads/DT-Cover-Nachhaltigkeit.pdf. Zugegriffen: 26. Nov. 2014

Großmann S (2010) Die Verifizierung von Nachhaltigkeitsberichten zur Reduzierung von Informationsasymmetrie, Ingolstadt. https://opus4.kobv.de/opus4-ku-eichstaett/files/40/Dissertation.pdf. Zugegriffen: 23. Sept. 2016

Henkel (2014) Nachhaltigkeitsbericht 2013. http://www.henkel.com/blob/19296/ebd19896b63164cfff36d67fdcade7aa/data/2013-nachhaltigkeitsbericht.pdf. Zugegriffen: 26. Nov. 2014

Henkel (2015) Geschäftsbericht 2015. http://geschaeftsbericht.henkel.de/service/download-center und http://nachhaltigkeitsbericht.henkel.de. Zugegriffen: 23. Sept. 2016

Herrmann-Pillath C, Lies J (2001) Stakeholder Orientierung als Management sozialen Kapitals in unternehmensbezogenen Netzwerken. Wittener Diskussionspapiere, Bd. 84. Eigenverlag der Universität Witten/Herdecke, Witten

Hoffmann M, Maaß F (2008) Corporate Social Responsibility als Erfolgsfaktor einer stakeholderbezogenen Führungsstrategie? Ergebnisse einer empirischen Untersuchung. In: IfM Bonn (Hrsg) Schriften zur Mittelstandsforschung Nr. 116 NF. Gabler, Wiesbaden, S 1–51

Icks A, Levering B, Maaß F, Werner A (2015) Chancen und Risiken von CSR im Mittelstand. In: IfM Bonn (Hrsg) IfM-Materialien, Nr. 236, Bonn. http://www.ifm-bonn.org/publikationen/publikationendetail/?tx_ifmstudies_publicationdetail%5Bpublication%5D=513&cHash=fc30422b3ec58ae4c101b2e672790d8f. Zugegriffen: 09. März 2017

Laufer WS (2003) Social Accountability and Corporate Greenwashing. J Bus Ethics 43(3):253–261

Mahoney LS, Thorne L, Cecil L, LaGore W (2013) A Research Note on Standalone Corporate Social Responsibility Reports: Signaling or Greenwashing? Crit Perspect Account 24(4):350–359

Milgrom P, Roberts J (1992) Economics, Organization and Management. Prentice Hall, Prentice Hall Verlag

Möller S (2006) Opportunismus. Wirtschaftswissenschaftliches Stud 35(7):402–403

Müller U (2007) Greenwashing in Zeiten des Klimawandels. Wie Unternehmen ihr Image grün färben. www.lobbycontrol.de. Zugegriffen: 24. Aug. 2016

Neßler C, Tellhelm F (2012) Corporate Social Responsibility – Eine signaltheoretische Analyse. Josef Eul, Lohmar

Putnam R (1993) The Prosperous Community. Social Capital and Public Life. Am Prospect 4(4):35–42

Richter R, Furubotn E (2003) Neue Institutionenökonomik. Mohr Siebeck, Tübingen

Ripperger T (2003) Ökonomik des Vertrauens. Analyse eines Organisationsprinzips. In: Hohmann K (Hrsg) Die Einheit der Gesellschaftswissenschaften, Bd. 101. Mohr Siebeck Verlag, Tübingen

Röttger U, Schmitt J (2009) Bedingungen, Chancen und Risiken der Reputationskonstitution ökonomischer Organisationen durch Corporate Responsibility. In: Schmidt SJ, Tropp J (Hrsg) Die Moral der Unternehmenskommunikation. Lohnt es sich, gut zu sein? Halem-Verlag, Köln, S 39–58

Schäfer H, Kemper H-G (2010) Entwicklung einer webbasierten Informationsplattform zur Abbildung von Systemen, Prozessen und Ergebnissen des Ratings von Corporate Sustainability/Corporate Social Responsibility, Stuttgart. http://www.argus-responsibility.de/argusweb/images/downloads/Abschlussbericht/Argus_Abschlussbericht.pdf. Zugegriffen: 26. Nov. 2004

Schechler JM (2002) Sozialkapital und Netzwerkökonomik. Campus-Verlag, Frankfurt/Main

Schrader U (2003) Transparenz über Corporate Social Responsibility (CSR) als Voraussetzung für einen Wandel zu nachhaltigerem Konsum. In: Lange H (Hrsg) Nachhaltigkeit als radikaler Wandel – Die Quadratur des Kreises? Springer, Wiesbaden, S 149–166

Schrader U, Hansen U (2005) Corporate Social Responsibility als aktuelles Thema der Betriebswirtschaftslehre. Die Betriebswirtschaft 65(4):373–395

Spence M (1973) Job Market Signaling. Q J Econ 87(3):355–374

Spremann K (1990) Asymmetrische Informationen. Zeitschrift Für Betriebswirtschaftslehre 60(5/6):561–586

VCI (2014) RC-Initiative. https://www.vci.de/nachhaltigkeit/responsible-care/rc-initiative/listenseite.jsp. Zugegriffen: 26. Nov. 2014

Vilain M (2010) Meine Firma, meine Mitarbeiter, meine Heimat. Merkmale unternehmerischen Engagements im deutschen Mittelstand. In: Braun S (Hrsg) Gesellschaftliches Engagement von Unternehmen. Der deutsche Weg im internationalen Kontext. VS Verlag für Sozialwissenschaften, Wiesbaden, S 106–139

Williamson OE (1975) Markets and Hierarchies. Analysis and Antitrust Implications. The Free Press Verlag, New York

Frank Maaß ist seit 1998 als wissenschaftlicher Mitarbeiter am Institut für Mittelstandsforschung Bonn (IfM Bonn) tätig. Er absolvierte die Diplom-Studiengänge Volkswirtschaftslehre und Geografie an der Johann Wolfgang Goethe-Universität Frankfurt am Main und promovierte im Fach Betriebswirtschaftslehre an der Universität Paderborn. Seine Forschungsgebiete sind Corporate Social Responsibility, Innovationen, Unternehmenskooperationen und Personalwirtschaft.

Annette Icks ist als Projektleiterin im Institut für Mittelstandsforschung Bonn tätig. Sie studierte in Münster Soziologie, Geschichte und Theologie (M. A.) sowie in Bonn Volkswirtschaftslehre (Diplom), wo sie 1995 auch promovierte. Ihre Forschungsschwerpunkte umfassen Qualifizierung und Ausbildung, kommunale Wirtschaftsförderung und administrative Belastungen sowie Digitalisierung der Wirtschaft und Gesellschaft.

Arbeitsrechte global – der Beitrag SÜDWINDs zur Umsetzung menschenrechtlicher Sorgfaltspflichten von Unternehmen

Sabine Ferenschild

Seit seiner Gründung im Jahr 1991 beschäftigt sich das Institut SÜDWIND mit Arbeitsbedingungen in globalen Wertschöpfungsketten[1]. Dabei standen zunächst die Arbeitsbedingungen von Frauen in den asiatischen Zulieferbetrieben deutscher Bekleidungshändler und -produzenten im Mittelpunkt. Die Aufmerksamkeit SÜDWINDs war dabei sowohl auf die Untersuchung der zentralen Ursachen von Arbeitsrechtsverletzungen gerichtet wie auch auf den Aufbau eines starken Partnernetzwerks mit anderen Nichtregierungsorganisationen (NRO) sowie Gewerkschaften in Deutschland, Europa und den Produzentenländern. Strategien für die Durchsetzung von Arbeitsrechten und die Verbesserung der Lebenssituation der Beschäftigten wurden gemeinsam entwickelt und umgesetzt. Eine der Strategien war und ist die Einforderung von sozialer Unternehmensverantwortung (CSR) der Unternehmen, die den Auftrag für die Produktion geben.

Das klingt heute selbstverständlicher als es vor 20 Jahren war. Anfang der 1990er-Jahre unterstützte SÜDWIND eine Rundreise asiatischer Näherinnen durch mehrere europäische Länder im Rahmen des „Europäischen Projekts zu sauberer Kleidung", dem Beginn der internationalen Clean Clothes Campaign (vgl. SOMO/Clean Clothes Campaign et al. 1995). Bei dieser Reise schilderten die Näherinnen ihre Lebens- und Arbeitsbedingungen und stellten Forderungen nach höheren Löhnen, geringeren Arbeitszeiten, gesetzeskonformer Entlohnung von Überstunden u. a. m. Die Logik der Unternehmen – die ihre Wertschöpfungsketten in globalen Produktionsnetzwerken organisierten, ohne ju-

---

[1] Die folgenden Seiten konzentrieren sich auf das CSR-Engagement SÜDWINDs im textilen Sektor. SÜDWIND arbeitet aber auch in anderen Wertschöpfungsketten sowie mit speziellen Akteursgruppen (wie z. B. Investoren) zu diesem Thema (s. Kasten „Natursteine, Diamanten, Gold, Kakao, Palmöl, Garnelen etc."). Weitere Informationen unter: www.suedwind-institut.de.

S. Ferenschild (✉)
SÜDWIND e.V. Institut für Ökonomie und Ökumene
Kaiserstraße 201, 53113 Bonn, Deutschland
E-Mail: ferenschild@suedwind-institut.de

© Springer-Verlag GmbH Deutschland 2017
P. Bungard und R. Schmidpeter (Hrsg.), *CSR in Nordrhein-Westfalen*,
Management-Reihe Corporate Social Responsibility, DOI 10.1007/978-3-662-54190-6_30

ristische Verantwortung für die Produktionsbedingungen zu übernehmen – wurde damals erstmals herausgefordert (vgl. Bartley und Egels-Zandén 2015, S. 21). In den Folgejahren beteiligte sich SÜDWIND an zahlreichen weiteren Rundreisen, führte in mehreren asiatischen Ländern (u. a. China, Indien und Indonesien) kontinuierlich Befragungen von Beschäftigten durch, weitete seine Recherchen auf weitere textile Verarbeitungsstufen aus und publizierte die Ergebnisse. Diese kann man so zusammenfassen, dass die Arbeitsbedingungen in der textilen Kette strukturell geprägt sind von sehr niedrigen Löhnen, überlangen Arbeitszeiten, nichtgesetzeskonformer Überstundenvergütung, fehlenden Gewerkschaften und informeller Arbeit. Mit Letzterem ist eine Beschäftigungsform gemeint, in der schriftliche Arbeitsverträge fehlen und damit in der Regel auch kein Zugang zu sozialen Sicherungssystemen ermöglicht wird.

Diese Missstände auf Fabrikebene sowie die anhaltende Armut der Beschäftigten, die die Kleidung für Europa produzieren, sind die Gründe, warum SÜDWIND sich seit Jahren mit sozialer Unternehmensverantwortung beschäftigt und diese einfordert.

> **Natursteine, Diamanten, Gold, Kakao, Palmöl, Garnelen etc.**
> Von Friedel Hütz-Adams, wissenschaftlicher Mitarbeiter/Institut SÜDWIND
>
> Die Textil- und Bekleidungsindustrie begann wie beschrieben die Auslagerung der Produktion bereits vor Jahrzehnten. In den diversen anderen Sektoren, zu denen SÜDWIND gearbeitet hat, zeigte sich, dass Verlagerungsprozesse und damit verbundene negative Auswirkungen auch in vielen anderen Bereichen vorkommen.
>
> Vor 30 Jahren kamen beispielsweise hierzulande verwendete Natursteine noch größtenteils aus Deutschland oder zumindest aus Europa. Ab Anfang der 2000er-Jahre tauchten dann Berichte über verheerende Arbeitsbedingungen in indischen Steinbrüchen auf – und Berichte darüber, dass ein erheblicher Teil der dort gewonnenen Steine für den Export bestimmt war. SÜDWIND belegte in mehreren Studien, dass Schuldknechtschaft, Kinderarbeit und äußerst gefährliche Arbeitsbedingungen in vielen Steinbrüchen und teilweise auch in den weiterverarbeitenden Betrieben an der Tagesordnung sind (vgl. u. a. Hütz-Adams 2006). In der Sandsteinindustrie Indiens wird zudem häufig ohne Staubschutz gearbeitet, die durchschnittliche Lebenserwartung der dort arbeitenden Menschen liegt aufgrund von Lungenerkrankungen Studien zufolge bei unter 40 Jahren. Trotz oder vielleicht gerade wegen dieser miserablen Arbeitsbedingungen haben indische Exporteure einen erheblichen Anteil am deutschen Markt für Pflastersteine, Gartenbausteine und selbst Grabsteine gewonnen.[2] Während in Deutschland mehr und mehr Kapazitäten abgebaut wurden, von den Steinbrüchen bis hin zu den Verarbeitungsbetrieben, entwickelten sich viele

---

[2] Mittlerweile ist allerdings China für die meisten Steinsorten ein noch bedeutenderer Lieferant. Dort gibt es zwar ebenfalls Missstände, aber allgemein ist die Situation besser als in Indien.

Natursteinunternehmen zu reinen Händlern. SÜDWIND lud die deutschen Steinhändler zu öffentlichen Tagungen ein und stellte die Rechercheergebnisse vor. Viele der eingeladenen Unternehmensvertreter zuckten bei der Frage, wie die Arbeits- und Umweltstandards in den asiatischen Produktionsbetrieben sind, mit den Schultern: Einige wussten nicht, wie es außerhalb der Ausstellungsräume der indischen Hersteller aussieht. Andere wussten es oder ahnten zumindest Missstände, fühlten sich aber nicht zuständig.

Nahezu parallel zu den Natursteinen begannen unsere Recherchen zu Diamanten und später zu weiteren Grundstoffen der Schmuckindustrie, darunter Gold und farbige Edelsteine (vgl. Hütz-Adams und Koch 2010). Auch hier wurden Produktionsstätten verlagert. Mittlerweile werden rund 90 % aller Diamanten und ein vermutlich ähnlich großer Anteil der weltweit verarbeiteten farbigen Edelsteine in Indien geschliffen. Dort arbeiten Hunderttausende Menschen konzentriert in und rund um die Stadt Surat im indischen Bundesstaat Gujarat unter häufig verheerenden Bedingungen und zu sehr niedrigen Löhnen. Die Mechanismen der Ausbeutung sind ähnlich wie in der Textilindustrie: systematische Verhinderung der Bildung von Gewerkschaften, Akkordarbeit, Gesundheitsschäden durch schlecht gelüftete und beleuchtete Arbeitsplätze und Auslagerung eines Teils der Arbeit in den informellen Sektor. Indien ist mittlerweile zudem ein weltweit bedeutender Produzent von Schmuck. Auch in diesem Sektor sind die Arbeitsbedingungen teilweise sehr schlecht.

Die Recherchen zur Herkunft des Goldes, dem wichtigsten Rohstoff der Schmuckindustrie, belegten darüber hinaus, dass es auch in diesem Bereich große Probleme gibt. Die Anlage großer Goldminen führt oft zur Vertreibung der Menschen, die zuvor auf dem Grund und Boden lebten. In diesen Minen wird Gestein gefördert, das durchschnittlich ein Gramm Gold pro Tonne Steine enthält. Um dieses zu gewinnen, muss mit gefährlichen Chemikalien, darunter Zyanid, gearbeitet werden. Noch viel schlechter sind in der Regel die sozialen und ökologischen Bedingungen der Millionen Kleinschürfer, die weltweit mit Schaufel und Pike entlang von Flüssen Gold suchen und mit diesem den Weltmarkt beliefern.

Doch nicht nur in industriellen Sektoren gibt es erhebliche Missstände. Ab dem Jahr 2009 begann SÜDWIND seine immer noch andauernde Arbeit zum Thema Kakao (vgl. Hütz-Adams 2012). Nur ein geringer Teil der Kakaoernte stammt von großen Plantagen, mehr als 90 % der Weltproduktion wird von rund 5,5 Mio. Kleinbauern geerntet, der größte Teil von diesen wiederum arbeitet in Westafrika. Ab dem Jahr 2000 gab es immer wieder Berichte über schlimmste Formen der Kinderarbeit bis hin zur Zwangsarbeit auf Kakaoplantagen Westafrikas. Die Recherchen von SÜDWIND ergaben, dass die niedrigen Einkommen der Bauern die eigentliche Ursache für Kinderarbeit und weitere Missstände sind. Eine Ursache dafür ist der im Laufe der vergangenen Jahrzehnte inflationsbereinigt immer weiter gefallene Kakaopreis. Doch auch die niedrigen Hektarerträge, zu kleine Anbauflächen und Versäumnisse der lokalen Regierungen spielen eine Rolle. Auch in diesem Sektor beteiligte sich SÜDWIND an der Organisation Runder Tische mit allen Beteiligten der Branche. Mittlerweile gibt es in Deutschland das Forum Nachhaltiger Kakao, in dem Nichtregierungsorganisationen, Bundesregierung, Kakaoverarbeiter und Schokoladenproduzenten sowie der Einzelhandel nach Lösungswegen suchen. SÜDWIND arbeitet in diesem Forum als Vertretung der Zivilgesellschaft mit.

Die Liste ließe sich fortsetzen und erweitern auf Produkte wie Palmöl, Garnelen, Kautschuk, aber auch weitere metallische Rohstoffe, die etwa in Mobiltelefonen enthalten sind oder für die Autoindustrie benötigt werden. Immer wieder stößt SÜDWIND auf das strukturelle Problem, dass nachgelagerte Unternehmen der Wertschöpfungskette sich nicht für Missstände am Beginn ebendieser Wertschöpfungskette verantwortlich fühlen. Dabei zeigt sich die Schwäche freiwilliger Ansätze sehr deutlich: Einige Produkte eignen sich dazu, öffentlichkeitswirksam Kampagnen zu organisieren und Unternehmen durch öffentlichen Druck zu Verbesserungsschritten zu bewegen. Dazu gehören etwa Palmöl, Garnelen und Kakao. Bei Natursteinen, Kautschuk und selbst bei Schmuck gelang dies allerdings nicht. Viele der Unternehmen gingen (zu Recht) von vornherein davon aus, dass es nicht zu größeren Kampagnen kommen würde. Von daher sahen sie wenig Handlungsdruck.

Die Haltung von Unternehmen, nur unter durch eine kritische Öffentlichkeit erzeugtem Handlungsdruck die sozialen Bedingungen in ihrer Wertschöpfungskette zu verbessern, schließt nicht aus, dass einzelne Unternehmensmitarbeiter proaktiv zur Beseitigung von Missständen in ihren Wertschöpfungsketten beitragen. Diese sehen sich jedoch unter einem erheblichen Konkurrenzdruck: Wenn sie Investitionen tätigen und konkurrierende Unternehmen dies nicht tun, müssen sie Preise erhöhen und werden Marktanteile verlieren. In Hintergrundgesprächen äußern sich diese Unternehmensvertreter daher deutlich für stärkere gesetzliche Regulierungen der menschenrechtlichen Verantwortung entlang von Wertschöpfungsketten.

1 Freiwilligkeit versus Verpflichtung

Dass das Einklagen freiwilliger sozialer Unternehmensverantwortung überhaupt eine Strategie von Nichtregierungsorganisationen und Gewerkschaften wurde, hängt mit einem grundlegenden Formwandel der Textil- und Bekleidungsproduktion seit den 1950er-Jahren zusammen: In einem mehrere Jahrzehnte umfassenden Prozess, der durch liberalere globale Handelsregeln ermöglicht wurde, verlagerten Textil- und Bekleidungsproduzenten und -händler arbeitsintensive Verarbeitungsstufen auf selbstständige Zulieferbetriebe in kostengünstigeren Produktionsländern (vgl. Ferenschild und Schniewind 2016). Im Zuge dieser Verlagerung oder Ausgliederung verwandelten sich viele Produzenten in reine Händler, die mit ihrer Kenntnis der und ihrem Zugang zu den wichtigsten Absatzmärkten in Europa (und den USA) die gesamte Produktionskette dominierten. Man spricht deshalb im Fall der Textil- und Bekleidungsindustrie auch von einer „händlergesteuerten Produktionskette" – im Unterschied zum Beispiel zur Automobilindustrie, die eine produzentengesteuerte Produktionskette ist (Dicken 2003, S. 355 ff.). Der entscheidende Wandel in Bezug auf die Arbeitsbedingungen liegt in der fehlenden direkten Arbeitgeberverantwortlichkeit der auftraggebenden Unternehmen. Handelsunternehmen wie C&A, Kik oder Aldi beschäftigen keine Näherinnen, deren Arbeitsrechte sie verpflichtet sind einzuhalten, sondern sie unterhalten Geschäftsbeziehungen zu selbstständigen Zulieferbetrieben, die sie oft nur teilweise auslasten, – und sind dementsprechend nicht rechtlich verpflichtet, die Arbeitsrechte der dort Beschäftigten zu wahren.[3] Aufgrund des hohen Einflusses der Auftraggeber im Textil- und Bekleidungshandel, der sich auf Preise und Lieferzeiten auswirkt, tragen sie aber dennoch Verantwortung für soziale und ökologische Missstände in ihrer Lieferkette – so die Argumentation von SÜDWIND und anderen. Langfristiges Ziel ist es dabei, diese Verantwortung gesetzlich zu verankern.

Solange diese gesetzliche Verankerung noch nicht greift, verfolgt SÜDWIND parallel die Strategie, freiwillige soziale Unternehmensverantwortung einzufordern. Während wir in den Anfangsjahren das Kürzel CSR als Begriff für diese Verantwortung ebenfalls genutzt haben, sind wir schon lange dazu übergegangen, von „CSA – Corporate Social Accountability" zu sprechen, also von einer sozialen Unternehmensverpflichtung Damit wollten wir verdeutlichen, dass die soziale Unternehmensverantwortung aus dem Bereich der Freiwilligkeit in den Bereich des verbindlichen Rechts überführt werden muss. In jüngerer Zeit verwenden wir in Anlehnung an den sog. Ruggie-Prozess der Vereinten Nationen auch den Begriff der „menschenrechtlichen Sorgfaltspflichten von Unternehmen" (vgl. Lincoln 2014).

2 Strategien zur Umsetzung von Arbeitsrechten

SÜDWIND ist zwar seit seiner Gründung in NRW ansässig, aber themenbedingt arbeitet das Institut deutschlandweit und auch international. Das Institut legt dabei einen Schwerpunkt auf die Recherche und die Erarbeitung von Studien, die einen Einblick in Problemzusammenhänge, Wertschöpfungsketten und Problemlösungsansätze vermitteln: Exemplarisch hierfür stehen die Untersuchungen zu Arbeitsbedingungen in globalen Exportzonen (vgl. Wick 2005), die Entwicklung von Verhaltenskodizes seit 1992 (vgl. Tscherner und Wick 2005), die Auswirkungen des Welttextilabkommens auf die Arbeitsbedingungen

---

[3] Im Unterschied zum Bekleidungssektor existiert im Textilsektor noch eine nennenswerte Produktion in NRW, aber auch diese ist in globale Wertschöpfungsketten eingebunden. So wandelte sich zum Beispiel die Weberei Hch. Kettelhack/Rheine in den letzten Jahren zu einer Textilveredelung, die Gewebe aus europäischen und asiatischen Webereien weiterverarbeitet (vgl. Kettelhack 2016).

(vgl. Ferenschild und Wick 2004) oder aktuell die Arbeitsbedingungen in Textilbetrieben, die nach dem Global Organic Textile Standard (GOTS) zertifiziert sind (vgl. Ferenschild und Katiyar 2016). Diese Studien werden nicht nur von Partnerorganisationen und Experten in den jeweiligen Themenfeldern genutzt, sondern auch von Schulen und Bildungseinrichtungen sowie Multiplikatoren der entwicklungspolitischen Bildungsarbeit in NRW und darüber hinaus.

Ein wichtiges Netzwerk im nationalen wie internationalen Kontext ist die deutsche Kampagne für Saubere Kleidung, die Teil des europäischen und globalen Netzwerks der Clean Clothes Campaign (beide im Folgenden mit CCC abgekürzt) ist. Die Aktivitäten SÜDWINDs zu menschenrechtlichen Sorgfaltspflichten von Unternehmen in der textilen Kette finden im Kontext der und als Beitrag zur CCC statt. NRW ist dabei ein wichtiger regionaler Fokus, da die deutsche CCC sowie wichtige weitere Trägerorganisationen der Kampagne ihren Sitz in NRW haben: Zu ihnen gehören zum Beispiel die Christliche Initiative Romero (CIR)/Münster, Femnet/Bonn oder der Bund der Katholischen Jugend (BDKJ)/Düsseldorf.

Vier Instrumente bzw. Strategien zur Umsetzung der menschenrechtlichen Sorgfaltspflichten (neben der Initiative zur Schaffung eines gesetzlichen Rahmens sowie der Erzeugung öffentlichen Drucks durch öffentlichkeitswirksame Aktionen) sollen exemplarisch beleuchtet werden: die Stärkung der Beschäftigten, der Dialog mit Unternehmen, der Dialog mit Standardinitiativen sowie das Engagement in einer Multiakteursinitiative.

2.1 Stärkung der Beschäftigten

Um in NRW/Deutschland/Europa auf Missstände in den Textilbetrieben Asiens aufmerksam zu machen, ist die Kooperation mit Gewerkschaften und NROs in den Produktionsländern unerlässlich. Diese Partner sind nicht nur wichtig, um Interviews mit den Beschäftigten zu führen, sondern sie arbeiten zugleich auch in der Organisierung der Beschäftigten. Anknüpfend an Befragungen finden oft Schulungen von Beschäftigten in arbeitsrechtlichen Fragen durch die Partner statt, die wiederum zur gewerkschaftlichen Organisierung führen können. SÜDWIND unterstützt und fördert diese Tätigkeit – wenn möglich auch durch die Vermittlung finanzieller Unterstützung. Finanzen für diese Tätigkeit einzuwerben ist allerdings sehr schwierig, obwohl gewerkschaftliche Organisierung der Belegschaften das entscheidende Instrument für die Nachhaltigkeit von CSR-Maßnahmen und für die Überprüfung ihrer Wirksamkeit ist.

2.2 Dialog mit Unternehmen

Zu den Unternehmensdialogen, die SÜDWIND in den letzten Jahren geführt hat, gehörten öffentliche Dialoge (z. B. Metro 2009, CSR-Workshops im Rahmen des Branchenverbands Zitex 2014 und 2015) und interne Gespräche (z. B. Ara 2014 und 2015; Deichmann

2015 und 2016) zu Arbeitsrechtsverletzungen in den Lieferketten der Unternehmen. Diese Dialoge, ob öffentlich oder intern, verfolgen immer das Ziel, nach einem Austausch zu den festgestellten Missständen fabrikspezifische Maßnahmen zur Behebung der Missstände zu verabreden. In der Regel versucht SÜDWIND – in enger Abstimmung mit Partnerorganisationen vor Ort – ein Follow-up zu gewährleisten, um so die Nachhaltigkeit von Verbesserungsmaßnahmen sicherzustellen. Der gesamte Prozess ist sehr zeitintensiv und arbeitsaufwendig. Er hängt sowohl von finanziellen Mitteln ab, die eingeworben werden müssen, damit SÜDWIND sozusagen „am Ball" bleiben kann. Er hängt aber auch von dem guten Kontakt zu Partnerorganisationen ab, die SÜDWIND kontinuierlich mit verlässlichen Informationen zu den Prozessen auf Fabrikebene versorgen.

Diese unternehmensindividuelle Strategie hat dementsprechend enge Grenzen und hat deshalb in den letzten Jahren nur zu punktuellen Verbesserungen beitragen können. Diese Einschätzung wird bestätigt durch den Überblick über verschiedene Evaluierungsstudien zu den Wirkungen von Unternehmenskodizes, den Bartley und Egels-Zandén (2015) geben: Unternehmenskodizes tragen oft zur Verbesserung von messbaren Standards wie Sicherheit und Gesundheit am Arbeitsplatz und auch zu der Zahlung von Mindestlöhnen bei, aber verfehlen in erheblichem Ausmaß die Verbesserung von prozesshaften Standards wie Gewerkschaftsfreiheit und Antidiskriminierung (Bartley und Egels-Zandén 2015, S. 25).

2.3 Dialog mit Standardinitiativen

Neben den Unternehmensdialogen sucht SÜDWIND auch das Gespräch mit sog. Standardinitiativen. In den letzten Jahren haben die gravierenden Missstände in der textilen Kette nicht nur zu unternehmensindividuellem CSR-Handeln geführt, sondern auch zur Entwicklung privater Standardinitiativen, die soziale und/oder ökologische Kriterien an ihre Teile der Wertschöpfungskette anlegen und deren Einhaltung von unabhängigen Auditoren überprüfen lassen. Einen Überblick über relevante Standards im Textil- und Bekleidungssektor vermittelt die Website „Siegelklarheit" (www.siegelklarheit.de). Mit zwei dieser Standardinitiativen (eine davon in NRW angesiedelt) ist SÜDWIND im Dialog: Fairtrade/Köln verfügt sowohl über einen sozialen Anbaustandard für (Bio-)Baumwolle wie auch seit Kurzem über einen Textilstandard, mit dem die gesamte textile Kette abgedeckt wird. Der Global Organic Textile Standard (GOTS)/Stuttgart ist primär ein ökologischer Standard, der aber auch soziale Komponenten beinhaltet. Er ist ein Verarbeitungsstandard, der Kriterien von der Baumwollentkernung bis zur Konfektionierung formuliert. SÜDWIND ist mit beiden Standards auf verschiedenen Ebenen im Dialog, um sowohl die Inhalte wie auch die Überprüfungsmechanismen der Standards zu verbessern. Bei den Überprüfungsmechanismen geht es vor allem um den Aussagegehalt der Audits, die im sozialen Bereich nicht unbedingt optimal sind.

Solange es gesetzliche Lücken in Bezug auf die soziale Unternehmensverantwortung in globalen Wertschöpfungsketten gibt, sind private Standardinitiativen ein Instrument, um zeitnah zu besseren Arbeitsbedingungen zu kommen. Für SÜDWIND ist der Dialog mit diesen Initiativen deshalb ein sinnvolles Instrument und effizienter als unternehmensindividuelle Dialoge. Allerdings haben Standardinitiativen (und damit der Dialog mit ihnen) auch klare Grenzen: Sie können dort, wo keine Gewerkschaften existieren und die Beschäftigten in keiner Form organisiert sind, ein wichtiges Instrument zur Überprüfung und Verbesserung von Arbeitsbedingungen sein. Sie dürfen allerdings kein Ersatz für die Organisierung der Beschäftigten sein und sollten dort, wo auf lokaler Ebene Gewerkschaften existieren, mit diesen kooperieren.

2.4 Engagement in einer Multiakteursinitiative

Seit einigen Jahren engagiert sich SÜDWIND im Bündnis für nachhaltige Textilien (= Textilbündnis). Die fehlenden Aussichten auf eine zeitnahe gesetzliche Regelung und die o. g. Grenzen der Dialoge mit Unternehmen sowie Standardinitiativen sind wesentliche Gründe für dieses Engagement. In der Multiakteursinitiative des Textilbündnisses erarbeiten Unternehmen, Gewerkschaften, Standardinitiativen, die Bundesregierung sowie die Zivilgesellschaft gemeinsam einen strukturellen Rahmen, der zu sozialen und ökologischen Verbesserungen entlang der textilen Wertschöpfungskette („vom Baumwollfeld zum Kleiderbügel") führen soll. Dieser Prozess erfordert viel Zeit und auch Kompromissfähigkeit auf allen Seiten. Trotz der bereits seit zwei Jahren (Mai 2014) laufenden Verhandlungen hat die Umsetzungsphase aktuell (September 2016) noch nicht begonnen. Bevor es also zu signifikanten, messbaren Veränderungen für die Beschäftigten in den Produktionsländern kommt, wird es sicher noch einige Jahre dauern. Deshalb ist es auch noch zu früh, über Scheitern oder Gelingen des Bündnisses zu sprechen.

Als strategischer Ansatz für SÜDWIND ist das Zusammenarbeiten der zentralen beteiligten Akteure in einer Multiakteursinitiative trotz der Zeitintensität vielversprechend. Wir sehen in diesem Ansatz eine Form eines erweiterten sozialen Dialogs, der in Zukunft allerdings auch die Beteiligten aus den Produktionsländern einbeziehen muss.

3 Kleine Erfolge bei anhaltenden Arbeitsrechtsverletzungen

Gemessen an der Realität in zahllosen Produktionsstätten von Textilien und Bekleidung lässt sich nach mehr als 20 Jahren Arbeit zu diesem Thema nicht von einem durchgreifenden Erfolg sprechen. Arbeitsrechtsverletzungen sind in vielen Produktionsländern nach wie vor die Regel, nicht die Ausnahme. Dazu gehören vor allem das Fehlen existenzsichernder Löhne, das Fehlen von Gewerkschaften und Kollektivverhandlungen und die Zunahme informeller Beschäftigung.

Dennoch gab es in den letzten Jahren auch Beispiele für die Umsetzung von Unternehmensverantwortung, zu denen die Arbeit der CCC und der Gewerkschaften beigetragen hat. Dazu zählen die Entschädigungszahlungen des Bekleidungshändlers Kik für die Opfer des Fabrikbrandes in Pakistan im Jahr 2012 (vgl. CCC 2016), aber auch die Unterzeichnung eines globalen Rahmenabkommens des Handelskonzerns Tchibo mit dem internationalen Gewerkschaftsdachverband IndustriAll Global Union am 27.09 2016, mit dem die Beschäftigten in der Wertschöpfungskette von Tchibo (Non Food) die Möglichkeit erhalten sollen, über ihre Arbeitsbedingungen mit ihren Arbeitgebern zu verhandeln (vgl. IndustriAll 2016; Dohmen 2016).

Als Schritt in die richtige Richtung lässt sich sicher auch bezeichnen, dass ein breites Instrumentarium zur Umsetzung von Arbeitsrechten, das über freiwillige Verhaltenskodizes von Einzelunternehmen hinausreicht, entwickelt wurde. Mit den Standardinitiativen und den Multiakteursinitiativen wurden zwei Beispiele dafür genannt. Dieses Instrumentarium muss in den nächsten Jahren allerdings noch viel stärker als bisher auf Verbesserungen auf Fabrikebene einwirken, damit es das Image eines bloßen Marketinginstruments in den Absatzmärkten ablegen kann.

Als ausstehender Schritt in die richtige Richtung bleibt die Schaffung eines (handels-)politischen und gesetzlichen Rahmens, der die Einhaltung von Arbeitsrechten in der Wertschöpfungskette als Norm für alle setzt und damit freiwilliges soziales Unternehmensengagement sozusagen überflüssig macht.

4 Perspektiven für NRW

Das Land NRW ist seit einigen Jahren sehr aktiv in der Entfaltung seiner CSR-Politik. Teil der CSR-Strategie des Wirtschaftsministeriums (vgl. MWEIMH o.J.) sind die CSR-Kompetenzzentren, die Anfang 2016 ihre Arbeit aufgenommen haben und von denen eines der Textil- und Bekleidungsbranche gewidmet ist (vgl. CSR-Kompetenzzentrum Textil & Bekleidung Niederrhein o.J.). Es gibt also zahlreiche inhaltliche Anknüpfungspunkte für SÜDWIND zur CSR-Politik des Landes. Dies auch deshalb, weil zahlreiche Mitglieder des Textilbündnisses, in dem SÜDWIND aktiv mitarbeitet, ihren Sitz in NRW haben – darunter knapp 30 Unternehmen und knapp 20 Organisationen der Zivilgesellschaft, Standardinitiativen und Regierungsorganisationen. Bei insgesamt rund 180 Mitgliedsorganisationen des Textilbündnisses lässt sich also eine große Konzentration in NRW feststellen. Dies ist angesichts der langen Tradition der Textil- und Bekleidungsproduktion in NRW auch nicht verwunderlich. Hier sind besonders viele (mittelständische) Textilproduzenten, aber auch große Bekleidungshändler ansässig. Diese Unternehmen sowie die Organisationen der Zivilgesellschaft in ihrem Engagement im Textilbündnis über das CSR-Kompetenzzentrum Textil & Bekleidung Niederrhein zu unterstützen und zu vernetzen, wäre sicher hilfreich.

Die Anknüpfungspunkte können aber nicht darüber hinwegtäuschen, dass SÜDWIND ein anderes Verständnis von CSR als die Landesregierung hat. Im „Bericht zur Umsetzung der NRW-Strategie zur Förderung der gesellschaftlichen Verantwortung von Unternehmen" definiert das Wirtschaftsministerium CSR als „eine unternehmerische Strategie, die auf freiwilliger Basis über gesetzliche Anforderungen hinaus ökonomische, ökologische und soziale Unternehmensziele miteinander in Einklang bringt" (MWEIMH o.J., S. 1). An gleicher Stelle bezeichnet das Ministerium CSR als „Gegenkonzept zur Orientierung an der reinen Gewinnmaximierung und am Shareholder Value" und betont, dass dort, wo „die Handlungsmöglichkeiten der Politik vielfach an nationalen Grenzen enden, ... Unternehmen durch freiwillige Übernahme gesellschaftlicher Verantwortung" problemlösend tätig werden können.

Aus der Sicht von SÜDWIND geht es aber nicht einfach um eine freiwillige Übernahme gesellschaftlicher Verantwortung, sondern um verbindliche unternehmerische Verantwortung für Arbeitsrechtsverletzungen in den eigenen Wertschöpfungsketten. Politische Unterstützung zur Wahrnehmung und Umsetzung dieser Verantwortung ist sicher hilfreich, sollte aber auf kollektive Ansätze wie Multiakteursinitiativen bauen und muss vor allem auf eine strukturelle Veränderung von Geschäftspraktiken zielen, durch die Arbeitsrechte verletzt werden.

Literatur

Bartley T, Egels-Zandén N (2015) Responsibility and neglect in global production networks: the uneven significance of codes of conduct in Indonesian factories (Global Networks 15, supplemental issue (2015), S21–S44). http://onlinelibrary.wiley.com/doi/10.1111/glob.12086/abstract. Zugegriffen: 30. Sep. 2016

CCC (2016) Kik zahlt! Nach fast vier Jahren des tödlichen Fabrikbrandes in Pakistan kommt es zur Einigung über die Entschädigung der Opfer. http://saubere-kleidung.de/index.php/kampagnen-a-themen/discounter/589-kik-zahlt-nach-fast-vier-jahren-des-toedlichen-fabrikbrandes-in-pakistan-kommt-es-zur-einigung-ueber-die-entschaedigung-der-opfer. Zugegriffen: 30. Sep. 2016

CSR-Kompetenzzentrum Textil & Bekleidung Niederrhein (o.J.): Verantwortlich handeln mit CSR-Management. http://www.csr-textil-bekleidung.de/. Zugegriffen: 30. Sep. 2016

Dicken P (2003) Global Shift. Reshaping the Global Economic Map in the 21st Century, 4. Aufl. SAGE Publications, London, Thousand Oaks, New Delhi

Dohmen C (2016) Weniger schlecht ist noch nicht gut. http://www.sueddeutsche.de/wirtschaft/produktionsbedingungen-weniger-schlecht-ist-noch-nicht-gut-1.3180800 (Erstellt: 27. September 2016). Zugegriffen: 30. Sep. 2016

Ferenschild S, Katiyar S (2016) Make in India. Arbeitsbedingungen in westindischen Textilbetrieben. http://www.suedwind-institut.de/fileadmin/fuerSuedwind/Publikationen/2016/2016-16_Studie_Make_in_India.pdf. Zugegriffen: 30. Sep. 2016

Ferenschild S, Schniewind J (2016) Folgen des Freihandels. Das Ende des Welttextilabkommens und die Auswirkungen auf die Beschäftigten. http://www.suedwind-institut.de/fileadmin/fuerSuedwind/Publikationen/2016/2016-03_Folgen_des_Freihandels.pdf. Zugegriffen: 27. Sep. 2016

Ferenschild S, Wick I (2004) Globales Spiel um Knopf und Kragen. Das Ende des Welttextilabkommens verschärft soziale Spannungen, Siegburg. http://www.suedwind-institut.de/fileadmin/fuerSuedwind/Publikationen/1992-2005/2004-7_Globales_Spiel_um_Knopf_und_Kragen.pdf. Zugegriffen: 30. Sep. 2016

Hütz-Adams F (2006) Indien: Kinderarbeit in der Steinindustrie. Schöne Steine im Sonderangebot – Wer zahlt den Preis? http://www.suedwind-institut.de/fileadmin/fuerSuedwind/Publikationen/2006/2006-8_Indien_-_Kinderarbeit_in_der_Steinindustrie.pdf. Zugegriffen: 7. Okt. 2016

Hütz-Adams F (2012) Vom Kakaobaum bis zum Konsumenten. Die Wertschöpfungskette von Schokolade. http://www.suedwind-institut.de/fileadmin/fuerSuedwind/Publikationen/2012/2012-18_Vom_Kakaobaum_zum_Konsumenten._Die_Wertschoepfungskette_von_Schokolade_download.pdf. Zugegriffen: 7. Okt. 2016

Hütz-Adams F, Koch S (2010) Schmuck – Liebesbeweis, Broterwerb und Ausbeutung. Vom Rohstoff bis zur Ladentheke. http://www.suedwind-institut.de/fileadmin/fuerSuedwind/Publikationen/2010/2010-5_Schmuck_Liebesbeweis_Broterwerb_und_Ausbeutung.pdf. Zugegriffen: 07. Okt. 2016

IndustriAll (2016) IndustriAll and Tchibo sign framework agreement strengthening workers' rights across the supply chain. http://www.industriall-union.org/industriall-and-tchibo-sign-framework-agreement-strengthening-workers-rights-across-the-supply-chain. Zugegriffen: 30. Sep. 2016

Kettelhack (2016) Geschichte. http://www.kettelhack.de/unternehmen/geschichte/. Zugegriffen: 30. Sep. 2016

Lincoln S (2014) Wirtschaft und Menschenrechte. Menschenrechtliche Sorgfaltspflichten von Unternehmen (hg. v. CorA – Netzwerk für Unternehmensverantwortung). http://www.cora-netz.de/cora/wp-content/uploads/CorA-ForumMR_Steckbrief-Sorgfaltspflichten.pdf. Zugegriffen: 30. Sep. 2016

MWEIMH (o.J.) CSR Strategie des Wirtschaftsministeriums NRW. http://www.mweimh.nrw.de/wirtschaft/verantwortung_csr/strategie/index.php. Zugegriffen: 30. Sep. 2016

SOMO/Clean Clothes Campaign et al. (1995) Reports of Meetings of the European Project on Clean Clothes. March to July 1995, Amsterdam

Tscherner U, Wick I (2005) Nadelstiche von VerbraucherInnen: Modemultis in Bewegung. Die Entwicklung von Verhaltenskodizes seit 1992, Siegburg. http://www.suedwind-institut.de/fileadmin/fuerSuedwind/Publikationen/1992-2005/2003-2_Nadelstiche_von_VerbraucherInnen.pdf. Zugegriffen: 30. Sep. 2016

Wick I (2005) Nähen für den Weltmarkt. Frauenarbeit in freien Exportzonen und der Schattenwirtschaft. Länderbeispiele China, Indonesien, Sri Lanka. http://www.suedwind-institut.de/fileadmin/fuerSuedwind/Publikationen/1992-2005/2005-2_Naehen_f%C3%BCr_den_Weltmarkt.pdf. Zugegriffen: 30. Sep. 2016

Dr. Sabine Ferenschild, Sozialwissenschaftlerin und Theologin, 1996–2011 Referentin beim Ökumenischen Netz Rhein Mosel Saar, seit 2011 wissenschaftliche Mitarbeiterin beim Institut SÜDWIND, vertritt SÜDWIND in der Kampagne für Saubere Kleidung; Schwerpunkte: Arbeitsbedingungen in der textilen Kette, Migration und Entwicklung.

CSR in Mode: Ein kritischer Blick auf die Bekleidungsindustrie und FEMNETs Einsatz für bessere Arbeitsbedingungen

Gisela Burckhardt

Große Unternehmen, Handelshäuser und Discounter mit einer langen Lieferkette wie in der Bekleidungsindustrie stehen wegen der massiven Verletzung von Arbeits- und Menschenrechten in Produktionsländern wie China, Bangladesch oder Türkei unter dem Druck der Öffentlichkeit. Nichtregierungsorganisationen wie FEMNET und die Kampagne für Saubere Kleidung (Clean Clothes Campaign = CCC) machen mit ihren Studien in den Produktionsländern und den darauf fußenden Kampagnen auf die Missstände aufmerksam. Unternehmen fürchten einen Imageverlust und sind deshalb alarmiert. Auch Aktionäre interessiert zunehmend mehr, ob ein Unternehmen Menschenrechte sowie Sozial- und Umweltstandards berücksichtigt, Ratingagenturen bewerten das Verhalten von Unternehmen auch in diesem Punkt. Soziale Kriterien beeinflussen also Investitionsentscheidungen.

1 Definitionen von Corporate Social Responsibility (CSR)

Vor sechs Jahren hat die Bundesregierung den Aktionsplan CSR beschlossen. Darin legte sie die alte CSR-Definition der Europäischen Union zugrunde, die folgendermaßen lautet: „CSR bezeichnet die Wahrnehmung gesellschaftlicher Verantwortung durch Unternehmen über gesetzliche Anforderungen hinaus. CSR steht für eine nachhaltige Unternehmensführung im Kerngeschäft, die in der Geschäftsstrategie des Unternehmens verankert ist. CSR ist freiwillig, aber nicht beliebig." Wohltätigkeitsprojekte wie die Finanzierung von Kinderkrippen sind demnach keine CSR-Maßnahmen. Der Hinweis, dass CSR nicht beliebig sei, deutet auf eine gewisse Verbindlichkeit hin, etwa bei der Umsetzung des eigenen Verhaltenskodexes eines Unternehmens. Doch letztlich bleibt es beim Appell, rechtlich einklagbar ist die Verantwortung nicht.

G. Burckhardt (✉)
FEMNET e.V.
Kaiser-Friedrich-Str. 11, 53113 Bonn, Deutschland
E-Mail: gisela.burckhardt@femnet-ev.de

Die EU entwickelte den CSR-Begriff allerdings 2011 weiter und führte für ihre CSR-Strategie 2011–2014 eine weiterreichende Definition ein, die CSR definiert „als die Verantwortung von Unternehmen für ihre Auswirkungen auf die Gesellschaft". Unternehmen sind danach angehalten, alle Auswirkungen ihres Handelns auf die Gesellschaft zu analysieren. Neben sozialen und ökologischen Belangen werden auch ethische Aspekte und Menschenrechte einbezogen. Hinsichtlich der Rolle des Staates heißt es: „Behörden sollten eine unterstützende Rolle spielen und dabei eine intelligente Kombination aus freiwilligen Maßnahmen und nötigenfalls ergänzenden Vorschriften einsetzen, die etwa zur Förderung der Transparenz und zur Schaffung von Marktanreizen für verantwortliches unternehmerisches Handeln beitragen und die Rechenschaftspflicht von Unternehmen sicherstellen sollen" (EU Kommission 2011, S. 7 ff.). Die EU spricht hier also erstmalig gesetzliche Maßnahmen an und geht dabei über rein freiwillige Maßnahmen der Unternehmen hinaus.

1.1 Beliebter Begriff, irreführend verwendet

Corporate Social Responsibility wird als Fachbegriff seit Jahren von Unternehmen und Politik verwendet, jedoch oft sehr unterschiedlich und auch irreführend. CSR ist in Mode gekommen: Große Unternehmen können es sich nicht mehr leisten, keine CSR-Abteilung zu unterhalten. Während einige Unternehmen gesellschaftliche Verantwortung für ihre gesamte Lieferkette übernehmen und diese auch in ihrer Strategie und in der Managementstruktur verankern wollen, täuschen andere die Öffentlichkeit.

CSR als Sponsoring Philanthropische Projekte wie das Sponsoring von lokalen Fußballvereinen oder Kindergärten werden vielfach als CSR bezeichnet, obwohl dieses Sponsoring nicht im Kerngeschäft des Unternehmens geschieht und nach der deutschen Definition kein CSR ist. Denn dabei geht es darum, wie Gewinne erwirtschaftet und nicht wofür Gewinne genutzt werden.

CSR = Einhaltung von Gesetzen Irrtümlicherweise wird auch allein schon die Einhaltung von Gesetzen häufig als CSR bezeichnet. So informiert ein CSR-Führer für Unternehmer und Manager der GIZ in Bangladesch (2010): „The factory manager should inform the proprietor that employing workers in compliance with Bangladesh Labour Act 2006 is CSR" (Reed Consulting und GTZ 2010, S. 11). Wenn die Einhaltung des bestehenden Arbeitsgesetzes als CSR verkauft wird, zeigt dies, wie wenig korrekt der Begriff CSR selbst von einem halbstaatlichen Unternehmen wie der GIZ verwendet wird.

2 CSR als Wettbewerbsfaktor

Die frühere Bundesregierung pries CSR vor allem als Wettbewerbsvorteil. Dabei wies sie vor allem auf den Eigennutz für das Unternehmen hin: „CSR-orientierte Unternehmen integrieren soziale und ökologische Belange auf freiwilliger Basis ... Sie tun das zu ihrem eigenen Nutzen, denn CSR bietet direkte Wettbewerbsvorteile."[1] Laut damaligem Umweltministerium trägt CSR mittel- und längerfristig zur Steigerung des Unternehmenserfolges bei und dient vorrangig dem Zwecke des Risikomanagements (Bundesministerium für Umwelt, Naturschutz und Reaktorsicherheit 2011, S. 8), denn mit Hilfe von CSR sichert sich das Unternehmen auch das eigene langfristige Überleben. Inzwischen gibt es zahlreiche Studien, die belegen, dass sich CSR wirtschaftlich auszahlt. Während für das einzelne Unternehmen der Wettbewerbsgedanke im Vordergrund stehen mag, sind für die Gesellschaft insgesamt ethische Prinzipien wie der Erhalt unseres Planeten für zukünftige Generationen wichtig. Das Bewusstsein hat sich in der Gesellschaft geschärft und die negativen Auswirkungen unternehmerischer Tätigkeit werden häufiger kritisiert. Dies spiegelt sich auch auf den Webseiten der Bundesregierung wider. Das heutige SPD-geführte Arbeitsministerium schreibt: „Statt der freiwilligen Übernahme gesellschaftlicher Verantwortung stehen nun ‚die Verantwortung von Unternehmen für ihre Auswirkungen auf die Gesellschaft' (EU Mitteilung 2011), die unternehmerische Sorgfaltspflicht (‚due diligence') bei der Wahrung der Menschenrechte (UN-Leitprinzipien für Wirtschaft und Menschenrechte 2011) sowie die Sorgfaltspflicht für negative Auswirkungen insgesamt (OECD-Leitsätze/Überarbeitung 2011) im Mittelpunkt" (http://www.csr-in-deutschland.de/DE/Politik/CSR-national/Strategie/strategie.html).

Es wird erwartet, dass die EU-Kommission eine überarbeitete CSR-Strategie vorlegen wird – und auch in Deutschland überarbeitet das CSR-Forum die derzeitige Strategie. Diese Entwicklungen scheinen aber an vielen Unternehmen vorbeizugehen, die noch immer ein altes Verständnis von CSR haben und CSR-Maßnahmen zum Schönfärben nutzen.

2.1 Schönfärberei

CSR-Abteilungen der Unternehmen sind sehr häufig in den Kommunikationsabteilungen angesiedelt. Ihnen geht es um Imagepflege. Deshalb wird CSR oft als eine PR-Maßnahme oder Greenwashing in der Öffentlichkeit wahrgenommen. Anhand einer einzelnen vorbildlichen Maßnahme suggerieren Unternehmen, diese stünde repräsentativ für das gesamte Unternehmen, womit sie schönfärben und die Verbraucher täuschen.[2] Die Öffentlichkeit nimmt es als Doppelmoral wahr, wenn ein Unternehmen einerseits Spenden

---
[1] Grußwort von Rainer Brüderle in der Beilage zu CSR der Wochenzeitung Die ZEIT vom Mai 2011 (Brüderle 2011).
[2] Siehe hierzu die Informationen von CorA und dem Dachverband der kritischen Aktionäre über BP, RWE, Daimler und Deutsche Bank: http://www.kritischeaktionaere.de.

in Millionenhöhe z. B. nach Afrika vergibt, gleichzeitig aber im eigenen Unternehmen die Organisationsfreiheit unterdrückt oder bei seinen Zulieferern Hungerlöhne gezahlt werden.

Zwar gibt es einzelne Unternehmen, die sich um eine Verbesserung der Arbeits- und Umweltbedingungen ihrer Produzenten kümmern, aber die Maßnahmen konnten bisher nicht wesentlich die strukturellen Probleme in den Produktionsländern verändern.[3] So haben sich die Arbeitsbedingungen bei den Zulieferern deutscher Unternehmen in den Ländern Südasiens durch CSR-Maßnahmen nicht wesentlich verbessert. Lieferantenstandards oder sogenannte Verhaltenskodizes von Unternehmen gibt es nun schon viele Jahre, ohne dass sich dadurch die Arbeitsbedingungen in den Niedriglohnländern geändert hätten. In der Bekleidungs- und Elektronikindustrie sind es vor allem Frauen – 70–90 % der Arbeitskräfte –, die darunter leiden.

3 Mit CSR Gesetze verhindern

CSR-Maßnahmen dienen häufig auch der Verhinderung von verbindlichen gesetzlichen Regulierungen. Den Unternehmen ist ganz besonders wichtig zu betonen, dass CSR freiwillig sein muss. Um der zunehmenden Kritik an der Frauendiskriminierung und den Arbeitsrechtsverletzungen in der Lieferkette etwas entgegenzusetzen – und vor allem um gesetzlichen Maßnahmen vorzubeugen –, gibt es inzwischen verschiedene Zusammenschlüsse von Unternehmen, die Sozialstandards propagieren. Eine der größten und bekanntesten ist die Business Social Compliance Initiative (BSCI) der Foreign Trade Association. BSCI ist laut eigener Aussage eine wirtschaftsgetriebene Plattform, die die Verbesserung der Arbeitsbedingungen in der weltweiten Wertschöpfungskette – vom Bauernhof bis zur Fabrik – zum Ziel hat. Es ist ein Zusammenschluss von über 1800 Unternehmen, darunter allein über 700 aus Deutschland, die teilweise ihre Lieferanten verpflichten, ebenfalls bei BSCI Mitglied zu werden. Zahlreiche deutsche Textilunternehmen und Händler sind Mitglied bei BSCI, die sich einen eigenen Verhaltenskodex auferlegt hat.

Das Hauptanliegen von BSCI, die zentrale Erfassung von Betriebskontrollen (Sozialaudits) bei den Lieferanten ihrer Mitglieder, erscheint zunächst sinnvoll, weil es helfen könnte, die Zahl der Audits bei den Produzenten zu reduzieren. Viele Fabrikbesitzer klagen über die ständigen Kontrollen, die ein Einkäufer nach dem anderen in der Fabrik durchführt. Würden die Einkäufer die Kontrollen in einem zentralen Register einsehen können, müssten sie nicht selber erneut tätig werden. Dies spart Kosten für die Einkäufer und entlastet die Fabrikbesitzer. Umso mehr verwundert es, dass die Datenbank von BSCI die Zahl der Audits ganz offenbar nicht reduziert hat. Das Ziel, Produzenten mit weniger Audits zu entlasten, scheint also verfehlt. Trotz des Angebots von zahlreichen Trainingsmaßnahmen liegt der Akzent bei BSCI auf Prüfung und Kontrolle, nicht auf Partnerschaft bzw. Unterstützung der Produzenten bei der Umsetzung von Sozialstandards – etwa Auf-

---

[3] Siehe hierzu Beispiele aus dem Band Burckhardt (2014), Kapitel V.

bau von Beschwerdesystemen, Schulung des Managements und der Arbeiterinnen durch Gewerkschaften und NGOs.

FEMNET und die Clean Clothes Campaign (CCC) kritisieren BSCI daher als eine Initiative, die sehr vielen Unternehmen vornehmlich dazu dient, sich hinter der Organisation zu verstecken, um selber nicht aktiv zu werden. Kommt Kritik auf, wird auf die Mitgliedschaft bei BSCI verwiesen – dies impliziert, schon genug getan zu haben. Also sorgt eine Initiative wie BSCI dafür, dass gesetzliche Regelungen nicht verabschiedet werden. Denn angeblich versuchen die Unternehmen bereits auf freiwilliger Basis, die Arbeitsbedingungen zu verbessern.

BSCI ist darüber hinaus auch nicht transparent: Die Namen der Lieferanten werden nicht veröffentlicht, Berichte über Auditergebnisse von einzelnen Fabriken sind ebenfalls nur intern für Mitglieder einsehbar.

Ohnehin sind Audits kritisch zu betrachten, besonders dann, wenn sie von kommerziellen Unternehmen durchgeführt werden. Denn Auditoren sind nicht unabhängig, werden sie doch von BSCI-Mitgliedern oder den Fabriken bezahlt. Qualität und Glaubwürdigkeit dieser Audits sind daher grundsätzlich anzuzweifeln. Nur wenn Audits von einer Multi-Stakeholder-Initiative durchgeführt werden, können sie als unabhängig angesehen werden. Es fehlt zudem die Transparenz über die dort herrschenden Arbeitsbedingungen. Deshalb ist es nötig, dass Unternehmen die Ergebnisse ihrer sozialen Audits veröffentlichen. Das gibt den lokalen Gewerkschaften und NGOs die Möglichkeit, sie auf mögliche Fehler hinzuweisen, sozusagen als Kontrolle der Auditoren. Bisher ist aber nicht bekannt, dass jemals ein Unternehmen Berichte über einzelne Fabrikprüfungen veröffentlicht hätte.

3.1 Keine Haftung

In der Praxis haften Auditoren nicht für ihre Arbeit, sie wurden bisher in Deutschland bei Fehlleistung noch nie durch Beschäftigte verklagt oder zur Rechenschaft gezogen, es fehlt ein Sanktionsmechanismus. Derzeit haben Beschäftigte kaum Chancen, erfolgreich Ansprüche gegen einen Auditor oder ein Unternehmen durchzusetzen. Es ist auch nicht bekannt, dass Unternehmen jemals explizit in einem Vertrag eine sogenannte Schutzwirkung zugunsten Dritter (gängige Abkürzung: VSD) mit einem Auditunternehmen, etwa dem TÜV, aufgenommen hätten. Dies könnte Betroffenen wie den Überlebenden von Rana Plaza in Bangladesch – ein Zusammensturz eines Gebäudes mit fünf Fabriken, über 1100 Toten und fast 2500 Verletzten – möglicherweise helfen, Schadensersatzansprüche geltend zu machen. So hatte der TÜV-Rheinland eine Fabrik in dem Gebäude mehrfach überprüft und weder Kinderarbeit und Frauendiskriminierung noch Gewerkschaftsbehinderung vorgefunden.[4]

---

[4] Der Autorin liegt der Auditbericht vor. Sie hat ihn in ihrem Buch veröffentlicht: Burckhardt (2014, S. 122 ff.).

Trotz der zahlreichen Audits von Unternehmen oder auch von BSCI zeigen die Recherchen von FEMNET und der CCC in den Produktionsländern, dass sich die Arbeitsbedingungen in den wichtigen Bereichen (Löhne, Arbeitszeiten, Vereinigungsfreiheit, Diskriminierung) kaum geändert haben. Dies ist nicht verwunderlich, denn letztlich entscheidet die Einkaufspolitik der multinationalen Unternehmen darüber, ob in den Produktionsländern Arbeits- und Menschenrechte tatsächlich eingehalten werden. Zu einer Erhöhung der Einkaufspreise, die zu einer wirklichen Verbesserung der Bezahlung der Beschäftigten und einer Reduzierung von Überstunden führen könnte, sind die Unternehmen offenbar nicht bereit.

3.2 Wozu dienen Sozialaudits?

Mittlerweile haben auch Unternehmen erkannt, dass Audits keine Verbesserung der Arbeitsbedingungen zur Folge haben. Dennoch geben sie weiterhin viel Geld für diese Sozialkontrollen aus, wovon zwar eine ganze Auditorenbranche sehr gut lebt, die Arbeiter aber haben kaum etwas davon. Es gibt inzwischen zahlreiche Berichte und Kritiken an Audits (s. hierzu Burckhardt und Merk 2011) und deshalb stellt sich die Frage, warum für Audits weiterhin so viel Geld ausgegeben wird? Würde es Unternehmen letztlich nicht sogar billiger kommen und könnten sie ihr Image nicht wesentlich verbessern, wenn sie statt in Audits in Verbesserungen auf Fabrikebene, etwa in die Sicherstellung der Zahlung von höheren Löhnen, investieren würden? Ebenfalls sinnvoll wäre es, Aufträge nur noch an Produzenten zu vergeben, die für freie Gewerkschaftswahlen in den Fabriken sorgen. Warum geschieht dies nicht? Die Vermutung liegt nahe: Audits dienen primär der Rechtfertigung gegenüber der Öffentlichkeit, den Unternehmen geht es nicht darum, die Arbeitsbedingungen vor Ort zu verbessern.

Faktisch vergeben Unternehmen Aufträge an Produzenten in Niedriglohnländern, weil ihnen daraus ein komparativer Kostenvorteil erwächst. Dies hängt unmittelbar mit den niedrigen Sozial- und Umweltstandards in diesen Ländern zusammen. Sobald die Löhne steigen – siehe die Entwicklung in China in den vergangenen Jahren – wandern die Aufträge in „billigere" Länder. Auch die geringe staatliche Kontrolle in den Produktionsländern kommt den Unternehmen entgegen. Es erscheint also absurd: Unternehmen zahlen viel Geld für Sozialaudits, gehen aber gerade in die Länder, wo die Sozialstandards niedrig sind und schlecht oder gar nicht kontrolliert werden. Die vor diesem Hintergrund getroffenen CSR-Maßnahmen erscheinen also wenig glaubwürdig.

4 Die Arbeit von FEMNET

FEMNET ist ein gemeinnütziger, bundesweiter Frauenrechtsverein mit Sitz in Bonn. Im Fokus unserer Arbeit stehen Menschenrechte in der weltweiten Bekleidungsindustrie. Vor allem in der Bekleidungsindustrie des globalen Südens, wo ein Großteil der westlichen

Kleidung genäht wird, sind die Beschäftigten überwiegend weiblich – und den dort herrschenden autoritären Produktionssystemen oft hilflos ausgeliefert. Mädchen werden so erzogen, dass sie bedingungslos gehorchen und deshalb seltener gegen Missbrauch aufbegehren.

Seit seiner Gründung 2007 hat sich FEMNET aktiv mit Themen rund um CSR kritisch auseinandergesetzt, wobei der Verein bundesweit arbeitet, aber einen Schwerpunkt in NRW mit seinem Sitz in Bonn und seinen Projekten hat.

FEMNET setzt sich dafür ein:

- Entscheider aus Wirtschaft, Politik und Wissenschaft zu motivieren, rechtlich verbindliche Strukturen für eine sozialverträgliche Arbeitswelt zu schaffen,
- durch stetige Informations- und Bildungsangebote eine starke Zivilgesellschaft zu entwickeln und diese zu motivieren, sich aktiv für eine gerechte Welt einzusetzen,
- die breite Öffentlichkeit zu informieren, für die Probleme des globalen Handels zu sensibilisieren und zum bewussten Konsum anzuregen.

Um dies zu erreichen arbeitet FEMNET in den im Folgenden beschriebenen Bereichen.

4.1 Politisches Engagement: Kampagnen

Im Rahmen der Clean Clothes Campaign (CCC) – Kampagne für Saubere Kleidung – wendet sich FEMNET an die Unternehmen der Bekleidungsindustrie und tritt für existenzsichernde Löhne und das Recht auf gewerkschaftliche Organisation ein. Ganz besonders bekämpft der Verein die Diskriminierung der weiblichen Beschäftigten. Durch Öffentlichkeitsarbeit wird Druck auf die Unternehmen ausgeübt, damit sie ihre soziale Verantwortung wahrnehmen. Mithilfe von Eilaktionen (Briefe, Faxe, E-Mails an einkaufende deutsche Unternehmen) unterstützt FEMNET Partner in den Produktionsländern, wenn Näherinnen entlassen werden, Fabriken plötzlich schließen oder Gewerkschafter persönlich bedroht werden. So hat sich FEMNET im Rahmen der CCC für die Entschädigung der Opfer und Hinterbliebenen der Rana-Plaza-Katastrophe in Bangladesch eingesetzt. Auch Aktionen vor Bekleidungsgeschäften, beispielsweise in Bonn vor Benetton, das zunächst nicht in den Entschädigungsfonds einzahlen wollte, organisierte FEMNET. Erst nach drei Jahren intensiver Kampagne von zahlreichen Nichtregierungsorganisationen (NGOs), darunter der Mitgliedsorganisationen der CCC, gelang es im April 2016, die von der ILO berechnete Summe in Höhe von rund 30 Mio. USD zur Entschädigung der Opfer aufseiten der einkaufenden Unternehmen aufzubringen. Einige Unternehmen zahlten gar nichts ein (Adler, NKD), andere zu wenig (Walmart, Gap, KiK u. a.). (s. https://femnet-ev.de/index.php/themen/ccc-kampagne/aktionennachrichten-der-ccc/437-am-24-april-jaehrt-sich-zum-2-mal-die-katastrophe-von-rana-plaza und http://ranaplaza-arrangement.org/fund/donors).

Im Rahmen der CCC leitete FEMNET mehrere Jahre eine Discounterkampagne, die sich an Aldi, Lidl und KiK richtete. Die Discounter sind die Preistreiber nach unten, die andere Marken zwingen nachzuziehen. Wenn die Einkäufer die Preise drücken, müssen letztlich die Näherinnen dafür büßen. Die Kampagne konfrontierte die Unternehmen mit Recherchen über Arbeitsrechtsverletzungen bei ihren Produzenten in Bangladesch (Kampagne für Saubere Kleidung 2008), die Verantwortlichen führten gleichzeitig Gespräche mit den Discountern. Um der öffentlichen Kritik etwas entgegenzusetzen, betrieb Lidl damals (2010) Schönfärberei. Auf seiner Webseite und in Broschüren verkündete der Discounter vollmundig: „Wir bei Lidl vergeben unsere Non-food Aufträge nur an ausgewählte Lieferanten und Produzenten, die bereit sind und nachweisen können, soziale Verantwortung aktiv zu übernehmen." Zusätzlich trat Lidl der BSCI bei. Da Lidl unverfroren mit der Einhaltung von Sozialstandards bei seinen Lieferanten warb, wandte sich die CCC an die Verbraucherzentrale Hamburg, die im April 2010 mit Unterstützung der CCC und dem European Center for Constitutional and Human Rights (ECCHR) wegen Täuschung der Verbraucher gegen den Discounter klagte. Denn die CCC konnte nachweisen, dass von vier Lidl-Lieferanten in Bangladesch die Lidl/BSCI-Sozialstandards massiv verletzt wurden. Nach Einreichung der Klage und ihrer Veröffentlichung zog Lidl seine Werbung am nächsten Tag zurück (https://www.ecchr.eu/de/unsere-themen/wirtschaft-und-menschenrechte/arbeitsbedingungen-in-suedasien/bangladesch-lidl.html).

Die CCC erstellte mit Unterstützung von professionellen Schauspielern den Videoclip „Schön! Färber!" (zu Aldi, Lidl und KiK), den inzwischen schon über 70.000 Personen gesehen haben (http://www.youtube.com/watch?v=2JomPtm00yU).

4.1.1 Primark in der Fair Trade Town Bonn?

Als der Bonner Stadtrat am 30.06.2016 über den Umbau des Bahnhofsvorplatzes entschied, brachten die FEMNET-Frauen lautstark ihren Protest in der Ratsversammlung, in einem offenen Brief an den Bonner Stadtrat und durch eine Demonstration vor, denn ein Großinvestor wird dort 2018/2019 einen Riesenpalast errichten – Hauptmieter wird der Billigmodeanbieter Primark. Von insgesamt 12.000 m^2 sollen 9500 an die irische Kleiderkette gehen – alle oberirdischen Stockwerke. FEMNET kann nicht nachvollziehen, warum ausgerechnet die Fair Trade Town Bonn Tür und Tor für Wegwerfmode öffnet und damit auch viele mittelständische und kleine Bekleidungsläden in Gefahr bringt.

Denn die Konzentration im Einzelhandel nimmt zu. So sank die Zahl der Bekleidungsfachhändler in Deutschland von 35.000 im Jahr 2000 auf 20.000 im Jahr 2014, verdrängt von Modekraken wie Primark, Zara, Mango und H&M (Burckhardt 2014 S. 196). Unsere Städte sehen immer einheitlicher aus, überall prägen große Ketten das Bild, kleine Marken und Bekleidungsgeschäfte können dem Preiskampf nicht mehr standhalten. Von den niedrigen Preisen und ausgeklügelten Werbebotschaften angelockt, ist der Konsum von Kleidung und Schuhen in den Jahren 2005 bis 2010 angestiegen. Fazit: Wir kaufen mehr, zahlen aber weniger!

4.1.2 Edle Labels – billige Mode

In dem Buch *Todschick. Edle Labels, billige Mode – unmenschlich produziert* (Burckhardt 2014) wird am Beispiel von zwölf Fabriken in Bangladesch nachgewiesen, dass teure Marken unter keinen anderen Arbeitsbedingungen fertigen lassen als Billiganbieter, oft sogar in der gleichen Fabrik. Am Beispiel der Marken Hugo Boss und H&M wird dies ausführlich dargestellt. In einer Fabrik ließen Hugo Boss, Tommy Hilfiger, Esprit, H&M und C&A produzieren. Um den Druck auf Hugo Boss zu erhöhen, erwarb ich Aktien des Bekleidungsherstellers – das ermöglichte mir, auf der Hauptversammlung der Aktionäre einen Gegenantrag zur Entlastung des Vorstands zu stellen und dort auch zu sprechen. Inzwischen bin ich auf den vergangenen beiden Aktionärsversammlungen aufgetreten und habe die Arbeitsbedingungen angeprangert, unter denen die Produzenten von Hugo Boss herstellen, einmal in Bangladesch, das andere Mal in Indien. Auf der letzten Hauptversammlung sprach eigens eine Inderin, die FEMNET zu einer Speakers-Tour durch Deutschland eingeladen hatte. Die Presse informierte beide Male ausführlich, auch weitere Aktionäre traten auf und hinterfragten das Geschäftsmodell. Warum stellt ein Unternehmen wie Hugo Boss nicht sicher, dass höhere Löhne gezahlt werden, sondern rechtfertigt sich damit, seine Produzenten zahlten die gesetzlich vorgeschriebenen Mindestlöhne, die nicht reichen, um das Existenzminimum zu garantieren? Ein Aktionär fragte folgerichtig: Hugo Boss zahlt seinen eigenen Mitarbeitern in Deutschland doch auch nicht nur 8,50 € die Stunde, oder?

4.2 Politisches Engagement: Einsatz für verbindliche gesetzliche Vorgaben und Mitarbeit beim Bündnis für nachhaltige Textilien

FEMNETs politisches Engagement richtet sich auch an die Bundesregierung, deshalb unterstützt FEMNET Aktionen im Rahmen des Netzwerks für Unternehmensverantwortung (CorA). Wenn sich an den verheerenden Produktionsbedingungen in der Modeindustrie grundsätzlich etwas ändern soll, benötigen wir gesetzliche, verbindliche Vorgaben, welche die deutschen und europäischen Unternehmen verpflichten, auf die Einhaltung von Sozialstandards in ihrer gesamten Lieferkette zu achten. Verletzungen der Sozialstandards müssen geahndet werden. Nur wenn Unternehmen für die Missachtung von Menschenrechten und Arbeitsstandards zahlen müssen, können Katastrophen wie Rana Plaza vermieden werden.

Hier helfen nur verbindliche gesetzliche Vorgaben, denn freiwillige Maßnahmen, wie sie bislang gang und gäbe sind – heißen sie nun Code of Conduct, Nachhaltigkeitsbericht, Audits oder Business-Social-Compliance-Initiative –, reichen nicht. Im Gegenteil: Bleibt es bei der von den Modelobbyisten gepredigten Selbstverpflichtung in Sachen CSR, werden letztlich jene Unternehmen benachteiligt, die beispielhaft vorangehen und sich auch finanziell an der Wahrung von Menschenrechten in ihrer globalen Lieferkette beteiligen. Die anderen machen weiter wie bisher: Kasse auf Kosten der Arbeiter.

Zusätzliche freiwillige Maßnahmen von Unternehmen sieht die Frauenrechtsorganisation als Ergänzung zu gesetzlichen Regeln. Seit nunmehr zwei Jahren arbeitet FEMNET daher aktiv im Bündnis für nachhaltige Textilien, kurz Textilbündnis, mit, das der Bundesminister für wirtschaftliche Zusammenarbeit und Entwicklung Gerd Müller initiiert hat. Ziel ist es, die sozialen, ökonomischen und ökologischen Bedingungen entlang der gesamten Lieferkette des Textil- und Bekleidungssektors nachweislich zu verbessern.

Dieser Prozess ist sehr zäh und zeitaufwendig. Im Textilbündnis gibt es derzeit rund 150 Mitglieder, darunter 120 Unternehmen. Das bedeutet, dass die Zivilgesellschaft unterrepräsentiert ist und nur wenige Kräfte hat. In mehreren Arbeitsgruppen wird um Kompromisse gerungen. Während die großen Unternehmen CSR-Abteilungen unterhalten, sich in der Regel intensiv mit der Thematik beschäftigen und auch selber schon Nachhaltigkeitsberichte erstellt haben, betreten viele mittelständische und kleine Unternehmen hier Neuland. Oft orientiert sich die Diskussion im Textilbündnis aber an ihnen, denn das Bundesministerium für wirtschaftliche Zusammenarbeit und Entwicklung (BMZ) will auch sie ins Boot holen. Die Unternehmen oder ihre Verbände klagen, dass etwa die Erstellung einer aus zivilgesellschaftlicher Sicht nicht besonders anspruchsvollen Roadmap – in der sich die Unternehmen eigene Ziele für die Umsetzung von Sozial- und Umweltstandards entlang der Lieferkette für das kommende Jahr setzen – zu aufwendig sei. Ihr Ziel ist es, die ohnehin schon geringen Ansprüche zu senken. Aber ohne Anstrengung wird es keine Verbesserung der Arbeitsbedingungen geben! Die Skepsis darüber, wie ernst Unternehmen es wirklich meinen, ist unter NGOs weit verbreitet. Die Kritik nimmt zu, die Zivilgesellschaft diene lediglich als Feigenblatt. Die Außenhandelsvereinigung des Deutschen Einzelhandels (AVE) schreibt in ihrem Jahresbericht 2016 (AVE 2016): „Wir empfehlen unseren Mitgliedsunternehmen weiterhin den Beitritt zum Bündnis, da die meisten AVE-Mitglieder bereits durch ihr jetziges Engagement keine Schwierigkeiten haben sollten, die Bündnisstandards zu erfüllen."

Vor diesem Hintergrund stellt sich die Frage, ob all der persönliche Einsatz und Aufwand lohnt, den FEMNET und andere NGOs einbringen. Es klingt in der Tat so, als ob alles zum Besten stünde (zumindest für die Handelsunternehmen), das jetzige Engagement reicht laut AVE offenbar aus. Warum dann überhaupt ein Textilbündnis? Dass sich für die Näherinnen die Lage trotz all des Engagements nicht verbessert hat, scheint den AVE nicht zu beschäftigen. Es kommen daher berechtigte Zweifel auf, ob die Erstellung der Roadmaps einen Fortschritt bedeutet. Die Ausrichtung an kleinen und mittelgroßen Unternehmen, die am Umsatz der Bekleidungsindustrie nur einen Anteil von weniger als 30 % haben, verzögert den Prozess und reduziert das Niveau.

Deshalb hat FEMNET einen Vorstoß für eine gemeinsame Bündnisinitiative gemacht, die vor Ort tatsächlich etwas verändern könnte. Das Ziel dieser Multi-Stakeholder-Initiative ist, die Sklavenarbeit junger Frauen in südindischen Spinnereien abzuschaffen. Denn aus Sicht von FEMNET besteht der Mehrwert des Textilbündnisses vor allem darin, dass sich mehrere Unternehmen mit Gewerkschaften und NGOs zusammentun könnten, um vor Ort Verbesserungen bei den Zulieferern zu erreichen. Bislang ist erschreckende Praxis: Junge Mädchen im Alter von 14 bis 18 Jahren werden unter falschen Versprechungen in die Spinnereien gelockt, wo sie drei Jahre für einen Hungerlohn arbeiten, um am Ende eine Summe zu erhalten, die ihre Mitgift darstellen soll – das soll sie zur glücklichen Braut (Sumangali) machen. Die jungen Mädchen müssen in großer Hitze und unter ohrenbetäubendem Maschinenlärm schwerste Arbeit im Schichtsystem verrichten. Sie arbeiten bis zu zwölf Stunden, auch nachts, und werden in überlegten und schlecht ausgestatteten Schlafbaracken wie in Gefangenschaft gehalten. Angeworben werden sie aus armen Familien der unteren Kasten (Dalits) aus weit entfernt liegenden Dörfern oder sogar anderen Bundesstaaten, sodass sie nur selten ihre Familien sehen. Da die Mädchen weder Arbeitsvertrag, Fabrikausweis noch Gehaltsabrechnung erhalten, haben sie keinen Nachweis über ihre Anstellung und können folglich vor keinem Gericht ihre Rechte und Ansprüche einklagen. Die Unternehmen missbrauchen die Mädchen jahrelang als „Auszubildende" und zahlen ihnen auf diese Weise einen deutlich geringeren Lohn, der oft nicht einmal dem gesetzlichen Mindestlohn für Auszubildende entspricht. Diese moderne Form der Sklaverei will FEMNET zusammen mit lokalen NGOs in Tamil Nadu abschaffen. Die Initiative basiert auf einem Vorschlag einer lokalen Multi-Stakeholder-Initiative (zusammengesetzt aus NGOs und drei Unternehmen in Tamil Nadu) und wurde auch von einigen deutschen Unternehmen auf einer Fachtagung, zu der FEMNET im Mai 2016 in Berlin eingeladen hatte, zumindest interessiert angehört. Im November 2016 fand eine Sondierungsmission statt, an der sich Vertreterinnen von drei deutschen Unternehmen, BMZ und FEMNET beteiligt haben, um erste Schritte hin zu einer Bündnisinitiative auszuloten.

4.3 Bildungs- und Beratungsarbeit

Der Verein betreibt Bildungs- und Aufklärungsarbeit an deutschen Modehochschulen, um die zukünftigen Einkäufer großer Unternehmen frühzeitig für Sozial- und Umweltstandards zu sensibilisieren. Die Studierenden von heute arbeiten morgen als Designer, Bekleidungstechniker und Einkäufer und sollten über die globalen Produktionsketten informiert sein. Die Verantwortung für umweltverträgliche und soziale Arbeitsbedingungen in der globalen Modeindustrie beginnt in Deutschland.

Im Bildungsprojekt „Mode studieren, Verantwortung tragen" kooperiert FEMNET mit (Fach-)Hochschulen, damit Arbeitsrechte von Näherinnen in Zulieferbetrieben, Verhaltenskodizes von Unternehmen sowie Sozial- und Umweltstandards in der Wertschöpfungskette in den Lehrplänen von modebezogenen Studiengängen berücksichtigt werden. Wir bieten Workshops und Vorträge – auch von Gästen aus den Produktionsländern – an und berichten über beispielhafte Initiativen an Hochschulen auf unserem Blog: www.modefairarbeiten.de. Es wurden im Jahr 2016 über 700 Studierende unterschiedlichster modebezogener Studiengänge an 13 Hochschulen mit unseren 26 zum Teil mehrtägigen Workshops, Vorträgen von Südgästen und durch Individualberatungen erreicht. FEMNET hat insgesamt zwölf Module erstellt und bildet permanent rund 20 Multiplikatoren fort, die die Einsätze an den Hochschulen durchführen. Der Verein wendet sich durch Fachtagungen auch an die Lehrenden an den (Fach-)Hochschulen. Ein Schwerpunkt dieser Arbeit ist NRW. Mit der Hochschule Niederrhein bestehen seit nunmehr sechs Jahren enge Kontakte, FEMNET führt mit ihren Multiplikatoren regelmäßig Workshops zu nachhaltigen Themen an der Hochschule durch und betreut regelmäßig Studierendenprojekte.

Im Projekt werden auch Bildungsmaterialien entwickelt wie eine Broschüre zu „sustainable sourcing" und 12 Fact Sheets, die die Inhalte der jeweiligen Module zusammenfassen. Auf der Webseite gibt es eine Datenbank, die regelmäßig aktualisiert wird.

4.3.1 Konferenz für Studierende und Lehrende

Alle zwei Jahre organisiert FEMNET eine Konferenz für Studierende und Professoren/Dozenten. 2012 fand die Konferenz in Gelsenkirchen, 2014 in Berlin und im Oktober 2016 zum dritten Mal in Düsseldorf statt. Auf diesen Konferenzen geht es gezielt um Fragen der Nachhaltigkeit in Unternehmen, aber auch an Universitäten. Wie steht es mit der Unternehmensverantwortung in modebezogenen Studiengängen? Welche externen Einflüsse gibt es auf die Wissenschaft und was bedeutet dies für die Studierenden? Während die Studierenden regelmäßig Praktika bei Bekleidungsunternehmen machen, entrüstete sich die Wirtschaft an einer Fachhochschule, dass ein Vertreter aus Bangladesch auf Einladung von FEMNET über die Arbeitsbedingungen vor Ort sprach. FEMNET bietet Studierenden auch Praktika an, sowohl im eigenen Büro als auch bei Partnern in Asien. Zur Konferenz im Oktober 2016 hat FEMNET zum einen zu einer Diskussion über das Textilbündnis eingeladen, zum anderen gab es eine Podiumsdiskussion mit Unternehmen (Hugo Boss, Armed Angels) über CSR. In Workshops wurden positive Beispiele von Unternehmensverantwortung vorgestellt und zur Diskussion gestellt.

4.3.2 Öffentliche Hand

FEMNET berät auch die Stadt Bonn bei der Ausschreibung und Beschaffung fairer Textilien, denn auch die öffentliche Hand spielt eine wichtige Rolle bei der Beschaffung von Kleidung. 360 Mrd. € werden in Deutschland jährlich von der öffentlichen Hand für den Einkauf von Waren, Gütern und Dienstleistungen ausgegeben. Einen ganz erheblichen Anteil daran hat der Einkauf von Dienst- und Schutzkleidung – etwa für den Garten- und Forstbetrieb, die Müllabfuhr, die Feuerwehr oder Krankenhäuser. Ein großes Problem für viele Kommunen stellte bislang die unsichere Rechtslage dar: Mit der Umsetzung der EU-Vergaberichtlinie in nationales Recht (Modernisierung des Vergaberechts) im April 2016 besteht mehr Rechtssicherheit für Kommunen, die nun soziale Standards in die Ausschreibung einfließen lassen können. Da die Berücksichtigung sozialer Standards – bis auf wenige Ausnahmen von länderspezifischen Regelungen – aber freiwillig bleibt und es noch wenige positive Praxisbeispiele gibt, ist es wichtig, dass jetzt auch Maßnahmen zur Umsetzung in der öffentlichen Beschaffungspraxis folgen. Hier setzt FEMNET an. Durch die Begleitung der Stadt Bonn bei der Ausschreibung und Beratung der Unternehmen bei zielführenden Maßnahmen sollen Erfahrungen gewonnen werden, wie insbesondere glaubwürdige Nachweise über die Einhaltung von Sozialstandards erbracht werden können. Die Beratung der Stadt Köln und weiterer Kommunen und Städte ist 2017 geplant.

4.4 Solidaritätsfonds

In den Produktionsländern unterstützt FEMNET Partnerorganisationen, die Frauen über ihre Rechte aufklären, Rechtsbeistand leisten oder ihnen ermöglichen, sich weiterzubilden und gewerkschaftlich zu organisieren. Die Näherinnen in den Ländern des globalen Südens haben keine Lobby und kennen oftmals ihre Rechte nicht. FEMNET unterstützt lokale Frauenorganisationen und Gewerkschaften in Indien und Bangladesch, damit Näherinnen über ihre Rechte informiert werden und sie bei der Einforderung dieser Rechte juristische Unterstützung erhalten.

So unterstützt FEMNET in Bangladesch die Gewerkschaft NGWF seit vielen Jahren mithilfe eines Rechtshilfefonds. Die Gewerkschaft hilft ihren Mitgliedern bei Entlassung, indem sie vor dem Arbeitsgericht klagt, Beschwerdebriefe einreicht und die Betroffenen bei Anhörungen vor Gericht begleitet. Im Jahr 2016 wurden durch den Rechtsbeistand 95 Klagen bei Gericht eingereicht und 194 Fälle wurden durch Schlichtungsverfahren gelöst, wodurch die Betroffenen Entschädigungszahlungen erhielten.

NGWF ist darüber hinaus politisch sehr aktiv. Die Gewerkschaft rief die internationalen Unternehmen mit großen Protestaktionen zur Zahlung in den Entschädigungsfonds für die Rana-Plaza- und Tazreen-Opfer auf. NGWF beteiligt sich auch an der Umsetzung des Brand- und Gebäudeschutzabkommens ACCORD. Auch für einen verlängerten Mutterschutz setzt sich die Gewerkschaft ein: Die Regierung in Bangladesch hat die Mutterschutzzeit für Frauen von vier auf sechs Monate verlängert. Dieses Gesetz gilt jedoch nicht für Arbeiterinnen in den Fabriken, sondern nur für Frauen, die in staatlichen Organisationen tätig sind. Den Arbeiterinnen stehen weiterhin nur vier Monate zu – und selbst diese trauen sie sich oft nicht zu nehmen, um ihren Job nicht zu verlieren. Anlässlich des Internationalen Tags der Frau am 8. März hat NGWF sowohl 2016 als auch 2017 jeweils eine Demonstration organisiert, um auf diese Diskriminierung aufmerksam zu machen.

In Indien unterstützt FEMNET Munnade/GLU, eine Frauengewerkschaft, die zum einen ebenfalls Frauen rechtlich berät, zum anderen aber auch mobilisiert und organisiert. Als erfahrene Frauenrechtsorganisation kümmert sich Munnade um die Wahrung der Menschenrechte der in wirtschaftlicher Unsicherheit lebenden Frauen. Sie leistet juristischen Beistand für Textilarbeiterinnen bei Klagen vor Gericht in Arbeitsprozessen. Außerdem unterstützt Munnade die Frauen bei Gewalt in der Familie oder bei Mietproblemen, informiert sie über ihre Rechte und die Arbeitsgesetze Indiens und bildet einzelne Frauen zu Leiterinnen aus, die in der Gewerkschaft Führungspositionen einnehmen sollen.

FEMNET setzt sich in Bangalore zusammen mit der NGO Cividep für eine gesetzlich vorgeschriebene Kinderbetreuung in den Textilfabriken Bangalores ein. Von den rund 1220 Textilfabriken dort stellen nur rund 5 % einen funktionierenden Kindergarten zur Verfügung. Durch Information der und Druck auf die Einkäufer, in diesem Fall waren es C&A und H&M, konnten FEMNET und Cividep 2015 erreichen, dass immerhin C&A sich bemühte, seine Policy anzupassen, und seine Lieferanten verpflichtete, die gesetzlichen Auflagen einzuhalten. H&M hingegen blieb – trotz eines Berichts im *Spiegel* – untätig. Das Projekt soll in den kommenden Jahren fortgeführt und ausgedehnt werden.

Im südindischen Staat Tamil Nadu unterstützt FEMNET eine weitere Nichtregierungsorganisation, die sich für die Rechte der Mädchen in den Spinnereien einsetzt und auf politischer Ebene versucht, die Rechtsprechung zu beeinflussen (siehe hier auch die Bündnisinitiative, die FEMNET im Rahmen des Textilbündnisses vorgeschlagen hat).

4.5 Kundenaufklärung und Transparenz

Papst Franziskus macht auf unser Konsumverhalten aufmerksam: „Um einen Lebensstil vertreten zu können, der die anderen ausschließt, oder um sich für dieses egoistische Ideal begeistern zu können, hat sich eine Globalisierung der Gleichgültigkeit entwickelt. Fast ohne es zu merken, werden wir unfähig, Mitleid zu empfinden gegenüber dem schmerzvollen Aufschrei der anderen, wir weinen nicht mehr angesichts des Dramas der anderen, noch sind wir daran interessiert, uns um sie zu kümmern, als sei all das eine uns fern liegende Verantwortung, die uns nichts angeht. Die Kultur des Wohlstands betäubt uns" (Papst Franziskus 2013, S. 52 f.).

Gestern Fast Food, heute Fast Fashion! Hat die Bluse einen Riss, wird sie nicht etwa genäht, sondern meist gleich in den Müll oder Altkleidercontainer geworfen – und durch eine neue ersetzt. Seit Jahren ist ein Preisverfall bei Kleidung zu beobachten. Pro Kopf kauft eine Deutsche jährlich rund 14 kg Kleidung, das sind etwa 23 Jeans oder 140 T-Shirts, und entsorgt wiederum neun Kilogramm, beispielsweise 15 Jeans oder 90 T-Shirts, in den Altkleidermüll. So landeten 2016 eine Million Tonnen Altkleider in den Sammelcontainern. Anders ausgedrückt: Laut Greenpeace kauft statistisch gesehen jeder Deutsche (Säuglinge inbegriffen) Monat für Monat fünf neue Teile. Das macht am Ende des Jahres 60 Schuhe, Kleidung oder modische Accessoires mehr. Allerdings werden von diesem wahren Kleiderberg nur 40 % überhaupt getragen, über die Hälfte landet nach einiger Zeit im Altkleidermüll.

FEMNET macht auf diese Verschwendung aufmerksam und ruft zu einem gedrosselten und bewussten Konsum auf. Diese Aufklärungsarbeit für Verbraucher zielt darauf ab, Bewusstsein über unsere Konsummuster herzustellen, den Massenkonsum zu hinterfragen und eine andere, nachhaltige Produktion zu fördern – von den Spinnereien und Webereien über die Konfektion bis hin zum Verkauf. Dabei leitet FEMNET auch zum bürgerschaftlichen Engagement durch Aktionen und Veranstaltungen vor Ort an.

Verbraucher, die wissen, unter welchen Bedingungen ihre Ware hergestellt wird, entscheiden sich eher für „ethischen" Konsum. Es fühlt sich besser an, „faire" Ware zu tragen. Deshalb fordert FEMNET von Unternehmen auch Transparenz. Einige kommen dem schon nach. So erklären H&M, C&A und Esprit, in welchen Fabriken und Ländern ihre Waren hergestellt werden. Die Offenlegung der Lieferkette ist für viele Unternehmen jedoch noch ein rotes Tuch.

Für die Stadt Bonn hat FEMNET einen Einkaufsführer für faire Bekleidung erstellt, indem rund 200 Geschäfte befragt wurden, ob sie faire Kleidung anbieten. Es stellte sich heraus, dass immerhin über 50 Geschäfte vereinzelt auch faire Waren im Angebot haben, ohne dies besonders auszuweisen, teilweise auch ohne es zu wissen. Ein ähnlicher Führer für die Stadt Köln wurde in Kooperation mit der privaten Modehochschule AMD aus Düsseldorf erstellt. Auch eine Webseite gibt es hierzu: www.buygoodstuff.de.

Seit zwei Jahren bietet FEMNET die Wanderausstellung „Ich mache deine Kleidung" an, die Geschichten starker Frauen aus der Bekleidungsindustrie in Bangladesch und Kambodscha präsentiert. Es sind Näherinnen und aktive Gewerkschafterinnen, die portraitiert werden, um zu zeigen, dass Frauen nicht nur Opfer, sondern auch stark sind. Die Ausstellung wurde im Jahr 2016 19-mal gezeigt, darunter waren zehn Städte in NRW und drei Hochschulen. Des Weiteren werden Rednerinnen für Veranstaltungen im Rahmen der Ausstellung vermittelt.

5 Fazit

Damit sich die Arbeitsbedingungen in der Bekleidungsindustrie endlich verbessern, halte ich gesetzliche Vorschriften für dringend geboten, damit Unternehmen ihre Sorgfaltspflichten gemäß den Leitprinzipien für Wirtschaft und Menschenrechte einhalten. Dies würde ein „level playing field" schaffen. Derzeit haben die wenigen Unternehmen, die sich bemühen, Nachteile gegenüber all jenen, die nichts tun. Zusätzlich sind freiwillige Maßnahmen wie das Textilbündnis sinnvoll, die auf den gesetzlichen Vorschriften aufbauen. Unsere Erfahrung zeigt uns jedoch, dass Unternehmen vor allem auf öffentlichen Druck reagieren. Durch politische Kampagnen, Bildungsarbeit vor Ort, Beratung und Information der Öffentlichkeit konnte FEMNET zahlreiche Anstöße zu einer kritischen Reflexion von CSR geben.

Dabei liegt der Schwerpunkt unserer Arbeit in NRW: In Bonn und in Köln beraten wir die Stadt beim Einkauf von fairer Dienstkleidung, für beide Städte wurde ein Einkaufsführer für faire Kleidung erstellt, an mehreren Mode-(Fach-)Hochschulen in NRW führt FEMNET Workshops zum Thema CSR/Unternehmensverantwortung im weitesten Sinn durch und die Konferenz für Studierende und Lehrende fand nun schon zum 2. Mal in NRW statt.

Die Projekte & Initiativen von FEMNET

- Mode studieren, Verantwortung tragen: www.fairschnitt.org und www.modefairarbeiten.de
- Die moderne Form der Sklaverei in südindischen Spinnereien: http://www.femnet-ev.de/index.php/de/themen/moderne-sklaverei
- Faire öffentliche Beschaffung: http://www.femnet-ev.de/index.php/de/themen/faire-oeffentliche-beschaffung
- Kitaprojekt mit Cividep: http://www.femnet-ev.de/index.php/de/themen/cividep
- Solifonds: http://www.femnet-ev.de/index.php/de/spenden/solidaritaetsfonds-spenden

- Tipps für den ökofairen Einkauf: http://www.femnet-ev.de/index.php/themen/oekofaire-kleidung/siegeluebersicht
- Videoclip über die Schönfärberei von Unternehmen: http://www.youtube.com/watch?v=2JomPtm00yU

Literatur

Außenhandelsvereinigung des Deutschen Einzelhandels (AVE) (2016) Jahresbericht 2016

Brüderle R (2011) In: Die ZEIT, Beilage CSR, In'pact Mediaverlag (Mai 2011)

Bundesministerium für Umwelt, Naturschutz und Reaktorsicherheit (2011) Verantwortung neu denken. Risikomanagement und CSR

Burckhardt G (2014) Todschick. Edle Labels, billige Mode – unmenschlich produziert. Heyne, München

Burckhardt G, Merk J (2011) Sozialaudits – was bringen sie den Näherinnen in den Sweatshops? In: Burckhardt G (Hrsg) Corporate Social Responsibility – Mythen und Maßnahmen, S 113

EU Kommission (2011) Eine neue EU-Strategie (2011–2014) für die soziale Verantwortung der Unternehmen (CSR), Brüssel, 25.10.2011. europa.eu/rapid/press-release_MEMO-11-730_en.htm. Zugegriffen: 11. Mär. 2017

Kampagne für Saubere Kleidung (2008) Wer bezahlt unsere Kleidung bei Lidl und KiK? Arbeitskraft zum Discountpreis-Schnäppchen für alle? Eigendruck, Berlin

Papst Franziskus (2013) „Evangelii Gaudium". http://w2.vatican.va/content/francesco/de/apost_exhortations/documents/papa-francesco_esortazione-ap_20131124_evangelii-gaudium.html (Erstellt: 24. Nov. 2013). Zugegriffen: 11. Mär. 2017

Reed Consulting, GTZ (2010) A CSR Guide for Entrepreneurs and Factory Managers. Reed Consulting Bangladesh Ldt., Dhaka

Dr. Gisela Burckhardt, Vorstandsvorsitzende von FEMNET. Seit rund 20 Jahren setzt sich die entwicklungspolitische Gutachterin und Autorin des Buches *Todschick –Edle Labels, billige Mode – unmenschlich produziert* für die Verbesserung der Arbeitsbedingungen in der Bekleidungsindustrie weltweit ein. Sie ist außerdem Herausgeberin des Buches *Corporate Social Responsibility. Mythen und Maßnahmen.*

Sie sitzt für die Zivilgesellschaft im Steuerungskreis des vom BMZ gegründeten Bündnisses für Nachhaltige Textilien und vertritt FEMNET bei der Kampagne für Saubere Kleidung (CCC – Clean Clothes Campaign). Sie hat zahlreiche Textilfabriken in Bangladesch, Indien, China, Vietnam, Bulgarien und der Türkei besucht. Als entwicklungspolitische Expertin war sie jahrelang im Auslandseinsatz in Nicaragua, Pakistan und Äthiopien, unter anderem für das Entwicklungsprogramm der UNO (UNDP) und für die Gesellschaft für Internationale Zusammenarbeit (GIZ).

Köln als Pionier innovativen Unternehmensengagements für Nachhaltige Entwicklung und Klimaschutz: Erfolgreiche Kooperationen mit kommunalen, institutionellen und zivilgesellschaftlichen Akteuren

Brigitte Jantz

1 Stadtgemeinschaftliches Engagement in der Metropole Köln als Quelle partizipativer CSR-Strukturen und -Netzwerke für Nachhaltigkeit, Klimaschutz und Umweltgerechtigkeit

Das wichtigste Ergebnis der Pariser Klimakonferenz 2015 ist das mit dem 1,5 °C-Ziel formulierte deutliche Signal, das erstmalig von der gesamten Staatengemeinschaft ausgesendet wurde, ein klares globales Bekenntnis für die gemeinsame Verantwortung und Dringlichkeit des Handelns. Für die Klimaschutzpraxis vor Ort als gesamtgesellschaftliche Herausforderung (Jantz 2016a) insbesondere bemerkenswert ist die Tatsache, dass die freiwillig formulierten nationalen Ziele nicht nur in ihrer Erreichung überprüft und nachgewiesen, sondern zudem alle fünf Jahre nachgebessert werden müssen. Somit wird das Hauptaugenmerk zukünftig auf der Entwicklung und insbesondere Realisierung wirksamer, effektiver Maßnahmen zur Reduktion der Treibhausgasemissionen liegen! Und das in ganzer Breite der möglichen politischen, wirtschaftlichen und gesellschaftlichen Handlungsfelder. „Entscheidend für die Zukunft wird am Ende nicht sein, was wir wissen, sondern was wir umsetzen" (Bundesministerium für Bildung und Forschung 2015a, S. 4).

Vorausschauend wirtschaften, fair mit Beschäftigten und Geschäftspartnern umgehen, Ressourcen sparsam einsetzen, Klima und Umwelt schützen und ernst gemeintes Engagement vor Ort – dies sind Handlungsfelder, an denen Aktivitäten eines Unternehmens im Rahmen von Corporate Social Responsibility CSR ansetzen können (Bundesministerium für Wirtschaft und Energie BMWi 2016, S. 11). Und genau hier sind Kölner Unternehmen in besonderem Maße auf unterschiedlichen Ebenen und proaktiv tätig. Seit 2007/2008 überzeugen sie zunehmend durch ihre außergewöhnlichen CSR-Aktivitäten für Nachhal-

---

B. Jantz (✉)
Netzwerk e.V. – Soziale Dienste und Ökologische Bildung
Longericher Str. 136, 50739 Köln, Deutschland
E-Mail: brigitte.jantz@netzwerk.koeln

tige Entwicklung und Klimaschutz, die stets neue, überraschende CSR-Strukturen und -Netzwerke sowie konkrete Umsetzungen in der Praxis hervorbringen.

Typisch (für) Köln geschieht dies zumeist nicht im Unternehmensalleingang, sondern unter Einbindung lokal und regional bis hin zu bundes- und weltweit tätiger Institutionen, Einrichtungen und zivilgesellschaftlicher Akteure (z. B. *KlimaKreis Köln* der *RheinEnergie AG*, *NABU/WWF*-Kooperation der *REWE Group*). Auch Unternehmenskooperationen werden geschmiedet, um die innovativen Entwicklungen und Aktivitäten gemeinsam voranzutreiben: u. a. *RheinEnergie*-Netzwerke nach *LEEN – Lernende Energieeffizienz-Netzwerke* (RheinEnergie AG 2017), *Plattform Klimaverträglicher Konsum Deutschland* mit Beteiligung der *REWE-Group* (Thema1 GmbH 2011), *Ökoprofit® Köln*-Netzwerk und Lenkungskreis (Stadt Köln 2016).

Zudem sind Rat und Stadtverwaltung Kölns häufig nicht nur unterstützende Motoren, sondern auch Impulsgeber von Netzwerkaktivitäten für Bürger- und Unternehmensengagement, für Nachhaltige Entwicklung und Klimaschutz: u. a. Initiative *Unternehmen – engagiert in Köln* des *Kölner Netzwerks Bürgerengagement* (Kölner Netzwerk Bürgerengagement 2015, S. 7, 2016, S. 33), „Integriertes Klimaschutzkonzept der Stadt Köln","Integriertes Handlungskonzept der Stadt Köln: *Starke Veedel – Starkes Köln*" (Stadt Köln 2015), *Nachhaltigkeitsoffensive der Stadt Köln* im Rahmen der „Nachhaltigkeitsstrategie NRW" (Ministerium für Klimaschutz, Umwelt, Landwirtschaft, Natur- und Verbraucherschutz des Landes NRW 2016) und des Programms „Global Nachhaltige Kommune in NRW" der *LAG 21* (Landesarbeitsgemeinschaft Agenda 21 NRW e. V. 2016).

Und genau hier zeigt sich eine weitere Stärke Kölns, in den zahlreichen institutionellen und zivilgesellschaftlichen Akteuren bis hin zu privaten Initiativen, die sich nicht nur aktiv in Prozesse und Projekte zum Klimaschutz und einer Nachhaltigen Entwicklung einbringen, sondern diese ebenfalls innovativ und kreativ gestalten und gemeinschaftlich vorantreiben: u. a.: *Kompetenzteam KlimaBildung Köln* mit dem Kölner Institut *Natur & Kultur* (www.klimabildung-koeln.de), *Netzwerk Kommunale Nachhaltigkeit* des *Köln-Agenda e. V.* (www.koeln-agenda.de), *Netzwerk für eine Transformation der Stadtgesellschaft – Agora Köln* (www.agorakoeln.de), *Kölner Netzwerk Bürgerengagement* (Kölner Netzwerk Bürgerengagement 2016).

Insbesondere aber die erfolgreiche Zusammenarbeit aller drei genannten Akteursebenen –Unternehmerschaft, Rat/Stadtverwaltung, institutionelle/zivilgesellschaftliche Gruppierungen – ermöglichte die Entwicklung völlig neuer Projekte und Maßnahmenrealisierungen sowie zukunftsweisender CSR-Strukturen und -Netzwerke!

Der vorliegende Artikel fokussiert daher beispielhaft auf innovative Projekte, Konzeptentwicklungen und -umsetzungen des Kölner Trägers *Netzwerk e. V. – Soziale Dienste und Ökologische Bildung*, die seit 2010 gemeinsam mit Kölner Unternehmen, der Kölner Stadtverwaltung und zahlreichen zentralen (bildungs-)relevanten Akteuren der Region durchgeführt werden. Insbesondere Kooperationsprojekte des trägereigenen *Instituts für Ökologische Forschung und Bildung – Natur & Kultur* mit dem kommunalen Energieversorger *RheinEnergie AG* und der *Kölner REWE Group* werden vorgestellt. Zudem werden die ersten Schritte des bundesweit einmaligen, innovativen Pilotprojekts *Unternehmen engagiert für's Veedel* des *Kölner Netzwerks Bürgerengagement* präsentiert, das seit Mitte 2016 gemeinsam mit der *Sozialraumkoordination Köln-Bilderstöckchen* (ebenfalls *Träger Netzwerk e. V.*) realisiert wird.

2 Innovatives Nachhaltigkeitsengagement Kölner Unternehmen in Kooperation mit lokalen und regionalen Akteuren

2.1 Kompetenznetzwerke für den Klimaschutz – CSR des kommunalen Energieversorgers *RheinEnergie AG*

Als größtes Stadtwerk NRWs ist die *RheinEnergie AG* verantwortlich für die Versorgung von rund 2,5 Mio. Menschen sowie Industrie, Handel und Gewerbe in der Region Köln mit Strom, Erdgas, Wärme, Wasser und zunehmend auch innovativen Energiedienstleistungen (RheinEnergie AG 2014, S. 8). Das heute zu 80 % in städtischer Hand befindliche kommunale Unternehmen Kölns blickt dabei auf eine mehr als 140-jährige Unternehmensgeschichte der Energie- und Wasserversorgung für Köln und Umgebung zurück (RheinEnergie AG 2016b). Seit vielen Jahren kommt es seiner daraus resultierenden Verpflichtung zur lokalen Daseinsvorsorge und somit zum Gemeinwohl mit bemerkenswertem Engagement für die Bürger der Stadt und Region Köln nach. Diese weit über die operative Geschäftstätigkeit hinausgehenden, freiwilligen CSR-Aktivitäten der *RheinEnergie AG* umfassen gesellschaftliche, soziale und kulturelle Schwerpunkte mit z. T. bundesweiter Ausstrahlung: Kultur- und Sportsponsoring mit u. a. Literaturfestival *lit.Cologne*, *Kölner Lichter*, *Köln-Marathon*, *RheinEnergieStadion* (Jantz 2016b, S. 374), sowie Förderung nachhaltiger Projektvorhaben im wissenschaftlichen, sozialen und kulturellen Bereich über drei unternehmenseigene Stiftungen (Stadtwerke Köln GmbH 2016, S. 64).

Darüber hinaus liegt ein wesentlicher Fokus des Energieversorgers auf ökosozialen Handlungsfeldern im Umwelt- und Klimaschutz. Bereits 2007, also weit vor dem 2010 durch die Bundesregierung beschlossenen Energiekonzept, hat die *RheinEnergie AG* eigens das Klimaschutzprogramm *Energie & Klima 2020* ins Leben gerufen (Stadtwerke Köln GmbH 2016, S. 14), in dessen Rahmen u. a. das Förderprogramm *KlimaKreis Köln* für Klimaschutzprojekte in der Region Köln aufgelegt wurde. Zudem initiierte die *RheinEnergie AG* gemeinsam mit der Stadt Köln die Innovations- und Projektplattform *SmartCity Cologne* zur Entwicklung, Erprobung und zum Einsatz energiesparender, smarter Produkte im Geschäfts-, Berufs- und Lebensalltag (Jantz 2016b, S. 374; RheinEnergie AG 2016a, S. 32). Eine Vielzahl hochrangiger Klimaschutzprojekte sowie partizipative Klimaschutznetzwerke wurden durch das CSR-Engagement der *RheinEnergie AG* ins Leben gerufen, deren Aktivitäten sich noch über viele Jahre hinweg hinsichtlich Klimaschutz und Nachhaltiger Entwicklung auszahlen werden.

2.1.1 KlimaKreis Köln – Expertengremium zur Förderung von Klimaschutzgroßprojekten in der Region Köln

Ausgestattet mit 5 Mio. Euro Fördergeldern der *RheinEnergie AG* initiierte der Energieversorger 2008 gemeinsam mit der *Technischen Hochschule Köln* (damals: *Fachhochschule Köln*) den *KlimaKreis Köln*. Gegründet unter dem Motto: „Global denken, konkret handeln – für die Region", wurde ein unabhängiges Fachgremium aus führenden Klima- und Energieexperten namhafter Institutionen der Wirtschaft, Verwaltung und Verbände im Raum Köln zusammengestellt, mit dem Ziel, innovative und nachhaltige Klimaschutzprojekte in der Region anzustoßen und gezielt zu fördern (www.klimakreis-koeln.de). Über sieben Jahre hinweg konnten so 29 richtungsweisende und beispielgebende Klimaschutzgroßprojekte der Bereiche Technik, Pädagogik und Netzwerkinitiativen auf den Weg gebracht werden (Stadtwerke Köln GmbH 2016, S. 40).

Die mit max. 200.000 € geförderten Projekte tragen nicht nur zur unmittelbaren Reduktion der CO_2-Emissionen bei (z. B. durch intelligente Routenplanungen bei Lieferfahrzeugen, den Einsatz kostenfrei leihbarer Lastenfahrräder oder die Durchführung vorbildlicher energetischer Sanierungsmaßnahmen von Bestandsimmobilien). Sie ermöglichen auch kurz- sowie langfristig wirksame Bewusstseinsänderungen für Klimaschutz und Nachhaltige Entwicklung und das quer durch alle Alters- und Gesellschaftsschichten (z. B. partizipative Entwicklung des *Klimaschutz-Bildungskonzepts Köln*, interaktive Bildungsangebote für Kitas und Schulen, Theaterangebote, Förderung nachhaltigen Konsums und zukunftsfähiger Lebensstile, Spritsparwettbewerb für Kleine und Mittlere Unternehmen KMU, www.klimakreis-koeln.de).

Die in gemeinsamen Veranstaltungen zu den halbjährlich durchgeführten Vergaberunden erfolgte bewusste Verknüpfung aller Projektträger durch den *KlimaKreis Köln* unterstützte zudem die Netzwerkbildung der zentralen Klimaschutzakteure in der Metropolregion Köln, die über die konkrete Förderperiode hinauswirkt.

2.1.2 KlimaBausteine: Kleine Projekte, große Wirkung – Trägerpool der Kleinprojekteförderung für den Klimaschutz in der Region Köln

Um auf den verschiedensten, auch gesellschaftlichen Ebenen Ideen und Projekte für den Klimaschutz in der Region anzustoßen, initiierte der *KlimaKreis Köln* neben der o. g. Großprojekteförderung im Jahr 2011 auch ein spezielles Förderprogramm für Kleinprojekte, die *KlimaBausteine*, mit einem Fördervolumen von je bis zu 5000 € (www.klimabausteine.de). Koordiniert durch das Kölner Institut *Natur & Kultur* und unterstützt durch ein neutrales Vergabegremium konnten so über sechs Jahre hinweg in vier Vergaberunden pro Jahr rd. 100 Kleinprojekte gefördert werden[1] aus den Bereichen Bildung, Kultur, Natur und Technik.

Initiativen und Einrichtungen, Vereine, Unternehmen und Selbstständige, aber auch Privatpersonen hatten die Möglichkeit, ihre Klimaschutzprojektideen und -vorhaben mit möglichst niederschwelligem, geringem bürokratischen Aufwand (bei Antragstellung und

---

[1] Schätzwert durch die Autorin des noch bis Mitte 2017 laufenden Förderprogramms.

-abschluss) zu realisieren. Die zumeist sehr praxisnahen und öffentlichkeitswirksamen Projekte zeichnen sich durch Innovation und ein hohes Multiplikatorpotenzial aus, das im Sinne eines Schneeballsystems die i. d. R. alltagstauglichen Klimaschutzansätze breit in die Kölner Bevölkerung und Region streuen. Alle realisierten *KlimaBausteine* werden mit einer Kurzdarstellung und einer zweiseitigen Dokumentation auf der Projekthomepage (www.klimabausteine.de) vorgestellt. Auch die *KlimaBausteine*-Akteure bilden einen multiplikatorisch wirksamen Pool, eine Gemeinschaft unterschiedlichster Botschafter für den Klimaschutz, auf die jederzeit zurückgegriffen werden kann und bereits mehrfach wurde.

2.1.3 *Kompetenzteam KlimaBildung Köln* – Effizientes Klimaschutznetzwerk zur Entwicklung und praxisnahen Umsetzung des *Klimaschutz-Bildungskonzepts Köln*

Partizipative Netzwerke klima-(bildungs-)relevanter Akteure sind wertvolle Partner für den kommunalen Klimaschutz! Interdisziplinär besetzt verfügen sie über eine hohe Fach- und Praxiskompetenz der beteiligten Akteure sowie ein großes Multiplikatorpotenzial, um Menschen in den verschiedensten gesellschaftlichen Zusammenhängen und Ebenen anzusprechen.

Als zukunftsweisendes Klimaschutzprojekt förderte der *KlimaKreis Köln* daher zwischen 2010 und 2012 auch die stadtgemeinschaftliche Erstellung des *Klimaschutz-Bildungskonzepts Köln* (Natur & Kultur 2013). Ebenfalls koordiniert durch das Institut *Natur & Kultur* gelang es, in enger Abstimmung mit dem *Umwelt- und Verbraucherschutzamt der Stadt Köln* das erste strukturell und partizipativ entwickelte Konzept für die Klimaschutzbildung einer großen Kommune in Deutschland zu realisieren (www.klimabildung-koeln.de). Basis für das innovative Gesamtkonzept bildete neben Bedarfserfassungen der Zielgruppen insbesondere das praxisrelevante Know-how der eigens aus den zentralen Bildungsakteuren der Region Köln gegründeten Projektsteuerungsgruppe. Dieses engagierte Klimaschutznetzwerk ermöglichte die Formulierung konkreter Handlungsansätze und Maßnahmenempfehlungen zur Bildung, Beratung, Öffentlichkeits- sowie Netzwerkarbeit für den Klimaschutz in allen stadtrelevanten *Identifikationsfeldern Kölns* (Natur & Kultur 2013, S. 6 ff.).

Seit Fertigstellung des sowohl eigenständig – von der Stadtgemeinschaft für die Stadtgemeinschaft – angelegten als auch in das offizielle *Integrierte Klimaschutzkonzept der Stadt Köln* eingebundenen *Klimaschutz-Bildungskonzepts Köln* wird auf verschiedenen Ebenen proaktiv an der Umsetzung der formulierten Ziele und Module gearbeitet.

Auch das aus der erfolgreichen Steuerungsgruppe der Konzepterstellung gebildete *Kompetenzteam KlimaBildung Köln* (Jantz 2016b, S. 377 f.) hat sich dieser beschleunigten, konzeptbasierten und partizipativen Mobilisierung der Stadtgemeinschaft hin zum aktiven Klimaschutz verpflichtet. In dem interdisziplinären Netzwerk sitzen Bildungspartner der Stadt Köln, der Stadtwerke Köln, der Kammern und des Verbraucherschutzes mit Theater- und Filmleuten, außerschulischen Partnern, freien Trägern, überregional tätigen Einrichtungen und Experten an einem Tisch (Jantz 2016b, S. 378, Tab. 1). Gemeinsam realisieren sie bedarfsorientierte Maßnahmen zum klimafreundlichen Handeln im Lebens- und Bildungsalltag, in Wirtschaft und Politik. Das Team versteht sich dabei sowohl als Bindeglied zwischen den stadtgesellschaftlichen Akteuren als auch als Multiplikator, Ideenschmiede sowie Botschafter für einen effizienten und beschleunigten Klimaschutz in der Region Köln (Jantz 2016b, S. 378).

Tab. 1 Fragen an die Wissenschaft und Erwartungen an zukünftige vertiefende Forschungsarbeit nach den Ergebnissen des Klimagipfels in Paris 2015 aus Sicht des Instituts *Natur & Kultur* und des *Kompetenzteams KlimaBildung* Köln. (Impulsstatement im Rahmen der DE-IPCC-Jahrestagung 2016)

Thema	Fragen
Gesellschaftliche Transformation Forschungsfelder: Konsum, Mobilität, Energie, Nachhaltige Entwicklung mit den Gebieten Sozialökologie (FONA; Bundesministerium für Bildung und Forschung 2015a, S. 5), Psychologie (Hamann et al. 2016) und Nachhaltigkeitsphilosophie (Eberhard von Kuenheim Stiftung, Akademie Kinder Philosophieren 2012)	Welche Instrumente und Maßnahmen sind geeignet, in den Bereichen Verhalten, Lebensstile und Kultur wirksame Klimagasreduktionen zu erzielen? Welche praktischen Voraussetzungen unterstützen Bewusstseinsänderungen hin zu einer Nachhaltigen Entwicklung, welche führen vom Wissen zum Handeln?
Kommunaler Klimaschutz Forschungsfelder: Anreizsysteme und Fördermaßnahmen, Umweltschutz, Gesundheit und Aufenthaltsqualität, Leitinitiative Zukunftsstadt (Bundesministerium für Bildung und Forschung 2015b)	Wie kann der kommunale Klimaschutz in Zeiten knapper Haushaltskassen als nach wie vor *freiwillige Aufgabe* gelingen? Welche Effizienz zeigen kommunale Konzepte und Maßnahmen? Welche (messbaren) Argumente für die Stadtkämmerei unterstützen heutige Klimaschutzinvestitionen, welche positiven Effekte auf die regionale Wirtschaft und Lebensqualität sind zu erwarten?
Städte- und Wohnungsbau Forschungsfelder: Architektur und Städtebau, Wirtschaft, Finanzierungsmodelle	Welche Konzepte und Maßnahmen können verhindern, dass steigende (Klima-)Flüchtlingszahlen und Klimaschutzanforderungen an die damit verbundenen Neubauten bzw. Sanierungen unter Zeit- und Kostendruck gegeneinander ausgespielt werden?
Nachhaltigkeit von Konsumgütern Forschungsfelder: Langlebigkeit, Reparierbarkeit, Kreislauf- bzw. Cradle-to-Cradle-Systeme, Wirtschaftsförderung, politische Rahmensetzungen	Welche wirtschaftlichen und politischen Instrumente und Maßnahmen können die Nachhaltigkeit von Konsumgütern als konkrete Anregungen für Wirtschaft und Politik befördern?
Rebound-Effekte Forschungsfelder: Technik, Kommunikationsstrategien, Sozialökologie, Psychologie (s. o.)	Wann und warum treten Rebound-Effekte auf und wie können sie vermieden werden? Wie können bei Maßnahmenentwicklungen auch gleich mögliche Rebound-Effekte mit bedacht und Strategien zur Vermeidung vorgeschlagen werden?

Seit 2013 gemeinsam mit dem Institut *Natur & Kultur* realisierte, ebenfalls vom *KlimaKreis Köln* geförderte Großprojekte zur Konzeptumsetzung beinhalten zahlreiche Module und Maßnahmen der alltagsrelevanten Schwerpunkte nachhaltigen Konsums und zukunftsfähiger Lebensstile (2013–2016, Projekt in Kooperation mit *REWE-West*, vgl. Abschn. 2.2; www.klimabildung-koeln.de: Konzeptumsetzung I – Das REWE-Projekt; Jantz 2016b, S. 375 ff.) sowie nachhaltiger Mobilität (2015–2018, Projekt in Kooperation mit der *Allegium GmbH* und den *Ford-Werke GmbH;* www.klimabildung-koeln.de: Konzeptumsetzung II – Die Kölner Spritsparmeisterschaft). Dabei zeichnet sich die Projektarbeit des Kompetenzteams durch eine hohe Praxisrelevanz, Synergieeffekte und Öffentlichkeitswirksamkeit aus.

Ein besonderes Highlight der gemeinsamen Arbeit stellt das Impulsstatement des Instituts *Natur & Kultur* auf der Jahrestagung 2016 der *Deutschen Koordinierungsstelle des International Panel on Climate Change DE-IPCC* (www.de-ipcc.de) zu „Fragen an die Wissenschaft nach den Ergebnissen des Klima-Gipfels in Paris 2015" dar. Die zweitägige Tagung nahe Berlin stand ganz unter dem Fokus der konkreten Vorbereitung des 6. IPCC-Berichtszyklusses (2015–2022). Auf Einladung des DE-IPCC ergriff das Institut daher als eines von vier Impulsgebern die Gelegenheit, zentrale Fragen an die Wissenschaft zu formulieren, welche die Themenbreite des *Kompetenzteams KlimaBildung Köln* und der gemeinsamen Klimabildungsarbeit in der Region Köln abbildeten (Tab. 1).

2.2 Projektpartnerschaften für nachhaltigen Konsum und zukunftsfähige Lebensstile – CSR der *REWE Group*

Die 1927 in Köln gegründete genossenschaftliche *REWE Group* ist heute nach eigenen Angaben einer der führenden Handels- und Touristikkonzerne in Deutschland und Europa mit 330.000 Mitarbeitern in 15.000 Märkten und zwölf europäischen Ländern (REWE Group 2015, S. 4 f.). Mit rd. 40 Mio. Kundenkontakten pro Woche ist sich der Kölner Großkonzern seiner Verantwortung, aber auch seiner Potenziale bzgl. einer zukunftsfähigen Wirtschaftsentwicklung, insbesondere im Handlungsfeld Konsum bewusst. Bereits 2008 wurde daher ein konzernweites Nachhaltigkeitsmanagement etabliert und Nachhaltigkeit im Leitbild verankert. Dieses ist gekennzeichnet durch vier Nachhaltigkeitssäulen: Grüne Produkte/Energie, Klima, Umwelt/Mitarbeiterinnen und Mitarbeiter/Gesellschaftliches Engagement (REWE Group 2015, S. 3). *REWE* zeichnet sich zudem dadurch aus, dass es bundesweit Projektpartnerschaften mit NGOs eingeht und somit weitere proaktive CSR-Impulse zur Nachhaltigen Entwicklung der Wirtschaft unter Einbindung der Kunden setzt.

Für das Kölner Institut *Natur & Kultur* war es daher ein wichtiger Schritt, nach Fertigstellung des stadtgemeinschaftlichen *Klimaschutz-Bildungskonzepts Köln* (Natur & Kultur 2013; s. Abschn. 2.1.3) die Kölner *REWE Group* für die Umsetzung zentraler Handlungsansätze und Maßnahmenhighlights des Konzepts in die Alltagspraxis zu gewinnen. Und tatsächlich konnte gemeinsam mit *REWE West* und dem *Kompetenzteam KlimaBildung*

Köln von 2013 bis 2016 das erste, ebenfalls vom *KlimaKreis Köln* geförderte Großprojekt zur Konzeptumsetzung mit Fokus auf den angewandten Klimaschutz in den Segmenten nachhaltiger Konsum und zukunftsfähige Lebensstile realisiert werden: „Vom Wissen zum Handeln: Erfolgreicher Klimaschutz in der Region Köln durch Nachhaltige/-n Konsum und Lebensstile".

Die Änderung aktueller Konsummuster sowie die Entwicklung zukunftsfähiger Lebensstile (z. B. Kaufen nachhaltiger Produkte, Nutzen von Kollektivgütern bis hin zum bewussten Konsumverzicht) zur Reduktion des persönlichen Carbon Footprints durch praxisnahe Anleitungen der Verbraucher im Lebensalltag stehen bei diesem handlungsorientierten Projekt ebenso im Fokus wie der Ausbau des klimafreundlichen, nachhaltigen Produktsortiments und die optimierte Warendarbietung und -kennzeichnung im Einzelhandel. Thematisch einbezogen sind neben den klimawirksamen Alltagsbereichen *Ernährung* (Schwerpunkt) und *Sonstiger Konsum* auch die konsumrelevanten Anteile der Bereiche *Strom* und *Mobilität* (Jantz 2016b, S. 367 ff., Abb. 1 und 2 und S. 379).

Das Projekt greift dabei das hohe Interesse an Informationen und Anleitungen zum nachhaltigen Konsum sowie die deutliche Beeinflussbarkeit in diesem Segment des klimarelevanten Alltagshandelns sowohl auf Verbraucher- als auch auf Unternehmensseite auf und unterstützt den gesellschaftlichen Diskurs zur Etablierung zukunftsfähiger Lebensstile. Ganz im Sinne des Lebenslangen Lernens, einem der zentralen Handlungsfelder der *Bildung für Nachhaltige Entwicklung BNE* (Jantz 2016b, S. 370, Abb. 3), bezieht es zudem die jetzigen und zukünftigen Konsumenten aktiv in die Projektarbeit ein.

Das Projekt wurde in drei parallel laufenden Praxisebenen durchgeführt (Details s. Jantz 2016b, S. 379 ff., Tab. 4):

1. Informations- und Werbekampagne zur Sensibilisierung und zum Dialog (in) der Kölner Öffentlichkeit und mit Kölner Unternehmen.
2. Direkte Verbraucherbegleitung und -beratung an den Orten des Alltagskonsums, Fokus *REWE*-Supermärkte.
3. Frühe Vermittlung nachhaltiger Verbraucherkompetenz und Lebensstile in Bildungseinrichtungen sowie Optimierung der Schulverpflegung.

Mit *REWE West* erfolgte dabei sowohl die proaktive Projektentwicklung als auch die ganz konkrete Umsetzungspraxis in den *REWE*-Filialen der Region Köln mit z. T. bundesweiter Ausstrahlung. Das umfangreiche und vielgestaltige Modulset wurde im Projektvorfeld mit der Prämisse gemeinsam entwickelt, dass nur solche Module, die sich in der Projekt- bzw. Alltagspraxis der Projektdurchführung in *REWE*-Filialen, Grundschulen, Berufskollegs und nicht zuletzt in der Öffentlichkeit als erfolgreich erweisen, ausgebaut und ggf. im Projektanschluss etabliert werden sollen, andere hingegen gestoppt werden können. Erfreulicherweise gestaltete sich der Projektverlauf so positiv, dass die Projektvorgaben durch das gemeinsame Engagement aller beteiligten Partner bei Weitem übererfüllt wurden. Einige völlig neue Module konnten sogar im Projektverlauf noch hinzugenommen werden und nur wenige Module wurden vorzeitig beendet. Die Über-

„Vom Wissen zum Handeln: Erfolgreicher Klimaschutz in der Region Köln durch Nachhaltige/-n Konsum und Lebensstile"
Übersicht der Maßnahmenrealisierungen (2013 bis 2016, Auswahl)

Informations- und Werbekampagne	Module von oder mit REWE	Bildung und Optimierung in Schulen
Aktionen in Köln und Region	**Regionale Aktionen und Angebote**	**Bildungsarbeit in Grundschulen**
➢ Pressewirksamer Projektauftakt in REWE-Filiale (1-tägig) Entwicklung von Info-Broschüren und Materialien	➢ Pressewirksamer Projektauftakt, Fokus Saisonalität und Regionalität (1-tägig)	➢ Installation von 8 „Themenschulen" mit BNE-Angeboten zu 8 Schwerpunkten „Nachhaltiger Konsums und zukunftsfähiger Lebensstile"
➢ „Vega Jam", Veganes Jazz-Frühstück des Kabaretts Klüngelpütz (6x, 1/2 Jahr)	➢ „Abfallvermeidungsaktion", kostenfreie Ausgabe von Mehrwegbeuteln (1-tägig)	➢ Realisierung von 5 Projektwochen, 6 Ferienprogrammen, 9 Projekt-AGs über 5 Schulhalbjahre
➢ „ÖkoRausch-Festival", Teilnahme als Satellit an Aktionswoche (2x, 1/2 Jahr)	➢ Bau einer „Miniaturküche" zur Energiesparberatung in Filialen und auf Veranstaltungen	➢ 3 x 8 Elterninformationsveranstaltungen, 2 x 8 Elternabende, >10 Abschlussinformationen für Eltern
➢ „KlimaTage im Kölner Zoo", Aktionstage mit zahlreichen Klimapartnern der Region (2x, jährlich)	➢ „Green Days", REWE-Nachhaltigkeitsmesse für Mitarbeiter/-innen (2-tägig, intern)	➢ 8 Schulungen bzw. Veranstaltungen zum fachlichen Austausch der Pädagogen/-innen
➢ „Praxis oder Utopie?! Kinder in Stadtplanung und Klimaschutz", Podiumsplenum mit UfU, Berlin (1-tägig)	➢ Einbindung der Regionalen Landwirte Aktionstage, Exkursionen, Hoffeste (bes. REWE Richrath, Präsentation von „REWE Bio/Regional/Pro Planet" auf „KlimaTagen im Kölner Zoo" (2x, jährlich)	➢ „ERNA – Ernährung und Nachhaltigkeit: Handlungsorientierte Unterrichts-, Projektreihen für Schulen NRW" Projektbewilligung Stiftung Umwelt und Entwicklung NRW
➢ „SmartCity Cologne-Konferenz Stadt Köln", Moderation Thementisch Bildung (1-tägig)	➢ „Einkaufs-Check", Kundenberatung durch REWE-Azubis mit Presseauftakt (3-tägig)	**Aktivitäten der REWE-Azubis/Berufskolleg**
➢ „NRW lebt – Mobil leben. Konzepte für eine Gesellschaft im Wandel", Workshop mit AKNW (1-tägig)	➢ Bedarfserfassung, Kundenbefragung" (4-tägig)	➢ Auftaktseminar zur Projekteinbindung der REWE-Azubis des ersten Ausbildungsjahrs (1-tägig)
➢ „Saisonquiz: Reife-Prüfung" und „Kartoffelquiz", Entwicklung und Einsatz für zahlreiche Veranstaltungen	➢ „Eco-Driving-Wettbewerb" REWE West (3-tägig)	➢ Schulungen und Projektbegleitungen der Azubis durch REWE-Fachkräfte (wöchentlich)
➢ „Klimastraßenfest Nippes", Mitwirkung (1x, jährlich)	➢ Klimaneutraler „30. Köln-Marathon", Verpflegung durch REWE mit nachhaltigen Produkten (1-tägig)	➢ „Klima-Frühstück", Entwicklung und Umsetzung des Angebots durch die Azubis für und in Grundschulen (2x)
➢ „Sommerfest des KlimaKreis Köln", Projekt- und Materialpräsentation (1-tägig)	**Bundesweite Aktionen und Angebote**	➢ Projekttag des BKaL zur Vorbereitung der Azubis zur Kundenbegleitung beim „Einkaufs-Check" (1-tägig)
➢ „Stadtgespräch Klimaschutz", OB-Kandidatenduell mit Henriette Reker und Jochen Ott (1-tägig)	➢ Stickerkampagne „Mein Mitmach-Buch", Nachhaltigkeits-Kampagne mit BNE-Schwerpunkten (1x)	➢ „Einkaufs-Check", Durchführung der Kundenberatung durch REWE-Azubis in 3 Filialen (3-tägig)
Aktivitäten auf Landes- und Bundesebene	➢ Kindermagazin „mampf", mit Nachhaltigkeits-Schwerpunkten, Ernährung, Sport u.v.m. (1x)	➢ Schüler lehren Schüler, Entwicklung eines Fortbildungsangebots der Azubis für Mitschüler des BKaL
➢ „Praxisbeispiel des DIFU", Onlineinstellung eines 3-seitigen Projektkennblatts	➢ „Sei ein Teil von Gut", TV-, Print-, Online-Medien-Kampagne zu „Pro Planet"-Label und -Produkten (rd. 1/2 Jahr)	➢ Exkursion zum „Bergisch Pur"-Hof, Durchführung des Bildungsangebots der Azubis für Mitschüler (1-tägig)
➢ „Innovationskatalog des Region Köln Bonn e.V.", Einbindung des 2-seitigen Projektkennblatts	➢ Payback-Extrapunkte-Aktionen Label-Produkte (diverse)	**Optimierung der Schulverpflegung in 21 OGS**
➢ „Deutscher Nachhaltigkeitstag 2013", Präsentation und Podiumsteilnahme (1-tägig)	➢ „7 x Regional", Internetaktionswoche zum Kochen mit „REWE Regional"-Produkten (1-wöchentlich)	➢ „Küchenleitertreffen" + „Kaffeeklatsch-Treffen", Planungsforen und Erfahrungsaustausch der Küchenleitungen aller Offenen Ganztagsschulen OGS (7x)
➢ „Bildung im kommunalen Kontext", Mitarbeit an Praxisleitfaden des MKULNV NRW (2 Jahre)	**Bundesweit etablierte Maßnahmen, Angebote**	➢ (Re)Zertifizierungen für Ernährungsqualität und Hygiene der Mittagsverpflegung des Offenen Ganztags-Angebots der OGS von Netzwerk e.V. durch die TU Dortmund
➢ „Gesichter der Nachhaltigkeit", Einstellung eines Online-Artikels auf Nachhaltigkeitsplattform	➢ Optimierte Darbietung saisonaler, regionaler Produkte (z.B. „REWE Regional", „Bergisch Pur")	➢ „Offenes Kochbuch: Rezeptepool" + „4-Wochen-Speisepläne" für alle OGS von Netzwerk e.V., Partizipative Entwicklung durch Netzwerk e.V., Zertifizierung durch die TU Dortmund und Praxis-Einsatz an den OGS
➢ „Energiewirtschaft und KlimaBildung", 20-seitiger Artikel in Springer-Gabler Fachbuch	➢ „Interaktiver Online-Saisonkalender", Entwicklung, Freischaltung zu „REWE Regional"-Produkten	➢ „KEKS – Klimaoptimierte und energieeffiziente Ernährung in der Gemeinschaftsverpflegung am Beispiel von Schulküchen", Projektbewilligung durch die Nationale Klimaschutzinitiative des BMUB
➢ „DE-IPCC-Jahrestagung 2016", Impulsstatement und Teilnahme (2-tägig)	➢ „11 Antworten zu Ihrem bewussteren Einkauf", Infobroschüre zum Nachhaltigen Konsum (jährlich, Updates)	
➢ Projekt-Onlinestellung auf www.klimabildung-koeln.de mit umfassenden „Tipps für den KlimaAlltag"	➢ „Shopping Bags", Transportkisten (u.a.), Einführung klimafreundlicher Transportalternativen	
➢ „Nachhaltigkeitsrezepte", Recherche und Onlinestellung saisonaler Rezepte und der kreativen Resteküche	➢ Saisonale Rezeptkarten, Auslage (rd. 2-wöchentlich)	
➢ „Köln KlimaKochbuch", Erstellung in Kooperation mit namhaften Kochbuchverlagen und Drucklegung	➢ „Nachhaltigkeitsbeauftragte", Einführung von Ansprechpartnern/-innen in jeder Filiale	
	➢ „REWE-Plastiktütenverzicht, vollständiges Einstellen des Verkaufs von Transportplastiktüten	

Aktive Mitwirkung des *Kompetenzteams KlimaBildung Köln*: Projektentwicklung, praktische Begleitung und Evaluation

Abb. 1 Übersicht der Maßnahmenrealisierungen im Rahmen des Kooperationsprojekts von *Natur & Kultur* und *REWE West* „Vom Wissen zum Handeln: Erfolgreicher Klimaschutz durch Nachhaltige/-n Konsum und Lebensstile". (Projektförderung *KlimaKreis Köln* Natur & Kultur 2017)

sichtsdarstellung in Abb. 1 verdeutlicht die Vielzahl und Vielfalt der tatsächlich zwischen 2013 und 2016 realisierten Aktivitäten der Kooperationspartner mit Kölner, regionaler bis hin zu bundesweiter Ausstrahlung!

Die konstruktive Projektpartnerschaft der Kölner *REWE Group/REWE West* mit dem *Kompetenzteam KlimaBildung Köln* und dem Kölner Institut *Natur & Kultur* als Projektleiter und Koordinator hat somit nicht nur neue CSR-Strukturen und -Netzwerke in der Region Köln hervorgebracht, auf die zukünftig aufgebaut werden wird. Das Projekt ermöglichte zudem die Etablierung ausgewählter, innovativer Ansätze und Maßnahmen in den *REWE*-Filialen der Region, landes- und sogar bundesweit, sowie die Übertragbarkeit der über das Kölner Klimabildungsportal (www.klimabildung-koeln.de) öffentlich zur Verfügung stehenden Projektergebnisse und Modulentwicklungen auf weitere interessierte Unternehmen und Bildungseinrichtungen (Natur & Kultur 2017).

2.3 Unternehmensengagement für sozialraumorientierte Stadtentwicklung und Umweltgerechtigkeit – Das innovative Pilotprojekt „Unternehmen engagiert für's Veedel"

Ein weiterer innovativer Ansatz unternehmerischen Engagements im Sinne des CSR wurde durch die 2006 gegründete Initiative *Unternehmen – engagiert in Köln* des *Kölner Netzwerks Bürgerengagement* möglich. Die durch die *Kommunalstelle zur Förderung und Anerkennung Bürgerschaftlichen Engagements FABE* mit Sitz im Büro der Oberbürgermeisterin geförderte Initiative unterstützt das gemeinnützige Engagement von Unternehmen in Köln (Kölner Netzwerk Bürgerengagement 2016, S. 25 ff.). Dabei greift sie das gestiegene Bewusstsein zunehmend mehr Kölner Unternehmen auf, die sich nicht nur als Teil eines Marktes, sondern ebenso als Teil einer Gesellschaft verstehen, von deren Zusammenhalt und Wohlstand auch ihr Erfolg entscheidend abhängt. Sie engagieren sich daher mit Kompetenz, Sachleistung, Zeit oder finanziell (Stadt Köln 2017). Die Initiative setzt sich für eine lebendige Bürgerschaft ein, die sich dadurch auszeichnet, dass auch Unternehmen einen Beitrag zum Erhalt der Lebensqualität und zur Lösung sozialer Probleme leisten (Stadt Köln 2017), und fördert seit vielen Jahren das gemeinnützige Engagement von Unternehmen durch Veranstaltungen, Wettbewerbe, Veröffentlichungen und Erfahrungsaustausch (Kölner Netzwerk Bürgerengagement 2016, S. 33).

Völlig neue Wege werden seit 2016 mit dem innovativen Pilotprojekt der Initiative „Unternehmen engagiert für's Veedel" mit beratender Begleitung durch das Bundesministerium für Umwelt, Naturschutz, Bau und Reaktorsicherheit (BMUB 2015) beschritten. Während die bislang involvierten Kölner Unternehmen ihr Engagement i. d. R. Köln-weit ausrichteten, liegt nun der Fokus auf dem Quartier und somit der unmittelbaren Unternehmensnachbarschaft. Dabei sind neben Unternehmen auch die sozialen Einrichtungen und Institutionen der Veedel gleichermaßen aufgerufen, Problemfelder des Stadtteils zu erfassen und durch gemeinsames Handeln in der Praxis bedarfsorientiert zu lösen.

Realisierung des Pilotprojekts im *Sozialraum Köln-Bilderstöckchen*
Das Pilotprojekt startet in Köln-Bilderstöckchen, einem von insgesamt elf, im Rahmen des städtischen Konzepts „Lebenswerte Veedel. Bürger- und Sozialraumorientierung in Köln" aktivierten *Sozialräumen Kölns* (Stadt Köln 2011). Erklärtes Ziel der Kölner Sozialraumkoordination ist es, die Lebensbedingungen der Bewohner zu verbessern. Dabei gilt es, durch eine optimierte Zusammenarbeit und Vernetzung aller städtischer Dienststellen, freien Träger und Verbände gemeinsam mit den Bürgern sowie ansässigen Unternehmen vor Ort neue Angebote und Maßnahmen bedarfsorientiert zu entwickeln und umzusetzen (Stadt Köln 2017). Das Pilotprojekt fügt sich somit gut in die Aufgabenbeschreibung und Tätigkeitsfelder der Sozialraumkoordination ein und wurde auch daher von der *Sozialraumkoordination Bilderstöckchen* (Träger *Netzwerk e. V.*) sehr begrüßt.

Köln-Bilderstöckchen beherbergt rund 15.400 Einwohner und ca. 150 ansässige Unternehmen (Stadt Köln 2015). Es zeichnet sich durch eine interessante und zugleich herausfordernde Mischung aus Wohnquartieren mit und ohne besonderem Förderbedarf sowie zwei, nördlich und südlich gelegenen Gewerbegebieten aus. Der Stadtteil verfügt aufgrund der langjährigen Sozialraumkoordination über ein ausgeprägtes Netzwerk zahlreicher, sehr engagierter, freier und städtischer Träger sozialer und bildungsrelevanter Einrichtungen. Er bietet somit beste Voraussetzungen, die Bürger und die im Stadtteil ansässigen Unternehmen für die gemeinsame Quartiersentwicklung und die Verbesserung der Lebenslage der Menschen des Veedels zu gewinnen (Stadt Köln 2017).

Namhafte, stadtbekannte Akteure bilden die koordinierende Projektgruppe: *Caritasverband für die Stadt Köln e. V., Generali Zukunftsfonds, Industrie- und Handelskammer zu Köln IHK, Kölner Freiwilligen Agentur e. V., Kommunalstelle FABE* im Büro der Oberbürgermeisterin und die *Sozialraumkoordination Bilderstöckchen*. Zudem involviert ist ein eigens für das Pilotprojekt gegründeter, ämterübergreifender *Resonanztisch Stadtverwaltung*, der als beratendes Gremium den Projektverlauf begleitet.

Basis für die Definition der aktuellen Problemfelder, die im Projekt bearbeitet werden sollen, ist die im Rahmen des 2015 erstellten „Integrierten Handlungskonzepts. Starke Veedel – Starkes Köln" durchgeführte Stärken-Schwäche-Analyse des Sozialraums Bilderstöckchen (Stadt Köln 2015, S. 227, Tab. 17) mit folgender Auswahl:

1. Bilderstöckchen ist vom Klimawandel betroffen. „Etwa ein Drittel der Bevölkerung wird zukünftig in Siedlungsbereichen leben, die durch Wärme belastet, hoch und sehr hoch belastet sind" (Stadt Köln 2015, S. 226, Karte S. 515). Zudem verursachen Starkregenereignisse Überschwemmungen.
2. In Bilderstöckchen leben überdurchschnittlich viele von Armut betroffene und bedrohte Senioren sowie Menschen mit Migrationshintergrund (Stadt Köln 2015, S. 224). Zudem besteht ein fortgesetztes Aktivierungsproblem und es mangelt an einer Durchmischung der sozialen Milieus.

Folgende Ziele wurden daraus für die Pilotprojektarbeit abgeleitet: In Bilderstöckchen sollen der Klimaschutz verbessert und die Folgen des Klimawandels gemindert werden.

Neben den ortsansässigen Unternehmen sollen die Bewohner möglichst milieuübergreifend eingebunden und aktiviert werden. Dabei gilt ein wesentlicher Aspekt der Beteiligung von Senioren sowie Menschen mit Migrationshintergrund.

Umweltgerechtigkeit und Sozialraumorientierte Stadtentwicklung
Der ausgewählte Projektfokus Klimaschutz und Klimawandelanpassungen im Zusammenhang mit sozialräumlicher Arbeit deckt sich mit dem Handlungsfeld „Umweltgerechtigkeit – Klimaschutz, Luftreinhaltung und Lärmminderung" des städtischen „Integrierten Handlungskonzepts. Starke Veedel – Starkes Köln". Es handelt sich dabei um eines von fünf zentralen Handlungsfeldern (neben: Früh ansetzende Hilfen/Wirtschaft und Qualifizierung/Wohnen/Öffentlicher Raum), die das für alle elf Sozialräume entwickelte Handlungskonzept der Stadt Köln themenspezifisch ausrichten (Stadt Köln 2015, S. 224). Auch die weiteren Querschnittsziele des Konzepts, Nachhaltigkeit und sozialraumorientierte Stadtentwicklung, werden durch die Pilotprojektarbeit des Unternehmensengagements fürs Veedel angesprochen.

„Umweltgerechtigkeit im städtischen Raum" gewinnt zunehmend auch national und international an Bedeutung. Die Basis bildet der sich stadträumlich manifestierende Zusammenhang zwischen sozialer Lage, Umweltqualität und Gesundheit (Umweltbundesamt 2015, S. 5). Verstanden wird Umweltgerechtigkeit zum einen als Reduktion und Vermeidung der räumlichen Konzentration gesundheitsrelevanter Umweltbelastungen (z. B. Schadstoffe, Lärm, Hitze), zum anderen aber auch als Gewährleistung eines sozialräumlich gerechten, fairen Zugangs zu Umweltressourcen, wie z. B. Naherholungsgebieten, Grünflächen und Spielplätzen (Umweltbundesamt 2015, S. 5; Bertelsmann Stiftung 2016, S. 121). Vor diesem Hintergrund gewinnt das im Pilotprojekt zu aktivierende Unternehmensengagement fürs Veedel eine neue und für zukünftige strategische Maßnahmenentwicklungen auch im kommunalen Kontext sehr spannende Bedeutung.

Einzelne Unternehmen, die sich bereits durch innovatives CSR-Engagement mit Umwelt- und Klimafokus im Kölner Stadtgebiet bzw. auch in Bilderstöckchen ausgezeichnet haben, wurden früh als Unternehmensbotschafter in das Pilotprojekt eingebunden: die *RheinEnergie AG* (vgl. Abschn. 2.1) und die *GAG Immobilien AG*. Als größtes Wohnungsunternehmen im Raum Köln, mit der Stadt Köln als Hauptaktionär, ist die *GAG* maßgeblich an der Umsetzung einer nachhaltigen Stadtentwicklung beteiligt, u. a. mit dem Ziel, Klimaschutz und Siedlungsentwicklung nicht nur in energetischer, bautechnischer Hinsicht zu realisieren, sondern auch auf den sozialen Bereich zu übertragen (GAG Immobilien AG 2013, S. 3). Seit 2011 führt die *GAG* daher bereits unter dem Schwerpunkt Sozialmanagement gemeinsam mit NGOs zahlreiche praxisnahe Projekte mit Fokus auf Umweltbildung und Naturlernen in den Quartieren durch, so z. B. auch den in Bilderstöckchen realisierten Gartenclub für Kinder (GAG Immobilien AG 2013, S. 7).

Praxisauftakt im Veedel
Der Praxisauftakt des Pilotprojekts erfolgte zur „Zukunftskonferenz Bilderstöckchen 2016" mit eigenem Thementisch im Open-Space-Verfahren und einer ersten partizipa-

tiven Ideen- und Maßnahmensammlung. Hier hob sich bereits ein Themenschwerpunkt ganz im Sinne der Umweltgerechtigkeit deutlich hervor: der Wunsch nach insbesondere akustischer Abschottung des *Blücherparks* von der A57 durch Tunnelführung, Lärmschutzmauer oder gar – ganz im Sinne des Klimaschutzes – eine verdichtende Bepflanzung. Der über 100 Jahre alte *Blücherpark* und damit eine der ältesten Parkanlagen Kölns ist zentrales Naherholungsgebiet des unmittelbar angrenzenden *Sozialraums Bilderstöckchen* und für viele Bewohner eine der wenigen Möglichkeiten des Naturerlebens, des Zugangs zu Umweltressourcen. Die bislang gängige Praxis, dass z. B. Lärmschutzmauern nur bei anliegender Wohnbebauung, nicht aber im Falle von angrenzenden Grünbereichen realisiert werden, sollte insbesondere vor dem Hintergrund der zunehmend ins Bewusstsein kommunalen Handelns rückenden Umweltgerechtigkeit neu überdacht werden.

Inwieweit sich die lokal ansässigen Unternehmen Bilderstöckchens des Themas Blücherpark im Rahmen der weiteren Veranstaltungen annehmen werden, die 2017 mit den Akteuren und Unternehmen des Veedels zur gemeinsamen Ideenfokussierung, Maßnahmenentwicklung und konkreten -umsetzung vor Ort durchgeführt werden, darf mit Spannung erwartet werden.

Erklärtes Ziel des bis Ende 2017 laufenden Pilotprojekts ist es, im Anschluss daran ein dauerhaftes Unternehmensengagement in Bilderstöckchen zu etablieren, das eigenständig und in Abstimmung mit den Akteuren vor Ort zu weiteren bedarfsorientierten Themenfeldern des Sozialraums tätig wird. Langfristig ist die Aktivierung des Unternehmensengagements fürs Veedel in allen elf Sozialräumen durch die Initiative *Unternehmen – engagiert in Köln* vorgesehen!

Projekt nachhaltiger Stadtentwicklung
Es handelt sich beim vorgestellten Pilotprojekt um ein geradezu klassisches, allerdings sehr innovatives CSR-Projekt zur Förderung der Nachhaltigen Entwicklung, in dem *Ökologie* (Themenwahl: Klimaschutz/Klimawandelanpassung, Umweltgerechtigkeit), *Ökonomie* (Unternehmen engagiert fürs Veedel) und *Soziales* (Durchführung in einem Kölner Sozialraum mit spezifischen Zielgruppenfokussierungen) gleichermaßen bedacht und durch gemeinsames Agieren in Einklang gebracht werden sollen. Auch die drei zentralen Elemente der *Bildung für Nachhaltige Entwicklung BNE* sind berücksichtigt: Partizipation (aktive Beteiligung der sozialen Akteure, der Unternehmen und der Einwohner), Lebenslanges Lernen (Einbindung aller Altersstufen, vom Kita-Kind bis hin zu von Armut betroffenen Senioren) und Kompetenzerwerb (Filtern gemeinsamer Ideen, Entwickeln realisierbarer und wirksamer Projekte für den Klimaschutz sowie gemeinsame Umsetzung in der Praxis). Das Pilotprojekt unterstützt somit die zukünftige, im o. g. integrierten Handlungskonzept der Stadt Köln bereits angelegte Erweiterung der bislang auf soziale Themen und Jugend fokussierten Sozialraumorientierung hin zu einer gesamtstädtischen Aufgabe nachhaltiger Stadtentwicklung.

3 Potenziale innovativer CSR-Kooperationen und -Netzwerke für eine Nachhaltige Entwicklung

Das dargestellte, bereits erfolgte und noch zu erwartende Nachhaltigkeitsengagement Kölner Unternehmen in Kooperation mit lokalen und regionalen Institutionen, Einrichtungen und zivilgesellschaftlichen Akteuren zeigt das große Potenzial der gebildeten Netzwerke und Partnerschaften!

Frei nach dem Motto: „Wege entstehen beim Gehen"[2], sind auch diese innovativen „CSR-Pfade" dadurch entstanden, dass sich engagierte Akteure der Wirtschaft, Verwaltung und/oder Zivilgesellschaft mit Visionen und Ideen zukunftsfähiger Entwicklungen auf den Weg gemacht und dabei weitere begeisterte Akteure der anderen Ebenen eingebunden haben. Wohin ein solcher Weg letztlich führt, wie die Realisierungen der sodann gemeinsam modifizierten Visionen und Ziele aussehen sollen, ist beim Start nicht vorgegeben und ermöglicht daher völlig neue Ansätze und Entwicklungen, die in Pilotprojekten getestet und bei Erfolg etabliert werden können.

Die in Köln bereits vielfältig beschrittenen Wege sollten Anregung sein für zahlreiche weitere Entwürfe innovativer Strukturen im unternehmerischen, kommunalen und gesellschaftlichen Engagement, im Knüpfen von Kooperationen und Bilden von Netzwerken auf dem gemeinsamen Weg hin zu einer nachhaltigen Entwicklung der Kommunen, Stadtgesellschaft und Wirtschaft. Viel Erfolg uns allen!

4 Zusammenfassung

Die Kölner Rheinmetropole zeichnet sich aufgrund seines ausgeprägten stadtgemeinschaftlichen Engagements durch eine Vielzahl innovativer CSR-Strukturen und -Netzwerke ganz unterschiedlicher Entstehungsmuster und Zielrichtungen aus. Insbesondere die erfolgreiche Zusammenarbeit der drei Akteursebenen Unternehmerschaft, Rat/Stadtverwaltung und institutionelle/zivilgesellschaftliche Gruppierungen ermöglichte die Entwicklung völlig neuer Projekte und Maßnahmenrealisierungen für Nachhaltige Entwicklung, Klimaschutz und Umweltgerechtigkeit. Am Beispiel der Kooperationsprojekte des Kölner Trägervereins *Netzwerk e. V.* (Institut *Natur & Kultur* sowie *Sozialraumkoordination Köln-Bilderstöckchen*) mit dem kommunalen Unternehmen *RheinEnergie AG*, der *Kölner REWE Group*, dem *Kölner Netzwerk Bürgerengagement* sowie dem *Kompetenzteam KlimaBildung Köln* wird die Vielfalt des Unternehmensengagements im Sinne des CSR verdeutlicht. Zentrale Impulsgeber der innovativen CSR-Aktivitäten der beteiligten Unternehmen waren dabei unternehmenseigene (Förder-)Programme, direkte Kooperationsanfragen externer Partner oder auch Anregungen zum veedelsorientierten Handeln aus Netzwerken bürgerschaftlichen Engagements.

---

[2] Franz Kafka (Zitat: „Wege entstehen dadurch, dass man sie geht", Quelle und Jahr unbekannt).

Literatur

Bertelsmann Stiftung (2016) Monitor Nachhaltige Kommune. Bericht 2016 – Teil 1: Ergebnisse der Befragung und Indikatorenentwicklung. Broschüre. Bertelsmann Stiftung, Gütersloh

Bundesministerium für Bildung und Forschung (BMBF) (2015a) Forschung für Nachhaltige Entwicklung Fona³ – Rahmenprogramm des Bundesministeriums für Bildung und Forschung. Broschüre. BMBF, Berlin

Bundesministerium für Bildung und Forschung (BMBF) (2015b) Zukunftsstadt – Strategische Forschungs- und Innovationsagenda. Nationale Plattform Zukunftsstadt, Broschüre. BMBF, Berlin

Bundesministerium für Umwelt, Naturschutz, Bau und Reaktorsicherheit (BMUB) (2015) Benachteiligte Quartiere gemeinsam unterstützen. Eine Arbeitshilfe für die kommunale Praxis zur Zusammenarbeit mit Unternehmen und Stiftungen. Broschüre. BMUB, Berlin

Bundesministerium für Wirtschaft und Energie (BMWi) (2016) Soziales Unternehmertum. Infoletter GründerZeiten Nr. 27, 04/2016. BMWi, Berlin

Eberhard von Kuenheim Stiftung, Akademie Kinder Philosophieren (2012) Wie wollen wir leben? Kinder philosophieren über Nachhaltigkeit. Oekom Verlag, München. ISBN 978-3-86581-229-2

GAG Immobilien AG (2013) Soziale Verantwortung – Umweltbildung und Naturlernen. Broschüre zum Sozialmanagement der GAG, Ausgabe 1/2013, Köln. www.gag-koeln.de

Hamann K, Baumann A, Löschinger D (2016) Psychologie im Umweltschutz – Handbuch zur Förderung nachhaltigen Handelns. Oekom Verlag, München. ISBN 978-3-86581-7990

Jantz B (2016a) Klimaschutz – Gesamtgesellschaftliche Herausforderung und kulturelle Chance. Beitrag zur Online-Plattform ‚Gesichter der Nachhaltigkeit'. www.gesichter-der-Nachhaltigkeit.de/gesichter/brigitte-jantz. Zugegriffen: 11. Mär. 2017

Jantz B (2016b) Energiewirtschaft und KlimaBildung – Potenziale und Chancen regionaler Netzwerke für den Klimaschutz. In: Hildebrandt A, Landhäußer W (Hrsg) CSR und Energiewirtschaft. Springer, Berlin, S 365–384. ISBN 978-3-662-46582-0

Kölner Netzwerk Bürgerengagement (2015) Nicht irgendwann, schon morgen / Im Fokus: Das Engagement Älterer – Demografischer Wandel, Bürgerschaftliches Engagement & Personalentwicklung in Unternehmen. Initiative Unternehmen – engagiert in Köln im Kölner Netzwerk Bürgerengagement (Hrsg.), Broschüre. Kommunalstelle FABE der Stadt Köln, Köln

Kölner Netzwerk Bürgerengagement (2016) Ehrenamt für Deine Stadt! Kölner Unterstützungsstrukturen für das Bürgerschaftliche Engagement. Kölner Netzwerk Bürgerengagement, Geschäftsstelle, Kommunalstelle FABE der Stadt Köln (Hrsg.), Broschüre. Stadt Köln, Köln

Landesarbeitsgemeinschaft Agenda 21 NRW e. V. (2016) Global Nachhaltige Kommune NRW. www.lag21.de 〉 Themen und Projekte 〉 Kommunalberatung 〉 Aktuelle Projekte. Zugegriffen: 27. Dez. 2016

Ministerium für Klimaschutz, Umwelt, Landwirtschaft, Natur- und Verbraucherschutz des Landes NRW (2016) Die Nachhaltigkeitsstrategie des Landes Nordrhein-Westfalen. www.nachhaltigkeit.nrw.de 〉 Themen. Zugegriffen: 27. Dez. 2016

Natur & Kultur – Institut für Ökologische Forschung und Bildung (2013) Das Klimaschutz-Bildungskonzept Köln – Management-Summary. Netzwerk e. V. – Soziale Dienste und Ökologische Bildung, Köln. www.klimabildung-koeln.de

Natur & Kultur (2017) Vom Wissen zum Handeln: Erfolgreicher Klimaschutz in der Region Köln durch Nachhaltige/-n Konsum und Lebensstile – Maßnahmenrealisierungen 2013 bis 2016 im Rahmen des *Klimaschutz-Bildungskonzepts Köln*. Projektabschlussbericht an den KlimaKreis Köln, Netzwerk e. V. – Soziale Dienste und Ökologische Bildung, Köln. www.klimabildung-koeln.de

REWE Group (2015) Haben Sie drei Minuten Zeit? Oder auch etwas mehr? Nachhaltigkeitsbroschüre der REWE Group, Köln. www.rewe-group.com

RheinEnergie AG (2014) Umweltbericht 2013. Broschüre der RheinEnergie AG, Köln. www.rheinenergie.com

RheinEnergie AG (2016a) Geschäftsbericht 2015. Broschüre der RheinEnergie AG, Köln. www.rheinenergie.com

RheinEnergie AG (2016b) Aus der Geschichte der RheinEnergie AG. www.rheinenergie.com 〉 Unternehmen 〉 Über uns 〉 RheinEnergie AG 〉 Historie. Zugegriffen: 27. Dez. 2016

RheinEnergie AG (2017) RheinEnergie-Netzwerke nach LEEN. www.rheinenergie.com 〉 Geschäftskunden 〉 Ingenieurdienstleistungen. Zugegriffen: 01. Jan. 2017

Stadt Köln (2011) Handlungsleitfaden Sozialraumkoordination. Lebenswerte Veedel – Bürger- und Sozialraumorientierung in Köln. Broschüre der Stadt Köln. www.stadt-koeln.de

Stadt Köln (2015) Integriertes Handlungskonzept. Starke Veedel – Starkes Köln. Mitwirken, Zusammenhalten, Zukunft gestalten. Broschüre. Stadt Köln, Köln

Stadt Köln (2016) Ökoprofit® Köln-Netzwerk und Lenkungskreis. www.stadt-koeln.de 〉 Leben in Köln 〉 Umwelt und Tiere 〉 Klima 〉 Nachhaltig Wirtschaften – mit Ökoprofit® Köln. Zugegriffen: 27. Dez. 2016

Stadt Köln (2017) Unternehmen – engagiert in Köln. Verantwortung übernehmen für das Gemeinwohl. www.stadt-koeln.de 〉 Leben in Köln 〉 Gesellschaft/Soziales 〉 Ehrenamt-Engagement 〉 KNBE – Kölner Netzwerk Bürgerengagement. Zugegriffen: 01. Jan. 2017

Stadtwerke Köln GmbH (2016) Nachhaltig für Köln – Nachhaltigkeitsbericht 2015. Broschüre. Stadtwerke Köln GmbH, Köln. www.rheinenergie.com

Thema1 GmbH (2011) Perspektiven eines klimaverträglichen Konsums jenseits von Konsumverzicht. Plattform Klimaverträglicher Konsum PKKD. www.pcf-projekt.de, c/o Thema1 GmbH, Berlin

Umweltbundesamt (2015) Umweltgerechtigkeit im städtischen Raum – Entwicklung von praxistauglichen Strategien und Maßnahmen zur Minderung sozial ungleich verteilter Umweltbelastungen. Umwelt & Gesundheit, Bd. 01. Umweltbundesamt, Dessau-Roßlau (ISSN 1862-4340)

Dr. Brigitte Jantz, Jahrgang 1964, ist Naturwissenschaftlerin, Klimaschutz-Bildungsexpertin, Agenda-21-Moderatorin und Sozialraumkoordinatorin. Seit 2008 ist sie als verantwortliche Klimaschutzprojektkoordinatorin für das *Institut für Ökologische Forschung und Bildung – Natur & Kultur*, seit 2016 zudem als Sozialraumkoordinatorin in Köln-Bilderstöckchen tätig (Träger für beide: *Netzwerk e. V. – Soziale Dienste und Ökologische Bildung*). Sie initiierte und realisierte zwischen 2010–2012 die partizipative Entwicklung des *Klimaschutz-Bildungskonzepts Köln* als innovatives, stadtgemeinschaftliches Klimaschutzprojekt, in enger Abstimmung mit dem Umwelt- und Verbraucherschutzamt der Stadt Köln sowie in Koordination mit dem eigens gegründeten *Kompetenzteam KlimaBildung Köln*. Mit diesem arbeitet sie seither in verschiedenen Projekten an der Umsetzung des Bildungskonzepts: (1) Fokus Nachhaltiger Konsum und zukunftsfähige Lebensstile in Kooperation mit *REWE Group/REWE West* (2013–2016), (2) Fokus Nachhaltige Mobilität von KMU in Kooperation mit *Allegium GmbH* und *Ford-Werke AG* (2015–2018). Für den *KlimaKreis Köln* realisiert sie zudem die Kleinprojekteförderung *KlimaBausteine* (2011–2017).

Jantz arbeitete bis zu ihrer Promotion 1997 an der Universität zu Köln als Forscherin und Dozentin in den Schwerpunktfeldern Ökologie, Zoologie und Gewässerschutz. Als ausgebildete Agendamoderatorin und -mediatorin war sie bis 2004 u. a. als Mitarbeiterin der Stadt Köln an der Aktivierung und Gestaltung des Kölner Lokale-Agenda-21-Prozesses maßgeblich beteiligt. Ein tiefer Einblick in die Erfordernisse und Handlungsfelder nachhaltigen Wirtschaftens, den sie parallel in 2001 als verantwortliche Forschungsstellenleitern der Ethik Vermögensverwaltung AG erwarb, veranlasste sie 2002 zur Gründung der *Agentur für Nachhaltige Wirtschaft und Bildung – ecocentury*. Mit dieser betrieb sie bis 2008 als Unternehmerin u. a. das in 2005 mit dem *Umweltschutzpreis der Stadt Köln* ausgezeichnete Regionale Versorgungs- und Bildungsnetz für Kitas und Schulen in Köln.